冯尔康文集

冯尔康 著

清史专题研究

南开大学历史学院◎编

天津出版传媒集团

天津人民出版社

图书在版编目(CIP)数据

清史专题研究 / 冯尔康著；南开大学历史学院编. --
天津：天津人民出版社, 2019.9
（冯尔康文集）
ISBN 978-7-201-15066-6

Ⅰ.①清… Ⅱ.①冯… ②南… Ⅲ.①中国历史-清
代-文集 Ⅳ.①K249.07-53

中国版本图书馆 CIP 数据核字(2019)第 156356 号

清史专题研究
QINGSHI ZHUANTI YANJIU

出　　版　天津人民出版社
出 版 人　刘　庆
地　　址　天津市和平区西康路 35 号康岳大厦
邮政编码　300051
邮购电话　(022)23332469
网　　址　http://www.tjrmcbs.com
电子信箱　reader@tjrmcbs.com

策划编辑　韩玉霞
责任编辑　杨　轶
装帧设计　明轩文化·王烨

印　　刷　河北鹏润印刷有限公司
经　　销　新华书店
开　　本　710 毫米×1000 毫米　1/16
印　　张　43.75
插　　页　4
字　　数　740 千字
版次印次　2019 年 9 月第 1 版　2019 年 9 月第 1 次印刷
定　　价　400.00 元

前　言

　　我研究生毕业论文写的是清代社会经济史的课题，自此之后就以清史作为治学主要领域，是以写作清史的文章较多。今编辑文集，若归为一卷，则内容庞杂、篇幅过大，势必检阅不便，是以按照论文内容和时代区分成四卷，即将清代宗族史汇成第三卷，雍正帝及其时代作为一卷——第六卷，与徽学有关的则辑成第七卷，一般地论述清代政治、经济和人物的论文则形成本卷；另有一些文章，分别安排其他卷，如关于史料学方面的论文进入第九卷，书评序跋收入第十卷。尽管如此，本卷的内涵仍然较为广泛，遂区划为清史及清史研究综论、历史事件与人物、女性史、社会经济史、地域史等 5 个栏目。

　　综论清史特点，我认为清朝专制主义皇权达到登峰造极的程度，又急转直下而消失，给后人留下了清除帝王崇拜文化心态的严重课题；清朝满洲族统治对多民族国家的巩固发展有巨大贡献，其在民族地区实行的多种体制、政策颇有成效；鸦片战争之前社会经济文化具有前近代因素，可以与近代社会相衔接，鸦片战争之后中国社会已经开始向近代社会转型；在反对西方殖民主义侵略的形势下，汉人和清朝之间，出现"外忧"与"内患"、"反帝"与"反清"先后论，难得有圆满的解决方案；自清朝中叶开始的反帝爱国主义和民族主义，与传统的中华中心论纠缠在一起，有着正负两方面的作用。我业已深深认识到对清代中国与西方列强的关系史极其缺乏研究的遗憾，耿耿于怀，心有不安。

　　我综理清史研究史，深知它受政治的巨大影响，如何避免政治干扰，清史研究者极宜具有高度警惕态度。

　　社会经济史论文的资料大多是在 60 年代前期搜集的，有的论文就写于那个时候，多数是 70 年代后期和 80 年代初期撰拟的，其时论述地租形态中

1

的货币地租、押租制,学术界尚不多见;对于宗族、宗族经济史,学者已多所涉及,而善堂经济尚少被关注,我研究地主经济,将善堂、宗族、宗教作为社会群体引入研究范畴,是我较早留心社会史的体现。清代妇女史的那篇论文篇幅大,由中国人民大学李华教授编发,是破例,事后他向我说起,实在感谢他。而该文所述的婚龄、童养媳状况、寡妇再婚现象、姑娘不嫁的"慕清",作为研讨对象被我提出来了。

我留心于社会史研讨,有总论的《清代社会史论纲》,更多的是具体史事,诸如关于有清一代的满汉矛盾,尤其是清初推行剃发令,反清革命中对满人的态度;吏治不清,道光时已经成为严重的社会病;民众运动层出不穷;地域史和移民史研究的结合,广东人移民上海,徽州人移民扬州与仪征,汉人移民吉林及对当地发展所起的作用。

(2018 年 12 月 27 日稿,2019 年 5 月 21 日阅定)

编者按

为避免文集各卷内容重复,敬请读者垂注:

一、作者为"冯尔康文集"10 卷本所作的自序《学无止境,是我治学的座右铭》,置于文集的《社会史理论与研究法》之卷首。

二、作者历年著作之总目《冯尔康著作目录》,以及《冯尔康文集总目录》,置于文集的《师友述怀·序跋札记》之卷末。

以上 3 篇内容,不再一一列入文集每卷之中。读者如有需要,可以参阅。不便之处,敬请谅解。

目　录

解题(杜家骥) / 1

清史及清史研究综论

清代社会史论纲 / 1

乾嘉道史与清代通史的研究宜于同步进行 / 17

放在世界范围内对清代历史特点的粗浅认知
　　　　——杜家骥著《清朝简史》序 / 19

关于清代中国社会走向近代化历史课题的探索
　　　　——杨杭军著《走向近代化——清嘉道咸时期中国社会走向》序 / 26

简述清史研究及史料 / 28

清史研究与政治 / 38

揭示清代的国家政治与社会互动关系的力作
　　　　——常建华著《清代的国家与社会研究》序 / 51

断代史清史研究的过去、现状与问题 / 54

清代帝王敬天的政治思想浅谈 / 62

清代的历史特点 / 68

我和清史研究 / 81

我以清史为主要内容的史学研究 / 94

全国首次清史学术讨论会在北戴河举行 / 96

历史事件与人物

清初的剃发与易衣冠
　　　　——兼论民族关系史研究内容 / 99

道光朝的官贪、民变和社会病述略 / 116

论道光朝社会问题 / 139

清朝前期与末季区域人才的变化

      ——以引见官员、鼎甲、翰林为例 / 152

鸦片战争与中国近代化 / 168

傅山《霜红龛集》中的史论和政论 / 174

学者阮元传略 / 186

章太炎清史研究评议 / 200

清代出使琉球官员的情趣 / 232

康熙帝游猎与避暑山庄的建立 / 248

康雍间殿试策问之题目与时政

      ——兼述康雍二帝性格 / 253

康熙帝经营黑龙江与瑗珲三题 / 269

施琅外海边防观念的提出和实践 / 280

乾隆初政与乾隆帝个性 / 285

从召见臣工看道光帝、咸丰帝的理政和性格

      ——以召见张集馨、段光清为例 / 305

晚清学者吴汝纶的西医观

      ——兼论文化反思的方法论 / 322

严范孙贵州学政的教育业绩与撰写经济特科奏折的思想学识准备 / 340

女性史

清代的婚姻制度与妇女的社会地位述论 / 363

母子共同砥砺

      ——尹会一之母李氏、洪亮吉之母蒋氏、

        张惠言之母姜氏教子的故事 / 389

"少守三从太认真,读书误尽一生春"

      ——袁机评传 / 393

《楼居小草》的作者袁杼 / 403

女诗人袁棠 / 406

社会经济史

清代的押租制与租佃关系的局部变化 / 409

清代的货币地租与农民的身份地位初探 / 420

清代地主层级结构及经营方式述论 / 440

十七世纪中叶至十八世纪中叶江南的商品交换、消费与本末观念 / 492

清代自耕农与地主对土地的占有 / 513

游民与社会结构的演变 / 526

十八世纪末十九世纪初中国的流动人口
　　——以嘉庆朝刑科题本档案资料为范围 / 533

乾嘉之际小业主的经济状况和社会生活
　　——兼述嘉庆朝刑科题本档案史料的价值 / 545

地域史

清初广东人与江苏 / 570

清代广东人在上海 / 583

清初吉林满族社会与移民 / 595

清代仪征人才的兴起及原因 / 621

清代乾隆时期扬州人的引领时尚
　　——建设文化教育休憩城的历史启示 / 648

解　题

杜家骥

　　先生清史方面的研究,除了"清代宗族史""雍正帝"已辑为本文集的专卷,其余合集为本卷,其主要内容:一是清代史的总论及对清史研究的看法,为本卷第一组论文;二是在人物、女性、社会经济、地域史方面的专题研究。

　　多年的清史研究,先生形成了对清史特点的诸多认识,在本卷第一组论文《清代的历史特点》《放在世界范围内对清代历史特点的粗浅认知》《断代史清史研究的过去、现状与问题》中对此有较集中的表述。主要观点如下:清代对传统的赋役制度、职官制度的改革影响深远。专制主义皇权达到登峰造极的程度,清后期又急转直下而消失,给后人留下清除帝王崇拜文化心态的严重任务;强化皇权的文化专制,贯穿有清一代。文字狱是残暴的思想统治。知识界在道光朝外患内忧的严峻形势下,才开始摆脱考据学羁绊,恢复清初的经世致用学风,但步履维艰。经济方面,商品经济较为薄弱,统治者缺乏应有的知识,气度不足,跟不上世界潮流,难于革故鼎新。社会方面,人口暴增,民间社团、秘密宗教结社、帮会等发展、活跃,四邻结社遍及乡村,民间互助、慈善组织、各种会馆,在清代有较大发展。清后期还出现反对陋风弊俗的社团,各种学会不断涌现。宗族组织活动在清代发展为民众性,成为社会生活的一大特色。

　　满族之主体统治、满人皇帝统治对历史的发展有正负两方面的作用,均不可忽视。民族压迫、歧视政策,涉及范围相当广泛。满汉民族问题,满汉矛盾、斗争,贯穿有清一代。另一方面,清朝满洲族当政给社会带来些许活力。清朝满洲族统治在民族地区实施的多种体制、政策颇有成效,对多民族国家的巩固、发展有巨大贡献;满族在发展时期其文化具有开放性、吸收性,统一中原时期,其文化具有扩张性,统一后则是努力保持民族文化的坚韧性。正是由

1

于满族文化的进取性,密切了满、蒙、藏的关系,拓展边疆,巩固边疆,奠定、稳定了我国辽阔的疆域。多民族国家认同加强,其中蒙古问题的解决,对清代历史的影响颇大。因而,清代历史的分期,需要看重蒙古的作用,清朝前期、中期的分期标志,是乾隆朝解决北疆准噶尔问题,而不是许多学者所说的康熙朝的平定三藩和统一台湾,其实台湾问题的重要性远远不及蒙古问题。

清朝时期,中国已不可避免地与世界发生联系,因而需要从世界范围来考察清代的历史,了解中国社会内部及其同外界的关系,了解它的演进过程和特点。鸦片战争之前,社会经济文化具有前近代因素,可以与近代社会相衔接;鸦片战争后,中国社会向近代社会转型,在反对西方殖民主义侵略的形势下,汉人和清朝之间,出现了"外忧"与"内患"、"反帝"与"反清"先后论,难得有圆满的解决方案。自清朝开始出现的反帝爱国主义和民族主义,与传统的中华中心论纠缠在一起,有着正负两方面的作用。

道光朝是清史研究中较薄弱的,先生有几篇专文进行考察,认为道光朝陋规盛行,吏治严重败坏;民众运动勃兴,游民和流民众多,贫民无法安生,乃至盗贼遍地、民变频生;鸦片、赌博、宴戏社会病流行(见《道光朝的官贪、民变和社会病述略》)。先生指出道光朝有五大社会问题,除了官贪、民变和社会病,还有少数民族与以满族为主体的政府的冲突、西方殖民主义势力入侵及由此造成的社会问题;并认为当时吏治的败坏、积弊太重太深,更兼因循守旧的方针与循隐的官风相结合,难以解决外患问题(见《论道光朝社会问题》)。文中还以道光朝为例,提出应重视社会问题的研究,注意发现新的社会变动,并联系历史传统与社会制度考察社会问题,了解其要求社会改革的信号。

先生从社会史方面揭示清朝的历史状况,则有《清代社会史论纲》一文,文中对清代等级、宗族、家庭的社会群体生活,衣食住行等物质生活的习尚,人口流动与社会救济,戏曲、节日等娱乐生活,缠足、停丧等社会风气,等等,提纲挈领地论述了它们的通常形态、变化及不同于其他历史时期的特点。

在《断代史清史研究的过去、现状与问题》一文中,先生表达了诸多对清代史的真知灼见,特别指出清史研究资料之丰富为其他断代史所不可企及,尤其是档案资料,需要充分地、高水准地利用(并见《简述清史研究及史料》一文)。强调满汉民族问题贯穿有清一代,宜高度关注。在《清初的剃发与易衣冠——兼论民族关系史研究内容》一文中,先生通过对清初剃发易衣冠引起的满汉民族间激烈的冲突,以及以前多次发生的民族间因改变发式衣冠引起的政治性事件的论述,认为衣冠、发式制度和习俗,是民族关系中的一种内容,民族关系史的研究要给予民族文化、习俗以应有的重视,要考察民族间生活习尚的交流及由此引起的政治斗争及其对历史进程的影响。其实,全部历史的研究,也绝不能忽视衣着装束、饮食、嗜好、交往、礼仪、时令节日、人口繁殖和迁徙、民族关系、婚嫁丧葬习俗等社会学、民俗学、人口学、民族学的内容,否则,把历史讲得有血有肉、讲出它的规律性,很可能就是一句空话。先生还指出,清史研究仍须努力减少意识形态的干扰,以便走得好一些。20世纪,政治意识形态对清史研究产生了巨大影响,其中有正面的,而更多的是负面的。我们有一些陈旧观念,似乎已经成为思维定式,改起来并不容易,不进行有意识地清除,不下大力去清理,它还会起作用,而且是大作用;不认真对待,还让它桎梏我们的思想,将会继续极大地影响清史研究的长足发展。如何避免政治干扰,清史研究者极宜具有高度警惕态度(并见《清史研究与政治》《章太炎清史研究评议》)。

嘉道时期,是清代鼎盛时期已过、开始走向衰败的时期,各种社会问题凸现,而又是现今清史学界研究较薄弱的时期。此外,现今的史学界,因古代社会与近代史之分,将道光朝的历史分开,不利于对当时历史的认识,因而先生强调加强对嘉道时期历史的考察,尤其应该把嘉道时期与以前、以后的历史联系起来作通贯性的研究,并鼓励学生们这样做,可见《放在世界范围内对清代历史特点的粗浅认知——杜家骥著〈清朝简史〉序》《关于清代中国社会走向近代化历史课题的探索——杨杭军著〈走向近代化——清嘉道咸时期中国社会走向〉序》。

第二组为“人物”论文。所研究的人物,有皇帝,有官员和学者。关于康熙帝,论述了其经营东北边疆、设置黑龙江将军、处理中俄关系、绘制《皇舆全览图》等举措(见《康熙帝经营黑龙江与瑷珲三题》)。其中关于帝王喜好、性格对施政的影响,也是值得注意的、具有新意的论点,在此组文章中有较多涉及。《康熙帝游猎与避暑山庄的建立》一文认为,避暑山庄建在热河,适合避暑及行猎,离京师较近也便于处理政事;另外揭示了康熙帝捕猎成瘾,喜好渔猎娱乐,其热衷秋狝,固然有武备的一个原因,行猎亦是促成的一种动力,而帝王的这种喜好非同一般,难免造成官员投其所好及劳民伤财等弊端。而《乾隆初政与乾隆帝个性》一文,则在阐述乾隆继位后改变前朝行政的诸多举措及其效应的同时,揭示了其性格所赋予的宽严相济、刚柔相济的政治纲领及行事作风,评价了其在为政上的调适能力。从殿试策问试题中,则可看出康雍二帝性格对他们为政的影响。他们的共同之处是:勤政不倦而又认真;睿智,善于把握时局和发现问题;讲求政治思想的深入人心,以此移易政风、士习、民俗。他们的相异之处,是政治思想和施政方针有所不同:康熙帝始终主张并施行宽仁之政,反对更新,为人仁厚、宽容;雍正帝力主革新除弊,实行严威治国的方针,为人严酷、察察为明。具体论述,详见《康雍间殿试策问之题目与时政——兼述康雍二帝性格》一文。对道光、咸丰二帝也有这方面的考察,从召见臣工的角度观察,指出他们均为勤政之君;道光帝有政治主见,而软弱的性格使他不能振作有为;咸丰帝好学,但专心致志不足。由召见的谈话内容发现,道、咸施政受客观环境的限制,因而皇权有被制约的因素,不能为所欲为;君主专制制度下的皇权必须被批判,但同时也应认识到——家天下的皇帝对国家、人民具有责任心。以上见《从召见臣工看道光帝、咸丰帝的理政和性格——以召见张集馨、段光清为例》。《傅山〈霜红龛集〉中的史论和政论》,阐述了清初学者傅山在史论方面重事功而以成就论人物的历史地位,极力推崇民族气节,强烈反对以满族为主体的政权,反对君主个人神圣化的观点和思想,并分析傅山史观的由来。

《学者阮元传略》的内容为阮元的生平、为官政务及学术成就。《严范孙贵州学政的教育业绩与撰写经济特科奏折的思想学识准备》,论述了严范孙倡行经世致用而以西方近代思想教育学子,改设"中西学堂"性质的书院,开办官书局传播实学和科学知识,奏请开经济特科以选拔维新人才的事迹,以及严范孙本人致力于西学知识的掌握与自身修养。《晚清学者吴汝纶的西医观——兼论文化反思的方法论》介绍了吴汝纶执着于西医的信奉,宣传、倡导西医的活动,并据此进行文化反思、分析其方法论。

《清代出使琉球官员的情趣》是一篇所论内容新颖的文字。介绍了清廷派往琉球的使节及众多随员,如钦天监天文生、医生、幕客,兼或还有僧侣。指出清朝第一次是按明制以六科、行人司官员为使臣,自第二次起,康熙帝便特令选"学识宏博、仪观俊伟"者,以翰林院翰林、内阁中书充任。使臣所带的从行者,也在文学、艺术等方面各具专长,以向琉球君臣宣传中华儒家思想和诗词歌赋礼乐的艺能,取得了他们的敬重,以增强其对清朝的臣属信念。国内君臣及士人好友希望使者砥砺廉洁,赢得琉球的赞誉,同时留下海外阅历文字。使臣则传播皇帝的神圣恩德惠及四裔,声教远被,着力传播儒家思想文化、诗文技能、医药知识、华人生活方式等,并了解琉球历史、调查制度、民俗,也留下了不少有关这方面的记录。但他们只是为了声教远扬,维持天朝大国的架子和面子,兴致多在于注意事物的表象,而不肯下功夫去认识它的实质,以便推动邦交的发展,为后来反对日本吞并琉球的斗争提供更多的东西。

古代的女性,是史学界在人物研究方面相对薄弱的领域。此卷第三组文章为这方面专题。

《清代的婚姻制度与妇女的社会地位述论》讨论了清代婚姻制度的状况及特点,文中分析了妇女(一般妇女)的处境、地位。阐述、揭示了以下现象:清代沿袭前代法律条文,规定父母等长辈决定子女婚姻。男子16岁、女子14岁为结婚年龄,这也是清朝继承宋明之立法,属早婚制度,也是当时习俗。家长给子女选择配偶的原则为门第、财富。童养媳在清代是一种普遍现象。政府旌表贞节,官府和民间在经济上抚恤寡妇。寡妇不嫁守节者大量存在,还有守贞者,为亡故的未婚夫守节,或称"守清",甚至有殉情而死的。更有甚者为"慕清",未曾与何人订亲,而缔婚于已死之某男子,往而守节。因为在传统社会制度下,女子出嫁后可能遇到种种不幸,所以还不如独身的好。守清、慕清,是妇女丧失人生乐趣情况下的选择。寡妇守寡生活悲惨,因而寡妇再婚的现象也具有一定的普遍性。改嫁在下层社会家庭中出现得比较多,寡妇要求重建和争取幸福的家庭生活,表现出普通人对生存权的渴望。一般民众的贫困、贵男贱女的观念、婚姻仪礼的奢华靡费,是造成清代溺女恶习相当流行及当时人口性别不平衡的重要原因。社会上的育婴堂也有抚养被弃女婴的措施。在家庭中,妻子是丈夫的附庸,被限制参与家政,是生育子女的工具,从事家务劳动,如同"家庭女仆",甚至有被当作财产出卖者。家庭财产属男子所有,妇女没有自己独立的经济,她们是纺织业的主力。缠足,是对女子身心的摧残。

上文所述是一般家庭妇女的情况。那么知识女性的处境地位又如何呢?关于书香门第"袁家三姐妹"的三篇文字,为我们详细揭示了这方面的状况。世称的"袁家三妹",是18世纪文坛领袖之一袁枚的三个妹妹袁机、袁杼、堂妹袁棠,都是才女,有诗文名篇存世,而生平"皆多坎坷,少福泽"。袁机尤其不幸,虽才貌双全,但丈夫高绎祖不仅貌丑,且性格暴躁、狠毒。因系从小订亲,高绎祖之父曾欲退亲,而袁机坚决恪守女子只能从一而终的伦理,坚持不退。过门后,袁机恪守妇道,孝敬婆母,对丈夫的残酷虐待也逆来顺受。后因丈夫要把她卖了抵账,被逼无奈逃入尼姑庵,后经官司判决离异。袁机又按照寡妇守节规范生活,在家修行,寄居哥哥家里,帮着料理家务、照料生母,并教育所生哑女,以使其正常生活,耗费了大量心血。文章认为,袁机虽以列女青史留名,但这是用血泪换来的,实在太残酷了,宣扬这种道德的社会太腐朽、太令人痛恨了。中国古代,没有女才人发挥才能的机会,是摧残创造力、活力的卑劣社会制度。袁机的妹妹袁杼,二十几岁时丈夫去世,过着寡居抚育子女的生活。15岁的儿子乡试后即病亡。袁杼带着女儿回娘家依附于母亲、兄嫂。为给女儿谋求生路,把她送给袁枚为女,由袁妾方氏抚养,让女儿称自己为姑妈。方氏不幸于乾隆三十七年(1772)故去,其女仍是孤单。几年后袁杼也病故。袁棠25岁时,无奈出嫁富家子47岁的秀才汪孟翊,为填房,还好,夫妻琴瑟和谐,袁棠孝顺公婆,前房子女、族人皆敬重她。但好景不长,袁棠38岁时就因难产亡故。文章认为,这三位才女都信仰和实践三从四德的伦理,而现实生活偏偏同她们作对,境遇悲惨,这在清代社会是极其少见的不幸。而她们的兄长袁枚颇有离经叛道的味道,搞同性恋,收女弟子,四处打秋风。他们兄妹生活在同样的社会、家庭环境之中,而女子信守纲常条教,男子则可有所违背,亦见男尊女卑的严重,社会不合理到何等程度!

《母子共同砥砺——尹会一之母李氏、洪亮吉之母蒋氏、张惠言之母姜氏教子的故事》,则叙述了三位寡母如何在极端困境中,含辛茹苦教育孤儿,母子共同砥砺、艰苦奋斗而成就事业的史事。她(他)们是:李氏与子尹会一、蒋氏与子洪亮吉、姜氏与子张惠言。此三子后来皆为名人。家境贫寒的李氏,在贫窘中为姑舅和无子的亲生父母养老送终,教尹会一读书。尹会一后来中进士,历官知府、盐政、巡抚,为当时清官。洪亮吉6岁丧父,家庭贫乏,母亲蒋氏一面纺织养家糊口,一面教授亮吉读书,特别注重在伦理、义行方面教导亮吉。洪亮吉受蒋氏教诲,为人正直、忠诚不阿。为官时期因直言时弊,揭露了官场丑恶,得罪了众多官员,乃至批评嘉庆皇帝,被发配新疆,仍关心国计民生,撰写有利于边疆经营的专著。张惠言祖母白氏寡居教育其父蟾宾兄弟,其母姜氏又以媳妇训导惠言兄弟,白氏、姜氏苦节厉行,数十年中虽生活艰难苦窄,在文化方面倾心教育子孙,张惠言成为清代文学史上散文流派阳湖派创始人之一。白氏的艰苦卓绝精神教育了蟾宾、姜氏一代;姜氏又以自己的行动感化了惠言一代;惠言又把这种精神传给儿辈,张家就是靠着世代磨炼,在艰苦中坚持学业,保持了家声,并给社会留下了精神遗产。

社会经济一组文章,较多的是关于地主、佃农、自耕农等农民方面的。以往对地主的研究,着重于其阶级性,内容简单。本组中的《清代地主层级结构及经营方式述论》一文,从地主的土地所有制的特点、地主的经营方式、地主阶级的构成、这个阶级与国家的关系等问题做分析,试图对地主阶级的面貌和历史地位有所说明。文章认为,清代土地转移中,"活卖"和"找价"的流行,造成土地所有权的复杂化,佃农"买佃"耕种,形成"一田二主"的局面,地主的土地所有权因而也不完整(详细论述见本组《清代的押租制与租佃关系的局部变化》一文)。清代地主土地所有制的特点,也影响了地主自身的某种变化。清代地主有把土地出佃的,有雇工生产的。有些地主居住在城市,成为"城居地主",是地主中最腐朽、寄生性最强的阶层。清代地主雇工经营具有一定的普遍性,他们身份不高,管理生产,经营规模不大。清代地租形式多样化,货币地租呈发展趋势(本组《清代的货币地租与农民的身份地位初探》论述:清代货币地租发展水平不高,还处于初级阶段)。经营地主多为中小地主,是这个阶级的下层,绝大多数人和所雇工人中的绝大多数在法律上又是平等的。清代地主阶级处在衰落境地。

清代地主阶级在结构上的特点:(1)成分复杂。在经济上虽同为地主,但有大中小之别;在政治身份上,既多平民,也有具有特权的官僚衿士、贵族、皇室地主;在行业上,本业之外,有兼营商业、高利贷的;在土地所有制上,有私有、国有,还有具有某种集体性质的;在经营方式上,有出租,有雇工经营。中国历朝历代的地主阶级构成都很复杂,清代又增添了新成分,如善堂地主的出现。(2)以"集体"面貌出现的地主及其土地的增多。学校、善堂、宗族地主在数量上比前朝增多,有的增加还很显著。具有多种多样功能的善堂的出现,义庄增多。(3)除皇室地主外,其他各类地主具有不稳定性。

清朝政府对地主的政策及调整,大体为:保护地主土地所有权,以赋役政策限制大土地所有制的无限发展;地主阶级保证完纳赋税,以支持政府。政府保护地主收租,但限制他们恣意凌虐佃农的非法权利。政府保护宗族地主、祠堂,以使其发挥维护基层统治的作用。兴办各种慈善事业的地主也与政府结合,维护后者的统治。清代地主是具有某种经济活力而又趋于衰落的阶级。

《清代自耕农与地主对土地的占有》,则以翔实的资料证明:清代自耕农至少占农村人口的百分之三十至四十,农村并非只有地主和佃农。自耕农直接同政府发生关系,同农村其他阶层有密切的联系,相互发生作用,影响社会生活的变化。地主中,平民小地主人数最多,在某种意义上说是地主的主体。

大地主极少,膏腴万顷式的土地集中的概念难于成立。清代地主占有全国半数以上的耕地,就是达到高度集中的程度。清代的农业人口比重下降,工商业人口上升,无业游民大量增加(清代大量增多的游民及其所从事的行业等内容,详见《游民与社会结构的演变》《十八世纪末十九世纪初中国的流动人口——以嘉庆朝刑科题本档案资料为范围》),农村失业人口大量出现,是土地高度集中的结果和标志。大量过剩的农业流动人口,补充了工商业的劳动力,促进其发展,大量游民又使社会动荡不安。

涉及生产关系领域的研究,学界通常留意的是主佃、东伙关系,尤其是其中的分化状况,而对中间状态的层级关注甚少。《乾嘉之际小业主的经济状况和社会生活——兼述嘉庆朝刑科题本档案史料的价值》一文,利用档案"刑科题本",非常详细地揭示了小业主的生产经营、生活等具体情况。文章所界定的小业主,比一般社会上所指的手工业者、小商人(零售业者)要广泛一些,还把一般农民、小土地出租者、农民而有雇工者及佃农而有雇工者包括在内,确定的标准是拥有少量的生产资料和特殊手艺(技术),家庭经济来源主要靠自家劳动生产,雇工所得不占主要成分。佃农雇用工人,或偶尔雇短工,这种现象虽不多见,但也存在,所以也将其纳入。文章对小业主的从业活动、生活等方面的特点也有分析。

《十七世纪中叶至十八世纪中叶江南的商品交换、消费与本末观念》,论述了当时该地区商品经济有了较明显的发展,商品生产在农业和丝棉织业中都有增加,市场交易随之扩大和繁荣,人们的消费也在上升;与此同时,丝棉织业的生产关系出现了变化,产生了资本主义萌芽,然而人们的观念对变化着的经济形势反应得要慢些。

地域史一组的文章,重点是江苏地区,还有涉及区域性移民、任官人才问题的论文。

《清代广东人在上海》一文通过考察,认为上海在清代、主要是近代兴盛、发展迅猛、地位变化巨大的重要原因之一,除了土著居民的贡献,移民发挥了重大作用,其中广东人较多。19世纪五六十年代,沪上粤人激增,以后陆续增加,绝对数量很大。广东人在上海开办商店,经营转口贸易,建立近代式企业,对上海的经济发展,对其成为对外贸易中心、航运中心和开始走向近代化的城市,起着巨大的推动作用;广东人在近代上海的政治舞台上相当活跃,起过促进社会变革的良好作用;广东人还在上海组织地域性、商业性团体,办理社会救济事业和公益事业,在一定程度上影响了上海居民的社会生活。总之,作为移民城市的上海,有了广东人的新鲜血液,面貌发生很大变化,它的历史具有了广东人的一些面貌,或者说,没有广东人的参与,清代后期的上海就不会是它那样的历史面貌。《清初广东人与江苏》揭示的则是清初广东人到江苏访问,与当地士人相砥砺,坚持反清复明活动的事迹。

《清代乾隆时期扬州人的引领时尚——建设文化教育休憩城的历史启示》阐述:在清朝鼎盛的乾隆时期,扬州改变了明代纯粹商贾文化的粗俗面貌,经济富庶的同时,人文昌盛,扬州在生活享受中讲求艺术品位,扬州以经济、文化均繁华的城市面貌出现于社会。文章从园林花卉甲天下、维扬菜系与发达的餐饮业、美容健身衣饰与沐浴、理发业、繁盛的戏曲、发达的书院教育、文化学术及扬州学派的形成、宗教文化与信仰、市政建设与社会救济事业、狭邪业的娼妓等诸方面,揭示了当时扬州人生活的行为与习尚,指出其中有积极健康的生活因素,也有消极的成分。盐利之巨,成为盐商奢靡生活的基本条件,暴富者仿效上流社会生活方式——学雅,各方面消费激增;皇帝南巡享受盐商的报效,促成盐商的奢华。下层社会仿效,以至奢靡成风。也给今人以诸多启示,如奢华之城市不能持久,物质生活越富裕,文化水平也应该相应提高,培养人们的高雅气质,发扬尊重教育事业的精神,等等。

《清代仪征人才的兴起及原因》论述:清代仪征人才兴盛的原因,主要是设在仪征和扬州的盐筲、盐官与徽州入籍为土著的盐商相配合,重视文化教育,以及传统社会家庭、家族重视读书科举的努力,形成全社会的良好学风,实现了人才的培养。并据以上研究进一步指出:研究地方史,不可忽视中央政策及其与该地区的关系,其次应留意移民对地方社会的影响。还有"占籍"(外地人在某地寄居,因为科举而以该地之籍的名义考试)现象值得研究。

《清初吉林满族社会与移民》考察了17世纪上半叶至18世纪上半叶,吉林满族土著与移民所形成的社会状况,经济的发展,文化的交融,民族融合状况。文章阐述:吉林居民,在以满人为主的土著之外,新移民以汉人为多,其中还有清初被流入的汉人政治犯、发遣该地的三藩叛乱余孽。汉人之外则有从北京和盛京移驻的旗人,有编入八旗的赫哲、锡伯、瓜尔察等"新满洲",姓长制下的赫哲、飞牙喀等族人,驻防蒙古旗人、汉军旗人,还有回族、朝鲜族人。流民、流人以汉族的农耕技术开荒种田,从事商业,带来先进文化,在衣着饮食、丧葬习俗、婚姻习俗、社交礼仪、宗教信仰与坛庙建立、节令风俗、戏曲、娱乐、文化教育等方面,给当地带来广泛影响。清初的抗俄功绩,也包含着吉林满洲土著与汉人移民紧密合作造就的因素。

《清朝前期与末季区域人才的变化——以引见官员、鼎甲、翰林为例》,则是揭示某些省区在特殊背景下“引见”所反映的区域任官人才变化的状况。文章利用雍正、光宣时期的档案,揭示这两个时间段各省、八旗官员被引见者的比例。雍正年间,陕西位居第一,高出第二位的江南(江苏、安徽两省)一倍多。光绪十八年(1892)、宣统元年(1909)合之,满洲引见官位居第一,与第二位安徽的差距非常大,几乎是 3 倍。安徽和湖南引见官甚为接近,形成第二层次。江苏及八旗汉军、蒙古和浙江为第三层次。陕西、江西、广东及直隶构成第四层次,河南、顺天以下通为最后一个层次,奉天、广西、福建最少。造成区域人才状况变化的因素很多,上述时间段还有其特殊原因。陕西、湖南、安徽等省能在引见官员上名列前茅,起决定性作用的是康、雍之际的西北用兵和咸、同时期的太平天国、捻军战争。科举也影响着区域人才的盛衰和演变。清朝政府的民族政策,对满、蒙、汉军旗人人才及少数民族地区的人才的出现,起着重要的作用。

清代社会史论纲

本文以清代人们的等级、宗族、家庭的社会群体生活，衣食住行等物质生活的习尚，人口流动与社会救济，戏曲、节日等娱乐生活，缠足、停丧等社会风气作为研究对象，提纲挈领地考察它们的通常形态、变化及不同于其他历史时期的特点；还将注意上述诸种社会生活之间，特别是它们同社会政治生活、经济生活的相互联系。笔者不仅希望了解清人社会生活是怎样的，而且希望能综合地、全面地探讨清代社会进程的各种因素。由于笔者刚刚探索这一问题，因此只能以提纲的形式发表一些粗疏的见解。

一、清人社会生活一斑

清朝人都处在有形的和无形的社会组织中，普遍地生活在家庭中，有相当一部分人被组织在宗族祠堂里，在政治上人们还普遍过着等级生活。

清代平民的家庭由父子两代或祖孙三代构成，同一父亲的两个或多个成年男子通常是分家。贵族、官僚和有钱人的家庭结构与此不同，它往往是四世同堂、五世同堂。所谓大的家庭结构是指后一种人的，平民的家庭构成不太复杂。家庭成员之间形成多种关系，即父子、夫妻、祖孙等关系，稍大或大家庭尚有兄弟、叔侄、婆媳、姑嫂、妯娌等关系。家庭以男性成年人为家长，在夫妻、父子关系中，作为夫、父的家长有比他人为多的权力，家庭经济主要由家长创造和掌握。女子除进行家务劳动外，南方的多半参加农业生产。在纺织业发达的地区，女子的纺织足供个人的生活。女子还作为生育工具，她们的生活是操劳而艰辛的。富贵家庭的妇女不从事生产，但是"别内外"的规条对她们又是无形的桎梏。家庭财产由男性成员继承，寡妇要由丈夫家族为其立后才有继承权，女儿对娘家财产一般情形无权染指，所以财产继承上也体现出重男轻女的原则。由婚姻而有夫妇，才形成家庭。清人的婚配原则既重门第又重财产，不过更重视后者，唯在良贱通婚上禁忌甚严。女方争索财礼，而男方又要陪嫁。婚姻仪式按礼法规定，非常繁琐，铺张浪费，影响男女双方的家庭经济。平民家庭多是一夫一妻，富贵者则广肆纳妾。清代夫妻关系不管感情如何，比较稳定，很少有离异的。家庭中人们地位的不同，很容易形成各种不协调，而以家长与属员的矛盾为主，具体表现为父子、夫妻、婆媳、妯娌的冲突。

在长江流域及其以南地区，有的家族有几十人、几百人以至几千人，北方也有这种情况，但少一些。聚族而居的宗族，常常建立它的组织——祠堂。宗祠内包含同一祖先的各派子孙，是未出五服的血缘近亲和出五服的亲属的联合，而基础则是宗族成员的家庭。祠堂有族长、族副等一套组织机构，大家族尤其完整。宗族制定宗规家训，规定族人的职业、族人对宗祠的义务、家长的理家权，以及族人的其他行为准则；它经常实行对族人的宗法的、伦理的教育，审理族人内部纠纷，处罚族人，拥有向政府的送审权。有个时期，法令甚至允许宗族处死族人，俨然是一级政权。宗族内部，族长和有政治身份的人掌握祠堂，与一般成员产生治理与被治理的关系。族人间也有财产纠葛。祠堂与外部的矛盾也很多。不同宗族间的纠纷，使社会上生出许多案件、械斗。

清人在政治、法律上的地位很不平等，形成下述的种种等第：

皇帝。臣民之主，有着至高无上的权力。清朝由于实行军机处制度，使作为幕僚长的军机大臣部分取代准宰相的大学士权力，进一步削弱了相权，使皇权达到登峰造极的地步。

贵族。内分宗室贵族与异姓贵族两种。宗室贵族除有世爵、赐田、八议中的议亲等权力外，政治地位又比历朝的上升。清代宗室封爵为十二等，前九等是超品级的，第十等与一品官的大学士等同，第七等与异姓公爵同品级，其地位远远高于民公与官僚。异姓贵族自三藩叛乱之后没有王爵，由因公而封的公爵以下世职组成，享有八议及恩荫等特权。

官僚。由现任文武官员组成，内部可分三品以上的大僚、四五品的中级官员、六品以下的下级官员三个层次，他们有着不同的优免权、赠封权、司法诉讼上的特权、执行公务与处理部民纠纷上的特权。大臣还有恩荫权。

绅衿。由退职的官员和有功名的进士、举贡生监组成。享有免役权、司法诉讼上的特权，还有不成文的、习惯上的特权，如干预地方政治的权力。

平民。包括没有政治身份的地主、商人、自耕农、佃农、手工业者、僧道，处于良人地位，他们的财产及与他人形成的生产关系受法规保护，同时有纳税应役的义务。这中间的佃农，实际地位原低于地主，雍正年间制定禁止地主擅责佃农的法令,他们的地位有所上升。

雇工人。被绅士、地主、商人、手工业者及佃农雇用的农业、手工业工人,原来的地位介于良人和贱民之间,经过乾隆年间的改制,凡与雇主平等相称、同坐共食的升为良人,主仆相称的仍为雇工人。于是绅士等有身份的雇主的雇工政治身份低,雇主身份一般,其雇工身份就高。

贱民。其中的奴婢,有卖身的,有家生的,有投靠的,主要从事家内劳动。他们是主人的财产,受主人人身控制,不能告主、叛主,政府不允许任意杀害他们,但他们的主人可以根据本身的政治权力减轻杀害罪,所以他们的生命并无保障。教坊司乐户是官奴婢,山西、陕西的乐户,绍兴府、宁波府的堕民,苏州府的丐户,广东的疍户,由前代官府规定或地方恶势力长期奴役而形成,从事贱业,同于乐户;宁国府的世仆、徽州府的伴当,也是长期形成的贱民,附属于主家。这些贱民在雍正年间开豁为良,唯和声署取代了教坊司,乐户得以从良,其他贱民由于改变职业的困难,仍处于贱民地位。此外,政府的皂隶也属于贱民。贱民不能同良人通婚,不得读书入仕。他们没有人格,没有政治权力。

人们组织在家庭之中,家庭是社会的细胞,是初级的社会群体。由不同类型的家庭组成各种社会等级,等级是封建时代的主要社会结构。同一血缘关系的家庭组成的宗族,也把人分为庶族的、望族的不同等第,影响人的生活。家庭、宗族、等级是清代社会结构的表现形式,人们生活在这些结构之中。

人们的物质生活不是社会史的研究内容,但物质生活的规制、崇尚及其变化却是社会史的考察对象。

服饰方面。清朝像历代王朝一样有一套定制,天子、贵族、官僚、士人、平民、贱民各有规定的服装及装饰品,用料、颜色、刺绣、饰物均依政治身份而有差别,是所谓"重名器、别贵贱"。清代由于是满族当政,改变了明朝汉人服饰,而推行满装,其中官员的特点可用"孔雀翎、马蹄袖"来表明。服饰既然表示人的身份,任何一个等级的人都想改变自身的服制规格,使用高于自身等级的服饰,所以经常出现服饰违制的事。清朝屡次下命禁止,但无结果。发式和服饰紧密相关,清朝强制推行满人发型,汉人是"男从女不从",男子剃发脑后梳辫子。

清人的主食有较大变化,在米、麦、谷之外,玉米、白薯增加进来。政府提倡种植白薯,宣传它的多种用途。人们在口食紧张的情况下,无可奈何地接受它。美味玉食历来为富贵者所追求,清代官绅商贾随着时间的推移,要求越来越高,口味千变万化。如京中宴席,康熙时滦鲫、黄羊为佳品,乾隆中则盛行填鸭。在饮食业中,茶馆在一些地方兴起了,出现"遍地清茶室"的现象,人们进茶馆成了一种风尚。

居住方面。官民住宅方位、房舍式样,清朝政府都有一些规定。太庙、品官家庙的房屋间数、高低、大小、门垣数量的定制,最可以反映清朝的这种制度。在首都,皇宫在中间,内城居住贵胄、官僚和满人,南面的外城是商人活动处所,符合于历来都城"北朝南市"的等级规制。外城"家隘而压低",内城"巍峨华焕","其巨者略如宫殿"。有的城市还分出满城和汉城。一些地方贱民集中居住,如宁波的贱民居住区称"贫巷",房舍矮小。有些地区的绅士地主不乐于僻居乡村,跑到城市,加上工商业发展等原因,城市人口在增加,城内建筑增多,空地减少,流经城市的河道成了污水沟,人们的居住环境在变化。人们为改变居室条件,讲究建筑质量,尽财力的可能进行雕饰,有的地方出现"宇尽雕镂"的情况。富贵人为游乐,建造各种花园。皇家拨巨金建设圆明园、颐和园、避暑山庄,使它们成为皇帝经常使用的办公室、起居室、娱乐园。富人建的花园散布在全国各地,有的园林规模之大,十日也游不尽。

清朝规定了各种贵族、品官的轿子、车辆的形制,饰物的质量、颜色,车辆引马的数量及引马的饰物,令人看到车辆、轿子就知道它的主人的身份。为了维持交通秩序,清朝设立了相关的制度,如在运河道上,船过河闸,先尽官船,次及商民货船。

有的地方有宗族以发展义渡为风尚,出资修桥,或置船雇夫役,免费摆渡行人。有的地方还有人以发展茶亭为美事,施茶给过往行人。

在清人物质生活习尚中,我们看到:

(1)不同等级的人有着严格的差别。

(2)物质生活的崇尚在不断地变化。一方面人们总有对美好的生活的追求;再一方面是人们不惜逾制突破法令的有关规则。

(3)人们的物质生活习俗与地区有很大关系,南北各不相同。

(4)各民族有自己的生活习尚,但满人强迫汉人接受他们的一些生活习惯。

清人,特别是平民百姓,文化娱乐生活很贫乏,然而人们的生活情趣还是高昂的,总在设法搞点娱乐活动,以调剂单调的生活。当时的娱乐有经常性的,而更多的是体现在婚嫁丧葬等形式中。

清代戏曲形式很多,流行昆腔、弋阳腔、梆子腔、鼓吹、吹打、十番、弦索、皮簧和京剧。前期昆腔为人所喜,清末京剧取代了它的地位。皇帝有内府戏班,演技和道具皆精。乾隆年间,《西游记》《封神榜》等小说改编的神仙鬼怪戏颇受欢迎。京城有几家戏班子,供士大夫欣赏。官员,特别是地方官,多私设戏班子,除供自家观赏,还用以在属民富人中"打秋风"。有的地方有在官乐户,官员宴会,命之歌舞助兴。一些工商业、交通发达的城镇,如苏州,有民间梨园。乾嘉时期,民间梨园遍布城乡内外。戏班有固定的演出场所,还到集市上流动卖艺,"听观如堵",受到三教九流观众的欢迎。

清人的节日很多,有国家法定的,有传统的。节日生活,仪式而外,就是吃和玩。玩往往是看各种表演,或亲身参加某些演出。如元宵节的看烟火和龙灯,五月的龙舟竞渡,七月鬼节的盂兰盆会看僧道的做法场。民间的春祈秋赛,也多有演出。

庙会是流行于全国各地的民间贸易、娱乐形式。许多人,特别是南方人,不论信佛与否,爱作寺庙之游。有些寺院有定期的庙会,一连开几天,届时司事者多订戏班,作连台的演出,还有踩高跷、耍猴戏、练武术、唱鼓书等曲艺杂技的表演。人们打扮一番,男男女女老老少少,拥向寺宇,"举国若狂"。有的官员以庙会上男女混杂,有伤风化,加以禁止。江苏巡抚汤斌在苏州毁淫祠,但他最终是失败了。苏州人的寺庙之游一直很兴盛。

家庭喜庆的娱乐是经常有的。娶亲、做寿,事主根据经济条件雇戏班子唱戏,或者有亲朋送戏。这些当然是富贵之家才能有的娱乐。丧葬本来是不能庆祝的,但有的地方把它视作"白喜",有亲戚送戏的。

打牌是清代各阶层人的活动,但它流行在男子中,妇女中只有官眷才有闲情做这种游戏。它同时是赌博工具,往往造成一些人的倾家荡产。

嫖妓和赌博一样,都是不正当的娱乐。嫖客把对方置于被侮辱、被蹂躏的地位。妓主要是女子,有卖身的,有卖艺兼卖身的。乐户、堕民、疍户都兼营妓业。优人亦有兼卖身的,是为男妓。京城嫖客多有爱男色的。乾隆中两个状元同庆成班、保和班优人相好。文人以挟妓在南京秦淮河、苏州虎丘、杭州西湖、扬州瘦西湖冶游,作为风流韵事。

清代人口增殖极快。据记载,历代户口统计,自汉至明,在四千万至七千万间徘徊。清朝自行摊丁入亩和废除编审制度后,人口从乾隆初年的一亿多,跃增至道光间的四亿。人口的自然分布,康熙中,浙江、江苏、山东、福建、陕西、江西人口密度大;乾隆时,江苏、浙江、安徽、山东、河南、湖北等省密度居前列。它表明东南沿海和长江流域、黄河下游人口众多。

清人的职业,农业为主,商业和手工业次之,出仕和以文为生的又次之。这是封建时代的基本职业构成。但是清代人口职业流动较前朝为大,特别是康熙中期以后,工商业发展,人口由农村的农业转向城镇的工商业,像苏松的纺织业、景德镇的陶瓷业、云南的铜冶业的工匠,多是异乡的农民流移来的。这样工商业与城镇人口增加,如乾隆间杭州府城乡人口中,市民占总人口的10.26%,在那个时代这个比重是很大的了。又如道光间,福建灶户人口占土著人口的1.1%。制盐户占到这个比重是应当引人注目的。

清代人口增多,耕地与职业有限,产生过剩人口,出现大量的流民。清初有人讲当时“闲民十之六”,清中叶龚自珍讲“不士不农不工不商之人,十将五六”。始终有那么多无业游民。他们毫无生活保障,四处游荡,是社会不安定因素,为盗贼,入会党,参加农民起义队伍。

失业人口的一项出路是外出谋生。南方人口密集区的失业者除走向城镇外,就是向丘陵地、山地进军,开发处女地,这些人就成为棚民。开始清朝政府从治安考虑,不承认他们的迁移,后来允许他们著籍和参加科举。棚民开荒,提供经济作物和玉米,活跃了商品市场,但他们与土著有矛盾,出现土客籍的斗争。

民间自发迁徙是没有计划的,但地理环境、历史因素等原因,却帮助形成固定的流向。如山东人闯关东,河北、山西人到口外,湖广人去四川,长江中游人去云南,东南沿海居民出洋及开发沿海岛屿,这些多是人烟稠密地区向地广人稀的边疆移民。

生产高产作物杂粮和迁徙等方法,并不能解决膨胀了的人口的生存问题,社会救济事业因而比前代兴盛。收养弃婴的育婴堂,养赡老病无依靠贫民的养济院,施药施棺的锡类堂,资助寡妇的恤嫠堂,安顿流民的栖留所等善堂,在一些城市出现。在南方,连一些市镇上也有。这类善堂有的是官设的,多数是民办的。政府鼓励兴建,给创办者以优免权和职衔。政府和社会上层人士希望以此收到民心稳定的效果。事实上少见的善堂不可能解决贫民生存问题,人们也不对它抱有幻想。

二、社会生活表现出的清代历史特点

综合考察上述社会现象与其他历史现象,就可以发现诸种历史现象的相互影响,它们在历史整体中的地位及发展变化,可以看到社会生活在清代历史进程中所起的不可忽视的作用。

1.民族的生活习俗在一定条件下规定和影响社会矛盾的发展变化,影响清朝统一中国的进程

前面说到清人的服装发式遵从满人习惯。这是一场流血战争的结果,这样说,还不是空泛地指清朝入关统一的战争,而是指为服装发型的形式而进行的战争,也即因民族生活习惯的冲突而导致的战争。

满人的发型是"小顶辫发",即剃去头颅前半部头发,而在脑后梳辫子,明代汉人发式是"大顶挽髻"。两个民族的发型以剃发和束发为各自的特征。满人衣服紧身窄袖,汉人的宽长肥大。满汉两族各有自己的发式服制。

清军于顺治元年(1644)五月入关之初,就宣布剃发易衣冠的法令,强迫汉人遵行满人服饰发型制度,从而在生活领域中产生满汉矛盾。同年,清政府发出圈地令,允许满洲贵族和将士抢占汉人土地,在经济领域制造民族矛盾。接着投充、逃人问题严重起来,又为满汉矛盾增添政治、经济内容。在对待汉官问题上,清朝政府也采取歧视政策。在清朝入关之初,满汉矛盾体现在多方面,并不只是在生活习俗一点上。

汉人强烈反对满人皇帝的民族压迫政策,清朝政府不作大幅度改变,但剃发令在推行不到一个月即予取消。可是,第二年六月,在消灭南明弘光政权后又重新宣布剃发易服令,而且执行坚决,宣称"留头不留发,留发不留头",以死威胁汉人。出乎清朝的意料,汉人以"头可断,发不可剃"的坚定态度予以反对。江南原来降清的地方,以此奋起反抗,乃有江阴抗清、嘉定三屠等著名历史事件的产生。换句话说,没有第二次剃发易服令,就没有那样激烈的江南民众的抗清斗争。抗清是逼出来的,其原因就在发式衣冠的改变,触动了每一个汉人的思想和生活习惯。汉人认为发肤是父母所生,剃发就是忘掉祖先,就不配做人,所以竭力保护。

清军入关一年的时间,就击败了当时主要军事集团李自成大顺军和福王弘光政权,而后来统一西南,消灭永历政权等势力却用了十六七年的时间,其

原因就在于清朝坚持以剃发易服为投降条件，从而影响汉人的投降。顺治十一年(1654)清朝对郑成功诱降，以剃发作条件，遭到拒绝。康熙元年(1662)郑经嗣位，表示臣服清朝，以"不登岸，不剃发易衣冠"为交换条件，清朝未加允许，故郑氏集团又独立了一段时间。实行剃发易服令，推迟了清朝统一中国进程，可见它对清代历史的影响。

在清初，有几种社会矛盾，满汉矛盾是其一，此外有地主与农民的矛盾，农民军余部与明朝残余势力的矛盾等。满汉矛盾的诸项内容中，圈地、投充、逃人、歧视汉官等内容都未引起大的社会反响，唯有剃发易服的推行与否造成社会变化最大。所以当时的满汉民族矛盾以剃发易服为主要内容。综观清初诸种社会矛盾，在清军入关至消灭弘光政权的一年中，由于剃发令的取消，民族矛盾的严重程度不足以影响清朝的向西、向南进军，这时的清朝尚未占领的地区，社会矛盾仍以造反者与明朝残余政权的矛盾为主，满汉民族矛盾居次要地位。史可法要求与多尔衮共同问罪秦中，就是这种矛盾为主的表现。第二次剃发易服令宣布后，形势大变，激起汉人的强烈反对。农民军余部与南明势力合作抗清，就是民族矛盾上升为社会主要矛盾的表现，其中关键的变化就在剃发易服令的实行。所以满汉民族矛盾地位的升降取决于剃发易服令的实行与否。剃发易服成为清初满汉矛盾的主要内容，是社会主要矛盾的决定性因素，也即影响清初历史进程的社会要素。

清初以后，汉人接受了满人服式发型，但它仍然是满汉矛盾的一个敏感性内容，汉人因此而陷入文字狱的不乏其例。太平天国以蓄发作为反清标志，孙中山任中华民国临时大总统就下令留发剪辫子，表明有清一代满汉在发型上都有斗争，不过后来没有清初那样激烈。

服饰发型似乎是生活小事，无关历史发展的宏旨，然而清初的剃发易服竟然造成轰轰烈烈的抗清斗争的历史事件，竟然规定和影响社会矛盾的变化，竟然影响清朝统一的进程，成为重大的历史变化的因素，是不可不加以重视的。应当把它同当时历史的其他现象联系起来做统一的考察，给其以应有的历史地位。其实，发式服饰不只是在清初起作用，孔子早就讲过："微管仲，吾其被发左衽矣。"在中国古代历史上的民族关系中，都有发型服饰引起的斗争。需要把它们同其他社会现象联系在一起来考察。

还需要指出，清朝是少数民族统治的社会，不同民族生活习俗的冲突是在这种特定条件下发生的，它比在汉人统治的朝代中所起的作用要大。

2.清代的社会结构,特别是宗族组织,与政权结合,强化对民间的管理,调节社会矛盾,模糊阶级界限,稳定封建的农村经济结构,是造成清代封建社会发展缓慢的一个原因

宗族、家庭内,宗祠对族户,长辈对晚辈,父家长对家属,丈夫对妻子,层层管辖;国家从中央到州县都用保甲系统加以统治,使民人处在"保甲为经,宗法为纬"的网络之中,无法逃脱政府控制。人民稍有越轨行为,首先遇到家法、宗法的处置,接着是国法的惩治,民人若想干出"犯上作乱"的事,就不能不想到宗祠的惩罚和送官审判,以及国法的株连父母妻子。所以宗族结构坚固的地方,族人本身不敢违犯宗规国法,也不会结交社会上的不稳定分子,使得聚族而居的家族地区"奸伪无所托足"。

宗族、家庭进行宗法伦理教育,举行祭祖活动,宣扬尊祖敬宗、孝顺父母、和睦宗族、整肃闺门、厚待姻党、善御下人等思想,用血缘关系抹杀人们政治生活上的不同地位。有的宗族有赡田、祭田、义庄田等公共经济,在族内实行赈济,援助鳏寡孤独和失去生活能力的人;有的举办宗族义学,帮助贫寒子弟读书。宗族经济上的互助,是富人以赡田、义庄的公有性,掩盖族人财富占有不平均的事实。同时,宗法维护族人土地及其他财产的所有权,惩办侵犯它的族人。所以宗族一方面维护现存的贫富不均状况,同时以互助救济形式资助贫穷族人,冲淡内部贫富对立、等级差异。宗族经济起了调节社会矛盾、稳定社会秩序的作用。

清朝宗室贵族在贵胄、官员结构中,处于异姓贵族和品官无法比拟的显赫地位。他们参加并控制议政王大臣会议,在建立和巩固清朝的统一政权中起了重大作用。议政王大臣会议废除后,他们出任军机大臣等重要职务。直到清末,他们仍执掌政治、军事、外交大权,最后乃有宗社党出现,极力维护摇摇欲坠的爱新觉罗氏政权。有人认为清代政治呈现出宗室贵族家天下的某种色彩,是有一定道理的。宗室贵族在社会结构中的地位及其政治活动,巩固和强化了清朝政权。

平民等级中,包括富有的地主、大商人,小有生产资料和财产的自耕农、小商人、手工业者,也有贫穷的佃农、雇工。这里有本来是主佃关系、东伙关系的社会对立阶层,但国家以法律条文上的一视同仁,冲淡或抹杀了它们间的差别,充当了社会矛盾"调和"者的角色,减少社会冲突。

清代的社会结构也在发生局部变化,如多数雇工跻身于良人行列,提高

了地位；乐户、堕民、丐户、疍户、世仆、伴当等贱民，从法令上得到解放，有了脱离贱籍的可能。雇工人和贱民的变化，趋势是社会低层的人向高处走，没有人格的人在减少。从社会结构上看，这是一种进步。乐户、堕民等的解放，经历了清朝二百多年的过程，这个变革来得很不容易。

社会结构有些微的变动，但总的情形却是稳定性占主导地位。从皇帝到贱民的森严的等级结构，中国进入帝制社会以来基本上就是这种情形，只不过不同时期某个等级强大一些或弱小一些，贱民中有些人消失了，有些人又产生了。宗族结构也是这样。清代缺少像东汉魏晋南北朝那样的豪宗巨室，但宋元以来的祠堂制度，至清代最完善。宗族、家庭、等级制度又结合在一起，家长与家属是不同"等级"，宗族、尊长、富贵者与卑幼、贫贱者也是不同"等级"，宗族的祭祀实行议功议贵的原则，富贵的亡灵进享堂，贫贱的亡灵只能向隅而泣。死去的祖宗也被人为地分成等第，宗族、家庭、政治身份三者一起维持君主制度的等级制度。

总之，清代的社会结构的稳定性，事实上有利于清政权的巩固。被压迫的社会力量难于成功地反抗统治者，新的社会力量难于出头，社会因而很难前进。

3.清代女子比前代受到更系统更具体的社会压抑，她们的创造力受到严重的束缚，这也是形成清代社会不能较快发展的一个原因

清代女子生来就有两种灾难在等待着她们。一是出世就可能被淹死。在贫穷家庭，由于养不活，或者怕将来出嫁时无钱办嫁妆，或者希望尽快再生男孩（有婴儿哺乳影响迅速受孕），因而溺死女婴是普遍的现象，在一些地区尤其流行。清朝地方官屡加禁止，有的地方建立育婴堂收养女婴，然而民众经济贫困状况不能改变，溺女就成为不可能根绝的现象。再一种是缠足。裹足是童年开始的事情，它摧残幼女的身心。满人女子"修头不修脚"，是天足，清初禁止缠足。汉人忸于积习，要求弛禁，裹足如故。缠足盛行于北方，南方有些地区天足。当时人以莲足为美，更重要的是以之为女德，大家闺秀、夫人一定要三寸金莲，否则"母以为耻，夫以为辱，甚至亲串里党传为笑谈，女子低颜，自觉形秽"。而一些地方又不许婢女、下人缠足。裹足本来是对女子的摧残，但却以此区分贵贱。事情的无理乃至于此！清代中后期颇有文人反对缠足的，钱泳以民族体质、国家兴亡为重，主张天足。太平天国实行放足。清末出现许多戒缠足会，鼓吹天足。裹脚是中华民族的耻辱，是君主制度下夫权的产物。

10

父母之命的包办婚姻，令女子落入嫁鸡随鸡嫁狗随狗的任人摆布的地位，她们没有选择配偶的权利。包办婚姻使得多少女子过着终生没有夫妻感情的生活，也使多少女子落入不道德的男女关系中。婚姻的买卖实质，使女子成为男子的财产和传宗接代的工具，男子可以把妻子当作财物出卖和典出。在灾荒之年，卖妻的记载不绝于书。天灾人祸之下，卖妻的男子也是不幸的，但是他将部分的不幸转嫁到女子身上，妇女实是处于灾难的深渊。

丈夫死了，还在支配妻子。社会、宗族、家庭要求她守寡，许多宗谱规定，对族人的再嫁妻，书写上不写应写的"配"字，而写"纳"字，形同侧室，以示贬抑。"饿死事小，失节事大"的观念在清朝依然流行，清朝政府实行旌表寡妇措施，贞节坊矗立于各个城市，这实在是妇女非人生活的标志。事实上，由于生存问题，贫穷寡妇再嫁的很多，而有钱之家就守寡的多。还有类似寡妇的贞女。订婚而未成亲，未婚夫亡，守志不嫁。清人对此有两种看法，一主守贞，一主另配。清政府从维护男女名分出发，基本上支持守贞，予以表彰。由守贞而又发展为"慕清"，即青年女子愿为原来没有关系的已亡故的未婚青年男子之妻，以此不再出嫁。女子婚姻的不幸，迫使一部分女子以此逃避婚姻和家庭生活。这是清朝所特有的现象，在广东的一些地方比较流行。"男主于外，女主于内"，女子不能干预家庭外部事务，缺乏家政管理权。"女子无才便是德"，以一切听从丈夫支配为美德。政权、族权、夫权结合为一体，通过法律、旌表、赈济、舆论等手段，强化了对妇女的统治。

女子处在沉重的压迫之下，也表现出反抗的情绪，在一定条件下投入反对君主统治的斗争。像王伦起义中的乌三娘是一员战将，川楚陕白莲教起义中的王聪儿充当了一支主力军的首领，天理教起义首脑李文成的妻女血战到最后时刻，太平天国军中有女兵，清末更涌现出鉴湖女侠秋瑾。这些是巾帼英雄。这是极少数女子的行动。就清代整个历史看，将近人口二分之一的女子被排斥在政权之外，宗族权力之外，甚至在家政之外。她们的聪明才智受到极大的压抑，无从发挥。一半的人不能施展创造力，怎么能使社会生气蓬勃、欣欣向上？

4.从清人的社会生活里可以看出清人的社会风尚和精神面貌:谨小慎微、愚昧迷信、墨守成规，人们处于无谓的奔忙中，无益于新事物的发展

清人的交往关系中极讲究礼仪，家庭中要晨昏定省，宗祠中依时祭祖，朔望宣讲宗规族约。官员、官民均相见以礼,官员出行清道,平民见绅衿避于路

旁。倘若绅士为挑担的樵夫让道，则被传为美谈。时令节日、家庆日，亲友互相祝贺，依例送礼，送往迎来也要尽礼。一切依礼办事，人们害怕失礼。礼是君主制度的政治、法律、思想、道德的总规范，明定了君臣、父子、夫妻、主仆等礼节。各种人的衣食住行、丧葬嫁娶的制度、祭祀鬼神的制度，是等级的规范和标志。人一错了礼法，或者被政府议处，或者被人议论耻笑，难于做人，难于在社会上正常生存，人们怎么不怕失礼呢？渗透于各个领域的繁文缛礼，令人缩手缩脚、谨小慎微。

清人在生活中惧怕鬼神。国有大事，皇帝要祭告天地祖宗。民间之事也是这样，娶妻要三日庙见，新娘才算得到祖宗认可，真正成了夫家的人。清人有停丧不葬的恶俗，迷信风水，认为要找到好的墓穴才能下葬，以利子孙后世。人们信奉的神不知有多少，除了佛祖老君，有各种自然神，日、月、星辰一大群。雍正中造风、云、雷、雨四神坛，"以备祈祷"。民间求雨，抬着泥塑的龙王游街，朝廷则命大臣到庙里(如北京的黑龙坛)进香。各种物件也有神，城市有城隍庙，乡村有土地庙，这两种庙宇在民间具有很大权威。读书人信纸神，不敢糟蹋字纸，怕圣人怪罪，进不了学，得不到功名。灯火有灯神，熄灯有一定方式，怕得罪了灯神，引起回禄之灾。

清代读书人迂腐的多，抱着功名不放是表现之一。年过花甲犹是童生，古稀秀才尚进考场，都被视为美事。再一种表现是行事迂拙，泥古不化，子曰学而时习之外没有新知识。对于忠孝节义，往往身体力行，宣扬不遗余力。

清代社会生活中表现出笃信神鬼、礼尚往来、愚迂处世的社会风气，反映出人们的思想是禁锢的，手脚是被束缚的，做人行事处处小心在意，不敢做出格的事，甚至连想都不敢想。至于改天换地、变革现实的作风和思想，则更是不可能为人所喜了。既然如此，清代社会怎么可能急速发展呢？

三、制约社会生活的诸因素

清人社会生活为什么是表现出来的那种样子，当然是由其自身因素决定的，也还受其他社会因素的制约与影响。

清朝政府法令对社会生活起着规范性的作用，清朝政府关于等级的法令和礼制，设立族正，给予宗族部分司法权的法令，旌表孝义节烈的政策；给义庄、善堂创建人的优免权与财产稳定权的法令，存留养亲法的制定与实行，丧制中体现父尊子卑、男尊女卑的规定,以及肯定家长的不完全的杀子权,都是支持与稳定等级、宗族、家庭结构的。本来,父家长制是君主专制的基础,皇权是家长权力的扩延。皇权为了自身的存在与巩固,不能不极力支持宗族、家长的权力。所以,只要有君主制,宗族权力、家长权力就衰落不了。清朝政府关于生活方式方面的法令,规定和改变民间衣食住行的习俗和文化娱乐的趋向,如剃发也成了汉人男子的习惯。前面说过,剃发中始终有斗争,但大多数汉人剃发后,把剃发看作当然的事,晚清革命党人反对剃发,很多人不理解,留学生出国剪发,回国戴假辫子,被人视为假洋鬼子。剃发成了中国人的一种标志,成了民族象征。东北的汉族女子学习满人服饰尤甚,"盘头窄袖而不裹足"。在清代,汉人吸收一些满人文化,是极自然的事情,并不管这种文化是否为先进文明。

社会上层的风尚对社会下层的生活起着向导的作用。社会上层有经济条件和精力去追求生活上的享受,局部改变生活方式和习惯,新鲜的、高档的物品总是他们开始受用的。清人的衣着向华丽方向变化,在北京,官员富贾中流行的服色,康熙中是一个样子,到乾隆末年大变样。如皮衣,从一般羊皮,变为狐铅、天马、猞猁狲,再变为骨种羊、草上霜。江南也是这样,有经济条件的人舍弃棉布,改为绫罗,鞋袜原来是家里做的,后来也要到市场上购买式样新鲜的。食品方面,前已说过乾隆时北京流行吃填鸭,在外省的巡抚就有人专门雇工喂养填鸭,以便食用。食物器具方面,嘉庆时内府卖出一批瓷器,于是京师富人宴客,器皿精致,美食又加了美器。西洋货进口,首先使用的是皇室、贵胄、官僚,乾隆时大学士傅恒家里"所在有钟表,甚至僮从无不各悬一表于身"。上层的趋向很快影响到下层,特别是有经济条件的人。如江南上层人士宴客,原来是十几道莱,后来二三十味才算丰盛。暴发户请客,更其豪华,往往比达官贵人的高出一倍,以显示他的富有。衣着上也是这样,上层人士争奇斗艳,下层人士跟着学习,所谓"贾竖贱役亦曳绮履丝,以夸耀于闾里"。雍正帝赐给大学士张廷玉一副春联,词为"天恩春灏荡,文治日光华",张家年年用其词作门联,后来官民袭用,希望都能达到张家的荣耀地位。下层人士的学习,一个重要原因是希冀以此抬高自己的身份,与上层人士等同。如果有的人坚持原来的生活方式,疏衣素食,会被人指为吝啬、守旧,遭到讥讽。

社会生产,特别是生产力的水平及变化制约人们的物质生活,从而规定、影响人们的生活方式、崇尚及其演变。在农业生产的条件下,人基本上离不开家园,只能听命于宗族、家长的治理。一家一户的小农经济,劳动力过剩,又是笨重的体力劳动,女子没有生产资料所有权,只能依附于男子。农业生产力水平低,手工业产品极不丰富,商业在各个地区发展不平衡。但是康熙中期以后,特别是乾嘉道时期,工商业又有所发展。人们就在这种物质基础上进行消费,并随着生产情况的改变追求新产品,改变与丰富娱乐生活。同时,某些生活方式的变化,也是适应经济发展的要求,如苏州祠神的热潮,与商人去五通神庙许愿,祈求保佑发财不无关系。再如北京广宁门(广安门)外财神庙"报赛最盛",每年正月初二日、九月十七日,"倾城往祀,商贾妓女尤伙"。善男信女游人之多,也反映了工商业发展的要求。茶馆业的兴旺,固然是适应了人们消遣的愿望,同时茶馆成了恰谈商业、交流情报,商人打官司、排解纠纷的场所,兴起有它的必然性。又如东北宁古塔地区,随着农业生产的发展和商业的活跃,人们改变狩猎生活,服饰的质料、形式都变化了。眼见这种改进的人说:"只今风俗变,——比皇畿。"

西方资本主义的渗透,引起中国人社会生活的些微变化。明朝以来,西方物质文明与精神文明不断传入中国,鸦片战争以后传播速度加快。耶稣教的传入,由明朝的极少数人信仰,发展到清代的成千上万人。中国穷乡僻壤的民众,在传教士所到之处也信起上帝来,并把它加以改造,与拜祖宗结合起来。洪秀全更根据它的某些教义和形式,组织起拜上帝会,借以推动一场声势浩大的太平天国运动,在一个时期内改变了人们的社会生活。西方资本主义的社会保障思想传了进来,中国个别士大夫,如冯桂芬,把它同儒家的大同思想结合起来,主张学习西方慈善事业,在中国兴办善济院、教养院、习艺所,收养、教育贫穷无告者、乞丐、妓女。西方殖民主义者在其势力所及的地方,企图利用"慈善"事业加深对中国的侵略;中国的有识之士,也希望占领这个阵地,以与侵略势力对抗。如同治间,江苏省苏松太道沈琛,"以华人子女被洋人收买为虑",下令所属各府州县兴办育婴堂。这就使该地区的育婴堂建设从单纯的保护婴儿慈善性质,进而具有同西方殖民势力作斗争的性质。西洋的一些用品传到中国,如钟表、洋灯、眼镜、西洋膏药等,成为时髦的东西,为社会上层人士所追求。鸦片的大量输入,使得中国从上到下的一群人成为烟鬼。鸦片烟的嗜好,对清朝是严重的祸害。

社会生活自身的传统因素。清代社会生活,就其内容讲,许多是历史遗留下来的,如元旦、元宵、清明、端午、冬至等时令节日,宗族、家庭组织,等级结构,服饰发型,春祈秋赛,养优伶等,有的基本上还是历史的面貌。这种状况,不发生巨大的社会变革是很难破坏的,它要牢固地在下一个时代生存。比如缠足,如果说自五代发生,两宋兴起,至清代已有六七百年的历史,乃至清初统治者下令改变而未能成功。当时汉人也有主张天足的。左都御史王熙就令家属放足,并上奏疏说明此事,然而遭到攻击,奏章被人视为笑料,以为奏议谈这个内容是荒唐的。在这种裹足传统面前,禁止缠足的命令终归失败。缠足之事,本可借助清朝禁令解决,之所以未能实现,就是传统因素的力量在起作用。他如门第、尊祖敬宗、男尊女卑、主仆名分等传统意识,被视为天经地义,紧紧地束缚着人们的思想。前代的民俗清代保留下来,成了清代的民俗。清代的风俗很多来自前代,体现了民俗的传承性。

四、开展清代社会史研究的意义

在清史领域里开展与加强社会史的研究,有其必要性和迫切性。清代离我们很近,它的灭亡不过七十多年,它的制度、风气有着深远影响,并没有在现实生活中消失净尽。那时人们的生活方式和内容,是令人关注的。开展清代社会史研究的意义,笔者想是:

第一,有助于整体的清代史的早日建立。家庭、宗族、妇女、儿童、老年的历史,婚姻、丧葬、节日的历史,衣食住行的风尚的历史,过去往往不重视,不研究,不仅这些专门史不清楚,它们同其他历史内容的关系也不清楚。这样解释历史,只能了解它的部分内容,实际是片面的,误解很多,至少是很难成为定论。如清初主要社会矛盾问题,讨论多年,民族矛盾为主、阶级矛盾为主等观点都提出来了,但是没有考虑其中属于社会史的内容,所以没有把问题深入下去,也难有令人信服的结论。再如过去不注意妇女的历史,不把女子当作历史研究的对象,不把女子当作历史的主体、历史的主人,或者只注意到她们是牺牲品,忽视她们是创造者的一面。排斥她们,历史自然就不完整了。只有把她们作为历史研究的客体,明了她们与男子的关系,与生产劳动的关系,与政权、族权、神权的关系,与传统观念的关系,才可能对历史作出整体的说明。因此,加强清代社会史的研究,清史的研究才能真正地走在健康的道路上。

第二,有助于建设新的社会风尚和移风易俗。上行曰风,下效曰俗,风俗是上下结合形成的。风俗有它的传承性,今天的一些风俗,包含了清代甚至更古时代的一些内容、形式和精神,婚丧讲形式、讲排场,就是传统的东西。买卖婚姻、包办婚姻、娃娃亲还在一些地方流行,重男轻女的观念和作风,造成一些家庭的破裂与妇女的受虐待,有些地方领导干部为亡故的老太爷、太夫人大做丧事,动用机关人员、车辆,用小学生做鼓乐仪仗队,以实现光宗耀祖和摆威风的虚荣心。现在人常有一句"八旗子弟"的话,用以表示对某些子弟凭老子地位谋差使的不满。如果把清代社会史研究好,上上下下的人都可以从中得到启示,端正自己的生活态度和作风,抛弃肮脏陈旧的东西,移风易俗,使新的社会文明风尚得以形成和牢固地确立。

第三,使清史的研究面向广大民众,才会使这种研究具有较强的生命力。社会史研究的内容是民间生活中经常碰到的,同民众生活有着密切的关系,是人们所喜闻乐见的。很好地把它告诉人们,会受到大众的欢迎,使史学走出史学家的圈子,得到健康的、蓬勃的发展。

(出席 1986 年在大连举行的清史研究讨论会论文,载《中华文史论丛》1987 年第 1 期,上海古籍出版社,1987 年)

乾嘉道史与清代通史的研究宜于同步进行

乾隆、嘉庆、道光三朝历史是清代通史的一个组成部分,说到它们间的关系问题,我想从研究现状出发,讲几句肤浅的话。

1.忽视了乾嘉道史的研究

查 1984 年出版的《清史论文索引》,叙述道光帝历史的仅有一篇文章,嘉庆帝的尚且无有。关于乾嘉道时期的历史,史家对民众反抗斗争和文化人物有所论及,但也是分量不大的著作,系统而深入地论述这一时期或其中局部问题的专著迄未面世,这同对清代其他朝的研究有着鲜明的不同:清朝开国史,顺治朝暨南明史、康熙朝史、雍正朝史、鸦片战争以后的清史,开展得比较好,也比较平衡,乾隆朝史的探讨显得不足,但成果比嘉道史还多。看来乾嘉道史是清史研究的薄弱点,甚至可以说是空白点。

2.着力于乾嘉道史阴暗面的揭露,未必全妥

为数不多的涉及嘉道史的著述中,描写了这个时期统治者的骄奢淫佚,吏治的败坏,人民生活的痛苦,民众的反抗运动及其被镇压,几乎是漆黑一团,没有什么可以肯定的历史因素。学者对王朝史往往有三段论式,即初期的政治较清明,中期的经济发展矛盾积累,晚期的政治黑暗和灭亡。现在对嘉道史的陈述,给人的感觉是清朝末日的情景。然而这与历史客观实际不相符合,因为嘉道两代不是清朝末期,社会上也不只是有消极因素,仅仅注意及此,实有片面性之嫌。

3.乾嘉道社会有积极因素值得研究

其时社会经济,尤其是商品经济在发展,这是史家的共识。这时,清政府在盐政、漕政方面进行改革;学风上有较大转变,由乾嘉考据学向嘉道经世致用之学方向发展,以求利国利民之道;出现了对社会有所贡献的人物,如阮元、陶澍、英和等,嘉庆帝亦非无所作为之君。可惜的是史家对这些历史尚未给予认真的研究和说明。

4.打通清代史研究的必要性

何以对嘉道史研究不力及侧重于对其社会消极面的暴露？原因是多方面的,如清史研究起步晚,近年才有较大发展,而研究的规律是从王朝建国起始,往后循序进行,一下子难于深入王朝中后期,是以乾隆以后研究贫乏。但这不是主要原因,因为嘉道以后的咸同光宣史的探讨,要比嘉道史充分得多,问题出在以鸦片战争作为中国古、近代史分期界标后,把清代社会分为两种不同社会形态,使它们截然分开:鸦片战争前的清史作为古代史,研究者属于古代史学科队伍;鸦片战争后的清史是近代史,从业者归于近代史学科团队。古代、近代是大区别,比不同王朝的区分要受重视。这样,古史研究者不追踪鸦片战争以后的历史,近代研究者也不往上探索,清代史被割裂了,因之出现两个问题:首先是清朝通史有的研究被忽视了、摒弃了,似乎讲了社会形态,再讲王朝史就违背唯物史观了;其次是忽视和曲解嘉道史,以为它是中国古代结束时期,自然是黑暗透顶,也不必要给予特别的注意。

以鸦片战争作为中国古、近代史的分界线,史学界有着不同的看法,这不是我想说的事情,专家们尽可以去讨论,我要说明的是不要因为这种划分把清史研究割断了,我们需要研究清代通史,寻找清王朝自身发展变化的轨迹。唯其如此,才能更好地说明中国古、近代社会形态的演变。乾嘉道史既然是清史的组成部分,就是不可忽略的,这一段历史研究不好,清代通史就不可能"通"。

5.乾嘉道史和清代通史的研索,宜于同步进行

重视清代通史的研究,必然给乾嘉道史以应有的地位,强调乾嘉道史,才有利于清代通史研究的全面开展,这就是两者研究的相互关系。清史研究发展到现阶段,需要把开展清代通史和乾嘉道史的研究提到日程上来。拟定于今年八月在长春召开的国际清史研讨会,将以乾嘉道史为讨论中心,无疑会推动乾嘉道史和清代通史的研究,值得额手称庆。

(原题《乾嘉道史与清代通史研究的关系》,载《吉林师范学院学报》1990年第 2 期,2018 年 11 月 24 日改今题)

放在世界范围内对清代历史特点的粗浅认知

——杜家骥著《清朝简史》序

近年有几部清代史,体例上大体一致,即把清史分为若干阶段,然后分阶段对政治、经济、民众运动及文化一一叙述。但多以鸦片战争作为中国社会形态的分期界标,将清史拦腰截为两段,名为清朝通史,却很难连缀成篇。家骥贤弟新著《清朝简史》,在体例和内容上均有创新。他的书各部分内容前后贯通,保持了清朝历史的完整性,并且从有清一代史事演变的整个过程考虑内部分期。其结构是考察了时下史书和传统纪传体史书的优点,作了综合吸收,从政治制度、社会结构、社会生活与学术文化四个方面叙述清史,以此分为四编:"清史简况编"描述清朝兴起到灭亡的全过程,犹如给人物造像,只作了轮廓的素描。"典章制度编"分专项说明清代职官、财政、军队、刑法等制度,分项立章,作通贯的交代,犹如人物像画出骨架,并表现出骨骼的内部结构。"社会结构与社会生活编"讨论清代社会结构、社会组织和人们的生活方式,特别述说民众的生活,丰富了清史的内容。最后是"学术文化编"。有了第三、第四编,犹如人体骨骼间充满血肉,人物就丰满了、活络了。如此设计,既写出清史的脉络,又显得丰富、有趣。这样的一部结构新颖、叙事翔实、创见迭出的著作,诚可称为好著作、好教材。

家骥弟要我为《清朝简史》写序,我就借他给我的篇幅,与他的书相配合,简单地道出我对清史的认知,表示与家骥弟一如既往地共同研治清史的心愿。

清朝(1644—1911)时期,许多西方国家经历了资产阶级革命和产业革命,国势蒸蒸日上,疯狂向外殖民。其时,中国由古代社会缓慢地向近代社会演化,中华古老帝国从兴盛走向衰微,清朝政府在对外事务中被迫破除天朝上国的迷梦而又被弄得不知所措,民众开始有所觉醒,但还不知道如何才能真正救亡图存。近现代社会科学技术和经济的发展,使人类生存的空间已经成为"地球村",各个国家都同国际社会发生密不可分的联系。因此从世界范围来考察清代的历史，了解中国社会内部及同外界的关系，了解它的演进过程和特点，或许能从中得到某些有益的历史启示。

一、清朝满洲族当政给社会带来些许活力

中国历史上由少数民族统一中国的元朝的蒙古和清朝的满洲，都对中国历史产生巨大影响，但蒙古统一时间短，所以只有满洲的作用更巨大且深远。满人的当政，给中国政坛输入新血液，带来新气象。清朝前期诸帝好学勤政，聪明能干，综合满汉文化，创造康乾盛世的康熙帝、雍正帝和乾隆帝都可以无愧地进入中国历史上的英明君主的行列。作为少数民族建立的政权，清朝实行的少数民族政策非常成功。它实行八旗制、满汉复职制、蒙古地区的盟旗制，巩固了以满人为主体、以蒙人为辅佐的清朝政权，稳定了东北、北部、西部边疆；它在西藏确定达赖、班禅封号和金奔巴瓶灵童继承制度及设置驻藏大臣制度，巩固了西北、西南边陲；它在西南各少数民族地区实现改土归流，密切了中央政府与少数民族地区的关系；它摒除弃舍台湾的鄙见，直接治理这一宝岛。清朝的政策，克服了某些少数民族上层对中央政府的离心力，从而产生强烈的向心力。试想，当明清易代战乱之际西迁的土尔扈特人，经历清朝不断派人往访，终于在出走百余年后从俄罗斯顿河流域回到祖国，精通满汉文化而又能操蒙古语的乾隆帝在热河行宫接见他们的首领，用蒙语进行交谈，这个部族深深感受到国家的关怀和亲切，怎么能不对清朝政府感恩戴德呢？康乾盛世，幅员辽阔，疆域稳定，最终奠定了我国版图。

后世不肖，领土时有丧失，但是大体上保持国土的完整。即以台湾而论，清朝继郑成功之后在这里设立府县，进而建置行省，后虽被日本军国主义强占，但二战后国民政府据理收回，所以台湾是中国不可分割的领土，清朝起着奠基的作用。中国版图底定，国人受惠至今，自不能忘掉清朝的功绩。古代少数民族当权，出于本民族的切身体验，多能采取妥善的少数民族政策以巩固边疆，这就比汉人当政时眼光高一些，效果好一些。这就是一个国家因有新血液的补充而增加了活力，带来了好处。

二、清代赋役、职官制度的改革影响深远

清朝承袭了明朝的内阁制，又另创军机处制度，用军机大臣分割大学士

的职权,使内阁只承办一般性事务,由军机大臣参与重要的机密的政事,凌驾在内阁之上。但是军机大臣只有参议权,没有任免权和行政权,虽有"枢相"之名,实质不过是皇帝的参谋长和秘书长,一切大权皆操在皇帝手中。中国历史上皇权和相权的分配上,从秦汉的丞相制,到唐代的三省制,再到明朝的内阁制、清代的军机处制,是相权的越来越缩小,皇权的越来越加大。相权根本无法与皇权抗衡,从而也难于为专制皇权的弊病起到补救与调整的作用。清朝皇帝置宰相于幕僚地位,大权独揽到无以复加的地步,使皇权发展到顶峰。但是像任何事物一样,当其到达顶点时,也就是走下坡路的开始。而清代皇权变化较快,由于外国的侵略和内部的演变,清代后期皇权在事实上衰落了,后来不得不宣布预备立宪,预示君主专制及其政体行将结束。议会制虽没能在清代实现,但给人们留下深刻的印象,以至北洋军阀当政时期也不能忽视它。

清朝实行盛世滋生人丁永不加赋和摊丁入亩政策,冻结人口税,并把它改从土地税中征收。这虽不是取消人头税,却使它与人口不发生直接关系,因而引发出两项社会大变动,其一是政府放松对人民的控制。中国历史上赋役制度长期是徭役(人口税、户税)重于赋税(土地财产税),在这种情况下政府必然加强对人口的管理和控制,立法上严禁脱漏户口,未经允许民人不得离开乡里,将人民固着于土地上,于是政府掌握民户的多寡成为其盛衰强弱的标志。迨到实行摊丁入亩政策制度,赋、役皆从土地中征收,与掌握人口多少已无直接关联,从而再没有必要那样严密控制民户,遂放松了户口管理制度。这样民人对政府的人身依附关系削弱了,离开乡里、改变职业的可能性增大。清朝后期流民散布全国,虽然是传统社会经济衰败的产物,但政府不再严格控制人口也是使它得以流散的原因之一。其二是人口暴增。人口不再有赋役的负担,激发了人口的增长。中国历史上的人口统计,明朝最高,不过 6600 万,实际上可能在宋、明皆达到 1 亿以上,但是正式统计超过 1 亿的是在乾隆前期,而到乾隆末年已高达 3 亿,及至道光朝已是 4 亿以上了。人口像是从地下冒出来的一样,增殖得毫无节制了。从此在中国历史上出现人口增长过多过速的问题,成为社会前进的一种负担。

三、思想认识的演变

这里说的思想认识是指清朝人对学术与实践关系的见解,是指对西方的了解,从中可知清人学术观念与社会演进的关系。

生活在明末清初乱世的思想家中,颇产生一批经世致用的学者(如顾、黄、王),他们研讨明朝灭亡的原因,探索什么是理想的政治经济制度及如何才能实现这种制度。这时的经世致用之学,在伸张汉民族气节之外,希望解除社会积弊,造成民人安居乐业的局面。这种治学的态度,无疑是对社会有益的。清朝政权稳固后,实行强化思想统治政策,致使学术界走入乾嘉考据学的逃避现实之路。考据学就其本身讲成就卓著,在哲学、经学、史学、方志学、古器物学、图书文献学诸方面,都有可观的成就,但是学人钻进故纸堆,脱离社会发展需要,注定不能长久。在道光朝外患内忧的严重形势下,学界开始摆脱经院式的考据学羁绊,恢复清初的经世致用学风,《切问斋文钞》,特别是《皇朝经世文编》的编辑,标志这一学风的再度问世,以后续编、三编、四编、五编相继出现,表示经世致用思想风靡一时。但是如果只是传统的经世观念,已经不能适应近代中国社会的要求,必须赋予近代因素才能促使中国社会前进。

在对待西洋文化方面,明末的士大夫是比较开化的,大学士徐光启、李之藻接受天主教洗礼,他们努力吸收西方近代文化知识。但是清初士人做了反方向的运动,乃有杨光先辈与传教士汤若望、南怀仁的历法之争。加之康熙后期开始的清朝政府驱逐传教士政策的实施,致使以后的百十年中乏人谈西学。及至魏源给传统的经世致用之学注入新的内容。随后洋务运动、戊戌变法和维新思潮兴起,志士仁人开始接触到西方议会政治,其中激进者业已向国人宣传,同时要求发展商品经济,要以"商战"对付殖民主义者的"商战"——经济侵略,维护民族经济。维新思潮已突破传统经世思想,是近世经世致用之学,但学以致用的精神是一致的。在如何认识西方问题上,《皇朝经世文五编》的编辑者指出时人的弊病:"言西法者,仍以中国言西法,非以西人言西法也。"语出惊人,过了将近一个世纪的今日,大约它仍未失去启迪人的作用。

要之,从经世致用之学到维新思潮,清代学术思想界不断地变化,但是步履维艰,进步虽有,却难于适应时代的要求。

四、社团的发展和民众意愿的昭示

清代民间社团大发展,成为社会生活的一大特色。

清朝政府禁止带有任何政治色彩的民间结社,不许士人集会,不准异姓结盟,但只不过是一厢情愿的徒劳之举,事实是,公开的、隐蔽的社团异常活跃。民间秘密宗教白莲教、罗教、天理教等和秘密结社天地会、哥老会、青帮等活跃在全国各地。他们有着反政府的倾向,到晚清经过孙中山、黄兴等改造、联络,使会党成为辛亥革命的一支力量。清初士大夫继承明末东林党、复社遗风,结社联盟,于是从东北到闽、台、粤东部沿海地区出现了以反清复明为目标的社团,他们于顺治十年(1653)在苏州虎丘集会,参加者超过千人。结社被清朝禁止后,士人时或结成诗社,以诗词自娱;年轻的读书人或组成文社,研究八股文作法,以应付科举考试。到戊戌变法前夕,康有为等建立强学会,冲破清朝禁止结社的禁令,社团如雨后春笋般地出现,其中政团适时产生,兴中会、华兴会、光复会、同盟会出现,促成了辛亥革命推翻清朝。

清代民间互助和慈善组织有所发展。四邻结社遍及乡村,进行迎神赛会、出会活动,崇拜土地神、城隍神、龙王及各种精灵鬼怪和神鬼化了的历史人物。义仓,早在唐代出现,系由官办,到了明代兼有民办性质,清代更是民间化了,主要由绅衿操持,官府监督。清代出现的社仓,纯系民办,而且建立在县以下的基层。慈善组织繁多,诸如收容老病无告者的普济堂,施药的从善局,收养弃婴的育婴堂,义葬的锡类堂,救济寡妇的恤嫠堂,收容流民的栖留所,收容轻罪犯人并使之学习劳动技能的习艺所。它们多系私人出资兴办,规模较小,却有某种普遍性。

工商业的行会、公所、商会,地域性的会馆,在清代也得到较大发展。会馆在北京以百计数,苏州、南京、上海、武汉、广州以十计数,佛山、盛泽等乡镇也各有数所。它多由商人出资,游宦官绅出面兴建,是包括官绅在内的以商人为主体的同乡团体,处理流寓人口与土著关系。会馆包容工商业中各行业的成员,难于反映各行业的利益。事实上,早在宋代就有工商业的行业公会——行、团,主要是应付官府科索,反映工商业者对政府的隶属性较强。清代中期出现一批行业组织的公所,有的还分东家(雇主)行、西家(雇工)行,对外协调与其他方面的关系,谋求本行业的共同利益;对内制定规约,在一定范围内禁止同行业竞争,处理内部纠纷。它是为谋自身发展,主要不是应官组织,反映工商业者对政府隶属性削弱,是社会进步和商品经济有所发展的表现。到清季,商会诞生了,具有某种近代气息。

古老相传的宗族组织,如果说它在先秦时代是贵族团体,中古是士族组织,宋元是官僚群体,明清则是绅衿组织。掌握宗族的人的社会身份逐步降低,而民众参加宗族活动则在逐渐增加,所以宗族组织在历史上经历了一个民众化过程,到清代它的民众性则是前所未有的。宗族团体出现在各个地域,长江流域及其以南地区尤盛。在近代移居海外的华人中,也不乏其踪影。宗族实行祠堂族长制,对族人进行传统伦理教化。到清末,江南个别宗族实行宗族议会制,希望按照立宪会议的精神,以族人大会和理事会制,取代族长制。教化内容也有所增添,如许多宗族反对族人吸食和贩卖鸦片烟,自发地抵制西方的罪恶鸦片贸易。古来宗族皆以血缘近亲为组织成员,移民中的宗族团体往往认为同姓即同宗,共建社团,对宗族的血缘原则有所突破。由此可知,清代宗族民众化的同时,在组织原则、管理机构、活动内容等方面,能够顺应时代要求,有所变化,表现了它的活力和延续的可能。

清代后期,还有针对陋风弊俗的社团的出现,如戒缠足会,反对缠足凌辱女性,伸张女权;去毒会,民间自发组织,反对鸦片烟毒的泛滥;闺女不嫁教、女子金兰会,青年女子以不出嫁,与三从四德的命运抗争。

清代后期,各种学会不断涌现。

综上所述,清代后期各种类型的群众组织的大量出现,在内容和形式诸方面都比前期大为丰富,一些团体兼有近代内容,向近代社团转变。社团还丰富了民众生活。不过许多团体的活动也反映了人们的迷信和愚昧,说明民族文化需要大大提高,才能组建近代社团以适应近代社会发展的要求。清人社团从一个侧面反映了中国古代传统社会向近代资本主义过渡的萌生状态。

五、商品经济较为薄弱,统治者重农抑末因而在对外发展方面气度不足

清代前期资本主义生产关系萌芽缓慢发展,后期近代工商业有所生发,但总的讲清代中国商品经济发展缓慢,仍是以自然经济为主体的社会。商人要离乡背井,行贾四方,富有冒险精神,并把活跃的因素带到新地方,在一定的条件下会促进新居地的变化。商业的发展和商人的强大,会给整个民族带来进取精神。

中国古代君主历来实行贱商的重农抑末政策,清朝也是如此。清朝统治者虽不乏睿智,也有相当的气度,但是他们立足在小农业土壤里,政府所能集聚的财富有限,难于长期支持向边远地区发展,所以康熙帝三次亲征噶尔丹,

适可而止,历经康雍乾三代,才彻底解决厄鲁特问题,英明如斯之康、雍二帝也不能不受经济条件的制约。学人将康熙帝与俄国彼得大帝作比较。俄国沙皇谋求商业资本积累,支持商人向东方发展,他的军队也循着商人的足迹向东殖民,商人起着打前站的作用。中俄签订《尼布楚条约》,中国允许俄国商人到北京贸易,并让出大兴安岭以北的大片领土,适应了俄国商人的要求。换句话说,俄国商人推动了帝俄的领土扩张。反观中国商人,政府不支持他们,根本没有打前站的作用。后来活跃在蒙古地区的晋商,也是在《尼布楚条约》《恰克图条约》签订后兴起的。被贱视的中国商人不可能促使朝廷向边远进军。中国官方在对外事务中大多考虑政治因素,不顾及商业利益,所以显得片面和眼界狭小,并不见多么精明。因此我们说清代的英明君主,在外交事务上缺乏应有知识,气度不足,与其在内政方面的精明不相协调,显得保守而渺小。

六、跟不上世界潮流,难于革故鼎新求取生存

本文开端即指出清朝时期西方发生巨大变革,人家通过社会的和生产领域的革新,富强了,远远地走在世界潮流的前面,称雄于世。中国的君主专制时代太长了,积弊根深蒂固,难于荡涤。清代中国只能在传统社会内部进行有限的局部改革,进步不大,国力有限。前期尚能保持老大帝国的体面,鸦片战争一爆发,外强中干的虚弱实质就暴露无遗了,以后受尽了殖民强盗的欺凌、掠夺。人们常说"落后就要挨打",是的,社会制度和经济状况不佳,只能处于任人宰割的地位。清代的历史再生动不过地告诉人们,只有跟上世界进步的潮流,清除落后陈腐的东西,创造新的富有生命力的社会因素,发扬光大,与世界各国共同前进,才能造成民富国强的局面,立足于世界各民族之林。这大概是清代历史给我们最根本、最重要的启示。

放在世界范围内认识清代历史,我只有这一点粗浅见识,需要深入研讨,治学严谨、富有成就的清史学者家骥贤弟,我们互勉吧,如何?

(1994 年 10 月 3 日写于顾真斋,载杜家骥《清朝简史》,福建人民出版社,1997 年。2018 年 11 月 29 日重阅修饰)

关于清代中国社会走向近代化历史课题的探索

——杨杭军著《走向近代化——清嘉道咸时期中国社会走向》序

当今人类社会进入"世界经济一体化"的时代,这已是人们的共识。"一体化"有一个长期的形成过程,如果说以"地理大发现"为起始,至今已有 500 年的历史。全球一体化,自当有一个共同目标,为各个国家、各个地区所接受、所遵循,各国、各地区对这个目标的选定,有的是自觉的,也有被迫的,所走的道路可以是相同的,或异样的,但都朝着同一目标靠拢。中国也卷进了"一体化"的潮流,而道路是相当曲折的,究竟如何呢?业已是学术界开始关注的问题。所谓"开始",不是说过往没有人研究中国与外国关系的历史,这方面的著作并不少,然而多是从西方资本主义、帝国主义侵略和我国反侵略的斗争史的角度进行的,或从被误解的"全盘西化"与反对"洋奴哲学"视角开展的,这些研究都有各自的社会意义,但同"一体化"的历史难于沟通。现在好了,杨杭军贤弟独辟蹊径,开阔视野,从全球化的角度看中国与世界的关系,给我们耳目一新之感。稍微具体一点地说,杭军的书所研究的是清代嘉道咸时期(基本上是 19 世纪前 60 年)中国社会走向的历史问题,也就是如何从传统社会走向近代社会的历史。他注意到中国社会内部的演变,也观察西方资本主义侵略对中国社会变动的影响,更为重要的是他将中国社会变化放在"全球化"的过程中来考察,强调的是,世界资本主义体系的建立,令清代中国被迫变成附庸,并向近代化转变。他形成的下述观点,我觉得值得重视,故不惮其烦,引述于次:

资本主义近代国际秩序是 18 世纪以后形成的国际潮流,它的出现,不但预示世界中世纪时代的结束,也预示着人类历史新文明的开始,并开始成为主宰世界的主流。随着资本主义的发展,西方国家在世界范围内建立起了资本主义的世界市场体系,也形成了资本主义的近代国际秩序,它是建立在世界范围内的许多个民族国家并存的聚合体,世界从此进入了一个新的阶段。在其体系内,以强国和弱国、先进和落后的不同确立各个国家在其秩序中的地位,资本主义的强国是其中的霸主:政治上,以资本主义强国为核心,充当这个秩序的霸主;经济上,凭借强大的近代工业优势,进行经济掠夺;国际关系上,以雄厚的国力和强大的军事机器强行将自己的价值观念、贸易机制推至全球,并对落后的国家进行政治控制和殖民统治,而落后的国家和民族毫无例外地成为其附庸……

嘉道咸三朝的中国社会,不论是社会矛盾和经济的演化、政治统治的式微,还是近代化的出现,无不受到资本主义近代国际秩序的影响,也就是说,这一阶段中国社会的走向无不受到近代国际秩序的牵动。

仅就杭军的"全球化""一体化"的视野和方法而言,他的著作的学术贡献已是彰明的了。

由于历史分期的"定论",将发生在道光年间的鸦片战争作为中国古代社会与近代社会的分界线,使得研究者容易把道光二十年(1840)前后的历史割裂开来,近年有不少的学者努力纠正这一偏向,颇见成绩,但是以鸦片战争前后的嘉庆、道光、咸丰三朝为断限的专著,作出贯通式的研究,以我的寡闻陋识,它或许尚是第一部,这就是值得庆贺的事情了。

方向、方法与内容的创新,在一部著述当中,自然难于做到精深系统,处处让人满意。不论怎么说,这部著作有其独到之处,令我欣喜,因而高兴地写出这番话,为杭军道贺。

(2001 年 3 月 30 日于顾真斋。载杨杭军《走向近代化——清嘉道咸时期中国社会走向》,中州古籍出版社,2001 年)

简述清史研究及史料

关于清代历史的研究,从清朝灭亡算起,如今已有 90 年了,对于研究状况的回顾与展望,已有学者(如高翔、何龄修等)进行了。我没有能力作出研究性的小结,只是依据个人研治清史的体会,谈一点看法。清史九十年的研究史不算短了,中外的研究者很多,最早的清代通史,还是日本人稻叶君山著作的,我这里仅仅说明 20 世纪上半叶中国学者和下半叶中国大陆学者的研究成就和值得注意的问题。由于九十年的时间较长,就采取详近略远的方法,主要介绍近二十多年中国大陆学者的研究情形,采用概要法,提纲式地以一些著作为例进行说明。

一、清史研究状况及研究机构

(一)研究阶段

1. 20 世纪二三十年代的起步

系初步开展研究,产生多部清朝简史性的著述及编年性的书,重要而影响深远的著作是萧一山的《清代通史》,孟森的《清史讲义》,梁启超的《清代学术概论》及《中国近三百年学术史》。这个时期研究的缺点是受反满革命的影响,对清朝否定较多;叙述政治事件也较多,而缺少分析。这是研究起步阶段的必然现象。

2. 40 至 70 年代的平缓发展

有重要著作,如郑天挺的《清史探微》;研究的内容较前一阶段广泛,对学术史和思想家、学者、艺术家研究较多;另一重要内容是关于资本主义萌芽的,在对《红楼梦》的研究中,涉及它的时代背景;少数民族史及民族学田野调查开展得颇有成就。从今天对于清代通史的研究来看,彼时研究的缺陷在于历史分期方面。因为社会历史的分期以鸦片战争为分界线,这就割断了清史,造成乾嘉、道咸史之间不能通贯研究及清代通史的割裂;过分集中于资本主义萌芽问题的讨论,影响对其他历史事相的研讨;民众运动史(秘密结社、秘密宗教、农民战争和暴动)的研究受阶级论影响至大,或多或少地失去客观性。

3. 80 年代以来的大发展

来势较猛,与其他断代史的研究相比,显出一种爆发力和活力;研究所涉猎的范围较广,举凡政治、军事、经济、文化、宗教、社会、民族关系、中外关系及清朝先世的历史("先清史"),几乎无所不及,档案史料的整理与出版、研究亦在进行,此外清代史料学亦有学者关注;各种类型的著作相继问世;研究队伍较大。这个时期的具体研究成果,以下将作说明,这里不作赘述。

(二)作为断代史的研究状况尚不理想

在断代史研究中,清史研究尚未脱离"后进"状态,毕竟比其他朝代的历史研究起步晚,史料大多未经整理,研究队伍不整齐,少见隋唐史研究那么多的大家,需要深入进行研治的领域尚很宽广,研究有待深入和发展。

(三)研究机构

研究机构较多,主要的有中国社科院历史所清史研究室和近代史研究所、中国人民大学清史研究所(教育部人文学科研究中心)、南开大学清史研究室,北京大学、厦门大学、中山大学、华中师范大学、南京大学等历史系,复旦大学历史地理研究所,以及北京、辽宁、吉林等省市的社科院历史所。

二、关于清朝通史的研究

(一)清代通史研究专著

萧一山著《清代通史》,使用近代方法编写清史的开山之作,史事叙述较多,然亦杂糅了一些历史传说。

孟森著《清史讲义》,对清代的政治史、思想文化史的认知相当深刻,影响后来的研究者。

郑天挺著《清史简述》,只有几万字的书,然而涵盖量较大,且有通贯的观点;他对清史的见解,另见其遗著、今年梓行的《及时学人谈丛》。

戴逸主编《简明清史》,上、中二册,经济史部分有所建树,系多人写作,未能形成浑然一体之态。

王戎笙主编《清代全史》(十卷本),各分册主编多为明清史大家,如李洵、郭松义、韦庆远、叶显恩、喻松青、宓汝成等，又汲取了80年代的清史研究成果，在某种意义上可视为20世纪清代通史研究的不甚连贯的总括性成果。

杜家骥著《清朝简史》，简明而又突出制度史的内容，是较好的清史教材。

(二)编年体通史有两种类型，一为编年体，一为通鉴体

戴逸主编《清史编年》，以朝、年为单元，每朝一册，康熙、乾隆二朝因年久事繁，各为二册。就我所读过的康雍乾三朝史料的印象，该书主要依据清代历朝实录编写，并且容纳了许多其他文献、外国文献的资料，既见功力，又有价值，当然亦有可议之处，如重要事情的遗漏。

《清通鉴》。2000年同时问世两种《通鉴》，一南一北，南为章开沅主编，北为戴逸、李文海主编。南方的未得机会阅读，北方的读过一部分。此类书，有司马光的《资治通鉴》为蓝本及标尺，非常难做，不易企及。因此有看过北方本的学者说，需要加工的地方太多，对其中的一些部分，如若写出纠正文字，恐怕比原文还多。这类书难写，慎重为之，是应有的态度。

(三)中国通史著作中的清史部分

中国古代史或中国通史的各种专著，往往有清代部分，有名的是郭沫若主编的、范文澜主编的、翦伯赞主编的，以及我的同事们共同撰写的《中国古代史》。范文澜只写到唐朝五代，宋代以下由蔡美彪主编，其清代部分为《中国通史》第十册(1992年)，并未包括鸦片战争以后的清史，不过蔡美彪仍在继续这一事业。白寿彝总主编的《中国通史·清代卷》(上)(1997年)，也只写到道光朝。此二书虽说出版较近，然均写作在80年代末，就中国通史一类的书来说是比较晚近的，因而可以参考的因素相对较多。

三、清代专门史研究

(一)政治史、制度史和帝王史

清代各个皇帝皆有传记，有的不止一部，例如乾隆帝(1711—1799，1736—1795在位)及其时代的，有周远廉的《乾隆皇帝大传》、白新良的《乾隆传》、唐文基、罗庆泗的《乾隆传》、庄吉发的《清高宗十全武功研究》、戴逸的《乾隆帝及其时代》等5部，前4种资料丰富，后一种以分析见长。用传记体裁，反映一代的政治、经济、文化制度和历史事件，如拙作《雍正传》(有台湾商务印书馆版)。专门制度史，如郭松义的《清朝典制》，较全面地涉及清朝的各

项典章制度;2002 年出版的白新良的《清代中枢决策研究》,论述中枢决策的机构、制度及政策的形成与贯彻;方行、经君健、魏金玉等的《中国经济通史·清代经济卷》。

(二)社会史

系近年热门研究对象,研究范围日益广阔,且有所深入。如对疾病医疗史的研究,余新忠的《清代江南的瘟疫与社会:一项医疗社会史的研究》,论及瘟疫流行的特征、瘟疫的种类、疫情的地域性、传染源,社会和政府的对策及对瘟疫的控制,是比较有意识地进行医疗社会史研究的开始阶段的代表性著作。小田的《在神圣与凡俗之间——江南庙会论考》,对庙会史作出社会学、人类学、民俗学与历史学的跨学科研究,认为庙会具有神圣与凡俗的混合性,并非单纯的神圣性或经济性、娱乐性。赵世瑜等的《太阳生日:东南沿海地区对崇祯之死的历史记忆》,使用历史记忆的理论,发掘鲜为人知的民族记忆。从这两部书和一篇文章,不难了解社会史研究方法的多样性、研究内容的拓展性和深入开展的状况。

概括一代社会生活状况的是我和常建华合著的《清人社会生活》。我写此书,试图建立清代社会生活史的一种研究和描述的框架,所叙述的内容从社会结构、生活方式到社会问题,以及少数民族的生活。

商人史和会馆史,尤其是徽商、晋商和海商研究成绩显著。徽商的研讨同徽学的产生密切相关。徽商的经营方式、道德、与家族关系、家庭、文化价值取向及自卑心理、与社区关系诸方面均有一定深度的涉及,主要研究者为叶显恩、唐力行、张海鹏、周绍泉、王振忠等。我对徽商与扬州关系的讨论,是关注移民史,即徽商通过投入当地文化教育、城市设施、河道疏浚的建设,融入地方社会。会馆史有王日根的专著《乡土之链:明清会馆与社会变迁》,考察了会馆发生、发展及其社会背景,它的社会功能和文化内涵及历史地位。

宗族史的研究状况,走出先前的族权是政权附庸的定性式讨论模式,考察宗族活动及族谱的社会、文化功能,与社区社会及神灵信仰等方面的关系,颇有成就的研究者有张研、朱勇、刘志伟、常建华、郑振满、陈支平等,赵华富开始注意到宗族与生态环境保护的关系,个人则将清代家族史的研讨延伸到当代,写出《十八世纪以来的家族的现代转向》书稿,于 2001 年 11 月交给出版社等待印行。

秘密社会史。从陶成章的著作开始,即从 20 世纪前期到 80 年代以前的研究基本上是为表彰民众运动,近期发展为两个阶段,为 80 年代至 90 年代初的学术研究,有喻松青、蔡少卿、秦宝琦、赫治清、李世瑜等人的专著,注重于会党和白莲教等组织的源流、发生时间、性质、文献;如今从学术上转向文化层面研究,有的同政府合作,研究黑社会及邪教问题。

法制社会史。开始是法典、司法审判制度研究,如张晋藩的《清朝法制史》《清律研究》;近日研究者瞩目于礼、法、习惯、情理的综合研究,注重司法实践,从司法过程看民间社会、民间调解,进行法学、史学、社会学的结合研讨,2001 年张仁善著《礼·法·社会——清代法律转型与社会变迁》一书出版,清理出清代礼与法由合一到分离的线索,分析了礼法演变对传统中国社会向近代社会转变的影响,认为礼法分离是中国法制近代化的开端,也是中国政治近代化的里程碑。

(三)人口史

清代人口爆炸,今日人口之多成为近代化的一种负担,因而人口史为学者所留意,80 年代以来的研究似有两个阶段,前期注重人口数字,讨论丁口、户口之别,以至希望从族谱中获得比较确切的人口数字;近来则在关注人口行为方面,即人口生育及控制,婚姻、家庭、移民。如 2001 年南开大学中国社会史研究中心召开"历史上的中国人口行为国际学术讨论会",论及中国的人口控制的手段——溺婴,婚姻论财习俗下男性失偶所造成的客观上的控制人口生育,评论李中清、王丰的《人类的四分之一:马尔萨斯的神话与中国的现实(1700—2000)》。郭松义著《伦理与生活——清代的婚姻关系》,利用大量的数据说明下层社会的婚姻行为、伦理与上层社会的不同。王跃生著《十八世纪中国婚姻家庭研究——建立在 1781—1791 年个案基础上的分析》。

(四)满族史和民族史

主要讨论的是满族社会文化史,汉军旗人的族属定位(如曹雪芹家族的旗籍),皇室研究(杜家骥的专著),八旗制度和萨满教专著较多;北京满学会和社科院满学所连续召开专题研讨会,阎崇年主编《满族研究》,已经出版六辑;王钟翰对"新满洲"(锡伯族等)的研究和文献的解读有独特贡献;藏族史与藏传佛教史的研究同步进行;蒙古史同满蒙联姻史的研究结合进行(杜家骥的研究成果)。

(五)思想文化史

对顾炎武、黄宗羲、王夫之、傅山、戴震、龚自珍、郑燮和"扬州八怪"、朱耷等思想家、学者、书画家的研究较多,涉及学术流派,经世致用之学、朴学、理学、公羊学的争论与流变;近年,学者提出思想、文化与社会的互动关系研究,并有初步研究成果的展现,如刘志琴主编的多卷本文化史《近代中国社会文化变迁录》及薛君度、刘志琴主编的《近代中国社会生活与观念变迁》,李长莉的《晚清上海社会的变迁——生活与伦理的近代化》。

(六)中外关系史

对传教士及教案的研究较多,如张国刚等著《明清传教士与欧洲汉学》,中日关系史的研究亦有成果。但整体讲,研究仍属于薄弱状态,因为受限于外文资料的利用,拉丁文、法文、德文、意大利文、葡萄牙文、荷兰文的有关史料尚未翻译,基本上不能使用到研究中来。

(七)华侨史和海外贸易史

晚清海外移民史及侨民与家乡、祖国的关系,近年研究发展迅速,杨国桢、李庆新等多有成果,个人作有《晚清南洋华侨与中国近代化》论文。

(八)18 世纪的中国史研究

1994 年有专门研讨会的召开。1999 年戴逸主编的《十八世纪的中国与世界》问世,共九卷,为导论、政治、军事、边疆民族、农民、经济、社会、思想文化、对外关系。

四、清史的主要史籍、出版及研究

(一)《清实录》(清历朝实录)

各朝分纂实录,如乾隆朝,曰《高宗纯皇帝实录》(即《清高宗实录》),后世印刷历朝实录,名曰《清实录》,已印有台湾版,中华书局与四川巴蜀书社合印本。它的内容浩繁,资料丰富,共有 4363 卷,乾隆朝为 1500 卷,为清史研究的必读史料。附带说一下《东华录》,有蒋良骐、王先谦分别编写的几种本子,亦系编年体写法,蒋氏之作有实录所没有的内容,而王氏之书部头较大,在《清实录》印刷稀少之时,研究清史得以其为基本史料读物。

(二)《起居注册》

历朝所修,编年体写法,数量大,一般是一月一册或二册,今日的出版品以朝命名,如《清代起居注册·康熙朝》卷、《清代起居注册·雍正朝》卷;内容上,大事之外,侧重皇帝个人活动,以及某些政策的讨论过程。由于是当日记录,一月后整理,次年年初定稿,故其形成早于"实录",更是第一手史料,价值甚高。

(三)"朱批谕旨""上谕档""履历引见档"等

"朱批谕旨"已出版的是康熙、雍正两朝的,各有满汉文本,以雍正帝(1678—1735,1723—1735 在位)的《朱批谕旨》最为著名与有学术价值,宫崎市定等日本学者对它连续进行了 19 年的研讨,可知它的特殊价值。清朝皇帝在对知县以上的地方官,乃至低于知县的地方税务官员的任命之前,官员自身及其主管部门都要写出他的履历,皇帝在接见时亦会写出对该员印象的评语,然后才会作出任用的决定,这样就形成了"履历引见档",今藏于中国第一历史档案馆,已于 90 年代由上海古籍出版社印行。从这类档案中可以获知官员任用的程序、标准与皇帝的勤政状况及其从政能力。

(四)档案

数量最为巨大,中国第一历史档案馆收藏 1000 万件(册)以上,台北故宫博物院亦多,有 204 箱,如传记档中的各种人物传记稿本,各种稿本的本纪。此外,辽宁省档案馆、台湾研究院历史语言研究所所藏亦多。山东曲阜藏有大量的孔府档案。档案的保存、编目与图书不同,区分为全宗(以存档的衙门命名),下分类别,分朝年,如内阁全宗、刑科题本、土地债务类、婚姻奸情类,拥有经济史、社会史、法制史最好之材料。他如内务府全宗、宗人府全宗为研究皇家生活的不可或缺的史料。档案的编辑出版物甚多。

(五)地方史志

地方志,有官修制度作保证,所修甚多,《中国地方志联合目录》中所著录的今存 8200 多种方志,有一半以上是清代编修的。方志不仅有地方人文社会的资料,还注意到生态环境资料的保存。

(六)族谱

是中国历史文献的一大特色,今日保存的数量之巨,以万计数,见于《中国家谱综合目录》的就有 14000 多种。它是家族史、人口史、婚姻史、地方史的基本史料之一。

(七)文集

清人诗文集,数量巨大,2001 年梓刻的柯愈春编《清人诗文集总目提要》,介绍四万余种别集。这些集子蕴藏清代历史的方方面面的宝贵资料。

(八)《四库全书》

乾隆年间编辑的《四库全书》,是中国古代最大的丛书,当时抄写 7 部,今有台湾商务印书馆版、上海古籍出版社版。该书汇集乾隆以前的图籍,包括许多清人的著作;同时纂有《四库全书总目提要》,逐一评说所收图书与存目图书。

《四库全书存目丛书》:《四库全书》存目而未收之书,台湾庄严文化事业公司予以印行。

《四库禁毁书丛刊》:编辑《四库全书》时毁禁的书籍,台湾伟文图书出版社于1977年刻印一部分,北京出版社于1977年全部印刷。

《续修四库全书》:《四库全书》忽视的古籍,以及乾隆以后出现的重要书籍,学者于20世纪20年代起从事选择与撰写提要,予以结集,于90年代藏事,由上海古籍出版社刊刻行世。《续修四库全书总目提要》,则由中国科学院图书馆整理,济南齐鲁书社出版。

(九)清史史料学的研究

对于汗牛充栋的清代文献,有的学者进行了史料学的研究,以便清史研究者的利用,出现以下作品:

庄吉发著《清史史料论述》,文史哲出版社。陈恭禄著《中国近代史资料概述》,中华书局。沈云龙著《近代史史料考释》,台北传记文学出版社。拙作《清史史料学初稿》,南开大学出版社;拙作《清史史料学》,台湾商务印书馆;拙作《清代人物传记史料研究》,商务印书馆。

五、《清史稿》及开始启动的"大清史"的编纂

1.《清史稿》的编纂(1914年启动)与出版(1928年关外一次本,1977年北京中华书局点校版),系不可废弃之书,然而错误百出,不足以令人相信,总为后人所不满。

2.对《清史稿》略事增删的《清史》(8册,台北,1961)与对《清史稿》纠误的《清史稿校注》(18册,台北故宫博物院与其他机构合作,台北,1990)。纠谬的书比原书的分量大得多,可知《清史稿》的误失实在太多,所以台北有关人士希望重修。

3.开始启动的"大清史"工程:大陆清史学者诟病《清史稿》,又有隔代修史的情结和使命感,除五六十年代在小范围协商之外,于80年代前期提出编写大型清史(俗称"大清史")的规划,预期取代《清史稿》,为古代纪传体史书作

一终结,然因编修这样的巨著条件尚未成熟(档案史料整理有待加强,专题研究尚不深入),未能获得有关方面允准。21世纪到来,权威学者再次倡议,得到批准,于2002年12月中旬正式成立编纂委员会,可视作工作开展之始。据闻,2003年1月将会有大规模的会议宣传此事。史学界之外,有人对此做法持有异议,认为如今再修那样的史书已经没有意义。这部书怎么样修,如何才能修好,是个严肃的问题,需要集思广益,博采众长,谨慎而为,庶几少出纰漏,编写得像点样子,质量尽可能好一点,避免贻讥后世,重蹈《清史稿》的覆辙。

六、感言

我在台湾,不断有人问我海峡两岸的大学生有什么同异,在做讲演时也有同学问到这个问题。两岸的大学生我所知有限,在大陆主要是我所服务的学校——南开大学,在这里因时间短,接近的仅是暨南大学的学生,所知就更少了。这里只能讲一点感受。在研究生方面,我觉得此间的同学有理想有追求,一般三年半、四年,甚或更多时间才能毕业,取得学位,而在大陆三年必然取得学位。因此有一次问一位同学,你学这么长时间,只为拿个硕士学位,不觉得亏吗?她回答得很干脆:我对所作的海外华人历史的课题非常有兴趣,一心想把它写好,所以不计时间得失。我听了颇为惭愧,我以目前大陆的硕士生的状况来看待这群暨南大学的研究生了。他们是有抱负的,不是为拿学位而上学,是冲着理想而来的,自然学习兴趣浓厚,不达到目标不罢休了。我想起在20世纪40年代许大龄的研究生论文,是关于清代捐纳制度的,学术价值高,能够出版,而自己60年代初哪里能写出发表的研究生论文,当时就甚为惭愧,而近日在台湾硕士论文问世的很多,台湾大学就很有几位。我还看到中央大学历史所的研究生编辑的《史汇》,所披露的文章有相当质量,有的我就复印作参考。听说辅仁大学历史所的学生论文(世界史方面的)也有刊物问世,唯因我研治中国史,未能去阅览。不论学生学得如何,在没有淘汰的状况下,要想提高学生学习质量,是没有可能的,大陆几乎是百分之百地按期毕业,难免有滥竽充数的了。所以我对台湾的研究生颇多好感。

在大学部,大陆考生多,70年代、80年代之交,二十多名考生才有一人有机会入学,那时普遍素质好,能考上名牌大学的更是人才,这种情形后来有所改变,学生的状况也因之有所下降。但是考生仍多,有好些省因学生多,实行预考制度,高中毕业生要在省里通过预考才能参加高考,可见入学较难,这样,学生质量仍有保障,尤其在名牌大学,因此我感到大学生相对用功些,而且水平相对整齐一些。不过近几年学生爱玩的增多,除了寒暑假,每年"五一""十一"的长假,不少学生关心的是如何玩好。台湾入学率高达百分之八十,我听朋友讲,有人开玩笑说,"要想考不上大学倒是困难的",于是出现水平参差不齐的现象。我发现许多同学学得很好,读书很多,也能思考问题,也有一些同学没有认真地读书,作业简单,却关心分数,因此就用"惜时"二字勉励同学。"寸金难买寸光阴""莫等闲,白了少年头,空悲切"。这是老话,年轻人听着可能反感,然而这是千真万确的真理,可不要到老年有所"悲"呀!

两岸的学生还有一点不同,似乎台湾学生单纯一点,保留了中华文明的某些优良传统,如尊师。我常听到人们讲,某某是我老师,其实某某不过是他入研究所的考试或论文答辩的参加者,或论文审阅人,这种情形在大陆是不当作一回事的,若要说起来,基本上也是开玩笑式的。就我个人体会讲,得到许多同学的帮助,我上两门课,都有同学开车接送。课外领我外出观光,帮助借图书,复印数据,开设电子邮件信箱,甚至帮助购物。我因为感到他们是真诚的,所以才接受他们的善意。

大陆从农村走出的学生往往具有刻苦求学的精神,学习是他们的主要出路,或者说唯一的通途,他们学不好,几乎没有在大城市工作的可能。他们砥砺向学,成为精英,出国留学,到合资、独资企业做白领人士。而大城市的学生,有的就较差,学得不理想,也能留在大城市。环境影响人,诚然如此。当然,关键是看个人的生活理念,什么情况下的人都有学习优异的。

（原载《台大历史学报》第 31 期,2003 年）

清史研究与政治

清史研究、史学研究与政治的关系,这个问题,实系认识历史学同社会政治、社会制度变化的关系,或者说某种互动关系,这是非常复杂的大题目,这里只是观察 20 世纪以来清史研究的状况,以便有所明了。

学术界似乎有这样的共识:学术研究需要避开政治的干扰,才可能具有科学性、准确性。事实上这是不可能的,政治形势必然会影响学者,有的学者还会自觉与不自觉地去迎合时政。学术研究与时政可以说有不解之缘,尽管崇尚纯学术的学者不愿看到这种情形的出现,但也不过是一厢情愿而已,问题是如何尽量避免它的干扰。清史研究与其他领域的学术研究一样,需要处理好学术与政治的关系,才有可能顺利开展。在清史研究历程中,我们看到政治对清史研究影响之大之深的实际情况,因而思考下述诸种现象和问题。

一、反满革命与清史研究

反满民族革命史观。人们因反对清朝(反满)和辛亥革命之需要而研讨清史,以民族革命、痛责满洲人的清朝为旨归,有四种情形:

一是强调"华夷之辨",以满洲为"非我族类",主张用革命推翻它。被誉为学者革命家的章太炎在辛亥革命前后参加反清排满斗争,为说明革命的正当性,写作关于清史的文章。他以"华夷之辨"作为评价历史人物和事件的唯一标准,认为满洲是强盗,窃取汉族政权,对汉人残暴统治,残害明朝宗室,大兴文字狱,贪婪无度,本身野蛮,不讲人伦,到了后世,使中国陷入外国侵凌的灾难之中,势必造它的反。他的研究,第一是为政治,第二才是为学术。笔者在《章太炎清史研究评议》文中论其治史主旨:"他的治史,是要明了政治历史变化的轨迹及其原因,教育民众,让历史向前进的方向发展,他讲历史,侧重的是政治史,是认识政权、政体的更迭,以及人们的活动在其中的作用。这就是他所认识的治史与政治的关系,用现在的话说是"研究历史为政治服务"。他在辛亥革命前后的政论、史论，都同"逐满独立"有关。[1]

二是历史演义的丑化清朝。辛亥前后及民国初年有一股思潮——人们乐于编造、演说关于清朝的坏话、丑闻故事，而且常常打着历史实录的旗号。如蔡东藩的名著《清史演义》，写成于1916年，自云不满于时人用宫闱传闻，"横肆讥议"清朝历史的状况，主张实事求是地编写清史演义。但是实际上对丑化清室之传闻就多所采纳，比如第20回叙述董鄂妃事，即以其"南中汉人，被虏北来，没入宫中"，受顺治帝宠幸。这基本上是按照董鄂妃即董小宛的故事写的，显然不合事实。第37回写香妃事，全据俗传，还拉上和珅从中牵合乾隆帝与香妃关系，纯系子虚乌有之事。这部书尚且如此，等而下之的更加离奇了，如燕北老人作于1919年的《满清十三朝宫闱秘史》，自称史料来源，是自幼在京听宫中苏拉闲谈所得，陈鹤炜为此书写序，称赞作者"搜访既确，去取尤严，即无一字不有来历，即无一字不加斟酌，褒贬悉本原文，异同间或并列"，纯系溢美之辞。该书说雍正帝的生母是卫某的妾，召进宫中，六个月生子。有历史常识的读者不难发现，这是套用秦始皇出生的故事。该书据此又衍生出一个故事，即卫某将康熙帝传位十四子的遗诏，把"十"字涂掉，雍正帝因而继位。这是把隆科多篡改遗诏的传说，安放到不知其名的卫某身上。这类书数量很多，常以武侠小说面目出现，仅涉及雍正帝的，笔者所知，不下八种，即《血滴子》《剑侠吕四娘》《血滴子大侠甘凤池》等。

三是与反满密切相联系，为了张扬汉族之民族反抗精神，开展明末清初史的研究，以明末之抗清史论证反满正当性与必要性。仅以《明遗民录》为名的书就出现三种，其一的作者是有志于反清孙静庵，他的书出版于1912年，宣扬遗民不屈不挠的精神，鼓舞反清斗志。张其淦撰辑《明代千遗民诗咏》，表彰明末遗民，出版于1928年。九龙真逸(陈伯陶)辑《胜朝粤东遗民录》，专门表彰广东明代遗民。周作人写于1935年的《隅卿纪念》，说研究明清小说戏曲的马廉，搜集明末文献，"是受了清末的民族革命运动影响，大抵现今的中年人有过这种经验，不过表现略有不同，如七先生(引者按，指马太玄)写到清乾隆帝必要称曰'弘历'亦是其一"[2]。因着反满观念而研究明末历史，人们讲到

---

[1] 冯尔康：《章太炎清史研究评议》，载台北善同文教基金会编：《章太炎与近代中国》，台湾里仁书局，1999年。

[2] 周作人：《隅卿纪念》，《大公报》1935年5月19日。

清朝皇帝,必呼其名,而不称皇帝,表示立场不同的决裂态度。

四是一批应急清史之出现,如吴曾祺《清史纲要》(1913 年),许国英《清鉴易知录》(1917 年),文明书局编辑的《清鉴辑览》(1918 年),还有刘法曾的《清史纂要》、印鸾章的《清鉴》。在人们渴望了解清代历史之时,不无其应世作用,但学术水准不高,而反满观念强烈。不仅如此,还有迎合舆情编造历史的情形,如许国英在《清鉴易知录》中编造清室丑事,为孟森所揭露批评。根据这些情况,可以说早期清史研究是在反满革命名义下之汉族民族主义史学。

二、反帝爱国与清史研究

20 世纪上半叶和 50 年代前期,有成就的学者大多是诚挚的爱国主义者,他们生活的那个时代,正是中华民族观念和民族国家的一个新的发展时期,人们以争取祖国的独立富强为己任。他们的学术研究有着强烈的使命感,诚如文字学家黄侃的治学为"存种姓,卫国族"①那样,反对帝国主义对中国的侵略,并通过自身的特长使用文字表达出来。

(一)反对日本侵略与清史研究

国人耻于外国人先于我研究清史,如 1915 年出版的稻叶君山著《清朝通史》,刺激国人研讨清史,萧一山之下功夫写作《清代通史》,为的是不为外人耻笑,在清史研究的学术水平上与外人争高低,为国家增光。学界有共同认识,侵略者欲亡其国,必先亡其历史,故应加强国史之研究。

九一八事变以后,反对日本侵略和制造"满洲国",以及后来出现之华北、南京敌伪政权,激发了学者的爱国反侵略意识与加强清史研究的自觉性。最早组织明清档案整理的朱希祖,为"借历史以明国家之绵延,鼓励民族之复兴",撰著《伪齐录辑补》《伪齐国志长编》,致力于抨击伪政权。在清史研究方面,学者自觉反对侵略者谬论,进行满洲与中国关系史研究。郑天挺于抗战中写作《清代皇族之氏族与血系》,指明满族只是部族称谓,不是地名,更不是国名,清朝皇室融合了满、蒙、汉族的血统,新血素的参入,对清初的武功奋张、文化调融,均有益处。

---

① 《量守庐学记——黄侃的生平和学术》,生活·读书·新知三联书店,1985 年。

(二)反帝反美与清史研究

学术界反对日本侵略的同时,清史研究者对西方帝国主义侵略的国耻史同样关注,写出很多作品。如果从 1915 年国文书局出版的《国耻史》算起,到 1980 年的《帝国主义与中国铁路》,将沙皇俄国侵华史著作除外,有 110 多种。这些书的出版大多在 20 年代后期至 50 年代前期,内容上遍及各个帝国主义,而在 40 年代、50 年代之交,专门抨击美帝国主义的尤多,其中出现在 1947 年至 1952 年的多达 25 部,对中美《望厦条约》的研究盖过了对第一个不平等条约——中英《南京条约》的关注。

谴责帝国主义侵略的有名著作有:

蒋廷黻的《中国近代史》《最近三百年东北外患史》;

郭廷以的《近代中国史》《近代中国史事日志》;

范文澜的《中国近代史》;

胡绳的《帝国主义与中国政治》《从鸦片战争到五四运动》;

刘大年的《美国侵华史》。

富有忧患意识与历史使命感的学者,不仅是揭露帝国主义的侵华罪行,更在寻找救国之道,一部分学者,如蒋廷黻等,以民主主义意识检讨中国内政,总结历史经验,倡导改革,争取国家独立富强;另一部分学者,如范文澜等,信仰马克思主义,总结中国近代史经验,主张革命挽救中国。

在研究帝国主义侵华史中,人们提出以鸦片战争的历史影响作为划分中国历史的分期法,即鸦片战争改变清代中国面貌,在那以前中国历史为古代史,此后为近代史。蒋廷黻、毛泽东、范文澜等倡导这种历史分期方法。这种分期法充分认识到外国侵略对中国历史发展的影响,将鸦片战争作为中国近代历史的开端,有着学术价值,但是清史被分为古代与近代两大部分,使得对清朝通史的研究难于进行。

以反帝为使命的清史研究,与 20 年代以前的反对清朝的民族主义不同,是新的民族主义史学,在满洲与中国关系问题上,由世纪初的强调差异、矛盾斗争,进到认识两者之间的共同性,令对清朝历史的准确认识大有进展。

三、"反修"(反对苏联"修正主义")与清史研究

关于沙皇俄国侵略清代中国的历史研究,在 20 世纪上半叶少得可怜,笔

者在书目中仅见到 1929 年问世的《俄罗斯侵略中国痛史》一部。到中国实行"一边倒"国际政策之时，则成为一个学术禁区，无人能够研究，而清史学家当然知道沙皇俄国对我国东北和西北领土侵占的历史。60、70 年代中苏交恶，珍宝岛之战，史学界一方面是适应时政之需要，紧跟政府"反修"（反对苏联"修正主义"）政策，另一方面是将积压的情绪抒发出来，进行老沙皇侵华史研究，产生具有学术性和一般宣传性的读物三十余种，其中中国社会科学院近代史研究所的《沙俄侵华史》[①]第一、第二卷和《中俄关系史论文集》[②]，均系研究之作，不过大多数作品，与当时的文风相同，属于大批判的类型。与此相关的是对我国东北边疆史的相关研究有所关注，如《清代柳条边》一书的出版。

四、革命、继续革命与清史研究

前述信奉马克思主义的学者研究清史，在反帝使命感之外，还要推翻国民政府，而在中华人民共和国成立以后，又在毛泽东的继续革命理论指导下，强调历史就是阶级斗争史，因此在清史研究中，有着影射蒋介石、赞扬农民战争、提出厚今薄古为无产阶级专政服务的特点。

研究曾国藩。抗战时期，中国面临着国内两大势力的斗争和抗日战争两大难题，亦即传统的"安内攘外"问题，清朝历史上咸丰帝、曾国藩等碰到过这个问题，是先安内后攘外，还是反过来？范文澜于 1943 年出版《汉奸刽子手曾国藩的一生》（后来作为他的《中国近代史》附录），认为曾国藩"把外国侵略者当作救命王，把本国人们当作唯一的仇敌，假'安内攘外'之名，行'按内让外'之实，假尊孔复古之名，行亡国灭种之实，这正是曾国藩传给后来统治阶级的'不朽'衣钵"[③]，用以影射蒋介石和国民政府。其时侯外庐在山西，对阎锡山"评论曾国藩，大骂蒋介石师承曾国藩，一样的卖国求荣，终将成为中国历史的千古罪人"[④]。都以研究曾国藩为名，反对蒋介石。

太平天国史与农民起义史研究。50 年代初，恰值太平天国起义一百周年，

---

① 中国社会科学院近代史研究所编著：《沙俄侵华史》，人民出版社，1976—1978 年。
② 中国社会科学院近代史研究所：《中俄关系史论文集》，人民出版社，1978 年。
③ 中国社会科学院近代史研究所编：《范文澜历史论文选集》，中国社会科学出版社，1979 年。
④ 侯外庐：《韧的追求》，生活·读书·新知三联书店，1985 年。

纪念活动的开展,引起学者研讨太平天国史。范文澜撰文《金田起义一百周年纪念》,强调农民战争的历史意义,并在对比中贬低辛亥革命的价值:太平天国"破天荒提出消灭封建制度的土地纲领。它又不同于后来资产阶级所领导的旧民主主义革命,因为它敢于发动广大农民参加战争,而资产阶级则是不敢唤起民众。太平天国革命如果得到成功,资本主义将在中国顺利地发展起来,比之60年后的辛亥革命,成就要大得多。谁都知道,辛亥革命只是推翻了清朝统治,但不曾改变半封建半殖民地的社会性质"①。太平天国起义纪念稍后,毛泽东发起批评电影《武训传》,胡绳著文《为什么歌颂武训是资产阶级反动思想的表现》,认为武训是争取充当地主阶级奴才,破坏农民革命。②由此引发对与武训同时代、同地域的宋景诗农民起义的调查与研究。中华人民共和国的成立,是由农村包围城市取得胜利的,颂扬农民革命乃是说明政权正当性的一个方面,以太平天国百年纪念和批判《武训传》为契机,在史学界兴起农民战争史的研究,使它成为50年代史学研究的"五朵金花"之一。清代其他农民起义、暴动,以及少数民族反政府暴动,秘密结社、秘密宗教的活动与暴动,得到广泛的关注。至于太平天国史研究的相关著述,仅在中国社会科学出版社1984年出版的《1900—1980八十年来史学书目》中著录的就有195种,并以50年代出版的著作为最多。

资本主义萌芽与《红楼梦》研究。资本主义萌芽问题的讨论,也是"五朵金花"之一,它是二三十年代社会史大论战的延续,是研讨民主革命前的中国社会性质。《红楼梦》的研究也是肇始于毛泽东对胡适思想及胡适派的《红楼梦》研究的批判。而学术界将资本主义萌芽与《红楼梦》两事联系在一起,是探讨《红楼梦》的社会背景,是否是市民文学,是否有资本主义产生后的民主主义观念。"文化大革命"中《红楼梦》研究长盛不衰,亦因毛泽东把它当作政治历史小说,要人阅读五遍,笔者就是在这种情形下写出《封建社会的一面镜子——〈红楼梦〉》小册子。③资本主义萌芽的讨论,实际上是将社会形态与社会性质的大题目具体化,清史研究受其影响,讨论满族入关前的社会性质问题。

---

① 中国社会科学院近代史研究所编:《范文澜历史论文选集》。
② 胡绳:《枣下论丛》,人民出版社,1962年。
③ 冯尔康:《封建社会的一面镜子——〈红楼梦〉》,中华书局,1974年。

厚今薄古与加强近代史研究。1958年高举"三面红旗"之时,学术界紧跟革命形势,也要"大跃进"。陈伯达、范文澜号召史学界"厚今薄古",后者发表《历史研究必须厚今薄古》一文,阐述学术与政治的关系,认为"厚今薄古与厚古薄今是两条路线的斗争",厚今薄古的历史学,"主要是研究无产阶级领导革命的中国史,其次是资产阶级领导旧民主革命的中国史"。[1]事情被提到两条路线斗争的高度。厚今薄古的延续,在"文化大革命"中达到登峰造极的地步,史学研究只剩下四种内容,即中共党史、中国革命史、中国农民战争史和世界共产主义运动史。

肯定清朝的历史贡献。对于清朝的历史,历来多是批判的,难得给予积极方面的评价。60年代初听传达:毛泽东说,对于中国,满族的到来是阔姑娘下嫁;我们现在吃的是乾隆的饭。这是从国家现有疆域出发的认识,感到清朝有奠定国家版图之功。其时,刘大年在《历史研究》杂志发表《论康熙》长文,比较全面地评价康熙帝,肯定他的平定三藩,统一台湾,三征噶尔丹,驱逐在西藏的准噶尔势力,与俄国签订《尼布楚条约》,等等功业,使中国成为疆域辽阔、民族众多的强大而统一的国家。

五、基础知识传播与清史研究

前述同政治运动、政府政策密切相关的清史研究,在一定的时间和场合遭到了强调学术研究的学者的抵制和批评,他们更多地从学术考虑对清史进行研究。他们的特点,大约有两个方面:一是强调学术性,反对政治功利性;二是进行有关清代的基本知识和制度文化的研究。

强调学术研究的学者,对清朝和清史持有应有的尊重态度,并且呼吁摒弃反清革命时期否定清朝历史的态度。这类学者以孟森的表现最为突出。他于抗战前在北京大学讲授清史,撰著《清史讲义》,开宗明义,肯定清朝是强盛王朝的历史地位,应予公正对待:(清朝)"自当占中国累朝史中较盛之一朝",因此"不应故为贬抑,自失学者态度"。他进而针对抹杀清朝地位的研究者,批评道:"近日浅学之士,承革命时期之态度,对清或作仇敌之词。"[2]他希望用公

---

① 中国社会科学院近代史研究所编:《范文澜历史论文选集》。

② 孟森:《明清史讲义·清史讲义》,中华书局,1981年。

正客观的态度研讨清史,革命时期的实用主义态度不足为训。有了这样的治学态度,才能终结反满的清史研究,取得新的成就。

这类清史学者的研究关注于清代历史的基本内容,主要是清朝的基本制度、重大事件、重要人物、与后世关系特别密切的事情,可以说是致力于有关清朝基础性知识的认知和传播。重要的清史专家研究重心,表现在下述方面:

孟森研究清史的内容,诚如商鸿逵所说:"大致可以分作两类:一、历史事实的论述,二、文献资料的考订。"[1]孟森在史实方面,试图明了清朝开国史、满洲族称、国号和八旗制度、太后下嫁、顺治出家、雍正继位三大疑案、科场案、字贯案、彭家屏收藏明季野史案等文字狱;在文献方面,他论述《四库全书》的编修与目的,清朝对有关明史特别是南明史民间著作的态度,清朝编写实录的作伪。孟森的著述内容,既注意到清代的基本史事,又是结合时事,即人们的关注点,如三大疑案考释,并非不顾事情,作脱离现实的考证。事情的关键之处不在这里,而是他尊重历史的态度,事情是什么样子,就争取还原其原貌,如他对清朝文字狱、篡改史书都是持批判态度,而对清朝的文治武功则予赞扬。这里要附带说一句,孟森的《明清史论著集刊》得以在 1959 年结集出版,《明清史讲义》梓刻于 1981 年,《明清史论著集刊续编》于 1984 年印行,均系商鸿逵整理,全部由中华书局发行,这得力于吴晗和中华书局负责人金灿然的提倡及支持。[2]须知 1959 年出版孟森的书是很不容易的。

萧一山的《清代通史》,对清史做出较全面的论述,基本制度、事件和人物都写到了。他认为历史内容中文化、政治、国民生计最重要,而文化在社会生活中占最高地位,并以此认识编排清史的内容。

陈垣,并非清史专家,其实他对清史是颇为留心的,明清内阁大库档案的整理,他是最初的指导者之一,并创造整理档案的原则——档案八法。他关于清史的论文,我们从《陈垣学术论文集》第二集来看,集中在文字狱和《四库全书》两方面,如《编纂四库全书始末》《四库撤出书原委》《书于文襄论四库全书手札后》,再如《钱名世轶事》《方孝标方苞轶事》等。此外,他对清初佛教史特加留意,著作《清朝僧诤记》(1934 年)。

<hr>

① 商鸿逵:"编辑说明",载孟森:《明清史讲义》,中华书局,1981 年。

② 商鸿逵:"前言",载孟森:《明清史论著集刊续编》,中华书局,1959 年。

郑天挺的清史研究,早期的重点在制度方面,除前述的《清代皇室之氏族与血系》之外,有《满洲入关前后几种礼俗之变迁》《清代包衣制度与宦官》《清世祖入关前章奏程式》《多尔衮称皇父之臆测》《释"阿玛王"》《清史语解》《清代的八旗兵和绿营兵》等文,并汇集于《清史探微》一书;他在研究的后期关照于历史的解释,如作《清入关前满洲族的社会性质》《鸦片战争前清代社会的自然经济》《清代的幕府》,尤其是著《清史简述》,只有几万字的书,然而涵盖量较大,且有通贯的观点,指出清代史的六个特点。

谢国桢,侧重于对明末清初历史和文献的研讨,著述《明末清初的学风》《明清之际党社运动考》《南明史略》《清初流人开发东北史》和《增订南明史籍考》《清开国史料考》《清朝农民起义资料辑录》《明清笔记谈丛》等书,他瞩目于社会运动和文献学。

邓之诚在《中华二千年史》中给予清史大量篇幅,还著有《清诗纪事初编》。

罗尔纲,以研究太平天国史著名,作有《太平天国史纲》《太平天国考证集》《太平天国史料考释集》《太平天国金石录》,此外他对清代兵制的研究,成就显著,有《绿营兵志》《湘军新志》和《晚清兵志》行世。

王钟翰著《清史杂考》,已经出版四集,由"杂考"之名可知,他重在对史事的考订,在此基础上做出诠释。他运用满文资料进行研究,是一个特色。他发现关于抚远大将军允禵的史料,将雍正继位疑案的讨论引向深入。近著《满族礼尚往来与文化》(1996 年)。

许大龄著《清代捐纳制度》一书,开辟清代政治史研究的一个领域。

作为思想史专家的杨向奎,对清代学术史亦有兴趣,撰著《清儒学案新编》(1985 年)。

陈寅恪撰著中的《柳如是别传》《论再生缘》,是关于清史的名著。

上述各位学者,治史有一个特点,即释史之外,均重视对古文献的研究,不少人兼有专门的论著,所以他们的研究是建立在扎实的史料基础上的。

总起来说,孟森的《清史讲义》、萧一山的《清代通史》和郑天挺的《清史简述》三部通史,似为研治清史不可不参考之作。清朝灭亡后问世的概述性之作,内容重在政治史方面,且多偏见,学术价值不高,会被时间所淘汰。

20 世纪 80 年代以来的清史研究,逐渐走向新方向,开辟新领域,研究者的目标锁定在:开启人们智慧,崇尚高尚生活情趣和高尚人格,希望使之成为智慧与塑造人之学问。

六、满族民族情结与清史研究

满族之反对歧视与要求。50 年代末满族人士对"满清"政权(王朝、政府)概念表示反感,政府通知改正,故 60 年代以后"满清"一词基本在清史研究论著中绝迹。

满族人士赞助学术研究。北京成立满族研究会并展开活动,推动满族史与清史研究。不定期论文集——《满学研究》业已出版六集,连续召开了不下四五次研讨会,对八旗制度、满族文化之讨论尤可注意。

写到这里,不禁要提出如何认识带有政治性的史学研究、清史研究的问题。

(一)学术研究独立思考、实事求是

有的学者极力主张历史研究的政治性,认为这是党性的表现,强调史学研究为无产阶级政治服务,从而将专注学术性的学者视为脱离政治,是资产阶级的,予以批判。对于他们的意见可以分四个层次来说明:

一是史学历来是服务于政治的。范文澜认为历史著作反映当时政治生活,"是史学的正常形态,是史学的主流",否则是"变态支流"。[1]尹达也说"史学服务于现实政治,是中国史学的一个传统"[2]。

二是资产阶级以脱离政治为幌子。范文澜批判说:"反动统治阶级的学者们,为了对抗革命,提倡学术与政治脱离,企图使学术脱离革命的政治,变成没有灵魂的死东西。"

三是史学是政治性强的理论之学,或者说是党性之学。胡乔木说:"历史本身就是一种理论性的研究。"尹达说史学家"必须具有坚定的无产阶级立场和无产阶级的感情,才能够准确地分析和研究祖国的历史,才能够从祖国的

① 中国社会科学院近代史研究所编:《范文澜历史论文选集》。
② 中国社会科学院历史研究所中国史学史研究室编:《尹达史学论著选集》,人民出版社,1989 年。

历史里发现珍贵的遗产,才能够把这些遗产变为推动当前革命实践的积极因素"①。侯外庐赞扬尹达实践了"做学者要做党的理论战士"②的人生目标,他又称颂翦伯赞,谓其"史学著作党性强"③。

四是史学为政治服务就是为无产阶级革命和政权服务。尹达说"把研究历史与研究现实紧密地联系起来"④。"马克思主义史学家则是站在无产阶级立场上,分析社会历史,写出科学的历史,并以此教育广大人民热爱我们的祖先世世代代所创造的历史,认识劳动人民创造历史所走过的曲折道路,从而热爱我们的社会主义祖国,积极投身于祖国的四化建设。这正是我们历史工作者最大的政治任务"⑤。侯外庐原先研治古代历史,写作《中国古典社会史论》,1941年周恩来要求他"致力马克思主义史学阵地的继续开拓与建设",他理解到,"研究近代历史与确定半封建半殖民地中国所面临的革命任务,这两者之间有着密切的关系",因而转向近代史的研究,著述《中国近世思想学说史》。⑥正因为有了这样的目标,研究有极强的政治性,

刘大年称颂范文澜的著作表现了"批判性、战斗性"⑦的特点。

如此强调学术研究的政治属性,或者说党性、阶级性,今天很难再听到了。但要说学术研究者与政治了不相干,那是不符合事实的,人们生活在社会中,必然会有或多或少的政治倾向,这种倾向也许会影响到学术观点,哪怕是微弱的,此其一;其二,人总会受时代思潮的影响,时代在思考什么,人往往也会随着思索什么,就以上述强调学术研究的学者来说,他们留意清代文字狱史、南明史、清朝三大疑案,乃因反满革命学者致力于此,他们也就把这些历史问题作为研究对象了。不过他们的结论和革命学者有相同之点,亦有相异之处。受时代的思潮影响则是共同的。所以问题不在于强调学术研究的政治性,或者否认它的政治性,而是需要明确:学术研究,独立思考、实事求是的准则。惟其如此,史学研究才会走在正确的轨道上,做出应有的成绩。否则政治政策和政治思潮影响学术研究,一种观念掩盖另一种观念,总是倾向性太强,以至研究清史的初期,几乎全盘否定清代的历史贡献,而如今对清朝皇帝和

---

① 中国社会科学院历史研究所中国史学史研究室编:《尹达史学论著选集》。

②③⑥ 侯外庐:《韧的追求》。

④⑤ 商鸿逵:"编辑说明",载孟森:《明清史讲义》。

⑦ 中国社会科学院近代史研究所编:《范文澜历史论文选集》。

重大政事几乎是一片颂扬之声。

这是多么值得警惕和避免呀!

(二)政治干预对史学正负两方面的影响

正确认识政治对学术研究、清史研究的影响,或者说政治干扰,不要作绝对化的结论,不必给予一概否定,实际上它有正负两方面作用,需要进行分析。而这种分析,笔者认为要先明确下述三点:第一,学者自觉之政治情怀与外加的政治干扰是两回事;第二,政论家之研究与学者有所不同,前者政治目的性强烈,因不能深入研讨必然会有某种误谬,然而学者应理解他们的学术观点的某些误失;第三,恶劣政治需要的篡改历史与为政治理想服务的误解历史应当区别开来,即为明了国家历史的正常需要同执政者为一己之私而研究历史有别,后者容易伪造历史。

从清史研究历程看政治对清史研究的正面影响。反满革命、反帝爱国、"反修"的政治需要,首先使清史进入学者的研究范畴,对于清史学的产生起了促进作用。其次逐渐扩大清史研究的领域:研究帝国主义侵华史和中外关系史,揭露外国侵略者的罪行;反满精神的再造,研究清朝政治和满汉关系史;因"反修"使得中俄关系史和我国东北边疆史的研究得以开展。最后,爱国主义观念之注入清史研究,激发学者研究热情。这里是从客观后果来观察的政治对清史研究的影响,并非着眼于主观动机。

意识形态和主流观念支配下的清史研究,不可避免地出现两个问题:一是指导观念运用不当造成的观念上的偏颇,在满族统治、中西文明碰撞、西方宗教在华传播、民众运动、清朝的民族政策等重大问题的评价上,较长时期缺乏对正负两方面作用的分析,在对一些重要历史人物,如曾国藩、林则徐、李鸿章等的评价,对清朝的历史地位的评价,道光以来的八大运动和历史主线的论定等方面均出现过颇有可议的思想倾向。二是研究领域不均衡,有的领域研究过热,有的则成为空白,甚至是禁区。因为政策和意识形态的作用,有的领域成为学术研究的禁区,如一个时期内俄国侵华史之不能涉猎;有的领域成为学术研究的过热点,如为强调阶级斗争和农民战争,集中在太平天国、几次农民起义、《红楼梦》历史背景等方面。而在广泛的领域或无人问津,如对于社会各阶层,只留心于两极,而忽略中间阶层的考察;或始有而中断,如清代制度史、清代社会史的研究。偏颇的出现,与50至70年代的政治状况的关系甚为密切。知识分子思想改造运动与"反右"运动令知识分子失去独立思考与独立研究之可能，自觉地去适应主流意识形态的要求，助长了研究方向的某种不恰当和研究领域的不均衡状况。

固然，政治对于学术研究有着正负两方面的影响，承认它的积极因素的那一方面，并不是为了赞扬它、欢迎它，只是认识到这种事实而已，并以此知道纯学术研究是不可能的。其实事情的关键是如何排除政治对学术研究的干扰，让学术研究真正成为学人的事业，能够独立自主地、健康地进行，寻觅对人类社会发展有益的经验及建议，得出符合历史实际的学术结论。要而言之，"史学研究，排除政治干扰，独立思考，实事求是，以历史经验的总结服务于社会"，应当是历史学工作者所追求的目标吧？

（原载《史学月刊》2005 年第 3 期）

揭示清代的国家政治与社会互动关系的力作
——常建华著《清代的国家与社会研究》序

1985 年喜读常建华贤弟的关于清代以孝治天下的论文,现在他将包括这个论题在内的"清代国家与社会"问题的研究形成系统的专著,十分高兴,乐于说几句既是向他道贺又是向读者介绍他治学之道的话,或许对读者阅览此书有点用处。

《清代的国家与社会研究》讨论了清朝的基本国策——敬天法祖、勤政爱民和以孝治天下,民生问题和社会问题的对策,对待民间群体、民间风俗习惯的政策及其归宿等。所研治的对象,是清代历史的基本内容,是清代史应当研究的基础性问题,研究得成功,清代历史的轮廓就显现了,所以建华弟用"国家与社会"来概括他的此项研究,我想是甚为精当的。而学术界从国家与社会互动关系的角度进行研究的尚不多见,应当说这是建华弟的一种学术贡献。

建华治学之始,从《圣谕广训》研讨清朝的孝治政策,而及于民间社会;稍后考察溺婴史、汉族民众火葬史及岁时节日风俗史,是从民间活动讨论到政府政策。他这样研究方法的转换,用他在"前言"中的话说是,"从自上而下地由国家看社会,逐渐向自下而上从社会看国家转变",希望结合两种视角全面认识国家与社会互动关系的历史。自上而下与自下而上的结合研究,是认识论的提高,更是方法论的完善,会使研究来得有成效。这种方法论的讲求,我想是建华的学术成功的重要原因。

建华的研究以坚实的资料为基础,以强烈的问题意识为前导,从而产生出新的见解,而且具有相当的深度。清朝的满族以文化落后而人数鲜少的不利因素,能够迅速适应汉人社会的传统,创造出前所未有的大帝国,是什么原因造成的呢?建华纵观历代王朝的治理经验,发现清朝全面继承和发展了以儒家为主体的中国传统文化,并巧妙地将满族本位的统治术融合与隐藏于汉族传统政治文化中;同时发现历代的勤政爱民和孝治观念,为清朝所发扬光大,使得这些儒家经典中的政治理念,成功地转变为政治实践,使清朝成为传统政治文化的集大成者。产生这样的学术观点，比较能够回答清代历史前进的缘由。

"清代国家与社会"的题目相当大，很难，或者说不可能用一部著作来结束，建华的书在全面、系统、深入诸方面还有许多事情可以做，需要做。建华说他的研究时有中断，"有些萦绕脑际多年的题目不能集中时间研究，致使本书的内容不够全面，如果今后假以时日，或许可以补充完善"。我们期待在不太长的时间里，他能有这方面的新作奉献给读者。

《清代的国家与社会研究》成就的获得，在于作者的勤于治学和他的独到的治学方法。说到建华的研究方法，为我夙所佩服，所以十多年前，我就请他给研究生讲解研究法，特别是介绍如何把握研究信息的问题。因为我在与他共同研讨课题、共同出席学术研讨会、共同主持演讲会时，我发觉他的发言是那样地具有新的学术信息、新的问题意识和学术敏感性，以及条理清晰。我想这是他的成功之道的外在表现，内在的成分在于他对学术信息的深刻认知和相应的努力。在这方面，他有两个独特见解：其一是将掌握学术信息与掌握史料放在同等地位。如何研究历史，搜集与运用史料为基本手段，此乃治史者所共识，建华也是如此，并无异处。至于对学术信息的了解，在观念上说似乎人人懂得它的重要性，实际上不少研究者忽视它，对信息量的把握有限。建华不然，他将搜集信息放在与搜集史料同样的位置，认为在信息时代，信息爆炸，与早先的学术研究状况大为不同，不了解最新的研究动态，就不会做出前沿性的研究，或者做他人已经做过的事情，劳而无功，有了这种认识，就特别重视学术信息的搜集。其二是对各种学术信息的分类与反复揣摩。对搜集到的史料，治史者都知道要归类，并对其内容进行反复的理解，建华认为对待信息资料也需要这样处理，同样要做归类与分析，他就是这样做的，明乎此，知其对新信息脱口而出，就不是偶然的了。此外，建华认为运用学术信息，更是学术规范问题。诚然，事关学术研究的发展，当今建设学术规范之际，尤其值得关注。建华对知识信息的独到见解，我披露于此，与读者共享。写至此，我有个想法，建议建华就学术信息问题撰写专题论文，想来是对学术界有意义的事情。

上面说到建华勤于治学，我感到他在求学时代打好了基础，基本功扎实，阅读面较广，每研究一个课题，恨不得将有关史料搜求穷尽，如研治宗族史，不仅到国内各大公共图书馆阅览家族谱，还去韩国、日本访问索求。有了搜集史料和搜集学术信息的高强本领,撰著学术专著,自是情理中的事情了,所以建华继《宗族志》(1998 年)一书之后,有《清代的国家与社会研究》之作,不仅如此,今年还将有《社会生活的历史学:中国社会史研究新探》(北京师范大学出版社)、《明代宗族研究》(上海人民出版社)、《朝鲜族谱研究》(天津古籍出版社)的问世。一年拿出四部学术著述,是"厚积"的必然结果。建华治史二十多年,前此没有接二连三地推出大部头著作,与他的某些同辈比较,似乎有点沉默。对了,只有耐得某种寂寞,而后才可能有有价值的读物奉献于世人,建华大约是走的这个路子。我以为走得好,走得有后劲。但凡学术根基厚重者,可以"薄发",或者可以"不发",可以"待发",可以"晚发"。建华的学术态势显然不属于后三种。"厚积薄发",是否应为学人的追求目标,这个问题在此存而不论,不过愚意厚积薄发的学术成果可能更有学术价值和社会价值,书此以与建华共勉。

学术著作问世,可能会有不一的反响,这是正常现象,似乎不必太在意。因为学术贵在独立思考,贵在具有"独见",他人认可固然很好,不承认又有何关系呢?!让时间去检验它。要之,我行我素可也,不知建华以为然否?所谓"厚积薄发",所谓"独立思考",不必是此序文应有之内容,这是借建华给我写序的机会顺便一说而已。

(2004 年 3 月 4 日于顾真斋,载常建华《清代的国家与社会研究》,人民出版社,2006 年)

断代史清史研究的过去、现状与问题

我对清史研究的过去、现状及当前纂修清史值得注意的问题,近年来已撰写过《清史研究与政治》①和《简述清史的研究及史料》②两文,如今再次进行简单地回顾,主要谈五点感想,不知当否,敬请清史研究同仁指教。

一、在断代史研究中清史研究改变了后进面貌,且有后来居上的可能

清朝灭亡至今不到百年,在此以前,有清朝官修的专题式本朝史,这当然是属于传统的史学编纂史书,而不是近代意义的史学著述;到了清朝末年,出现了体制外的民间对清史的局部探讨;而真正近代意义的清史研究,是在清朝灭亡之后。这种研究的起步,比起其他断代史,来得晚一些,特别是原始资料的整理方面,不同于清代以前的历代历史——史料整理早已断断续续地进行了,所以清史的研究,无疑处于后进状态。我在 20 世纪 50 年代读大学本科时,喜爱隋唐史,获知隋唐史研究有陈寅恪、岑仲勉和唐长孺等大家,且陈氏、岑氏著述流传广,容易找到。及至五六十年代之际上研究生班,攻读中国古代史之明清史方向,发现明史方面有傅衣凌、吴晗、黄云眉、郑鹤声等名家,而清史领域,孟森、萧一山、郑天挺等名家的著作,都难于找到,孟森的《清史讲义》、郑天挺的《清史探微》均在 80 年代以后才有重印本。清史的专业研究人员非常少,所撰论文,相对其他朝代的论文就显得幼稚,因为当时史学主要是研讨政治史,清史方面的论题较小,不少是史料堆积,因此整体水平不算高。80 年代以后,清史研究进入蓬勃发展阶段,表现在机构设置、人才培养、论著激增诸方面:(1) 许多高等学校和社会科学院设置专门的清史研究机构;高

① 《史学月刊》2005 年第 3 期。
② 《台大历史学报》2003 年第 31 期。

校、社科院培养了许多清史硕士、博士,并且近几年显著增多。(2)有专门的学术刊物——《清史研究》《清史论丛》,一度还有研究信息期刊——《清史研究通讯》,发表研究论文和信息性文章。(3)清史学术研讨会定期举行,自1982年开始至今年(2007年)已经举办了12届,还没有计算跨朝代的(如明清史)、专题的(如清代学术史、太平天国运动史、义和团运动史等)研讨会,这些学术会议大大地推动了清史研究的开展。(4)前述各种因素,使得清史研究论著大量问世。我阅读过若干时彦的清史专著和论文,也留心过有关研究信息,但所知有限,因此仅就印象和感受将清史研究成果略述一二。比如清史通史,从简史到多卷本的至少有六种,其中王戎笙主持编著的《清代全史》、朱诚如主编的《清朝通史》均系巨著,郑天挺的《清史简述》则是言简意赅之作;此外中国通史(如范文澜、蔡美彪主编的《中国通史》、白寿彝主编的《中国通史》)、明清史的专著中也含有清朝通史;又如乾隆帝的传记至少有五种;专题史,如太平天国史、义和团运动史的著述甚多,如果说在20世纪70年代以前这方面的研讨较多,而如今洋务运动史、民族史(特别是满族史、蒙古史)、清代中外关系史(主要是"西学东渐""中学西渐"史)、明清之际遗民史研究已大力开展,尤其是社会史成为热门话题,可以说研究领域已经涵盖清史的各个方面,而且都有可以称道的成就;作为清史研究辅助学科的清史史料学的研究,专著不下六部,其中有拙作《清史史料学》《清代人物传记史料研究》。以上不过是清史研究成绩挂一漏万之说,即便如此,已经是令人兴奋的了。我想现在的清史研究状况、水平及研究队伍素质,已经赶上来了,与其他断代史研究水平可谓不分伯仲。又由于现在清史研究人员众多,经费充足,具有了后来居上的可能。如果同行潜心研讨的话,兢兢业业,排除时代的浮躁之风的影响,将会把可能变为现实。

二、清史研究资料之丰富为其他断代史所不可企及,需要充分地、高水准地利用

我有个时期研习东汉史,听这方面的专家讲,研究秦汉史,用三五年的时间,就可以将史料读毕。我自然也知道,秦汉史还会有新的考古资料问世,史料也是很难穷尽的,不过用毕生之力总是可以大体读遍的。断代史遗存的史料之多,是自宋代开始,明代继之。但是相对于清史史料之多,宋代、明代实在

是小巫见大巫了。试以档案文书来说，中国第一历史档案馆收藏有 1000 多万件(册)档案文书，内含明代档案 3000 多件，不够清代的零头数目。而台北故宫、中研院史语所、辽宁省档案馆收藏的清代档案还没有计算在内。地方档案馆的清代文书也多，四川巴县、河北获鹿的档案之丰富，可视为典型。个人文集，今存元人的约 500 种，明人的 2000 多种，而清人的则数以万计，仅柯愈春编著的《清人诗文集总目提要》就著录了 40000 余种。家族谱，今存元人的有 4 种，明人的多一点，也极其有限，而清人的又是以万计数。方志，宋、元、明所存甚少，而清代的有数千种。笔记体之作，历代虽有所存留，而清人的动辄以千计数，为其他朝代所不能望其项背。至于清朝官修史书，实录、政书、典志、方略数量甚巨。总之，清史史料之众多，说是浩如烟海、汗牛充栋绝不为过。对于如许史料，清史学者穷个人之力，至多触冰山之一角，根本无法穷尽。如此得天独厚的资料条件，令其他断代史的研究者羡慕不已。

作为清史研究者，如何珍惜这些宝藏呢？我以为应充分地、高水准地利用。充分使用，就以中国第一历史档案馆馆藏档案而言，虽然档案文书得到了大规模的整理、出版，取得了骄人的成绩，清史研究者已经有所利用，然而毕竟使用的还有限，还有待于进一步扩展，如"宫中档"的档案只是在近期才被用作说明帝王生活，又如"内阁全宗·刑科题本"中的"婚姻奸情"类的档案，几乎处于无人问津的状态。再以清代历朝实录来讲，它作为清史的基本史料，印刷了几种版本，各大图书馆均有收藏，寻觅比较容易。想当年我阅读其中的一部分，借阅颇不方便，哪似今日，南开大学历史学院就有三部，有的同事长期借回家中阅览，何其便利！但是我想又有几位清史研究者认真通读了《清实录》呢？可能不多。所以充分利用清史史料，是不容易做到的事情，不认真怎么能行呢？高水平地利用史料，更非易事。我们常说"论从史出"，是对大量的史料进行去粗取精、去伪存真的研究之后得出的结论，是研究的结果，在这之前，到何处找材料，如何分析、鉴别材料，是很有讲究的。这就是研究者的史识问题。当研究者有了"生态环境史"的问题意识，才知道在正史之外，向农书、地学书、方志、笔记去索取素材；当有了"身体史""医疗社会史"的问题意识，才会问津医书、方志、家谱、文集、笔记等类书籍。社会史研究也是如此，故而我在《中国社会史概论》里提出"新概念、新方向、新领域是开启社会史史料宝藏的钥匙"的见解。在我们清史研究中，当研究者发现中国第一历史档案馆的"内阁全宗·刑科题本·土地债务类"资料价值时，甚为重视，中国社会科学院历史研究所清史研究室与该馆合作,于20世纪50—70年代搜集、整理资料,用于研究清代租佃关系史和阶级斗争史,到了80年代,学者变换角度认识这类档案文书,去说明宗族史、家庭史、东伙关系史、司法运作史等属于社会史的内容,近年更用以研讨婚姻史和移民史。也就是说,因为认识的提高和视角的变换,才可能对史料进行高水准、高层次的运用,并将史料的固有价值较为充分地挖掘出来。当然,这种利用水平,还需要研究者在实践中继续提高,庶几不辜负前人所留下的丰富的清史史料的遗产。

三、清史研究仍须努力减少意识形态的干扰,以便走得好一些

前面提到拙文《清史研究与政治》,讲到学术研究与政治两者的关系,指出20世纪意识形态对清史研究的巨大影响,其中有正面的,而更多的是负面的,现在我再补充该文的未尽之处和些许材料。

辛亥革命前后及民国前期,革命者以反满、反清为目标,提出"驱除鞑虏,恢复中华"的口号。晚清时期,人们研究清史(如章太炎等),将中国被西方列强侵凌,完全归罪于满人的统治,强烈指斥它对汉人的迫害和倒行逆施之政,主张杀满人,将他们赶回东北。辛亥革命之后,出现一些清史的应急之作,也是以丑化满人统治为能事,诸如大兴文字狱,不讲仁政而施行暴政,不讲人伦,像"太后下嫁""顺治出家""雍正篡位""乾隆身世"(是汉人之子)这四大问题,有的是疑案,是需要学术讨论的。赞扬反清运动,像陶成章、冯自由都把天地会视作郑成功创造的,或假托他的名字创立的。1909年大学士张之洞病故,时人对他的评价迥异,革命者谓"张之洞之死,于清廷失一无足轻重之家奴,于汉族失一冥顽不灵之朽物,至不足齿数。吾人无余暇,为此老贼作传,惟观老贼之生平,略可见清廷所养成之人物,其状态何似……"虽直接批判的是张之洞,而矛头所指则是清廷。①及至1929年出版的《清史稿》,则被认为是满清遗老宣扬清朝统治,反对辛亥革命之作,而被国民政府定为禁书,其后赖有识之士(如孟森等人)提出建议,政府始行解禁。其实,《清史稿》问题虽多,也还是一部不可废弃之书。

当强调学术为无产阶级政治服务之时,学术成为解释现行政策的工具,

① 桑兵:《盖棺论定"论"难定:张之洞之死的舆论反应》,《学术月刊》2007年第8期。

特别是评法批儒之时,史学成为影射史学,沦落为哈巴狗的笑柄地位。清史研究亦是如此,什么康熙是法家,雍正是儒家,有两条路线斗争,以及阶级斗争是历史的主线,太平天国史成为显学等。

社会流行"凡是现在国内的 56 个民族,都是自古以来的中国民族"之说。作为统一的多民族国家成员,历史追得越古越好,似乎多民族国家是天生的,而不是发展中形成的。因此讲到蒙古人一支的准噶尔部的噶尔丹,就说他是叛乱,是民族分裂主义分子,并不顾及他并非清朝臣民的事实。对满人作为统治民族的清朝,早期人们为表达政治上的不满情绪,称之为"满清""满清政府",而后为了民族团结,又不让称"满清"了。这类意识形态和政治观念,令学者在研究清史时不能不受其影响,时而是"东",时而又是"西",没有个准谱。

时下流行"宽容地理解"思潮,我是非常赞同的。然而如何准确理解这一概念,却颇不一致。我想对历史上的制度、人物、事件,绝不能一味地批判,要回到那个时代,认识当时人为什么选择那种制度,做出那样的事情,有那样的行为,所谓理解是对它作出说明,而不是一味指责它的不合理的地方。理解,应当宽容,但是理解不是不分是非,是非还是需要指明的。这样的研究,后人才能从中获得教益。现在说理解,对古人不像强调阶级观点时那样,动辄给历史人物戴上"地主阶级头子""地主阶级文人"之类的帽子,可是现在又走到另一个极端,似乎作品中的清朝皇帝,个个成为"明君"了,想方设法挖掘他们的好材料,为他们说好话,这恐怕也与"宽容地理解"无关。

我们有一些陈旧观念,似乎已经成为思维定式,改起来并不容易,不进行有意识地清除,不下大力去清理,它还会起作用,而且是大作用,不认真对待,还让它桎梏我们的思想,将会继续极大地影响清史研究的长远发展。

四、正在进行的清史编纂工程,其参与者须抱持"诚惶诚恐"的写作态度

我们 70 岁这一代人,少年时代是在抗战、内战中度过的,成年了则生活在不断的政治运动中,一直到粉碎"四人帮"方告结束,可以说是生于忧患,就是共和国的同龄人也是成长在政治动荡之中的。虽说是生于忧患,可是又是在"形势大好,一片大好,越来越好""强国崛起"主流意识灌输下生活的,又加上浮躁的社会风气,反而对忧患意识颇为陌生,做一点事,小有成绩,就以为

了不得了,沾沾自喜,飘飘然忘乎所以;对于前人的成就相当蔑视,自以为是,以为超过前人多多,甚或抄袭前人成果,以自我创造自居。清史研究也逃不出这种整体社会状况。更有甚者,国家清史编纂工程的项目,因研究经费比较充裕,遂有参与者倡言高稿酬,言下不胜自喜、自豪。然而因为钱来得容易,很可能不认真去写作,反而马马虎虎,应付了事。

对清史编纂工程,在设计、起步之时,即有诸多不同意见,有不赞成此举者,有对编纂原则提出质疑者,有对有关方面表现的"财大气粗"作风不满者,有等着看笑话的。"清史"编写者对待疑义、异议者的学术观点是应当认真考虑和吸取的,应该对高质量完成写作任务有惶恐感,应当始终抱持诚惶诚恐的态度。须知编纂清史难度极大,将来的成果不能低于"二十四史"的水平,不能不超过《清史稿》,更不要说新时代写作史书所应有的时代要求了。现在,局内人、局外人都有赶不上《清史稿》的担忧。但愿这是杞人忧天!古语"盛名之下,其实难副",清史编纂造了那么大的"盛世修史"的声势,怎么收场?唯有兢兢业业、踏踏实实写出像样的"清史",才可能以谢天下之人,不负厚望。

五、满汉民族问题贯彻有清一代,宜高度关注

清朝是以满人为主体的王朝,满族是统治民族;满洲皇帝为治理以汉人、汉文化为基础的中国,刻意联络蒙古族,为此又信仰、利用藏传佛教,形成满、蒙、藏的联合。因此,满汉民族问题(包含蒙古及藏传佛教的相关内容)始终是清代的重大社会问题,它像一条线贯穿于有清一代,有时还是社会矛盾的焦点,今日编纂"清史"需要给予高度关注,甚至可以视之为清代历史发展变化的主线之一,不能以"应从现在'民族团结'出发叙说历史"而掩盖历史上的民族斗争。其实多民族国家是在斗争中融合形成的,我想从四个方面对清代民族问题做出说明:

其一,满汉斗争时显时隐,贯穿全部清史。清朝对汉人实行民族歧视政策,满汉民族矛盾、斗争、调整、缓解贯彻于有清一代的历史。满洲的成功在于用武力征服、压服了汉人,同时采用许多政治怀柔手段;汉人也是利用民族意识进行反抗斗争,最终取得成功与以反满为旗帜关系甚大。

满汉矛盾斗争的史实,清史研究者耳熟能详,这里仅须提及一二:清太宗剃发令,吴三桂降清剃发,顺治朝衣冠、剃发令,扬州十日、嘉定三屠,满汉复

职制、旗缺与汉缺之分,明遗民与迫害遗民,迁海与海禁、出海逾期不归者严厉处罚("化外之民"),招揽遗民与康熙博学鸿词科,康熙南巡与安抚汉人,哭庙案与士民一体当差(绅衿,尤其是生员特权减少与满族当政、不加爱护有关),"明史案"等康雍乾文字狱,乾隆朝制作《贰臣传》,编辑《四库全书》中的篡改历史文献,太平天国的"奉天讨胡檄",曾国藩胜利后的畏惧与困境,"反清灭洋"与"扶清灭洋",同光间汉人督抚增多的同时是满洲人、蒙古人引荐官员的激增,[①]孙中山同盟会"驱除鞑虏,恢复中华"纲领的提出与作用,宗社党的出现,等等。

其二,蒙古人地位的重要性。满蒙关系,清朝尤其看重,关键是将整个蒙古族牢固地纳入其统治秩序之中,仅从"亲征"一事可知:蒙古人布尔尼之乱本是小事件,可是因近在咫尺(察哈尔),朝廷商议康熙亲征;康熙帝为打击噶尔丹势力三次亲征;为策旺阿拉布坦用兵之事,康熙帝表示,若在年轻之时,早就亲征解决问题了;而吴、耿、尚"三藩"之乱,占有半个天下,康熙帝却无亲征之举,只是发兵争战而已。再则,清朝皇室采取与蒙古王公联姻的政策,巩固与蒙古的联盟,令蒙古起到政治助手的作用,这一点在镇压太平天国、捻军战争中表现得特别明显。

清代历史分期的问题,我觉得需要看重蒙古的作用,清朝前期、中期的分期标志,是乾隆朝解决北疆准噶尔问题,而不是许多学者所说的康熙朝的平定三藩和统一台湾,其实台湾问题的重要性远远不及蒙古人的问题。

蒙古问题影响及于中俄关系及条约的签订。《尼布楚条约》的签订,当索额图第一次受命去签约时,康熙帝指示,尼布楚等地一河一溪"皆我所属之地,不可少弃之于俄罗斯",而在索额图出发途中,噶尔丹兵进漠北喀尔喀,迫使索额图使团撤回。第二次索额图再去,所订的条约就将尼布楚让给俄国,这不会是索额图擅自做主,而是清朝政府的让步。《恰克图条约》的签订,正是康

---

① 参阅拙文《清朝前期与末季区域人才的变化——以引见官员、鼎甲、翰林为例》,《历史研究》1997年第1期。拙文以旗籍的满洲、蒙古、汉军与各直省为单元,计20个,对雍正朝、光绪十八年、宣统元年引见的官员进行统计,列出各省籍、旗籍人数及在20个单元中的序列,结果是:在雍正朝,满人官员被引见的居第12位,蒙古官员居末位,汉军官员居第4位;光绪十八年,满洲引见官员跃居第1位,蒙古跃居第6位,汉军仍保持第4位;宣统元年的引见,满洲仍居第1位,蒙古进至第5位,汉军依然第4位。光宣之时,满洲、蒙古引见官员的骤然增多——从中间到居首,从末尾到前列,变化之剧烈,前所未有,反映清朝皇帝在不得不起用汉人的同时,更重视对旗人的任用,借以维持其满洲政权。

熙末年、雍正期间与策旺阿拉布坦对峙之际，清朝有"逃人"问题，只得对俄国作某种让步。清朝特别允许东正教使团驻北京，以致后来西方人引以为例，作为借口，提出派遣使团常驻北京的要求。

其三，藏传佛教既是清朝皇家的信仰，又是联络蒙藏的工具。清朝皇帝信奉藏传佛教，由乾隆地宫可知：乾隆帝遗体盖陀罗尼经被，拱券雕刻佛教图像，而非儒家语类和圣贤画像。可见乾隆帝是真实信仰，而非伪饰。雍正帝以章嘉呼图克图为师，皇子时期如此，继位之后文书保持原貌，表明观念未变。皇家成员有"替僧"，不信教何必有此举动。

蒙古人早于满洲人信仰藏传佛教，清朝皇帝深知准噶尔人利用藏传佛教，便与之针锋相对，也是要用藏传佛教稳定蒙古与西藏，故而康熙帝在西北用兵时特别在意对藏传佛教领袖的控制。大将军王允禵在前线执行这项政策，宣布"扫除准噶尔人，收服藏地，以兴黄教"。事情是两面的，皇帝信仰藏传佛教，也要蒙古人信仰，并不让它控制，确实是信仰与政治并存。

其四，满洲的统治最终奠定、巩固中国的疆域，其功大焉。我曾作文《由清代满族文化特性想到民族文化与外来文化关系》[①]，认为满族在发展时期，其文化具有开放、吸收性，统一中国的初期，其文化具有扩张性，统一后则是努力保持民族文化的坚韧性。正是由于满族文化的进取性，密切了满、蒙、藏关系，拓展边疆，巩固边疆，奠定、稳定了我国辽阔的疆域。

(原载《天津师范大学学报》2007 年第 6 期)

---

① 《东北史地》2006 年第 4 期。

清代帝王敬天的政治思想浅谈

清朝皇帝政纲"敬天法祖勤政爱民",涉及天、祖、民三者及其间的相互关系;作为人君,关键在探索天人相与的奥秘,寻求高度有效的治理之道。

康熙帝有这样的一道谕旨:"中国称上帝,人人皆知,无不敬畏。即朕躬膺大宝,凡事法天,罔敢或致,六十年来,朝乾夕惕,祗承帝命。"基本上道出了清朝皇帝和官民对天与敬天的理解,要义在于:信仰的天,是万物之源;是拟人的神(天神),天有意识,司人间祸福,因此人的行事要合乎天理,要畏天,敬天;天,同时有自然神的含义,具有某种物质性,有大自然的威力,能导致异常灾害,被人们理解为天怒、天象示警,故而讲求天人感应捷于影响;天理是人的行为准则,反映人类社会君臣、父子、夫妇的伦理体系,人们应当认知与顺从;帝王是膺天命,顺天应人,臣民必须服从之。

在敬天观念中,清朝的康雍乾三帝特别关注的是:

(1)探究天人相与之奥秘。康熙帝推崇理学,命大学士、理学名臣李光地等编辑《朱子大全》,将朱熹抬入十哲之列,他认为理学反映"天地之正气,宇宙之大道。朕读其书,察其理,非此不能知天人相与之奥,非此不能治万邦于衽席,非此不能仁心仁政施于天下,非此不能内外为一家"。康熙帝之意有三:一为探究天人相与之奥;二为理学得天地之奥秘,明大道、正气;三是用以行仁政、治万邦、合内外。康熙帝的认知与传统的"究天人之际"观念相一致,是继续思索这个说不尽的话题,事实上也是说不清道不明的话题。

(2)皇帝与臣民均以天心为心。雍正帝在经筵中评论《书经》讲义,"讲章内君以天之心为心,臣以君之心为心,朕谓君臣一德一心,人君钦崇天道,人臣寅亮天功,皆当以天之心为心也。总之,元首股肱原属一体,若云人君以天之心为心,人臣以君之心为心,是君臣之间尚有分析矣"。雍正帝强调获取天心,臣子之心不在于求合君心,而是谋求合于天心。君心与臣心均源于天心,以天心为心,臣下之心遂与天心无间隔,力求合于天心,于是君臣一体,休戚相关。

(3)帝王听天命,即须了解民心民愿,强调君民一体,应行仁政。《尚书》讲"天矜于民,民之所欲,天必从之","天视自我民视,天听自我民听"。意思是上天可怜百姓,必从百姓之愿,让他们受益得福;作为治理者的君主是听天命的,但是天是顾恤百姓的,是体恤民间疾苦、倾听百姓呼声的,所以君主听天命,不如去了解民气,理会民间愿望。康熙帝云:"古人所谓民可近不可下者,即孟子所谓民为贵之意。盖天视自我民视,天听自我民听,斯岂非邦本之谓乎?"康熙帝就是理会经典的本意,具有民本观念,他的理想是"愿天下安,生民乐业,共享太平之福"。雍正帝讲"君民上下之间,休戚相同,本属一体,《论语》曰'百姓足,君孰与不足',是民间之生计即国计也"。帝王尊天命,以君民一体的意识实行利民恤民政策,是帝王受天之福,百姓从而受福。所以雍正帝对官员讲:"朕之福,即为尔等之福;尔等之福,即为万民之福。其间,实无丝毫悬隔区别。"乾隆帝在皇子时代,将居室命名为"乐善堂",汇编诗文集,名曰《乐善堂文钞》,乾隆元年编订成《乐善堂全集》。以"乐善"为名,是予人以善的意思,因为给人以善,所以最为欢乐;而善是孝弟仁义,是孝以养亲,弟以敬长,仁以恤下,义以事上。作为皇帝,主要是仁以恤下了。在文论中,乾隆帝阐发宽平之政的政治理想,他在论述唐太宗、宋太祖时,赞扬他们"以仁爱之心,宽平之政,保养百姓,治功灿然,昭于千古"。为何实行宽平之政,乃因它能赢得众人之心。他理解孔子的"宽则得众"道理,是"自古帝王受命安邦,遐迩向风,熏德沐义,非仁无以得其心,而非宽无以安其身,二者名虽二,而理则一也。故至察无徒,以义责人则难为人,唯宽能并育兼容"。他的结论是宽能得众,而宽是仁的体现。

(4)董仲舒的天人感应说仍为清帝所尊奉。当自然灾害发生时,康熙帝认为是天象示警,教导臣工修省人事,弥补政事的缺失。雍正帝凡事大讲天人感应捷于影响之理,连去天坛祭天之日,开始前下雪,祭典时雪止,而后又有雪飘,认为是上天的关爱,更要求修省人事。乾隆帝回到康熙帝的态度方面,不那么极端地宣传"捷于影响"。

(5)臣民通过君命而理解天命之所在,即以君命为行动准则。皇帝讲臣心民心直接源于天心,而臣工则以透过君心领会天心。李光地说:"君命譬天命,最明切易晓。"臣民认识天命难,不可测,而从君命则容易知晓,他实际是强调听君命,就是听天命,令人服从皇帝及其政令。

思想指导行动,清朝敬天的政治理念,落实到政治、经济、文化等各种措

施之中,其荦荦大者,有:

(1)固定农业税、人口税政策,控制赋税和加派。清朝鉴于明代后期的"三饷"和其他加派,导致民不聊生和灭亡,制定固定农业税的政策,不得增加税收。康熙朝宣布滋生人丁永不加赋,固定人口税;雍正朝实行摊丁入亩制度,无田产者不再交纳人口税,并有平均赋役之意。制定和施行耗羡归公制度,限制、减少官员的税外赋敛。减免钱粮,平常灾荒中按灾情酌减税粮;皇家有大典,加恩宽免钱粮积欠;康熙朝、乾隆朝先后普免钱粮一次,并令田主随之适量减租。康熙帝以康熙四十九年(1710)国库存银五千万两,多存无益,遂普免钱粮一次,在全国分三批进行,总计免收地丁银三千二百余万两,同时蠲免各省旧欠。乾隆帝效法康熙帝,亦普免钱粮一次。他早年批评过宋神宗,"信任王安石,用其新法,取利尽于锱铢,掊克罔不在位,于是民心已瓦解矣"。可知他的蠲免,在于收取民心。清帝这些措施,皆予民实惠。

(2)调整宽严政策。施行仁政是理想,但政情有异常情况,是行宽仁之政,还是行严猛之政,无有定准。乾隆帝继位一个多月后,召见总理事务王大臣,宣布宽严相济的施政方针:

> 治天下之道,贵得其中,故宽则纠之以猛,猛则济之以宽……皇祖圣祖仁皇帝,深仁厚泽,垂六十年休养生息,民物恬熙,循是以往,恐有过宽之弊。我皇考绍承大统,振饬纪纲,俾吏治澄清,庶事厘正,人知畏法远罪,而不敢萌侥幸之心,此皇考之因时更化,所以导之于至中,而整肃官方,无非惠爱斯民之至意也。……兹当御极之初……惟思刚柔相济,不竞不绿,以臻平康正直之治。

康熙末年,纪纲有所废弛,出现宽纵之弊,雍正帝即位乃实行严猛方针,进行整饬,于是又产生严峻之弊,形势要求予以改正,乾隆帝当政,就用宽严相济方针取代烦苛之政。康熙朝的宽仁、雍正朝的整肃与乾隆朝的宽严相济均为形势使然,不是当政者随意采取的,不是出自当政者个人的好恶。所谓宽严相济,当"宽政"出现弊端,就用"严政"来补救,而"严政"出了毛病,再以"宽政"纠偏,如果又发生问题,只好复行"严政",这是因时制宜的政治思想。"严峻"并非好事,是不得已而行之,最终要走到"宽容"的政治轨道上。

(3)重视农业生产。康熙帝在京师瀛台、丰泽园种植稻米,培养修竹、花卉等植物,大约还试过种过西瓜,另在避暑山庄"莆田丛樾"栽植稻谷,他还将御田生产的稻种赐给苏州织造李煦,命其分别送给河道总督、两江总督、江宁织造及苏州在籍缙绅,各自试种他希望成功种植双季稻,指示注意节气和种法。李煦采访行家,得知应在谷雨时节插秧。雍正帝说"稼穑为天地之宝,实民生之攸关,我皇考圣祖仁皇帝临御六十余年,无刻不以重农力稿为先务",故朕竭诚效法。不过他的重农,不像乃父那样关注农作物的试验,而讲求信仰形式和增加垦田两项。他认为农民勤业尚有缺欠,遂采取授予"老农顶戴"措施,赋予督促农民生产的责任,然而不起作用,似农非农的豪民却去钻营顶戴,故乾隆帝继位即予取消。雍正帝认真祭祀先农,举行亲耕耤田礼,又下令州县官设立先农坛,置耤田,举行耕耤礼,为民祈谷,对不认真办理的官员严惩不贷。

兴修水利,是历代王朝的要务,清朝更其关注。修治黄河、淮河、运河,持续进行,康熙帝并以视察河工作为南巡的主要理由。浙江、江苏的海塘工程,康雍乾三帝发帑银修筑。康熙帝大力修治浑河、清河,并赐名永定河。

在直隶垦辟水田,明代进行过,康熙朝官员在天津种水稻,雍正朝大肆督办直隶营田,兴修水利,用南方老农指导北方农民耕植。

移民四川,康熙朝着力推行。康熙二十九年(1690),准许入川垦荒者子弟在川一体考试,此后移民入川者甚众。

康熙朝在宁夏维修汉渠、唐渠,引黄河水灌溉,经常丰收。雍正朝修治大清渠、汉渠、唐渠,与垦荒同时进行,期望能够垦田二万余顷,移民二万户,后因西北两路用兵,财力人力不足,未能达到预期效果。

在人口增加而耕地有限的情况下,重要的是增加粮食生产,于是要处理粮食作物和经济作物争田地和劳力的问题,雍正帝要求凡是适合种粮食的土地,劝令农民种植粮食作物,不得培植果木取利,不得用谷物养猪养鸡,有的地方官奉行时,甚至铲除经济作物,改种粮食,简直是一种破坏。

(4)赈济与慈善机构的设立。康熙帝在京城设立普济堂,收养老病无告贫民,要求各地仿效建立,地方上陆续出现一批同类性质的善堂。此类善堂,至晚产生在唐代,宋代为"福田院",元代在各路设立济众院,明初诏令府县设置养济院,嘉靖年间命在京师五城各设养济院一区。康熙帝是在这种基础上建立普济堂的。其中江苏松江普济堂,有田地几千亩,田产来自官田和富人捐助,每年收养220人,病故给棺材、安葬费。管理人员由绅衿充任。雍正帝扩充京城育婴堂。民间建立善堂和捐助者,政府往往给予"乐善好施"匾额,以资鼓励。

在京师于冬季开办粥厂,供贫民取食,原来是十月初一日开始,十二月结束,康熙帝命延长两个月供给,遂成惯例,后延至三月二十日。雍正帝令五城开设粥厂,照定例每城每日发米二石、柴薪银一两,并令煮米赈银由五城御史亲身散给,务使贫民得到实惠,不让胥役侵蚀中饱,都察院堂官亦应不时察看。

(5)爱惜生命。民间的割股疗亲行为,造成伤残甚至死亡者,历朝政府为提倡孝道,多予表彰;寡妇、贞女殉夫,政府亦因妇道之故,加以旌表。康熙帝考虑到,这种表彰更令人轻生,造成死亡悲剧,为爱惜生命,一般不再旌表,唯对尤为特殊者开恩。雍正帝坚持这一做法,表示殉夫、割股疗亲"戕生者众,为上者之所不忍也"。罗源县民李盛山的母亲病了,他割肝为母治疗,母病愈而己身亡。雍正帝以其"迫切救母之心实难得而可悯",予以旌表。但事后又发出上谕,声明下不为例——不能成为旌表案例,表示不赞成伤害自己的身体救亲。他特别宣布:"保全生命之为正理,则伦常之地皆合中庸,不负国家教养矜全之德矣。倘训谕之后,仍有不爱躯命,蹈于危亡者,朕亦不概加旌表。""保全生命",爱惜身体,不鼓励戕害身体的孝亲、妇道行为,多少体现出爱惜生命之心。

(6)控制行政成本。摊丁入亩制度实行之后,没有必要再像过去那样进行户籍编审,至乾隆年间乃取消编审制度,也是减少行政开支。民间小纠纷,交由宗族、乡约处理。控制官员数量,不增设官员,如一县分置为二县,不增加官员名额,原先一县之官,分发二县,学官亦然。

清朝皇帝礼敬苍天的天坛大祭,致礼天祖及各种神灵的祭祀堂子,以及祭日坛、月坛、风神、雷神等,都很隆重。那么敬天法祖勤政爱民政纲,皇帝是真的信仰上苍和神灵吗?是真爱护子民吗?还是做样子,做秀,给人错觉来欺骗愚弄百姓?笔者以为他们是真诚信仰,真诚信天,真诚爱民,因为他们相信帝位是天授,必须敬天,否则会改授他姓;而上苍爱惜民众,皇帝也必须爱护子民,才合于"天视自我民视"的道理。王朝政权是家天下,为维持天下的稳定、江山的永固,明智的皇帝懂得爱民,懂得爱惜民力,应当说他们是真诚的。但是在实践中,有做秀成分,如京师粥厂每年开办将近半年,在雍正间,用米约一千七百石,用银八百五十两,为数实在有限。开粥厂是善政,值得称道,饥寒交迫的人能够领到粥喝。不过这是"小惠未遍",远不能解决贫民无食的疾苦。这种事例,又表明皇帝的爱民是一种愿望,在君主专制政体下,"爱民"实际上是做不到的,倒成为愚民的幌子。

(原载《清史研究》2010 年第 2 期,2018 年 11 月 28 日略有增补)

清代的历史特点

　　讲述清代的历史特点,是属于宏观研究范畴的大题目。将近五十年前,郑天挺先生在《清史简述》一书中,概述清代历史的六个特点,他认为清代是封建社会晚期,而不是末期,即封建制度尚未走到尽头;孕育资本主义萌芽的封建经济继续发展;满洲入关之初,满族封建社会处于上升期;统一多民族国家巩固与发展时期;抗拒殖民主义侵略;历史上最大的农民战争之后的朝代。总论一个朝代的历史特点是必要的,有利于总结历史经验。在当前微观研究盛行之时,就有学者倡议加强宏观研究。笔者的治史基本上是微观研究的,遵循小题大做的原则,今日来做大题目,讲述清代的历史特点,包含着对清朝历史地位的认识和评价,同时涵盖着对清朝满洲族为主体的执政者的评价。笔者现在从四个方面来认识,即清代的皇权发展与衰落,清代民族矛盾与清朝中国的疆域,社会经济结构、政治文化状态与传统社会的开始转型,反对西方殖民主义与中华中心论的纠缠。

一、传统社会专制主义制度下皇权既登峰造极又急转直下而消失,然而给后人留下清除皇帝崇拜文化心态的使命

　　(一)军机处设置,相权彻底地变为参谋权,专制皇权登峰造极

　　康熙帝设置南书房,雍正帝发展而创立军机处,军机大臣每日晋见皇帝,面奉旨意,撰写上谕,发给朝内外有关衙门,尤其是督抚去执行。军机处的任务是撰拟并廷寄上谕,内容是告诫臣工,指授兵略,查核政事。而其撰拟,是在军机大臣面奉谕旨之后进行的。军机大臣的面见皇帝,是有议事权,然而只是参议性质,故而当过军机章京的赵翼在所著《檐曝杂记·军机处》中说,军机处"只供传述缮撰,而不能稍有赞画于其间",即毫无决策权。另一位知情人王昶则在《春融堂集·军机处题名记》中谓军机处职司"知制诰之职"。唐代"知制诰"具有朝廷职官和"天子私人"双重性,即秘书性质,所以军机处成为皇帝的

秘书处。军机大臣用亲信，不问出身，亲信不必是大官，不能同天子抗衡。

军机处的设立，与内阁并存，实际是夺了内阁的处理重要事务的权力，让它转归皇帝。军机处的"廷寄上谕"，比内阁的"明发上谕"重要，政治、军机重务脱离内阁，内阁的权力缩小，管理的是日常事务，因此内阁的票拟权根本起不到限制皇帝大权独揽的作用，相权不复存在，军机大臣、大学士成为事实上的"参谋长""秘书长"。乾隆四十五年(1780)编修《历代职官表》，乾隆帝比较清代与历代官制，反对将大学士视同宰相，坚持皇帝专权。

（二）实行奏折制度

清代自康熙朝开始，正式形成奏折制度，雍正朝扩大奏折书写成员和内容范围。地方大员和朝臣通过奏折向皇帝秘密报告政事，请求指示；奏折时或有奏报同寅、属员表现、民间状况的内容；甚至还有给皇帝请安，报告个人私事的。皇帝会对奏折中讨论的政事发出指示，或令其补充、修正意见，再行奏请。官员根据皇帝的批示，对所行之事，正式题本报请施行。新的政事，就在官员奏折和皇帝批示的往返中决定了。皇帝批复，用朱笔书写，所以奏折被称作"朱批奏折"。朱批奏折成为皇帝直接处理庶务的见证，奏折制度成为皇帝推行政策的工具，控制臣下的手段，是皇帝用一种文书制度强化其专断权力。

（三）台省合一与臣下封驳权的丧失

内阁所属的六科给事中，职司转发皇帝上谕政令，在转发前，认为谕旨有不当之处，可以提请皇帝再议，是为封驳权。这是传承明代六科制度，如同《明史·职官志》所说："制敕宣行，大事复奏，小事署而颁之，有失，封还执奏。"六科直接隶属于内阁，可是自雍正朝开始，部分地改变其隶属体制，六科给事中归都察院管理。都察院考核给事中，并派遣其担任巡视京师五城、巡盐、巡漕等差，于是给事中与御史无别，不能"稽考庶政"，也就是不能专事封驳，只能"传达纶音"，成为颁发、保存政令(文书)之职场，实际上失去了封驳权。这种变更，使监察机构地位更其低落。唐代职司监察事务的门下省，与中书省、尚书省并立为三省之一，清代六科的改属，等于御史台与门下省合一，故称"台省合一"，乃轻重倒置，门下省的意味消失殆尽。

（四）引见制度中皇权的加强与体现

清朝的引见制度于顺治年间创立，康雍乾三朝不断完善。这是在四品以下、七品以上官员，一部分八品以下、未入流官员的任用、提升、调动、处分之际，由皇帝接见，予以勖勉和教导，认可他的任用或根据引见中的印象改变其任职。引见由皇帝亲自进行,可见这一制度的重要。引见地方微员知县,八品以下小京官、盐大使、库大使等微员,未仕荫生、进士、举人、贡生,范围很大,皇帝将这种任用权牢牢地掌握在手中,绝不放权。引见县令之类的小官,在前朝偶或发生,则被臣下认为是皇帝勤政的盛事,加以颂扬,而在清朝成为日常制度,固然表现出皇帝的勤政,却更体现皇权对微员任用的掌控程度的加大、加重。

(五)强化皇权的文化专制与文字狱

文字狱频发而残酷,乃皇权神圣不可侵犯、高度集权之反映。乾隆朝御讳案是典型事件。乾隆二十二年(1757)致仕布政使彭家屏,因藏明季野史入狱,又加上家谱名曰《大彭统纪》,御名直书不避讳、不缺笔,等等罪名,赐死狱中。江苏赣榆县韦玉振为其父刻印行述,讲到乃父免收佃户田租,使用“赦”字来表达,家谱中又有“世表”字样,乾隆四十四年(1779)以僭用字样治以僭妄罪,杖一百,徒三年。“世表”用于给贵族、高官作史,民间不可用,真是等级森严。这类文字狱影响于民间家谱的写作。同治间常州姚氏修谱,谱例中特意举出韦玉振案,加以警惕,避免使用世表字样。清代文字狱之酷,历史上罕见。《四库全书》编辑过程中,毁禁、窜改图籍乃人所共知之事,不必多说。雍正帝干涉佛教内部教旨之争,禁毁禅宗内部汉月藏派佛书,是佛学领域的一种文字狱。文字狱的思想禁锢,是对明代中后期思想开放之反动,是历史的倒退。

当然,清朝也有节制皇权专断的微弱因素,就是天人感应之说。清朝皇帝以天心、民心自警自励,以“敬天法祖”为立国理政的基本观念,表示勤政爱民。皇帝读祖训,遵守祖宗家法,由于是少数民族入主中原,恒有危机感和忧患意识,实行固定农业税的国策,“滋生人丁永不加赋”政策,康熙、乾隆更行蠲免之策,以稳定农村社会。

以上从五个方面说明清代皇权的强化,关键是相权的消失。制衡皇权的相权,在中国历史上三度变化:秦汉是相权的黄金时代;唐代实行三省制,分散和削弱了相权;明代取消丞相制,实行内阁制,相权名义上已不复存在,但大学士票拟权仍有其遗意;清代军机处出现,再次分散“相权”,使得具有丞相意味的大学士、军机大臣可悲地落到秘书长、参谋长地位,从而造成皇权集中达到无以复加的程度。故而清代被视为皇权“登峰造极”时代,并且创造出奏折、引见制,作为皇帝行使其权力的有效的新手段。

清代强化皇权,那么如何评价君主专制呢?

在古代有其积极意义,表现在集中财力、物力优势兴办大工程,如兴修水利,修运河、开驿道;尚武,拓边,巩固多民族国家。

君主专制的罪恶,明末清初人即给予猛烈批判。清初黄宗羲在《明夷待访录·原君》中认为,古来设立君主,本应为天下行公利,除公害,而君主却把天下变为个人的私产,为此不惜荼毒天下之生灵,遂成为天下之大害,成为独夫,君主之设,已失去原来的意义。他已然看到君主之害,具有制度性的严重性,不是个别君主的为人不肖问题。

君主专制的弊病在于:(甲)独裁统治下弊政不能清除。个人独裁,权力不受限制,容易产生弊政而不能自我调整,只有改朝换代,周而复始的历史循环。如赋役中的滥征耗羡是弊政,进行改革,实行耗羡归公和养廉银制度,但是以后又出现新的耗羡,这是人治社会的职官制度决定的,必然会有官吏贪赃枉法的现象,不可能根除。(乙)造成皇帝崇拜。君主专制政体下的皇帝,与传统社会的等级制相适应,使之成为第一等级,乃至使人视之为超等级的凌驾在等级之上的人、神之间的怪物,制造皇帝崇拜,即使民间造反,也是"只反贪官、不反皇帝",为皇帝、皇权补台,所谓农民政权最终还是君主专制的皇帝政权。(丙)民人没有权力。没有近代的法制、人权、平等、自由、博爱,实行等级制度,限制社会流动、人身自由,压抑人性和人的创造力。总之,绝对的专制主义,无可救药的专制主义,它可行于古代、中古社会,而应为近现代社会彻底抛弃,彻底否定。

辛亥革命已经推翻了专制主义皇帝制度,然而清除皇权思想是非常困难的事情。社会上层不必说,民间的帝王崇拜心态,或者说情结,历久不衰,这种顽固性需要从上到下齐心合力去铲除、根除,需要根除人治,实现法治,实现民主政治,人们才能从两三千年皇帝崇拜文化的阴影中解脱出来。对这种帝王崇拜心态,笔者撰文《皇帝崇拜文化心态探究》,刊登在《广东社会科学》2008 年第 5 期,有兴趣者可以参考。

二、满汉矛盾与多民族国家巩固发展,在民族地区实行多种体制的显著成效

清朝是以满洲为主体的王朝,满人为统治民族,满人皇帝的统治对历史的发展有正负两方面的作用,均不可忽视。

（一）民族压迫、歧视政策，涉及范畴相当广泛

清初五大弊政。满洲入主中原的过程中，实行剃发、易衣冠、圈地、逃人法、迁海等5项政策，就中大肆杀戮汉人，如扬州十日、嘉定三屠。

职官制度中实行复职制，满人为主体，为主官；满洲人、蒙古人爵位高，汉人望尘莫及。

防治汉人的特殊政策：禁止士子结社，顺治朝的"卧碑"开其端；顺康间在沿海地区实行"迁海"政策；对外的闭关政策，限制民人出洋谋生，动辄以化外之民来惩治，闽粤沿海民人"以海为田"，不许出洋是断绝生路。这样做，是怕汉人与外国人"勾结"反满。

（二）满汉斗争贯穿有清一代

满汉矛盾时隐时显，乃一代之事，是全部社会矛盾的一个基本线索，清朝兴亡系此。如清朝初期，剃发令引起社会主要矛盾的变化，由清朝、南明共同对付李自成及其余部，变为汉人的反满，如江阴各地的抗清、反清，影响到社会主要矛盾的变化。清代初期、中期，民间利用"反清复明"口号，太平天国"奉天讨胡"口号，号召恢复汉人政权，及至晚期，汉人用"驱除鞑虏，恢复中华"为口号，成为辛亥革命成功的重要原因。

（三）在民族地区实行多种体制，牢固奠定中国多民族国家的疆域

少数民族入主中原富有进取精神，对其他少数民族的柔远政策颇有成效，为汉人政权所不及，所不可想象。

清朝成功地处理与蒙古人的关系，使历史上长期不能解决的"北患"问题，至此彻底消除，其功至伟。满蒙联盟，突出表现在政治联姻上，形成以满蒙为基干的统治集团，令蒙古始终是满洲的助力；军事方面，从入关时的从征，到镇压太平军、捻军，蒙古均起重要作用，故而光宣之际蒙古官员被引见人数大增。清朝皇帝信奉与利用藏传佛教，形成满蒙藏的结合，牢不可破，须知西藏原来属于蒙古人势力范围，准噶尔部噶尔丹的势力达到新疆、西藏、青海及宁夏一部分；雍正帝、乾隆帝主动向准部本土发动进攻，并于乾隆二十年代平定准部之后，北方、西北、西南边疆稳定；在蒙古地区，清朝考虑到蒙古族领主社会具体情况，实行盟旗制度，由中央政府任命盟长、旗扎萨克，使之按照中央法规行政，直属于理藩院。从战国、秦代到明代修筑长城，中原受北方少数民族的骚扰、蹂躏，社会资源的极大耗损，两千年的危难问题，至此一劳永逸地解决了。杜家骥在《八旗与清朝政治论稿》中认为："往代汉族中原王朝经常

被困扰的所谓'北患'问题也至此结束,这种安定的大一统局面,既是治世形成的有利条件,也是它的一种体现。"(人民出版社,2008年)蒙古问题的解决,对中国历史影响巨大:疆域稳定的标志;清史分期的界标,阿睦尔撒纳之役,为前期、中期的标志性事件;在对俄国事务中扭转被动局面,原来在同准噶尔人斗争中对俄国人让步,于《尼布楚条约》《恰克图条约》中表露出来,又允许东正教士驻京,成为日后英国要求使团驻京的口实。

在西藏,尊重藏传佛教及其领袖,实行中央政府代表与民族地方首领共同治理的原则,由驻藏大臣与达赖、班禅共同管理西藏,此种制度在清朝灭亡之后仍有所延续。

在西南少数民族中实行改土归流政策,从元代的改土酋为土司制,到清代的改土司为流官,中央政府对西南少数民族地区的直接治理得以实现。

在东北实行驻防将军制,设置奉天将军、吉林将军、黑龙江将军,实行旗民分治办法,由副都统管理旗人,府州县辖治汉民。

在维吾尔族地区,实行领主制的伯克制度,但不得世袭。

在汉人聚居地,即黄河、长江、珠江流域广大地区设立行省,中央政府直接治理。

宗子制、郡县制、盟旗制、驻藏大臣制、驻防将军制、伯克制、驻防都统制,多种体制,均受中央政府管理,特别是在主权方面,如在西藏驻军,对外事务由驻藏大臣与达赖商定。

清代形成稳定的疆域。疆域由不够稳定到稳定,成为不可改变的事实,是在乾隆平定北疆之后,是为清帝国疆域最终完成。是时疆域辽阔,北到外兴安岭,东至库页岛,南极南海,西至帕米尔高原、后藏阿里。辽阔版图底定,在农业社会极其不易,乃两千年历史资源集聚所形成,是漫长历程的产物。清代以后国人常以"地大物博,人口众多,勤劳勇敢"自诩、自豪,"地大",确然如此。

新的版图观念和国家主权观念。传统的版图观、国家观,与孟子的国家观相同,即国家有三要素,为土地、人民、政事。清代内地、边疆一体化后,大一统观念得到发展并深入人心,"华夷之别"逐渐为"中外之别"所代替。中外之别,是"中国"作为国家的观念加深,"外"不只是指外藩,还有外国,表明国人的多民族国家的认同。新的版图意识和国家观念,体现在康熙、乾隆、嘉庆三次纂修《大清一统志》,嘉庆志附有"大清一统舆图";清朝同外国人打交道中逐渐懂得国家主权的道理,主权意识因素不断增强,明白疆域清晰及不可侵犯的道理,在对外关系中强化中国的认同。关于新的版图观念和国家主权观念,可参阅黄兴涛的《情感、思想与运动:近代中国民族主义研究检视》(《广东社会科学》2009 年第 3 期)、邹逸麟的《清代对疆土版图观念的嬗变》(《清史参考》第 137 期,2009 年 4 月 27 日)。

版图,即国土,是炎黄子孙立足之境,提供生活资源,就此应予稳定版图的清朝以高度的肯定。

一个国家实行多种体制制度,有益于中央政府对边疆的治理和疆域的稳定,有益于对少数民族政策的落实,它的前提是承认、尊重少数民族的传统与习惯,这是它的历史意义之所在。它留给后人的精神遗产,无疑富有现实意义。

(四)多民族国家认同的加强

清代虽有满汉矛盾,但华夏(中华)国家的认同程度在发展,在加强,以至形成近现代国家的认同。

清承明制,清朝肯定明朝及其基本的政治制度、法规和伦理观念,并予以继承。肯定明朝主要是推崇明太祖及其制度,康熙帝谓洪武为"贤主",非寻常帝王可比,其朝政"治隆唐宋"。所以南巡亲祭明孝陵,不走正门走偏门,表示对明太祖的敬重。乾隆帝南巡祭明陵,行三跪九叩的大礼,"用张隆礼胜朝之意"①崇礼明太祖,表示认同华夏传统,也是使自身成为正统,成为法统的继承者,当然是正统了。政治制度的继承,后人总结清朝政治为"清承明制",是基本制度的承袭,即实行郡县制、职官制、赋役制、教化制、科举制,强化对皇子的教育。常建华在《清史十二讲》第一讲中,强调清朝皇帝借鉴汉人的统治思想,总结出"清承明制"的政治继承性,"主要表现在借鉴了乾纲独断的专制集权思想和政治体制,集中体现在'君权'与'相权'关系以及宣传教化方面。可以说,在一定程度上清前期延续了明太祖的政治"。②

对汉人既利用又限制,重要的是以华夏文化治理汉人和中国。民族统一,在文化方面,始终是汉族文化为主体,就是在少数民族入主中原时,少数民族文化有扩大影响的趋势,然而主流文化仍然是汉人的儒家文化,并给予少数民族极大影响,满洲虽力求保持本色,然仍不免被同化的命运。

① 《清高宗实录》卷 1225,"五十年二月壬寅"条。
② 常建华:《清史二十讲》,中国国际广播出版社,2009 年。

中华多民族国家观念的逐步形成。皇帝认同多民族国家，雍正帝讲认同，要点有四，一为有德者为王。"惟有德者可为天下君。此天下一家，万物一体，自古迄今，万世不易之常经，非寻常之类聚群分，乡曲疆域之私衷浅见所可妄为同异者也。""上天厌弃内地无有德者，方眷命我外夷为内地主。"满洲有德才在中国坐天下，这种政治标准，不论何种籍贯、民族都应遵守，这种标准易于得到汉人认同。二是将少数民族与华夏之别视为籍贯的不同，而非"非我族类"的人兽之别。他说："本朝之为满洲，犹中国之有籍贯。舜为东夷之人，文王为西夷之人，曾何损于圣德乎！"籍贯不同，在哪里都是一个国家之人。三是批判"华夷之辨"，是分裂时期互相丑化之事，敝俗之见，应当摒弃，而今天下一统、华夷一家，再讲华夷之别，就是"逆天悖理，无父无君"的叛逆言论。四是进一步以清朝版图辽阔说明满洲君临天下是臣民幸事。"汉、唐、宋全盛之时，北狄、西戎世为边患，从未能臣服而有其地，是以有此疆彼界之分。自我朝入主中土，君临天下，并蒙古极边诸部落俱归版图，是中国之疆土开拓广远，乃中国臣民之大幸，何得尚有华夷中外之分论哉！"(见《大义觉迷录》)这种国家认同观，为后人接受，华夷之辨在舆论界的影响力逐渐减低。及至清朝退位，诏书讲到优待满洲皇族，还要优待蒙古、西藏，强调建立汉满蒙回藏的国家。孙中山的汉满蒙回藏"五族共和"与之回应。国家同地域、疆域、民人、民族联系在一起，全面地、综合地认同。

三、社会经济政治文化具有前近代因素及与近代社会相衔接

(一)鸦片战争之前职业结构、经济结构的某种变化，可同近代经济结构相衔接

在受西方资本主义生产方式影响之前，中国内部社会经济的发展，也在结构方面有所变化，因之可以同近代社会经济结构相衔接。

清朝出现大量的，被当时人说成"闲民""游民"的人，其实他们是经济结构变化的产物和标志，是具有新生性质产业的劳动力。其实所谓的"闲民"是有职业的，只是处于不稳定状态，而且他们的服务性职业不被官府和社会认可而已。

饮食业、服务业、娱乐业有了较大发展，从传统商业分离出来。茶馆、酒楼、戏楼、娼楼、游船、澡堂业大有发展，从业的伙计、艺人、船夫、轿夫、厨师、

妓女,有一大批人,如道光中的苏州,商贾云集,戏馆、酒馆数十处,每日演剧,从业小民不下数万人。一个城市的戏馆、酒馆能够养活几万人,可知饮食业、娱乐业的发达盛况。这类行业就是现代社会的第三产业。

手工业内部较大规模的生产和较为细致的分工,在纺织业、制瓷业中出现。纺织业内部区分为丝绸织业、棉织业。棉织业有家庭纺织,有作坊纺织,织成布匹,由染踹业加工。苏州踹业作坊,雍正年间有450家,踹匠两万余人。工匠来自江北、镇江、安徽。棉布业中,还有棉花收购商,有开设棉布字号的棉布商,后者多为包买主,运销各地,或由外地布商转销。景德镇制瓷业分工细腻,工种有:陶泥工、拉坯工、印坯工、旋坯、画坯、青灰、合釉、上釉、挑搓、抬坯、装坯、烧窑、开窑、乳料、舂料、砂土工等。工匠来自各地,占当地人口的十分之七八,本地人不过二三成。

农业内部,个别地区出现生产专业化倾向,产生专门的产棉区、蚕桑区、柞蚕区、苎麻区、蓝靛区,这是商品经济发展之表现与结果。松江府、太仓州的植棉区,称棉田为"花田",表示尊贵。太湖区域的蚕桑业发达,江宁府、镇江府的蚕桑业亦有发展。山东柞蚕业、江西苎麻业,均很出名。

佣工身份,基本上是平民身份的雇工,明代还有一些身份低于平民的"雇工人",到清代大体上转变为雇工,生产关系变化了,雇工虽仍受宗法性束缚,然而是平民,并不是从前的雇工人。

消费结构的改变,与生产结构的变化共生,高消费以商人、手工场主为主,外地人为主。乾隆年间苏州府长洲令李光祚说:"一切唱楼酒馆与夫轻舟荡漾,游观燕饮之乐,皆行户、商旅迭为宾主,而本地士民罕与焉。"行户、商旅为宾主,他们为发展业务,需要应酬,需要有服务业来适应工商业和贸易的发展。

生产、消费变化,引起商品交换的发展,长江中游与下游,形成粮食与棉布(还有食盐)的对流,而粮食供不应求,促进粮食业生产的发展。江南与闽粤贸易,是棉布、棉花与蔗糖、材木的交换。

工商业、服务业、娱乐业的发展,社会消费结构的变化,反映的是社会经济结构的变化,就中棉布织业、丝绸织业、陶瓷业生产关系中,以及为出卖而生产的农业专门化地区的出现,无不表明经济领域已经有了近代的成分。传统的商品经济、雇工经营及其近代因素成为近代资本主义生产方式的链接点。

(二)鸦片战争以后等级制度的变化与皇权的实际削弱

鸦片战争以后传统社会向近代社会演变的若干迹象：

皇权的衰弱，大不如昔。鸦片战争失败，割地、赔款、开商埠，为亘古未有之巨变，是皇帝的奇耻大辱，咸丰帝逃难中死亡，慈禧出逃，不成体统；地方势力实际增强，如湘军、淮军，部分地自筹军费(抽取厘金)，督抚与自主武装相结合；改革政体，预备立宪，实行责任内阁制，是皇权的让步，实际产生的是"皇族内阁"，内阁13名成员，皇族占7位，总理是庆亲王奕劻，排斥汉族官僚，又无能，无法驾驭朝政，乃宗室权力的回光返照。

官僚权威降落与官位贬值。战败的武官被人揶揄，不敢耀武扬威，文官在洋人面前直不起腰而遭到讥笑，如《二十年目睹之怪现状》写的"制台见洋人"的洋相。官位贬值，官多无职位可以赴任，甚或四品衔出任七品职。捐纳盛行，无可改变，恶性循环。

绅士社会地位进一步上升。表现在资政院议员选举，钦选一百名硕学通儒，条件是不必考试，由各省咨议局互选，于是绅衿充任议员者多；绅衿实际控制社区。

资产阶级产生与地位有所上扬。洋行买办转变为资产阶级，少数官员成为亦官亦商者，田主转化为资产者，他们经营造船、航运、纱布、矿冶、电讯、保险等近代行业；他们具有民族性，郑观应等已提出以商战对付外国资本主义侵略；他们谋求政治权力，支持君主立宪。纳税多的资产者可以成为资政院、咨议局的议员和农工商部议员顾问官，并有制度保障，即《资政院议员选举章程》、农工商部的《奖励公司章程》的规定，凡集股20万至100万可为部议员，集资200万至2000万授顾问官。

贱民的局部解放。堕民，继雍正朝改籍令之后，光绪年间再度得到脱籍的机会。在堕民除籍史上表达出平等观念、人道主义的呼声。为堕民脱籍而奔走的宁波人卢洪昶说："同是人也，而强名'丐'、名'堕'以辱之，不平何如焉？吾誓拯之出，以全人道。"[①]他们通过办堕民子弟学校，令之取得学位而获得脱籍。

总而言之，时至近代，是中央集权的皇权下降，地方权力上升，地方自治的呼声和力量有所抬头，等级制度弱化，以至随着清朝的灭亡而等级制度的

---

① 民国《鄞县通志·文献志·丁编·堕民脱籍始末记》。

消失,应当说是近代平等、人道、自由观念的产物。

(三)民间群体的近代因素产生与政党出现

在传统社会的极少数合法群体之外,产生大量的社会团体,并与近代因素相伴出现。

古老的、带有宗法性成分的宗族,晚清在上海的个别宗族依据地方自治和议会的原则成立"族会",洗刷自身的宗法性因素;宗族进一步民间化,即成为平民的宗族,民众化和大众化,使之更具民众性和自治性。

政治性团体及政党出现。由清初不许结社到晚清社团林立,政党因应而生。开始出现的是强学会,办报纸,先后有《万国公报》《中外纪闻》和《时务报》,鼓吹变法,被视为乱议政治而取缔,但它为戊戌变法制造舆论,结束传统社会无政治团体的状态,意义非凡。保国会,以反对列强瓜分中国为宗旨,开展救亡运动。其他团体雨后春笋般地出现,如各种学会、戒缠足会、去毒会、自治公所。兴中会于光绪二十年(1894)成立,首倡进行推翻清朝的革命。华兴会、光复会、科学补习所于光绪三十年(1904)成立,次年同盟会产生,提出"驱除鞑虏,恢复中华,建立民国,平均地权"政纲,要求消灭传统社会政治经济制度,建立资本主义民主政治和经济制度。

(四)意义

前近代与近代的衔接,有因素传承,有迹可寻、可循。近代社会的产生,有其社会政治经济文化的土壤,并非凭空出现。春秋时代郑子产就有承认传统"乡学",允许学子议论政事的主张。清初黄宗羲鼓吹学校"议政",认为"治天下之具皆出于学校",意思有二:一为是非公道,不出于天子,而出于学校,所谓"天子之所是未必是,天子之所非未必非,天子亦遂不敢自为非是,而公其非是于学校";二是提高太学祭酒地位,与宰相对等,所谓"太学祭酒,推择当世大儒,其重与宰相等,或宰相退处为之,每朔日,天子临幸太学,宰相六卿谏议皆从,祭酒南面讲学,天子亦就弟子之列,政有缺失,祭酒直言无讳"。在郡县,朔望大会,学官讲学,郡县官就弟子列听讲,政事有失,听批评改正。于是含有"议政"与行政并列的味道。黄宗羲表达出政治改革的愿望,戊戌维新时出版《明夷待访录》,康梁借以鼓吹君主立宪。黄宗羲之论,并非近代的属性,但是近代新学赖以产生的民族文化土壤。

嘉道以降,中国社会已经开始向近代社会转型,近代产业、君主立宪及如雨后春笋般出现的民间团体、民意高涨,均值得肯定。

四、反对西方殖民主义、汉民族主义与中华中心论的纠缠

（一）殖民主义的侵略罪恶

西方殖民主义的战争、赔款、割地、领事裁判权，使中国几乎被列强瓜分，陷于半殖民地半封建的悲惨境地；罪恶的鸦片贸易令中国上上下下陷入灾难深渊，吃鸦片成为社会中上层时尚风气，甚而波及社会下层，极其可悲。

（二）清朝中国被迫走向资本主义世界体系

清朝政府在被迫资本主义世界化与反世界化中摇摆、挣扎。魏源首倡"师夷之长技以制夷"，具有主张工业技术近代化的含义。曾国藩倡导自强，曾国藩、李鸿章、左宗棠等从事洋务运动，希望走富国强兵之路，制造轮船、枪炮，而后修铁路、铺设电报电话线。冯桂芬结合儒家大同思想，宣扬西方社会救济观念，社会上出现教养院、习艺所、育婴堂，收养、教育贫民、乞丐、妓女、弃婴。信教、吃教人群出现。张之洞"中学为体，西学为用"是晚清对待西方文化的纲领性方针，本位文化不变，只接受西方科学技术。可是从总体情形看，中国被迫从政治、经济、文化各方面学习资本主义文明。美国公使夫人萨拉·康格在自己的通信录《北京信札》①中认识到了这种状况，收录其中的 1900 年 12 月 12 日《致侄儿》信中说："外国人来华后会把他们的生活强加给中国人，破坏让他们的政府有序运行的车轮上的嵌齿……外国人已经把他自己、他的国家、他的习惯和他的物产都强加给了中国，而同时也总是遭到强烈的抵抗。"

（三）外忧与内患、反帝与反清的孰先孰后论

在近代资本主义国家侵略形势下，汉人和清朝之间，出现"外忧"与"内患"、"反帝"与"反清"先后论，即政府安内、攘外孰先孰后？民间反帝、反清孰先孰后？当外国武装入侵时，清朝、民间捐弃前嫌，一致抗敌，民众乃"扶清灭洋""保清灭洋"。没有外国武装入侵的平常时期，双方都是先内后外，洪秀全根据基督教的某些教义与形式，组织拜上帝会，发动声势浩大的太平天国运动，在一定范围内、一个时间内改变人们的生活；此时，清朝除用自身力量从事镇压，还接受华尔的洋枪队；民间掀起"扫清灭洋"运动，清朝一贯镇压民间反抗运动。内忧与外患、反帝与反清，孰先孰后，这可能是古今中外任何国家

---

① ［美］萨拉·康格著：《北京信札》，沈春蕾等译，南京出版社，2006 年。

都难以处理好的难题,人类智慧难于有圆满的方案。

(四)民族主义与爱国主义

民族主义意识,在清代,同满汉矛盾、中外矛盾(反对外国资本主义侵略)纠缠在一起,情况错综复杂;民族主义又同爱国主义密切关联,时而交织在一起,因为国家是民族的国家。清朝人的民族主义和爱国主义,简单地说,笔者以为清代以来发生变化,经历三个阶段:热爱以汉人王朝政权为标志的汉族国家,不满甚至反对以满洲人为主体的清朝;热爱汉人为主体的国家,反满、反帝(加进反对外国资本主义侵略的内容);热爱中华民族的共和政体的国家("五族共和"的国家、多民族的统一国家)。爱国同国家政体从来联系在一起,同民族也联系在一起。

反帝爱国的民族主义,社会背景可归结为两大因素:一是西方列强的侵略,激起国人的愤怒;二是传统的中国是世界文明中心论意识特别强烈。鸦片战争之后,国人承认洋枪洋炮、火轮厉害,但是不服气,以为都是渊源于我们的老祖宗,我们在多少多少年前就有什么什么,这种观点早在顺治、康熙年间产生的"西学中源"论中表现出来。嘉庆四年(1799)阮元主编的《畴人传》中仍然如此。这是不智之见,表明信守中华文明中心论。后来国人从中国世界文明中心论心态中逐渐走出,有所清醒,同时开始出现积贫积弱的悲愤心态与自卑心态,于是形成不断"革命"、造反的情结,以寻求中国富强之路。积贫积弱的现实与根深蒂固的中华中心论的反差,所导致的民族主义情绪后来愈演愈烈。

(2009年6月2日初稿,2010年3月10日修订于顾真斋。载韩国《明清史研究》第33辑、《历史教学》2010年9月号)

我和清史研究

写下这个题目,颇感惶恐:有什么好说的呢?然而想到,习史治史毕竟四十余年,成绩不足道,其中的苦乐实有一些,而且从原先的立志于史学研究,到现在欲罢不能,自谓我的生命在于治史,看来终生离不开这个行当。如此一想,不妨回顾一番,不敢奢望利人,或许自己以后走得比过去自在一点。

1934 年我出生于江苏仪征乡间,1946 年到北京,上高小、中学。在上小学时,因为是从农村来的,不会城里孩子的滑冰、抖空竹等游戏,喜欢到书摊租借历史小说,把一部《说唐》看熟了,种下了我喜爱历史的根子。上中学时爱读当代人纂著的通史和人物传记,及至报考大学,上历史系成了志愿。1955 年进入了南开大学,第一年下来,我阅览了《隋书》及《唐书》的一部分,写出习作《论李唐政权的建立》(试图回答 "群雄逐鹿之时, 何以李唐能够统一" 的问题)。接着想写窦建德集团史,可是在《隋书》、"两唐书"、《资治通鉴》之外,不知道如何再找史料,加之我对各门功课都想学好,没有时间再作专题探讨,遂放弃这一题目。随着我听郑毅生(天挺,1899—1981)师的"中国古代史·明清史"的基础课,选修他的"明清史""史料学"两门课程,不仅增长明清史的知识,还懂得查找史料和清史研究资料的些许门径,对于史料学的研究任务、对象和方法有所了解,为以后我从事史料学的教学与研究奠立初步基础。

毅生师出身于北京大学国学门,历任北大教授、历史系主任、秘书长,南开大学历史系主任、副校长,是清史学界的泰斗,素以治学谨严著称,撰著《清史探微》《探微集》《清史简述》, 主编《中国通史参考资料》《明清史资料》《清史》等书。1959 年他在明清史研究班第一讲的题目是"精读一本书——张廷玉的明史",阐述为什么要精读一本书,如何选择这部书,以及怎么读法。以后又讲授"导读《明史·食货志》"等题目,指导学生阅览《明史》。我开始是以助教的身份旁听,次年春天转为研究生,于是啃起《明史》。精读一本书,令我受益无穷,并把这种方法传给我的学生。精读一部好的史料书籍,就是打下这部书所记录的那个时代历史的研究基础,据以发表见解,参加学界讨论,就有了根基,不会在众说纷纭面前不知所措、毫无主见。后来我获知,清朝人研读"五经",以为甚难深入,遂以专治一经为求学进步之阶,可见精读一本书是我们祖宗的老传统。但是精读什么书,则要我们来选择。毅生师选定张廷玉《明史》为研习明代历史的基本读物,是他的发明,很了不起。我把握了这个阅读方法,在以后的治史中不断地加以运用。20 世纪 70 年代后期我们南开大学历史系的同事纂写《中国古代史》,我承担写作东汉部分的任务,就本着"精读一本书"的原则,集中精力阅读《后汉书》,适当阅览《汉书》和《三国志》;有一个时期我对中古宗族史产生兴趣,遂以《晋书》《宋书》《魏书》等书为参考读物,均有收获。精读一本书实在是行之有效的治史方法。

在明清史当中,我的志趣偏重在清史方面,研究生毕业论文选的是清代社会经济史的题目,即清中叶苏南租佃关系,目的是考察农业中的资本主义萌芽问题,于是阅读王先谦《东华录》,由于时间不足,不能精读,因为要大量阅览方志、文集、族谱和时贤论著,不得不然。通过写这篇论文,我在毅生师的指导下,学习如何搜集资料,考订史实,排比史料,形成观点,写作论文的方法,并于 1962 年冬写出毕业论文并通过答辩。1986 年发表在中国社会科学院历史研究所清史研究室主编的《清史论丛》第 7 辑上的文章《17 世纪中叶至 18 世纪中叶江南商品经济中的几个问题》,即是由那篇论文部分内容加工成的。

由于人们对鸦片战争的看重,清代的历史,以鸦片战争为界,被划分成古代和近代两大阶段,研究者方面有点划界为牢,古代者不涉足近代,近代者不往前伸展,因而清史研究不能通达,对学科的发展颇为不利。1980 年毅生师主持召开南开大学首届国际明清史学术讨论会,他破例地将鸦片战争后的清史包括在讨论范围之内,邀请了许多近代史专家与会。这次会议,毅生师令有我在内的四名南开同仁做学术组织工作,故通过此会对打通清代通史的研究体会特别深刻,从此我也留心于此。

概要地说,业师毅生师教给了我精读一本书的治学入门方法,重视考证史料的治学基本功,不局限于清朝前期而顾及有清一代通史的治学范围。是毅生师将我领进清史研究之门。想来,我在 1959 年留在南开大学历史系当助教及随后的转为研究生,大约出于毅生师的推荐。

在清史研究领域,我涉猎的范围比较广泛,当然不是同时并进的,初始是研治社会经济史,接着目光转向政治史(政治人物史),而后是社会史、近代史,在所有的时间里,对清史史料学的关注从未间断。下面分项说明我的研究情况。

1979 年我开始做雍正帝历史的研究,1982 年底写出《雍正传》,1985 年由人民出版社刊行,1991 年台湾商务印书馆出了新版。雍正帝史的研究,在我写作的时期,大概的情形是:对于他的继位,相当多的学者认为他是篡改康熙帝遗诏,夺其弟——康熙十四子胤祯(胤禵)的帝位;亦有学者认为他是合法嗣统,但被夺位说淹没。对于雍正帝的屠杀弟弟胤祀、胤禟、功臣年羹尧、隆科多,查抄江宁织造曹家,几乎一致的看法是得位不正所致,即屠弟是为消除夺位斗争中心头的积怨,杀功臣灭口是掩盖嗣位的不当,抄曹家是迫害康熙朝老人和打击政敌党人。关于他的品格,无例外地指斥为残忍无情。对于他的政治、经济方面的改革,大多是肯定的,而指责他大兴文字狱,大搞特务统治,几乎是众口一词。从总的评价看,围绕继位问题做文章的多,批判他的多,而对他一生中真正重大的事情——政治改革注意不足,肯定得不到家,因此他的形象基本上是一个篡位暴君,而不是有益历史发展的政治改革家。我的考察是在这种评论形势下进行的。

我对雍正史的研究与写作方法,是先做若干专题考察,撰写论文,再做综合分析,纂写全书。因为我认为没有先期的专题研究,就会把书写成泛泛之论的作品,很难成为精深之作。专题的拟目,是对课题做通盘考虑后确定的,即考虑到雍正帝个人、雍正朝的全面历史和学术界的有关论述,依据初步认识,设计了题目,经过研讨,写出下述论文:《雍正的削除绍兴和常熟丐籍》(日本《集刊东洋学》第 44 号,1980 年)、《康熙朝的储位之争和胤禛的胜利》(《故宫博物院院刊》1981 年第 3 期)、《康熙十四子胤禵改名考释》(《历史档案》1981 年第 4 期)、《论清世宗的思想和政治》(1980 年在南开大学首届国际明清史讨论会上宣读,收入 1982 年印行的《明清史国际学术讨论会论文集》一书)、《论田文镜抚豫》(《中国史研究》1982 年第 2 期)、《曾静投书案与吕留良文字狱述论》(《南开学报》1982 年第 5 期)、《清世宗的崇佛和用佛》(《文史知识》1982 年第 5 期)、《鄂尔泰与改土归流》(《文史知识》1983 年第 3 期)、《查嗣庭案缘由与性质》(《故宫博物院院刊》1984 年第 1 期) 等文,将雍正史上的重要问题——继位、政治经济改革、文字狱、用人、文化政策,一一做了专题讨论。唯一令我遗憾的是,原计划有年羹尧与雍正帝关系的题目,在搜集资料的过程中,获得年羹尧奏折在台北出版的信息,而那时根本看不到台湾出版物,只好放弃这一选题。我自然有些苦恼：一方面是写不成，影响研究质量，另一方面是查阅了有关年羹尧的史料，弃置了有点可惜。

在《雍正传》一书和相关论文中，我对雍正继位疑案的考察，与过往学者不同，原来人们的目光局限于康熙帝临终之际的史事，我则放大视野，将之置于康熙废太子、储位虚悬的长过程中来观察，排除其他皇子（包括胤禛）被指定为继承人的可能性，因而雍正帝系合法登基。我的论文和专著的面世，多少改变了雍正合法嗣位说在学术界不昌明的情况，使它与篡位说形成对峙的局面。我的观点很难说绝对符合历史真实，但在这种历史之谜的争论中，贡献了一种长时段的研究方法。研究继位历史的意义，不仅仅是明了嗣位本身，如前所述，持篡位说者用以解释雍正前期的政治斗争，说明屠戮兄弟、功臣，查抄曹家等事是夺位罪行的继续；而我认为年羹尧、隆科多之死，是他们不善于自处，不守臣节，为唯我独尊的雍正帝所不容；查抄曹家是清查经济所导致，其实雍正帝开始爱护曹頫，后来恨他不争气，与康熙朝的储位斗争无关。我亦从继位问题看雍正前期政治斗争，认为胤禩、胤禟不甘心储位之争的失败，在雍正继位后仍同他较量，传播得位不正的言论，遭到杀戮，当然，此事亦反映出雍正帝性格的残忍和为人的凶暴。雍正帝抓住曾静投书案大做文章，颁布《大义觉迷录》一书，意在清除关于他继位问题的异说，希图从思想舆论上巩固他的帝位，所以此案是康熙朝储位之争的继续和终结。我在《雍正传》里用大量的篇幅及有关的论文，叙述雍正帝的改革思想和实践，留意于他的清查赋税，整顿吏治，实行耗羡归公和养廉银制度，摊丁入亩制度，创立军机处，实行改土归流政策，改革八旗旗务，提升府州。从这一系列的政治举措中，不难发现，他的政策调整了社会生产关系，造成比较清明和稳定的政治，巩固和发展统一的多民族国家，对历史的发展做出贡献。因之，他是朝乾夕惕、奋发有为的君主，是中国历史上为数不多的比较杰出的帝王之一，系值得肯定的历史人物。

话休叙烦，我对雍正史的研究，第一是为他翻案；与此相联系，第二是要如实地反映他的改革精神和业绩，希望读者能以此把握他的历史主流，不必纠缠在嗣位问题上；第三是通过他认识他那个时代的历史特点；第四是讲出他的个性、禀赋，这既是传记图籍所不可缺少的内容，也是当时传记作者普遍忽视的事情。我的意图是想改变人物传记的"千人一面，千部一腔"的刻板状况，但是由于搜集资料不充分，有许多档案材料没有看，外国传教士的文书所见甚少,故而做得很差。《雍正传·序言》里说:"对雍正的思想、才能、性格、作风,企图有所揭示,惟是做得非常不够。"实是一种遗憾。前几年听台湾研究院的学者告诉我,前辈史家何炳棣教授在该院讲演,说他本来拟写雍正史,因冯尔康作了此书,他认为不必写了。这是前辈奖掖后学,是对我的鼓励,我鄙薄沾沾自喜,唯将他的话用作激励我继续严肃地进行史学研究。

作罢《雍正传》,就开始清代史料学的研治工作,对此我有一些基础,原因之一是我阅览的书籍体裁比较宽广,而且作有笔记。关于清史的政书、纪传体与编年体史书、纪事本末体史书、地方史志、文集、族谱、笔记、年谱、日记、类书、丛书各种文体的书籍,我均有所浏览,小说也欣赏过一些。在阅读时我养成作记录的习惯,将史书的著者历史、著作年代、体例、目录、版本和所摘取的内容写在卡片上,这就便利了我做总结——对它们进行总体研究。原因之二是我进行了稍许的专题研讨,写出《清代的谱牒资料及其利用》(《南开史学》1984 年第 1 期)、《关于编辑出版〈族谱丛书〉的建议》(《古籍整理出版情况简报》第 124 期,1984 年),对方志,我也写过小文,论述过黄印《锡金识小录》的史料价值,撰文介绍私家编修方志的特点,此外给年谱学专著作过书评。原因之三是我查阅过一些清代档案文书。清代档案遗留下来的很多,与别的朝代大不相同,因而研究清史离不开它,否则是个不小的缺陷,至少我是这样看的。我在 70 年代末、80 年代前期经常去北京中国第一历史档案馆查阅文献,有时一去就是一两个月。我在检索中获知,档案的分类与图书分类绝异,进档案馆必须先学档案分类法,否则摸不着头脑,找不到、找不全所需求的档案文书。因此我进档案馆,一面请管理人员提调文档,一面学习档案分类法,在这方面舍得花时间,做了某种知识武装,提档就能有的放矢了。我从实践中获知,读档案文献与看图书大不一样,一般说图书对所记录的事物叙述得有条有理,富有系统性、逻辑性,材料也较集中(相对而言),而档案文书的内容相当零杂琐碎,分散不集中,更无系统性可言,因此需要阅读的数量大,还往往得不到要领。把握这种特性,既要具有耐心查阅的态度,又要学会相应的方法。我在档案馆总是思考怎样掌握档案文书的特点,以便尽快地多得史料。既有了体会,总结清代档案的史料价值和利用方法,就方便得多了,就能把体会写进书里。我除了在《雍正传》中大量运用档案资料,还写出专题文章,如《〈雍正朝起居注〉〈上谕内阁〉〈清世宗实录〉史料异同——兼论历史档案的史料价值》(《明清档案与历史研究》,中华书局,1988 年)。《清史史料学初稿》问世后,档案界的学者指出我不会运用档案术语,但对清代档案分类、史料价值和利用方法的分析是中肯的。

有了这些基础,我才敢写《清史史料学》一书。当然动笔以前,特意研究关于史料学的理论,拜读时贤的史料学文论,尤其认真学习毅生师的《史料学教学内容的初步体会》一文(见《探微集》)。这样,自以为对史料学的研究任务、对象、方法、特点有了把握,才拟定提纲,研墨开笔。我认为史料学的任务是阐明史料的来源、价值和利用方法,不单单是介绍一些重要典籍。重要的是懂得图书作者据以写作的原始素材,考察其史料是否可靠,价值何在,作者的世界观、政治观、治学方法、写作态度均影响他的作品的质量,必须分析明白,才便于对其提供的史料进行利用。史料的利用方法包含着丰富的内容:史料的搜集和收藏,史料的整理和出版,史料目录学和工具书,史料被利用的情况,等等,要有很大的信息量。我的目标是把它写成研究性和信息性兼具的著作,以便清史初学者的运用及清史研究者的参考。1984 年夏天写完书稿,1986 年由南开大学出版社梓刻,我因感到内容的不完善,故命名为《清史史料学初稿》。确实,我没有因见书而罢休,随后不断搜集资料,尤其是力求掌握台北印刷的清史图书信息,积累较多之后,对《初稿》做出大量的增补,遂大胆地取消"初稿"二字,以"清史史料学"为名,于 1993 年在台湾商务印书馆枣梨。这本书由十三章构成,其篇章结构为第一章绪论,以下各章依次是:编年体、纪传体清代通史史料,政书类史料,档案史料,地方史志史料,文集史料,谱牒史料,传记史料,笔记史料,纪事本末体史料,契据、语录等文献史料,有关清史的类书、丛书和图书目录,外国人记载和收藏的中国清史资料,附录清史专题史料基本书目等。

古代史史料学领域,在拙著问世以前,尚无断代史史料学专著,也许我创造了断代史料学的体例。浩如烟海、汗牛充栋的史书,从何说起?我设想过按照书籍的内容予以分类叙述,但古籍只记录一种社会现象的少,多数内容庞杂,假如以图书内容分类,势必一部重要的、较重要的书在不同的类别里反复提到,这怎么能让读者方便地掌握呢?故此法为我所不取。我以文体为单位给史籍分类,分析每一种文体图籍的题材、体裁特点和史料价值,并对各种文体图书的异同加以比较,以便读者在千头万绪中得到较为清晰的条理,并且基本上避免重复介绍的毛病。这可能是我的史料学的第一个特色。第二,把对史料价值的阐述置于重心地位。我对各种文体图籍做通贯的考察,力求明了它在清代的状况及特点，以便对它的史料价值说得准确一点，如讲清代谱牒，是在分析谱牒发展史的基础上，弄明清人的修谱理论和族谱体例，再来绍述它的史料价值，又恐读者理解不深，特地举出几部家谱，详予解说。第三，赋予史料学以信息性、工具性的使命。没有研究性成果就不成其为一门学问，史料学亦然，我的第一、第二项工作就是为此进行的，但是我理解的史料学任务不止于此，它还要研究史籍的传播、运用情况，也就是说史料学著作必须告诉读者史籍的搜集、收藏、整理、出版、运用的信息，这样才便于寻找和利用。我在书中力图做到这一点，总是试图写明图书的最新版本，档案的梓刻情形，哪一类的图书集中收藏在哪些大的图书馆等方面的信息。由于历史的原因，台湾的出版品我们很难见得到，对此我在大陆或到台湾都不忘获取台湾清史出版物的信息，并记录到书中。

评论者认为《清史史料学》结构完整，层次分明，条理清晰，具有开创性。想起写作的甘苦，我对此不无欣慰之感。因为写这类著作，要靠见识的史料书多，见多才能识广，然而多读多识谈何容易。我在 60 年代至 80 年代前期搜集的清史史料，大多是从线装书得到的，这类书有些是在书库里看的，正如我在《清史史料学·后记》中所说："我在当助教时就爱在南开大学图书馆书库读书，因读的线装书较多，需要更换得也勤，借出来阅览，就不如在库里看得方便。"可是那时书库并没有准备看书的地方，只是在一个旮旯有张破桌子，我就利用它，在光线极不充分的条件下，饶有兴趣地阅读古籍。我从天津到北京中国第一历史档案馆查检档案，在 1980 年冬天，旅馆不容易找到，而且费用不菲，于是经由"一史馆"一位先生的介绍，借宿于国家档案局办公室，此系档案局接待其下属单位人员进京办事的临时住所，我是沾光。后来再去，限于经费，就在"一史馆"附近找便宜住处，常去的是高等教育出版社、人民教育出版社两家分别办的地下室招待所，环境阴暗不必说了，没有卫生间，要方便还得跑出来。吃饭是找在故宫博物院工作的学友帮忙，买他们食堂的饭票，解决就餐问题。现代人有句口头禅："我容易吗？"我绝不欣赏这种话。世界上要想办成任何事情，哪有那么容易的？！在我的观念里，只知踏踏实实干活儿，不懂得取巧。这就是我做学问的傻劲吧。史料学的研究，可以说是费力不讨好的事，不经眼大量的图书，不认真地进行研讨，绝对写不出像样的作品，而著作出来了，利用的是专业工作者，人数极少，而且往往将它当作工具书来翻检，其价值不易为人所知，绝对产生不了轰动效应，应当是智者所不为。可我偏偏走在傻路上,继续这一事业,1997 年又总结多年的读书心得,撰著《清代人物传记史料研究》一书(被商务印书馆列入 1998 年计划),这是《清史史料学》的姊妹篇。

《清史史料学》一书写就,精力转向酝酿几年的社会史研究。说到对社会史的钟情,要从 50 年代上本科时听课的感受谈起,因为课堂上老师不讲历史上人们衣食住行、婚嫁丧葬、民间娱乐、风俗习惯等方面的内容,而我那时以邓之诚的《中华二千年史》为学习中国古代史的参考书,从中见到一些这类资料,我感到兴趣,模模糊糊地觉得这类历史现象需要研究和说明。60 年代初我在搜集研究生毕业论文资料时,凭着兴趣,附带摘录关于宗族、家庭、婚姻、妇女、社团救济的材料,以后读书也是有这方面的素材就顺手记下来,因而在 60 年代前期写出清代婚姻制度与妇女生活的论文,交给南开大学学报,负责人巩绍英先生表示要采用,但主管副校长认为论文内容陈旧,不能刊登,此文就是 20 年后的 1985 年披露于中国人民大学清史研究所主编的《清史研究集》第五集上的《清代的婚姻制度与妇女的社会地位述论》的初稿;同时期,发表了评介《宜兴缘里任氏宗谱》的文章;这时还写有论农民社会属性的文章,投给《新建设》杂志,1965 年编辑部来函表示要采用,但要做某些修改,时值我在农村参加"四清"运动,当然无暇顾及,随着"文化大革命"的发生,就不了了之,不过文中的史料在以后的研究中都派上了用场。

经历年年月月日日讲阶级斗争和"文化大革命"的洗礼,我明白了那时教师不讲生活史的道理:怕给扣上宣扬剥削阶级生活方式的帽子。

80 年代初,我深感不研究社会史,只讲阶级斗争史,不仅不能说明历史的全貌,还将有血有肉、生动活泼、千变万化的历史搞得像个小瘪三,索然无味,不改变这种状况就不能适应改革时代的社会要求。1980 年毅生师指导明清史研究室成员编辑《明清史资料》,我向他建议设立生活史专题,他接受了,并要我来做,我因是历史系中国古代史教研室的教师,并非该室成员,不便编写而未应承,回想起来,愧对恩师。

1984 年下半年,我腾出手来集中精力研究社会史的时候,知道了这项研究的难度很大,首先要了解关于它的理论和研究信息,其次要进行稍有系统的收集资料的工作,再则要做学术综合及建立研究领域的历史构架。社会史与社会学、文化人类学、民族学、民俗学等学科关系密切,而这些学问我过去没有学习过,要钻研社会史就必须补课;社会史是世界性的学问,20 世纪下半叶西方国家的学者做出颇有成绩的研究，前苏联和东欧诸国亦有所探讨，原来我们是封闭的，不了解人家的学术研究状况，现在国门打开了，要借鉴，就得学习。因此我要做理论和信息两方面的补习，于是找来本国的、西方的、前苏联及东欧的社会学、文化人类学、民族学等方面的书籍，生吞活剥地赶着学，由于这方面知识的贫乏，接受得慢，甚为苦恼，只好硬着头皮阅读，学一点是一点。

1985年在我的社会史研究上是重要的一年，做了三件事：一是小结我对社会史学科的理解，写出《开展社会史的研究》一文，对社会史研究的对象、范畴、任务及开展研讨的必要性和社会意义，做了粗浅的规范和说明。此文发表于1986年1月号《百科知识》，文实浅薄，但似乎是我国大陆学术界讨论社会史研究的发难之作。二是根据我对社会史的认识，开出"中国古代社会史"课程，作为高年级的选修课，因为课程名称新鲜，听课的学生，历史系以外，还有其他学系的，不过我那时是初次讲授，自知效果不佳。三是得到有共同见解、当时任系主任的刘泽华教授的参与和主持，与《历史研究》编辑部、天津人民出版社商定于次年召开中国首届社会史学术研讨会，事情是按预计进行了。此后我还参与了历届社会史学术讨论会的组织工作，并与我的同事、全国社会史学界的同仁合力组建中国社会史学会，我为法人代表和会长。

对社会史的探讨，我补课，作点理论文章，然而我深知，事情不在脱离历史的空泛议论，重要的是做史实的分析和介绍当时缺乏的信息。为此，我设计了提纲，和我的同事张国刚、常建华、李喜所、白新良四教授于1986年编写了《中国社会史研究概述》一书的初稿，1988年由天津教育出版社印制发行，这算是做了个信息性的东西。在史事方面，我想做的第一部书是清代社会史，为此于1986年草拟提纲，形成《清代社会史论纲》一文，在大连举行的国际清史学术研讨会上宣读，并刊载于1987年第1期《中华文史论丛》。我感到伤脑筋的就是构思清代社会史的框架，当时的设计，此书内容包括社会结构(等级结构和群体：四邻结社、秘密宗教、会党、宗族、家庭)、生活方式(衣食住行、婚姻、丧葬、祭祀、娱乐)、人口和社会救济三大方面。我自始就认为，研究社会史要避免只顾琐碎现象，忽视社会运动本质(或者说带有规律性的问题)的误失，因此又在书中专门研究社会生活与历史发展的关系问题，因而使全书成为四大部分，分成十二章撰写。在写作中我请常建华教授撰写两章，由我主撰，于1988年初脱稿，以《清人社会生活》为题，由天津人民出版社于1990年椠刻。此书的结构远非我的理想,只因苦于无法,不得不如此而已。倘能起到某种抛砖引玉的作用,我就非常高兴了。

如果说我首先思考了断代社会史的纲要结构,那么我对社会史专史的宗族史做了可能比一个断代社会史要深入一点的探讨。我在对从古至今的中国宗族史研讨中,在《中国古代的宗族与祠堂》(商务印书馆国际有限公司 1996年)一书。及我主编的《中国社会结构的演变》(河南人民出版社 1994 年)、合著《中国宗族社会》(浙江人民出版社 1994 年)书中,将宗族史划分为五个发展阶段,即先秦的典型的宗子贵族宗族制时期,秦汉至隋唐的世族、士族宗族制及初步民间化时期,宋元的官僚宗族制及第二次民间化时期,明清的缙绅宗族制及进一步民间化时期,民国以来平民化及向宗亲会转化时期。我这种观点的形成,是对全部宗族史做了总体的研讨,而得力于对清代和民国以降的宗族史的考察。1980 年以来我发表清代宗族史的论文多篇,如《论清代苏南义庄的性质与族权的关系》(《中华文史论丛》1980 年第 3 期),《清代宗族制的特点》(《社会科学战线》1990 年第 3 期),《朱次琦的谱牒学研究》(《第五届亚洲族谱学术研讨会会议记录》,台北联合报文化基金会国学文献馆 1993年),《族规所反映的清人祠堂和祭祀生活》(《清王朝的建立、阶级及其他》,天津人民出版社 1994 年),《拟制血亲与宗族》(台北《历史语言研究所集刊》第 68 本第四分,1997 年)等。自以为对清代宗族的特点把握较成功,对民国至今的宗族和宗亲会又有所了解,因而对研究中国宗族通史产生了信心。

关于清代的移民史,我继《清人社会生活》一书中的有关内容之后,做了专题讨论,撰写《晚清南洋华侨与中国近代化》(《亚太地方文献研究论文集》,香港大学 1991 年),《清代广东人在上海》(《中国史论集》,天津古籍出版社1994 年),《清初吉林满族社会和移民》(《清史论丛》,辽宁古籍出版社 1996年),《清代仪征人才的兴起及原因》(《扬州研究》,台北联经出版公司 1996 年),这些文章论述了移民社会生活的特点,他们怎样融入当地社会,以及作为活泼因素对当地社会发展的作用。

对于历史的通俗读物,我倾注了相当的精力,就中,也没有忽视清代部分。我认为历史书不必要只写给少数人看,更不宜局限于同行的小圈子,那样历史学不会有多大的生命力。史学要发展,需要走出古代庙堂的神圣殿堂,将大众作为阅读对象,给他们爱看的图书。可能有的人看不起这类作品,认为它没有学术性,写这样的东西降低自己的学术身份。而我以为通俗读物并不容易写好，它需要深入浅出，不是方家所写的还难于为读者接受。基于这一认识，我一再编写通俗小册子，关于清代的有《封建社会的一面镜子——〈红楼梦〉》(中华书局 1974 年)，《曹雪芹和〈红楼梦〉》(中华书局 1986 年，另收入《古代文学家传记》，中华书局 1992 年)，《雍正继位之谜》(中国人民大学出版社 1990 年，台北云龙出版社 1991 年)。此外，还主编、主撰六十余万字的中档读物《雍正皇帝》(学苑出版社 1994 年)。关于《红楼梦》的两个小册子在学术上均无建树，不过是以史学研究者的角度观察此书，试图将自己对该书的写作背景、社会意义的理解传达给读者。写于 1984 年春天的《曹雪芹和〈红楼梦〉》一书，将 1984 年以前的红学研究史做了概括，叙述了红学界所讨论的作者历史及其家世、《红楼梦》的艺术性和社会价值的各种意见，并采纳一说，或者阐述自己的看法。

总括我的清史研究，似乎可以反映我在学术上不墨守成规的个性，也许有一点创新精神，具体地说，大概可以归结为三点：一是开拓清史的研究领域，如社会史和史料学的开篇之作，再如对社会救济史，我撰写专论很晚，但刊布于 1984 年的《清代地主阶级述论》(《中国古代地主阶级研究论集》，南开大学出版社 1984 年)，就谈到慈善组织普济堂、育婴堂、栖流所、清节堂、锡类堂、义渡、茶亭、社仓和义仓。二是力求有点见解，每写一文，从不苟且，比如对雍正帝及其时代的全面阐述，再如 70 年代、80 年代之际，我连续发表清代社会经济史的论文：《试论清代皖南富裕棚民的经营方式》(《南开大学学报》1978 年第 2 期)，《清代的押租制与租佃关系的局部变化》(《南开学报》1980 年第 1 期)，《清代的货币地租与农民的身份地位初探》(《南开史学》1980 年第 1 期)等，专门讨论押租制、货币租与佃农社会身份的关系，认为押租制度的建立，出现"一田二主""一田三主"现象，佃农居然成为"一主"，拥有了永佃权及佃权的转让权；押租和货币租还是地主控制佃农的经济手段，但不得不放松对佃农的人身控制，而佃农既成为"一主"，也不甘心人身上依附，所以在生产关系中佃农的地位实际上得到提高。又如《清朝前期和末季区域人才的变化——以引见官员、鼎甲、翰林为例》(《历史研究》1997 年第 1 期)，我通过中国第一历史档案馆所藏的引见履历档案获知，在清末被引见的官员中，满洲人的人数远远超过每个行省的人数，蒙古人被引见的状况比清初大为改观，而在人们的印象中，太平天国运动以后，汉人势力上扬，却不知道旗人同时得到了皇帝和朝廷的重视，容易导致对官场情状分析的误解。三是在作品规格上追求传世之作和普及读物两种类型，我认为这是史学工作者应有的志向，倘若著述的不是传世之作，作品就缺乏科学性，拿到图书市场，不久就会被读者扔进字纸篓，徒然浪费作者和读者双方的精力，而作者也难于在学术界立足；不著述通俗读物，使史学脱离广大读者群，而又自怨自艾，埋怨影视、戏剧、说唱艺术各界的历史题材的作品歪曲历史真实，与其如此，何不分点精力写些通俗的历史读物给各界人士阅览！何不给普及读物以应有的社会和学术地位！正是基于这种想法，我除了写前面说过的小册子，还写过《砥砺篇》（中国青年出版社 1991 年，台湾书泉出版社 1993 年），出版了学术随笔《古人社会生活琐谈》（湖南出版社 1991 年）；《清人生活漫步》和《古人社会生活剪影》（《古人社会生活琐谈》增删本）即将面世，我还为北京编辑、香港发行的《紫禁城》杂志、台北出版品《历史月刊》杂志撰写过不少文章（有些署"顾真""杨真"等笔名）。如今又应承了上海一家出版社的写给青年读者看的书约。对普及读物，我可以说是"乐此不疲"了。

在史学研究中，我最大的苦恼，不是怕吃苦，少休息，缺娱乐，而在于学术水平的不高，对历史问题不能提到历史哲学上来认识。我基本上不能做，或往高处说不善于做宏观的重大问题的研究，平时做的是具体史事的微观讨论，日久天长，成了习惯，研讨起具体史事，兴趣盎然，知道如何寻觅史书，怎样运用史料，怎么形成论文；一说宏观研究，就有些茫然，思维好像停顿了一样。因此我提不出带有规律性的历史见解，纵或有了某种看法，也不敢自信它有多大合理性。我这个缺点，在《习史治史杂谈》文中已说到了："历史哲学的不足常常是史家的通病，我则是一个重病犯者。……多年来感到这个缺陷，但理论思辨能力弱，思维已成定式，很难改变。写在这里请年轻的同行作为鉴戒：不以研究具体史事为满足，要注意史学理论和历史规律的研究。"（《文史知识》1992 年第 11 期）将苦恼再说得具体一点，我写大的论文，先拟提纲，这时对所论问题涉及的方方面面，如何做有序的组合、建立架构，翻来覆去拿不定主意，一个方案出来了，推翻了，于是把那些资料卡片打乱，重新排队，再拟提纲，再修改。有时思绪乱成一团，遂离开书房，到外面走走，还是想着提纲，倒突然有点灵感出来。我肯在制定提纲时下功夫，待到提纲定下来，写作时很少出现框架的改变，因而写起来还能顺当。所以，拟定提纲是我写作过程中最费脑筋的事情。

我还有一种苦恼，就是如何处理好广博与专精的问题。我研究清代史，又涉猎古代社会史(特别是宗族史、社会结构史);我是史学工作者,却有兴趣于古典小说;作历史问题的文章,偏对史料学锲而不舍。为什么会这样,在认识上,我始终不以研讨一朝一代的历史为满足,企求通达、纵通,而这和我不通历史哲学是矛盾的。在感情上,我做学问,有时好根据兴趣行事,故而涉足范围不自觉地就广泛起来。追求广博,对已经做出的研究,常常到一定的程度就打住,不再往前走,转到别的方向,如此一来,研究深度的不够,是势所必然的事情。广博与专精结合得好,必是才分高而又勤奋的人,我有奋勉精神,但天分不足,故而在断代史或专史哪一个领域也不深入。自思,如若我自 80 年代初以来,对租佃关系史一直追究下去,会在这个领域里有所突破,而不会中止在那几篇文章所提出的见解水平上。我因为做社会史的研究,将出版社提出的清史专著的约稿退掉了;由于做社会史研究的补课,一时拿不出成果,少写了一至两部清史专著;而在社会史领域写出来的东西,其学术水平也达不到清史方面的。得和失,显而易见。为此我有苦恼,但是绝不后悔,因为我在社会史领域的创新,或多或少地影响了史学界,看到今日社会史研究的兴旺景象,怎能不由衷地高兴哩!鱼和熊掌,岂可得兼!博与精,这一对做学问的矛盾,究竟怎样处理得好一些呢?我写出我的困惑,供学术界讨论吧。

困惑是困惑,不过我将沿着清史和社会史两个研究方向的路子走下去。目前的计划,正在进行和将要从事的专著有三种,即《中国社会史通论》,系国家教委重点教材规划的项目,以及《18 世纪以来的家族和宗亲会》,这两项都要在 20 世纪完成;《嘉庆朝农村社会关系档案资料选编》及《嘉庆朝农村社会关系研究》,我在 80 年代前期,与中国第一历史档案馆合作,数度指导南开大学历史系研究生、本科生抄录该馆《内阁全宗·刑科题本·土地债务类·嘉庆朝》档案资料,积累数百万字素材,拟编辑带有分析的资料集,并已联系了出版社,后因此类图书亏损太多,出版社无力负担而中断,今后在条件允许时,集合同仁了却此夙愿。

(1998 年 6 月 24 日于顾真斋。原载张世林编《学林春秋》,朝华出版社,1999 年)

我以清史为主要内容的史学研究

我主要从事中国古代史、清史、中国社会史暨史料学的教学与研究。研究状况、成果及历史认识论概述如次。

清史领域进行了五个方面的研讨。一是政治史及人物传记,撰著《雍正传》(1985),系我国大陆学者第一部较系统地论述雍正帝及雍正朝的政治改革与历史地位的著作,兼述清代历史分期。二是清代社会史,有专书三部:论文集《顾真斋文丛》(《清代社会群体史论》,2003),为清代社会经济史、社会史方面的论文汇集,所收《清代地主层级结构及经营方式述论》《清代的婚姻制度与妇女的社会地位述论》等文,均较全面地开展地主、婚姻、妇女史的论述;《清人社会生活》(合著,主要作者和设计者,1989),20世纪下半叶第一部断代社会史之作,探索写作断代社会史的结构和方法;《清人生活漫步》(1999);《生活在清朝的人们》(2005)。三是宗族史,著有《18世纪以来中国家族的现代转向》(2005),除了讲述清代家族史,还讨论20世纪的近当代家族的走向。四是文化史,出版《中国封建社会的一面镜子——〈红楼梦〉》(1974)、《曹雪芹和〈红楼梦〉》(1986)两个小册子,以及《清世宗的〈悦心集〉与曹雪芹的"好了歌"》(1988)等文。五是清史史料学研究,前后作有《清史史料学初稿》(1986)、《清史史料学》(1993)、《清代人物传记史料研究》(2000),皆系较全面、较系统地研讨断代史史料学专著。

中国社会史研究。我是新时期倡导、推动社会史研究者之一,认为社会史是历史学的一门专史,属于交叉学科研究,是历史学与社会科学、自然科学、工程科学的联系桥梁,此种研究给予历史学以新的活力,促使史学功能从政治向社会文化方面转化。著有《中国社会史概论》(2004),着重理论探讨,并提出关于社会史史料的新概念和搜集方法。主编并撰写《中国社会史研究概述》(1988),在中国社会史研究复兴初期起过积极作用。

中国通史研究。系社会史、文化史方面的专题通贯研究,主要在三个领域:(1)中国社会结构史。主编并主撰《中国社会结构的演变》(1994),在长达近20万字的绪论中,概括中国古代至近代前期的社会结构模式及其变化,同时写出探讨文章《社会结构理论与中国社会结构史研究》(1994)。在社会结构中特别关注古代农民与地主的历史,著文《关于中国封建时代自耕农的若干考察》(1989)、《中国古代农民的构成及其变化》(1998),认为自耕农在相当长的历史中是农民的主体,而农民包括自耕农、佃农和平民地主,不赞成笼统地说封建社会的矛盾是农民和地主构成的,强调自耕农与国家的关系。(2)中国宗族通史的研讨,写作《中国古代的宗族和祠堂》(1996);主持并写作《中国宗族社会》(1994),将中国宗族史划分为四个发展阶段,即先秦的贵族、典型宗族制,中古的士族宗族制,宋元的官僚宗族制,明清的绅衿宗族制,发展趋势是平民化和民众化;参与编辑《中国家谱综合目录》(1997),为该书写出长篇序言,论证谱牒的学术价值。(3)文化史研究,也有三方面:伦理修养,作《砥砺篇》(《中华文化集粹丛书》之一,1991);论中国历史上的爱国主义,强调国家、政府、民人三者间互有义务的关系,写有《论历史上爱国思想的发展与实践》(1996)、《关于历史课的爱国主义教育》(2002)等文;论传统文化遗产的当代价值,作《略论当代中华文化建设与资源利用》(2003)、《中国传统家族文化的当代意义》(2003)等文。

对历史认识论,主张历史学是"说故事"的陈述史事学问,重视时(时间)、空(地点)、人(人物)、事(情节、制度)和环境(自然环境及社会人文环境)五个要素,以此不同于其他社会科学和人文学,就此写有《"说故事"的历史学与历史知识大众文化化》(2004)。史学研究理论方面,重视等级理论的运用,因为等级既是制度的规定,又是习惯形成的,贯彻到各个社会层级、各种社会领域,因此用等级制度和观念观察历史,可能对历史现象解释得多一些,就此撰文《审视"定论"与等级分析——以关于封建时代农民、地主的理论为例》(1998)。研究法方面,多年从事微观的实证研究,不过认识到实证研究应提升到理论层次,宏观研究应向实证研究靠拢,应有实证研究的本事。关于史学研究的社会功能,审时度势,似乎是从政治功能向社会文化功能转化,史学工作者要使历史知识大众文化化,给人以智慧的启迪和有益的休闲读物,为此撰写《古人社会生活锁谈》(1991)、《古人生活剪影》(1999)、《去古人的庭院散步》(2005)、《雍正继位之谜》(1990)等书。

(写于2005年,发表于中华文史网)

全国首次清史学术讨论会在北戴河举行

9月17日至23日,全国首次清史学术讨论会在北戴河举行。会议由中国社会科学院历史研究所、中国人民大学清史研究所、南开大学历史系和中国第一历史档案馆四个单位联合发起,全国20个省市的汉、满、蒙各族的史学工作者,新闻出版单位的代表120多人参加。与会者就以下几个问题交换了意见。

一、关于经济发展和经济政策问题

很多同志在会上论述了边疆少数民族地区与中原的交换关系及其特点。有的作者指出台湾与祖国大陆的通商是国内区域间经济贸易,加速了海峡两岸的经济交流,扩大了祖国大陆对台湾地区的政治影响。有人具体分析了新疆准噶尔、维吾尔、哈萨克各族人民与清朝政府、内地商贾进行的交换,探讨了它对新疆地区和内地社会经济发展的作用。有人论述了蒙古与中原地区的经济贸易关系。清代是我国统一的多民族国家进一步巩固和发展时期,这些论述用边疆各族与中原地区的经济联系的大量事实,有力地证明了清代历史的这一特点。清朝的对外贸易关系,向来被人们简单地概括为闭关政策。会上,有的同志分析了康熙时期的对外贸易政策,认为康熙二十三年(1684)废除海禁后,采取一系列措施,如以粤海关代替历代相沿的市舶司,减收洋船入口税,鼓励富人承充洋行商人为通商培养外语人才,促进了对外贸易的发展,对清初社会经济的恢复、社会秩序的稳定起了重要作用。直到康熙五十六年(1717)才禁止与南洋通商,限制了海外贸易。所以要对清代海外贸易作具体的研究。

清代的农业和农业政策是研究者关心的问题,会上有的人宣读了乾隆朝土地开垦、清代前期赋役制度的改革、康熙朝的蠲免钱粮、18世纪人口增长和清政府的农业经济对策等文,都提出了自己的观点。有的同志根据新发现的获鹿县编审册的资料,剖析农村经济问题。有的同志利用调查材料,首次描述了开封景文州汴绫庄的兴衰史,指出了这家商号兼营手工作坊、购买土地的特征,把资本主义萌芽史的研究扩展到中原地区。

二、关于政治制度的改革和政治斗争问题

近年来关于雍正及其时代的研究出现了一个小小的热潮,这次会议收到的有关论文就有十数篇。对于雍正的政治,历来虽不乏好评,但其人是以篡位的阴谋家、杀人的暴君的形象流传于后世。新近的研究者大多着力于为他翻案。关于他的嗣位悬案,篡改康熙遗诏说流行已久,近日主张康熙指定雍正继位的观点逐渐形成。对雍正朝的政治改革,与会者从理财、用人、整顿吏治、设立军机处、改土归流、释放贱民诸方面加以说明。有人论述了军机处的建立时间、过程和性质,认为军机处成立于雍正八年,由内阁的军需房,改称军机房,由内阁之分支机构,到最后排斥和架空内阁,始终是一个临时性的机构而便于皇帝专权,它结束了延续近两千年的君权和相权的斗争,把封建专制主义推到宝塔之巅。关于改土归流,有人指出,在西南少数民族地区,存在有土司与无土司的区别,因此,正确评价改土归流,应该把改流与无土司地区的设官建制加以区别。至于改流过程中发生的武装斗争的性质,研究者认为是以土司为代表的封建领主势力不甘心退出历史舞台而进行拼死顽抗,不宜于视为清朝政府对西南少数民族的屠杀。还有人认为,改土归流是在西南各少数民族封建经济迅猛发展的基础上进行的, 它不仅是区域性政治体制的改革,而且涉及广泛的经济内容,这也是评论改土归流所必须注意的问题。

三、关于秘密宗教和秘密结社问题

随着天地会档案资料的整理出版,随着对清代农民斗争史和思想史的研究的开展,阐述清代秘密宗教和秘密结社的论文日益增多。有的同志在会上的发言中,把秘密宗教放在明清思想领域斗争史的广阔范围进行考察,认为这个时期佛教、道教衰微,天主教入侵,儒佛道三教思潮合流,秘密宗教流行。据研究者统计,明清时期的秘密宗教约有 200 种,名目繁多,但白莲教可作为它们的统称。白莲教的宗教思想,杂糅了儒、佛、道、明教、摩尼教的思想。儒家

思想的主流进入庙堂,支流渗入民间,进入庙堂的三纲五常的伦理,主要讲明君臣大义,流入民间的则强调朋友之义。这一观点引起了与会者的重视。

四、关于学术思想和学术成就问题

会议围绕乾嘉学派发生的原因、演变及其历史地位问题进行了讨论。有的同志认为把乾嘉学派看作清代文字狱和民族压迫政策的产物是不完全符合历史实际的,它的出现与盛行,是以康乾时期政治上的统一稳定、社会经济的发展繁荣、统治者大力提倡封建学术为直接原因和条件。有的同志认为,在今天把乾嘉学派估价过高,是不适当的。会上对于史学家邵晋涵,以及著作颇丰的清初史家孙承泽也有专文论及。

会议还讨论了编写大型《清史》的问题。与会者普遍认为清朝距离我们时代很近,和现实斗争的关系很密切,深入研究清朝的历史,对于了解近几个世纪的中外关系,以促进我国今后外交事务的发展;对于我们学习近代革命运动经验教训,以提高爱国主义和社会主义的思想觉悟;对于我们了解我国民族关系的演变,以促进各民族间的团结;对于我们分析和批判现实生活中封建主义残余的历史根源,以加速我国四个现代化的进程,都有十分重要的意义。基于这个认识,与会者深知撰写大型《清史》的必要。与会者重温了老一辈革命家周总理、董老对编写清史的指示,追溯了我国历代修史的良好传统,进一步认清编写清史责任的重大和迅速完成的紧迫性,否则,对古人是欠下一笔账,有负于老一辈革命家的期望,不利于清史研究与"四化"建设的紧密配合。与会者深知,编写大型《清史》是一项艰巨的任务,不是某一个单位的某几个人在几年内能够完成的,它需要一定的人力、物力和财力,因此,与会的史学家吁请社会各方面予以支持,使编写大型《清史》的工作早日上马,争取在本世纪把它贡献给社会和读者。

（原载《光明日报》1982 年 10 月 13 日）

清初的剃发与易衣冠

——兼论民族关系史研究内容

顺治二年(1645),清朝江宁巡抚土国宝宣布:"薙发、改装是新朝第一严令,通行天下,法在必行者,不论绅士军民人等,留头不留发,留发不留头,南山可移,此令不可动。"①接着,江阴民众表示:"头可断,发不可薙。"②这两种声明反映了顺治年间清朝政府和汉族人民对薙发和束发的绝然对立态度。它掀起轩然大波,出现轰轰烈烈的抗清斗争,也把成千上万的汉人淹泊在血海之中。这一段重要的历史值得研究,多少年来,人们已经说了相当多的话,还有必要重新考虑吗?有的。过往的研究指出薙发令强迫汉人改变风俗习惯,是民族压迫,无疑是正确的,然而似乎还可以深入一步,考察它的历史影响,探讨民族服饰史的内容,进而讲求民族关系史及其研究方法。

一、剃发、易衣冠令的实行与反清斗争的开展

早在后金建立政权之初,统治者就强令投降的汉人效法满洲人的发式,把剃发作为归顺的标志,如天聪五年(1631)清太宗在大凌河之役胜利时令"归降将士等薙发"③,那些降清的、后世成为著名人物的人都是这样做的。"不肯薙发"的,如大凌河之役被俘的明朝太仆寺卿、监军道张春就被囚于三官庙。④统治者同时要求投降的汉人改变衣着习俗,崇德三年(1638)下令:"若有效他国衣帽及令妇人束发裹足者,是身在本朝,而心在他国。自今以后,犯者

---

① 七峰樵道人:《海角遗编》,转录自邓琳:《虞乡志略》卷10《杂记》。《虞阳说苑甲编》本《海角遗编》无此话。

② 韩菼:《江阴城守纪》卷上;计六奇:《明季南略》卷9《阎陈二公守江阴城》。

③《清太宗实录》卷10,"天聪五年十一月庚午"条,页20上。

④《清太宗实录》卷10,"天聪五年十一月丙戌"条,页26上。

俱加重罪。"①清军入关,继续这个政策,然而很快中断它的实行,随后却推行得更为猛烈。为什么会出现这样的曲折?这是我们所要研究的关键问题,不过把政策施行的情况先理清楚是必要的。

顺治元年(1644)四月二十二日,清军在一片石打败李自成大顺军,进入山海关,即令城内军人各薙发。②进关的第一天就下令剃头,换句话说,剃发令伴随着清军入关而来。五月初一日,摄政王多尔衮率领清军过通州,知州迎降,多尔衮"谕令薙发"③。初二进北京,次日多尔衮给兵部和原明朝官民分别发出命令,命兵部派人到各地招抚,"薙发归顺者地方官各升一级,军民免其迁徙"。他要求"投诚官吏军民皆着薙发,衣冠悉遵本朝制度"④。这是清朝进入北京后正式下达剃发和易衣冠的法令。接着,京东三河民众暴动,反对剃发。初五日多尔衮特发谕旨,要求三河民众"遵制剃发,各安生业"⑤。十一日清朝向原明朝官民宣告:"近闻土寇蜂起,乌合倡乱……谕到,俱即剃发,改行安业,毋怙前非,倘有故违,即行诛剿。"⑥清廷这几道坚持剃发政策的命令表明,三河等地人民进行的反剃发斗争引起清朝的高度注意。二十四日,多尔衮忽然改变政策,取消薙发令:"自兹以后,天下臣民,照旧束发,悉从其便。"⑦七月,山东巡按朱朗镁报告,有三个文职官员到任,都穿着满式服装,"恐人心惊骇,误以文德兴教之官,疑为统兵征战之将",因此建议袭用明朝服制,官员"纱帽圆领,临民理事"。多尔衮采纳了他的意见:"近简用各官,姑依明式,速制本品冠服,以便莅事。"⑧官员都着明式装束,自然更不要求民间改易着装了。所以清军入关后,剃发、易衣冠的政策只实行了一两个月,就把它停止了。

顺治二年(1645年)五月,清军占领弘光政权都城金陵之后,清政府把薙发、易衣冠法令拾起来,连续下令,强硬贯彻施行。六月初五日给在江南前线的总指挥豫亲王多铎下达指令:"各处文武军民,尽令剃发,傥有不从,以军法

① 《清太宗实录》卷42,"崇德三年七月丁丑"条,页10上。
② 《清世祖实录》卷4,"顺治元年四月己卯"条,伪满洲国印本,页16下—页18上。
③ 《清世祖实录》卷5,"顺治元年五月戊子"条,页1下。
④ 《清世祖实录》卷5,"顺治元年五月庚寅"条,页2下—页3上。
⑤ 《清世祖实录》卷5,"顺治元年五月壬辰"条,页4上下。
⑥ 《清世祖实录》卷5,"顺治元年五月戊戌"条,页5下—页6上。
⑦ 《清世祖实录》卷5,"顺治元年五月辛亥"条,页10上。
⑧ 《清世祖实录》卷6,"顺治元年七月己亥"条,页7下—页8上。

从事。"①要求在江南推行剃发令。十五日指示礼部,通告全国军民剃发。规定实行期限,自布告之日起,京城内外限于十日内,各地方,亦是在通令到达后的十日内"尽行薙发"。同时规定不遵法令的惩治办法:"遵依者为我国之民,迟疑者同逆命之寇,必置重罪;若规避惜发,巧辞争辩,决不轻贷。"这是对民众的。同时要求地方官员严厉执行,更不许疏请维持束发旧制,否则"杀无赦"。这是一道严令,只能执行,不许违抗。同一个法令谈到易衣冠,谓"衣帽装束,许从容更易"②。即衣冠也要变更,但不立刻实行,更不要求在旬日内实现。但仅隔了二十多天,就以"见京城内外军民衣冠遵满式者甚少,仍著旧时巾帽者甚多"为缺陷,正式下达易衣冠的法令,民人不遵行者,官员执行不力者,均要治罪。③

清朝政府剃发、易衣冠法令的推行,在旧统治区内虽也遇到反抗,还是很快实现了,问题是在新占领区和将要归附的地方发生的。清朝于六月二十八日下令传檄江南各省地方,近处限一个月,远处限三个月,"各取薙发投顺",不服者即行加兵。④多铎派土国宝为苏州巡抚,周荃为安抚使,前往任所,这时弘光的苏州巡抚霍达及其下属苏州知府、吴县令、常熟令等全部逃遁,常熟县丞马天锡投降清朝。周荃到县,收钱粮户口都图册籍,并携马天锡去苏州。闰六月初,土国宝委任陈元芳为常熟主簿,并到了任。这些事实表明,常熟县业已属于清朝,只是没有任命主官。如果不贯彻薙发令,这个地方是不会发生什么事件的。然而初七日从苏州府发出告示,限三日之内,军民人等一律剃发,改服满式衣帽,才准归降。于是"人情汹汹,议论纷腾而起"。百姓异常愤怒,认为"身体发肤受之父母,难道剃了光头在家做和尚不成?"绅士中也有的表示以死相争,决不剃发。初十日,绅衿平民齐集城隍庙,向陈主簿提出不薙发易衣冠的要求,请他向上司转达。如万不得已,只可在衙门各役和守城士兵中执行剃发令,而不要强迫民众。陈主簿毫不通融,以"薙发改装,兴朝新令,谁敢违抗",威胁民人。于是群情激昂,当即打死陈主簿,组织乡兵,推崇祯信阳州知州、弘光兵部郎中严栻为首领,保卫地方,抵抗清军,并尊奉活动在崇明岛

---

① 王先谦:《东华录·顺治朝》卷4,"顺治二年六月丙辰"条。

②《清世祖实录》卷17,"顺治二年六月丙寅"条,页7下—页8上。

③《清世祖实录》卷19,"顺治二年七月戊午"条,页7上下。

④《清世祖实录》卷17,"顺治二年六月己卯"条,页17下。

的明义阳王。常熟人民战斗到九月份,方在清兵屠戮下剃发当顺民。[1]事实表明,常熟的抗清,完全是推行剃发易衣冠令引起的。与此同时,江阴、嘉定等地人民也为反对剃发和易衣冠的法令进行了斗争。江阴向清朝献图册,"已归顺矣"。清朝派方亨为知县,众人也以为"无事"了。但从常州府颁下薙发令,并派人来监察它的执行,众人向方亨请求留发,遭到拒绝,杀方亨,乃在陈明遇、阎应元的领导下,武装抵抗八十一天。守城者回答清军的招降说,改朝换代,"尚不改易衣冠文物之旧,岂意薙发一令,大拂人心,是以城乡老幼,誓死不从,坚持不二"[2]。说明抗清,就是为保留头发。剃发令传到金坛,抗令者三四百人聚会,清镇江知府从别处运来拒不剃发者的首级威胁民人,声言"一人不剃发全家斩,一家不剃全村斩"。于是人民揭竿而起,焚烧县堂,杀县丞,二十日后被镇压。[3]弘光漕运巡抚田仰"指薙发为名",鼓动汉人反抗,活动在苏北和长江三角洲,杀清南通州署知州李翘、海门署知县李都产、如皋署知县马御犊、泰兴署县丞景文瑞。[4]

长江下游的汉人反剃发武装斗争,很快被清军镇压,民人被迫改变发式和衣装,但内心是反抗的。换装也要有经济条件,于是民众采取应付的态度,不按定制剃发易衣装。清朝有鉴于此,从中央到地方政府,不断发出关于发式、服制的命令。顺治十年(1653)二月,谕礼部,指责"汉官人等冠服体式""多不遵制",今后,"仍有参差不合定式者,以违制定罪"。[5]同年十月,在审囚中,发现戏剧演员王玉、梁七子二人尚未剃发,他们供称这是为扮演角色的需要,并非有意违抗,但是顺治帝毫无通融之意,说"前曾颁旨,不薙发者斩,何尝有许优人留发之令。严禁已久,此辈尚违制蓄发,殊为可恶"[6]。对于尚未统治的地区,清朝仍要求对方先行剃发,始许投降,如十一年(1654)招诱郑成功,封之为海澄公、靖海将军,要他"薙发归顺"。[7]郑未同意,而他的部将黄梧、苏明

---

① 七峰樵道人:《海角遗编》;《七峰遗编》第十三回,《虞阳说苑甲编》本;刘本沛:《虞书》,《虞阳说苑乙编》本。

② 计六奇:《明季南略》卷9《阎陈二公守江阴城续记》。

③《金沙细唾》,载中国社会科学院历史研究所清史研究室编:《清史资料》第2辑,中华书局,1981年,第156—158页。

④《清世祖实录》卷19,"顺治二年七月戊寅"条,页24下—页25上;卷21,"十月癸亥"条,页17上。

⑤《清世祖实录》卷72,"顺治十年二月丙寅"条,页18上。

⑥《清世祖实录》卷78,"顺治十年十月戊子"条,页16下—页17上。

⑦《清世祖实录》卷83,"顺治十一年七月己丑"条,页3上—页4上。

等则"率众薙发",投奔了清朝。①地方官的申令也频频颁布,顺治中,浙江巡抚秦世祯发出告示,说见民间衣冠"多不如式",考虑人民贫穷,措买艰难,姑且从宽免纠。但士人也有仍着明式冠服的,"殊属违禁,合行严饬"。同时禁止商店出售违制冠服,不久,他又发了一通告示,要人民遵制剃发和易衣冠。②看来,在薙发令上清朝一点也不通融。而易衣冠,由于经济条件的限制,执行不那么严格,但是绝对不许官员绅衿仍着明式服装。

总括清朝剃发、易衣冠法令的推行,有两个阶段:清军入关伊始令汉人剃发易衣冠,遭到反对,当即停止实行;消灭弘光政权,恢复前项政策,而且坚决施行,从而激起汉人更强烈的反抗,于是在长江下游出现轰轰烈烈的以反剃发易衣冠为主要目标的反对清朝统治的武装抗争,出现有名的江阴守城、嘉定三屠等事件。由于清朝力量的强大,抗清者分散各地,被清朝各个击破。汉人也随着剃发,官绅改易衣冠,虽然此后仍有个别汉人就剃发一事进行各种形式的消极反抗,但作为一种民众运动在历史上消失了。

二、剃发、易衣冠是顺治年间社会矛盾的焦点

清朝厉行剃发、易衣冠法令究竟是为什么? 在清朝的全部政策中它处于什么地位? 理不清这些问题,就很难理解它的这项政策及其后果了。

多尔衮在顺治元年(1644)五月讲到剃发令时说:"因归顺之民,无所分别,故令其剃发,以别顺逆。"③"别顺逆",把推行剃发、易衣冠令的第一个原因说得非常清楚了。清兵所到之处,汉人若遵令剃发,就表示投降了,当顺民了,就要承担老百姓的赋税义务了;若为绅衿,仍保留原来的地位,可以参加科举和仕进;若为官吏,则可被重新任命为清朝的官职。反之,不剃发,就是怀念明朝,不愿做清朝的臣民。所以剃发与否,是被当作政治态度来对待的,是拥护或反对清朝的标志。汉族官民,一旦剃发,就是清朝臣民,政治上就不能反复了,就不能投到反清力量方面去。反清势力见到剃发的汉人,也行杀戮,以叛

① 《清世祖实录》卷 120,"顺治十三年七月庚戌"条,页 22 上下。
② 秦世祯:《抚浙檄草》,载中国社会科学院历史研究所清史研究室编:《清史资料》第 2 辑,中华书局,1981 年,第 186 页。
③ 《清世祖实录》卷 5,"顺治元年五月辛亥"条,页 10 上下。

逆待之。剃发与否,确系政治行动。清朝坚持要新到地方的官民剃发就是要当地人投降,并以剃发作为归降标志,当然也就失去反抗资格,剃发就成为实现新统治的手段。汉族官民拒绝剃发,也是反清政治态度的表示方法。"别顺逆"是清朝在向北方、中原、南方进军过程中,是适应它以少数民族建立全国统治的需要而发生的,不是满族的统一全国,也就不可能出现这样的事情。此外,推行此种政策,还有深入一层的理由,就是实行清朝制度,维护其长远统治。顺治帝讲:"一代冠服,自有一代之制。"①任何一个王朝,都有自身的一套礼仪制度,其中包括冠服制度。一个新王朝,要把它的制度贯彻到臣民中。清朝的冠服制度是早在入关前形成的,入关后它就要求在全国范围内实行,不仅是临时性的"别顺逆",还要臣民永远遵守。统一发式服装,让臣民养成共同的生活习惯、共同的心理,让汉人向满族学习,都统一到满族生活方式中。所以顺治又说这叫"一道同风之义"②。浙抚秦世祯说是"同轨同文"③。因此清朝的强制推行冠服制度,还是长远统治的需要。剃发、易衣冠的政策,是关系着清朝在全国建立和巩固统治的事情。

剃发、易衣冠法令的推行,如前所说激发和加剧了汉人的武力反抗斗争,不仅是那些动刀枪的,还有各种形式的活动,而且维持的时间很长。有的是以死全发;有的人索性把头发全部剃掉,出家做和尚;有的人不依剃发的式样,只是把头发剪短以应付;有的逃亡山林,如广东韶州府乳源县梅花洞,居住数百千家,听命于明季秀才张、邓二人,"不剃发,据险自守",清朝官员不得进入,但是按时向清朝交纳赋税。换句话说,他们愿意为清朝属民,但就是不从满人发式。待到三藩之乱平定后,梅花洞人才出山,清朝即其地设置花县。④这时清朝统治已经近四十年了。到了康雍之际,有人还是看不惯满人服装,他们鄙薄地说"孔雀翎,马蹄袖,衣冠中禽兽",同时感叹明朝"衣冠文物"。⑤乾隆中江西抚州金谿县生员刘震宇著《佐理万世治平新策》一书,抒发了"更易衣服制度"的观点,被乾隆帝发现,认为他胆敢议论清朝冠服制度,是大逆不道:

---

① 《清世祖实录》卷 72,"顺治十年二月丙寅"条,页 18 上。
② 《清世祖实录》卷 19,"顺治二年七月戊午"条,页 7 上下。
③ 秦世祯:《抚浙檄草》,第 186 页。
④ 刘献廷:《广阳杂记》卷 1,进步书局本,页 27 下。
⑤ 《大义觉迷录》卷 2,载《清史资料》第 4 辑,第 67 页。

"刘震宇自其祖父以来,受本朝教养恩泽已百余年,且身到黉序,尤非无知愚民,乃敢逞其狂诞,妄訾国家定制,居心实为悖逆。"为了打击与他有同样思想的人,拿他开刀,以儆其余:"将他处斩,书版销毁。"①对于满式发型和衣冠,如同乾隆帝所说,百余年来,没有完全被人们从思想意识上接受,远远达不到认同程度。有些汉人始终有着民族感情,怀念明朝的衣冠制度。这种情绪是潜在的,到了清朝统治巩固之后,像刘震宇那样把它表现出来的并不太多,但潜存是事实,一有机会,它就会表现出来,所以太平天国运动时,起义者蓄长发,以此作为反对清朝的标志。清朝统治者仇恨地称呼他们是"发逆""长毛"。而"闹长毛"一词留传后世,以此表示太平天国运动。这时的蓄发就成为反清标志,与顺治朝的留头反剃发,虽间隔了二百年,却是一脉相承的。迨后辛亥革命推翻清朝,临时大总统孙中山即下令剪辫子。这些事实表明,在整个清朝历史上,始终存在关于剃发、易衣冠的斗争,说明汉人和满人的民族矛盾一直存在着,而且随着其他条件的变化,时而激烈,时而缓和。

反对剃发易衣冠的不仅出现于平民百姓中、士人中、忠于明朝的官宦中,在清朝统治集团内部,在汉人甚至满人中都有主张改变剃发易衣冠政策的。参劾冯铨案、陈名夏案就是它的产物和标志。顺治二年(1645)八月,给事中许作梅、御史李森先等交章弹劾大学士冯铨父子和礼部左侍郎孙之獬、侍郎李若琳结党营私,且请将冯铨父子正法,看来他们的罪行应是非常严重的。疏上十多日不见回音,给事中杜立德奏称。不处理冯铨等人,"群情汹汹,继后有系天下国家大事者,谁敢再出一语"②,逼着摄政王多尔衮表态。多尔衮说经过审查,所参各款皆虚造不实。为什么要奏劾冯铨等人呢?多尔衮认为:"冯铨自投降后剃发勤职,孙之獬于众人未剃发之前,即行剃发,举家男妇皆效满装,李若琳亦先剃发。"他们都是"恪遵本朝法度"的,不是他们结党,而是言官们结党反对清朝衣冠制度,故将李森先革职,将他人加以申斥。③多尔衮业已把事情说明,冯、孙、李等明朝降官率先遵守清朝法令,改从满人装束,引起一些汉人官僚的不满,科道官的发难,不过是凭借他们可以保护自身的职务的有利条件,反映汉官不满意剃发易衣冠政策的观点和情绪。可以说这是在清朝中

---

① 《清代文字狱档》第 1 册《刘震宇治平新策案》,页 1 上—页 3 上。
② 《清世祖实录》卷 20,"顺治二年八月庚寅"条,页 6 下。
③ 《清世祖实录》卷 20,"顺治二年八月丙申"条,页 7 上—页 9 上。

央官员内部一场隐晦的反剃发斗争,但是汉人失败了。顺治十一年(1654)三月,大学士宁完我参奏同寅陈名夏,说被劾者"痛恨我朝剃发,鄙陋我国衣冠"。据揭发人讲,陈名夏宣言:"要天下太平,只依我一两事,立就太平。"这一二事,就是"留头发,复衣冠"!并且声称这是"第一要紧事"。顺治帝命内三院、九卿、科道、詹事等官详细审问,最后将陈名夏绞死,并指责言官不行参劾,将赵开心降三级、魏象枢等降一级,调用,留用的科道官俱罚俸一年。①陈名夏是忠实于清朝的,他看到剃发易衣冠政策的执行召来汉人反抗而造成社会的不安定,以为取消这样的政策清朝统治就安稳了,因而向同事宁完我鼓吹取消那项法令。这本来是统治者内部讨论政事,不想满洲统治者毫不允许,要了他的命。在满洲统治者来讲,剃发易衣冠是不可动摇的政策。汉官的感情则有微异,所以科道官并不以陈名夏的意思为非,当然不弹劾他。可见汉官从稳定清朝统治出发,对剃发、易衣冠法令持有某些保留态度。

参劾冯铨案与陈名夏案,都是围绕着汉人对剃发、易衣冠政策发生的,但有所不同,前者直接反映汉官不满那项政令,后者间接反映汉人的这种情绪,在程度上要差一些。汉官中对于违犯剃发、易衣冠令采取睁一眼闭一眼态度的人大有人在。如顺治四年(1647),偏沅巡抚高斗光"将蓄发重犯不行特参"②,被降级调用。清朝在招降郑成功、郑经父子时,总提出以剃发、移居大陆为前提条件,双方议论不决。如康熙元年(1662),郑经嗣立,向清朝提出照朝鲜的例子臣服,"不登岸,不辫发易衣冠",清朝不允许。到十九年(1680),在福建前线的平南将军、贝子赖塔给郑经下书,认为过去议和不成,是因"封疆诸臣执泥削发、登岸,彼此龃龉",他提出建议,郑经只要"保境息兵,则从此不必登岸,不必剃发,不必易衣冠"。③从后来的实践证明,赖塔的书信并没有反映清朝的政策,不过表明他是这样主张的,说明在满人中亦有为了争取早日实现对台湾的统一,不必拘泥剃发、易衣冠政策的明智人士。看来,满汉统治阶级内部对剃发易衣冠政策有不同看法,有反对派,是个事实。统治者内部的政治观点的不同,是为寻找有效的统治政策和方法产生的,是被统治者情绪的

---

① 《清世祖实录》卷82,"顺治十一年三月辛卯"条,页1下—页2下;"乙未"条,页9上下;"戊戌"条,页14上。

② 《清世祖实录》卷34,"顺治四年十月戊寅"条,页11上。

③ 魏源:《圣武记》卷8《康熙戡定台湾记》。

曲折反映。清朝统治集团内部对剃发易衣冠法令的不同观点,足以说明剃发易衣冠与反剃发易衣冠斗争的激烈,反映它的涉及面之广,影响之深入。

从满洲统治者的愿望讲,一刻也不愿意中断剃发、易衣冠令的推行,可是为什么会一度停止了?这是当时各种社会力量对比及其变化决定的,而不是哪一个人的意志问题。顺治元年(1644)五月,多尔衮在暂停剃发令的告谕中说,推行剃发令是为了"以文教定民",而现在"甚拂民愿",因此允许汉人照旧束发。①停止易衣冠令的理由,进一步说是"目下急剿逆贼,兵务方殷,衣冠礼乐,未达定制"②,以是袭用明式冠服。"民愿""剿贼",是多尔衮顾虑的两大因素,把它们放在当时的社会环境中来看,他的考虑是适时的。

当时中国社会存在着三个方面的势力,一是以清朝政府,它以满族为主体,也得到一部分汉族官僚地主的支持;一是以李自成大顺军、张献忠大西军为主体的农民起义势力,他们继续同明朝的残余势力斗争,更重要的是与清朝战斗,其中李自成集团处于首当其冲的地位;一是以福王弘光政权为代表的明朝残余势力,或者说是人们习惯上称呼的南明势力,它坚持与农民军为敌,对清朝,特别是吴三桂抱有某种幻想。清朝认识到,能同它争天下的,主要是大顺军,而不是南明。所以进关后把主要矛头对准大顺军。顺治元年的军事布署,是把主力投向对大顺军的战场,大顺军西去,清军就追击,并由河南、山西两路出师,攻打陕西,迫使李部败退两湖。清朝还以与大顺军为仇来争取汉族地主官僚的合作,它声称入主中原是为明人报"君国之仇",它的得天下,"乃得之于闯贼,非取之于明朝也"③。这是在宣传上采取以攻为守的策略,以回答汉人对它的指责。不过这一事实表明,清朝与大顺军的矛盾毫无调和的余地,不是你死就是我活,只能有一方存在。清朝对于弘光政权,采取打拉兼施的策略,若能在威胁下投降最好,否则临之以兵。弘光政权是明朝残余势力的结合,承明季之颓风,军阀跋扈,党争不已,腐败无力。但是福王是明神宗的孙子,明光宗的侄子,崇祯的堂兄,这种明室近裔的地位,使支持明朝的人把希望寄托在他的身上,故而弘光政权拥有一定的力量,尤有虚假的声誉。所以

---

① 《清世祖实录》卷 5,"顺治元年五月辛亥"条,页 10 上下。
② 《清世祖实录》卷 6,"顺治元年七月己亥"条,页 7 下—页 8 上。
③ 蒋良骐:《东华录》卷 4,中华书局,1980 年,第 66 页。

顺治元年（1644）六月，原明参将唐虞时向清朝讲："南京形胜之地，闽浙江广等处，皆视其顺逆，以为向背。"①多尔衮也充分认识到这一点，在七月，致书弘光大学士、兵部尚书史可法，要求福王投降，否则可能"简西行之锐，转旆东征"。弘光政权与清朝和好的可能性并非一点没有，因为它幻想同清朝合作消灭大顺军。史可法在给多尔衮的回信中要求："伏乞坚同仇之谊，全始终之德，合师进讨，问罪秦中，共枭逆贼之头，以泄敷天之愤。"造成史可法错觉的一个因素是清朝的停止剃发令。他在同一封书信中，以感谢的口吻，说清朝"罢剃发之令，示不忘本朝"②。由此可见，停止剃发、易衣冠令对南明政权的影响之大，对于笼络原明朝臣民的作用不可忽视。

清朝在对李自成集团战争胜利后，才掉头东下，以主力进军大江南北。顺治二年（1645）五月攻陷南京，六月擒获福王，闰六月英亲王阿济格奏报李自成死亡。就是说这年夏天，大顺军和弘光政权两支大的社会势力消失了，清朝对于这两个战场的胜利，大肆庆祝，分别举行了庆贺礼，遣官告祭圜丘、方泽、太庙、社稷，但善后处理则有很大不同。平南京后，特颁布给河南、江北、江南等处的诏书，宣布一系列的政策，同时以洪承畴为招抚江南大学士到南京经营长江下游地区，并给以便宜行事的权力。③而对于陕西、湖北并没有相应的诏书，也即认为不必要实行像在江南那样的政策。东、西两方孰重孰轻的态度鲜明地表现出来。清朝把对江南的胜利，看得比对秦中的胜利重要得多，看得很不平常，故在颁赦河南、江北、江南诏书中说："南土略定，从此轻徭薄赋，可渐进于升平。"④把它视作统一全国的重要阶段。跟着它就宣布重新实行剃发、易衣冠法令。清朝统治者说："向来剃发之制，不即令画一，姑听自便者，欲俟天下大定始行此制耳。"⑤消灭弘光政权，它认为天下大定的形势开始形成了，迫不及待地推行起剃发、易衣冠政令。

总之，清朝的政策，在军事上先西后东，在政治上则更重视对东方的斗争。因为对大顺军只有一个打字，而对弘光，打并不费力，重要的是政治仗、人心仗。也正是为此，才中途停止剃发、易衣冠令的施行，而一旦取得胜利，立即

---

① 《清世祖实录》卷5，"顺治元年六月丙申"条，页17上下。

② 蒋良骐：《东华录》卷4，第66—69页。

③ 《清世祖实录》卷19，"顺治二年七月壬子"条，页3下—5下。

④ 《清世祖实录》卷17，"顺治二年六月己卯"条，页15上。

⑤ 《清世祖实录》卷17，"顺治二年六月丙寅"条，页7下。

恢复那个法令。可见执行不执行剃发易衣冠政策,不是小事,是关系着清朝统一事业的进展和稳固统治的大事。

剃发、易衣冠令的实行—中断—再实行的过程,影响着汉民族与满洲人清王朝的矛盾,影响着清朝向全国的进军及其速度,影响着满汉统治者内部的矛盾斗争,这些影响表明了它的作用的重大。究竟大到什么程度,我以为可以用它是顺治年间社会矛盾的焦点来说明。由于它的行否,规定着社会矛盾的变化,影响着当时中国政治的进程。说得具体一点,从顺治元年(1644)四月清军入关到次年五月福王政权灭亡,由于基本未推行剃发、易衣冠法令,这个时期的社会矛盾是原有的李自成、张献忠造反集团与明朝(残余势力)、满洲清朝与南明集团、满洲清朝与李自成、张献忠集团的错综复杂的矛盾,使得本应成为社会主要矛盾的满汉对立没有彰显,从而允许清朝的统治势力发展迅速;自弘光政权消失起,到顺治十六年(1659)清军进入昆明,永历王朝基本结束,这段时间清朝猛烈推行不得人心的剃发易衣冠政策,放慢了进一步统一全国的进程。这时满汉民族矛盾上升,成为社会主要矛盾。这是结论,不妨把事情说得明白一点。

顺治三年(1646)十月,清朝下的一道谕旨说:“有为剃发、衣冠、圈地、投充、逃人牵连五事具奏者,一概治罪,本不许封进。”[①]这五件事,都是由于清朝统治才产生的,都是为保护满人的利益而出现的,也是满人统治汉人的手段及结果;这五件事,都使汉人利益受到损害,遭到人身迫害。清朝政府坚持这五项政策,是代表满人利益,压迫汉人。这样造成满汉民族间的矛盾。换句话说,这五件事,是顺治朝民族矛盾的主要内容。此外,如清朝歧视汉官,满、汉在法律上的不平等也是引起民族矛盾的事情,但在当时影响小,不如那五件事,所以研究清初满汉民族矛盾内容,重要的是考察那五项。但是在五事之中,圈地只实行于近京四五百里地域之内,投充、逃人也主要在这个地区,而且逃人事情对汉人的危害,远不如后来那样严重。唯独剃发、易衣冠是在全国通行的,涉及每一个汉人,它们的社会作用之大,远非另三项所能比拟。关于圈地、投充、逃人的法令,也引起过若干反抗,然而其规模、持续性,都无法与反剃发、反易衣冠的斗争相比。毫无疑问,五事之中,最重要的还是剃发、易衣冠二事,民族矛盾的内容就集中在这两件事情上。

① 《清世祖实录》卷28,“顺治三年十月己酉”条,页11上。

清军入关,就以剃发、易衣冠、圈地等项政策,激起了满汉民族矛盾,清朝立即刹车,停止最引人反感的剃发、易衣冠令,就使民族矛盾得到缓和。而清朝的必须更易政策,是受着阶级矛盾的制约,是处理阶级矛盾的需要。清军入关前夕,大顺军推翻明朝,农民与地主的这对矛盾是社会主要矛盾。清军进关,看到大顺军力量,考虑到清朝、大顺军、弘光朝三方面力量的对比,没有力量同时以两个拳头进攻两个敌人,需要先集中力量对付一个,稳住一个。为此采取先西后东的战略布署,为此就要强调给明朝报仇,就不能加强对汉人的民族压迫,以增加向西秦进军的阻力,不得不取消剃发、易衣冠令。这个时候,满汉地主阶级与农民的阶级矛盾规定和制约着满汉间的民族矛盾,因而不能不认为阶级矛盾是社会主要矛盾,民族矛盾则居于次要地位。有的学者认为,清军一入关,满汉民族矛盾上升为社会主要矛盾,取代了阶级矛盾的地位,我认为是不合实际的。它夸大了剃发、易衣冠法令恢复以前那一年多的民族矛盾的地位。

顺治二年(1645)六月,重申剃发、易衣冠令之后,社会矛盾发生了巨大的变化。由于福王政权的灭亡,大顺军仅有残余力量存在.一年后张献忠在四川败亡,也只剩下余部。原来三方面政治力量的结构基本变形,只有清朝一方得到了加强,力量的对比,大大有利于清朝。它可以左右局势,从而敢于推行剃发易衣冠政策。而这个政策的推行,迫使部分汉族官僚、士人、平民一致进行江阴、嘉定那样的抗清斗争,并集结在亡明的旗帜下,拥立它散在长江流域及其以南的藩王,致使明鲁王政权、唐王隆武政权、桂王永历政权、韩王定武政权,以及永宁王、潞安王、瑞昌王、樊山王、遂昌王、蜀王、义阳王、高安王、金华王、贵溪王、郧西王、荣王、南威王、长沙王、翼王等拥有一地,有的还支撑了较长的时间。故明的降将,在顺治四年(1647)到六年(1649),纷纷起兵反清,有的同故明藩王势力相联结,如苏松提督吴胜兆反,与明鲁王政权联系;襄阳总兵王光恩弟王光代据其众反,用永历年号;江西总兵金声桓反,用隆武年号;大同总兵姜瓖反,以复明为号召。剃发易衣冠政策的推行,促使大顺军、大西军余部分别同唐王、桂王集团和解,并联合对清朝作战,而李来亨以尊奉韩王坚持到康熙初年。这个时期,就不是阶级矛盾规定和影响民族矛盾,恰恰相反,满汉民族矛盾起着主要作用,制约着阶级矛盾的消长。

剃发、易衣冠法令是顺治年间满汉民族矛盾的主要内容,它的推行产生巨大的社会反响,引起社会矛盾的变化,使得民族矛盾上升为社会主要矛盾。

看不到这种变动,以为那时依然是阶级矛盾为主,就难于把握顺治朝的错综复杂的历史现象了。当社会上存在着多种矛盾,找着主要矛盾,其他的矛盾就可以分析清楚了,千变万化的社会现象就比较好解释了。在顺治朝,透过剃发、易衣冠令的执行、停止及实施的结果,就可以了解社会各种政治力量的对比及变化,汉满矛盾的内容、消长和影响,清朝统一的进程,汉人不同阶层政治态度的变化、联合或分裂的原因及归宿。

三、生活习俗的差异是民族关系史的不可忽视的研究内容

发式、衣装作为制度是上层建筑的成分,头发、衣着式样的选择与按制度执行,就成为生活习惯上的事情,是俗尚问题;又由于各个民族有不同的生活方式,因而有各异的服装、发型,它又是民族生活习俗的内容。当两个民族形成统治与被统治关系时,统治民族若采取把它的生活方式强加于被统治民族的政策,双方的冲突就会在生活习俗的领域内发生,如同顺治时期那样。前面我们说了,这个问题值得注意。现在我们由它作引子,来谈民族关系史的研究内容和方法。

首先,我们考察衣冠习俗与民族生产、生活的关系,即以满人、明代汉人的衣着发式为例。

满人发式,是所谓"金钱小顶"①"小顶辫发"②;明时汉人的发型是"大顶挽髻"③。满洲男子发型为脑后的金钱鼠尾。明代汉族男子满头留发,在顶部把它挽起来,是以称为"束发"。满汉的不同,一在剃发与留发,一在织辫与挽髻。剃发、束发,就是满汉男子发型的各自特征。

满洲男人的帽子有暖帽、凉帽的区别,随着季节的变化而交替使用。帽顶上系红绒结,官员另有帽顶,达官贵胄可以有赏赐的花翎。此外有雨帽。衣服的特点是"圆领露颈,马蹄袖子"④,或曰"窄袖圆襟"⑤,就是袖口窄小,像马蹄,领子是圆的。《红楼梦》描写林黛玉初见贾宝玉的着装,"穿一件二色金白蝶穿花大红箭袖"⑥。箭袖衣就是满洲男子的服装式样。皇帝的衣帽,自然不具普遍

---

①④《七峰遗编》第 55 回,页 65 上。
②③⑤ 秦世祯:《抚浙檄草》,第 188—189 页。
⑥《红楼梦》第 3 回,中国艺术研究院红楼梦研究所校注本,1982 年,第 49 页。

性,但是它有满洲的特点,可以做点了解。冬天用的朝暖帽,有三层顶,上缀朱纬,以董貂为质地,并饰以东珠。夏天用的朝凉帽,用玉草或藤竹丝编织而成,分二层,上缀朱纬,饰东珠。①衣服种类很多,有发服,朝服,龙袍,常服褂、行褂,常服袍、行裳,雨衣。

明人冠服与满人不同,自天子至庶民,用网巾,罩在发髻上,外戴象征不同身份的帽子,读书人戴四方平定巾;平民戴国帽;农夫戴斗笠、蒲笠,他人不得戴;官员戴乌纱帽;皇帝用冕、通天冠,冕前圆后方,前后各十三旒,祭天地、宗庙戴用,通天冠在祭社稷坛、皇太子诸王冠婚时服用。②明人衣服的特点是长领、宽袍、大袖。洪武二十三年(1390)定制。文官的衣服,自领至裔,离地一寸,袖长过手,再折回到肘,袖桩宽一尺,袖口九寸;生员与此基本相同,只是袖子复回到离肘三寸处;平民衣长,离地五寸,袖长过手六寸,袖桩宽一尺,袖口五寸;武职官衣亦去地五寸,袖长过手七寸,袖桩广一尺,袖口仅出拳;军人衣离地七寸,袖长超过手五寸,袖桩七寸,袖口出拳。③

发式、衣冠的采用,受着多种因素的制约,不是人们随意决定的。那些因素是:

(1)社会等级制度规定,各种不同身份的人,应有不同的服装,以表示出等级身份的差异。前面说过的清太宗发出不许"效他国衣帽及令妇人束发裹足"上谕时,说"国家创立制度,所以辨等威,昭法守也"。④就把这个意思说得很清楚了,它的道理也很简单,无庸赘叙。

(2)职业和生产方式决定人的衣着式样,像明朝所规定的那样,文武官都是官,文人峨冠博袖,武人衣服短、袖口窄,这倒不是等级身份的缘故,而是武人要练武,是他的职业需要这样的装束,否则就影响他们的操练了。平民从事各种生产活动,着短衣,才便于做活。满人在入关以前,长期从事畜牧业、农业生产和进行征战,为适应劳作和战斗的需要,自然形成紧衣箭袖的着装习惯。宁完我分析清朝统一中国的原因,说是"以衣服便于骑射,士马精强故也"⑤。

---

① 道光《钦定礼部则例》卷31《仪制清吏司》。
② 《明史》卷66—67《舆服》,《七峰遗编》第55回。
③ 郎瑛:《七修类稿》;《明史》卷67《舆服》;秦世祯:《抚浙檄草》,第189页。
④ 《清太宗实录》卷42,"崇德三年七月丁丑"条,页10上。
⑤ 《清世祖实录》卷82,"顺治十一年三月辛卯"条,页2上下。

认为衣装式样适合于打仗,才无往而不胜,虽是过分强调了衣装形式的作用,但衣着要同职业、生产方法相配合,则是必要的。

(3)各民族的传统习惯对服制的影响很大。各民族有自己的服装,一旦形成习惯,会世代相传,做大的变动就很不容易。赵武灵王为开拓疆土,欲放弃华夏衣装,采用胡服,以便利骑射,振兴武功。他在实行这个"胡服骑射"方针之前,就预计到阻力很大,他说:"夫有高世之功者,负遗俗之累……今吾将胡服骑射以教百姓,而世必议寡人,奈何?"他的叔父公子成就不支持他的政策,认为袭胡人亡服,是"变古之教,易古之道,逆人之心",背叛了中夏。武灵王说服了公子成及赵文、赵造、周袑、赵俊等反对者,才得以推行这个政策。①由此一事,可见变易服装之难。汉人服装形式,同朝廷的纲常名教关系很大,按照名分义理观念,什么服装好,什么不好,挑剔很多。如汉献帝时,社会上时髦的服装,男子的上长下短,女子相反,喜好穿长裙;上着短衣,盖州从事莫嗣认为这是妖服,是"阳无下而阴无上"。②"阴无上"就不合三纲五常了。这样的服装纵使一时流行,统治者也不会让它常存。三纲五常的观念不变,汉人的衣服很难有大的变化。中国历史上的北方少数民族,有一些共同的生活习惯,如北魏的鲜卑人与金朝的女真人都时行小袖衣服,蒙古人、满洲人都辫发,这大约是地域和生产方式等因素造成的。

事实表明,冠服、发型的形成同人们的生产、生活方式及政治意识紧密联系,它有民族的特点,并且有稳定性。

冠服、发型的民族性往往造成民族间的斗争。类似清初的以剃发易衣冠为内容的民族斗争,在历史上也发生过,但情节不同,激烈程度有差异。孔子讲:"微管仲,吾其被发左衽矣。"③这是说春秋以前,应当有过被发左衽的民族进入中夏,强迫华夏人遵从它的发型和服制,即披发(或说剪发),衣襟开在左边,代替华夏人的发式和服装。孔子说这话,表示反对这种民族压迫。他的这句话,总被后世汉人引用,借以说明被少数民族同化的危险与可怕。从孔子的话可知,少数民族采取从发式、服制上同化华夏的政策,是带有强制性的,必

---

① 《史记》卷43《赵世家》。

② 《续汉书·五行志》;古今图书局编译部编译:《古今笔记精华录》卷4《风俗》,广陵古籍刻印社,1980年。

③ 《论语》。

然会有激烈的斗争。魏孝文帝迁都洛阳,改冠服制度,阻力重重,东阳王拓跋丕仍然着鲜卑旧服,后来才"稍加弁带"[1]。孝文帝在洛阳眼见"妇女之服,仍为央领小袖",对朝臣们说"若仍旧俗,恐数世之后,伊洛之下,复成披发之人"。[2]他担心把鲜卑发式、衣冠带到中原,同化了汉人。这说明在推行汉化上鲜卑内部有斗争,汉鲜之间也有斗争。女真族建立的金朝的衣冠政策,屡经变化,海陵王完颜亮"见江南衣冠文物朝仪位著而慕之"[3],迁都燕京,从汉人衣制,及其被害,金世宗继位,恢复女真衣冠制度。古今图书局编的《古今笔记精华录》,根据《枫窗小牍》的有关记载,认为南宋初年金朝妇女有仿效南人缠足的。[4]金朝在服制、裹足上有汉化的问题,而不像清朝的不从汉法。总起来看,历史上存在着统治民族强迫被统治民族接受它的发型、衣冠的事实。有汉人少数民族化的,也有少数民族汉化的,不管如何化法,在民族之间,在一个民族内部都有斗争,有时还很激烈,但像清朝那样强制推行它的发式、衣冠制度则是把事情闹得最严重的。

上述种种事实,毫无疑问,可以说明具有民族性的发式、衣冠习俗,在民族间的交往关系中,是一项内容。民族关系,在古代,或者是兵戎相见,但时间上不会太长;或者和平交往,但不是平等的。统治民族会实行同化政策,强迫被统治民族接受它的文化。这其中有生产方式,如变农田为牧场,即变租佃制为农奴制;有语言、文字,如以它的语文为国语、国文;有移民,改变某些地域的单一民族状况,造成民族杂居,或插花居住;当然衣服、发型、嗜好等生活习俗的推广,也是一种。

衣冠、发式制度和习俗,既然是民族关系中的一种内容,那么民族关系史的研究,也需要把它加以说明,即在民族关系史研究中要注意到民族的衣冠、发式在民族交往中起的作用,它是加剧了还是缩小了民族分裂,它是促进了还是阻碍了我国多民族国家的统一、巩固,它是促进了还是阻碍了生产力和社会经济的发展。研究民族关系史,若不注意民族习俗的影响,是很难把它梳理清楚的。过往的民族关系史研究,在民族战争及其危害,少数民族汉化政

---

① 《魏书》卷 14《东阳王丕传》。

② 《魏书》卷 21《咸阳王禧传》。

③ 《大金国志》卷 13《海陵炀王纪》。

④ 《大金国志》卷 4《风俗·金人妇女亦缠足》。

策、民族矛盾在社会诸矛盾中的地位等方面的研究是很有成绩的。对民族风习在民族关系史研究中的地位，虽也不无注意，但认识不足。各少数民族统治北方或全国时，它们的服制、发式政策，汉族对少数民族的相关政策，均未见专论，人们对清朝推行剃发易衣冠一事倒是比较重视的，但亦未有令人满意的说明。而且在论及此事时，多从少数民族统治者残暴、汉人受害的角度着眼，没有能揭示推行那项政策的历史必然性和它的全部后果。

民族关系史的研究，要给民族文化、习俗以应有的重视，要考察民族间生活习尚的交流及由此而引起的政治斗争、它对历史进程的影响。这是我们清理清初剃发、易衣冠政策的历史问题所体会到的。其实，全部历史的研究，也绝不能忽视衣着装束、饮食、嗜好、交往、礼仪、时令节日、人口繁殖和迁徙、民族关系、婚嫁丧葬习俗等社会学、民俗学、人口学、民族学的内容。否则把历史讲得有血有肉，讲出它的规律性，很可能就是一句空话。

（写于 1984 年，为出席华南师范学院学术研讨会论文，载《史学集刊》1985年第 2 期）

道光朝的官贪、民变和社会病述略

加强道光朝(1821—1850)史的研究,为进行清朝通史的探讨所必须,也是理解中国古代史转向近代史的研究课题。然而由于在这个时期发生的鸦片战争成为中国古代史与近代史划界的标志,研究古代史的学者多注意道光朝以前的历史,治理近代史的史家往往只从鸦片战争史开始作起,于是完整的道光朝史被忽视了。至于从社会风貌、社会问题角度对这个时期历史进行探究的,将社会上下两层及官、民两方面进行综合考察的,并进而说明时代特点和发展趋向的更甚缺略。本文意在了解道光朝的社会问题,为进一步研究做准备,笔者同时写有《道光朝存在的社会问题》[①]一文,为本文的姊妹篇,敬祈读者结合观览,不吝赐教。

由"从来未有之奇案"说起。嘉庆年间查赈的李毓昌被害案件的发生,令嘉庆帝愤怒地说这是"从来未有之奇"[②]的怪事。事情是这样的:嘉庆十三年(1808),江苏北部大水,嘉庆帝发帑金赈济饥民,山阳县令王伸汉冒开饥户,领赈银入私囊。受上司委派到山阳查赈的试用知县李毓昌发现王伸汉的贪污罪行,行将上告,王伸汉请出淮安知府王毂说情,遭到拒绝,又提出与李毓昌分赃,阻止他告发。李毓昌是新进士,廉洁自励,坚不应承。在他离开山阳的前夕,王伸汉指使家奴与李毓昌的长随合谋,毒死李毓昌,并以自缢身亡报案,王毂伙同掩饰。后经李毓昌叔父李泰清发现疑窦,赴京控告,于是真相大白。嘉庆帝下令将王伸汉立斩,王毂立绞,害人的家奴、长随极刑,两江总督铁保夺职遣戍,江苏巡抚汪日章撤职,并作《悯忠诗》褒扬李毓昌。此案中的王毂不惜性命地替王伸汉掩护,乃因得了他 2000 两银子的贿赂。与山阳案同时,在宝坻县发生同样事件,知县向东路同知归恩燕行贿 3000 两纹银。[③]

---

① 《南开学报》1991 年第 4 期。
② 赵翼:《檐曝杂记》卷 6《冒赈大案》。
③ 《清史稿·仁宗本纪》。

李毓昌的被害在于他的清廉，受委查事，在别的官员是捞钱的大好机会，他却因不要钱而丧生。看来当时的官场形势要钱是常规，不要钱是越轨，李毓昌的死就不是偶然的了。昭梿在《啸亭杂录》卷八"李毓昌"条写道："查核故事，凡委员往，漫不省察，惟收其陋规而已。"讲的就是这种情形，可怕的也正在这里：大家并不顾公事，所重视的是陋规，也即按不成文的规矩收受好处费。陋规是不合法的惯例，但是众人习以为常了，几乎成为合法的规则了。李毓昌的死也可以说是不依陋规办事而遭受的杀身之祸，事情的严重性恰恰就在这里。陋规的盛行，标示着吏治的严重败坏。山阳、宝坻的事件，不过是嘉庆朝吏治清浊的测量器，表明官场的龌龊不堪。

道光帝继位之初，接受军机大臣英和的建议，试图清理陋规，整顿吏治，遭到朝内外的反对而作罢。于是陋规和腐败的吏治沿着嘉庆朝的轨道走下去，问题越发严重了。

一、陋规与吏治严重败坏

举人张际亮在道光十六年(1836)说："今之外吏，贪以铦民之脂膏，酷以干天下愤怒，舞文弄法以欺朝廷之耳目，虽痛哭流涕言之，不能尽其情状。"[1]咸丰帝登极四个月，说前朝"登进冒滥，流品猥杂……朘闾阎之膏血，以致政治堕坏，民生穷蹙"[2]。他们概括了道光朝吏治败坏的状况及其严重性。笔者的考察，道光时期吏治的问题，突出的表现是变官吏贪污为合法的陋规的流行。其间有两种情形，一是存在于官吏内部的，二是官民之间赋役征收中的。

在官吏内部，下级对上司，地方官对京官，两个有业务联系的衙门之间，为了办事，都要送礼，但什么时候送，送多少，谁给谁送，经过多年实践，形成定规，并有专门的名词反映出来。

节寿礼。岁时节日和上司家庆日，僚属为其送礼，如陕西粮道向上司和有关衙门官员送礼定规为：给西安将军三节两寿礼，每次银 800 两，表礼、水礼八色，门包 40 两；八旗都统二人，每人每节银 200 两，水礼四色；陕西巡抚，四

① 《张亨甫全集》卷 3《答黄树斋鸿胪书》。
② 《清文宗实录》卷 9，中华书局，1986 年影印版，《清实录》第 40 册第 167 页，下引该书仅注明《清实录》卷、册、页。

季致送,每季银 1300 两,节寿送表礼、水礼、门包杂费;陕西总督,三节致送,每节银 1000 两,表礼、水礼八色及门包杂费。[①]高级衙门的师爷节寿礼亦有规定,所谓"抚、藩、臬幕友一年节寿陋规,俱由首县摊派各州县书吏册费,藩司用印札代为催取"[②]。在中央衙门,书吏给司官送"年终规礼"[③]。

程仪。招待过境官员,在浙江,"凡上司委员到县,各县须送程仪",候补官因为没有职务可以捞取油水,若被派为委员到县,更要多送。[④]

卯规。州县官上任点卯,六房书役先送钱财,表示确定隶属关系,求得主官的欢心。[⑤]

别敬,地方官奉派出京,或至中央述职,离京时,要给有关官员送礼,有师生关系的门生还要向老师、同年馈赠,名之为"别敬"[⑥]。张集馨几次赴任,所用别敬如下表[⑦]:

时间	就任官职	别敬银数目(万两)	赠送范围
1845	陕西粮道	1.7	
1847	四川按察使	1.5	军机大臣、军机章京、六部尚书、都御史、侍郎、大九卿、同乡、同年、世好
1849	贵州布政使	1.1	
1850	河南布政使	1.2—1.3	

炭敬。是冬季地方官给京中大臣的孝敬礼。冯桂芬说:"大小京官,莫不仰赖于外官之别敬、炭敬、冰敬。"[⑧]原来京官靠地方官的孝敬作补贴,因而别敬、炭敬成为不可缺少的规例。

秋审部费。各省每年必有案件呈报,为此给刑部送辛苦费,四川按察司向例每年送 600 两银子,刑部人员才在五六月派人把秋审奏折的底稿送到四川,以便川臬作准备,应付部驳和皇帝的查问。[⑨]

晋升部费。州县官晋升,径直赴任的,照例由吏部发出正式通知即可,但

① 张集馨:《道咸宦海见闻录》,中华书局,1981 年,第 79 页。
②《清宣宗实录》卷 329,《清实录》第 37 册第 1175 页。
③《清宣宗实录》卷 416,《清实录》第 39 册第 217 页。
④ 段光清:《镜湖自撰年谱》,中华书局,1960 年,第 12 页。
⑤《清宣宗实录》卷 296,《清实录》第 37 册第 586 页。
⑥《清宣宗实录》卷 219,《清实录》第 36 册第 256 页。
⑦ 表中内容取自于《道咸宦海见闻录》,第 78 页、89 页、271 页。
⑧ 冯桂芬:《校邠庐抗议》卷上《厚养廉议》。
⑨ 张集馨:《道咸宦海见闻录》,第 115 页。

吏部若不见该员的孝敬,不给发文,以示拿捏。[1]

门生礼。清代官场盛行拜师风习,考官、学官广收门生,有的毫无师生关系,如州县官与府道官,府道与督抚,以至京察定为一等,大计评为卓异的人,对于堂官、上司表示感恩,结为师生关系,在拜师时送礼,"甚至节寿厚其馈送"[2]。门生礼,超出师生范围,成为官场陋规的一种。

修船陋规。水师所用战船的修理,由文官负责,由武官验收,武官验收时横加挑剔,"索行陋规,有加无已"[3]。

官吏在钱粮征收过程中,在贮存库房和动用时,进行侵蚀贪占,情行复杂,也形成名目繁多的规例:

"放炮"。州县官将要离任,提前征收田赋,办法是减收税额,因而民间踊跃交纳,大县可以收到万两银子,或五六千两。这个赋税落入私囊,接替官员替他赔偿。

"太平炮"。地方官并不去任,但放出离任的风声,减额收税,也能达到提前得到钱银使用的目的。

"倒炮"。新官上任,为得钱使用,提前催征钱粮。[4]

吃空额。武官"以空名冒钱粮,专事肥己"[5]。军营里以吃空额为贪污办法,是公开的秘密。

官吏向税民的巧取豪夺,在征额之外,多事勒索,名目同样繁多。

浮收。给事中安诗说:"州县征收,任意取盈。"[6]陕西粮道一年浮收所得约六万两银子。[7]山东堂邑生员许守宗控告县官浮收,被巡抚衙门迫害自杀身亡。按察使童槐派历城知县诱使尸子许哲受贿息和。[8]

勒折。地方官征收赋税时,在银与钱价格兑换上做手脚,多收钱文。浙江乌程岁征丁银十一万六千余两,折收制钱,市场上每银一两合制钱1200—1300

---

① 段光清:《镜湖自撰年谱》,第89页。

②《清宣宗实录》卷318,《清实录》第37册第970页;卷219,《清实录》第36册256页。

③《黄爵滋奏疏·查验战船草率筹议赶紧修造疏》,中华书局,1959年,第99页。

④ 张集馨:《道咸宦海见闻录》,第116页。

⑤《清文宗实录》卷6,《清实录》第40册第126页。

⑥《清宣宗实录》卷138,《清实录》第39册第490页。

⑦ 张集馨:《道咸宦海见闻录》,第85页。

⑧《清宣宗实录》卷19,《清实录》第33册第348页。

文,征收时却要求每一两银子的税交纳 2400—2500 文,几乎多收一倍。①

漕规。有漕粮地区,百姓正额钱粮外,再交纳耗米和运费,于是粮道、运官、漕丁皆有漕规费用。浙江海盐县漕粮,定额一石的民户,实际要交两石以上。②

签子钱。民间向官府递交词呈,衙役得到费用才会接收。安徽阜阳县的门房、签押房,每收一呈文要制钱 4500 文,称为"签子钱",有的还加倍索取,叫"双签子"。③

富户节礼。山西富有商人,向本地父母官作特别孝敬,"每年有交官陋规银两,按节按季呈送。为数动逾巨万"④。

以上诸例是通行于官民间的陋规,可谓是陋规中大端,他如总督的盘库礼,其在境内的税关的规礼,各衙门所受的茶盐等商人的规礼尚未举出,陋规多得惊人。

这种种陋规中金钱财物的交往,是大官吞噬小官赃物。官吏压榨百姓血汗,是官僚在俸禄、赋役之外的贪婪追求。还须指出,下级对上司的敬奉,它的来源是正额赋役外的横征暴敛,所以对税民的敲榨勒索,是维持这些陋规的前提。陋规不是法定的,但形成了规范,为人们所接受,是不成文的规则。它是既成事实,送礼者、受礼者、敲骨吸髓者,行之合法,受之当然,心安理得。不送、不受,就是傻子。陋规是吏治败坏的内容,也是它的标志。

吏治败坏的另一个内容和表现,是大开捐例,滥用非人,官吏队伍庞大。

捐纳。道光初年停开捐纳,其后屡次开办捐纳事例。政府要用钱,就卖官,买官的大肆贪赃枉法。道光中安徽举人朱凤鸣上书,指出用捐班等于是专用小人,他们最会作伪,对上司"逢迎必工,贿赂必厚,交结必广,趋避必熟;上司必爱悦,吏部必护持"⑤。

署事。旧官去任,新官未到,封疆大吏临时派人代理其职务,派什么人,本有定规:在新分来的即用官或候补官中按年资排定,可是督抚往往打乱常规,把吏部分发的即用官扣留在省城,改派与自己关系密切的人去署理。署事不

---

① 《清宣宗实录》卷 216,《清实录》第 36 册第 205 页。

② 段光清:《镜湖自撰年谱》,第 36 页。

③ 《清宣宗实录》卷 148,《清实录》第 35 册 272 页。

④ 《清宣宗实录》卷 271,《清实录》第 37 册 174 页。

⑤ 冯桂芬:《校邠庐抗议》卷上《变捐例议》。

记考成,可以放心大胆地搜刮民财,故而"署事如打劫"①,其政事的败坏,自不必言了。

调署。让实职府州县官离开任所,到别的府州县署事,使其以苦缺署肥缺。这是疆吏向属员示恩和索贿的手段,经常使用,如"四川官多署任"。道光二十七年(1847),川督琦善说:"文员调署纷繁,不惟易存五日京兆之心,即书吏亦呼应不灵。"②说明调署的频繁和弊病之所在。

买缺卖缺。地方上好的缺分,有人愿意花钱去买,有人则乐于得钱出让,他的上司和说合人也从中渔利。道光十八年(1838),山西太原知府王有壬署理河东道,朔平知府张集馨署理太原府,次年春天王要回任之时,年已七十,候补令严于镐等劝张出资接管其任,请其告老,王提出要张用七千两银子为其弥补亏空,晋抚和藩司均同意这个办法。③

胥役众多。未入流的官员,府厅州县的各种吏役多得惊人。道光二十一年(1841),吏部报告,在部候选未入流的佐杂"人数过多",要求不要再往各省份发了。④道光七年(1827),直隶一省裁汰吏役二万三千九百人,道光帝说:"直隶如此,他省谅亦不免。"⑤确实如此,在四川,大的州县有蠹吏一千余人,小的也有数百人、百余人。⑥道光十七年(1837),段光清说,知县下乡验尸,带着仵作、刑书、门印、签押、小使、六房、三班,以及本官仪卫、皂隶、马夫、轿夫一同下乡,多达一百多人。⑦一县如此,全国的吏役该是多么庞大的队伍。

幕宾。道光二年(1822),御史陶廷杰上疏要求严禁幕友舞弊,指出"督府两司之幕友盘踞上游,为害益巨,换官不换幕,官生幕熟,百弊丛生"⑧,州县之幕上下结党,挟制本官。道光十三年(1833),胡怀符充任南昌府幕宾,与各地幕友串通一气,人称"四大寇""二十八喽啰"⑨。

官亲家人。官员的家属与仆人,代表本官参与政务,甚或违背本官的意愿

① 张集馨:《道咸宦海见闻录》,第81页。
② 《清史列传》卷40《琦善传》,中华书局,1987年,第10册第3152页。
③ 张集馨:《道咸宦海见闻录》,第15页。
④ 《清宣宗实录》卷18,《清实录》第33册第328页。
⑤ 《清宣宗实录》卷124,《清实录》第34册第1074页。
⑥ 《清宣宗实录》卷260,《清实录》第36册第970页。
⑦ 段光清:《镜湖自撰年谱》,第2页。
⑧ 《清宣宗实录》卷252,《清实录》第36册第828页。
⑨ 《清宣宗实录》卷232,《清实录》第36册第481页。

与幕友、吏胥结交,从中捞取油水。川都鄂山署内,有门丁杨姓、幕友杨姓两人朋比为奸,又有仆妇马氏参与其事,人们把他们的作弊称作"三杨开泰,一马腾空"①。

捐纳和科甲是清代用人的两大门类,捐纳是任官制度的重要内容,署事、调署、幕友、买缺卖缺可以视为执行人事制度的细则,是制度的补充。这种制度及细则在道光朝的通行,本身表明吏治的败坏。捐纳者搞贪污,又善于巴结上司,主官利用调署等手段收受贿赂,所以捐助、调署、署事、幕友都是制度的弊病,这就是吏治不清的严重性之所在。这种制度造成工于结纳和营求私利的官员秉政,他们不祸国殃民才是怪事!

吏治败坏还表现在亏空钱银及弥补办法上。钱粮是清朝的正赋,是政府的命脉所在,从中央户部到各省、府、厅、州、县的主官都以收税为主要职责,这同时也就是他们为己敛财的条件。

亏空。贪官将征收的钱粮不全部交库,一部分纳入私囊,或者像前述"放炮""倒炮"那样,为本身早得税银而少征,造成钱粮的亏空。道光一朝亏空问题严重。十九年(1839),给事中况澄指出"外省州县亏空过多",要求道光帝下令"核实参办"。②道光三十年(1850)春天,赵光奏陈时务四条,其中之一是"亏空累积",刚即位的咸丰帝承认他说的"切中时弊"。③道光二十六年至二十九年(1846—1849),两淮盐政应交盐税一百八十三万两,交不出来,经过批准,允许在二十九年先交三十万两,仍然没有库存可交。④官吏亏损,还不如实上报,等到中央调用,又无银两上交,因此给事中安诗说:"虚报库存,动拨则无实贮,各省亏空,大率类是。"⑤

勒接。官员有了亏空,在其卸任时,本来无法交待,但是接任者为了能得实缺,往往愿意承受他的亏空,答应代为赔偿,以便上任,至于以后是否能赔补就不管了。有的人不愿接受亏空,拒绝给前任出结,这时上司就会出面,强迫新任接受,以免暴露出去,作为他的政绩污点。道光二年(1822),御史陶廷

---

① 《清宣宗实录》卷 252,《清实录》第 36 册第 828 页。
② 《清宣宗实录》卷 325,《清实录》第 37 册第 1104 页。
③ 《清文宗实录》卷 6,《清实录》第 40 册第 126 页。
④ 《清文宗实录》卷 8,《清实录》第 40 册第 147 页。
⑤ 《清宣宗实录》卷 438,《清实录》第 39 册第 490 页。

杰请求道光帝饬禁"大吏毋许勒接亏空"①,可见勒接亏空具有普遍性。据揭发,河南永城令沈玉墀接受前任的亏欠银三万两,到任一年多,己身又亏空三万两,前后计达六万两。②

流摊。一个官员的亏空被揭发或并未揭发,其本人赔补一部分,其他的由其继任者、同僚、上司各任多少,代为赔偿,以弭事端。分摊到各官名下的数目,只是名义上的,并不一定真正代其交纳。

亏空是贪占和挪用公款,比前勒索民财,在性质上还要严重,可是官员就不怕惩罚,竞相违犯,说明吏治腐败的程度是多么深重。

贪官污吏,历朝历代皆有,道光朝也有这种现象似不足为怪,但严重的是它的方法,即对前代已经形成的搜刮民脂民膏、侵蚀钱粮、滥用官吏的各种陋规和弥补办法,使用得更加普遍和频繁,而这些陋规、办法,不仅保障贪污的实现,更掩护这种丑行,使它成为合法的、无罪的,因而得以继续下去。

二、民不聊生与民众运动勃兴

黄爵滋在道光十四年(1834)《综核名实疏》里说,当时人认为:"邪教可虑也,会党可忧也,灾黎可悯也,荒岁可惧也,兵弁多无用也,海洋多莫测也。"③概括了当时的民间社会问题。笔者认为其时民间社会有五种普遍现象,就是贫困者众多,盗匪多,民众闹事多,秘密结社和秘密宗教成员多。

(一)贫困者众多

道光五年(1825),江苏巡抚陶澍在奏折中说:"江(宁)、镇(江)、苏(州)、常(州)等处,小民生计,外虽见有余,内实形其不足。"④江南是全国的首富之区,人民家计是外表富实,内囊空乏,日子并不好过。其他地方赶不上江南,民众维生的艰难自不待言。

游民,大多数是与生产资料相脱离的穷人,没有正当职业,游荡在社会,或者流徙不定,也有有职业的人,不稳定、不满意、不正经地干。游民是社会不

---

① 《清宣宗实录》卷44,《清实录》第33册第787页。
② 《清宣宗实录》卷325,《清实录》第37册第1104页。
③ 《黄爵滋奏疏》,第32页。
④ 陶澍:《陶文毅公全集》卷4《抵苏后陈奏地方情形折子》。

安定的因素,也是贫民队伍的重要成分。龚自珍估计乾隆以降,游民占到总人口的50%—60%。①嘉道时期举人张海珊说当时"游手纷于镇集,技业散于江湖,交驰横鹜,而上下之人不得问焉"②。道光二十九年(1849)川臬张集馨说"川省游民极多,每每三五成群,在集场滋事。"③贵州盗匪有三种,其一叫"游匪",是游民成群的表现。④

人民贫困的另一个表现是民众背井离乡,迁徙不常。道光六年(1826),流亡到关外舒兰的就有十四万五千多口。⑤民人往往因为细小的缘故斗杀和自杀。道光十四年(1834),直隶乐亭小商人赵宗圣外出,妻子杨氏有病,把家里东西当光,自杀身死,陪伴及来探病的她的母亲王氏、杨氏女儿赵银姐、杨氏外甥女李闫氏也一同吊死。⑥道光十七年(1837)浙江寿昌有两兄弟因穷偷砍人家的竹子,被发现,遭失主勒赔,其父羞惭喝卤水自杀。⑦这些人死亡的触发点很简单,是自身或亲人有小的过失,甚至毫无污点,没有致死的理由,但是他们生活困苦,无法摆脱,这是他们死亡的真正原因。轻生的多,反映了人民普遍贫困的严重性。

(二)遍地盗贼

广东学政戴熙进京陛见道光帝,说他沿路所见,"盗贼蜂起,民不聊生"⑧。道光三十年(1850)春间,内阁侍读学士黄瀛山奏称:"邪教、盗匪,在在皆有。"⑨道光朝盗贼横行,杀人越货,掳人勒赎,无时、无处不发生,从两广到东北,从东海岸各省到陕甘,在海洋、内河,没有不报盗案的;在各省的交界地区,一省的不同府州县的邻界处,由于是"三不管"地带,更是强人出没的所在。道光朝强盗的活动,形成下述特点:

1.有专门组织。河南有捻匪,其中的张开运,设立大窝子,能指挥千余人,

① 《龚自珍全集·西域置行省议》,上海人民出版社,1985年。
② 张海珊:《小安乐窝文集》卷18《聚民论》。
③ 张集馨:《道咸宦海见闻录》,第112页。
④ 《清文宗实录》卷24,《清实录》第40册第943页。
⑤ 《清宣宗实录》卷100,《清实录》第34册第631页。
⑥ 《清宣宗实录》卷100,《清实录》第36册第755页。
⑦ 段光清:《镜湖自撰年谱》,第23页。
⑧ 徐珂辑:《清稗类钞》,中华书局,第1984年,第4册第1506页。
⑨ 《清文宗实录》卷7,《清实录》第40册第134页。

下设小窝子,每处数百人、数十人不等,散布在各个州县。①整个捻匪活动在豫、直、鲁、皖、鄂各省。山东、江苏省有捻匪,四川有帼匪,都是百十为群,"置有旗号枪炮"②。北京有把棍会,"十百为群"③;天津府城匪徒聚会,名叫"锅伙"④。漕船水手利用职业作掩护,有组织地抢劫,道光十六年(1816)上谕:"漕船水手人等类皆无业游民,旷悍成性,劫夺是其故技。"⑤私盐贩团伙性强,江苏海州胡大成聚集党徒,私设"盐关",保护私盐犯,抽钱渔利。⑥

2.作案情节严重。不仅掳掠平民,而且抢劫官员、衙门。福建漳浦盗首杨九千,纠众四五千人,在道光十年(1830)四月的一天内抢掠中烧房百余间,杀死四十七人。广州土匪聚众数万,在道光二十四年(1844)冬至次年春夏之交的期间里,作案几千起,把香山司巡检鲁风林抓去,剃了胡须,勒赎。⑦北京南苑是皇家园囿,也有盗贼去抢劫牲口。⑧

3.拒捕伤官。盗贼有组织,人多,还备有武器,如刀、枪、鸟枪、火炮。他们作案,往往不把地方官放在眼里,敢于抗拒械斗,杀伤官员兵役。广西归顺州盗匪进入天保县作案,将带领兵勇前来捉拿的县令沈毓寅杀死。⑨

道光朝盗匪活动危害民间,也起着破坏清朝地方社会秩序的作用。盗贼以抢劫为生,其虽有组织、抗官拒捕,但是为保障其打劫,而没有什么政治目的,没有举行反对官府起义的意识,只是后来太平天国起义的发展,才激发他们中的一部分人投身于起义队伍。

(三)民变频生

道光朝出现一些民变,主要是反对官府的横征暴敛,少数是反对富人的盘剥和长官的欺凌,运动的规模小、时间短,基本上不具有武装暴动的性质(个别除外),目标单纯,但斗争形式多样,抗官拒捕,状告,聚众示威,张贴传单,结党谋图武装造反。详情请见下表:

---

① 《清宣宗实录》卷 287,《清实录》第 37 册第 428 页。
② 《清宣宗实录》卷 408,《清实录》第 39 册第 114 页。
③ 《清宣宗实录》卷 22,《清实录》第 33 册第 393 页。
④ 《清文宗实录》卷 6,《清实录》第 40 册第 124 页。
⑤ 《道光十六年整理漕务史料》,《历史档案》1990 年第 4 期。
⑥ 《清宣宗实录》卷 7,《清实录》第 33 册第 156 页。
⑦ 《清宣宗实录》卷 418,《清实录》第 39 册第 249 页。
⑧ 《清宣宗实录》卷 383,《清实录》第 38 册第 905 页。
⑨ 《清宣宗实录》卷 455,《清实录》第 39 册第 741 页。

道光朝民变简表

时间	地区	情节	资料出处
1821	江苏海州	私盐贩千余人,刘三毛立旗,上书"替天行道"	《清宣宗实录》卷13,《清实录》33册249页
1821	江苏嘉定	王荣芳等结党闹漕,称八卦青龙党	同上,卷18,33册33页
1821	江苏徐州铜山	铜山民向学政状告知县陈稷田,击伤之	同上,卷57,33册339页
1823	江苏松江	严海观等大闹松江府衙	同上,卷57,33册1008页
1823	直隶大城	水灾,村民向富户勒借,状告知县	同上,卷59,33册1041页
1824	河南夏邑	朱欲和号"重明大王",聚众欲起事	同上,卷65,34册27页
1824	山西永济	罢行控官	同上,卷62,33册1085页
1824	安徽宿松	乡民到城里向富户索食,曰"起挨"	《镜湖自撰年谱》第2页
1826	广东嘉应	佃户抗租,拒捕,京控	《清宣宗实录》卷95,34册549页
1826	浙江仁和	徐凤山领众闹漕	同上,卷112,34册869页
1828	山东黄县	农民反对勒折闹堂	同上,卷146,35册138页
1828	直隶房山	营兵闹衙殴官	同上,卷146,35册247页
1828	云南开化	赵应陇、李映川刻大玺,欲图造反	同上,卷141,35册161页
1830	江苏新阳	衿户抗粮闹堂	同上,卷170,35册638页
1830	广西浔州、桂林	乡民及游民百十为群,吃大户、发揭帖	同上,卷179,35册818页
1831	安徽桐城	灾荒中民众禁米出境,赶打知县	同上,卷196,35册1083页
1832	直隶通州	饥民聚众,向铺户勒借钱谷,地方官通融	同上,卷214,36册160页
1832	顺天府	考试教习士子,抗不听点	同上,卷212,36册117页
1832	江苏桃源	民众强挖官堤,捆缚巡兵	同上,卷219,36册254页
1834	江西龙南	粮价上涨,民众滋事	同上,卷253,36册847页
1834	甘肃固原	固原镇兵丁齐队,反对提督胡超克扣兵饷	同上,卷277,37册271页
1835	直隶临榆	二千农民祈雨,大闹山海关副都统大堂	同上,卷266,37册271页
1838	湖北蕲州	童生与书役争闹,误伤知州	同上,卷307,37册781页
1840	江苏丹阳	乡民抗粮捣毁县署,殴伤知县	同上,卷339,38册151页
1841	湖北崇仁	钟人杰领众抗漕,杀知县,占县城	同上,卷364,38册559页
1843	湖南武冈	州民阻米出境,戕官	同上,卷398,38册1050页

126

时间	地区	情 节	资料出处
1843	广东潮阳	潮阳郑族与马族斗争,戕杀署理县令	《清宣宗实录》,卷398,38 册 1133 页
1844	湖南耒阳	千余人抗粮	同上,卷405,39 册 79、107 页
1844	山西太原等地	居民暗中被人剪掉头发	同上,卷405,39 册 81 页
1845	浙江余姚	佃农抗租,被充军	同上,卷417,39 册 285 页
1845	浙江奉化	罢考、抗粮、抗官	同上,卷421,39 册 285 页
1845	甘肃	甘藩报垦荒增税,数千农民至藩署哄闹	《道咸宦海见闻录》第 210 页
1845	浙江钱塘	重犯越狱七十余人	《镜湖自撰年谱》第 11 页
1846	河南新乡	乡民要求减少钱粮,闹堂伤官	《清宣宗实录》卷428,《清实录》39 册 370 页
1846	江苏昭文	乡民要求减少钱粮,闹堂伤役	同上,卷435,39 册 443 页
1846	湖南乾州	石观保领导千余人抗租	光绪《湖南通志》卷 85
1847	江西贵溪	文童罢考,抗漕	《清宣宗实录》卷447,《清实录》39 册 606 页
1847	四川资州	犯人放火烧监	《道咸宦海见闻录》第 100 页
1848	四川天全	因官铜质次,商人屡次罢市	同上,第 105 页
1848	浙江镇海	渔户聚众毁关	《镜湖自撰年谱》第 32 页
1849	河南涉县	花户聚众抗漕,拒捕伤官	《清宣宗实录》卷474,《清实录》39 册 961 页
1849	江苏常州	饥民强劫绅士,拒捕伤官	同上,卷470,39 册 919 页
1849	湖北	饥民要求赈济不遂,捣毁办灾首事之家	同上
1849	安徽青阳	灾民逃荒抗粮	同上,卷474,39 册 976 页
1849	江苏句容	抗粮伤官	《清宣宗实录》卷475,《清实录》39 册 976 页
1850	江西庐陵	抗粮、捣毁征粮局	《清文宗实录》卷6,《清实录》40 册 122 页
1850	顺天府	宝元局匠役借工银闹堂	同上,卷6,40 册 126 页

(四)民间秘密宗教活动绵延不断

清代民间秘密宗教活动,继元明之后,异常活跃,具有反政府的性质及举行武装暴动;不断遭到镇压,嘉庆年间的白莲教起义和天理教暴动的失败,秘密宗教元气大伤。但是民间宗教有个特点,即它生根在贫苦百姓中,一个地区的一个团伙被消灭了,它的教义、教仪仍会传下来,会以另外的组织名称在另一个地区重新出现,教徒也极其顽强,一部分遭到屠戮、充军,有幸存留者会继续传教,所以秘密宗教在嘉庆末一度消沉之后,道光年间又活跃起来。道光帝在十二年(1832)说:"习教传徒,久干例禁,近来匪徒故态复萌,实堪痛恨,必应密速查拿,以期净绝根株。"①表明秘密宗教活动的频繁,是统治者头痛的事情。这时,在"邪教出没之薮"的直隶巨鹿任知县的黄育楩,特地著作和刊刻《破邪详辨》②一书,希图从思想上清除人民对秘密宗教的信仰,以便化解它,这种痴人说梦表明当时秘密宗教活动的严重性。现就《清宣宗实录》所载的被破获的组织列出"道光朝秘密宗教活动简表"。

道光朝秘密宗教活动简表

时 间	地 区	情 节	资 料 出 处
1821	山东观城	张书笏传播"邪教"被破获	《清宣宗实录》卷 12,《清实录》33 册 229 页
1821	直隶天津、河间	民间有"看香""学好"等教	同上,卷 22,33 册 701 页
1822	河南新蔡	朱麻子、邢名章起义	同上,卷 39,33 册 701 页
1822	广东	拿获吃斋教徒	同上,卷 32,33 册 573 页
1822	河南虞城	卢照常等传教被破坏	同上,卷 46,33 册 823 页
1823	山东平原	周天明传大乘教,计划在临清起义	同上,卷 57,33 册 1006 页
1823	直隶东明	王二大嘴与山东菏泽人王景元从路宗染习教	同上,卷 57,33 册 1011 页
1823	山东历城	一炷香教徒活动	同上,卷 60,33 册 1043 页
1823	直隶东安	石三为掌教,组党活动	同上,卷 60,33 册 1051 页
1824	山东临清	马进忠的乾卦教预备起义,被破获	同上,卷 64,34 册 5 页
1826	直隶容城	张俭、胡之机等以治病传教徒	同上,卷 95,34 册 55 页
1826	直隶承德	徐学宽传教失败	同上,卷 97,34 册 577 页
1827	安徽阜阳	王会陇传教失败	同上,卷 117,34 册 979 页
1827	山东禹城	冯大坤传一炷香教失败	同上,卷 118,34 册 991 页
1827	?	毛金一、麻汝清立仁源教失败	同上,卷 125,34 册 1087 页
1827	山东邹县	李成文等传教失败	同上,卷 132,35 册 5 页
1827	直隶献县	孙荣传教失败	同上,卷 132,35 册 6 页
1827	四川华阳	青莲教被破坏	同上,卷 137,35 册 115 页
1827	陕西	徐继兰等习教被捕	同上,卷 140,35 册 140 页
1828	浙江处州	处州帮水手信奉老安教、潘安教,自相残杀,被破获	同上,卷 141,35 册 155、169 页
1831	直隶清河	尹老须传白阳教,自称南阳佛,传教有年	同上,卷 193,35 册 1048 页;卷 204,36 册 7 页

---

① 《清宣宗实录》卷 208,《清实录》第 36 册第 65 页。
② 收入《清史资料》第 3 辑,中华书局,1982 年。

时 间	地 区	情 节	资 料 出 处
1831	直隶巨鹿	曹老尤传大乘教,张贴匿名揭帖	《清宣宗实录》卷204,《清实录》36册7页
1831	直隶	传白阳教,又创旗门	同上,卷210,36册88页
1831	顺天大兴	李二传混元会	同上,卷203,35册1193页
1831	同上	孟六等传红阳会	同上,卷204,36册16页
1832	安徽(?)	张义法等教徒被官方逮捕	同上,卷208,36册65页
1832	江西	黄钧滩传大乘教,至福建崇安活动	同上,卷214,36册172页
1833	直隶南宫	陈恭传一炷香教有年,远赴奉天、辽阳	同上,卷241,36册605页
1833	直隶、山东	一炷香教在直隶故城、山东德州等处均有传人	同上,卷279,36册296页
1833	直隶唐县	戴汉传天竹教有年	同上,卷246,36册710页
1834	直隶玉田	王平诺、王进和等传红阳教,活动至奉天,开原	同上,卷249,36册763页
1835	山西赵城	曹顺传先天教,聚众杀知县	同上,卷264,37册39页
1835	山东东昌	从建等传离卦教于河南	同上,卷268,37册125页
1836	直隶	直隶人到山西传五荤道,暗相封授	同上,卷284,37册388页
1836	顺天通州	张秀传红阳教	同上,卷279,37册303页
1837	山东潍县	马刚传添柱教,被捕,信徒闹衙	同上,卷293,37册540页
1837	奉天盛京	陈喜等习红阳教	同上,卷304,37册746页
1838	山东章丘	教徒于九月十五日集会,曰"走坛"(无生老母教?)	同上,卷309,37册818页
1838	山西凤台	王贵等人习清茶门八佛香火会	同上,卷311,37册841页
1838	河南汲县	河南有无生老母庙39个,各地群众每年正月十八日去汲县朝拜	同上,卷320,37册1008页
1839	山东高密	滚单会	同上,卷321,37册1028页
1839	湖北襄阳	黄起能(顺?)传牛八教,活动至豫、直、川、鄂	同上,卷326,37册1120页
1840	湖南、广西	以《性命圭旨》为经典的组织,信徒断荤腥	同上,卷332,38册43页
1845	陕西、甘肃	夏长春等传青莲教	同上,卷415,39册210页
1845	四川	李一原传青莲教	同上,卷416,39册211页
1845	湖北	朱立中为湖北青莲教总教主	同上,卷416,39册218页
1845	山东滨州	崔金伯于热河平泉传黄莲教	同上,卷419,39册262页
1845	湖南衡州	周灿传金丹大道,信徒传至云南、四川	同上,卷449,39册255页
1847	山东	魏际云等传根华教	同上,卷449,39册658页
1848	江西	董言台等先入金丹教,后改天地会	同上,卷454,39册729页
1848	陕西	刘振麟等习教被破坏	同上,卷458,39册785页

上表似乎揭示,道光十九年(1839)以后民间秘密宗教活动大减,实际情况并非如此。黄爵滋在道光十八年(1838)为无生老母庙上书的附片中说:"所有'邪教'二字,竟为一时地方官所深讳,而办理邪教一事,更为今日官吏所恶闻。"①原来山西赵城令杨延亮查禁先天教,被曹顺等杀毙,山东潍县令逮捕马刚,激起事变,地方官从中吸取教训,不敢与秘密宗教明显对敌,因而也不敢报告上司,所以《实录》难以再有多少关于它的记载,这不等于说它的活动减少了,前述侍读学士董瀛山说的邪教"在在皆有",才是历史的真实。应该说,道光朝民间秘密宗教活动不绝如缕、屡破屡兴,表明民众为争取生存、反对清朝腐败政治的活力及其坚韧性。

(五)会党活动的勃兴

秘密宗教大多发生在北方,而南方则是秘密结社盛行,民众组织会党最主要的是天地会、三合会,发源于福建,传播于广东、广西、云南、四川、江西、浙江、江苏、台湾,有比较明确的政治目标,倡言"反清复明",幻想真主出现。道光十一年(1831)五月,广东籍御史冯赞勋奏报广东三合会活动情况;六月,两广总督李鸿宾奏称当地没有三合会;②七月,新总督卢坤在奏折中承认有三合会的活动。③说明天地会的活跃,地方官已无法掩饰。道光帝在十六年(1936)就此指责地方官:"莠民中惟会匪之惑人最甚",然而"近来不肖州县,非但不肯查拿,更复多方掩饰,即访出会匪名目,该督抚意存消弭,遂令匪徒有恃,滋生厉阶"。④会党活动在各地,浙江绍兴府嵊县有钩刀会,有众一二千人,每年七月十二日聚会。⑤赣南有添刀会,入会者烧香结盟,与私盐贩联合行动。⑥宜黄有天罡会、新天罡会。福建永安有一字教,建宁、邵武等四府内双刀会、铁尺会、天地会活动频繁。湖北江陵、潜江各有郑老鼠、段么组织的会党。湖南人李金保等组织三合会,道光十二年(1832)失败被害。新田王棕献聚众拜会,造旗帜、器械,拒捕伤兵。闽浙赣交界处有"花子会",又名"糍粑会",每

---

　① 《黄爵滋奏疏》,第 77 页。
　② 《清宣宗实录》卷 191,《清实录》第 35 册第 1024 页。
　③ 《清宣宗实录》卷 193,《清实录》第 35 册第 1051 页。
　④ 《清宣宗实录》卷 211,《清实录》第 36 册第 108 页。
　⑤ 《清宣宗实录》卷 189,《清实录》第 35 册第 992 页。
　⑥ 《清宣宗实录》卷 101,《清实录》第 34 册第 663 页。

年五月十三日聚会。①会党在道光朝的发展,表现为进行武装暴动,有的已超出隐蔽活动的范围。道光十一年(1831)末至次年初发生的湖南江华赵金陇领导的起义,道光帝就认为是"会匪"参加的。②新宁李源发在道光二十九年(1849)起义前,先成立"把子会",结拜兄弟,动员、组织了民众。③

道光朝的五多现象,表明它是动荡不定的社会。那时,不安定的社会因素太多,涉及的社会层面广泛,有纳税的农民、工匠、商人、渔户、监生、秀才。士兵、吏役本来是政府的工具,它在鱼肉人民之外,因社会地位的低下而有反政府的某些自发倾向。清朝政府的腐败政治,把广大的民众驱赶到它的对立面,迫使他们从事违法的以至反政府的活动。游民、盗匪、民变,以不同的方式破坏社会秩序,游民、盗贼也是秘密团体成员的主要来源,有更大的破坏力。从社会正常秩序来说,民人的贫困和毫无出路,是社会不稳定的基因;游民没有正当职业和不事生业,因细小的缘故而轻生,是社会不稳定的征兆;人民广泛参加非法团体,进行了反抗斗争和组织准备,预示社会矛盾激化的到来;频繁出现的各种民变,是人民破坏社会秩序的演习,所有这些现象,揭示道光朝社会处于大动荡的前夜。

三、烟、赌、宴的社会病泛滥

社会病,是越出社会道德规范和法律制度的不正常现象,而且情节严重,道光朝社会病正在蔓延,不易扼制。前述盗贼的猖獗、游民的众多,就属于社会病的范畴。这里将要叙述的吸食鸦片烟、赌博、宴请的恶劣社会风气,是社会病的主要内容。道光时期的这些社会病,除了吸毒,都有漫长的历史,不过这时情况严重,实能反映社会腐败的深度。

(一)鸦片烟灾泛滥

自英国殖民主义者对中国实行罪恶的鸦片贸易以来,官民吸食者逐渐增多,清政府也较敏感,早在雍正年间即禁止民人贩卖食用,嘉庆朝随着吸毒的增多,嘉庆十五年(1810)、十八年(1813)、二十年(1815)迭次颁发禁令,不许

---

① 《清宣宗实录》卷278,《清实录》第37册第284页。

② 《清宣宗实录》卷211,《清实录》第36册第108页。

③ 故宫博物院明清档案部编:《清代档案史料丛编》第2辑,中华书局,1978年,第16页。

鸦片入口和官民吸食，然而那时除了"市井无赖之徒私藏服食"，"侍卫官员等"也"颇有食之者"，①已显出问题的严重性。道光帝于二年(1822)下令广东严禁鸦片入口，但是禁止归禁止，贩卖、吸食却日益严重，其标志之一是烟土不仅来自外洋，国内许多地方也种植罂粟。在道光十年(1830)前后，云南、浙江、甘肃、福建、广东等省种烟的较多，安徽、河南等省也有，浙江台州、宁波、绍兴、严州、温州诸府种植制出的烟土叫"台浆"，由大商小贩运往各省销售。②福建生产的鸦片烟称作"建浆"，四川的叫"葵浆"。③云南种罂粟，由边境向内地发展，种植量大，制成"芙蓉膏"。④鸦片种植发展迅速，到道光十八年(1838)，广西、云南、贵州、四川等省民田"遍栽罂粟"。⑤在贵州，当罂粟出土时，外省商人就来查看，预付定钱。⑥国内栽植地区日广，增加了鸦片烟的来源，使吸毒来得方便。

鸦片市场的货源，主要是英国殖民者倾销的。在清朝政府实行禁止鸦片政策的情况下，中外鸦片贩子走私贩卖，用海船将烟土销售沿海各省，直至直隶、奉天，并供应烟具。

鸦片吸食者，"上自官府缙绅，下至工商优隶，以及妇女、僧尼、道士，随在吸食"⑦。遍布社会各阶层、各省份，沿海地区尤甚。

普遍吸毒，给道光社会带来严重问题：

其一，造成白银外流，银钱比价失调，国库空虚，长此下去，就会出现林则徐说的"无可以充饷之银"⑧。

其二，民间生计萧索。宋翔凤《鸦片馆》诗云："百事无不废，千金坐可耗。"⑨人民的钱财耗于鸦片，难于购买其他生活用品；商业、手工业立即不景气，工商重镇表现得尤其明显。道光十八年(1838)，苏州、武汉的商人说："近来各种货物，销路皆疲，凡二三十年以前，某货约有万金交易者，今只剩得半之数。"

---

① 《清仁宗实录》卷270，《清实录》第31册第655页。

② 《清宣宗实录》卷170，《清实录》第35册第643页。

③ 梁绍壬：《两般秋雨盦随笔》，上海人民出版社，1982年，第176页。

④ 《清宣宗实录》卷191，《清实录》第35册第1020页。

⑤ 《清宣宗实录》卷317，《清实录》第37册第943页。

⑥ 《清宣宗实录》卷318，《清实录》第37册第973页。

⑦ 《黄爵滋奏疏》，第69页。

⑧ 《林则徐集·奏稿》，中华书局，1985年，第599—601页。

⑨ 张应昌编：《清诗铎》，中华书局，1960年，第1006页。

因为其他的钱财用于购买鸦片了。①

其三,吸毒者成为社会废人。抽鸦片成瘾者,"黧面耸两肩,眼垂泪,鼻出涕,一息奄奄死相继"②。精神萎靡不振,身体虚耗,影响劳作,失去活力,也如林则徐所说,几十年后,"中原几无可以御敌之兵"③。

道光帝在十一年(1831)进行了一次禁烟活动,没有成效。道光十四年(1834),广东乡试,以鸦片作为测试题,④反映了有识之士对它深恶痛绝的态度。十八年(1838),道光帝决心禁烟,但是随着鸦片战争和禁烟运动的失败,烟毒泛滥,一发不可遏制。

(二)赌博成风

道光二十五年(1845),御史朱琦奏请"查拿赌博"⑤,可见赌博成为社会问题。那时"上自公卿大吏,下至编氓徒隶,以及绣房闺阁之人,莫不好赌者"⑥。太监张道忠赌博,受到管理步军统领耆英保护。⑦四川按察使俞某在衙门中开赌;⑧祥符令邹尧延及其弟"专以诱赌为事",又有幕友、地痞租赁房屋,开局聚赌;⑨六安盗徒张四条等"开场诱赌"⑩;慈溪县殷富之家的妇女赌钱,输赢很大;⑪发配吉林的犯人耍钱,不时引起纠纷⑫。和吸鸦片一样,什么人都赌,形成一种社会风气。

赌博有专门组织,一般叫作花会。花会由头家开设,定期开赌,通知各方,与赌者或亲到现场,或静坐家中,有"跑封""跑风"的传知信息,下出赌注,跑封者通知头家。赌博是投机和智能的表现,有刺激性,花会的方法又适合人们这种要求,每当开赌,远近之人,趋之若鹜,妇女、老人、少年不便于到场的,利用跑封,也能投身赌博之中,因此燃起炽热的赌风。花会参与人多,输赢额大,

---

①③《林则徐集·奏稿》,第599—601页。

② 张应昌编:《清诗铎》,第1006页。

④ 梁绍壬:《两般秋雨盦随笔》,第106页。

⑤《清宣宗实录》卷413,《清实录》第39册185页。

⑥ 钱泳:《履园丛话》,中华书局,1979年,第578页。

⑦《清史列传》卷40《耆英传》,第9册第3172页。

⑧ 徐珂辑:《清稗类钞》,第4册第1585页。

⑨《清宣宗实录》卷329,《清实录》第37册第1175页。

⑩《清宣宗实录》卷166,《清实录》第35册第571页。

⑪ 段光清:《镜湖自撰年谱》,第35页。

⑫《清宣宗实录》卷332,《清实录》第38册第29页。

动辄以数千两银子计数。①

赌徒有一种侥幸心理,总想赢钱,又有冒险心理,希望下大注,发大财,在"拼得自己赢得他人"的逻辑思维下,不惜用房屋、田产及妻女做赌注。②这自然不能如愿, 多数赌徒会倾家荡产, 有的还会家破人亡。道光二十七年(1847),陕西泾阳人马书新嗜赌如命,把家产输光,妻子李氏冬天只能睡在草垫上,其兄可怜她,给了一个被子,马却要拿去做赌本,李氏不给,马竟狠心将她杀死。③这类事例,在刑事案件中屡见不鲜。浙江海盐乡民到城里卖丝,无赖设赌局诱引他们博戏,致使他们输得精光,回家后衣食无着,妻子吵闹,有的投水自杀。④赌博还引起妓业的发展,妓女陪伴赌徒,指点参谋,拿筹码,以至代客作赌,所谓"饮博撂蒲,妓家所扨,古人每借以作狭邪之游"⑤道光时花会一开,"流娼土妓、游民棍徒蜂拥蚁聚"⑥。赌徒多是游手好闲的人,进一步发展就成为盗贼和其他团体成员。

清朝政府有禁赌的法令,道光朝亦在执行,但是不起什么作用。道光二十八年(1848,)慈溪令段光清查拿花会,浙抚吴文熔对他说,我在山东做知县时禁赌,但赌徒"如肥田恶草,无时无之,我等遇则除之而已,然而不能净也。"段光清赞成他的话,说"自今观之,真阅历之言也"⑦。表明官方承认赌博禁不了,下力气禁赌的官员,不过是尽心而已。所以道光朝赌博成风,涉及人群广泛,严重影响了民众生活,成为社会的一大公害。

(三)宴戏无度

酣歌宴舞,无论是官场还是民间,是历久相沿的事情。道光朝社会经济在发展,人们似乎沉浸在享受升平之乐中。其实,出现鸦片战争的亘古未有的惨败,民变蜂起,结社遍中国,统治者和富人本应深省,治理危局,化奢靡为俭朴,可是不然,大多数人醉生梦死,征歌逐舞,欢宴无度。官场宴戏之风大发展,民间也不逊色。

---

① 《清宣宗实录》卷145,《清实录》第35册第216页;卷244,第36册第665页;卷299,第37册第640页;段光清:《镜湖自撰年谱》,第29页。

② 王有光:《吴下谚联》,中华书局,1982年,第51页。

③ 张集馨:《道咸宦海见闻录》,第86页。

④ 段光清:《镜湖自撰年谱》,第39页。

⑤ 徐珂辑:《清稗类钞》,第10册第4878页。

⑥ 《清宣宗实录》卷145,《清实录》第35册第216页。

⑦ 段光清:《镜湖自撰年谱》,第31页。

官宴，和官僚贪污一样，有陋规为依据，也规范化。陕西政府对过往官客的应酬，由粮道承办。每次来上等宾客，上席五桌，中席十四桌，上席备燕窝烧烤各菜，中席亦有鱼翅海参，白鳝、鹿尾等难得的食物，也要设法购买应用，宴中要传戏两班。副都统、总兵一类过客，不举行宴会，但要送酒肴。这样，粮道衙门"大宴会则无月无之，小应酬则无日无之"。春秋年节，粮道要宴请西安将军、副都统、巡抚、藩台、臬台和首府、首县及到省城的外道、府、县官。如果十天半月没有过客，粮道要邀请藩、臬、盐道聚餐一次。①河工钱粮多，官员得贪赃，有钱挥霍，"骄奢淫佚，乃遂著称于道光时"，每次宴客，杀猪只吃里脊肉，宰鹅单吃掌，杀驼仅吃峰，吃一样豆腐，有几十种做法，要提前到各地购选佐料，算上工钱，没有几百两银子吃不成。一个宴席，要吃上三天三夜，菜还没有上尽，人熬不住了，只得散席。官员如此，民间也不示弱，江南人、老技师玉琵琶，每开宴会，盘中之物，水陆备陈，有的在千里之外购来，助兴的演奏皆由名伶担任。②宴会多，规模大，规格也比前代提高。康熙时，北京宴席用滦鲫、黄羊，侍郎王士禛已经认为是奢靡了，道光时席尚填鸭、镇江肉翅、黑龙江蝗鱼脆骨，在京任职的姚元之因而感叹地说："踵事增华，亦可惧也。"③

宴和戏联在一起，富贵者在饕餮之时，还要用歌舞来助兴，前已说明宴会中有戏班演出，可谓无戏不开席。人们请客，有时在戏园中进行，边吃边看，戏园兼营饭馆，早在康熙末年就是如此，所以北京查家楼戏园，又称作"酒园"。④咸丰帝在道光帝国丧即将解除时说，道光时京城戏园，"宴会馆馔，日侈一日"⑤。可知吃、看在戏园是那个时代的特点。在苏州民间也是如此，居民要请客，"皆入戏园"，"击牲烹鲜，宾朋满座"。⑥这样待客既体面，又方便。作这种享受的商人很多，所谓"金阊商贾云集，宴会无时，戏馆酒馆凡数十处，每日演剧养活小民不下数万人"⑦。可见宴戏在苏州是一种社会风气，涉及的人员众多。

人们大肆宴请，有着多方面的原因。当过陕西粮道，即主持送往迎来之事

---

① 张集馨：《道咸宦海见闻录》，第 79 页。

② 徐珂辑：《清稗类钞》，第 7 册第 3185 页。

③ 姚元之：《竹叶亭杂记》，中华书局，1982 年，第 176 页。

④ 戴璐：《藤荫杂记》，北京古籍出版社，1982 年，第 50 页。

⑤《清文宗实录》卷 51，《清实录》第 40 册第 687 页。

⑥ 顾禄：《清嘉录》，上海古籍出版社，1986 年，第 122 页。

⑦ 钱泳：《履园丛话》，第 26 页。

的张集馨说了两条：一是"以联友谊"，请客是人们社交的重要手段，官场上互相提携，商业中开展交易；二是宴席不讲究，将被视为"悭吝"，①这是讲排场作风的要求，唯其如此，才显出主客双方身份高、手面阔。就是这样两个缘故，决定宴请风习只会发展，不会削弱。

综上所述，鸦片、赌博、宴戏，是旧习和新风结合在一起，形成严重的社会病，鸦片烟虽在嘉庆前就有人吸食，但到道光朝才成为社会风气。而这种吸毒，为正常社会所不容，有理智的人所不耻；赌博是相沿积习，但花会在闽、粤、浙、皖、鲁、直、奉广大地区发展，使其更具有普遍性，它成为一些人的职业和社会风尚，是社会道德沦丧和人民衣食艰难的表征；宴戏也是积弊，其规格在提高，表明奢侈之风在发展。烟赌倡宴的实践者，第一位是官吏，他们吃喝嫖赌抽样样俱全，其次是商人，下层劳动者、游民亦不乏其人，上上下下各阶层人士都有，具有全社会性，形成风气。

四、西方殖民主义者侵略造成的中国社会问题

英国、美国和法国等西方殖民主义者于道光时期加紧对中国的侵略，在进行罪恶的鸦片贸易的同时，实行军事、政治侵略，思想文化渗透。英国出兵打败清朝，把《南京条约》强加给中国，美、法效尤，分别与清政府签订《望厦条约》《黄埔条约》，在中国攫取了领事裁判权，使中国开始丧失主权和领土。殖民主义的侵略广泛地影响到清朝政策、吏治、民众生活，并激起反侵略斗争。鸦片贸易对中国社会的恶劣作用业于第三节做了说明，这里不赘。

中国民众和官员，对于硬闯入中国社会的西方侵略者、商人和传教士，撵又撵不走，不知如何对待才好，于是形成了各种不同的态度和做法。

一部分统治者惧怕英国侵略者。只要英国人到天津，不必进北京，道光帝和一部分臣僚就矮了三分，马上低声下气，什么事都好商量。琦善对民众、同僚从来不手软，对英国人生怕态度强硬，耆英在天津见英国军官，受人"嘻笑怒骂，隐忍受辱"，伊里布、牛鉴等对侵略者一面闻风而逃，一面犒劳，主持签订屈辱的《江宁条约》。清朝还没有怎么打，就宣布投降，在一部分人中对西方殖民主义者的恐惧病已开始发生。战争过后主持夷务的耆英就知道说"英人

---

① 张集馨:《道咸宦海见闻录》,第 79 页。

如何可畏"①。

一部分官僚和广大民众仇视洋人。部分官员反对签订《江宁条约》，王鼎为此而自杀。②广州三元里民众抗英为众所知，浙江峰县沈山头义民击沉英船，江宁嘉善寺僧侣退敌。③民间讽刺靖逆将军奕山、扬威将军奕经："逆不精，威不扬，两将军难兄难弟。"④在武昌黄鹤楼、城楼及桂林独秀峰出现大量的题壁诗，谴责投降派，同情禁烟派⑤，驳斥投降派的谬论——对英国侵略者羁縻说和英夷恭顺说。鸦片战争之后，广州人反对英人进城，组织团练，和洋人斗争。道光二十五年（1845），英人要求在广州设码关，官府同意，民众闹事，事遂未成。⑥因此，咸丰帝在继位之时就懂得"固结民心，实为制夷之本"⑦。仇视侵略者的绝大多数人凭的是传统的爱国热诚。鸦片战争中浙江有一牛一马致英军于死地，广东学政戴熙把它们称为"国畜""二忠"，⑧以为中国畜牲通人性，自然反对犬羊之类夷人，这是愚昧想法，对侵略者的状况几乎一无所知，却充满阿Q精神，把城下之盟和赔款视为抚循和抚恤。⑨他们尽管反对侵略者，但不知道如何成功地达到目的。

极少数官民亲近洋人。奸民给英国侵略者递送各种情报，在鸦片战争中带路，有读书人上书英军，卖身投敌。张穆因此于道光二十四年（1844）说："人心敝坏，至今日已极。"⑩西洋天主教徒到沿海及内地传教，有中国人接受了，其中有纯粹是宗教信仰的，因为入教是非法的，发现后要退教，他们宁愿被发配新疆，也不出教。⑪但是另有一些信徒，借着教会的势力横行霸道，如张穆所说："倚敌国为逋逃主，负隅自雄。"⑫官府不敢问。教民与百姓的冲突已露端倪。

① 《清史列传》卷40，第10册第3144、3170页。

② 陈康祺：《郎潜纪闻初笔》，中华书局，1984年，第19页。

③ 包世臣：《安吴四种》卷35《致祁大臣书》。

④ 朱克敬：《瞑庵杂识》，岳麓书社，1983年，第34页。

⑤ 朱克敬：《瞑庵杂识》，第76页。

⑥ 清文宗实录》卷446，《清实录》第39册第374页。

⑦ 清文宗实录》卷15，《清实录》第40册第216页。

⑧ 陈康祺：《郎潜纪闻初笔》，第199页。

⑨ 徐珂辑：《清稗类钞》，第1册第452页。

⑩⑫ 张穆：《月斋文集》卷2《弗夷贸易章程书后》。

⑪ 《清宣宗实录》卷217，《清实录》第36册第221页；卷307，《清实录》第37册第782页。

总体上讲,西方殖民主义者的侵略及其影响,构成中国社会的一个大问题,老百姓虽对侵略者非常陌生,但已受害不浅,唯不知如何自拔,如何反对侵略者,尚处在迷惘之中。

　　道光朝的社会问题还有一些,如满汉之间及与其他少数民族关系中的冲突,时隐时现,不做详述了。

　　考察道光朝社会问题,笔者得出这是危机四伏、动荡不安的社会的结论。不安定因素渗透在各个生活领域。不必说民众的小股起事和鸦片战争,即使盗贼横行,抗税抗租罢市抢粮的民众运动此起彼伏,兵变的不时发生,生员的闹事,这些活动都轰动一方,破坏固有社会秩序的稳定。

　　社会不安定的因素在汇聚,民间秘密宗教在延续,会党在勃兴,盗贼盐徒的组织化,也就是民众在逐渐组织起来,集聚力量,到适当的时候就会突然爆发出它的力量,给原有秩序以大的破坏。

　　道光朝的社会,是民众力量在积累并已有所显露,是民众运动大爆发的前夜。

　　西方殖民主义者来势凶猛,人们在迷茫中尚未找到对付的办法,侵略势力有增无已,势必发生更大的灾祸。

　　清朝统治者对社会问题束手无策,任其发展,终于在道咸之际爆发了太平天国起义,随后出现了第二次鸦片战争,使中国社会危机加深,无可改变地落入半殖民地地位。

　　(原载《南开史学》1991 年第 1 期,原题为《述道光朝社会问题》,收入本集有所订补)

论道光朝社会问题

笔者写这篇文章是想说明道光朝(1821—1850)社会问题的内涵,它产生的社会根源,道光帝对它的态度及任其发展而不能解决的原因,以及研究社会问题的意义。由于本文是提交 1992 年南开大学主持召开的第二届明清史国际学术讨论会的论文,并在会前分别以《述道光朝社会问题》《道光朝存在的社会问题》为题在刊物上披露。①这里仅撮其要,并将研讨会之后思考所得续写进来。

一、道光朝的五大社会问题

道光朝的社会问题很多,如土地兼并、满汉矛盾等,笔者归纳为五大问题,即(1)吏治严重败坏;(2)民众运动勃兴;(3)鸦片、赌博、宴戏社会病流行;(4)少数民族与以满族为主体的政府的冲突;(5)西方殖民主义势力入侵及由此造成的社会问题。

陋规和吏治严重败坏。官吏贪赃枉法在清代是司空见惯的事情,形成许多官场陋规,但至道光朝完全固定化了,更普遍了,更经常了。在官吏队伍内部,下级对上司,地方官对京官,两个有业务联系的衙门,为了办事,有送礼规则,这就是下级对上级的三节两寿礼,师爷的节礼,家人的门包;给过境官员的程仪;六房书役给新任主官的卯规;地方官离京上任馈赠中央官员的别敬,夏天送的冰敬,冬天赠的炭敬,晋升时致馈部费;因科举制度在官员中形成门生关系,上下级之间有的也认门生,门生向老师赠送门生礼;此外因业务往来有秋审部费、修船陋规、盘仓费等名目。在官员的任用中,政府实行捐纳制度,卖官收费,地方大员则利用署事、调署、买缺卖缺等执行人事制度的细则,任人唯亲,收受贿赂。官员之间为弥补钱粮亏空,实行"勒接"的办法,即新任必

---

① 分别刊于《南开史学》1991 年第 1 期、《南开学报》1991 年第 4 期。

须接受前任的亏空，否则上司不许到任；又有"流摊"法，把某一属员的亏空，摊派到与他有关的官员身上，帮其赔补。在官民之间，官吏在赋役征收中，于贮存库房和动用时，进行侵蚀贪占，在民事案件中勒索两造，陋规百出：浮收，在额定钱粮外多收耗损；勒折，在银、钱比价上做手脚，多征税额；"放炮"，州县官将要离任，提前征赋；"太平炮"，州县官假借离任之名，提前催征；"倒炮"，新官上任提前收税；漕规，交纳漕粮地区税民为运官、漕丁多纳耗米；签子钱，百姓递交词呈，向衙役交纳费用。陋规之多，难于一一列举。陋规，作为公开的秘密，是不成文的法规，不仅保障贪污的实现，更掩盖了这种丑行，使它成为合法的、无罪的，因而得以继续下去。各种陋规，涉及朝内外大大小小的官员，表明整个官僚集团陷入贪赃枉法之中。道光朝陋规在前朝基础上的进一步制度化，及其泛滥于整个官僚队伍，反映了事情的严重程度和它的根深蒂固性，难于解除。

民不聊生与民众运动。道光时人民贫困，表现为游民和流民的众多，贫民无法安生。于是盗贼遍地，民变频生，秘密宗教、结社深入民间。盗贼作案情节严重，小偷小劫之外，杀人越货，甚至于对官宅、衙门下手，组织团体，拥有武装，敢于拒捕伤官。他们危害民间，也起到了破坏清朝地方秩序的作用。民众面对官府的横征暴敛、富人的盘剥，发动小规模的反抗运动。笔者从《清宣宗实录》的记载获知，民变不下 50 起，[①]其中有抗粮、抗租、罢市、罢考、吃大户、禁米出境、士兵齐队、渔户抗税、焚烧监狱、工匠闹堂，涉及各种职业和多种社会阶层的民众。民间秘密宗教在嘉庆朝被镇压之后，逐渐恢复元气，活跃起来，笔者同样根据《清宣宗实录》的资料，得知一炷香、罗教、先天教、金丹教、八卦教等频繁活动，被官府破获的就达 52 起，[②]民间秘密宗教的活动禁而不绝，屡破屡兴，充分表明民众为争取生存，反对清朝腐败政治的活力及其坚韧性。民间秘密结社，如天地会早已出现，但道光朝组织增多，或虽产生在前朝，这时活跃起来，如添刀会、钩刀会、新天罡会、双刀会、花子会的活动，引起统治者的注意。

烟赌宴的社会病泛滥。社会病是越出社会道德规范和法律政令的不正常现象，而且情况严重，正在蔓延，不易控制，前述盗匪猖獗、游民众多就属于社会病的范畴。道光朝吸食鸦片烟成灾，是新的社会病。嘉、道两朝迭发禁烟令，

---

①② 本卷拙文《道光朝的官贪、民变和社会病述略》制有活动表，请参阅。

毫无效果,上瘾的人越来越多,滇、闽、浙、桂等省种植罂粟增多,而英国强盗倾销鸦片掠夺的白银惊人,真是到了林则徐所说的,再发展下去,将"无可用之兵,无充饷之银"的困境。道光朝赌博的风习也在滋长,"上自公卿大吏,下及编氓徒隶,以及绣房闺阁之人,莫不好赌者"①。赌徒有专门组织——花会、花鼓会,"跑风""走水"传递信息,花会一开,赌徒、棍徒、游民、娼妓蜂拥而至,妇孺不用到现场也可以通过"跑风"参与。"害人至死,不可胜计。"②官府对赌博睁一眼闭一眼,浙抚吴文熔对属员说,赌徒"如肥田恶草,无时无之,我等遇则除之而已,然而不能净也"③。中华以讲究食文化著称于世,不过只有社会上层才有享受的条件。道光朝官宴也形成陋规,不同身份的人有不同的宴饮规则和戏班的演出,民间也有类似情形。宴和戏联在一起,戏园、饭馆由一家经营,所以戏园又称酒园,其时北京戏园里"宴会馆馔,日侈一日"④。鸦片、赌博、宴戏以及娼妓,是旧习与新风结合在一起,反映社会腐败的深度。

西方殖民主义者的侵略强加给中国的社会问题。鸦片战争的后果,是英、美、法侵略者把《南京条约》《望厦条约》《黄埔条约》强加给中国,攫取了领事裁判权,并广泛影响清朝政策、吏治和民众生活;清朝一部分统治者惧怕洋人,一部分官僚与民众仇恨洋人,极少数官民亲近洋人,天主教在华有了发展。

道光朝的五大社会问题,涉及的社会层面广泛,有交税的农民、商人、工匠、渔户、生监,纳租的佃农,城镇的平民、游民、士兵及吏役,几乎包括社会上层以外的所有阶层。他们有秘密的组织,积聚力量,进行抗官斗争,给社会秩序以不小的破坏,又加上来势凶猛的西方殖民主义的侵略,人们在迷惘中不知如何应付,势将发生更大的灾祸。总之,五大社会问题表明道光朝社会危机四伏,动荡不安,终于在道咸之际爆发大规模的太平天国战争。

二、道光帝的修补政策及失败

道光帝和他的辅佐大臣没有认识到社会问题的严重性,他在鸦片战争的

---

① 钱泳:《履园丛话》,中华书局,1979年,第578页。
② 刘体智:《异辞录》,中华书局,1988年,第13页。
③ 段光清:《镜湖自撰年谱》,中华书局,1960年,第31页。
④ 《清文宗实录》卷51,中华书局,1986年,《清实录》第40册第167页。

危机时刻的二十年(1840)四月,仍说当时"海宇乂安,黎民康阜,持盈保泰"①。他也感到朝政日非需要做些改变,二十七年(1847)召见行将上任的川臬张集馨,要求他到任后"诸事整顿",不可令业已败坏的局面继续下去。为使对方理解深刻,他打个比喻说,"譬如人家一所大房子,年深月久,不是东边倒坍,即是西边剥落,住房人随时粘补修理,自然一律整齐,若任听破坏,必至要动大工"②。

如果真把道光朝社会比作有待维修的旧宅,怎样修缮呢?看来道光帝的意思是,既不要把全部房舍拆毁重建,也不是对部分房屋进行改建,只是哪片墙皮剥落了,哪个屋檐倒坍了去修补一下。这番交待,再生动不过地表现了道光帝因循守旧的总的政治态度和在局部范围实行改革的指导思想。

道光帝实行保守的总方针,主要表现在三个方面:

其一,指斥倡言较大改革的官僚。道光帝继位两个月,御史朱鸿提出多方面改良政治的建议,指出当时"吏治未振,民生未裕,士习未端",要求"除因循之弊,杜讳饰之风"。道光帝承认他说的话虽不错,但"只能指陈其致弊之由,而无切实整顿之方,未免徒托空言"③。即使朱鸿没有提出具体的改革措施,道光帝如果锐意改革的话,就应当予以鼓励,让他及同僚多提建设性意见,而不必指责什么空言无用。事实表明道光帝对多方面改革不感兴趣,不愿谈振兴朝政,不采取兴利除弊的方针,而要维持嘉庆朝旧制,实行守旧的政治路线。

其二,道光帝信任平庸官僚,执行他的保守方针。他重用以老成持重著称的曹振镛、潘世恩、穆彰阿等人。所谓老成持重,是不管遇到什么情况,按照旧规慎重处理,也就是墨守成规!曹振镛在嘉庆朝就是"互相推诿,怠玩因循"官僚中的一分子,④被人讥笑为"庸庸碌碌曹丞相",是"小心翼翼"嘉道两朝大臣。⑤他们为了因循守旧,不许官僚谈论朝政,曹振镛警告御史"毋多言,毋豪意兴"⑥,言官只好缄默不上条陈,尸位素餐,成为风俗。他们的当政,成为

① 《清宣宗实录》卷 333,《清实录》第 38 册第 59 页。

② 张集馨:《道咸宦海见闻录》,中华书局,1981 年,第 89 页。

③ 《清宣宗实录》卷 5,《清实录》第 33 册第 132 页。

④ 《清史列传》卷 32《曹振镛传》,中华书局,1987 年,第 8 册第 2479 页。

⑤ 陈其元:《庸闲斋笔记》卷 4,载章伯锋、顾亚主编:《近代稗海》第 10 辑,四川人民出版社,1988 年,第 358 页。

⑥ 朱克敬:《瞑庵杂识》,岳麓书社,1983 年,第 67 页。

保守政治路线的象征。

其三，因循守旧的另一种表现是粉饰太平，君臣互相欺蔽，主要是臣下附会君王的旨意，取得信任。曹振镛对门生披露他做官的秘诀："无他，但多磕头，少说话耳。"①就是揣摩道光帝的心理，加以迎合，因而眷宠无替。穆彰阿看出道光帝改变禁烟态度，立即赞成和议，成为对英国侵略者实行投降政策的主要执行人。琦善也是"好以揣摩固宠"②的人。道光帝说："朕以重任付诸臣，诸臣无非还朕一'欺'字。"③以为臣下对不起他，其实这正是他的守旧方针造成的，人们在迎合帝意之外能说什么话，提什么建议？只好揣摩帝意，保持身家。

道光帝对社会问题，在他敏感的几个方面，如陋规、冗员、漕运、盐务、鸦片，试图进行整治，但遭到失败，或者说收效甚微。

整饬陋规的失败。道光帝继位之初，军机大臣英和建议清查陋规，道光帝立即接受，发布上谕，指出"箕敛溢取之风，日甚一日，而间阎之盖藏，概耗于官司之朘削；民生困蔽，职此之由"。清查方针是，把所有的陋规查明，该保存的留下，该取缔的取消。④他实际是想学习他的曾祖父雍正帝火耗归公的办法，承认一部分陋规，取消其一部，控制它的发展。上谕发出不久，遭到朝内外官员的反对，汤金钊等上书要求停止清理，所持理由不外是三条：一是怕陋规因此而增多，因为承认一部分陋规是合法的，官吏胆子更大，"势必明目张胆，求多于例外，虽有严旨，不能禁矣"⑤。二是清查中滋扰百姓，扩大清查对象，把零星小户，如舟车户的陋规也进行登记，搅得百姓不安宁。⑥三是肯定该留的陋规，名声不好听。粤抚康绍镛上疏说，把陋规名目"逐款胪列，上渎圣听，于体制似亦未协"⑦。清查如果实行得好，并有其他澄清吏治的措施相配合，会有好效果，但是公开承认一部分陋规，于政权形象不利。道光帝于是决定顾名不顾实，罢免英和军机大臣职务，下令停止清查。但是对存在的问题，他没有办法解决，只是说了一通空话："各大吏正己率属，奖廉黜贪，如有苛取病民之

---

① 朱克敬：《瞑庵二识》，第 119 页。

② 陈康祺：《朗潜纪闻四笔》，中华书局，1990 年，第 107 页。

③ 吴嘉宾：《求自得之室文钞》卷 4《论内外欺罔疏》。

④ 《清宣宗实录》卷 4，《清实录》第 33 册第 124 页。

⑤ 《清史稿》卷 364《汤金钊传》，中华书局点校本，第 38 册第 11427 页。

⑥ 《清宣宗实录》卷 10，《清实录》第 33 册第 209 页。

⑦ 陈其元：《庸闲斋笔记》卷 4，载《近代稗海》第 10 辑。

事,立加黜革厘正,斯吏治澄清,民生日臻饶裕矣。"①道光帝整饬陋规的流产是他新政的首次失败,预示以后的兴革也不会有好结果。

江苏漕粮海运的成功。由运河输送长江下游粮食供应北京官、兵食用,是清朝经济上一项措施,但运河常因水枯使船只不能顺利通行,嘉庆朝探讨过利用海船运粮的问题,没有结果。道光四年(1824),运河梗阻,道光帝下令讨论海运的可能性,两江和漕运官员表示反对。次年,大量漕船不能北达,英和建议实行海运,苏抚陶澍赞成,他提议海运、河运同时进行,减少河运负担,以便疏浚河道,提高河运能力。道光帝批准了他的方案,六年(1826)陶澍到上海督运,将苏、松、常、镇、太四府一州漕、白二粮一百六十三万石运到天津,海运成功。英和创议海运时就指出这是权宜之计,次年军机大臣蒋攸铦要求继续海运,道光帝不允许,实即罢海运,到二十六年(1846)才又下诏海运。②海运漕粮只限于江苏四府一州的,浙江、安徽等省港粮依旧河运,海运只解决一时燃眉之急,没有成为定制,漕粮仍靠河运,所以是不大的改革。当然,道光六年的海运开创了清代漕粮海运的先例,有其一定意义。

两淮盐务整顿。苏、鲁捻匪横行,与私盐贩关系密切,是两淮盐政败坏的表征。九年(1829),道光帝说:"两淮盐务,弊坏已极。"③官督商销的盐引销不出去,次年两淮应销盐一百六十万引,只销出五十二万引,为应销额的三分之一,历年所亏银课达六千三百万两。道光帝派户部尚书王鼎等前往察考,两江总督陶澍建议,减少行政费用,历年未完成的销售额暂停摊派到近年份额内弥补,以便先售足当年额数,同时采用允许商人散售的办法,争取把平价盐销出去,以挤垮私盐贩,利益归政府。道光帝予以采纳,并命取消两淮盐政,其事务由江督管理,以统一事权。陶澍拟定淮北票盐法,执行效果甚佳,但推行到淮南,收效不大。④两淮盐额,主要在淮南,只淮北见成效,大大缩小了两淮盐务整顿的范围与影响。

整肃劣员,未达目的。十二年(1832),道光帝决定对冗劣官员进行清理,

①《清宣宗实录》卷10,《清实录》第33册第209页。

②《清史稿》卷122《食货志三》,第13册第3593页;卷363《英和传》,第38册第11411页;《清史列传》卷37《陶澍传》,第10册第2916页。

③《清宣宗实录》卷161,《清实录》第35册第487页。

④《清史稿》卷123《食货志四》,第13册第3617页;《清史列传》卷27《陶澍传》,第10册第2916页。

六月命令各地督抚举报"贪酷不法,玩世不振及衰老疾病"①官员。八月又指示督抚对"才不称职,年历衰庸"②的属员立行参劾。他希望把贪婪不法、才力不足、年老有病的官员加以整治和裁汰。这三种人之弊,一祸害百姓,二影响政府施行权力,三妨碍人才的登进,极应整肃。但是实行的情况不妙,原因是大吏"奉行不力",循情枉法,对该当清退的属员不行弹劾,所以"官方仍亏,人才未奋"③。此事的成效就是裁革同知以下110多个小官员缺。④道光帝在这里犯了一个错误,即只整下吏,不动大员,只好听任官员上下循隐,以失败而告终。

禁烟的失败。道光帝禁烟是政治上振作的重大表现,但不能坚持,乃至一败涂地。鸦片烟难禁,除了英国侵略者的作用,就清朝内部讲,有三方面的破坏力量:首先是不法官吏的保护;其次是官吏和社会恶势力利用禁烟谋利;最后,贩毒势力攻击坚持禁烟的官员,诬蔑他们逮捕烟贩子为"贪功",审问为"酷罚",进而攻击禁烟政策是"急于理财",禁烟条例是"急于改律"。⑤图谋蛊惑人心,令禁烟者畏缩不前。道光帝对破坏势力束手无策,自身也摇摆到弛禁派方面,禁烟随之流产。

道光君臣的五项兴革,直接或间接针对社会问题,希图有所解决,其中两项整顿吏治的,没有成效,禁烟以惨败告终,唯海运局部见功,从全局看,革新是失败的。这五个方面,就吏治和禁烟讲,事关重要,若能解决,会使整个局势有所改观;海运和两淮盐政是相对次要的事,海运是漕运的救急手段,成功的价值也有限。道光朝的五项改革,不是对各种社会问题作通盘的解决,特别是没有全面的整饬吏治的方针、措施,处理赋苛官贪民贫的问题,只是企图在局部范围内作点调整。因此说道光帝在实行守旧路线的前提下,为整治政事弊病,进行小的修补,然而也以失败了结。十五年(1835),道光帝说"废弛易而整理难",自己"仅能或挽狂澜耳"。⑥实际上他根本不能控制社会弊端的发展,积弊越往后越严重。

---

①《清宣宗实录》卷123,《清实录》第36册第143页。

②《黄爵滋奏疏》,中华书局,1959年,第21页。

③《黄爵滋奏疏》,第21页。

④ 梁章钜:《浪迹丛谈》,中华书局,1981年,第87页。

⑤《清宣宗实录》卷326,《清实录》第37册第1130页。

⑥《清宣宗实录》卷262,《清实录》第5册第12页。

三、道光朝不能改革的原因

道光朝社会问题的产生,受着三种社会因素的影响;一是君主专制社会制度,即赋役制和土地制、租佃制这些基本的社会制度,是道光社会动荡不安的总根源;二是官僚制度造成吏治的败坏,促成不良的社会风气的发展;三是西方殖民主义者的入侵,贩卖鸦片,助长官风民俗的败坏。这三种因素的结合,成为道光朝社会问题发生的根源。这三种因素不能消除,革新自然不可能得到成功。社会基本制度和官制在那个时代,不要说变革的实现,就多设想也是难于想象的,这是道光朝不能改革的基本原因。此外,再从当时的客观状况进一步考察,就会发现一些具体的原因,

因循守旧的方针与循隐的官风相结合,使吏治败坏,失去对其他社会问题进行整饬的先决条件。朝内朝外,大大小小的官吏勾结在一起,通同作弊,大事化小,小事化了,社会弊端也被保留了。最足以表明粉饰之政、官场循隐的是道光年间对官员进行考核的大计、军政状况。为简明表述,特作"道光朝大计简况表""道光朝军政简况表"于下:

道光朝大计简况表[1]

年份	卓异	不谨	年老	有疾	才力不及	疲软	浮躁	合计	资料出处
1826	158	31	47	29	27	8	25	325	《清宣宗实录》[2]卷1142,《清实录》第34册第910页
1829	163	20	55	30	23	8	12	311	同上,卷165,第35册第560页
1832	146	17	48	16	26	9	14	276	同上,卷232,第36册第474页
1835	165	20	59	25	39	8	11	327	同上,卷279,第37册第298页
1838	296	29	68	28	43	5	11	480	同上,卷319,第37册第994页
1844	202	19	63	21	32	8	12	357	同上,卷414,第39册第397页
1847	177	30	48	12	24	16	8	315	同上,卷452,第39册第410页
1850	150	24	53	16	26	8	4	281	《清文宗实录》卷28,《清实录》第40册第410页
合计	1457	190	441	177	240	70	97	2672	
占比(%)	54.5	7.2	16.5	6.6	9.0	2.6	3.6	100	

注:(1)各年各类统计数字,系笔者据资料累计得出。

(2)此处所指卷、页,系该年大计资料首见者,续见者未注明。

道光朝军政简况表¹⁾

年份	卓异	不谨	年老	有疾	才力不及	疲软	浮躁	合计	资料出处
1827	98	4	59	22	21	14	1	219	《清宣宗实录》卷 131,34 册 1179 页²⁾
1832	99	6	33	7	11	11	3	170	同上,卷 228,36 册 399 页
1837	95	2	32	18	35³⁾	11	4	197	同上,卷 303,37 册 725 页
1842	172	1	74	27	14	1	22	311	同上,卷 374,38 册 748 页
1847	101	3	39	8	29	16	2	198	同上,卷 450,39 册 674 页
合计	565	16	237	82	110	53	32	1095	
占比(%)	51.6	1.5	21.7	7.4	10.0	4.9	2.9	100	

注:(1)各年各类统计数字,系笔者据资料累计得出。

(2)此处所指卷、页,系该年军政资料首见之处,续见者未注明。

(3)这里 35 人,系才力不足 27 人与骑射平常 8 人的合计数,唯有这年军政有"骑射平常"评语,他年无,故未单列项,与才力平常合在一起列表了。

大计、军政的卓异官员,均在 50% 以上,应该是政绩突出、政风醇正的表现,而事实上恰恰相反。所以道光朝对官员的考核,只是弄虚作假,有如儿戏。政风恶劣状态下的考核,也只能有此名实不副的结果。

道光朝官官相护,有着严密的关系网。事例之多不胜枚举。道光三十年(1850)二月,侍郎周祖培奏称:"上司多为瞻徇,同官互相营私。"①概括得相当准确。少数正直官员,认真办事,赃官也有办法对付:一是进行反控告,即当他被人揭发出来,把他对上司、同僚的馈赠抖露出来,因为陋规有簿籍可查,赖不了,上司害怕,压抑清廉官员,安抚赃官,令他安然过关。另一方法是攻击正直官员,令其无法开展工作和生活。浙江德清民妇徐蔡氏被徐倪氏勒死一案,三年没有查清,浙江"大小各员,通同一气,牢不可破",按察使王惟询忠于职守,企图查明真相,没法进行,愤而自杀。五年(1825),道光帝派军机大臣王鼎前往浙江,也只查出德清令受贿一百元,县令以上官皆无罪。②军机大臣岂能频任此职?! 何况并没有真正破案。这一事例足以反映官场循庇成风,无法整顿。

道光朝的难于整顿,还在于社会积弊太重太深,所谓"积重难返"。比如赋役中的陋规,雍正朝实行耗羡归公政策,把官僚的各种赋外追索加以整顿,有

---

① 《清文宗实录》卷 4,《清实录》第 40 册第 99 页。

② 《清宣宗实录》卷 87,《清实录》第 34 册第 399 页;卷 91,《清实录》第 34 册第 476 页。

的取缔了,有的纳入正赋,使得官吏不敢再行加派,造成吏治的相对澄清。但是在讨论这个政策的时候,吏部右侍郎沈近思就预言:"今日则正项之外更添正项,他日必至耗羡之外更添耗羡。"①事实正是如此,就如同前述那样恶劣了。再如捐纳事例,作为清朝的传统制度,只会随着政治的败坏和政府需要用钱而增加,道光朝焉能消除。嘉、道时期朝臣要求君主效法雍正帝实行改革。洪亮吉建议嘉庆帝"先法宪皇帝之严明,使吏治肃,民乐生,然后法仁皇帝之宽仁"②。十二年御史巩赞勋建议按照雍正年间办法,向各省派出观风整俗使,加强对官民的考察。③道光帝也有向曾祖父学习的愿望,他阅读《清世宗实录》,刻刊雍正帝《钦定训饬州县条例》,颁发臣下,要求认真贯彻。④又下令督抚州县把雍正帝关于"为政之道,爱民为本"的上谕恭录悬于大堂,作为行政准则。⑤道光帝想学,但是没有学成。他本人的条件和雍正帝无法相比,雍正帝是雄主,善于决断,把握下情,办事雷厉风行,勤于政事,不受臣僚欺蔽,方针政策得以贯彻。道光帝本质上是守旧人物,在鸦片战争失败之际,自恨"才德之未逮"⑥,倒也符合实际,不能期望他实现改革。

此外,道光帝遇到他的先人所没有碰到的西方资本主义的军事入侵,并被打败了。冯桂芬谈清朝碰到的问题是,"有天地开辟以来未有之奇愤……则今日之广运万里地球中第一大国,而受制于小夷也"⑦。《清史稿·宣宗纪》讲:"远人贸易,构衅兴戎,其视前代戎狄之类,盖不侔矣。"⑧清人和民国时期的史家都指出道光帝前所未见的外事问题。以汉族历史讲,被小而强的蒙古、满洲打败过,统治过,但是这是受落后民族辖治,而能最终把他们同化。现在道光帝所面临的却是社会制度、生产力都比中国先进和发达的国家,再不能同化人家。这个恼人的问题,非但不能解决,还在发展,在这种情况下,道光帝更无力进行内政改革,只好因循下去,所以鸦片战争后,诸如整顿陋规、裁汰冗员

---

① 全祖望:《鲒埼亭集外编》卷 30《题沈端恪公神道碑后》。
② 洪亮吉:《卷施阁文甲集》卷 10"极言时政启",光绪五年授经堂重刊本。
③《清宣宗实录》卷 214,《清实录》第 36 册第 166 页。
④《清宣宗实录》卷 291,《清实录》第 37 册第 499 页。
⑤《清宣宗实录》卷 215,《清实录》第 36 册第 197 页。
⑥《清宣宗实录》卷 371,《清实录》第 38 册第 655 页。
⑦ 冯桂芬:《校邠庐抗议》卷下《制洋器议》,1898 年版。
⑧《清宣宗实录》,《清实录》第 4 册第 709 页。

的问题也不能提出来了。

四、两种性质的矛盾与发展前途

前述道光朝的社会问题,从性质分析有两种类型:一是君主专制社会的,税民与清朝政府的对立统一,主佃的阶级矛盾,平民与特权阶层的等级矛盾,皆是中国传统社会所固有。另一种是民族性(种族性)的,这里指外来侵略民族与中华民族的矛盾,而不是国内各民族间的冲突。这时西方殖民主义者企图把中国变成殖民地,经过鸦片战争及《南京条约》等条约的订立,使中国开始丧失主权。这是一个新矛盾,是新的西方资本主义侵略势力与中国的矛盾。

中国传统社会内部矛盾,靠自身社会制度不能解决,得由社会内部产生新的社会因素取代它,即资本主义因素的萌芽与发展壮大,也就是说资本主义发展到相当成熟阶段,取代君主专制制度。道光时期,资本主义萌芽还很幼弱,尚未形成战胜君主专制制度的力量。

鸦片战争中及战后,关心国事的官僚和士人提出制夷的办法,归纳起来。为以下几个方面:(1)改造船炮武器。中英一开战,人们就看出英国有"船坚炮利"的优势,提出改铸大炮、改造战船的建议,林则徐要求"制炮必求极利,制船必求极坚"①,黄爵滋在《筹议海防造船铸炮疏》,姚莹在《复邓制府言夷务书》中具体规划了战船的改建事宜。道光帝把监生丁拱辰撰著的《演炮图说》等书发给疆臣按式督造。一时间各地督抚造船铸炮,以抬枪换鸟枪,更新武器,以增强国防力量抵御殖民主义者,是强兵思想的表现。(2)加强海疆建设和澄清吏治。吴嘉宾在《海疆善后疏》中建言重视沿海吏治,实行屯田,掌握物价,实行保甲。②张杓的《上杨侯陈善后事宜书》要求在沿海办团练。守汛兵就近招募,改订洋行章程。③这些议论并不新鲜,就事论事,没有新思想、新办法。(3)长我志气,灭敌威风。陈金城在《平夷论》中倡言:"总使我军有必吞逆夷之心,毋使逆夷有轻视我军之意。"④不过是大言空言,无补于事。(4)发展

---

① 《林则徐集·奏稿》卷10《密陈夷务不能歇手片》,中华书局,1985年,中册第855页。
② 吴嘉宾:《求自得之室文钞》卷4。
③ 张穆:《月斋文集》。
④ 陈金城:《怡怡堂文集》卷3。

民用工业。在制造船炮为众人接受的同时,魏源认为,量天尺、千里镜、龙尾车、风锯、水锯、火轮机、火轮舟、自来火、自转难碓、千斤秤之类,"凡有益于民用者",皆当制造。①上述这些主张,有的并没有创建创识,只有林则徐、魏源提出的"师夷长技以制夷"思想,倡导学习西洋先进科学技术,以自身的强大来对付洋人,是有胆有识之见,得到后人的称赞。清人冯桂芬就说"独师夷之长技以制夷一语为得之"②。

向西方学习的思想,应当是改造清朝的思想武器,但是在19世纪40年代,持有这种思想的有如凤毛麟角,不成气候。其时,腐败的官僚队伍,经历了鸦片战争,禁烟派、主战派遭到无情的打击,投降派得势,官吏队伍中不能出现一支改革力量以支持向西方学习的主张;在民间,资本主义萌芽的力量微弱,不足以反映到政治上来支持这一主张。所以,这种主张基本上是书生议政,尚不能运用到行政上,引起政治改革。因此,道光时期的那些社会问题只能日益发展,日趋严重。终于在道、咸之际爆发了中国历史上最后一次大规模农民战争——太平天国起义,没有几年又发生了第二次鸦片战争,使中国社会危机加深,无可改变地落入半殖民地处境。

五、余论:重视社会问题的研究

笔者对道光朝社会问题的把握,对它产生的根源和它对历史进程的影响诸方面的认识尚很肤浅,只是感到着眼社会问题的研究,或者说从这个角度进行道光史的考察,是十分必要的:它有利于分析那个时代的历史演进,更好地总结历史的经验教训。重视社会问题研究,笔者的体会是:

(一)注意发现新的社会变动

社会问题是时代的特有事物,即或是旧时代的遗留,也必有它的特点和突出的地方,是一个时代的事物,因此要捕捉社会问题,需要观察社会各种各样、大大小小的变化。比如信洋教者,在道光朝,有虔诚的信徒,为坚持信仰,不怕获罪充军;另一方面,有人知道利用洋教作恶,这两种信徒的出现,说明基督教必将在华发展,必将因此而产生新的社会问题,如后来层出不穷的教

---

① 魏源:《海国图志》卷2《议战》。
② 冯桂芬:《校邠庐抗议》卷下《制洋器议》。

案及义和团运动,还改变了中国宗教结构状况。再如,道光朝通"洋务"的人吃开了,其适应中外交往的需要,日益发展,后来出现买办阶层,引起社会结构的变动。道光朝信洋教、搞洋务的人极少,但他们的社会地位开始发生变化,所以值得关注。

(二)联系历史传统与社会制度考察社会问题

任何社会问题的发生,都不是偶然的,它必有一个萌生的时期,逐渐发展成严重势态。道光朝民间秘密宗教的活动,不必追溯到东汉的太平道,就是白莲教系统的,也有上千年的历史,它在历史上不断成为重大的社会问题。道光朝的民变频生,也是历史上反复出现的现象,不过各个时期的状况不同,不一定都构成社会问题。民间宗教、民变的出现,都同土地所有制、租佃制、赋役制度相关联,是这些社会基本制度的必然产物。因此,研究社会问题,需要从社会制度、社会结构寻找其根本原因;制度之外,风俗习惯、传统意识与作风也影响事物的发展变化,道光朝的民变,也是继承了历史上民众反抗运动的传统。注意传统因素与基本制度的作用,对社会问题的认识才可能加深。

(三)极宜重视社会问题的信号作用

社会问题既是社会制度、政府政策与社会生产力发展不相适应的产物,一个时期社会问题繁多、势态严峻,就表明社会制度与政策严重束缚了生产力的发展,制度、政策就亟需进行变革。道光朝的社会问题之所以不能解决,乃因封建制不能变化,政府又没有实行改革的政策,只好任其发展下去了。严重社会问题的发生,是向人们发出要求社会改革的信号,这时就要看有没有敏锐的人能够接收它,有没有一种社会力量能够进行社会改革。社会问题的信号作用是不以人们认识与否为转移的,史学研究者需要重视社会问题的信号作用,以剖明历史的演变。

(原载《第二届明清史国际学术讨论会论文集》,天津人民出版社,1993 年)

清朝前期与末季区域人才的变化
——以引见官员、鼎甲、翰林为例

在清朝的不同时期,活跃于政治、军事、教育、文化舞台上的各省籍、各旗籍的人充当了不同的角色。开始是出身于辽、吉的旗人驰骋于政治、军事领域;后期则是湘、淮系统的人执掌军事、政治牛耳。两广人稍露头角;江、浙人始终是文化教育方面的佼佼者和政治上的主角之一。显而易见,各个地区的人才状况不同。这里说的地区是以省区划分的,然而在清代的多民族国家中,满族是统治民族,满人主要不以地域来区划,而是以八旗旗籍来区别,同时八旗又分出满、蒙、汉三种,旗人的八旗旗籍就相当于汉人的省籍。讲到区域人才,要包括省区的和旗籍的两类人才较为全面,较为符合清代实际。

清代区域人才的不同,在今存的清人笔记里可以找到很多记录。段光清是安徽宿松人,宿松的邻县是太湖县,段氏在《镜湖自撰年谱》中写道:"太邑发人比吾邑原多,然其风气不如吾邑忠厚。"①这是说宿松出的科举人才不如太湖多,但民风比太湖好。这是在两个县之间进行比较。刘体智则在省区之间作对比,他说:"皖省科甲门第逊于江浙,然于学问渊源,则较为早。"②认为安徽科甲虽不如江苏、浙江发达,但学术却不让于人。在文化上,周亮工以福建为例作说明:"闽中才俊辈出,颖异之士颇多,能诗者,十得六七","八闽士人,咸能作小楷,而会城人尤工此,两浙、三吴所未有,勿论江以北也"。③这样把江浙以外的人也带上了。刘继庄把江苏和江西作比较而赞赏后者说:"江西风土,与江南迥异",江南"虽美丽,而有富贵闺阁气",江西"有超然远举之致"。④苏州人总以出状元多而自豪,不时招来非议,如云"苏州出状元,亦犹河间出

---

① 段光清:《镜湖自撰年谱》"道光二十年"条。
② 刘体智:《异辞录》卷1《皖省学问渊源》。
③ 周亮工:《闽小记》卷1《才俊》。
④ 刘献廷:《广阳杂记》卷4。

太监,绍兴出惰民,江西出剃头师,句容出剔脚匠"①。将状元和贱民或卑贱职业者相提并论,自然含讥讽之意,然而也显示出各地职业和人才的不同。人才和风俗的差异,也带来矛盾。刘体智指出:"南北风气不同,性情亦异,微特满汉不能一家,即畿辅与江浙亦分两派。"②他的目的是要说清朝皇帝重满轻汉、亲北疏南,不过这反映出了满汉、南北风情与人才的不同。若对清代各地区人才作全面说明,一篇文章难于做到,故本文只涉及清代前期和末季的官僚人才及科举人才。

笔者在北京中国第一历史档案馆(以下简称"一史馆")看到一些官员履历档,特别是雍正朝和光、宣时期的。"一史馆"的履历档,是皇帝引见、考察、任用官员形成的档案文书。被引见的官员包括四品至七品文官、三品至六品武官,以及少数三品文官及七品以下文武官。在引见过程中,被引见人要自写履历,其主管衙门也要为之写包括履历在内的申请引见报告,是以有履历文书的出现。履历中要书写姓名、年龄、籍贯、出身、经历、奖惩,因为皇帝在引见中有时会写出对其人的印象,所以有的履历文书中有朱批。"一史馆"今存履历档5.4万余件,并区分为三大类:宫中履历片、宫中档案履历单、宫中履历引见折。笔者主要利用这些史料进行本专题的研究,试图比较区域人才的异同及其变化,并希望能对产生这些差异的原因作些说明。

一、省籍、旗籍官员统计表反映的区域人才差异

笔者在履历档案中查阅了2700多个雍正朝引见官员的籍贯和旗籍,近300个光绪十八年(1892)和454个宣统元年(1909)引见官员的籍属资料,现利用它们制作出四份统计表,以期揭示不同时期区域人才的差异。

---

① 梁绍壬:《两般秋雨盦随笔》卷1《苏州状元》。
② 刘体智:《异辞录》卷3《清廷亲北疏南》。

表一 雍正朝各旗籍、省籍引见官员统计暨位次表①

籍属	旗籍					省籍															合计
	满	蒙	汉军	顺天	奉天	直隶	山西	山东	河南	江南	江西	浙江	福建	湖广	广东	广西	云南	贵州	四川	陕西	
官员数	88	2	193	73	4	149	155	162	96	288	49	181	232	117	83	34	59	37	129	598	2729
百分比(%)	3.25	0.07	7.07	2.67	0.15	5.46	5.68	5.94	3.52	10.55	1.8	6.63	8.5	4.29	3.04	1.25	2.16	1.36	4.73	21.91	100
位次	12	20	4	14	19	8	7	6	11	2	16	5	3	10	13	18	15	17	9	1	

① 中国第一历史档案馆（以下简称"一史馆"）藏档，《宫中全宗·履历单·雍正朝》，卷 2 至 40，缩微胶卷第 1 盘。

154

令人吃惊的是,陕西竟有近600名官员被引见,占全部引见官员的21.91%,即1/5以上,位居第一,而且比第二位的江南高出一倍多,为其他地区所不能比。当然,那时的陕西包括今天的陕西、甘肃、宁夏和青海,这些都是落后地区,加进它们也不能解释陕西引见官员之多的疑问。江南(包括今之江苏、安徽两省)居第二,从前述人们对它的种种议论可知,是毫不足怪的。第三是福建,达232人,可与江南媲美,也多少有点令人意外。这两省可视为第二个层次。第四至第十的汉军、浙江、山东、山西、直隶、四川、湖广(包括湖北、湖南两省),引见人数均在100名以上,是第三层次。第十一至第十五的河南、满洲、广东、顺天、云南,是第四层次。下余的引见人数都在50人以下,是为第五层次,奉天、蒙古尤少,江西竟然落至第十六名,也是出人意料。

表二　光绪十八年(1892)各旗籍、省籍引见官员统计暨位次表①

籍别	满	蒙	汉军	顺天	奉天	直	晋	鲁	豫	苏	皖	赣	浙	闽	鄂	湘	粤	桂	滇	黔	川	陕	总计
人数	69	15	22	4	2	5	3	6	6	16	35	12	15	1	7	41	7	7	3	8	8	5	297
%	23.2	5.1	7.4	1.3	0.7	1.7	1	2	2	5.4	11.8	4	5.	0.3	2.4	13.8	2.4	2.4	1	2.7	2.7	1.7	100
位次	1	6	4	12	14	11	13	10	10	5	3	7	6	15	9	2	9	9	13	8	8	11	

在表二中,我们惊异地发现满人(含宗室成员)跃居首位,以69名占引见官总数的23.2%(为第二位湖南的1.69倍),是当然的第一层次。湖南、安徽分居第二、三位,第四位的汉军与它们的距离比较大,不能相提并论,故不划入第二层次。第三层次有汉军、江苏、浙江、蒙古和江西。蒙古地位的变化自然也是让人刮目相看的。此外都是第四层次,陕西引见官仅占总数的1.7%,少得可怜,而福建已跌落到最后一位。

与光绪十八年(1892)仅差17年的宣统元年各地域在引见方面有没有变化呢?让我们看一看表三。

① "一史馆"藏档,《宫中全宗·履历单·光绪十八年》,卷157至17140,缩微胶卷第3盘。

籍别	满	蒙	汉军	顺天	奉天	直	晋	鲁	豫	苏	皖	赣	浙	闽	鄂	湘	粤	桂	滇	黔	川	陕	总计
人数	118	26	29	13	3	17	7	5	11	36	31	16	26	8	9	22	16	2	11	9	8	31	454
%	26	5.7	6.4	2.9	0.7	3.7	1.5	1.1	2.4	7.9	6.8	5.2	3.5	1.8	2	4.8	3.5	0.4	2.4	2	1.8	6.8	100
位次	1	5	4	9	15	7	13	14	10	2	3	8	5	12	11	6	8	16	10	11	12	3	

表三显示,满人居高不下,而且引见官员占到总数的26%,超过1/4,比前又有增加;江苏、安徽、陕西、汉军、蒙古和浙江成为次于满人的第二层次;湖南降到第六位,与直隶、广东、江西顺天构成第三个层次;云南、四川已降为第四层次,山西、山东、奉天、广西排到了末尾。

光绪、宣统之间是清朝末期,我们把表二中光绪十八年和表三中宣统元年的引见官员的数字放在一起统计,制作成表四:

表四　光宣之际各省籍、旗籍引见官员统计暨位次表

籍别	满	蒙	汉军	顺天	奉天	直	晋	鲁	豫	苏	皖	赣	浙	闽	鄂	湘	粤	桂	滇	黔	川	陕	总计
人数	187	41	51	17	5	22	10	11	17	52	66	28	41	9	16	63	23	9	14	17	16	36	751
位次	1	6	5	11	17	10	15	14	11	4	2	8	6	12	3	9	16	13	11	12	7		

满洲引见官187人,为总数的1/4,位居第一,与第二位安徽的差距非常之大,几乎是3倍。安徽和湖南引见官甚为接近,形成第二层次。江苏、汉军、蒙古和浙江为第三层次。陕西、江西、广东及直隶构成第四层次,河南、顺天以下通为最后一个层次,奉天、广西、福建引见官均在10人以内,尤少。

综合各省籍、旗籍引见官员的异同和变化,可以归纳为以下几点:

1.各省籍、旗籍引见官员的比重,在不同时期变化比较大的,主要表现在首、尾几个位次籍别的变异上

清朝前期和末季的第一位分别是陕西、满洲,满洲引见官在雍正朝处于20个位次中的第十二位,可是到了光、宣之际,一跃而居首位,而且成倍地超过第二位;相反,原来处于绝对优势的陕西,地位显著下降,在光绪十八年(1892)的统计中,落到22位中的第十一位,宣统元年(1909)有回升,光、宣之际保持在第七位,但属于第四层次,实际上是中间偏下地位,与雍正时期的状

---

① "一史馆"藏档,《宫中全宗·履历单·宣统元年》,卷352至374,缩微胶卷第5、第6盘。

况无法相比。不同时期第一位的变化可谓巨大。第二位也处在变动之中,雍正朝包含江苏和安徽的江南,因当时江苏人才比安徽多,所谓江南,在人们观念里基本上是指江苏,可以笼统地说江苏居第二位。光绪十八年(1892),湖南跃居到第二位,而其在雍正朝与湖北在一起作为湖广才占第十位,上升极其明显。宣统元年(1909),江苏又恢复到原来位置。光、宣之际安徽处在第二位,也就是说第二位在苏皖湘三省中变动,并不稳定。湖南,当雍正朝与湖北一起为湖广时,居于中间的第十位,而到了光绪十八年(1892)上升到第二位,光、宣之际保持在第三位,升势明显。雍正朝的第三位是福建,可是到光绪十八年却落到倒数第一的惨境,宣统元年地位虽有所回升,但光、宣之际合计仍为倒数第二。末尾的变动之大与前列相似,最后一位,在雍正朝是蒙古,可是到光绪十八年(1892)它已上升至第六位,宣统元年(1909)又前进一步,光、宣之际也保持住了。光绪十八年(1892)末位福建,系由雍正朝第三位降下来的,前已说过。贵州在雍正朝位居第十七,光绪十八年(1892)为第八位,宣统元年(1909)是第十一位,光、宣之际也是第十一位,有上升趋势。

总之,满洲、陕西、四川、福建、蒙古、湖南、贵州在引见官员中的地位变化巨大或较大,尤其是处在前列与后位的省、旗籍的变动显著,表明在清代的不同时期,相当部分的省籍、旗籍引见官员比重处于不稳定状态,升降不常。

2.一些省籍、旗籍引见官员比重处于比较稳定的地位,或恒在前列,或恒居中位,或永在末流

江苏在雍正年间处于接近第二的地位,光绪十八年(1892)下降至第五位,这同乾隆朝苏、皖正式分治有关,稍后的宣统元年(1909)复为第二位,光、宣之际总算则居于第四位。从总的情形看,它处在第二个层次,比较稳定。汉军在上列4个统计表中3个居第四,1个在第五位,处于第二、第三层次之间,应属于第三层次,但是地位是稳定的。浙江在4个表中,不是处在第五位,就是第六位,牢定在第三层次。由于第一位与第二位差距大,而且处在第二层次的也少,所以处于第三层次的汉军、浙江在引见官员比重上从总体来讲是在前列的。

江西在表一中处在第十六位的后进层次,而在后3个表中上升到第七位、第八位,基本上属于中间层次。湖广通算的湖北,在前期是第十位,到清末以一省而为第十二位,可以说一直属于中间层次。广东在先为第十三位后为第九位,稳定于中间层次。山东、山西、直隶、河南在引见官员的比重方面,皆在第十名前后。上述这些省份是中间层次的稳定成员。

顺天在 4 个表中的位置,依次是第十四、第十二、第九、第十一位,实际上引见官员很少,是下层地位。在历次统计数字中,广西引见官加在一起,计 43 人,而总计引见人是 3480 名,它只占 1.24%,比例异常小。云南累计为 73 人,占总数的 2.1%,比例也小得很。奉天在统计表上的次序始终属于后列。无疑,滇、桂、顺天、奉天是稳定的后进省、府。

3.区分各省籍、旗籍引见官员的层次和地位

以上指出各个省籍、旗籍在引见官员方面的地位,并在局部问题上将它们区分为若干层次,至此,要作综合观察,即依据引见官员的实况和变动情形,将有清一代各省籍、旗籍作出层次的划分。笔者认为分成四个层次较为合适。即:第一层次,包括满洲、江苏、汉军、安徽、浙江 5 个省、旗籍;第二层次,有湖南、陕西两省籍;第三层次,省籍、旗籍较多,有赣、粤、鄂、直、鲁、豫、晋、川、闽、顺天、蒙古;第四层次,为滇、黔、桂和奉天。这 4 个层次,包括了 22 个省籍、旗籍,每一个特定层次,也就是它们在引见官员上所处的地位。这 4 个层次表明各行省和满、蒙、汉八旗处境不同,有先进、较先进、中间和后进的区别,所拥有的人才状况不一,处于不平衡状态;前面还说到各省、旗的地位在不同时期的变化,也表明它们之间有所竞争,不会绝对稳定。

上述各省籍、旗籍被引见人,大多数是中级官员,少数为高官和微员,不言而喻,他们基本上是中级行政人才,直接反映了各行省和八旗的中级行政人才状况,但是高级行政人员是从中级官员晋升上去的,所以它也在一定程度上反映了各省、旗籍的高级行政人才情形。

本节所叙述的各省、旗籍引见官员状况,以及在清代前期和末期的变化,只是从引见官员,也即中级官员的一个侧面,表明清代各行省和八旗人才的不平衡和基本上不稳定的状态。那么,为什么会是不平衡的和不稳定的呢?下一节考察这一问题。

二、区域人才变化的原因

区域人才状况的形成,原因自然会是多方面的,与当地的经济、教育、文化发展水平相关,与传统有关,同政治更是紧密相连。

(一)战争与区域人才的关系

清初的统一战争使满人和汉军驰骋在政治、军事舞台上,涌现出大量人

才,毋庸多说。但是,为何陕西、湖南、安徽等省能在引见官员上名列前茅？笔者以为起决定性作用的是康、雍之际的西北用兵和咸、同时期的太平天国、捻军战争。

康熙末年从四川、青海两路进军西藏,胜利后驻军甘肃,准备对准噶尔用兵;雍正初年在青海平叛,中期发动对准噶尔的战争,坚持到末年尚未结束,战争后方即在今日的陕甘,所以那时陕西和四川既是用兵前线,又是后方。当地人参战和支援战争是势所必然,于是出任或升任武官,从而被引见。这不是臆测,有引见官的文职、武职数字做依据。在表一中所列雍正朝各省、旗籍官员数字,包括了文武两类官员,可惜笔者在开始时没有将文武两类作分别的统计。只是从雍正八年(1730)起才积累这方面资料,以此制成表五:

表五　雍正八年(1730)至十三年(1735)引见各省、旗籍文武职官统计暨百分比表[①]

籍属	满	汉军	顺天	奉天	直	晋	鲁	豫	江南	赣	浙	闽	湖广	粤	桂	滇	黔	川	陕	蒙	合计
文官数	12	35	12	2	11	13	13	12	57	8	30	9	4	2	5	5	2	2	9	0	243
武官数	3	7	4	1	18	13	15	8	26	6	23	30	7	18	3	19	6	13	83	0	292
文武合计%	15	42	16	3	29	26	28	20	83	14	42	39	11	20	8	24	8	15	92	0	535
文官百分比%	80	83	75	67	38	50	46	60	69	57	71	23	36	10	63	21	25	13	10	0	45
武官百分比%	20	17	25	33	62	50	54	40	31	43	29	77	64	90	37	79	75	87	90	0	55
武官位次	18	19	17	14	8	10	9	12	15	11	16	5	7	2	13	4	6	3	1	0	

笔者在"一史馆"还看到雍正朝的年份不详的引见履历资料,现亦将引见官员分出文、武,制成表六,以便与表五参照说明武官在引见官员中的位置,以及区域人才同战争的关系。

表六　雍正朝不详年份引见各省、旗籍文武职官统计表[②]

籍属	满	蒙	汉军	顺天	奉天	直	晋	鲁	豫	江南	赣	浙	闽	湖广	粤	桂	滇	黔	川	陕	合计
文官数	3	1	1	2	0	1	2	2	0	2	1	1	0	4	0	0	0	0	0	2	22
武官数	20	1	24	20	1	53	51	55	18	78	14	35	110	33	39	13	18	17	45	244	889
文武合计	23	2	25	22	1	54	53	57	18	80	15	36	110	37	39	13	18	17	45	246	911
武官位次	12	13	9	11	1	4	8	7	1	5	10	6	1	3	1	1	1	1	1	2	

①② "一史馆"藏档,《宫中全宗·履历单·雍正朝》,卷67至140,缩微胶卷第1盘。

表五显示,在引见的官员中,武官占比高居首列的是陕西、广东、四川、云南、福建、贵州、湖广,何以如此?闽粤别有缘故,滇、黔、湖广与改土归流政策的推行有关,陕西、四川则是由于西北用兵的关系。雍正八年(1730)至十三年(1735)引见的陕西籍官员共92人,其中武官83人,占总数的90.22%,而文官9人,才占9.78%,武官比文官多得多。表六揭示雍正朝不详年份引见的陕西籍武员244人,而文员仅有2人。这两份图表中陕西籍引见武官共计327人,而其在雍正朝总共被引598人,则武官占据半数以上。还要看到,雍正元年至七年引见官中的武官也一定很多,笔者保守估计引见官中武员当在75%以上,文员不及1/4。根据表一的统计数字,四川在雍正朝共引见文武官129人,这中间除了确知的武官58人,还有雍正元年至七年被引的武官,所以四川引见官中的武员比例,不一定有陕西高,但相差不会太远,约到六七成,当不会有问题。康熙末年川陕是一个总督辖区,是对藏用兵的基地,因而在当地涌现出一批武官,雍正朝的青海和准部用兵,更提拔了大量武员,所以才在川陕籍的引见官中有那么多的武官。因此,不能不认为康、雍两朝的西北用兵造就了川陕人才。西北用兵是全国性大事,川陕人被任用的多,升迁得快,被引见的自然就多,竟然达到全国之冠且遥遥领先的地步。

闽粤地处沿海,清朝非常重视那里的武备。康熙消灭郑氏集团统一台湾后,台湾隶属于福建,康熙末年又发生了朱一贵暴动,清朝政府虽然迅速将其平定,但其余众至雍正前期还活动在内陆。清朝在福建的水师,历来招募当地人,这就给闽人以做武官的绝好机会。表五中闽人被引见39人,其中武员30人,占引见官的76.92%,就不足为奇了。至于滇黔人才与改土归流有关,容后再叙。

在表二中,湖南、安徽居于第二、第三位,是湘军、淮军镇压太平天国运动立了大功的必然结果。湘军、淮军是平定太平军、捻军的主力,湘、淮人士从而驰骋在政治、军事舞台上,并得到清朝政府的支持。清朝为在旷日持久的与太平军和捻军的战争中获胜,不得不重用汉人,于是湘、淮功臣出任封疆大吏,遍布全国,"同治八九年间,十八省督抚提镇,为湘淮军功臣占其大半"[1]。其中的一些人并进而为大学士,如曾国藩、左宗棠、李鸿章、骆秉章等。根据清朝满汉复职制原则,历来有汉人大学士,曾、左、李等挂名大学士本不足怪,但

---

① 小横香室主人:《清朝野史大观》卷4《清朝史料·满汉轻重之关系》。

他们是因军功而入，与一般文士入阁就不一样了，所以陈康祺说："(咸丰)军兴以来，汉臣得大学士者，多以疆臣受钺，狨剃贼氛，劳勚尤多，送膺爱立。"①因为军功，湘淮军将领通过保荐，提拔部属，于是出现大量军功官员。朱克敬说到吏治不清时讲："南省苦兵，军功之员居多。"②表明军功官员太多了，这些人自然会出任武官，但是也有一批人做文官，这与以前川陕军功唯任武职不同。这时不少人预先捐个小文官，追后保举，就升任地方官了。这种情形，也如朱克敬所说："今日从军之士，往往预捐文职末员，以为保荐地步。"在下者如此，在上者助行其私，朱氏又说："今军营保荐，类曰文武兼资。……但遇立功，不授以都、守、参、游，而保以牧、令、道、府，道、府再保，便至两司，两司再保，便至巡抚。"③在光绪十八年(1892)的表二中湘人受引见的领先于在皖人，十七年后的宣统元年引见情况颠倒过来。表三显示安徽引见官 31 人，保持总数的第三位，湖南只有 22 人，位置从第二退居第六。皖人何以能越过湘人呢？一个重要的原因还是在于战争。平捻之役，始则由曾国藩指挥，继由李鸿章督导，也就是淮军取代了湘军地位，此后中法安南之战、中日甲午之战，又多是淮军将领任指挥。同时也要看到，太平军、捻军战后，战争的影响比以前小了，所以皖人势力难于大发展，而终让具有文士实力的江苏走到前头。这从另一个侧面说明战争对区域人才的不可忽视的影响。

总之，战争使前线和后方所在地区的人们经受磨炼，造就了一批人才；政府再实行赏功政策，予以任用和提升；加上浓重的地域观念，因战争而成为长吏的人多了，他们招徕同乡，给以信任、爱护和提拔。这样，区域人才就比以前兴盛了。

(二)科举与区域人才的关系

清代以前，科举人才就有集中在某些地区的趋势，如在宋代，江西就以出进士而著名。清代，科举中试的以江、浙为多，安徽、山东、江西、福建及旗人也不少。

地域性的科举人才状况，在世传"科名盛事""科举佳话"中有所透露。人们艳称"连中三元"，即乡、会、殿试第一，清代共 2 人，一为苏籍，一为桂籍；中会状的，清代共 10 人，江苏有 7 人，浙江有 3 人；解状 2 人，江、浙各有一

---

① 陈康祺：《郎潜纪闻初笔》卷 1《咸同二朝宰相》。
②③ 朱克敬：《瞑庵杂识》卷 1。

人。①此 3 项共 14 人,计苏籍 9 人、浙籍 4 人、桂籍 1 人。这种地区分配情况的出现绝非偶然,只能说明江浙举业兴旺。我们不妨再看状元的籍属与地区的关系,仍制表以明之。

表七　清代各省籍、旗籍状元人数统计及位次表②

籍别	八旗	直	苏	皖	赣	浙	闽	鄂	湘	豫	鲁	陕	川	粤	桂	黔	合计
人数	3	4	49	9	3	20	3	3	2	1	6	1	1	3	4	2	114
位次	6	5	1	3	6	2	6	6	7	8	4	8	8	6	5	7	

由表七可以看出,江苏遥遥领先,得 49 名,占 114 名总数的 43%;浙江次之,有 20 人,占 17.5%,江浙两省占了 60%。安徽、山东、直隶、广西又次之,八旗、江西、福建、湖北、广东各有 3 名。此种情形与会状情况相合。

再看特科。康熙、乾隆两朝分别举行博学鸿词特科,其中试人的省籍状况是:

表八　博学鸿词科各省籍人数统计及位次表③

籍别	直	豫	鲁	晋	陕	江南	浙	湖广	闽	赣	滇	川	粤	八旗	合计
康熙朝人数	15	5	13	10	10	67	53	6							179
乾隆朝人数	4	5	4	3	4	96	68	19	12	37	1	1	6	7	267
合计	19	10	17	13	14	163	121	25	12	37	1	1	6	7	446
位次	5	10	6	8	7	1	2	4	9	3	13	13	12	11	

第一名仍是包含江苏、安徽的江南,中试占总人数的 36.55%。浙江紧随其后,占 27.13%。江西、湖广、直隶、山东也不少。博学鸿词科系推荐考试,中试人多的地方,是因为被推荐的人多,表明这些省区是人才发达的地方。以上是就个人中试与地区关系而言,下面从家族科举状况与地方关系做些分析。

①② 朱彭寿:《旧典备征》卷 4《科名盛事》。
③ 朱克敬:《瞑庵杂识》卷 2。

表九　清代各省籍、旗籍鼎甲、传胪家族统计及位次表①

籍别	苏	鲁	鄂	皖	浙	直	豫	粤	赣	桂	滇	顺天	闽	晋	黔	满	汉军	奉天	总计
父子鼎甲	3	1	1																5
父子鼎甲传胪	1			1	1														3
祖孙鼎甲	1																		1
祖孙鼎甲传胪	1																		1
叔侄鼎甲	2			1	1														4
叔侄鼎甲传胪	1																		1
兄弟鼎甲	2	1				1													4
兄弟祖孙鼎甲	2																		2
兄弟叔侄鼎甲传胪					1														1
父子传胪	1																		1
叔侄传胪	1																		1
兄弟传胪	1				1														2
父子解元			1		1		1		1	1									5
祖孙解元										1	1								2
叔侄解元					1					1									2
兄弟解元	1	1						2											4
累代科甲	17	6	1	2	7	2	4					1	2	1		2	1		46
四子进士	3			3	1							1			1			1	10
五子登科	6	1		2	1					1		3	6	2					22
六子登科												2	2						4
七子登科				1						1									2
总计	43	10	3	10	15	3	5	2	1	5	1	7	10	3	1	2	1	1	123
位次	1	3	6	3	2	6	5	7	8	5	8	4	3	6	8	7	7	8	

　　江、浙仍分列第一、第二位,安徽、山东、福建并列第三位显非偶然现象。以上是就科举而言,再从科举出仕做分析。科举出仕涉及方面广阔,难于全面说清楚,我们选择翰林家族与地方关系做一剖析。翰林院是宰相的摇篮,中进士而又钦点翰林,是何等荣耀,诚可扶摇直上,前途无量。由翰林出身而父子

---

① 朱彭寿:《旧典备征》卷4《科名盛事》。

163

皆为大学士者,汉人中计有 5 家,为江苏常熟蒋氏、苏州翁氏、无锡嵇氏,安徽桐城张氏,山东诸城刘氏。[1]江苏独得 3 家,皖、鲁各 1 家,这些都是在科举中有名或较有名的省份。再扩大家族任官范围,制成下表:

表十 清代各省、旗籍翰林家族统计及位次表[2]

籍别	苏	鲁	满	皖	直	豫	浙	晋	赣	闽	陕	顺	滇	鄂	湘	桂	粤	汉军	黔	川	蒙	总计
四代翰林	4	1	1	2	1	1																10
三代翰林	10	1	2		2	1	6	4	2	1	1	1	1	1								33
父子兄弟翰林	9	3	1	2			1	7	1		1			1	3	1	1	1	1	1		35
父子翰林	39	8	14	9	4	5	48	7	18	10	8	6	2	6	5	4	3	1	3	1		201
兄弟翰林	27	6	10	8	5	8	17	2	10	7	3	5	1	8	7	2	10	3	5	2	1	147
总计	89	19	28	21	12	16	78	14	30	19	12	13	4	16	15	7	14	5	9	4	1	426
位次	1	6	4	5	11	7	2	9	3	6	11	10	16	7	8	13	9	14	12	15	16	

在这里还是江浙依次居前两位,江西、满洲、安徽、山东、福建比肩而立。

可以总结说,科举及其出仕人才,以江苏人最多,浙江居其次,虽和江苏距离不小,但其地位也非居后者所能超越;皖、鲁、赣、闽籍人及满洲旗人中士人和仕籍也多;湖南、广东、广西都有发展的趋势。

将上述科举及科举出仕情形和前 4 个表的引见官员资料作一对照,不难发现两者的一致性。在引见官员中,不时居于江苏前面的陕西、湖南、安徽及满洲,前三者由于战争的缘故,有时凌驾江苏之上,前已作过说明,不必赘叙,满洲上升的原因,即将叙述。要之,它们都有特殊的道理,而江苏别无他故,唯有雄厚的、他处无法与之比拟的科举人才,使之始终处于仕宦的前列地位。浙江也是如此。浙江士人在清代受过不少打击,康、雍两朝尤甚,如庄廷鑨明史案、查继佐案、汪景祺案等,并一度被停止科举。雍正帝在引见浙江籍官员时,往往说某某人"一点无浙江习气","人老成,不似浙江人风气","着实明白,只恐有浙江习气"等。[3]在称赞这些人时,透露出对浙江风气和浙江人的憎恶,但

① 朱彭寿:《旧典备征》卷 4《科名盛事》。
② 平步青:《霞外捃屑》卷 1《词林佳话》。
③《雍正朝朱笔引见单》,载中国第一历史档案馆编:《清代档案史料丛编》第 9 辑,中华书局,1983 年,第 45 页、50 页、68 页。

是浙江举业仍然是那么兴盛，所以才能在仕宦上保持第二层级的首要地位。安徽人出仕在清代后期得益于淮军的战功良多，但有清一代还是依靠举业，淮军主要人物也同科举有关，李鸿章、刘秉璋、潘鼎新等都是甲乙科出身。同样，湘军的起家，也是靠科举出身的曾国藩、胡林翼、左宗棠等人组织和维持的。山东人、江西人出仕较多，基础也在于举业发达；福建和广西也因一些科举人才而出名。广东地处海疆，与桂、闽等边疆省份一样，科举不易，但文化发达，在学术界有一定地位，也产生一些科举官员。

清代地方举业的发达与否，与地方的教育有特别的关联。地方教育，包括府州县学、社学、族学、家学，区域人士和地方官如果尽心把这些学校办好，培育出人才，参加科举，中试就会多，学业就兴旺。所以，地区、举业、人才三者联系在一起。从根本上说，人才的培养离不开社区的教育条件；人才的发现，科举是其表现形式之一；人才一经出现，既是属于全国的，同时也是社区的。科举和区域人才是辩证关系，哪个地方教育办得好，培育了士人，那里就举业发达；举业兴旺了，进一步促进地方教育的发展，培养出更多的读书人，为举业兴盛提供后备大军。

科举人才因同出仕相连，所以很容易被理解为官僚人才，但这并不全面。确有许多甲乙榜人士为官作宦，然而贡、监生员中多数人并不出仕，在所有出仕者中也有一些人不做行政官员，而做学官，还有些人做官不久即退职。所有这些人，加上行政官员中的部分人士，都可能进行学术研究和文学创作，而成为文人学者。实际上，在清代科举出身者中，产生了许多经学家、史学家、地学家、历算家、金石学家、医药学家、农学家、小学家、文学家、艺术家、古文献学家、目录学家、藏书家，等等。康熙朝有所谓理学名臣。清代经学、理学中有直隶颜李学派、关学、吴学、皖学、常州学派、扬州学派、今文经学派等；文学中有桐城古文派、阳湖派、常州词派、山东王士禛神韵说、沈德潜格调说、直隶翁方纲肌理说、袁枚性灵说等；艺术方面的扬州八怪、旗人高其佩指画；并出现百科全书式学者钱大昕，创造性史学家赵翼，甲骨文重要发现者王懿荣，掀起戊戌维新思潮的康有为、梁启超，等等。当然，非科举出身的人和仅为秀才、贡生身份之人，也出了不少文学、艺术家，如蒲松龄、吴敬梓等。但是，我们仍可以认为，科举人才中大批学者、大家不仅推动了清代学术的发展，还使地方学术发展起来，所以那么多的学术流派才以地方命名。

总之，科举虽然是在全国范围内进行的，但由于各地区教育、经济发展的状况不平衡,以及传统因素的作用,造成各地科举人才的重大差异。举业的发展,进一步引起人才的变化,于是有的地方人才极盛,有的少得可怜,有的颇有进步,有的踯躅不前。科举影响着区域人才的盛衰和演变。

(三)民族政策与旗籍、区域人才的关系

清朝政府的民族政策,对满、蒙、汉军旗人人才及少数民族所在地区的人才的出现,起着重大的作用。雍正朝在西南推行改土归流政策,对滇、黔、桂、湘、鄂几省,特别是滇、黔人才的产生起了不小的作用。在改土归流的地方派驻绿营军,还发生过战争,这就出现了西北用兵中陕西的那种情况,即出任武官的当地人增多了。我们看表五中雍正八年至十三年引见的官员中的武官,滇、黔、湖广是均比文官多出许多,云南籍引见武官竟是文官的 4 倍,贵州是 3 倍,湖广 1.75 倍。不详年份的引见,滇、黔、桂全部是武官,湖广也是如此。如果不是改土归流,这几个省份不可能有那么多武官出现。

太平军、捻军战争固然把湘、皖人士推到军事、政治前台,但没有多久,满洲和蒙古在政治上的力量也增强了。蒙古引见官,在雍正朝仅有 2 人,于各旗籍、省籍中是倒数第一位,而在光绪十八年的引见中,跃居第六位,宣统元年更进至第五位,变化巨大满洲引见官在雍正朝位居第十二位,光宣之时,不仅跃居第一位,而且将第二位远远甩在后面。

满洲人、蒙古人引见的增多,应当是政策性的结果,而非偶然现象。在镇压太平军、捻军时,清朝征调新满洲和蒙古人参加战斗,建立功勋,使得他们增加了被引见的机会,也成为"中兴"的一种力量。陈康祺指出,战争中满洲旗人出了许多战将和殉节义士,满旗"足与湘淮两军争旌旗壁垒之色"①。刘体智也说:"(清朝)所以转危为安,成中兴之业者,固由湘淮军将多出儒臣,不欲更姓改物,致起长久之内争;抑亦八旗将领,犹有能者故也。"②清朝皇帝在重用汉人的同时,加紧依靠自己的基本力量,重用满洲旗人,尤其是宗室,恭亲王奕䜣出任军机大臣即为不同寻常之举。清代以亲王为军机大臣,在雍正朝有怡亲王允祥,嘉庆初有成亲王永瑆,此后即以不合制度,不许亲王再行出任。至同治朝不仅派充,并有垄断朝纲之势。同时,派任汉军旗人为军机章京,这

---

① 陈康祺:《郎潜纪闻初笔》卷 1《咸同二朝宰相》。
② 刘体智:《异辞录》卷 1《多隆阿之死》。

也是从来没有的事情。①恭亲王以后又有醇亲王奕𫍽、载沣相继秉政,直至最后的宗室内阁,无不表明清帝实行重用旗人的政策,以与汉人制衡。此外,满人经过长期汉化,文化水平提高,道光以降科举人才增多,②官僚人才相应增加,也是客观事实。

　　造成区域人才状况变化的因素还有很多,如地方经济发展水平,区域社会结构的特点,政府在某地设置行政、经济机构,地区的文化教育和举业传统,外来人口和移民的影响,外来文化的影响,等等。本文因主要利用统计资料作分析,对上述诸方面,有的掌握资料不足,有的已写过文章,③这里不再赘述。

　　人口流动性小的社会,区域人才对社会的作用比较显著。古代社会限制人口流动的因素很多, 清代也是如此。但是清朝民族政策和科举制度的实行,以及因战争造成的政治变局,均给区域人才的出现和变化以不可忽视的影响。

(原载《历史研究》1997 年第 1 期)

---

① ② 参见继昌:《行素斋杂记》卷上。

③ 参见冯尔康:《清代仪征人才的兴起及原因》,载《扬州研究》,台北,1996 年。

鸦片战争与中国近代化

　　在中国历史上，鸦片战争被视为数千年来未有之大变局。这次中国所碰到的外敌，不是周边文明程度较低的"外番"，而是挟恃坚船利炮的西方强敌。战争的结果不仅是部分认识改变了中国传统的天下观，更是国际地位的巨变，对中国内部也造成深刻的变化，包括社会结构的转变、民众和清廷对内忧和外患的心态，以及近代思想文化的发生和初步发展，等等，均可视为是"天地之一大变"。

　　鸦片战争对中国的影响之巨大，实在是古所未有的。不仅使中国陷入半殖民地的地位，也因此刺激这个古老国家匆忙走向近代化的道路，其影响一直延续到一百多年后的今日。当然，这里说的鸦片战争不过是资本主义、帝国主义对中国侵略的代名词。关于鸦片战争以来的中国历史，时贤论述甚多，我只是摭拾一些，结合己意，略事抒发而已。

　　《清史稿·宣宗本纪论》云："远人贸易，构衅与戎，其视前代戎狄之患，盖不侔矣。……国步(变？)之频，肇端于此。"业已指出鸦片战争对中国不寻常的作用。"盖不侔矣"，岂止如此！中国历史上有少数民族入主中原，但终因文明不及汉族，基本上被同化，最终成为中国国内问题。可是鸦片战争以来的外国侵略则不相同，它是以西方近代文明侵犯古老文明的中国，中国的战败，就不可能重演历史上同化入侵者的历史。令中国从"天朝"下落为半殖民地的开始，国际地位之惨，如同孙中山在《三民主义》中所说："是世界上最贫弱的国家，处国际中最低下的地位。"这就极大地激发中国人，从上到下讲求奋发图强，民间还要以社会革命谋求中国的独立和富强，使中国走上近代化的道路，下面将从三方面略作说明。

一、传统社会向近代社会演变

　　传统社会的支配力量是等级制度和等级结构，鸦片战争以后，等级制度削弱,等级结构失序。拥有至高无上权力的皇帝,在名义上权力如就,实际上大不如前——政令的贯彻被打了许多折扣。八国联军之役,皇太后和皇帝逃难,南方督抚却同外国侵略者签订《东南保护约款》(《中外互保章程》),互相谅解。及至皇朝改革政体,实行责任内阁制,任命"皇族内阁",企图保住皇权,亦无济于事,而以"宗室党"的出现,标志皇权的丧失。官僚士大夫的特权阶层,在鸦片战争以后,官僚权威下降和官位贬值。首先是武官自惭形秽,对外战争一打即败,最早受到民众的奚落;文官亦以在洋人面前直不起腰遭到谴责,观《官场现形记》"制台见洋人"的描写即可知了。至于镇压太平军、捻军的赏功及厉行捐纳制,产生大量官员和勋衔很高的官僚,可是无官可补,乃至四五品的职衔只能做七品的官,官位大大地贬值。绅士在皇权和官威不立时,其地位凭借地方权力上升和地方自治的酝酿而有了提高,地方官更要依靠绅士进行地方治理。大商人的地位相应上扬,由20世纪初年公布的《资政院议员选举章程》和农工商部的《奖励公司章程》可知,纳税多的人可以成为资政院、咨议局议员和农工商部议员、顾问官。有些贱民则得到某种程度的解放,如浙江的"堕民""丐户",在雍正年间虽被允许开豁除籍,但多数人没有能够如愿,光绪末年他们再次抗争,得到平民的支持,人们说:"同是人也,而强名丐、名堕以辱之,不平何如焉?吾誓拯之出,以全人道!"[1]堕民终于再度取得脱离贱籍的可能。值得注意的是,这时人们是以近代才有的平等、人道主义观念争取堕民解放的,大不同于雍正时代。这是近代观念下的贱民解放,极富时代特色。等级失序,以至随着清朝的灭亡、等级制的消失,应当说是近代平等、人道、自由观念的产物,也是近代社会观念存在的体现。

另外是近代社会群体的产生。在传统的社会里,受着统治阶级的严密控制,民众的社会组织极不发达。鸦片战争以后,老的团体开始具有近代意义,而新群体大量涌现,出现前所未有的局面。古老的宗族随着戊戌思潮和预备立宪的社会变革,自我改造,如上海的某些家族改变传统的祠堂族长制为宗族会议——"集族人为族会,从事家族立宪"[2]。慈善团体,在一些经济发达的城市增多,尤其是出现贫民习艺所,强制流浪青年入所学艺,以便出去之后有谋生之术,这种方式是从西方学过来的。中国原来有职业的行会,不过起初是

---

① 民国《鄞县通志·堕民脱籍始末记》。
② 民国《上海曹氏族谱》第4。

应官组织,后来成为行业管理团体,叫作公所。到 20 世纪初商会正式出现,它是区域性的各业商人的联合,还参与政治和社区活动,进入 20 年代,中华全国商会联合会组成。戊戌变法中出现强学会,清朝以不许结社的老传统对待它,予以取缔,但是以后再也禁止不了了,民众团体(如各种学会、戒缠足会等)像雨后春笋般地涌现。政党亦应运而生,兴中会、华兴会、光复会、日知会等相继成立,前三者还组成同盟会。这些是政党,以推翻清朝统治为活动目标,具有强烈的政治性,是中国历史上从来没有的社会组织,是民众组织的最高形式,是近代社会的产物,它也只可能出现在近代社会中。近代组织从血缘群体到行业团体、政党,从初级群体到政治结社,有了近代化的发展。新兴的近代社会阶级和团体,是新的社会力量,将促使社会力量改革、社会革命的到来;而传统的等级制度的失序和削弱,是传统社会秩序破坏的结果,预示旧制度的衰亡。

二、爱国思想的勃兴与近代化的关系

外国侵略者打进来了,攫取中国的某些主权,强迫清朝割地赔款,取得领事裁判权,建立租界,划分势力范围;倾销商品,甚至掌握清朝的总税务司。传教士深入内地,造成一部分"吃教"的中国人。资本主义、帝国主义的侵略,在中国制造了深层的社会矛盾:一方面是清朝政府和人民都反对外来侵略;当侵略战争暂停时,中国与外国侵略势力的矛盾处于缓和状态,人民和政府的矛盾对立中,民人是先反对清朝呢,还是先反对外国侵略者呢?这种选择是颇为困难的,各方面都有一个认识过程,下面分别言之,并寻找其异同。

清朝方面:对于攘外、安内的选择,统治者时时考虑,据宁绍台道段光清《镜湖自撰年谱》的记载,他被咸丰帝引见,皇帝问他抵抗洋人和讨伐太平军孰先孰后,他说应以平内乱为先,得到赞扬。皇帝与一个中级官员谈论这样的国策问题,可见是多么重视其事了。清朝政府在议论中、实践中,走了这样的历程:鸦片战争时利用广东民间团练,反对英国人进广州;太平天国战争中,清朝,特别是东南地区官员与外国合作,在上海成立中外会防局,组建洋枪队、常胜军,参与对太平军的镇压;义和团运动时,慈禧太后表示支持,并向各国宣战,这时统治集团出现分裂,光绪帝和中央一些官员亦然,持与帝国主义和解态度,南方官员亦然,宣布与侵略者和平相处(即前述的"东南互保")。从这些事实中不难看出,清朝在对外、对内的政策摇摆中,企图借用民力抵抗外国侵略,又要利用外国力量镇压民众运动。但大体上讲,自从英法联军以后,清政府一步步屈从于外国侵略者,而把对付民众放在首要地位。

民众方面:自从清朝建立以来,民间一直存在着"反清复明"的情绪和力量,所谓"复明",是重建汉人政权,倒不是非要朱明复辟。西方势力进来以后,民间出现下述处理"清""洋"关系的口号:"顺清灭洋""扶清灭洋""保清减洋""助清灭洋""扫清灭洋""保国为民""救民为国""创立民国"等。顺清、保清、扶清是站在清朝方面,双方具有更多的一致性;助清是一定程度地持有自己的立场,双方一致对外,但有距离;扫清就不同了,是"清""洋"都反。保国与救民、为民联系起来,这"国"是指中国,与清朝不是同一概念,是将清朝除外的,也就是反清的。至于创立民国,则含义更深刻了,孙中山和同盟会提出"驱除鞑虏,恢复中华,建立民国,平均地权"的纲领:恢复中华是推翻满族的清朝,乃民族主义的部分内容;建立民国是废除古老的君主专制,建立民主共和国的国体和政体,属民权主义;平均地权是废除地主土地所有制,解决民生问题。孙中山和同盟会的纲领,是要破坏传统君主社会政治、经济制度,建设西方资本主义制度,将中国改造成近代社会的国家。无疑,这是中国近代化的建设纲领。总的来说,民众仇恨外国侵略者,开始是保清朝,但后来发现它是扶不起来的,又常常与民众为敌,因此不如先打倒它,建立民众的政权和近代国家,再蓄积力量,清除外国侵略势力。

民众、清朝双方的共识:当外国入侵时,清朝、造反民众捐弃前嫌,一致抗敌。平常时期,都是先内后外,清朝是先对付民众,甚至借助外力平定内乱,以稳定其统治;民间则希望开明政治的出现,以便有力量对付外国侵略,为此要先消灭清朝,这时双方都将外国侵略势力置予次要地位了。

当然,即使在平常时期,双方都没有忘掉侵略者,尤其是民众,反帝爱国思想发展到历史上的新阶段。为什么这样说呢?中国人的爱国概念有一个发展过程,宋代以来似乎可以分属三个时期,即:一为宋代是以汉族为中心的爱国观念的真正形成期,明清之际使这一观念有所发展,这时主要是反对少数民族入主中原,维护汉人建立的王朝。二是清朝末年,以反对满人君主为主,兼及反对外国侵略者的爱国思潮大发展。因中国受列强侵凌,清朝政府屡屡签订丧权辱国的条约,中国面临被瓜分与灭亡的危险,爱国的人们既痛恨外国侵略,又愤懑于满人皇帝清朝的无能,于是遵行反满革命,目标是建立民主政体国家,以避免做欧美殖民地的命运。三是 20 世纪 10 年代至 40 年代,反对帝国主义侵略是中国人的共识,使爱国思想发展到新的高峰。这第二、第三两个阶段,将只爱汉族的爱国主义,扩充其内容,成为热爱以多民族为内涵的中华民族,进而热爱中华民族建立的近代民主国家,并与帝国主义作抗争,争取以自主、富强的面貌立足于世界民族之林。这种爱国主义是古代所不可能有的,是鸦片战争以后中国近代社会的产物。

三、近代思想文化的初步发展

随着社会的变化,与西方文明的接触,中国人的思想、中国的文化,也从古代开始转向近代。人们模糊地意识到我们辉煌灿烂的古文明这时已经不够用了,需要了解世界,有许多地方需要向外国人学习。

在清代学术思想史上,起初是经世致用之学的流行,后来被乾嘉考据学所取代。鸦片战争前后出现新的经世致用之学,那就是魏源有名的"师夷之长技以制夷"之说,就是学习和使用西方人的技术,作为与其竞争的手段,这样就赋予经世致用学说强调近代科技的内容。接着是洋务派发展与实践"用夷制夷"之说,兴办近代企业,希图实现富国强兵的目的。戊戌思潮和戊戌变法,比洋务派又向前迈一步,不仅学办近代企业,还改革文教,传播西方议会思想,"君主立宪"政治思想已呼之欲出了。"中学为体,西学为用"观念,从统治者的立场总结新经世致用说以来的革新观点,主张以中国传统思想为根本,而采用西方实用理论和方法补充,以为治理国家的基本思想和方针。孙中山革命派,初始以美国政治为蓝本,后来又加进某些社会主义思想。此外还有各种救亡论,如无政府主义,希望激发民族主义、爱国主义以排满;社会主义,注重解决民生问题的思想流派;以及教育救国、实业救国等论说。各种学派虽有差异,但都或多或少地吸收了西方的近代思想文化,以至用为武器,希图改造中国社会,使中国和西方一样,成为科技、文化发达的近代国家。西方近代的哲学、逻辑学、经济学、政治学、历史学等人文学科和社会科学,也部分地被介绍到中国,促进了中国近代学术和教育的发展。

从上述简略的叙述不难看出，中国的文化学术事业，自鸦片战争以来发生了汲取西方近代文明的变化，出现了近代化趋向，或者说中国人初步具有了近代化的文化价值取向。

（原载台北《历史月刊》1999 年 11 月）

傅山《霜红龛集》中的史论和政论

    傅山,字青主,明朝秀才,山西阳曲(太原)人,万历三十五年(1607)生,康熙二十三年(1684)卒。清朝入主中原,傅山着道士衣冠,隐居行医,拒不参加博学鸿词科考试,为清初与顾炎武、黄宗羲、王夫之等齐名的著名遗民,著有《霜红龛集》《荀子评注》《傅青主女科》《傅青主男科》等书。《霜红龛集》汇编了他的诗文,先有乾隆十二年(1747)印本,十二卷,至宣统三年(1911)丁宝铨刊本出,四十卷,较完善。本文就依据丁刻本论说傅山的历史观和政治观。

一、傅山论史

    傅山对史学有个人见解。他出生于士大夫世家,生活在经史、文史不分家的时代,必定会接触到史书。他的先人喜好《汉书》,他也反复阅读,不忍释手,[①]"每耽读刺客游侠传,便喜动颜色"[②],乐于与史籍为伍。他教儿子傅眉"读史、汉、庄、骚诸书"[③],给子侄指定读书目录,"除经书外,史记、汉书、战国策、左传、国语、管子、骚、赋,皆须细读"[④]。他不只要求阅读史书,同时勤于指导,所作《寒月课两孙读左氏传》五言诗[⑤],即讲在严冬伸不出手来的夜晚,给孙子讲解《左传》,自云"于《左传》薄有所得"[⑥]。著有《两汉书姓名韵》《左传人名韵》等书。他对于历史的看法,在一些杂著、咏史及给同时代人写的传记文中表达出来。他这方面的文字不算多,涉及的史事也有限,但他的史论有特点,有它产生的原因,明了这些问题,将有助于认识他的政治观,这或许是深入研究傅山

---

    ① 《霜红龛集》卷16《两汉书姓名韵叙》,宣统三年丁宝铨刊本,下引此书资料,只注明卷、目。

    ② 卷38《杂记三》。

    ③ 王士禛:《渔洋诗话》。

    ④ 卷25《训子侄》。

    ⑤ 卷4《五言古》。

    ⑥ 卷37《杂记二》。

思想的一种方法,因此笔者做一尝试,提出来以供讨论。

傅山关于历史的论文,多数是论述两汉、唐宋、明末清初几个时期的人和事,但仅就事论事,很少贯通古今的概述。他的观点可归纳为:

(一)重事功,以成就论人物的历史地位

"明其道不计其功","不以成败论英雄",古人常以此评价人物,凡符合统治阶级道德观念的人物就会受到赞扬,而不管他是否把事情办好了。傅山也以一定的道德标准论人,但他更重视历史人物实践的社会效果,并据此给以评定。

蔡懋德于崇祯十五年(1642)任山西巡抚,时因明末农民战争迅速发展,遂在太原三立书院召集诸生讲学,研究战守火攻之法,并讲"诚明道统",是有名的道学先生。十七年(1644)二月被劾革职,听勘。李自成大顺军攻入太原,蔡自尽于三立书院。待罪尽节,按忠义道德讲是个完人了。傅山为他作传,称赞他为政"不贪不扰,虚心好士",但指出他"抚晋虽死,然无功"。因为他的职责在守土,山西陷落了,尽管他实践了臣子的最高道德——死节,仍然不值得表彰。傅山又借舆论批评蔡懋德,虽讲求战守方略,但没有实用价值,故而是迂夫子。①在这篇传记里,不以道德论人,而侧重在是否建立有利于国家社稷的功业上。唐朝末年孙儒讲:"丈夫不能苦战百里,赏罚由己,奈何居人下?"似乎有志于做人主或将相高官,自己掌握自己的命运,是有抱负的伟人,但是并没有如愿地死去。傅山因而讥笑他"似有志气,实无本领"。又进而说:"凡有此志者,须先自审本领。"②志气是一回事,能力是另一回事,能力不及,志气不遂,徒惹人讥。在傅山的意识里,正确的理想、远大的志向、高尚的节行,一定要与实践结合,只有干出一番事业来,才值得肯定。

要建立功业,是凭道德修养,还是理事才干?傅山在《明李御史传》里,对甲申之变和南明灭亡中死事的东林党人和士人,肯定他们的忠节,又说他们"行事率多执拗,无长才,不皆厌吾意"③,嫌他们不能通权变,没有能力把事情办好。对帮助唐太宗造成"贞观之治"的房玄龄、杜如晦则大加称赞。如:因房玄龄在开皇中就预言隋祚不永,便感慨地说他"为兴唐名辅,岂偶然哉,岂偶

---

① 卷15《巡抚蔡公传》。

② 卷37《杂记二》。

③ 卷15《明李御史传》。

然哉！"①在《杜文懿公》杂文中,视杜如晦为栋梁之材,说他跟随唐太宗,"每议事,房(玄龄)始谋,而公(指杜)决之,共房理政,为吏部领选,贤不肖皆得职,至今房杜并称也"②。在傅山的眼里,房、杜的立业,就是由于他们有见识,能断事,还善于实行,他是从能力上来称道他们的。

傅山在赞扬有事功的历史人物中,特别把他的热情倾注于东汉的开国功臣,写出《云台二十八将赞》,将刘秀的佐命元勋邓禹、马成等二十八人,一一叙其贡献,中常用"中兴"一词来概述。如在"邓禹论"里说"中兴元佐","吴汉论"中讲"中兴元后","寇恂赞"中曰"中兴之俊"。他认为,东汉是西汉的继续,他们在新莽之后,再造汉室,他称述云台二十八将,重视中兴事业及对其有贡献的人物在房、杜之上。

傅山重事功,还表现在反对空谈上。他读《宋史》,发了一通议论:"一切文武,病只在多言,言在名根,本无实济,而大言取名。"③他憎恶那些为了捞取虚名而夸夸其谈的人,因为他们不务实,做不出有利于社会的事情。他还说:"韩柳欧苏文章妙矣,然终觉闲话多。"④

(二)推崇忠于特定王朝的气节

古人讲气节,有两种含义:一是指忠于某一家族的王朝,一是指在民族斗争中忠于汉族政权。傅山对这两种气节都大加鼓吹,这里先看他的社稷气节观。

傅山曾为陶潜、王羲之翻案,颇有寓意。陶渊明以归隐清高而名闻后世,傅山在杂文《陶靖节》中肯定这一点以外,又写道:"晋亡,以先世功勋大臣,耻复事人,更名潜,著文示志。"⑤指出陶渊明在东晋被刘宋取代后,以家世为先朝勋旧,不肯在新朝做官,向往义不食周粟的殷臣伯夷、叔齐的饿死首阳山和箕子的出亡朝鲜,以明自身的志节,要人们注意陶渊明不事二姓的节操。王羲之以卓越的书法为后人景仰,除此之外,似别无长处了。但傅山看到,他在辞官后,写信给管理朝政的殷浩,建议东晋政府派遣使节到巴蜀从事联络工作,又与殷浩、谢安等商议征伐、赋役诸事,希望东晋在北伐中取胜,改变偏安东

---

① 卷17《房文昭公》。
② 卷17《杜文懿公》。
③ 卷31《书宋史内》。
④ 卷36《杂记》。
⑤ 卷27《陶靖节》。

南的局面。傅山就此说他是"有晋忠孝名贤也,而至今徒以书法传"①,对人们不重视他的事功,表示不满。傅山将王、陶忠于晋室的气节推荐给人们,表示他对这种气节的重视。忠于所事的王朝,不复更事他人,忠于一姓社稷,傅山具有并坚持这一观点。

傅山以正统观念衡量臣子是否忠于社稷。他读欧阳修的《新五代史》,指出它的不足,打算加以改写,"于称谓不当者,尽深涂易之,以正名"。正什么名?就是评定王朝是否正统。他认为后梁是"唐贼",五代时"无真正天子",写历史的人,应当把"某太祖、某帝、某宗"的名目尽行削去,直书其名字,对帝王的是非评论可由史家作出,所谓"执笔之士,几乎帝矣"②。他否定后梁、后唐、后晋、后汉、后周五个王朝,乃因他们以篡逆得的政权,不是正统,不予承认,当然就不以他们的是非标准论人事了。

傅山在正统观念下,把忠于一姓视作人生的大节。欧阳修在《新五代史·一行传》里首为郑遨作传,写郑遨"遭乱世不污于荣利",说他在唐末,见天下已乱,不仕而为道士,本来和李振交谊很深,李复事后梁为权贵,邀郑做官,郑断然拒绝,后李得罪流放远地,郑步行千里去看望他,"由是闻者益高其行"。傅山对这样的写法非常不满,认为李振是不忠于唐朝的贼臣,大节已亏,郑遨本身不仕于后梁是对的,但与李振关系处理不好,李振背唐,郑遨如果有力量,在李振到他家时将之杀掉,倘若不能,就应同彼绝交。傅山气愤地说,郑遨探视李振,"何亲于贼尔尔",同贼人讲"旧谊,何其不知大义也"。③很明显,傅山不以欧阳修的写法为然。傅山说刘歆深得《左传》三昧,但他"仕新莽不疑,为人臣而不知春秋之义"④。由此不难看出,傅山的阅读与推崇《春秋》《左传》,是赞赏它们的尊王义理。

(三)极力推崇民族气节

中国历史上不断出现少数民族政权,同汉人政权对立,或争取统一。历史上,汉人以异类贱视少数民族,把替其效劳的人看成丧失民族气节。傅山的思想也属于这个范畴。

---

① 卷27《历代名臣像赞·王右军》。
② 卷31《五代史》。
③ 卷31《一行传》。
④ 卷15《笪道人传》。

傅山对子侄说："金、辽、元三史,列之载记,不得作正史读。"①载记作为一种古代史书体裁,用于叙述非正统政权的历史,所以傅山贬辽、金、元三史为载记,实际是不承认辽、金、元三朝为正统。因为它们是少数民族建立的,傅山就一概不认可,这是其基本观念,随之产生了对在民族斗争中持不同态度之人的看法。

宋高宗建炎末年,金兵攻打淮南,碧落道人慧兰被俘,然在金军将领前唯称只知"大宋天子",并自焚死。出家人本不讲究君臣父子,可是慧兰却忠于宋天子。傅山在《傅史》中讲到此事,称赞真信佛的人懂得君臣大义,只能忠于汉人的君,而不能委身于少数民族的政权。傅山在同一篇文章中讲到参与对金、元斗争的傅庆、傅翼、傅桧、傅高:"四人以功论之岂不微末,其心则皆知有宋者也,皆知有宋,则皆知有中国者也;皆知有中国,则皆可以为人。"具有汉民族气节,才可以称为人。有了这一点精神,即使没有做出惊天动地的事业,也是值得赞许的。傅山赞赏为汉人政权而殉难的人,以死节作为汉民族气节的主要内容。

有一种人,在少数民族统治时,采取不合作的态度,傅山对这种人也大为赞赏。山西祁县人戴运昌,明季官户部员外郎,明清易代,归乡入鹿台山,不再进城与官府往来,二十多年后亡故。傅山为之作《明户部员外郎止庵戴先生传》,说他做官时间不长,也不大,本无可写的事情,但又何以动笔呢?乃"特取甲申以来,居鹿台二十三四年,风概有类汉管幼安也"②。把他比作东汉末的管宁,避居辽东三十余年,不受魏文帝和明帝的征召。管宁是忠于汉室正统,而戴运昌则是忠于明朝的正统,所以傅山说他们相类似。又有李然周,清入关后避入深山,自垦自食。傅山认为他"知义知时"③,作诗讴歌他。

对出仕少数民族的汉人,傅山把他们看作不齿于人类的狗屎堆。东晋续咸,投降后赵石勒,为理法参军,活到九十七岁,傅山以春秋大义责备他,认为他有耳等于聋子,是心已死了,就不懂民族气节了。④五代时傅桂儿投降辽朝,傅山说他既然仕辽,就是辽桂儿,"岂其姓傅",把他除出傅宗。傅岩起仕

---

① 卷25《训子侄》。
② 卷15《明户部员外郎止庵戴先生传》。
③ 卷7《与上郡李然冏》
④ 卷15《篁道人传》。

元,在襄阳有墓碑,为后人视作古迹而乐道,傅山认为这是可笑的事情,因为这样的人"安足为乡邦重轻"①! 赵孟𫖯以宋宗室而降于元,傅山"薄其人,遂恶其书"②。

(四)重社稷,轻君主

自孟子提出"民为贵,社稷次之,君为轻"的思想后,在政权与帝王的地位问题上有一种观点,认为社稷与君主不能等同,前者是根本,当保存社稷与保存国君有矛盾时,要维护社稷而更易君主。傅山的此种观点集中表现在《书侯朝宗于忠肃公论后》一文。侯方域作《于谦论》,收入《壮悔堂集》。在这篇文章中,侯方域将于谦在明英宗被俘后拥立景帝,稳定明朝,视为"社稷再造之功",但对景帝废弃英宗太子朱见深,立自己的儿子朱见济一事,侯方域认为于谦力所能争而不争,原因就是不得罪景帝和新太子,也可以计谋不是我出来应付太上皇英宗,以此保持自己的特殊地位,这就是考虑自己的祸福,而不顾及社稷利害。又说"夺门之变"发生后,于谦必不主张英宗复辟,必然被人抓住把柄而遇害,侯方域因此说于谦有社稷之功,但不是社稷之臣。傅山不同意侯方域的观点,说侯之论不符合于谦本意,是"愈苛而愈非"。又分析"夺门之变"后的情势,不能用于谦是否支持南宫复辟来作是非标准。傅山认为英宗复辟就是不对的:"吾谓南宫既已辱国,岂可复辟? 在当时之臣子自不敢为此论,而古今社稷为重之义则如此,不惟于公之心如此,即当时臣子之心亦皆如此。"③他认为朱家的贤明之君都可以做皇帝,而不必非是英宗不可。他批评侯方域,就是因对方在社稷与君主的关系问题上看不透彻,因而苛求于社稷之臣于谦。傅山是真正拥护社稷为重君为轻的观点的。

总起来看,傅山的史论中有一些传统的模式,如所强调的华夷之辨,是两晋以来就形成的,正统观在宋朝就开始显著了,在这两方面,傅山并没有新鲜的见解,而其独到之处,在于以事功评品人物。评价历史人物,他们的道德与功业应当统一对待,但是古代史家往往把它们割裂开来,片面强调人的意识、作风、气节,以此为前提,而不太注意人们对历史的有价值的影响。傅山看到先辈论人标准的不足,在注意道德的同时强调事功,注重人物实践的积极

---

① 卷28《傅史》。
② 卷25《字训》。
③ 卷17《书侯朝宗于忠肃公论后》。

意义。如果把道德比作动机,事功看作效果的话,动机也是通过效果来检验的,以社会效果和事功来论人,无疑是比较正确的。重社稷轻君主的观点虽然产生很早,但它同忠于特定皇帝的愚忠观念是对立的,也比后一种观点先进,傅山笃信社稷为重君主为轻的理论,也是有见识的。

二、傅山史观的由来

傅山生活在改朝换代和少数民族当权的时代, 又是关心国事的士人,形势促使他思考现实问题。现实的感受启发他重新认识历史。具体讲,他的史论的形成,受两种因素影响:

其一,明朝衰弱的现实与傅山挽救危亡的愿望结合。

傅山青壮年时期的明朝,始则宦官当权,继则崇祯帝刚愎自用,政治败坏,农民起义的烽火弥漫四野,又与满洲攻战不休,处于国势衰弱、岌岌可危的境地。傅山深感国事的危难,企图有所挽救。他反对迁都和营救袁继咸二事足以表明他的态度。

清朝入关以前,先后七次进关骚扰明朝。崇祯二年(天聪三年,1629),清太宗领兵攻下京东的遵化、永平,京东北的顺义,京西南的良乡,驻兵京郊南海子,多次打败明朝守卫北京的部队,成功地施行反间计,使明廷杀害抗金有功的袁崇焕,然后主力返回东北,而留兵守卫永平等四城。清兵这次进攻,对明朝影响很大,以至有大臣建议躲避满洲而向南迁都,崇祯帝当即禁止这类言论,才使人心稳定下来。崇祯八年(天聪九年,1635),清军又一次入关,过宣府、大同,攻下朔州、保安、灵丘等地,驰骋于居庸关外和山西北部,它又一次造成人心恐慌,京城传播着南迁的流言。1636—1637年傅山在京营救袁继咸,面对家乡山西被清兵的祸害,耳闻南迁的传言,忧心忡忡,作《喻都赋》,希望消释谣言。他在《序》中讲述了朝中和京城议论迁都的情况,说迁都之论不是"庶人之福",又说以己意料定,皇帝绝对无南迁之意,这样讲也反映他惧怕迁都。定都是国本大计,傅山以庶民之身而议国都,实有鉴于清兵扰乱的严重,明朝系于安危之时,不顾自己无职无权,也要发表个人见解。

山西提学金事袁继咸在太原设置三立书院,接待全省生员,会课讲学,预备膳食,探视有病生员,颇得诸生爱戴。崇祯九年(1636),巡按御史、故阉党中人张孙振弹劾袁继咸办事浮躁,袁被械送京城勘问,傅山见是非颠倒,激于义愤,与汾州府生员薛宗周倡议全省诸生到北京讼冤,并先行出发到京,起草辩冤文书,通政司不受理,遂写《辨诬公揭》,投放各衙门和大学士。张孙振深恨傅山的义行,找茬儿陷害不成,乃以整治傅山的弟弟傅止来威胁傅山。但是傅山毫不动摇,继续在京活动,终使袁继咸冤情得雪。在这个事件中傅山破费一万多两银子的家产,毫不吝惜。袁继咸被起用为湖广武昌道,约傅山往游黄鹤之胜。傅山不居功,以母老辞谢。①傅山等在《辨诬公揭》中要求主谳者"以存公道,以服士心"②。道出了这次活动的实质。傅山等发动山西全省生员营救学使,主持公道,反对昏庸暴虐的政治,可以说是进行了一场学生政治运动。傅山作为事件的倡导人,表现出追求光明、清厘弊政的愿望,以及不顾身家性命公而忘私的品质,不屈不挠的奋斗精神。

傅山以满腔的热情,关心时政,希望明朝从危难中摆脱出来,恢复生机,臻于治世。他以这种强烈的政治愿望阅读史书,看到有类似的情节,观念油然而生,像《云台二十八将赞》之类的颂扬中兴事业的观点,以事功评论历史人物的观点,都是在这种情绪下产生的。

其二,明朝亡国之祸与傅山遗民之痛结合而产生的史观。

大顺军推翻明朝,清军入关,击败农民军,消灭南明,统一中国,一度使社会矛盾复杂化,既有阶级矛盾,又有民族矛盾。清军于顺治十六年(1659)正月攻占云南后,清朝严厉推行"剃发令",强迫汉人易衣冠,正式大规模推行圈地政策,严逃人之禁,在官制上歧视汉人,民族矛盾激化。傅山生活在民族矛盾激化的时代,对于清朝的民族压迫政策,非常敏感,也非常反感。

顺治五年(1648),降清的原明朝官员曾在江西、山东等地分别起兵反对清朝,而以姜瓖在山西的活动规模大、时间长。姜瓖在顺治元年(1644)投降清朝,受封为大同巡抚,当时就要求以明枣强王朱鼎珊续崇祯之祀,掌握国政,照旧承认明朝其他藩王的爵位。清廷不允许枣强王从政,而承认他及其他明藩的世爵。③所以,姜瓖自始就是想同清朝合作,企望保留朱明的势力。顺治五年(1648)十二月,姜瓖在大同竖起反清旗帜,势力发展到汾州、太原一带,清朝先后派英亲王阿济格、敬谨亲王尼堪、贝子吴达海、端重亲王博洛、亲王满

---

① 卷29《因人私记》。

② 卷29《辨诬公揭》。

③ 蒋良骐:《东华录》卷4。

达海统兵镇压,摄政王多尔衮亲往前线督兵。姜瓖用明朝旗号,告诉民众清兵要屠戮山西官吏军民,以民族气节动员百姓参加义军。清朝在用兵同时,对民族政策有所调整。顺治六年(1649)正月,在派尼堪领兵往太原的同时,发上谕说:"朕又思满汉言语虽异,心性自同",而今造反,"必有弗堪之情在",想是地方官腹削鱼肉等弊造成,应行剔除。①极力否认民族矛盾。五月,清朝增兵山西,顺治帝又向兵部发上谕:"满汉俱属善民,原无二视之理","有抢汉人一物者,即行处斩,家长及该管官一并治罪"。②希望不要以民族压迫的暴政,激化汉人反抗。到八月,姜瓖为叛将杨震威所杀,清朝即下诏谕,除杨震威等降将及家属兵丁留养外,"其余官吏兵民尽行诛戮,将大同城垣撤去五尺"③,实行残酷的报复。姜瓖起兵将近一年,活动于山西大半个省,自然给傅山以深刻的影响。这在《霜红龛集》中亦有所透露。傅山写《汾二子传》,为汾州秀才、友人薛宗周、王如金二人作传,叙述他们及汾州人参加姜瓖军队反清的情况。他写道,顺治六年(1649)四月,"大同兵以明旗号从西州入汾",薛宗周即往参军,并献策急攻太原。汾州人、原明御史张懋爵被推为监军,山乡义勇少年千余人自备马匹器杖从军,出征太原。行间有举人曹伟劝散伙,薛宗周厉声呵斥,并说:"极知事不无利钝,但见我明旗号,尚观望非夫也!"坚持进兵,至太原晋祠,兵败,薛、王二人下落不明,传云中箭和投火死。傅山在文中联系自己,说二人"先我赴义""余乃今愧二子"。傅山身为清朝子民,而为反清者树碑立传,会被视为犯罪的行为,他当然懂得这个道理,是以在文末特抒己见:"鄙夫见此等事迹,辄畏触忌讳言之。从古无不亡之国,国亡后有二三臣子,信其心志,无论成败,即敌国亦敬而旌之矣。若疾之如仇,太祖何以夷齐讥笑危素也,余阙之庙是谁建之?何鄙夫见之不广也,继起之贤断不尔。"④

明季满洲兴起于东北,令傅山产生民族危亡感;清初,满族统治者的民族压迫政策,置傅山于遗民地位,更增强了他汉民族的情感。正是这多年的一贯的汉民族情操,使他的史论表现出强烈的汉民族气节观。

傅山在明末清初的特殊环境中阅读史书,联想多、体味深,与他忧国忧民

---

① ③ 蒋良骐:《东华录》卷6。

② 蒋良骐:《东华录》卷46。

④ 卷15《汾二子传》。

182

浓厚的汉民族情感相结合,才产生出他的史论。

三、从傅山的史论看他的政治思想

笔者从傅山崇尚汉民族气节获知,他强烈主张实现汉人的统治,反对、不满以满族为主体的清朝政权。

傅山读史书,"至宋史而止"①。前已说过,他不承认辽、金,元三史为正史。从他论傅桂儿、傅慎微事看,他是读过辽史、金史的,只是把它们看作载记罢了。元朝是清朝以前唯一的少数民族统一中国的王朝,辽朝、金朝和北魏是少数民族统治半个中国的朝代,前秦统治地区也较大,然而时间不长,其他的一些少数民族建立的政权偏于一隅,影响不大。傅山蔑视辽、金、元、北魏、前秦等政权,不承认少数民族有权对中国全部或局部实行统治。换句话说,傅山认为中国只能是汉人的国家,只能建立汉人的政权。

对历史上少数民族政权的这种态度,必然会应用到对现实中的满族清王朝。清朝入关以前,傅山对它持警惕、扼御观点;入关之初,主张抗清、反清;待到南明势力消失后,转取消极的不合作态度。崇祯十七年(1644),也即顺治元年的除夕,傅山在守岁中作了两首七律,鲜明地表达了他的政治观点,兹录于下:"三十八岁尽可死,栖栖不死复何言。徐生许下愁方寸,庚子江关黯一天。蒲坐小团消客夜,烛深寒泪下残篇。怕眠谁与闻鸡舞,恋著崇祯十五年。""掩泪山城看岁除,春正谁辨有王无。远臣有历谈天度,处士无年纪帝图。北塞那堪留景略,东迁岂必少夷吾。朝元白兽尊当殿,梦入南天建业都。"②清朝代替明朝的事实,傅山受不了,单凭这一点他就可以去死,而且毫不留恋。为何又苟且偷生呢?他说是"恋著崇祯十五年",因这一年梦见上帝赐给黄冠衲头,于是依梦中所见制作服用,从此弃绝功名的欲望,自视为方外人。有此一念,故而忍辱偷生。但是他的心向往着抗清的人们,希望南明复国,当崇祯十七年结束之际,盼望着明朝的新纪年,梦中都想着南京的弘光政权。明亡之后,傅山就过着漂泊不定非正常人的生活,并作《无家赋》以明志。他在序中说,读《霍去病传》,读到匈奴未灭,何以家为,感触很深:"桑弧蓬矢,我非男子也哉?"为

① 《霜红龛集》附录 1,戴廷栻:《石道人别传》。
② 卷 10《甲申守岁》。

国出力,是男子的本分,而眼下的统治者正是匈奴那样的少数民族,怎不令人痛心。所以说"顾孱弱不振,痛哭流涕之不遑,尚安能汲汲室家也者"①。他出家为道士和向往南明政权,表明他的抗清思想和态度。大约就是这个缘故,才被牵连,落入顺治十一年(1654)的宋谦反叛案中。

南明势力彻底失败以后,民族矛盾有所缓和,清朝统治逐渐巩固,因而加强了对明朝遗民的拉拢。傅山经过二十多年的"仰视天、俯画地",当天下大定的时候,削弱了反清意识。②但始终不与清朝合作,故拒绝康熙十八年(1679)的博学鸿词科考试和内阁中书舍人的赐衔。傅山的反清及不合作态度,是他的汉民族意识的表现,也是反对民族压迫政策的表现。

以常人看待皇帝,反对把君主个人神圣化,这也是傅山的一种政治观点。

傅山在《魏郑公》一文中写道:"(魏)征对二郎曰:守成难。二郎亦曰……"③称唐太宗为二郎,《房文昭公》一文中呼之为"李二郎"。《李卫公》一文称唐高祖李渊为"老庸",并就他杀刘文静一事说:"老庸仗儿子为皇帝,私气不除,殊怅人肠矣。"④李渊是开国之主,傅山竟指名道姓并带有侮辱性——"老庸"——地批评他。李世民是君主专制时代公认的圣君,傅山亦不尊敬他。他还说过这样的话:"李太白对皇帝只如对常人,作官只如作秀才,才成得狂者。"⑤在这里他是赞赏李白行为的,无异于表示:皇帝并不那么神圣,应当把他当作常人来对待。

君主时代人臣服务于君主是天经地义的,傅山却在家训《仕训》中不许子孙轻易出仕:"仕不惟非其时不得轻出,即其时亦不得轻出,君臣僚友哪得皆其人也。"⑥不要盲目出仕,要注意"择君"。但是人们把择主多理解为远祸得福的需要,傅山不这样看,他说:"昔人所谓臣亦择君,原不仅区区祸福之计,名可言,言可行,永终无弊,归妹之象仕进之箴也。"⑦他的意思是臣子要为事业辅佐帝王,造成一种良好的政治,只有能够接受帮助的君王才可以为他服务,

---

① 卷1《无家赋》。

② 全祖望:《阳曲傅先生事略》,载《霜红龛集》附录1。

③ 卷27《魏郑公》。

④ 卷27《李卫公》。

⑤ 卷36《杂记》。

⑥ 卷25《仕训》。

⑦ 卷31《五代史》。

否则就呆在家里而不要理会他。

傅山的这些思想,同他在史论中表现的重社稷、轻君主的观点相一致,君主可以易人,可以被废弃。中国传统的正统观念是天赋君权,君主处于人、神之间,从史论到政治观,傅山都认为皇帝不是不可变异的,不过是个常人而已,不必对他个人那么尽忠。

傅山讲:"天下者,非一人之天下,天下之天下也。"①这不是反对君主专制的平等思想,而是一种古老的观念。《吕氏春秋》就讲:"天下,非一人之天下,天下之天下也。"②明嘉靖间议大礼事件中,霍韬也说:"天下者,天下之天下,非一人所得私也。"③傅山的思想和他们是一脉相承的,就是说国家不是一家一姓的,更不是某一个人的,可以更易君主,甚至可以改朝换代,这种古已有之的思想,是中国古代反复出现的朝代更替的事实所决定的。这种理论是统治者可以接受的,并不必要到近代具有资本主义社会因素以后才能出现,故不属于近代反君主专制思想体系。因此,对傅山的这一观点不宜做过高的估计。

(原载《南开学报》1986 年第 1 期)

---

① 卷 32《道常无名章》。
②《吕氏春秋·贵公篇》。
③《明史》卷 197《霍韬传》。

学者阮元传略

阮元是嘉庆、道光时期的名臣,他不仅从政颇有政绩,且以著作家、刊刻家、思想家著称于世,在学术上做出了不可磨灭的贡献。

一、生平、家世与为人

阮元,字伯元、芸台,祖籍江苏仪征,乾隆二十九年(1764)生于扬州府城一个文武兼备的家庭。祖父阮玉堂,武进士出身,官至参将,军事余暇,"尤喜读书,为古文辞诗歌,授笔立就"①,著有《湖珠草堂诗集》《琢庵词》《箭谱》及《阵法》等书。父阮承信,国学生,幼读书,"治左氏春秋,为古文辞"②。母林氏出身仕宦之家,"通诗书,明古今大谊"。林氏曾同时经理祖姑和公公的丧事,一切依礼法办理,但不请和尚道士念经,亲戚中有人提出异议,她回答说:"吾阮氏、林氏皆儒家,无庸此。"③表明其儒家风尚的特点。

阮元五岁,母亲教他识字,开始读书,六岁到私塾就学。他幼年口吃,念书不流畅,个性又要强,急得回家直哭,母亲领着他念读,于是背诵如流水。母亲又选白居易诗教儿子,并"教四声属对之法"④。所以阮元八九岁就能作诗,后来他回忆此事,认为这是母教的成果,而"非塾师教也"⑤。如果说母亲开启于文字的教育,其父则令阮元疏理文义和立志向学。阮承信熟于《资治通鉴》,对阮元讲授"成败治乱,战阵谋略"⑥。他教儿子学射,并说:"此儒者事,亦吾家事也。"⑦希望阮元文武兼备。阮元幼年、少年时代受父母的精心教育,为日后的

---

① 阮元:《揅经室二集》卷1,《诰赠资政大夫晋光禄大夫户部侍郎王考琢庵太府君行状》,文选楼刊本。
②③④⑤⑥《揅经室二集》卷1,《诰封光禄大夫户部左侍郎显考湘圃府君显妣一品夫人林夫人行状》。
⑦《揅经室二集》卷2,《雪塘阡表》。

学业精进打下良好的基础。

阮元九岁时投师乔椿龄,乔是个秀才,"通诸经义,涉猎百家子史,尤深于《易》"①。十七岁时,他奉母之命,又跟从李道南学习。李曾中进士,不乐仕进,在乡里教学,著有《四书集说》。他认为乔、李两师是"独立特行之儒",就学于他们是幸事,而两位先生也很称许这位学生,可见阮元的学习出类拔萃。

乾隆四十九年(1784),二十一岁的阮元中秀才,隶籍扬州府仪征县,五十一年(1786)成举人,五十四年(1789)中进士,充庶吉士。次年散馆,取中一等第一,任翰林院编修。五十六年(1791)大考翰詹,他又是一等第一,很得乾隆帝的赏识,任为少詹事、南书房行走,同年晋为正詹事。年轻的阮元以他的优异学识,平步青云,走上仕宦道路。

乾隆五十八年(1793),阮元出任山东学政,六十年(1795),改为浙江学政,任满回京,先后官兵部、礼部、户部侍郎,经筵讲官,嘉庆四年(1799)充会试副主考,次年出任浙江巡抚,一度丁父忧离职,后复任,嘉庆十四年(1809),因循隐罪夺职。那年浙江学政刘凤诰被御史参劾监临乡试舞弊,嘉庆帝命阮元严加参奏,"以示大公于天下"。阮元因同刘凤诰是同年进士,曲为辩解,经审实,而责阮元包庇之罪:"止知友谊,罔顾君恩,轻重倒置。"②这是阮元一生官场上唯一的一次失意。

阮元夺职回京,任编修、国史馆总纂。嘉庆十七年(1812)出为漕运总督,二十一年(1816)晋湖广总督,次年改两广总督,任至道光六年(1826),其间有时兼任粤抚、粤海关监督。离两广改任云贵总督,十五年(1835)调进京城,任体仁阁大学士,管兵部事。道光十八年(1838),阮元七十五岁,以老病请准休致,二十六年(1846)加太傅衔,二十九年(1849)病逝,享年八十六,谥文达。③

阮元二十岁娶妻,其妻为祖母江氏的族孙女,是亲上加亲。江家祖籍安徽歙县,在扬州经营盐业。乾隆五十七年(1792),他妻子江氏亡故,幼女也早殇。后来,续娶孔氏,为曲阜衍圣公孔昭焕之孙女,诰封衍圣公孔宪增之女,衍圣

---

① 《揅经室二集》卷 2,《李晴山、乔书西二先生合传》。
② 《清史列传》卷 36《阮元传》,中华书局本。
③ 以上传略见《清史列传》卷 36《阮元传》;李元度:《国朝先正事略》卷 21,《阮文达公事略》;《清史稿》卷 364《阮元传》。

公孔庆镕之姐。①

  阮承信因阮元是单传,江氏又早卒,在乾隆六十年(1795)令把族孙常生过继给阮元为子,是为阮元长子。嘉庆六年(1801),妾谢氏生阮福,其后妾刘氏生阮祜,孔氏生阮孔厚及女儿阮安。阮元对诸子进行读书传家的教育,做两广总督时到钦州阅兵,恰是其祖父阮玉堂最后的任所,因写示儿诗:"后人有庆先人德,文武科名岂易哉!"②他在京中,听诸子夜读,甚为高兴,作诗抒情:"秋斋展卷一灯青,儿辈须教得此情。"③常生官清河道,先阮元而卒。常生与阮福帮助乃父做过文字工作。女儿阮安幼学诗画,作有《百梅吟馆诗》,丈夫张熙二十岁死,阮安在生下遗腹女后也死去,实有殉夫的意思。阮元对她的死很伤心,但又"心许之,曰礼也"④。以殉夫为礼,笃信三纲五常,人就变得残酷无情了。

  阮元重视家族生活,因先世自淮安迁扬州近二百年,族人繁多,而未建宗祠,嘉庆六年(1801)于浙抚任上,与乃父承信、堂叔阮鸿议定,出资建立阮氏祠堂,买田作为祭产,又在祠堂附近设立家塾,聘请名师教育族中子弟。阮元对族人亦多照顾,在山东、浙江学政任上,都请阮鸿帮助衡文,阮承信还要资助阮鸿捐纳为官。⑤

  阮元不好虚热闹,高官耆寿,从不做生日。四十岁是人们大做寿辰的年龄,阮元在正月二十日生日这天,离开浙江巡抚衙门,到海塘工地视察,避免亲友属吏的祝寿。以后无论大小生辰都这样过,所谓"每于是日谢客,独往山寺"⑥,作竟日之游。因往山林,参观古迹外,煮茶消遣,所以他把这一做法叫做"茶隐"。他的茶隐,到八十岁休致在乡时,仍不废弃。他在华诞以前,就从扬州城里搬到城郊的草庐中。不仅自己不做寿,也不给孔夫人做生日。如,道光三年(1823),他任两广总督时,孔夫人生辰这一天,为避客,独游广州荔枝湾。他

  ①《揅经室二集》卷 2,《诰封光禄大夫户部左侍郎显考湘圃府君显妣一品夫人林夫人行状》;《揅经室续集》卷 2 录《儒林传》文。《三十三种清代传记综合引得》(引得编纂处校订,中华书局,1959 年)谓阮之妻孔氏为孔庆镕之女,误。

  ②《揅经室续集》卷 5,《由高州望钦州书示儿辈》。

  ③《揅经室四集·诗集》卷 9,《听福、祜、孔厚诸儿夜读》。

  ④《揅经室二集》卷 6,《女婿张熙、女安合葬墓碣》。

  ⑤《揅经室再续集》卷 2,《北渚二叔墓表》。

  ⑥《揅经室四集·诗集》卷 11,《隐山三章》。

的不做寿有两个原因：一是谢却寿礼，不以"屏幛宴乐为美"①；二是讲求养生之道，即不做生日，把精力放在保养身体上。他同白居易生日相同，白居易四十岁时作有诗歌，阮元步其韵为诗，写道："人生四十岁，前后关壮衰。我发虽未白，寝食非往时。"知道这时应当注意身体了。又考虑到自身政务、做学问繁忙，更要有好身体："百事役我心，所劳非四肢。学荒政亦拙，时时惧支离。"所以他到此盛年，不是沾沾自喜于过往的成就，而是研究如何"却老病"②。阮元得享高年，同他爱惜身体、不搞狂欢淫乐，有很大关系。

阮元是一个勤奋的人，聪明好学，在长期疆吏生涯中，不间断地研究学问，撰有《揅经室集》《畴人传》《十三经校刊记》《经籍纂诂》等巨著。

阮元仕宦一生，学习一生，著述一生。李元度说："以经术文章主持风会，而其人又必聪明早达，扬历中外，兼享大年，其名位著述足以弁冕群才，其力尤足提倡后学，若仪征相国，真其人也。"③说阮元的特点是早发达，致高位，享大年，倡学术，影响远。这样看，基本上是符合事实的，但早达、高位并未讲出其人的历史地位，还是考察阮元的政事和学术，才能真正反映他一生的主要成就。

二、几件政事

清代八股文考试，成了士子入仕的敲门砖，他们往往不学无术，尤其轻视实践，缺乏实际办事能力。阮元也是科举制训练出来的读书人，但是他在读书时多少注意学以致用，青年时代接受了乃父这方面的教育。阮承信不以功名为念，所以教子务实学，"读书当明体达用，徒钻时艺无益也"。阮元做学政，正是管理士人读书和应试事务，承信又对阮元说："取士当先器识，取文亦当无所不收，若以一隅之见为去取，必有弃材矣。"④这是阮元在给乃父与行状时复述的话，说明他非常同意这些观点，并且遵奉实行。阮元不受时艺束缚，不仅能搞学问，同时能处理政务。

阮元任浙江巡抚八年，始终做的一件事是镇压蔡牵起义和几起海盗。嘉

---

① 《揅经室再续集》卷2，《道桥别业爱吾草庐八旬韵序》。
② 《揅经室四集·诗集》卷6，《癸亥正月二十日四十生日避客往海塘用白香山四十岁白发诗韵》。
③ 李元度：《国朝先正事略》卷21，《阮文达公事略》。
④ 《揅经室二集》卷2，《诰封光禄大夫户部左侍郎显考湘圃府君显妣一品夫人林夫人行状》。

庆五年(1800)、六年(1801),浙江、福建沿海多有海盗,有时登陆进行活动。海盗中有所谓"夷艇",是清朝臣民与安南匪徒勾结组成的,他们中又分为凤尾、水澳、箬黄诸帮;有所谓"洋艇",是中国人的组织,其中有以蔡牵为首的闽帮,以朱渍为主的粤帮。"夷艇"属于海盗性质,而蔡牵一帮是贫民的反抗运动。①阮元为了肃清地方,亲赴前线,指挥歼灭"夷艇",如嘉庆五年(1800)夏天到台州督师。不过,他主要是干了两件事,一是支持水师将领李长庚,同他通力合作。李长庚原来是浙江定海镇总兵,阮元看到他有指挥作战的能力,提请他总督浙江定海、黄岩、温州三镇水师,同时请调广东、福建水师来合围。这些建议都为朝廷所接受。嘉庆九年(1804),阮元会同闽浙总督玉德,请求以李长庚总统闽浙水师,俾其专任肃清海洋事务,亦获允准。阮元与李长庚的私人关系也很好,互认为知己。李长庚作诗推崇阮元:"开府推心若谷虚,要将民物纳华胥。风清海外除奸蠹,令肃军中畏简书。"②另一件事是造"霆船"。原来"洋艇"船大,清水师船小,为在装备上取胜,阮元倡捐官俸,并把银子交给李长庚打造大船,使之超过"洋艇"。阮元为装备霆船,铸造大炮,由父亲阮承信在杭州监造,并送到军前。蔡牵方面为对付清军,在福建制造了巨艇,规模超过霆船。阮元与李长庚商量再造更大的船,李长庚乃求助于总督玉德,未得成功。③在阮、李通力合作之下,很快地消灭了凤尾、水澳、箬黄诸"夷艇"。于是浙江洋面比较安定。蔡牵乘机合并了"夷艇"的残余力量,称镇海王,专门进行反对清朝的战事。嘉庆十二年(1807)冬,李长庚消灭了蔡牵的主力,身亦战死。李长庚战死后,阮元赋诗悼念:"六载相依作弟兄,节楼风雨共筹兵。"④次年阮元复任浙抚,与闽抚张师诚合作,任用李长庚部将王得禄、邱良功,迫使蔡牵自杀,起义失败。⑤

　　阮元很注意教育事业。他任浙抚时,就在杭州设立诂经精舍。他认为通经必须训诂,是以选择浙江好友学者的诸生到这里读书,并与王昶、孙星衍等学

---

　　① 蔡牵活动的性质,史学界研究尚意见不一。此处采用为人民起义性质一说。

　　②《揅经室四集·诗集》卷5,附录李长庚:《次韵酬阮芸台抚军》。

　　③《揅经室二集》卷4,《壮烈的李忠毅公传》。

　　④《揅经室四集·诗集》卷8,《戊辰五月办贼至宁波,为前提督壮烈的李忠毅公建昭忠祠,哭祭之》。

　　⑤ 另见李元度:《国朝先正事略》卷22,《李忠毅公事略》;《清史稿》卷350《李长庚传》《王得禄传》《邱良功传》,卷358《清安泰传》,卷359《张师诚传》。

者主持讲席。王昶曾官刑部侍郎，著《春融堂集》，与阮元一样主张治字学，研究经书，崇尚汉儒郑玄。孙星衍官山东督粮道，著《芳茂山人文集》，"深究经史文字音训之学，旁及诸子百家，皆必通其义"①。如作《问字堂集》六卷，记录他文字学的成果。该书院崇祀许慎、郑玄，表示学术的崇尚。②这个精舍，有研讨的风气。阮元把诸生的文章汇编成《诂经精言集》，刊刻传布，鼓励诸生的学习热情。该书院培养了一批学者，所谓"上舍士致身通显及撰述成一家言者，不可殚数，东南人才称极盛焉"③。嘉庆七年（1802），阮元在浙江海宁办"安澜书院"。二十五年（1820），在广州创建"海学堂"，其规制一如杭州诂经精舍。次年又办"三水行台书院"。阮元在嘉庆七年（1802）建立浙江"玉环厅学宫"，玉环厅于雍正年间增设，属温州府，有同知驻扎。阮元设学宫，以温州府学训导为玉环厅学训导，设立诸生中学名额。对于各地原有的学宫，阮元也有所整理，修茸江西、广东、浙江贡院，改善士子试场的环境。嘉庆二十二年（1817）于湖广总督任上，他处理湖南少数民族入学问题，将黔阳训导移为晃州（今新晃侗族自治县）训导，增定学额。原来苗民应试，注有"新童"字样，阮元命除去这类歧视性的说明，将苗生按民生对待。④对科举的指导思想，阮元也有些微不同于官方传统的看法。清朝科举实行三场考试的制度，最重视头场，而此场又重视四书文，即要求应试者把握朱熹注的四书，讲性理之学，而不求实用。阮元对此有异议，给浙江优行生员出的策问透露了他的观点。他说："以四书义取士，垂数百年，明初剿习成书，为《五经大全》，锢蔽士人耳目，至我朝以经术教士，当若何提倡，以矫空疏杂滥之弊欤？""士之治经史者或短于文词，工文词者或疏于经史，专学艺者或钝于时务，习时务者或荒于学艺，当若何弃其短以得长，教其偏以求全欤？"⑤他对科举有不满的思想，但他并没有敢在自己的权限范围内实行改革，只是思想上有异趣。

　　阮元讲求民政，对社会救济事业甚为注意。清代地方官怕考成不好，往往讳灾不报，阮元比较实事求是，有灾情就上报，请求赈济和蠲免。他说："致灾

---

① 张舜徽：《清人文集别录》卷10，中华书局，1963年。
② 《揅经室二集》卷7，《西湖诂经精舍记》。
③ 李元度：《国朝先正事略》卷21，《阮文达公事略》。
④ 《清史列传》卷36《阮元传》。
⑤ 《揅经室二集》卷8，《试浙江优行生员策问》。

已不德,有力敢不殚!"①认为有灾祸就是自己官没有做好,怎能不去全力救灾呢!"致灾已不德",是具有天人感应观念的表现,认识本身并不科学,但能检讨自身行政,从而去积极救灾,则是应当肯定的。嘉庆五年(1800)浙东水灾,三十万人陷入绝境,阮元出仓谷四十万石救济灾民。十年(1805),浙西大灾,阮元冒暑到湖州放赈。阮元为灾民得到实惠,放赈一般不用胥吏,以免他们从饥民口中夺食,特邀请品德好的士人参与其事。阮元还搞了一些慈善团体,嘉庆七年(1802)在杭州设立"普济堂",收养无依靠的老病贫民,寒冬赈粥。整饬杭州育婴堂,收养弃婴,比从前增加一倍。浙江金华府溺女之风严重,明清以来官方屡禁屡起,阮元再一次禁止,并由其父阮承信出面,给抚养女婴者以喜银,希望能长养下去。道光元年(1821),阮元在广州设立"恤嫠局",救济贫寒寡妇。

阮元为维护封建秩序,对民间的秘密结社极为注意,残酷镇压。嘉庆十九年(1814)三月,阮元出任江西巡抚,九月就奏报破获饶州府余干县朱毛俚、胡秉耀团伙的反清活动,并扩大线索,到奉贤县办案。嘉庆帝因他到任就能破获这样大案,特给他加太子少保衔,赏戴花翎,以示鼓励。②次年正月,阮元奏称捕获南昌府进贤县"结盟担匪"曾文彩等人,并把他们按律治罪。四月,在广信府贵溪县、饶州府安仁县发现秘密结社活动,并有与江苏江宁府同伙聚会的秘密情报,阮元立即上报,清廷命交两江总督查拿,终使方荣升等被害。阮元还破坏了赣州府龙南县钟锦龙、长宁县(今寻乌县)郭秀峰、建昌府沪溪县(今资溪县)陶省三等人的秘密结社。阮元在江西时间不长,却留下了大量破坏民间秘密结社的劣迹。

阮元从政较为务实,做了不少事,但其效果、性质如何,要作具体分析。他作为封建官僚,以治民为务,他要人民安分守常,当顺民,而对于那些积极准备反抗和已经起而抗争的民众则予以残酷镇压。这是反动的。他知道要老百姓服帖,必须给以生路,因此在他权限范围里搞躅赈,搞善堂,希望不把受难的群众逼到反对官府方面去,这样较明智的政策对当地百姓不无好处。

①《揅经室四集·诗集》卷5,《浙东赈灾纪事》。
②《清史列传》卷35《阮元传》。

三、学术成就

阮元治学领域广阔,经学、文字学、金石学、天文历算学、史学、地理学、校勘学,无不涉猎,尤专于经学,并有相应的著作。

阮元治学有较正确的态度,就是实事求是的精神。他说,研究经学,是"推明古训,实事求是而已,非敢立异也"①。他要提出自己的观点,但一定本着实事求是的态度去做,不是为标新立异而创异说。与这个态度相适应,他对于前人的学术观点,择善而从,不宗一派,以期立论持平。

阮元治学讲求方法,希望以此获得事半功倍的效果。他强调要注意研究的方法,认为做学问如同进殿堂,路子走错了,就不能登堂入室。具体谈到研究经学的方法,他说"文字训诂,其门径也"②。以音韵训诂为手段,以达到通经的目的。

这位学者治经,研究古人思想,有两点认识比较精到。一是认为情欲的合理性。理学家讲"灭人欲""存天理",将情欲与天理对立起来。佛学要捐弃七情六欲,清净出世,认为情欲是私,是恶。情欲在理学、佛学那里都是要不得的。阮元论证了性、情、欲三者的关系,他从文字学解释"性",谓"性字从心,即血气心知也"。就是认为性是从人的肉体和精神产生的,并非是外在的。味色声臭、喜怒哀乐表现出来的"情","皆本于性"。他分析孟子"食色性也"的话,认为性中含有情,故概述为"情括于性,非别有一事与性相分而为对"。即情和性不可分裂,不是对立的。阮元认为"欲生于情,在性之内",因为"天既生人以血气心知,则不能无欲"。总起来说,阮元断定人人都有情欲——用他的话说,"七情乃尽人所有"③——是性的表现,批驳了理学、佛学视欲为恶及情欲与性对立的观点。阮元承认情欲出自人的本性,并以恢复儒家这种观点自命,表明他肯定情欲是合理的。这种观点与他所尊敬的思想家戴震的看法相一致。戴震提出"人之同欲"的命题,他说:"饥寒愁怨,饮食男女,常情隐曲之感,则名之曰人欲。"认为人欲是人们对外界事物的接触而产生的感觉和认识,进而认

---

① 《揅经室集·自序》。
② 《揅经室一集》卷2,《拟国史儒林传序》。
③ 《揅经室一集》卷10,《性命古训》。

为人欲是合理的。他说:"凡事为皆有欲,无欲则无为矣,有欲而后有为。"①反对理学的去人欲说,发出"以理杀人"比"以法杀人"还残暴的警世宏论。②阮元讲情欲的合理性,理论上的深刻性和战斗性都不如戴震,这除了认识上的问题以外,还在于他高官厚禄,不敢与作为官方哲学的理学公开对抗。尽管阮元的理论有缺陷,但他主张情欲合理性的观点是进步的,在本质上是对理学的封建禁欲主义的一个冲击。

阮元对思想史研究的另一个贡献是把儒家的"仁"解释为处理人际关系的思想。后世儒家把孔子的"仁"理解为爱人、爱民,行仁政,阮元把《论语》五十八章论到的仁,一百零五处提到仁字的地方,采用音韵训诂的方法,作了通盘的考察,认为东汉以前的人都把仁理解为人,是常识,故而人们不必对仁多加说明,而晋以后此解失传,人们反生出歧说,不解原意。他举出东汉以前几位学者和著作对仁的训诂,如曾子的"人之相与",《中庸》的"仁者人也",郑玄的仁,"读如相人偶之人"。他认为他们所理解的仁,就是说人与人的关系,因此他说:"春秋时孔门所谓仁也者,以此一人与彼一人相偶,而尽其敬礼忠恕等事之谓也。"又说:"凡仁,必于身所行者验之而始见,亦必有二人而仁乃见。若一人闭户斋居,瞑目静坐,虽有德理在心,终不得指为圣门所谓之仁矣。"归纳阮元的观点是:仁是讲人与人的关系,是要求人们以敬礼忠恕为原则处理相互之间的关系。阮元仁的思想还包含如何达到仁,仁对国君、臣民的各自内涵等内容。他说:"为仁须择人,与我相助。"自身要实现仁,一定要考虑对方能否同自身配合,因而要选择对象,不顾对方条件,行仁可能只是一种愿望,而不能达到目的。阮元说:"士庶人之仁,见于宗族乡党;天子诸侯卿大夫之仁,见于国家臣民。"③百姓之间、治人与治于人之间,仁的关系不同,仁的内容也就有了差异。阮元认为对于帝王来说,仁就是制约自己,按照百姓乐于或能够接受的条件去做,即要尊重百姓,不滥使民力,并给百姓以好处。对于百姓来说,仁之本在孝悌,在家行孝,对君主就能尽忠,即能把各种关系处理好。阮元对于仁的理解,符合孔学的本意,对于后人正确分析儒家思想是有益的。仁是孔学的基本思想,它规定人际关系的原则是礼义,讲究温良恭俭让,抑制自己

---

① 戴震:《孟子字义疏证·权》。
②《戴东原集·与某书》。
③ 以上引文并见《揅经室一集》卷8,《论语论仁论》。

的欲望,满足对方的要求。中国人历来奉行这个原则,形成国风,成为"礼义之邦"。阮元对仁的本意的恢复,有利于理解儒家学说及其形成的传统,从而也有利于对它的清理。①

阮元的著述成就,以学科分类,主要有以下几个方面。关于经学,他主编了《经籍籑诂》《十三经注疏校刊记》。《经籍籑诂》一百零六卷,是阮元在浙江学政任上主籑的,是他将唐以前经史子集各种古籍的正文和注释中的训诂汇辑在一起,以字为单位,按韵分类,成为史料丰富的古汉字大字典。其收字之多,超过《康熙字典》《中华大字典》。《十三经注疏校刊记》成书过程较长,《十三经注疏》南宋始有合刻本,乾隆初又椠刻。阮元青少年时读经就注意诸本异同,加以订正,任詹事时奉命参加太学石经的校订,把唐代石经与宋版经书加以比勘,后到各地做官,继续校对石经与读本,作出记录,成《校勘记》二百十七卷,嘉庆十三年(1805)付梓。

在金石学领域,阮元著的《积古斋钟鼎彝器款识》,研究了五百五十余件古器物,是前此同类著述中识器最多的。阮元在山东学政任上获知该省金石甚丰,遂利用任职条件,亲自收集,还通过友人广泛搜求,得拓片,汇编成二十四卷的《山左金石志》。阮元另辑有《两浙金石志》。他研究金石有个特点,即利用它解释经义和历史,以他的话说,就是"颇于经史多所创获"②。

对于史学方面,阮元在嘉庆十五年(1820)国史馆总籑任上写作了《国史儒林传》。清朝史馆原没有儒林传及其体例,原因是国史馆传记,凡功臣、大臣,例由其家属提供材料,配合档案资料撰写,而儒林人物不能由家属提供资料,所以无法撰稿。阮元并不能破除资料来源规制,但觉得可以利用学者本身的著作来写其传记,于是择录籑辑,成百十人的儒林传,创立了清代史馆编撰儒林传的体例。他的传稿,部分地编在《揅经室续集》中。

嘉庆四年(1799)阮元兼管国子监学正时,编辑《畴人传》四十六卷。此书为中国上古至清代的天文历算学家二百四十三人、西洋人三十七人作传,写法是把古籍中有关史料摘录汇集,并对重要人物作出评论。

阮元对书画亦有所涉猎,入值南书房时,参与撰修《石渠宝笈》,研究宫中懋勤殿所藏的古书画,写出心得,成《石渠随笔》一书。

---

① 参阅戴逸主编:《简明清史》第 2 册,人民出版社,1984 年,第 272—273 页。
②《揅经室三集》卷 3,《积古斋记》。

在地理学方面，阮元主修过《广东通志》。阮元任两广总督时，广东省志已有近百年未修，他乃主持其事，卒修成三百三十四卷的巨著。

阮元还有笔记类的述作。他在山东学政任上出游，与友人、幕客的唱和，集成《小沧浪笔谈》。移任浙江时，又有同类性质的《定香亭笔谈》问世。

《揅经室集》是阮元诗文各种体裁作品的汇集，它分一、二、三、四集、续集、再续集、外集，前四集按经史子集分类，即一集为解经之文，二集为碑传文，重在叙史，而诗在四集，续集、再续集的分卷也是依四库分类法，外集则含有他人起草的作品，故取此名。前四集由阮元手订，后三集由其子阮福协助编辑。这个集子有单刻本，有《文选楼丛书》本。

阮元编辑地方资料或专题资料，刊刻甚多，如《淮海英灵集》《江苏诗征》《广陵诗事》《两浙辅轩录》《皇清经解》《诂经精舍文集》等，还与其堂弟阮亨刊印《文选楼丛书》。

阮元的著作和编辑椠刻，是研究阮元学术思想和成就的直接资料，更是研究古代文化史的宝贵资料和便利研究者利用的工具书，是我国宝贵的文化遗产。

阮元学术文化上的成就，同他所处的时代与生活环境分不开。阮元的家乡扬州府经济文化素称发达，它地处南北大运河咽喉之要津，是全国第一大盐场淮盐的集散地，富有的盐商麇集于府城，乾隆帝的南巡更促进了它的繁荣。生长于此的阮元说："翠华南巡，恩泽稠叠，士日以文，民日以富。"[1]又说："扬州全盛在乾隆四五十年间，余幼年目睹。"[2]富裕繁华不断吸引文人纷纷来扬州。于是讲学与办学之风甚盛，外地文士与当地士人结合，切磋学问，既培养了人才，也造成文风兴盛。如大盐商、阮元族外舅公江春充任总商，获布政使衔，与学者钱陈群、曹仁虎、蒋士铨、金农、郑燮、戴震、杭士骏等交游。又一盐商汪应庚捐银四万七千两修缮扬州府学、江都及甘泉县学，又买田一千四百亩送三学，以所收地租为岁修之费。[3]扬州设有安定书院、梅花书院等，都受两淮盐政的资助，诸生享受膏火费。[4]因此造成扬州人文兴盛，如，在嘉庆己巳

---

① 《揅经室四集》卷5，《画舫录序》。
② 《揅经室再续集》卷3，《扬州画舫录二跋》。
③ 嘉庆《扬州府志》卷63；戴震：《汪氏捐立学田碑》。
④ 嘉庆《扬州府志》卷19《学校》。

科以前的六十一次会试中,此地有二百三十九人中进士。①其中王安国、王引之祖孙及江德量、顾图河、季愈、王式丹等人俱在鼎甲。阮元就是这众多进士中的一员。他在家乡有机会向学有专长的人学习及与友人研讨学问,离开故里也能向乡前辈讨教。自云"乡里先进多治经之儒",如顾九苞、刘台拱、任大椿、王念孙、汪中,"皆耳目所及,或奉手有所授"。在北京,与作《弁服释例》的任大椿"相问难为尤多"②。又向同郡王念孙求教,得到很多文字学的知识,故为其作墓志铭追述受益之情:"元之稍知声音、文字、训诂者,得于先生也。"③为其后来用音韵训诂为工具研究经学准备了条件。歙县人凌廷堪于乾隆四十八年(1783)游扬州,因阮元"以学问相益"④。凌著有《礼经释例》,与《雕菰集》作者焦循同是戴震皖派中佼佼者。焦循亦是阮元的学友,扬州人。阮元幼时与他同学,青少年之际俩人同名,后来焦循专向学问方面发展,而阮元则兼及政事了。阮元在与名流学者的交游中受教益,增进了学问。没有扬州浓厚的学风的熏陶,及去扬州游学的学人的指导,也就很难有学者式的阮元。

还应看到,阮元生活在乾嘉考据学鼎盛之时,这种学风给予他很大影响,所以他也搞考据,搞汉学,考释经文。

主观的努力,是阮元获得学术成就的内在因素,阮元青年时代就有强烈的求知欲望,又善于学习,才得到前辈的好感,并给予有力的指导。阮元出仕后,在做文字工作时注意钻研学问,做疆吏时仍然以极浓的兴趣挤时间搞研究,如对古器物的鉴识,是在"政事之暇"进行的,自谓"藉此罗列以为清娱,且以偿案牍之劳"。⑤他说是为调节精神,确实也有这个作用,但主要的还是表现了他勤于治学,不停顿地进行研究与写作。唯其如此,才可能有那么多著作问世。如督学浙江,"随笔疏记近事",形成《定香亭笔谈》。⑥在山东,"校阅之暇",钻研金石铭文,"咨访耆旧,广为搜索",始成《山左金石志》。⑦一个封疆大吏,能如阮元那样坚持做学问的实不多见。阮元的这种精神很值得赞扬。

---

① 嘉庆《扬州府志》卷39《选举》。
②《揅经室一集》卷11,《任子田侍御弁服释例序》。
③《揅经室续集》卷2下,《王石臞先生墓志铭》。
④《揅经室二集》卷4,《次仲凌君传》。
⑤《揅经室三集》卷3,《积古斋记》。
⑥《揅经室三集》卷2,《定香亭笔谈序》。
⑦ 阮元:《小沧浪笔谈》卷3。

四、对西方的态度

阮元任两广总督近十年,正是在鸦片战争前十几年,他处理过与英国人关系的事务多起,其对英态度颇值得注意。

阮元于嘉庆二十二年(1817)出任两广总督,是英国阿美士德使华失败的次年,中英两国矛盾开始激化。阮元就任的广州是双方的接触点,所以一到任就感到中英关系问题的严重性。二十三年(1818)二月、五月先后密疏奏陈对英人政策,主张对其采取强硬态度。他认为英人"长于水,短于陆,强于外洋,短于内洋",因此要加强内洋和陆上的防务,英人来犯即给予炮火惩创,同时停止同它的贸易,断绝其食用采买,以此强硬态度,令"彼不敢轻犯"中国法令。嘉庆帝不同意他的主张,强调所谓"恩威相济",并告诫阮元"断不可猛浪从事"。①这个"猛浪"警告非同小可,官员考成,有"浮躁"一项,即此之谓。皇帝限制阮元,不许他强硬行事。英国人不断上岸滋事,打死打伤中国人,清朝政府索取凶手,多无结果。阮元对此不能容忍。一次英人打杀中国妇女,阮元乃将他绞决抵罪。道光元年(1821)冬季,英军打死中国农民二人,凶犯逃回英国,阮元屡次向英方索要凶手,英人以停止贸易相威胁。阮元怕获"猛浪"之罪,不敢坚持强硬态度,遂采取折中办法:许商船贸易,不许该兵船复来。②中央政府的软弱政策使地方官无所作为,当然阮元本身的软弱也难辞其咎。英国侵略者进行罪恶的鸦片贸易,清朝政府早在雍正年间即下令禁止贩卖鸦片。嘉庆二十年(1815)、道光元年(1821)先后申严鸦片之禁。阮元于道光元年(1821)兼署粤海关监督,严格实行禁令,查禁英船夹带的鸦片烟,惩办走私的洋行商人伍敦元。但狡猾的英人采取更隐蔽的手段,继续贩毒。阮元查禁的效果不大。

明代后期西洋传教士来华,也带来一些西方近代文化知识,引起中国士大夫如徐光启等人的兴趣,称赞其技术之精。阮元和这部分人持有相反的态度,对于主张向西方学习的人极为反感。他认为中国科学文化最发达,如说

---

① 《清史列传》卷 36《阮元传》。
② 李元度:《国朝先正事略》卷 21,《阮文达公事略》。

"天文历算至今日而大备"①。对西方学术成就亦有所承认,如谓"利玛窦、汤若望、南怀仁等,于推步一事,颇能深究"②。但又认为西方的科技制作,在中国古代就有了,如说西方有自鸣钟,而中国早有刻漏。③西方算学有借根法,而中国算学早有天元法。④他甚至认为西方人的先进器物,是抄袭中国成果的产物:"西人亦未始不暗袭我中土之成说成法,而改易其名色耳。"⑤以为西法西器与中国之不同,只是改变了名字。他认为相信西方算学的人是不懂历史,"但知西法而已,安知所谓古法哉"⑥! 阮元否认西法,根本看不起西方人及其国家,称德意志人汤若望之祖国为"欧罗巴极西之小国",清朝用汤若望为官就是大气魄。⑦阮元对西方人修正某些科学观点不予承认,否认其科学性,⑧可见他还不懂得科学的认识已在不断发展的这个真理。看来,在西方自然科学面前,阮元固步自封,错误地以为中国古老的文明能够代替一切最新的文明,而不承认中国之外的发明创造。他的观念陈旧,对西方的科技知识贫乏,是落后于时代的迂腐之见。比起他的先辈徐光启诸人他是落后的。所以他的错误不仅是当时中国封建体制的原因,也是他本人食古不化,背上中国古老文明的包袱而不能前进。

纵观阮元的一生,他勤奋不息,忠君以尽臣节,并以此受知于乾、嘉、道三朝皇帝,高官厚禄以终天年。他有经世致用思想,勤政务实,既试图解决一些人民的痛苦,又残暴镇压过民众运动,表明他是一个典型的封建官僚。他终生辛勤治学,留下了大量著述,体现了那个时代的考据成就,是一笔可贵的文化遗产。从这个意义上说,他对中国文化所做的贡献是应予肯定的。

(原载白寿彝总主编《中国通史》第 10 卷,上海人民出版社,1996 年)

---

① 《揅经室四集》卷 5,《里堂学术记序》。

② 阮元:《畴人传·凡例》。

③ 《揅经室四集》卷 5,《自鸣钟说》。

④⑤ 《揅经室再续集》卷 2,《续畴人传序》。

⑥ 《揅经室续集》卷 2 下,《畴人利玛窦传论》。

⑦ 阮元:《畴人传》卷 45,《汤若望传论》,商务印书馆,1935 年。

⑧ 阮元:《畴人传》卷 46,《蒋友仁传论》。

章太炎清史研究评议

一、何谓章太炎的"清史研究"

被誉为学者革命家的章太炎(1869—1936)对历史情有独钟,倾注了巨大的精力,在学术论著、政论、时事评论、碑传、序跋、书信、笔记等各种文体的作品中,运用历史知识阐明他的政治的、学术的、历史的观点。他有着纂著中国通史的强烈愿望,撰写出修史原则的《中国通史略例》和《近史商略》,草拟了《中国通史目录》,奈因参与政界和学界的论战繁忙,通史的工程又相当浩大,独力难成,是以未能进行。但是也写出不少的文章,对他的治史思想有所贯彻。

他的目标是中国通史,而他的大半生是生活在清朝时代,又参加反清排满斗争,为说明这种革命的正当性,他在辛亥革命前后特别关注清代的历史和清朝末年的时事。他在《中国通史目录》里表达出给清史特殊地位的想法,如在"考纪"(相当于本纪)的九个子目中,有"清三帝""洪秀全"二目,比起历史上那么多的帝王,他们占的比重太大了;在"别录"(相当于列传)的二十五目里,有有关清人的"顾黄王颜""多尔衮""康有为"等八目,而在"货殖""会党"等目中还有关于清朝人的事迹,所以至少占有三分之一以上。章氏在 20 世纪初年对清史做过虽然是粗疏的但却是通盘的考虑,撰写《哀清史》的论文;民国初建,他针对人们编写清史的议论,就纂修体制提出看法,即上面提到的《近史商略》的问世。

章氏《清建国别记》一书,系于 1924 年综集关于明清之际的文论,在此之前没有一部历史学专著,但有一个近似之作,就是《訄书》(初版 1900 年,重订本 1904 年)及其修订本《检论》(1915 年改订迄)。这部书被《中国历史大辞典·

史学史卷》认为是"政治论文的结集"①,《中国历史大辞典·清史》(下)谓为"辑录政论和有关经、史、文、哲、音韵"②的论文集,姜义华在《章太炎思想研究》一书中说此书是"论学论政的综合著作"③,唐文权、罗福惠著的《章太炎思想研究》指出《訄书》最后一组文章"都是史论"④。几乎是众口一词地认为该书是论政论学、论史的文集,笔者也是这样认识的。该书用历史作政论,作学术论文亦是为发表政见,可谓第一是政治的,第二是学术的,而历史贯穿其中,换句话说具以政论为表现形式,以历史为其内涵,从而表达出政见。

在《訄书》中,有一些篇目主要是论史的,其中关于清代历史的有下列诸篇:《颜学》《清儒》《学隐》《不加赋难》《哀焚书》《哀清史》《中国通史略例》《中国通史目录》《杨颜钱别录》《许二魏汤李别录》《解辫发》《客帝匡谬》《正议》《杂志》《近史商略》《对二宋》《光复军志》《近思》等。⑤章氏还撰有不少有关清史的文章,收在 1985 年梓行的《章太炎全集》的第四、第五集里,如《驳康有为论革命书》《中夏亡国二百四十二年纪念会书》《讨满洲檄》《排满评议》《救学弊论》《说林》《张苍水集后序》《南疆逸史序》《释戴》《非黄》《书曾刻〈船山遗书〉后》《日知录校记序》《书张英事》《书李巨来事》《书吕用晦事》《书梅伯言事》《书顾亭林轶事》《箴新党论》等。此外还有《请严拒满蒙人入国会状》,以及书信、碑传文等,不一一具列。由这些篇章可知,章氏对清史有相当的研究。

章氏本人的历史,向为学术界所重视,据上海辞书出版社于 1990 年印行的《辛亥以来人物传记资料索引》著录,关于章太炎研究的专著有十余种,论文约有二百六十篇,不过其中专门讨论章氏史学的只有一二篇,如杜蒸民的《试论章太炎的史学思想及其成就》⑥。翻检专著,李润苍的《论章太炎》有《章太炎的史学观点和方法》专题,唐文权等的《章太炎思想研究》亦有《鉴古知今昭识本末——章太炎的史学》专章,看来研治章氏史学的专文太少,真是如同杜蒸民的论文所说"研究得很不够"。在这不多的专文中,作者们论述到章氏

① 《中国历史大辞典》,上海辞书出版社,1983 年,第 337 页。
② 《中国历史大辞典》,上海辞书出版社,1992 年,第 529 页。
③ 姜义华:《章太炎思想研究》,上海人民出版社,1985 年,第 113 页。
④ 唐文权、罗福惠:《章太炎思想研究》,华中师范大学出版社,1986 年,372 页。
⑤ 《訄书》的三种本子汇集于上海人民出版社 1984 年出版的《章太炎全集》第 3 集。
⑥ 杜蒸民:《试论章太炎的史学思想及其成就》,《史学史研究》1983 年第 4 期。

的史学理论、方法、成果,以及与近代史学建设的关系。他们是就章氏对中国通史的研究立论的,遗憾的是对章氏的清史研究给予关怀太少,仅见唐文权等的著作第十二章最后一节"从'民族性''民主性'的角度评论清代之学",论述了章氏清代学术史研究的成就。对章氏清史评论如此缺乏研讨,就给笔者留下了论述的空间——能够进行专题探讨。然而笔者系初次涉猎章氏历史,深知这个论题范围相当广泛,而且章氏有许多观点反复变化。因此,本文基本上研究辛亥革命前后章太炎关于清史的论述,对其见解的变动一般不做评述。

诚如上述,将要评述的章氏本人是革命家,其作品中不乏时人写时事的政论文、时评,而这并非是严格的史著,那么其清史研究的学术性究竟如何呢?因此本文在论说章氏清史研究得失的同时,兼带探讨以历史为题材的政论文与史学学术论文的关系问题,实即政论文的学术性问题。

二、围绕"华夷之辨"所做的清代人物研究

章太炎对清朝历史人物及他的同代人发表看法,多半是就这些人的政治、学术活动进行的,很少做全面的论述。在政治上,章氏极其注意人们的民族意识。具体地说,是对"夷夏之防""华夷之辨"观念的态度,是有没有"中夏"的汉民族意识、反对满洲人的清朝、向往汉人政权,还是在清朝为官做宦,忠实于满洲皇帝。他以此划界,评论人物。由于满汉矛盾在清代不同时期处于相异的状态,即清朝初年斗争激烈,此后缓和,而到章太炎生活的时代,汉人的民族观念再度上升,笔者考虑到这种因素,将时段与事件结合起来,考察章氏的评论。

(一)分析清初人物

就着民族意识的有无及强弱程度,章太炎对人物的分析可以说是体察入微,区分不同的情况给予评述,大约可分如下类型:

坚持明朝立场,以至抗清殉难。章氏推崇张煌言、郑成功,自言反满民族意识的确立得诸张、郑等人抗清事迹的教育,《光复军志序》云:"余年十三四始读蒋氏《东华录》,见吕留良、曾静事,怅然不怡,辄言'以清代明,宁与张(献忠)、李(自成)也'。弱冠睹全祖望文,所述南田、台湾诸事甚详,益愤然,欲为

浙父老雪耻。次又得王夫之《黄书》,志性益定。"①所谓南田事,指鲁王政权内张煌言在浙江的抗清,一度退守象山南田岛,故以南田称之;台湾事,众所共知是郑成功据台湾抗清。此二人的业绩给他以巨大的鼓舞。他认为,张煌言保南明不仅是保卫汉人政权,更在于保存汉人文化和制度,故云:"南田画江之师,皆吾吴越遗老知保种者为之,所以存礼乐、绝腥膻,非独为明氏之宗稷而已也。"②给予高度的评价。讲到郑成功,都是置于正统地位,如说到他的进军江南是"台湾郑氏,舟师入讨"③,并把他看做关乎明朝的存亡。所以郑氏之亡,谓为"明之衣冠正朔,自是斩也"④。对何腾蛟、瞿式耜、堵胤锡等人亦加表彰。

武装反抗失败后,仍坚持华夷之辨,乃至准备东山再起。以顾炎武、王夫之为代表,章氏在前述自身汉族意识形成时肯定了王夫之的影响,他是推崇王夫之在《黄书》中宣扬的华夷之别高于君臣之伦,若汉族政权不保,则无仁政可言;而对顾炎武则着重赞扬他不忘反清的实践,故云:"明季之遗老,惟王而农为最清。宁人居华阴,以关中为天府,其险可守。虽著书,不忘兵革之事。其志不就,则推迹百王之制,以待后圣,其材高矣。"⑤

坚持夷夏之防,隐居治学。如颜元、李颙、张履祥、应撝谦,章氏认为清代最突出的儒家有二人,颜元为其一,处乱世而践履不二。

抗清不成,以逃禅着僧装,坚持不按满人装束剃发易服。祁班孙、金堡宁肯出家为僧,拒不辫发,不做清朝顺民。章太炎为了表示与清朝毅然决裂,剪辫发着西装,说他效法的就是祁班孙、金堡:"昔祁班孙、释隐玄,皆以明氏遗老,断发以殁。"⑥祁班孙是明清之际浙江绍兴人,联络豪杰,以兴复明朝为目的,被人告发,遣戍,逃归,削发为僧。金堡,浙江仁和人,先后参与南明唐王、桂王政府抗清,后来皈依佛门。章氏是他们的同乡。

己身华夷界限分明,而允许子孙与清朝合作。黄宗羲抗清失败后,拒绝征召,著书立说,但允许儿子参与官方的《明史》兴修。可是黄宗羲的名声很大,与顾炎武、王夫之齐名,章太炎对此颇不以为然,说他的书"陈义虽高,将俟虏

---

① 《章太炎全集》第 3 册,第 623 页。下面对《章太炎全集》注皆简略作《全集》。

② 《张苍水集后序》,《全集》第 4 册,第 200 页。

③ 《讨满洲檄》,《全集》第 4 册,第 191 页。

④ 《杂说》,《全集》第 3 册,第 100 页。

⑤ 《说林》,《全集》第 4 册,第 117 页。

⑥ 《解辫发》,《全集》第 3 册,第 347 页。

之下问"①,特作《非黄》篇,认为黄氏学术上不及顾炎武,气节上不如王夫之,不足以称为大名人。②

一贯坚决反清,因避祸而一度参与科举。吕留良与祁班孙有类似的反清经历,遭家祸,侄儿论死,为了保全宗族而考中秀才,祸难过后,弃青衿,华夏立场毫不改变。章氏说在二百年后读吕氏"狱辞,犹能勃然发愤,以蹈胡清",他是"侠士报国,其人足重"。③

避祸改节,而华夏思想依旧。苏州潘耒,其兄里章为清朝所杀,可是他应博学鸿词之征,入翰林,为人所诟病,顾炎武却谅解他,以为他是为避祸。章氏看到潘耒刻顾炎武《日知录》,删去"胡服"条,这自然是负恩的行为,然而理解他:"惩于史祸,有屈志而为之者。"④

始于抗清,而无晚节。毛奇龄于顺治年间反清,亡命江湖,后应博学鸿词科,吴三桂灭亡,其作《平滇颂》献媚于康熙帝。章氏因之评论说:"君子惜其少壮苦节,有古烈士风,而晚节不终,媚于旃裘。"⑤

反复无常,而迷途知返。金声桓、李成栋投降清朝,为方面大吏,但不得意,举兵反清,终至败亡。章太炎认为他们"穷厄反正,有迷复之功"⑥。

局促于满汉之间。万斯同不应博学鸿词科,诏修《明史》不就,不得已,以民间身份参与,章氏云其"局促虏汉之间,怀不自遂"⑦。

屈节而有悔意。钱谦益以高官、文坛首领降清,然而心有不甘,当郑成功兵临江南,兴奋地等候他的胜利,及至吴三桂杀害桂王,他赋诗表示哀悼。章氏对钱谦益多有论及,并为其作传,说他"悲中夏之沉沦,与犬羊之倏扰,未尝不有余哀也","虽荏染,其迷犹复"。龚鼎孳、吴伟业的思想与钱谦益有彷佛之处,章氏说他们"善诗歌,时见愤激,而伟业辞特深隐,其言近诚"⑧。相信他们确有忏悔之意。

---

① 《说林》,《全集》第 4 册,第 117 页。

② 《全集》第 4 册,第 124 页。

③ 《书吕用晦事》,《全集》第 5 册,第 317 页。

④ 《日知录校记序》,《全集》第 5 册,第 151 页。

⑤ 《杨颜钱别祭》,《全集》第 12 册,第 339 页。

⑥ 《南疆逸史序》,《全集》第 4 册,第 202 页。

⑦ 《南疆逸史序》,《全集》第 4 册,第 201 页。

⑧ 《杨颜钱别录》,《全集》第 3 册,第 339 页。

仕清,偶露似乎是保护汉人的意思。当吴三桂反清时,魏象枢建议诛戮主张撤藩的满洲大臣明珠、米斯翰。章氏认为,吴三桂是汉人,反清总是为汉人保存一片地方,魏象枢的建言对汉人有利,欣赏他作为清朝臣子,但不同流合污。① 降臣陈名夏因说不推行剃发令即可致天下太平的话而被杀,章氏为此对他表示同情。②

仕清而无大建白,有尸位素餐之意。如理学名臣熊赐履、陆陇其等人,虽然不时地对朝廷有所建议,但都是些无关大局的话。③

仕清,积极建言,讨主人欢心。魏裔介当满、汉在西南对垒之时,上言用兵方略。章氏说,他为满洲谋划宰割汉人,是为皇帝子孙万世计谋。④ 李光地在学术上附会康熙帝之意,提倡理学,政治上推荐降将施琅,灭台湾郑氏,"自是明氏子孙,与奉中国年历冠带者,无遗言矣"。章氏并由此而认为道学衰亡。⑤

由清朝豢养,并不知满汉界限。汤斌于顺治九年中进士出仕,忠实地为清朝服务,章氏评论他"循吏也,豢养忘旧,惟所任使"⑥。

家仇不报,忠实于清朝。章氏说康熙朝大学士张英,其伯父在济南抗清而亡,其父前往收尸,是忠义之家出身,而他"仕虏廷以至显贵"⑦,深负其父辈,为人伦所不齿。

章太炎对清初人物因华夷之辨的态度不一做出不同的评价,笔者据以区分出十六类,想来是符合章氏原意的。这十六种人,在章氏的观念中,还可以归为三大类,从张煌言到吕留良的六种人,都是夷夏之防观念强烈的人,始则为保卫汉人政权而战,继则终身不仕,思想上一贯反清,得到章氏的赞扬,甚至于效法,诚如他在《光复军志序》《解辫发》等文所表达的,他景仰王夫之、吕留良、祁班孙等人,坚强了反满革命的意志,并在行动中表现出来。从潘耒到魏象枢六类人,或则为清朝官吏,或者与清朝有所合作,但满汉之别的意识常存,时有保存汉人利益的表现,至少在客观上是如此。因为他们还有或多或少的汉族意识,得到章氏谅解,对他们的批评有所节制,对他们的仕清有所原

---

① 《许二魏汤李别录》,《全集》第 3 册,第 342 页。
② 《全集》第 3 册,第 339 页。
③ 《驳康有为论革命书》,《全集》第 4 册,第 183 页。
④⑥ 《全集》第 3 册,第 342 页。
⑤ 《全集》第 3 册,第 344 页。
⑦ 《书张英事》,《全集》第 5 册,第 313 页。

谅。从魏裔介到张英的四类人,是死心塌地地效忠清朝,完全没有华夷之辨的意识。因此为章氏所痛责,"无行""豢养"之类的恶谥都加诸他们身上。

(二)抨击清朝皇帝

因华夷之辨,章太炎视清朝的统治中国为非法,即"满洲以强暴侵略汉族,残其民庶,盗其政权"①。以侵略者对待清王朝,自然会将清朝皇帝看做野蛮不仁的暴君加以批判。事实上,他对清朝的一些皇帝和执政者并没有多少从史实出发的具体分析,而是只言片语的批评,且看:

关于多尔衮。章氏在《讨满洲檄》中写道:"多尔衮、福临父子,假称义师,盗有中夏。"这是说清军入关,建立统一的清王朝是侵略行为,汉人反满的根据就在这里。章氏相信张煌言《满洲宫词》的诗句是史笔,认为顺治帝的母亲孝庄文皇后与多尔衮结婚了,由此又说"多尔衮以盗嫂为美谈",进而指责满人野蛮落后,不讲伦理,是"犬羊之性,父子无别"。②

关于顺治帝。章氏通过吴伟业的诗知道顺治帝尸体火化,认为这是不德之事,是崇拜藏传佛教的结果。③

关于康熙帝。康熙帝被谥为"圣祖仁皇帝",以行仁政,名播于世。章氏对此耿耿于怀,说这是史臣的无稽之谈——"史之枉桡,曰'圣祖至仁也'"。说他在统一之后,屠戮明朝宗室的暴政,被史官隐讳了。④康熙帝南巡,宣称不增加民间负担,章氏指出:"玄烨、弘历数次南巡,强勒报效,数若恒沙。"⑤所以他不是仁君。另一方面,章氏认为康熙帝是有本事的、不完全失德的帝王,故云:"且如玄晔(烨)、胤禛等辈,若狂夫失德,专为淫虐,则不崇朝而歼于汉人矣,岂能制我黔黎至三百年之久哉?"⑥

关于雍正帝。前面章氏已说明雍正帝是能人,更多的是指责其人的残暴。如屠杀弟弟塞斯黑(笔者按:塞斯黑是允禟,章太炎此处讲的是阿其那,即允禩的事情,塞斯黑应为阿其那),指出"世宗为人,险诐而强鸷"。他害了塞斯黑,却要直隶总督李绂承担罪名,李绂不应承,遂借李绂与田文镜互控案迫

————————

① 《排满评议》,《全集》第4册,第268页。

② 《讨满州檄》,《全集》第4册,第192页。

③④ 《哀清史》,《全集》第4册,第325页。

⑤ 《驳康有为论革命书》,《全集》第4册,第176页。

⑥ 《请严拒满蒙人入国会状》,转见骆宝善:《关于章炳麟政治立场转变的几篇佚文》,《历史研究》1982年第5期。

害李绂,史家全祖望以为李绂之获罪在于互控案,章氏认为这是不明真相之论。①章氏又谓"清宪帝亦利洛、闽,刑爵无常,益以恣雎"②。是说雍正帝性格无常,利用理学,滥施刑法和爵赏。

关于乾隆帝。章氏对乾隆帝在编辑《四库全书》过程中毁禁图籍大为义愤,特撰《哀焚书》一文,痛斥他阴鸷不下于秦始皇的焚书坑儒,是企图毁灭汉人的历史。说他承认南明三王的年号,与毁书行为相互矛盾,都是为了愚弄汉人。③又认为其人"天性缪诞"④,做出荒谬绝伦的事情。另就他的用兵评论道:"高宗者,威谋若神,善御将帅,每用兵,诸将必秉承庙算,违者辄败。"但是将在外君命有所不受,乾隆帝亦有其弊病。⑤

关于咸丰帝。章氏认为他狂妄不仁和无能,就其在对太平军作战时给前线将领的批语发表议论:"(咸丰帝)一褊躁狂易之人耳。当金陵失守时,殆欲避易二三年中所与将帅,诏令皆刻限破敌,威以军法,日为此言,而终不能遂行也……威灵蹦跨之时,而复对下忿语,其谁畏之……真丧心病狂矣!"并说若其不死,曾国藩、左宗棠不但不能成功,且恐性命难保。⑥

关于慈禧太后。章氏在上述文章中接着说曾、左所以能够成功,"幸直女主仁柔",是对慈禧的看法。

关于光绪帝。章氏的观点前后大变,在其同康有为、梁启超为友相信改良的时候,寄希望于光绪帝的改革,撰《客帝》一文,以为满洲人虽不能做中国的皇帝,但光绪帝圣明,悔恨以前满人统治的不当,决心变革旧法,以御白人之侮。因此不妨请作客帝以治理天下。到1900年他改变观点,一心排满革命,别作《客帝匡谬》,痛责自己,当然对光绪帝的看法随之巨变。⑦康有为提倡君主立宪,为光绪帝大唱赞歌,章氏愤而斥之,作《驳康有为论革命书》,文中对光绪帝进行人身指责,说"载湉小丑,未辨菽麦",他的变法是为了讨外国人的欢心,"铤而走险"。康有为说光绪帝在戊戌变法和八国联军两次失败中能够保

① 《书李巨来事》,《全集》第5册,第314页。

② 《释戴》,《全集》第4册,第122页。

③ 《哀焚书》,《全集》第3册,第322页。

④ 《近史商略》,《全集》第3册,第592页。

⑤ 《哀清史》,《全集》第3册,第326页。

⑥ 《近思》,《全集》第3册,第626页。

⑦ 《全集》第3册,第67、第118页。

全性命,是圣仁英武的表现,章氏就此说他逃不脱慈禧的监控,是"仁柔寡断之主"①,汉献帝、唐昭宗一类的亡国之君。

章太炎对清朝诸帝的看法,本着华夷之辨的基本态度给予全面的批判,大要在于他们对汉族实行残暴统治,残害明朝宗室,大兴文字狱,贪婪无度,而本身野蛮,不讲人伦,到了后世,将中国带进受外国欺凌的灾难之中,势必要造他的反。间或对他们有一两句好话,并非要表彰他们,而是说他们之所以能够九世连续统治,也有不那么残暴的一面。因此对他们更应警惕,要坚决推翻清朝。

章太炎对清代帝王的评论有的很准确,如关于雍正帝、咸丰帝、光绪帝的性格为人,康熙帝、雍正帝、乾隆帝的统治能力;有的问题抓得好,如赋役制度和文字狱;有的则因民族观念,评得苛刻。

(三)评论文字狱及其中人员

章太炎在政论文里反复讲到清朝的文字狱。他一般地是用文字狱的简单事实说明反清的一个道理。在《讨满洲檄》中历数清朝罪恶,其第七条即是大兴文字狱之罪。他说蒙古的元朝并不编织文网,而清朝文字之祸,"诛求日深,反唇腹诽,皆肆市朝"。他举出各个有名的案子,即庄廷鑨、戴名世、吕留良、查嗣庭、陆生楠、汪景祺、齐周华、王锡侯、胡中藻等,认为他们"皆以议论自恣,或托讽刺于诗歌、字书之间,虏遂处以极刑,诛以种嗣,辗转相牵,断头千数"②。述说清朝这类罪恶,说明反满势在必行。

清朝自称清除明朝暴政而施行仁政,如不再有廷杖这一类的事情,章氏就此指出,廷杖虽然革除,但是"诗案、史祸,较诸廷杖,毒蛰百倍",戴名世等狱,"务以摧折汉人,使之噤不发语"。③所以,从文字狱可知清朝专制并不清明。

因为痛恨文网,章氏对于它的推波助澜者特予贬斥。康熙朝的赵申乔,在当时及历史上,以正直廉明的形象出现,然而戴名世的《南山集》案是他告发的。章氏说其人虽是"布政有绩",但他造成的案子株连广泛,影响恶劣,故其人应当比有名的酷吏田文镜还要坏。④表示出章氏对赵申乔及文字狱的深恶

---

① 《全集》第 4 册,第 177 页。

② 《全集》第 4 册,第 191 页。

③ 《驳康有为论革命书》,《全集》第 4 册,第 176 页。

④ 《哀清史》,《全集》第 3 册,第 326 页。

痛绝的态度。

扬州十日、嘉定三屠之类的屠戮汉人事件和文字狱,是清代两个最敏感的政治历史问题,章氏大谈文网,就是调动汉人的民族感情,以便进行反清的光复事业。章氏本人的汉族情愫亦因得知文字狱的历史而加强。所以,他述及文字狱及其受害者的历史,是围绕华夷之辨和满汉矛盾的总题目进行的。

(四)赞扬清代民众运动领袖

对于清朝的民间反抗斗争及其领袖,章太炎不乏讴歌之词,说明运动产生的原因、经验,考证个别领导人的身世,以及史书应如何对待他们。

历朝历代的民间造反,都同贫困无法维生有关,章氏看到这种缘故,但认为发生在清朝的却不是这种因由。他说朱一贵起于台湾,林清起于山东(笔者按:应为北京),王三槐起于四川,洪秀全起于广西,张乐行起于河南,其他义师,不可悉数。他们为什么发动起义呢?"岂实迫于饥寒,抑自有帝王之志,诚以豺狼之族,不可不除,腥膻之气,不可不涤,故肝胆涂地,而不悔也"。他认为朱一贵等的起义,主要不是饥寒所至,也不是他们想做皇帝,而是因为是汉人不服从满洲统治:"以黄帝遗胄,秉性淑灵,齐州天府,世食旧德,而逆胡一人,奄然荡复;又其腥闻虐政,凡有血气,宜不与戴日月而共四海。"①

反满的动机,章氏在朱一贵身上进一步地做了说明。1899年,他见到日本人写的《台湾郑氏纪事》,载有"自郑氏灭后,明遗民朱一贵称明室后裔,起兵于台湾,其年败死"的话。那么朱一贵是明朝后裔吗?章氏考证说,明朝血胤依郑氏于台湾的不少,当郑氏败亡之际,明裔有自尽的,"则郑氏亡后。明宗室之散处海上者,亦必不少,如一贵,盖亦其人也"②。他认为反抗与复明有关系,这是有某些事实作根据的。不过朱一贵是明裔之说,未免牵强,不足为据。可是他在《哀清史》中则将之当做事实,径言"朱一贵,则明之后裔"③。

对于洪秀全,章氏甚为尊重,动辄称之为"洪王""天国洪王",而且在1906年《民报纪念会祝辞》中表示反满决心,昭告自轩辕黄帝开始的历代明王圣帝中就有太平洪王。④但是他研究洪氏史,则在于了解洪氏失败的原因,发现洪

---

① 《讨满洲檄》,《全集》第4册,第192页。
② 《书莽苍圆文称余后》,《全集》第4册,第199页。
③ 《全集》第3册,第593页。
④ 《全集》第4册,第209页。

氏的拜上帝会和不修德政丧失人心,用他的话说是:"洪氏纲纪不具,又黜于异教之说,士大夫虽欲为之谋不可得。"①章氏特别有兴趣讨论金陵文士梅曾亮与太平天国的关系,写出《书梅伯言事》。洪氏据江南,梅曾亮适在城中,其后民间相传,他成了洪氏的三老五更,民国初年章氏在南京特地调查此事,最后认为梅曾亮之事太平天国,虽于文献无征,但"乡里相传无异口,是岂文字所能掩耶"?他相信这是事实,并揣测梅氏心理,"迫于洪氏,受其尊礼,亦自谓无损大节也"。也即以汉人帮助人造清朝的反,并不是叛逆,可以接受洪氏的礼敬。②至于梅氏与洪氏的关系究竟如何,难于有确切之论,于此唯见章氏对汉人反满事业史的用心。

章氏还从历次起义,尤其是太平天国、义和团、南方会党运动,总结出反清的经验,认为不能用民间的神佛作为信仰武器,不要仇杀外国人,也不要排斥基督教,同时也不能像太平天国那样组织拜上帝会,以免被人误解,影响革命事业的成功。这就是他在《讨满洲檄》中所告诫人们的:"迩来军中之事,复有约束,曰'毋作妖言,毋仇外人,毋排他教'。昔南方诸会党,与燕、齐义和团之属,以此三事,自致不竞。惟太平洪王之兴,则又定一尊于天主,烧夷神社,震惊孔庙,遂令士民怨恚,为虏前驱。惟此二者,皆不可以崇效。"③章氏总结的历史经验符合反清革命的需要。

对于造反者的历史应当怎样写,章氏认为有个立脚点的问题,是站在造反者方面,还是立足于清朝,他是主张站在汉人一方。因此就梅曾亮的事说:"予谓《清史》传伯言者,入之文苑,不如入之逆臣。清之逆,非中国之顺欤?"④自然是要表彰他了。如果说这是就个人而言,他在《近史商略》里就全面谈到编写《清史》处理造反者的原则,他认为朱一贵是明朝后裔,洪秀全是以推翻清朝为号召的,循名责实,可以将他们当做历史上称霸一方的首领对待,为作"载记",而林爽文、林清、王三槐等人系草民,本不足言,不必单独立传,在征讨他们的将帅传记内附上一笔就可以了。⑤在这个方案里他既考虑传统史法,

① 《书曾刻〈船山遗书〉后》,《全集》第 5 册,第 123 页。
② 《全集》第 5 册,第 319 页。
③ 《全集》第 4 册,第 193 页。
④ 《书梅伯言事》,《全集》第 5 册,第 320 页。
⑤ 《全集》第 3 册,第 593 页。

又要有所革新,故尊朱一贵、洪秀全,而贬林清、林爽文与王三槐的历史地位。由于太平天国运动的实际影响大,章氏更注重于洪秀全的历史。故如前所述在《中国通史目录》的《考纪》里拟有《洪秀全考纪》。

(五)批评清朝官僚

这里所说的官僚,包括为官作宦而实为文士的人,这是因为章氏将他们视作政治人物的官僚了, 他们生活的时间大体上是康熙中叶至太平天国运动。章氏对他们的评价,总的来讲都很低,大多予以批评。他认为像徐乾学、高士奇之流是佞幸,可是"国史无议,而草野亦莫之讥也"①,是很不公平的。他要作史,就要给予恰当的评论。

章氏认为,清朝没有正直的谏诤之臣,多是一些巧言令色的官僚,就是好的,也不过是一些洁身自好的人,那些被吹捧为骨鲠之士,如弹劾大学士明珠的郭琇、参奏巡抚李光地的彭鹏、疏劾总督毕沅的钱沣,其实是名不相副的,说他们有嘉言卓行,并不符合事实。②

章氏以为清代缺乏人才,而多狐媚君主的佞幸之臣,上面提到的徐乾学、高士奇还不算最坏的,明珠、和珅、穆彰阿才是极其恶劣者,其次是王鸿绪、张英、何桂清,他们只会干"出入禁闱,干摩宫寝,外托词藻,内作奸私"的事情。他还说"阎若璩、何焯、洪亮吉,幸于藩邸,复其亚次"。③

前面讲到章氏评论雍正帝时涉及他同李绂的关系,章氏赞赏李绂不为雍正帝分担谋害塞斯黑的责任,在清代道学诸臣多善于作伪的情况下,他可以说是"庸中佼佼者",然而他先上奏疏称塞斯黑有病,也是为雍正帝杀害塞斯黑打掩护,这就不是纯正学者的表现,而且处于黑暗之世,贪恋官位,不知引退,亦非正人君子处世之道。④

对于纪昀和翁方纲,章氏做了严厉的抨击。说纪昀"阿谀记丑,而托汉师",翁方纲"雕虫篆刻,而依宋儒",他们"亡异于世家大奴"。⑤如此责骂,因为纪昀、翁方纲的前辈直隶同乡颜元是正人,出了这种不肖的后辈同乡,连颜元

---

① 《哀清史》,《全集》第 12 册,第 326 页。

② 《近史商略》,《全集》第 3 册,第 593 页。

③ 《全集》第 3 册,第 594 页。

④ 《书李巨来事》,《全集》第 5 册,第 316 页。

⑤ 《正颜》,《全集》第 3 册,第 472 页。

脸面的光彩也为之褪色。章氏就是以这样的逻辑做出评定的。

（六）评论近世人物

章氏对于太平天国运动以后的人物多所评论，而涉及曾国藩及其系统的人物要多一些，其他宗藩贵胄、朝臣、疆吏、外交及革命党人方面也都有所关注。

对于曾国藩，章氏的评价，在辛亥革命前后有所变化：前面骂得多，着重于民族意识，批判他镇压太平天国运动；后来说了不少好话，是从其活动客观上削弱了清朝权威及其为人方面着眼的；同时始终考虑他对清朝的态度。总的看法是"曾国藩为清爪牙，蹈洪氏以致中兴"[1]，是"大盗"[2]，是"民贼"。他讲到曾国藩的孙子在乃祖死后三十年说"吾祖民贼"，章氏因而议论说："悲夫，虽孝子慈孙，百世不能改也。"曾氏是理学家，章氏断定他是图功名善权变的虚伪之徒，邀取名誉，志在封侯，所谓"要其天资，亟功名善变人也"，在翰林院时，游于公卿间，"慕声誉，沾沾以文辞蔽真道"，"所志不过封彻侯，图紫光"。曾国藩镇压太平军，站在满人一边是毫无问题的，反对洪秀全代表的汉人一方也是没有问题的，但是他究竟忠实于满人到什么程度，章氏认为并非是死心塌地的："未尝建言持国家安危，诚笃于清室之宗稷者。"[3]章氏随后进一步说："曾国藩、左宗棠之起，其始不过保卫乡邑，非敢赞清也"，"其檄书不称讨叛，独以异教愍礼数之"。[4]是他的心里也明白"种族之辨"，保清是为保政权，不强调保满洲，且其军事、政治活动的结果，使控制政权的力量从满人方面向汉人转移，不仅客观上不利于满洲，可能思想上就是要明着保卫暗中颠覆它。故云："自君子观之，既怀阴贼以复人国，又姑假其威以就功名，斯亦谲之甚矣。"[5]曾国藩未必有此想法，怕是章氏为他度量的。章氏还论及曾国藩成功的原因，在于起于民间，利用了民力。所谓"曾、左之伦，起儒衣书带间，驱乡里服耒之民，于破强敌"[6]。如何驱动民众的呢？是与地方绅衿耆民结合，"所至延进耆秀。与地共治"[7]，杀了官吏的威风，伸张了绅耆权威。

---

① 《书曾刻〈船山遗书〉后》，《全集》第 5 册，第 16 页。

② 《总林》，《全集》第 4 册，第 118 页。

③ 《杂志》，《全集》第 3 册，第 335 页。

④ 《近思》，《全集》第 3 册，第 625 页。

⑤ 《书曾刻〈船山遗书〉后》，《全集》第 5 册，第 123 页。

⑥ 《对二宋》，《全集》第 3 册，第 600 页。

⑦ 《近思》，《全集》第 3 册，第 626 页。

康有为认为同治之世,朝中是汉人秉政,恭亲王奕䜣不过是"拱手待成"而已,光绪朝荣禄、庆亲王奕劻之外全是汉人当政。章太炎对此颇不以为然,指出"近世军机首领,必在宗藩",恭亲王、醇亲王是主子,做事的大臣翁同龢、孙家鼐等人不过是奴隶,他们没有独立施政的意志和权力。[①]章氏特就恭亲王说,他是浮夸不实的人,与他同时的肃顺是骨鲠之臣,可是美名却归于前者,真是不公平。[②]

在朝臣方面,章氏颇不满于翁同龢、潘祖荫,说二人凭借父祖余荫,得为达官,胸中并无学问和能耐,因为当政,能够给人以富贵,所以从者如蚁,坏了学风。[③]不知什么缘由,章氏痛恨文廷式,视之为奸邪之人,把他列入历史人物中的极其卑劣的"佞幸"类。[④]

疆吏方面,有的是章氏所熟识的,如张之洞任湖广总督时,章氏应其召去武昌办学,所以说"……张之洞、刘坤一者,又壮所逮见也"[⑤]。他以切身感受,说张之洞"在官喜自尊,而亦务为豪举"[⑥],其为人清廉,喜好兴办事业,如修筑铁路,训练陆军,派遣留学生。刘坤一晚岁吏治渐污,然有节制,以能持重见称。他们在任的时候不显出多大特点,可是后继者之无能,世人就知道他们的价值了。因此处于乱世,不能得曾国藩、左宗棠,有张之洞、刘坤一也可以减少混乱的局面。[⑦]

章太炎对一些后世有好评的人物亦有所赞誉,兹录其关于郭嵩焘等人言论于后:"郭嵩焘、杨昌浚之徒,咸能领大体,不肃而治。昌浚尝校阅戎事,士或举铳对击其面,不中,诃以狂易,行杖遣之。而彭玉麟尤骨鲠,治军至严,数从民间问官长淑慝、人民疾苦,箪笥不借;出入巷陌,未尝儆戒也;濒江至今,传其德声。"[⑧]

章太炎对于革命党人,原来的伙伴,在其身后,为他们写传记,作哀辞,给予肯定的评价。他写的人物多,诸如他的盟弟邹容及徐锡麟、陈伯平、马宗汉、

---

① 《驳康有为论革命书》,《全集》第 4 册,第 176 页。

② 《哀清史》,《全集》第 3 册,第 326 页。

③ 《救学弊论》,《全集》第 5 册,第 98 页。

④ 《近史商略》,《全集》第 2 册,第 594 页。

⑤ 《近思》,《全集》第 2 册,第 624 页。

⑥ 《救学弊论》,《全集》第 5 册,第 100 页。

⑦⑧ 《全集》第 3 册,第 627 页。

宋教仁、熊成基、唐才常、黄兴、喻培伦、焦达峰、秦力山等人。他写人不似一般的作传记进行全面的描述，而是抓住人物特征，写出他们的性格，如说邹容，"与人言，指天画地，非尧舜，薄周孔，无所避"①。将他少年的豪爽性格表达出来。又如写宋教仁，"为人偶傥，多智谋，不能陈说稠人间，而宴语造次能动人。性轻脱，得意时，即洋洋自欢幸"②。指明宋教仁在何种场合能讲演，以及好表现的秉性。再如写徐锡麟的豪侠作风："(因痛恨俄罗斯侵略辽东)画露西亚人为的，自注弹丸射之，一日辄试铳十数反。遭弹丸反射，直径汰肩上，颜色不变，试之愈勤。其后持铳，有不发，发即应指而倒。"③再如讴歌黄兴："始以布衣搏合伦党，任天下重，光复之业，自君始力行……其在民国，功比孙、黎矣。"④

章氏的文字里还有许多对同时代人物的记录和评论，不再介绍。要之，他对晚清人物的评述，虽然是一个个分别做出的，但合而观之，给人产生一种印象，即清朝内部汉官的活动，地方实力派权力加重，皇帝无能，满洲政权实际上在向汉人方面转移；志士仁人反清意志的坚强和实践动摇了清朝的统治基础。章氏曾经谈到辛亥革命为什么能推翻清朝："昔清氏僭乱，夏人起而仆之。非吾兵甲足与为敌，循百姓之心，宰制于异族者三百年，故发愤期于俱尽；师出有律，又人所乐宾也。"⑤看似革命力量不强，而其蕴涵在民间，武昌起义一爆发，就为清朝敲响了丧钟。

本节从六个方面分析了章太炎对清代人物及某些事件的评论，看到他有一个最基本的认识标准，即汉民族主义。章氏不常用这个词汇，所用的是中国传统的华夷之辨、夷夏之防、中夏与夷虏观念。依据他在《驳康有为论革命书》中所阐发的民族思想是下述六项内容：一是满汉不同种族，一东胡(通古斯)，一华夏；二是满洲统治华夏二百多年来，并未汉化，而强迫汉人满化，所以汉人仍是满人的奴隶；三是满人入主时屠戮汉人，后者理应报仇；四是满洲无善政，文字狱尤其恶劣；五是满洲统治时间长了，不能说汉人已经习惯，可以安之若素，也不能因为有汉人在政府做官，就认为清朝是汉族政权了；六是满、

---

① 《邹容传》，《全集》第 4 册，第 215 页。

② 《对二宋》，《全集》第 3 册，第 596 页。

③ 《徐锡麟陈伯平马宗汉传》，《全集》第 4 册，第 217 页。

④ 《勋一位前陆军部总长黄君墓志铭》，《全集》第 4 册，第 494 页。

⑤ 《小过》，《全集》第 3 册，第 616 页。

汉不能两"大",中夏只能是汉人的中夏。总之,章太炎的民族观——汉满不两立,汉人要起来推翻满洲政权。他使用这种汉民族观念,评定清代与政治有关系的汉人及满人的历史地位和功过,凡抗清、反清者肯定之、歌颂之,凡降清、仕清者否定之、批判之,至于满人皇帝和官吏则痛斥之。他的准则主要在此,而且贯彻有清一代,无论是明末清初、清末民初,还是其他满汉矛盾缓和时期。他用这个理论评判人物,有成功的一面,如考察各种类型仕清或同清朝有联系的人,能够区分出他们汉族意识的有无或强弱,找到人物内心的矛盾,分析得合乎情理。因而对人物评论更加细致入微而准确,避免简单化、概念化的毛病。但是将民族观念摆到不恰当的位置,一切以此为准则,历史人物的多面性被忽视了,评价上往往出现不公允的偏颇,从另一方面使人物评价简单化、概念化。真是一个事物有两个方面,利和病联在一起,简单化、概念化在不同的方面或避免之,或产生之。问题就在于章氏把它绝对化了,就不能处处准确地说明事物——人物和事件的真相。

至于章氏的民族主义,在传统的汉民族观念之外,有没有当时时代的新内容,即有没有反对外国资本主义侵略的思想,这是许多学者论述到的问题。笔者想,在辛亥革命前后的章氏观念里它是存在的,表现在下述认识方面:其一是他认为中国只有进行反满革命,建立独立国家,才不至于沦落为欧美的奴隶,即他在《驳康有为论革命书》中所说的:"然则满洲弗逐,而欲士之争自濯磨,民之敌忾效死,以期至乎独立不羁之域,此必不可得之数也。浸微浸衰,亦终为欧美之奴隶而已矣。"①其二是指出白种人侵略非常野蛮,超过蒙古人的西征:"今者欧洲白种之灭国也,则先之以谋利之心,而后行其杀人之事,是故蒙古、回部有高于欧洲者。"其三是反对强权政治理论,这是针对有人反对中国进行种族革命讲的,章氏说西班牙把在美洲的属地卖给德国,菲律宾卖予美国。对买卖的双方,举世漠然,无有批评,真是"今世论者,于同一行事,小且弱者则非之,强且大者则是之",对此表示愤慨。其四是认为中国的民族革命,同时也是社会革命,他说今天的反满,不是推翻清朝就满足了,"未有不以共和政体国家社会耿介于其心者",即追求于共和国的建立。其五是民族主义不只是汉人反对满洲,不只是中国人的事,所谓"民族主义非专为汉族而已,

① 《全集》第 4 册,第 183 页。

越南、印度、缅甸、马来之属,亦当推己及之"①。从这些观点中不难看出章太炎的民族主义不只是传统的反满,还包含了反对殖民主义的思想,有着近代的内容。可见他的思想是随着时代潮流在变化、在前进。但是也应看到,他的民族主义基本上是汉民族思想,主要是排满扬汉,以之为反清革命的思想武器,但思想本身有狭隘性。

章氏由于强烈的民族思想和革命的功利性,评论历史人物,有时欠于公正,对这类问题暂且不谈,后面还有机会叙及。

三、清代经学史、史学史研究

章太炎对学术史的讨论,涉及领域相当广泛,经学、诸子学、史学、文学、文字学、美学均在其中。他论说的学术史,时间上不限于清代,不过对清代写出若干专题文章和一些经学家的传记。本文限于主题,正好利用他的这些文字,了解他对清代学者的学术研究的看法,主要是就经学和史学做点分析。

(一)经学史评论

章氏的再传弟子林尹在其撰述的《章太炎先生传》里,说到章氏的治学方法,分治本、治标二途,"治本者,先由朴学而文学而史学而玄学;治标者,则由史学入手,而后即性之所近,与世之所急。而治本之途,则以文字声韵为基;治标之务,则以经世牧民为归"②。

治标暂且不谈,章氏的治本是先朴学,而后是文学、史学、诸子学,治本的基础是文字学,现在先来看章氏是怎样观察清代朴学研究的。

清代的儒学,包含理学、心学和汉学三大部分,心学不发达,从来没有成为学术界的主流;理学(宋学)被清朝定为官方哲学,乾隆朝起即遭到学人的猛烈抨击;汉学甚为流行,特别是在乾嘉时期,占有绝对统治地位。汉学,即朴学、汉儒经学、经学,亦称考据学,是清代学者尊崇汉儒观点,疏解儒家经典。章氏对于清代汉学的见解,笔者拟从他对清代汉学史的勾勒、汉学的成就与问题、所推崇和反对的学派等方面做出交代。

《清儒》一文概述了清代汉学的流变和学派,并将作者的基本观点表达出

---

① 《复仇是非论》,《全集》第 4 册,第 271 页。
② 台北国民党党史史料编纂委员会编:《革命人物志》第 8 册,1971 年,第 118 页。

来。章氏认为,清朝初年,顾炎武、阎若璩、张尔岐、胡渭都是各有专攻的硕儒,开启了清代汉学研究的先河,然因处于草创时期,学问上时或掺进宋明理学的观点,未能精审博洽。到了乾隆朝,吴派、皖派出现,使得汉学系统化。吴学的创始人惠栋三代从事经学研究,专宗汉儒,撰《九经古易》《周易述》《古文尚书考》,精到不惑于异说。弟子江声、余萧客传其学,王鸣盛、钱大昕亦受他的影响,扬州的汪中、刘台拱等也相继而兴,余萧客的弟子甘泉江藩续撰《周易述》。皖学奠基者为戴震,精通小学、礼经、算术、舆地,以《孟子字义疏证》为代表作,他的同乡学友金榜、程瑶田也是汉学名家,学生任大椿、卢文弨、孔广森、段玉裁、王念孙等,以后二人最知名。王念孙传子引之,是为经学史上有名的高邮王氏父子,到了清朝后期皖学衰微之时,浙江的俞樾、孙诒让皆师承王念孙,延皖学一脉。而章太炎就是俞樾的门人,章氏说"世多以段、王、俞、孙为经儒,卒最精者乃在小学"。与吴学、皖学并存的有浙东学派,系黄宗羲传递下来,先后出现的名家有万斯大、斯同兄弟,邵晋涵、全祖望、章学诚,这一派研究礼经,同时注意研治史学。迨至黄式三,乃于皖学沟通,其子黄以周的说经,被向他问过学的章太炎誉为"陈事象物阆肃,超出钱大昕、阮元诸儒上远甚"①。吴学、皖学盛行之时,常州今文经学产生,始于庄存与,喜治《左传》公羊氏,其徒刘逢禄、宋翔凤傅会经义,遂传衍于魏源、龚自珍、邵懿辰、王闿运。当吴学、皖学衰落,今文家亦不得人意之时,陈沣出而糅合汉学和宋学,亦名盛一时。章氏对清代汉学史大体做了如上的概括,也多少反映了他对各个学派的看法。不过笔者还想将他的见解做进一步的陈述,并有所评议。

章氏认为,清儒汉学的大缺点是只强调继承发扬汉儒的学问,忽视了对魏晋儒学的学习,所以成就大大地受到限制。他说:"余谓清儒所失,在牵于汉学名义,而忘魏晋干蛊之功。"他认为魏晋之世对汉学就有研究,并不受今文经学的影响,"是以校汉世之学,则魏晋有卓然者也"。而且晋人杜预对《左传》集解的贡献比汉人贾逵要大。他又以自身研习《左传》的体会,从主贾氏到主杜氏,"于经义始条达矣"!由此他得出结论:"文有今古,而学无汉晋。"②就是说经文虽有今、古之分,而研究者则不应有时代之别,都可能有成功的地方,后人都可以吸收。可见他在做学问上主张择善而从,不要有门户之见。无疑,是

① 《黄先生传》,《全集》第 4 册,第 214 页。
② 《汉学论》,《全集》第 5 册,第 21 页。

中肯之识见。

皖学、吴学的特点，章氏有精到的见解。讲到吴学，说惠栋虽然不惑于异说，但收集百家之言，缺少裁断，故其著作中有文献泛滥（堆砌资料）的毛病；余萧客将搜集的资料加以连缀，"鲜下己见"。因此章氏断言，吴学"好博而尊闻"，即博收是做到了，但自家的意见却被埋没了。皖派则不同，各位学者对所得到的素材做出缜密的归类，寻求古意，然后发表个人的看法，所谓"综形名，任裁断"①是也。这样，一派勤于搜求排比资料，一派善于分析，双方的特色就显现出来了。在这两派之中，章氏推崇皖学，赞扬这一派的学者能发表见解，特别是戴震被誉为有清一代两个大学者之一。戴氏认为人欲是合理的，理学家的以礼杀人比以法杀人还要可怕。章氏指出这是戴氏处于雍正乱世，为民请命："震所言多自下摩上，欲上帝守节而民无瘅。"②

清儒治学，目的何在？章氏用这样的话回答这一问题："大抵清世经儒，自今文而外，大体与汉儒绝异。不以经术明治乱，故短于风议；不以阴阳断人事，故长于求是。"清儒是追随汉儒的，怎么说清儒与汉儒绝异呢？原来他的意思是说治学目标，汉儒的研究与社会的治乱有关，具有明显的求治目的，可是清儒则没有这种意愿。正是治学的态度不同，造成清儒对于史事的性质不发表评论，不理睬人事的是非，去掉了这层顾虑，倒有助于他们为理解经文原貌，愿意下功夫。这种长短互见，章氏说得很辩证。其实，康雍乾时期文字狱的泛滥，迫使学者躲避今世的是非，哪里敢去评论历史上的是非，惹焰烧身哩！做文献的考证，也是一种精神寄托，能把事情弄明白了，目的就达到了，其学术贡献也在这里。有个时期，学术界评论乾嘉考据学，批判那些学者逃避现实，躲进象牙之塔，为考据而考据云云。这实在是未能理解那时学者的处境，作强人所难之说。章氏没有做这样的批评，相反，他认为六艺皆史，如果将经书注疏完善，能使社会的繁盛和污浊之处呈现在研究者面前，经过综合分析，可以知道社会是如何进化的，社会的变迁是怎么发生的。用章氏的原话是："……以此综贯，则可以明进化；以此裂分，则可以审因革。"③由此我们还知道，章氏主张将六经当做史料，用作说明社会的变革和进化，这也是他研究经

---

① 《清儒》，《全集》第 3 册，第 156 页。

② 《释戴》，《全集》第 4 册，第 122 页。

③ 《清儒》，《全集》第 3 册，第 158 页。

学的目的。

　　章氏推崇汉学，还表现在为汉学及汉学家辩护方面。魏源批评惠栋、戴震等竞相提倡汉学，禁锢了人们的思想，而且无益于社会；方东树著《汉学商兑》批评汉学，不讲修身之道，是弃本逐末。章氏不以为然，他说有用还是无用，要看为谁所用，在清朝要讲实用，就是为满洲办事，如同李光地、汤斌、张廷玉之流，用则用矣，皆是读书人中的不肖之徒。①因此士人宜于隐居遁世，而不宜于显扬出世。章氏从汉民族观念出发解释了清儒不宜出仕的道理，但没有正面回答汉学家学术上不评论是非的原因。关于这个问题，可以理解汉学家的处境，不做批评，但不讨论是非本身并不是研究学问的好事。至于一个学派，占据学坛统治地位较久之后，容易影响其他学派的发展和学术思想的活跃，也是自然的事情，章氏没有对此发表意见。关于汉学家是否小行不修的问题，章氏说，顾炎武、张尔岐那一代人是士人的楷模，"皆独行之士，志节过人"，臧琳、陈启源之辈，也都是"尚贫而乐道者"，只是孙星衍一二人有不修小节的毛病，但是整个汉学家中没有出现有大问题的人。因此，不能说汉学家反对宋儒有什么不对。②清朝人对汉学的争论，难免有门户之见，其实是各有是非的，章太炎是站在汉学方面，对其维护得多一些，然而基本上是能够令人首肯的。

　　章氏对清代的今文经学有着强烈的不满，多所批判。他认为清代汉学有两大缺陷，不仅抵消汉学的成就，且使汉学蹈于自弊。哪二弊呢？一是今文经学的流行，再一个是不应当利用彝器铭文解释经书，而最恶劣的是今文经学的泛滥。此即所谓"末流适以汉学自弊，则言《公羊》与说《彝器款识》者为之也"③。章氏对清代今文经学，即公羊学的评论主要有两点：一为牵强附会，曲解经义。如谓宋翔凤"最善傅会，牵引饰说，或采翼奉诸家，而染以谶纬神秘之辞"，然而由于其义理动人、文法华丽，与治朴学者绝异，所以为文士所欣赏。再如魏源不懂小学，却敢写"诗、书古微"。要之，公羊大家"不素习绳墨，故所论支离自陷，乃往往如酲语"④。一是今文经学与权贵结合成为显学。章氏看到公羊学的附丽者多，特别是翁同龢、康有为的倡导，与政治斗争掺和在一起。

---

　　①《学隐》，《全集》第 3 册，第 161 页。

　　②《汉学论》，《全集》第 5 册，第 21 页。

　　③《全集》第 5 册，第 20 页。

　　④《清儒》，《全集》第 3 册，第 158 页。

章氏说翁氏喜谈《公羊》，而忘其他经史；潘祖荫"好铜品款议，而排《说文》，盖经史当博习，而《说文》有检柙，不可以虚言伪辞说也"。这二人在中央任要职，"能富贵人，新进附之如蚁，遂悍然自名为汉学宗，其流渐盛"。等到康有为提倡公羊学时，"又益加厉"①。章氏认为好公羊学的人喜干时政，乐于仕进，谓刘逢录的祖父刘纶是清朝协办大学士，"家世受豢，忘其宗国""魏源、龚自珍继之，皆好功名求仕进"。②章太炎之不满于潘祖荫的宣扬彝器铭文，在前引《求学弊论》中业已透露，因为相信彝器铭文，就是摒弃汉儒的《说文》，对经文的解释不受汉儒文字理论的制约，章氏认为这是乱解经义，败坏汉学。他还分析以彝器铭文误解经书的发展过程："循《彝器释文》之说，文不必见于字书，音义不必受之故老。苟以六书皮傅，从而指之曰，此某字也。其始犹不敢正言，逮及末嗣，习为故然。直以其说破篆籀正文，而析言乱名者滋起矣。"③公羊家诚有附会处，如姜义华就康有为的《新学伪经考》所说的："他的理论就难免要幻想多于事实，臆断多于实证，他的论断尽管一度给人们以很大震动，却不能使人们真正信服。"④今文经学家注意于学问的实用，良苦用心确亦有可理解处，章氏因他们的运用是为维护清朝，故完全否定之；同样，对章氏的如此评论，我们也是可以理解的。

在对今文经学的批评中，章氏对魏源的态度非常严厉，其实魏源与公羊学的关系并不深厚，他主要是经世论者，希望学以致用，改变社会危机的状态。章氏也看到魏源学说致用的一面，说魏源"夸诞好言经世，尝以术奸说贵人，不遇；晚官高邮知州，益牢落，乃思治今文为名高。"⑤又说他"故不学，惟善说满洲故事，晚乃颠倒《诗》《书》以钓名声，凌乱无序，小学尤疏谬，诩诩自高，以微言大义在是，其持论或中时弊，然往往近怪迂"⑥不仅学问不足，连人品也不好，说得如此不堪，与今人对魏源的评价大相径庭。魏源的经世致用，与清初顾炎武等人的已有所不同，这时因有"师夷之长技以制夷"的观念，使经世之学在向近代思想转化，是应当肯定的。看来，章氏对魏源的评论未免失当。

①《求学弊论》，《全集》第 5 册，第 98 页。
②《与刘揆一书》，《全集》第 4 册，第 187 页。
③《汉学论》，《全集》第 5 册，第 21 页。
④ 姜义华：《章太炎思想研究》，第 170 页。
⑤《清儒》，《全集》第 3 册，第 158 页。
⑥《说林》，《全集》第 4 册，第 121 页。

关于清代的理学,章氏完全持批判态度。他认为"清世理学之言,竭而无余华"①,即从学术上否定它的价值,因为它业已衰竭,毫无光彩。就康熙之世的理学名臣汤斌、李光地而言,章氏说他们多权谲诈伪,全不能实践学术宗旨,故云孙奇逢、王夫之、黄宗羲、颜元、李颙五君之后,"道学亦亡矣"②。后来出现并非理学学派,但与理学有关的桐城古文学派,它始于康雍时的方苞,讲求文章作法,传于刘大魁,而由姚鼐集大成。章太炎说他们在作文的方法上仿效宋人曾巩、明人归有光,而思想上宗于程朱,然未得理学要领,为汉学家所轻蔑。姚鼐本欲师从戴震而不可得,故而与汉学对立。在乾嘉之世,理学为学术界所菲薄之时,桐城派的出现多少使它缓了一口气。③章氏不止一次地指责所谓"贱儒",如朱彝尊、顾栋高、任启运等人,这是一群讲究理学而为官方所利用的儒臣。理学作为官方哲学,为什么不发达呢?章氏归结到满族统治者,认为清朝皇帝"以军容入国,事任专断,钳语拒谏"④,又卖官鬻爵,吏治腐败,用小人,摒正人。因此不可能有真正的理学家。

总起来说,章太炎总结的清代汉学特点,注疏经学颇有成绩,所谓"明故训,甄度制,使'三礼'辨佚,群经文曲得大通,为功固不细"⑤,但是释义不足。过了将近一个世纪检查这一见解,应当说反映了清代汉学的基本状况,因而是传世之见。以经书为史料的见解,虽渊源有自,但章氏对各个学派的评论,是汉学,非理学,责难今文经学和桐城学派,有一定道理,然而有不够准确的地方。对新的经世之学的评价,以及对黄宗羲学术思想的非难,无疑是颇为失当的。本处讲到的章氏对学者的评价,在标准上,与上节完全以民族观念为准则有很大的不同,但是并没有忽视满汉问题,在一些地方仍然用以说明学派的状况和评价学者。章太炎评论清代儒学,在许多问题上前后有变化,对此可参阅唐文权等《章太炎思想研究》第十二章最后部分。⑥

(二)清代史学史评论与清代通史设想

章太炎对清朝的修史政策和某些实践发表一些评论,如前所述他对写作

---

① 《清儒》,《全集》第 3 册,第 155 页。
② 《许二魏汤李别录》,《全集》第 3 册,第 346 页。
③ 《清儒》,《全集》第 3 册,第 157 页。
④ 《汉学论》,《全集》第 5 册,第 21 页。
⑤ 《全集》第 5 册,第 20 页。
⑥ 唐文权、罗福惠:《章太炎思想研究》,第 489 页。

中国通史有过设计,就清史的编纂表示过意见,这里介绍他在这方面的观点。他对官方史学的批评,大致有如下几点:

清代文字狱造成私人历史记录的缺乏。章氏认为,清朝的满族统治,决定了对汉人的高压政策,加强了思想文化的控制,所谓"自清室猾夏,君臣以监谤为务"。从顺治开国起,不断制造文字狱,开头的就是庄廷鑨《明史》案,著史成了学者的大禁忌,到乾隆朝借口编修《四库全书》,大肆毁禁图书,进一步箝制人口。于是士人更不敢记录当代的史事,避免遭到政治迫害,即所谓"士益偷窳,莫敢记述时事以触罗网"。而其后果则是私家关于当代史的记载贫乏。可是私人的史书是官修正史所要参考的文献,而且学者还要利用它与官书比较,以见其得失。章氏说清代缺乏私家史籍,上不如唐代以前的兴盛史学,也不及史学衰退的宋、明时期:"宋、明虽衰,朝野私载,犹不胜编牒,故后史得因之以见失。"正因为如此,他写作《哀清史》一文,伤感于清朝之无历史。①

清朝不讲作史义法,湮没南明史,企图消弭汉人民族感情。章太炎看到清朝文网的一个重要目的是削弱和歪曲南明史,他说清朝修《明史》,将南明福王、唐王、桂王三帝的历史,不按正史的体例为他们立本纪,而置于明宗室诸王传中,可是史可法、瞿式耜等三朝将相四十余人有传,无本纪哪来的列传呢?可见清朝修《明史》失于义法。世人说元朝修的《宋史》不好,章氏说《宋史》为南宋瀛国公、益王、卫王立本纪。因此"以义法条贯言之,《宋史》有统,而《明史》失通也"。同样是异族,而清朝的统治更为暴戾。乾隆帝毁禁图书,"初下诏时,切齿于明季野史",是清朝千方百计湮没南明历史。章氏由此出发,论述历史与民族存亡的关系。他说语言、风俗、历史是构成民族的条件,"三表一,其萌不植",满洲要毁灭华夏历史,让汉人安于现状,不要反抗。②章氏将明史、南明史的写作提到关乎汉民族存亡和要不要革命反满的高度来看待。

清朝所写历史褒贬不当,表现在三个方面:其一是美化皇帝和满洲旧臣,如称康熙帝为仁主,再如起于辽左的旧臣,本是草莽之人,并无什么知识,"而传者辄加文饰,推其学术,多彷佛洛闽"③。其二是评价不公平,如钱谦益与冯铨,肃顺与奕䜣,田文镜与赵申乔,没有准确的评论。其三是隐瞒皇帝的失德,

---

① 《全集》第 3 册,第 325 页。
② 《近史商略》,《全集》第 3 册,第 590 页;《哀焚书》,《全集》第 3 册,第 322 页。
③ 《哀清史》,《全集》第 3 册,第 326 页。

比如多尔衮盗嫂、康熙帝淫妹均不记载。就是在私人的著作里也因文网的关系，不敢如实表明作者的观点。例如颇有汉民族意识的全祖望，指责李光地夺情、背交，而对他在消灭台湾郑氏政权方面的作用不敢置一词，犯了以小失大的毛病。①毛奇龄晚节不终，全祖望不批评，却在学术上说三道四。这些，章太炎都很理解，知道他借此痛斥其人的有亏于民族气节，故云全祖望"故托他过以讥之也"②。即全祖望的人物评价的不准确之处不是他认识的差误，而是在学术不自由的社会环境下不得不如此，借以表达自己的民族感情，与官方的歪曲历史是两回事。

记载不实。章太炎从多方面指摘官书的失实之处，如人口，官书称四万万，章氏说如果做实地调查，必定没有这么多;谓厘金每年二千万，可是商人交纳的岂止三倍;《食货志》所载的"法令之所需，官私之所内，农商之所输，数各乖异"。不实的另一面，是记录简略，令人不知其详。如在礼乐方面，因为清朝原来文化落后，故不肯将卑俗礼仪告诉他人，"深自讳匿，至于今，堂子之神怪，达赖之尊礼，名实缘起，不可得而详也"③。

立传不当。这有四种情况:一是传目不当，阮元以下的史官将经儒、九流之儒合为儒学一传，章太炎认为应依传统史书作儒林传，将九流之儒散在逸民、循吏等其他传里。二是《畴人传》名称不确，因为"畴人"是指父子世业的人，不是特指历算家，而且清代历算家也不全是某些家族的世业，"名之不顺，未有过是者也"。三是人物分类失当，如王引之、姚文田、王士禛等人没有归入儒学传、文苑传，理由是他们官高，各自立传。章氏说他们在官并无多少事迹，不必单独立传，不如分在这类传里，更为合理。四是以职位高为政治人物，为之立传，使史书成为"积年官簿"——历史的流水账。④

章太炎指出了清朝官书的失当之处，诸如记载失实、褒贬不当，这是官修史书通常的毛病，非独清朝，但是文网之严密和残酷，出于清朝统治者的私心，对南明史、明史的歪曲和漏载，则是只有少数民族当政时才有的情形，而且清朝又比其他民族秉政时期来得厉害。因此，章太炎的批评是符合实际的。

---

① 《杂说》，《全集》第 3 册，第 100 页。

② 《自述学术次第》，载傅杰编:《自述与印象:章太炎》，上海三联书店，1997 年，第 14 页。

③ 《全集》第 3 册，第 327 页。

④ 《近史商略》，《全集》第 3 册，第 592、第 595 页。

然而也还应当看到,在专制王朝强盛的时候,控制都很严密,记述其社会阴暗面的文献都难于出现和保存,亦非独清朝如此,所以批评亦须适当。

对于私人的史学著作,章氏亦有评论,兹从两方面看:一是褒许温睿临的南明史著作——《南疆逸史》,一是从史识方面分析史家王夫之、赵翼等人。章氏谓温睿临与参加《明史》编修的万斯同在京中交游,"愤官书之丑正,而集《绥寇纪略》等四十余种,为《南疆逸史》"。章氏认为此书可贵的是,给南明三王和鲁王作类似于本纪的"纪略",比《明史》给他们的地位大为提高,同时记事详细,所谓"南都、闽、浙遗事详矣"。章氏赞扬温氏的最主要之点是其具有"《春秋》攘夷之义"①。章氏在《中国通史略例》里纵谈中国各种体裁的史书和史论的得失,当然主要是批评。他认为前人不会分析历史,只知记事,不懂抽象法、演绎法,如说王夫之的名著《读通鉴论》,分析上虽然接近演绎法,但是不成体统,不明白社会盛衰演变的原因;至于作《十七史商榷》的王鸣盛、《廿二史考异》的钱大昕,"昧于本干,攻其条末",唯知考证具体事情,不识大体。纂著《廿二史札记》的赵翼因为不能精通经义,根底浅薄,所以其治史"戈戈鄙言,弗能钩深致远"②。总之,这些人治史虽有不少的成就,然而缺少史学理论,制约了史学的发展。章氏本人已经接受某些西方近代史学研究方法,很敏感地发现清代大史家的不足。当然,如果我们回到清代来看顾炎武、王鸣盛、钱大昕、赵翼,他们的史学成就是了不得的,对他们应当以赞扬为主,评论不足则是次要的了。

关于编写新清史,章太炎有着一些建议和部分的实践。清史艺文志、儒学传应当怎样写?《明史·艺文志》只著录明朝人的著述,不录前代遗留下来的文献,有人要遵循其法修清史艺文志,章氏并不以断代为限为非,但认为前代的不应忽视,而要像赋役清册那样做四柱册,就是把图书区分出旧管、新收、开除、现存四类,这在操作上则须将明代以前的图书一一著录,还应说明它们是否有留存,清代都产生了哪些书,保存的有哪些。他的目的,是想把公私藏的图籍都能有个交代。但如果依据他的方法记录,艺文志篇幅将大得不得了,与全书将不成比例,实际上不可取。讲到儒学传,他说世俗写学者,讲其学术渊源,往往上推到孔子及其门徒,就如同姓萧的叙述家族史,非追踪到萧何不

---

① 《南疆逸史·序》,《全集》第 4 册,第 201 页。
② 《全集》第 3 册,第 328 页。

可,其实是没有必要的。因此他说:"'儒学'当断限而反通,'艺文'宜广收而反局。"①意思是讲到儒学家的学术渊源,以师承关系为限,但不能忽视他的渊源所自,以便通达;艺文志广收历代书目,是以现存为主,是博而有所归。他的原则是在断代史中注意于通贯,而不要受"断代"局限了,弄不清事物的原委,不能很好地反映断代专门的事物。他这个精神无疑是精当的。

章氏以"别录"的体裁给一些清人作传,如《杨颜钱别录》《许二魏汤李别录》,为钱谦益、魏裔介、魏象枢、汤斌、李光地等人作了小传。他为许多人写过传记,可为后人用作史料。他还重视史料文献的保存,特别是有关南明史的,如纂写《张苍水集后序》《南疆逸史序》《日知录校记序》,以及《南洋华侨志序》《光复军志序》等文。章太炎关于清代史学史的评论和撰修清史的意见中肯与否,均可供清史建设参考。

四、章太炎经世史观评议

本文开篇就讲到章太炎的评论及写作历史,是通过政论文和学术文章两种形式表达出来的,他是将学术和政治糅合在一起。我们已经对他的清史观点做了介绍,现在可以了解他的政论与学术结合的成功与问题之所在,为此要明了他治史的目的,利用历史知识写出的政论文的科学性如何,误失在何处,为后世的学术研究提供了那些经验。

(一)治史与经世

依据前述林尹的分析,知道章太炎讲做学问,分治本、治标二途,治标就是追求速度快,早见效果。治标的办法,是由史学入手,"而后及性之所近,与世之所急"②。"性之所近",是说治史者的个人爱好,即兴趣在什么地方就研究什么;"世之所急",是从社会需要讲的,什么学问为社会所急需,就研讨什么。就历史学的范畴来讲,哪些课题有益当世之用,就讨论这个课题,研究学问为的是运用,这岂不使历史学成为经世致用之学?诚然如此。清代不同时期学术界均出现过经世致用的思潮,章太炎研究历史,作政论文、史学论文,由他的治标首在史学可知,他的治史是经世致用的体现,是致力于社会政治的。具体

---

① 《近史商略》,《全集》第 3 册,第 596 页
② 前引林尹文,载杜元载主编:《革命人物志》第 8 集,台湾 1971 年,第 118 页。

地说,在辛亥革命以前是为着反清革命,进行舆论的动员;而在民国初年是为了解革命后为什么政坛会是那种乱象,是反思,寻求补救对策。

我们再从他的史学目的论来看,他在《中国通史略例》中说:研究历史,主要的是令人知道"古今进化之轨""社会政法盛衰之所原"。[①]或者如他的另一种说法:"以发明社会政治进化衰微之原理为主",兼用以"鼓舞民气,启导方来"。[②]原来他的治史是要明了政治历史变化的轨迹及其原因,教育民众,让社会向进步的方向发展;他讲历史,侧重的是政治史,是认识政权、政体的更迭,以及人们的活动在其中的作用。这就是他所认识的治史与政治的关系,用现在的话说是研究历史为政治服务。由此看来,他在辛亥前后的政论、史论,如同他于1906年在东京留学生欢迎会上的讲演所说的,都同"逐满独立"[③]有关。

治史为反满革命,章太炎辛亥前的有关历史著述,如前所述,贯穿反满的汉民族主义精神,起着动员民众(主要是知识界)反清的作用,同时向清朝的官员晓以民族大义,希望他们加入反清的营垒。这已是学术界的共识,毋庸赘言。这里所要明了的是他那些文论,在当时是否起到"鼓舞民气"的作用。《中夏亡国二百四十二年纪念会书》,是章太炎于1902年同秦力山等人在日本发起纪念会所写的反满宣言,孙中山、梁启超均赞同并签名,宣言书分发旅日商、学各界,激发了人们的反满热情,推动了革命的发展。据参与其事的冯自由讲:"《纪念会书》文词悲壮动人,留学生多为感奋,其后留学界中爱国团体缤纷并起,即导源于亡国纪念会也。"[④]同年,康有为发表《答南北美洲诸华商论中国只可行立宪不可行革命书》,为其保皇党以《南海先生最近政见书》为题广为印发,反对反满革命,章太炎针锋相对,于1902年写出《驳康有为论革命书》,就康氏论点逐一批判。后世史家多对此文大加赞扬,章开沅、林增平主编的《辛亥革命史》说它是"辛亥革命时期一篇重要的历史文献。作者在封建专制主义深重压迫下挺身而出,向神圣不可侵犯的君权挑战,直斥皇帝为小

---

① 《全集》第3册,第329页。
② 《章太炎来简》,《新民丛报》第13号,1902年7月,转见姜义华:《章太炎思想研究》,第176页。
③ 《东京留学生欢迎会演说辞》,载汤志钧编:《章太炎政论选集》,中华书局,1977年,上册第271页。
④ 《章炳麟》,载杜元载主编:《革命人物志》第8集,第113页。

丑,公开倡言反清革命,这自然要引起社会上的强烈反响,并且使统治者感到极大的震恐"①。姜义华说此文"充满了民主革命精神""在知识界引起了强烈反响",与邹容的《革命军》一起,"成了 1903 年中国资产阶级民主革命高潮到来的信号"②。章太炎以这些著作成为极有影响的革命思想家。

章氏为革命而研治历史,并影响于反满革命运动的过程,事实是明显的,无须多言。

(二)政论文的史实失于何处

章氏的史论和政论中所述的清代历史符合史实吗?章氏文中所讲的清代史事,有许多是有可靠的文献记载做依据的,有的则是依据见闻、感受得来的,是比较准确的,但也选用了许多不可信的资料,或者对史料分析失当,出现不少讹误,下面分几种情形加以说明。

不顾史实,加以曲解。章氏对清初弘文院大学士陈名夏的历史完全没有把握要点,仅根据他说过清朝不剃发易服,即可以保证天下太平的话,多次说他与清朝皇帝有距离,有存汉之心。在《驳康有为论革命书》中,认为陈名夏与钱谦益"北面降房",贵至阁部,而未尝建白一言,有所辅助,为何不建言,因为在他的内心世界把满洲看做"异种贱族,非吾中夏神明之胄,所以立于其朝者",不过是为着做个官,至于这个政权如何,"其存听之,其亡听之。若日为之驰驱效用,而有所辅助于其一姓之永存者,非吾之志也"。章氏由此进一步认为,汉人在清朝二百多年的统治时期,都是"本陈名夏、钱谦益之心以为心"③,就是潜藏反满之心。其实,我们看《清史列传》的陈名夏传即知其是政客,并无汉族观念。他先在明朝做官,后投降李自成,又降服清朝,当清朝消灭福王政权,讨论如何处置南京问题时,陈名夏建言:"国家定鼎神京,居北制南,不当如前朝称都会,宜去京之名,存设官之实。"④清廷采纳了他的建议。明朝是南北二京制,南京地位很高,是留都(陪都),是福王弘光政权所在地,是明太祖孝陵所在地,也是反清人士心目中的神圣宝地。⑤陈名夏对它不但不予维

① 章开沅、林增平主编:《辛亥革命史》,人民出版社,1981 年,史册第 465 页。
② 姜义华:《章太炎思想研究》,第 186 页。
③ 《全集》第 3 册,第 182 页。
④ 《清史列传》卷 79,王钟翰校注,中华书局,1987 年,第 20 册第 6614 页。
⑤ 参阅冯尔康:《清初广东人与江苏》,载《明末清初华南地区历史人物功业研讨会论文集》,香港中文大学,1993 年。

护,反而降低它的地位,这哪里有一丝一毫的汉民族感情!陈名夏还靠拢执掌清朝政权的多尔衮、谭泰集团,该集团失败,陈名夏即为御史所参劾。可见他至少是该集团的边缘人物。由这两个事实,不难看出陈名夏是忠实于清朝的,只是在实行剃发易服政策上有不同看法,而目的是为了清朝的长治久安,这正与章太炎所批评的魏裔介那一类人一样。就对清朝而言,陈名夏之忠不下于魏裔介,只是他的人品很坏。看来章氏要讲陈名夏有汉心,似乎抓到一点表面现象,没有考察事实真相,遂做出根本性的曲解。

基本相信某些无根据的记载和传说,常常弄错事实。章氏在《征信论》文中很正确地强调研究历史应当注意史料的真实性。在讲到阎应元江阴守城问题时,指责清朝官方不记载失败的历史,而且就此事与魏源辩难,其实是他对不实记载不加考证而致误。他是这样说的:"邵长蘅称阎应元守江阴,满洲名王三人,大将八人,皆授首城下,然清官书亦不言。不知胜者溢传之耶?其败者有所讳耶?"这样说对满洲三名王、八大将之死的事,尚在疑信之间。可是在注文中接着写道:"魏源驳长蘅说云,官书既无三王八将名,且亦不见赠恤,断其为误。案此未可断也,死难有恤,本汉土之制。阎应元守江阴时,满洲入中国二岁耳,未能悉谙中国典制,降臣亦未必乐为文致,不得以赠恤不及,断其为误……(满洲一贯讳言败仗)江阴之役,纵毙三王八将,其文牍且或讳言。况史臣记载耶!"[1]细案此事,魏源之说是对的,死难应有赠典,朝廷不给恤礼,应无其事。至于说满洲刚入主中原,不懂赠恤之礼,亦说不通。因为恤典不一定在死难当年进行,若干年之后均可以,三个名王、八个大将这么多的重要人物的死难,怎么可能不管不顾呢?家属因利之所在不会不要求恤典,对此汉人文官也不敢阻挠。当然这是按常理分析,说服力容或不够,不妨考察清初出征江浙将领的情况,有无名王阵亡之事,遂可迎刃而解。笔者因写作时间较紧,特请杜家骥教授查找。他检索《清实录》《清史列传》,获知领军的是豫亲王多铎,从征的有承泽郡王硕塞,贝勒尼堪、博洛,贝子吞齐、和托、尚善,辅国公杜尔祜、特尔祜、穆尔祜,汉藩王恭顺王孔有德、怀顺王耿仲明,以上人物,在民间的传闻里都可以称作王,虽然真正的满洲王只有亲王多铎、郡王硕塞;从征的将领有固山额真拜尹图、护军统领图赖,等等。这些人在江浙战场无一死亡。当时清朝分两路分别对福王政权和李自成用兵,哪里有那么多的名王,而

———————————
[1] 《全集》第4册,第58页。

且死在江阴城下,根本是不可能的事。江阴战事最后是被清军屠城而告终,不是如同章太炎所说的清军失败,从而前线不作报告,史官不予记载。战事的真实情况是清军在这里遇到南明军民的顽强抵抗,就汉人来讲是虽败犹荣,故而夸张战绩,邵长蘅作了不实的记录,引起后人的笔墨官司,以至章太炎的基本相信。章氏已经注意到战争双方一方会夸大战果,另一方会缩小伤亡。这是战争史上常有的事,作为史家在遇到这种课题时,尤宜谨慎,不可轻信任何一方的记录。

将有争议的事情,不加考察,作为信史资料来利用。关于多尔衮与顺治帝母亲结婚的说法,事实真相不明,是清初三大疑案之一。可是章太炎信以为真,用它来说明清朝皇帝失德,不讲人伦,应当打倒。

主张将疑似的传闻载入历史。章太炎在《近史商略》中建议将社会传闻写进历史,他说:"世或言章、仁、宪、纯四帝,皆不考终;又言废太子理密亲王,亦不良死,祀于海宁以为潮神(海事潮神庙,殿宇宏壮,以白石为阑楯,与太和殿同制。父老传言,理密亲王祠也)。斯不可失志者。"①关于顺治、康熙、雍正、乾隆四帝和康熙废太子的死亡,是有与官方文献不一的民间说法,要不要记入历史,要看传闻的具体内容,视其可靠程度而定,难于一概而论。如顺治帝,假如像章太炎一样承认他是火葬的,则未到五台山出家,其病死无疑,何必再记什么传闻,以增加读者的负担;用海宁潮神庙大殿的规模类似太和殿说明是纪念废太子的,在民间则可,作为大学者的章太炎未免失当,或许会招致相信"无稽之谈"的指责。

以浓厚的个人感情色彩评价历史人物,这表现在对许多人物身上,这里以黄宗羲为例稍作了解。章氏作《非黄》篇批评黄宗羲,说他道德文章与其盛名不相配,特别批判他的《明夷待访录》,指斥黄氏以爱憎评论人物——"观宗羲之论人,好恶跌宕亦甚矣"。黄氏主张学校议政,章氏谓无益于事,徒然滋长朋党。又说"宗羲之言,远西之术,号为任法,适以人智乱其步骤。其足以欺愚人,而不足称于名家之前,明矣"!章氏之所以非要指斥黄宗羲,盖因康有为、梁启超刻印《明夷待访录》,伸引黄氏之说,昌扬君主立宪,为章氏深恶痛绝。故云"近世言新政者,其本皆附丽宗羲"②,实际上是问道于盲。

---

① 《全集》第 3 册,第 586 页。
② 《全集》第 4 册,第 124 页。

利用现成说法,虽然不错,但经不起时间检验。章氏反满思想的强化,受吕留良、曾静案的影响颇大,这个案子,众口一词,谓为文字狱,是没有错。然而文字狱是其表象,实际是康熙朝储位斗争和雍正初年皇位合法与否的政治斗争的产物,是雍正帝以此做题目,宣布在皇位问题上他的胜利,实质上是一种政治斗争,曾静投书岳钟琪,是造反案,不是简单的文字狱。①我们当然不是要求章氏对事事都要考证分析,不能引用成说,而是说有的成说经不起时间的检验,不宜视为定论。

(三)政论文与史学论文对史实的态度可能不尽相同

严肃的史学论文要求史实准确,以便根据史实形成观点,得出结论,如果把事情弄错了,是出了"硬伤",将大大影响论文的质量。所以,史家对此尤为注意,不敢掉以轻心。写作政论文,往往先有论点,选择史事做材料,说明观点,以增强论证性和说服力。因此,作者之对于史实,就不同于做史学论文那样追求严谨。政治目的越强的人,越容易产生上述章氏出现的误失,分析起来,不外是下述情形:

利用社会传闻。既然众人这么说,事情确实与否可以不管,反正大家可以接受,至于是否以讹传讹,人们也不会追根到这里。

利用有争议的材料,从中采取一说,即使误信了,也没有关系,因为多少也是有依据的。

利用合乎自身观点的疑似史料,不可避免地会出现曲解史料原意的误失,得出不合实际的结论,按照主观愿望解释历史,当然会产生这种错误。

利用印象中的史事。写作时不去查对原书或参考书,只凭记忆写来,往往发生小的误失,如说林清起义于山东之类。

以感情色彩使用史料。好恶由己,难于顾及事实真相,如此诠释历史,难免顾此失彼,这儿说通了,那里却发生了窒碍,因而不得不改变对同一事物、人物的看法。

看来有强烈政治目标的人作政论文,容易对历史材料抱实用主义的态度,时不时地会随心所欲,做出不合史事的解释。不是人人如此,篇篇如此,但是不少作者、许多文章所出现的问题似乎需要引起人们的注意。

---

① 参阅冯尔康:《曾静投书案与吕留良文字狱述论》,《南开学报》1982 年第 5 期。

(四)史学家对待政论文的态度

笔者仅从史学研究者业务的角度来考察,而不是从其他方面着眼,认为可以留心的有三个方面:

一是把握作者的观点,一般讲政论文的作者眼光敏锐,观察事物较为深刻,常常捕捉到事情的本质,颇能启发读者的思路;当然,与独具慧眼相联系,有时会过于敏感,看到风就是雨,论述起事情不免夸张失实,有偏颇的一面。

二是在把政论文当做史料使用时,尤其需要小心审慎。因为上面已经说过,它的作者在选用史料时不乏出现误失的情形。因此,对其材料最好不要简单地拿过来就用,先要对它的真实性有所思考。

三是对政论文的谨慎态度,不是为了对它挑错,做批评,讥笑政论文作家史学功力不够,而是为了正确地、有效地利用政论文的学术成果。

最后,回到章太炎的政论文章和学术论文话题上来。他的清史评论有着重大的成就,历史上发挥过积极作用,他的误评后人也不难纠正,而且给人的启示也是有价值的。应当看到他为反清革命而发表的各种文字,当时起过解放思想、动员民众反对清朝政府的作用,虽然文章中有某些不符合史实的地方;他对清史的有些评论至今仍具有学术价值,如对汉学的基本评价是经得起时间考验的;他为建设近代史学所做出的努力,不仅精神可贵,也是我国史学遗产;他为革命,一切以汉民族主义为圭臬,对清朝的历史有虚无的情绪,否定太多,不以满洲为同类,不许满人参加进步团体,非要赶回东北,对清朝皇帝与政事不分青红皂白地一概批判,对在清朝政府里的汉人的评论也缺乏实事求是的态度,表现出革命激情多于学术性,大大限制了他的学术成就。看来学术性与政治性需要区分,做学问要少受政治干扰,成就可能会大一些。

(1998 年 8 月 16 日写于南开大学顾真斋。载台北善同文教基金会编《章太炎与近代中国》,台湾里仁书局,1999 年)

清代出使琉球官员的情趣

清朝中国与琉球的交往,继承明朝的传统,维持封贡的关系,先后八次派遣使臣去琉球册封国王。本文所叙的客体,主要是正、副册封使,但是他们有众多的随员,即官派的钦天监天文生,使臣自选的医生,聘请的幕客,兼或还有僧侣同行。如康熙三年(1664),正使张学礼带有天文生李光宏、太医吴燕时及幕客陈翼;康熙五十九年(1720),副使徐葆光有从客翁长祚;乾隆六十年(1795),正使全魁聘幕客王梦楼(禹卿);嘉庆四年(1799),正使赵文楷有从客王文诰、秦元钧、缪颂余等三人,副使李鼎元不仅有从客杨华才,还邀请僧衲寄尘及其门徒李香崖同往。册封使及其从客是本文叙述的对象。

册封使的使命比较简单,只是代表皇帝祭祀去世的国王,册封王世子为新国王,谕祭文和册封诏书、敕谕都由内阁事先预备好,赉奉至琉球,通过举行庄严的仪式,宣读诏谕即可毕事。琉球王之对于中国,素以恭顺闻名,极望与册封使配合好。所以前往琉球的使节政治使命甚好完成,不像没有定式,要靠谈判协商的差使,斗智斗勇,"折冲于樽俎之间",否则不合人主之意,于前途大为不利,而出使琉球,唯耽心海洋航行的安全,不会有政治上的风险。诚如方苞为徐葆光送行文中所说:"自秦汉以后,中国有事于四夷,其为将,则效命力于锋镝,其为使,则折冲口舌之间,以求得其要领,故承命者多以为难。今天子德威遐畅,方外乡风,小夷喁喁,企瞻使节。承命者有将事之荣,而无失得之恤。故人争羡之。"①使命诚然简单,而离开琉球的归期,则要视航行季节风的来临才能决定,往往需要停留百余日或数百日。那么,在如此长的时间里,在区域狭小、人烟稀少、文化不发达的琉球,册封使寄情何在呢?所关切的、感到兴趣的是哪些事情呢?究竟能做什么实际又做了何事呢?而所做的与他们出使初衷又是什么关系呢?这就是本文所要叙述的使者"情趣"。

---

① 方苞:《方望溪先生全集·文集》卷7《送徐亮直册封琉球序》,商务印书馆万有文库本,第2册第147页。

为行文方便,本文将从朝臣对使命的看法、使节的关注事项、情趣辨析三方面做出说明。由于资料的关系,本文所讲述的实际是清初至嘉庆朝的五次使臣活动。

一、众人寄予使者的厚望

清朝第一次所派遣的使臣,依照明朝的习惯,正使、副使分别派的是六科、行人司官员。自第二次起,康熙帝尤加注意人选,特令朝臣于"学识宏博、仪观俊伟"①者中推选,并确定翰林院检讨汪楫为正使,内阁中书舍人林麟焻为副使,此后即以翰林和内阁中书为正副使臣。比如嘉庆四年(1799)的正副使,系由内阁中书四人、翰林院编修三人、都察院给事中四人、礼部主事三人,计十四人中选定翰林院修撰赵文楷、中书舍人李鼎元。翰林作为清贵官的出使,表示朝廷重视之外,还在于他们有学问,懂得六艺。他们所带的从行者,也在学艺上各具专长,如陈翼,字友石,"多才艺",在琉球被人尊称为"友石先生",吴燕时精岐黄之术。②释寄尘"好吟咏,工书善画,有奇术,人莫测也",其徒李香崖"亦善画"。③使节与其从人都是文化人,他们的友人所寄注的希望与此大有关系。盖使臣受命,其友朋多有送行诗以寄言,如赵文楷、李鼎元之行,"一时廷臣及四方士大夫赠诗,凡古近体二千余首"④。主要内容为:

希望使者以其博学通识和善于辞令,向琉球君臣传播儒家思想和诗词歌赋礼乐的艺能,取得他们的敬重,以增强对清朝的臣属信念,同时亦是为文士增光。如同理学名臣汤斌就汪楫的出使所说:"以江君之学,兹行也,必能使其国君敬信而悦服,上以增天朝之重,而益坚其服事之心。"⑤毛际可认为,汪楫在册封余暇,"化之以道德,率之以礼乐文章,诲其所不知,而匡其所不逮,容之也如父兄,迪之也如师保,斯称圣天子事小之义,而传所称乐天者保天下,

① 汪懋麟:《送兄舟次册封琉球序》,载焦循编:《扬州足征录》卷18,《北京图书馆古籍珍本丛刊·史部地理类》,书目文献出版社,第5册第710页。

② 张学礼:《中山纪略》,载《四库全书存目丛书·史部》第128册,齐鲁书社,1996年,第426页。

③ 李鼎元:《使琉球记》卷2,载《近代中国史料丛刊》第48辑第472号第99、第101页,台北文海出版社。

④ 陈康祺:《郎潜纪闻四笔》卷1,中华书局,1990年,第4页。

⑤ 汤斌:《送汪检讨奉使琉球序》,载《扬州足征录》卷18,第705页。

其气象故如是也"①。文士常常被视作浮华不实、缺少行政能力的人,潘耒说汪楫的出使,必能不辱使命,为词林增色,改变人们的看法。②

希望使者以海外阅历,丰富知识,进一步写好国史。朱彝尊说,琉球中山三国的分合历史,我们并不清晰,而同事汪楫任职于史馆,正可借出使考察明白,归来上诸史馆,"是则吾党私心属望于君者"③。汤斌也说,司马迁周游天下归而作《史记》,可是他没有到过海外,相信汪楫涉海万里,经历非前人所能比,故"笔挟风云,上下千古,当有过于子长者,余与同人执笔以俟之"④。

希望使者利用丰富的经历,写出上好文章。徐葆光原来就文名很盛,方苞说他的出使,必然见闻广阔,感受良多,从而创造新作品,所谓"亮直夙以文学知名,兹其行也,其耳目震骇乎乾坤之广大,而精神澡雪于海山之苍茫,吾知其文章,必有载之而出者矣"⑤。

希望使者砥砺廉洁,赢得琉球的赞誉。明代万历间副使谢杰,因其舅父携网巾前往,一时卖不出去,强迫琉球官员购买,否则不举行册封典礼,如此贪财,有辱使命。而明朝嘉靖年间使臣陈侃谢却赠金,琉球用以建造却金亭,以兹纪念。嘉庆四年(1799),福建巡抚汪志伊为李鼎元作送行诗,有句"拊循早识辞金事,酬唱难忘陟屺时"。告诫李氏,以陈侃却金为榜样,留心于情操,李氏认为汪氏的话"得古人赠言之旨",自信会做得到。⑥廉洁不仅是使臣自身的事,还应能够约束从行人员,如乾隆六十年(1795)的侍讲全魁、编修周煌之行,随行兵丁在琉球滋事,而他们失于检束,返京后差点受到处分。⑦

册封使原来官位不过六七品,但系赍奉诏书出使,赐穿正一品蟒服,虎节龙旌,驰驿前往,兵丁护航,琉球则以天使接待,真是荣耀非常,令人羡慕。琉球贫穷,贪墨者亦索取不到什么,使臣本身的清廉不难做到,他人对此注意得不多。人们的焦点是希望他们发挥文学特长,通过诗赋文章,将海外奇异风情描绘出来,以为颂圣和风雅的谈助。文士的赠言反映了社会对使臣的看法和

---

① 毛际可:《送汪舟次奉使琉球序》,载《扬州足征录》卷18,第706页。

② 潘耒:《送汪舟次奉使琉球序》,载《扬州足征录》卷18,第707页。

③ 朱彝尊:《送汪检讨奉使琉球序》,载《扬州足征录》卷18,第708页。

④ 汤斌:《送汪检讨奉使琉球序》,载《扬州足征录》,第705页。

⑤ 方苞:《送徐亮直册封琉球序》,第2册第147页。

⑥ 李鼎元:《使琉球记》卷2,第96页。

⑦ 《清史列传》卷24《周煌传》,中华书局,1987年,第6册第1813页。

希望。

使节们是怎样考虑友人的愿望？想的和做的又如何呢？

二、使节关心的事情

使者所关注和进行的事情，依据他们的记录，笔者以为是在传播声教，了解琉球王室历史，调查琉球各项制度和民俗，留意于清廉名声，寄情于诗文创作五样事情上。

(一)传播"声教"

诚如当时人的见解，出使琉球没有政治风险，但是册封本身是政治行为，总要把皇帝赋予的使命完成好，这关乎着朝廷在外国的形象，特别关涉到皇帝的威严。因此如何使册封顺利进行，并在整个过程中突出皇帝的神圣恩德惠及四裔，是重大的事情，乃是使者的中心关注点。

诏书、使者及涉及琉球封贡事务的人物和文书，无不讲到"声教远被"的话。汪楫等出使，所赍奉的给琉球国王的康熙帝诏书云："朕躬膺天眷，统御万邦，声教诞敷遐迩……"[①]康熙中副使林麟焻在《玉岩诗集·自序》中说，琉球贫穷而文化不发达，可是自从"被我皇上声教，后亦骎骎乎盛矣"[②]。康熙末从客翁长祚为协助其幕主徐葆光作《中山传信录》，于《后序》开笔即言："自古声教四讫，未有如我国朝之盛。"[③]张潮在王士祯撰《纪琉球入太学始末》的"题辞"中写道："国家声教覆敷，无远弗(至？)，而琉球声慕文教，尤为最笃。"[④]皇帝讲"声教"，使者讲，人人讲，然而何谓"声教"？词出于《尚书·禹贡》："东渐于海，西被于流沙，朔南暨声教，讫于四海。"[⑤]意思是说大禹的声威文教远达境外，东渐入于海，西及于流沙，北方与南方的境外，在在闻听到了。因此都来朝见。声教，就是皇帝因圣德而声威文教流播于境外，造成万邦来朝的盛世。显然，这是颂圣观念的体现，也是册封之所以产生的基本因素。

使臣怀着传播皇帝声教的使命感，出使前的准备、在琉球的活动，均着力

---

① 官修《皇朝文献通考》卷295《四裔·琉球》，浙江古籍出版社，1988年，考7442页。

②《四库全书存目丛书·集部》，第244册，第690页。

③《四库全书存目丛书·史部》，第256册，第516页。

④《纪琉球入太学始末》，载《四库全书存目丛书·史部》，第271册，第577页。

⑤《尚书》，《十三经注疏》本，中华书局，1980年，上册第153页。

于营造皇帝圣明的形象,而于册封、谕祭典礼的进行与反映,以及御赐宸翰二事上最为留心。张学礼《使琉球记》说册封礼时,"倾国聚观,不啻数万,欢声若雷"①。汪楫更说册封典礼后出现祯祥:"先是国久不雨,册封后大雨如注。"②并在《册封礼成即事》诗中咏及此事:"夜雨廉纤快晓晴,相看搓手贺升平;海风不动秋风劲,吹作嵩呼万岁声。"③李鼎元说谕祭之时,"球人观者,弥山匝地,男子跪于道左,女子聚立远观",真是"通国臣民欢跃"。④汪楫出使前,特请向琉球颁赐御笔,康熙帝因书"中山世土"四字,赐予琉球国王。⑤雍正二年(1724),因琉球贡使的到来,皇帝书写"辑瑞球阳"四字,赐给国王。乾隆四年(1739),皇帝因琉球国王遣使朝贺,赐予御书"永祚瀛墦"。琉球为这些御书制作匾额,悬挂于王宫正殿,使臣对此多留心记录。林麟焻的《中山竹枝词》歌咏王宫,有句"奉神门内列鹓行,乞把天书镇大荒"⑥。即为御书而作的歌颂。册封与谕祭,琉球国王的恭谨感激和臣民的欢呼雀跃,标志着清朝皇帝声教远播于化外,是天朝的盛事,亦是使臣的荣耀,当然成为他们最受关注的事情。这正是徐葆光《册封礼成恭纪四章》最后两句所说的:"使臣将命无余事,载笔归来献至尊。"⑦关切声教,中心即在于讴歌君王。

　　中华思想文化向琉球的传播及琉球人对此的反应,是册封使所关注的声教的另一项内容。具体地说,他们要了解儒家思想在琉球的影响和表现,同时他们本身也进行儒学的宣传,促使琉球留学生进入太学。作为中国文化象征的孔庙,于康熙年间设立在华人居住的琉球久米村。明代大量华人移居琉球,保持中华文明,成为中琉交往的使者和翻译。琉球国王和这些被称做"唐人"的华人后裔需要学习中华文化,万历年间紫金大夫蔡坚绘制孔子像,率领缙绅祭祀于家中,康熙十三年(1674)建成圣庙,春秋祭祀。康熙五十七年(1718)建设明伦堂,聘请讲解师和训诂师教授汉文和儒学。明伦堂两庑收藏儒家经

　　①《四库全书存目丛书·史部》第 128 册,第 422 页。
　　② 汪楫:《中山沿革志》卷下,载《四库全书存目丛书·史部》第 162 册,第 464 页。
　　③ 潘相:《琉球入学见闻录》卷 4,载《近代中国史料丛刊》第 92 辑第 913 册,第 374 页。
　　④ 李鼎元:《使琉球记》,载《近代中国史料丛刊》第 48 辑第 472 册,第 143 页。
　　⑤ 汪楫:《中山沿革志》卷下,载《四库全书存目丛书·史部》第 163 册,第 463 页。
　　⑥ 潘相编:《琉球入学见闻录》卷 4,载《近代中国史料丛刊》第 92 辑第 913 册,第 382 页。
　　⑦ 潘相:《琉球入学见闻录》卷 4,载《近代中国史料丛刊》第 92 辑第 913 册,第 388 页。

书、史籍,国王还让紫金大夫程顺则刊刻解释康熙帝《圣谕十六条》的《演义》,在民间讲解。册封使对圣庙与儒学均相当留意,实地考察,予以记载,并为之题写匾额。就中,徐葆光在《中山传信录》中载笔甚详,在卷五特写"圣庙""学"专条,记叙它们的建置沿革,甚至绘出《圣庙祭品图》《启圣祠祭品图》,著录有关圣学的碑刻文字。①林麟焻在《中山竹枝词》中为圣庙做出描绘:"庙门斜映虹桥路,海鸟高巢古柏枝。自是岛夷知向学,三间瓦屋祀宣尼。"②使节对琉球人接受中华文化感到欣喜,并通过友情交往,希望中华文化得到进一步传扬。如林麟焻见万松院僧人不羁所写诗句"黄叶落三径,白云归数峰",即作诗予以赞扬:"浮屠亦有不羁人,只树萧萧绝世尘。唐体诗书风格好,白云黄叶争清新。"③

与圣学相联系的是使臣促成琉球人进入清朝太学。汪楫离开琉球的前夕,国王尚贞表示要世守忠诚,为此请求派人到太学读书,汪楫回京转奏尚贞的请求,得到康熙帝的批准。康熙二十七年(1688),琉球三名官生到北京,进入国子监读书,清朝配备专门教师,琉球学生得到优厚的待遇。从此成了惯例,使节回国,多应琉球国王请求,代为奏请派遣留学生,因而不时有琉球学生到来。太学里教员精心指导,学生用心钻研,相处甚为和洽。乾隆中教席潘相作《送郑绍衣、蔡汝显归国》七律云:"客程此日辞天北,吾道从今渡海南。"④他感兴趣的还是儒教传播到琉球去。使臣的致力招徕留学生,亦达到声教远被的实效。

册封使及其随员做了许多传播儒学的事情。张学礼应国王尚质的邀请,为王宫正殿书写"东南屏藩"匾额,为国王家庙书"河带山砺"匾,又给三清殿写"苍生司命",天妃庙写"中外慈母"等匾额。"东南屏藩"云者,以琉球为中国东南屏障;"河带山砺",祝愿琉球王室长存;三清殿、天妃庙都是中国文化的产物和体现,并成为一部分琉球人的信仰,张学礼自然乐于为它们题写匾额。其他使臣给王府、寺宇及官员住宅书匾额甚多,不一一说明。徐葆光受国王尚敬之请,书写以《孝经》为内容的屏风,尚敬因而作诗曰:"八分墨彩留屏障,

① 徐葆光:《中山传信录》,载《四库全书存目丛书·史部》第256册,第486—489页。
② 潘相编:《琉球入学见闻录》卷4,载《近代中国史料丛刊》第92辑第913册,第382页。
③ 王士禛:《池北偶谈》卷18,中华书局,1982年,下册第440页。
④ 潘相编:《琉球入学见闻录》卷4,载《近代中国史料丛刊》第92辑第913册,第426页。

展对如亲绛阙仙。"徐氏传扬了孝道,还同国王建立了友情。他访问僧侣宗实,后者赠诗云:"一天不碍华夷月,万里云中眼共明。"[1]因感情交流,突破了中琉界限。李鼎元所做的事情更多:收王族成员和王妃侄儿四人为徒,讲授经义诗文,撰写中琉语文对照的文字学专著《球雅》。因此,国王尚温特在奏疏中予以赞扬:"副使大人更为小邦广声教,辑《球雅》,国之略晓文字者,皆得就教尊前,执经问业,父师之恩,尤深感戴。"[2]李鼎元临行之时,求他写匾联的琉球人之多,应接不暇,只得让从僧寄尘帮助书写。传播中华文化,从客是幕主的好助手,如陈翼接受国王的邀请,教授王世子、王婿、法司公子琴曲,将中国的名曲《平沙落雁》《关雎》《高山》《流水》传授给他们。因他琴艺高超,请求的人"无虚日"。医术高明的吴燕时,"切脉知生死,国中求治者,无不立愈",他还接收几个徒弟,传授医道。[3]

使臣在册封、谕祭、赐字、入学的落实过程中,在自身与琉球国王、官绅的各种交往中传播了清朝皇帝的"圣德",儒家典籍的要义,诗文的技能,医药的知识,以及华人的生活方式,促使中华文化远播海外,正如尚温所说,"推广声教于琉球"。

(二)考证琉球王室世系

使者多出身于翰林院,是史臣,有职业嗜好,对琉球王室的历史,尤其是王室世系很想理清楚,因之寻觅琉球典籍,访问官员与士绅,并参以实际观察,进行考订,写出作品。汪楫参与了《明史》的修撰,认为明朝人从不怀疑琉球王室世系的变化,因而也不做了解,而他因为"备员史官,常思搜罗放轶,补旧乘之阙",到达琉球,就询问国王世系的传承。可见汪楫将澄清琉球王室史当做一件要事来考察。但是他碰了钉子,因为王室的事情不能告人,人们也不知道,晓得一点的亦不敢讲,所谓"世系沿革,亦秘不告人,盖国有厉禁,一切不得轻泄也"。他没有就此罢休,借谕祭的机会,令从吏事先备好纸笔,在进入王室宗庙后抄录神主,从而有了第一手资料。他又寻觅到琉球《世缵图》,上面的琉球文字虽不识,然而同其他文献对照,亦有参考价值。他利用在琉球所得到的材料,会同《明实录》的记载,于康熙二十三年(1684)写出《中山沿革

① 《中山传信录》附《中山赠送诗文》,载《四库全书存目丛书·史部》第 256 册,第 518—520 页。
② 李鼎元:《使琉球记》卷 6,载《近代中国史料丛刊》第 48 辑第 472 册,第 278 页。
③ 张学礼:《中山纪略》,载《四库全书存目丛书·史部》第 128 册,第 416—417 页。

志》①一书,叙述琉球历代国王的简史、诸王的传承关系,以及同明清两代的邦交。此书内容简单,而书名并未明确表达出琉球世系的实际内涵。及至三十年后徐葆光编写《中山传信录》,其第三卷题名《中山世系》,就明确无误了。这是后人比前人应有的进步。徐葆光也是在琉球着力寻找王室资料,见到尚象贤撰的《中山世鉴》的一部分,尚象贤是国王尚质之弟,为人聪明才俊,"穷搜博采,集成此书"。徐氏也访求汪楫见到的《世缵图》,然而"不独民间无其书,即国库中亦无其图",因而怀疑是否真有这种书。②看来琉球人对他保密,不予提供。《世缵图》是确有其书,潘相在《琉球入学见闻录》里有著录:"国人(指琉球人)所著,有《世缵图》,记中山历传世系,编辑姓名系(失)传。"③《中山世鉴》,在汪楫赴琉球时尚未问世,故汪氏不可能得到,徐氏见到了,而《世缵图》又不获睹,他们都有遗憾,盖因他们都虔诚于资料的搜求,均希望将中山王世系写得准确无误。由于徐氏所得到的素材多于汪氏,他的中山世系就比汪氏的精确一些。汪、徐二氏之作,将康熙朝及其以前的琉球诸王世系做了某种说明。他们发现琉球历代国王并非出自一个家族,"所谓姓欢斯者无据,皆谓尚姓亦非也"④。可是他们仍因史料不足难以详考,同时中山王出于一系之说自明朝以来似成定论,他们也不愿多事,免得招致邦交上的麻烦。他们的研究成果,就为后来官修《皇朝文献通考》、潘相《琉球入学见闻录》,叙述琉球王室世系提供了根据。汪楫、徐葆光关注琉球王室史,既是个人的兴致,也是考虑到同僚的要求。

(三)清廉自励

前面讲到却金亭与戴网巾的事,既关系到使臣自身廉洁,也涉及能否约束从人,廉洁的使者需要在这两方面下功夫,清朝的使节大多致力于此,不负友人的期望。康熙五十九年(1720),琉球王尚敬奏疏称使节"入国以来,抚绥海邦,约束兵役,举国臣民无不感仰"⑤。可知琉球人对约束兵役一事是如何地看重。李鼎元到琉球,询问通事郑煌如何才能将册封的事情办好,郑氏云:"抚

---

① 汪楫:《中山沿革志》,载《四库全书存目丛书·史部》第 162 册,第 430 页。
② 徐葆光:《中山传信录》卷 3,载《四库全书存目丛书·史部》第 256 册,第 421 页。
③ 潘相编:《琉球入学见闻录》,载《近代中国史料丛刊》第 92 辑 913 册,第 197 页。
④ 汪楫:《中山沿革志》,载《四库全书存目丛书·史部》第 162 册,第 431 页。
⑤ 徐葆光:《中山传信录》卷 2,载《四库全书存目丛书·史部》第 256 册,第 418 页。

夷无他法,惟在积忠信以感之,因其势而利导之,否则有戴网巾之诮。"意在提请使节留心约束从人,避免因小失大,在琉球留下笑柄。李氏亦颇有体会,深知"一事拂人情,千秋成话柄,可不慎欤"①。

使臣一行约三百人,在琉球期间,伙食完全由琉球供应,而谕祭暨册封的举行,中秋、重阳等节、辞行等事,国王要设宴招待使者七次。琉球因物质匮乏,不能开盛宴,遂不设席,而将宴会应有的花销折合成金银赠送给使者。张学礼到达琉球,鉴于其困穷,"一应供应,十减八九"。例有七宴,概免其折席金银。②汪楫对琉球按例馈赠,"概却不受,国人建却金亭志之"③。这里说建立却金亭不准确,亭在明朝就建造了,此时应当是重修。与汪楫同行的副使林麟焜,同样"却宴金厅费,琉球人德之"④。琉球国王赠送李鼎元和赵文楷各五千两银子,为他们谢绝。⑤

比起正己来,管束随行人员可能要更困难,因为从人是有负担的,他们是"将本求利",不让他们获利,难以做到,这就要看使臣的驭众本事了。李鼎元是"天才奇伟的人"⑥,在钤束从人方面颇有办法,一是防患于未然,二是临事勤于督察,认真管理。他在从福州出发以前,巡抚汪志伊提出准许船户携带货物的要求,原因是使节所乘坐的船,是由船户无偿修理的,只得让他们带货以作补偿。李鼎元知道这是违反规则的,但具体情况不能不顾,于是限制货物数量和品种。他说过去使臣不能按时归来,原因之一是带的货多,琉球又穷,一时卖不出去,或收不到货款,故而延宕不归。所以"货虽准带,贵货宜禁,须令船户造册,具结呈验,庶前弊可杜"。汪志伊赞同他的意见。开船前,审查船户的货单,内有肉桂、黄连、麝香等名贵药品,李鼎元不许带往,批准带大黄、大枫子常用药,以便发卖,结果货价不足四万两银子,只及前次价值的三分之一。因此,他"私心窃喜,船货无累,可望克期早归"。到了琉球,令船户及时处理货物,因货少,到东风来临可以开船的日子,船户已结清账目,按时登舟,不误行期。⑦对待

<hr>

① 李鼎元:《使琉球记》卷2,载《近代中国史料丛刊》第48辑第472号,第88页。
② 张学礼:《中山纪略》,载《四库全书存目丛书·史部》第128册,第421页。
③《清史列传》卷71《汪楫传》,第18册,第5783页。
④《清史列传》卷70《林麟焜传》,第18册,第5765页。
⑤ 李鼎元:《使琉球记》,载《近代中国史料丛刊》第48辑第472号,第279页。
⑥《清史列传》卷72《李鼎元传》,第18册,第5918页。
⑦ 李鼎元:《使琉球记》,载《近代中国史料丛刊》第48辑第472号,第84、第103、第264页。

船户如此,对其他从人同样严加管理。到了琉球,从人都居住在天使馆内,李鼎元规定,各依分工理事,要外出办公,领签出入馆门,无事不得出馆,否则罪罚管门人。这样就避免了护航兵丁外出滋事。

使臣具有严于律己和驭下的观念,就容易做到自身和使团的廉洁无瑕。

(四)访察琉球国情

古人出差、旅行,都要采风,使臣更有观风问俗的心理。张学礼《中山纪略》最后的一句话是:"予留日无多,见闻有限,略存其概,以俟后贤广为考订,以备采风之助云耳。"[1]以备采风之用,其实他的著作就是采风得来的。

事实上,册封使返国,有不同形式的文字记录,或册封事务报告,或诗词歌咏,或行程日记,或研究性专著,所有这些,都来自于他们的调查访问,而其方法不外三种,即咨询于琉球人、实地考察、搜求图籍。比如徐葆光采访之勤,他的从客翁长祚以亲身经历称道其幕主,"披残碑于荒草,问故垒于空山,涉海探奇,停骖呓墨,详慎苦心,实所亲见"。[2]这里说的徐氏勤劬,主要在现场考察,而李鼎元的向琉球人做调查又有独特之处:他要求琉球官方选择文理通畅、熟知掌故的人常来天使馆,"以资采访"。琉球王遂派杨文凤前来,而其人果然颇具琉球古今知识。李鼎元将要撰写《球雅》一书,杨文凤和通中华语文的王室、妃族子弟,一面向李鼎元求教,一面帮助李氏完成其著作。[3]就是经过这样的苦心经营,册封使才有著述的面世。

册封使所做的调查,根据他们的作品的实况,可知他们在了解王室历史之外,着重于考察下述诸事:琉球的地理方位,岛屿及港口,山河,灾害,物产(农产、水产),树木与花卉,贸易集市与货币,行政区划与行政机构,官制和官员来源,司法与刑法,社会治安,食物,宴请习俗,发型,服制,王宫,住宅,姓名,丧葬,娼妓,妇女与婚姻,家族与家庙,僧侣与寺庙,文字,著作,历史传说与人物故事,节令,娱乐,民间交往,唐营(唐荣,华人聚居地)、华裔及其职业,中华文化在琉球的表现,等等。总起来说,对琉球的政治、经济、文化,以及民风社俗都要做或多或少的了解,以满足采风的欲望。

---

① 张学礼:《中山纪略》,载《四库全书存目丛书·史部》第 128 册,第 427 页。

② 《中山传信录》,载《四库全书存目丛书·史部》第 256 册,第 517 页。

③ 李鼎元:《使琉球记》,载《近代中国史料丛刊》第 48 辑第 472 号,第 36 页。

（五）创作诗文

人们期待于使者对异域见闻写些游记，特别是吟诗作赋，供没有机会领略异国风光的人欣赏。出使的人既然冒着海洋航行的风险，必然在诗词创作上有所冲动，尤其是幕友，并不因随从使节而有政治前途，他们所为何来？大约就在猎奇创作上了。比如王禹卿善为诗文，而为人"负气好奇，欲尽取天下异境，以成其文"。乾隆中全魁出使，邀他入幕，友人因航海安全劝他不要去，他却高兴地随从全魁出海，航行中船翻了，幸好遇救，因而大喜，认为"此天所以成吾诗也"，于是勤力书写，汇成《海天游草》诗集，被桐城古文派大家姚鼐评为奇诗。①册封使同样要将海外见闻和感受抒发出来，康熙中副使林麟焻在册封典礼举行后的日子里游历山川，"登临瞩望，振衣策马于山巅水涯，睹大海之紫澜，想蓬莱绛宫之明灭，一时花院苔龛，流连歌咏，或酒酣耳熟，落笔如风雨"②，遂创作《中山竹枝词》五十首，另有一个诗集。

使者及其从客的诗词系身临异域的感情抒发，与无病呻吟者异趣。林麟焻说他的诗作，将琉球"山川人物，缛礼宴游，冠佩之奇，龙鞃鞢之节口，与夫亭台之兀硉，树卉之菁葱，日月云霞之吐吞变幻，悉绘之于诗，一披览而外国风景宛然在目。事属睹记，言非凿空"③。他自信能将亲眼所见的琉球风貌描绘出来，可能是好奇者所乐于知道的。康熙末年詹事府左中允汪士铉说徐葆光的创作："挥笔赋诗，非以是侈其游眺，盖将归而著述，以为得之传闻，不如见者之为真也。"④可能说出了徐葆光的心声：出使作诗词，要据见闻所得的真切素材，以便写出像样的著作。他们写作的有颂赋，如汪楫的《谕祭中山王即事》《册封礼成即事》，徐葆光的《谕祭中山王尚贞、尚益礼成恭记廿四韵》《册封礼成恭记四章》等；而更多的是《竹枝词》，如刚刚说到的林麟焻作《中山竹枝词》，汪楫、徐葆光等人均有此作。竹枝词的体裁，是所谓歌咏土俗琐事，实能记叙风俗。如林麟焻的一首云："日斜烫市趁墟多，村妇青筐藉绿莎。莫惜筹花无酒盏，小妇买得小红螺。"⑤道出琉球市集的情景，原来琉球人的买和卖皆由

---

① 姚鼐：《惜抱轩集·文集》卷4《食旧堂集序》，中华书局四部备要本，第23页。
② 林麟焻：《玉岩诗集·自序》，载《四库全书存目丛书·集部》第244册，第690页。
③ 李鼎元：《使琉球记》，载《近代中国史料丛刊》第48辑第472号，第36页。
④ 汪士铉：《中山传信录》序，载《四库全书存目丛书·史部》第256册，第375页。
⑤ 潘相编：《琉球入学见闻录》卷4，载《近代中国史料丛刊》第92辑第913册，第380页。

妇女进行,故词中云村妇如何如何。徐葆光的一首为"小船矗起半天中,一尺穑悬五寸蓬。渡海归人当有信,竿头昨夜是南风"。并有注:"渡海之家,例造小木船,桅帆毕具,立庭中,候风以卜归期。自闽归国,皆以南风为候。"①所咏的是帆船模型,用以预测风向,决定航行的日期。这对于岛国的人,当然是极其重要的。本文限于篇幅,仅举二例,即可知册封使所描绘的是琉球风俗民情。寄尘和尚一日得诗四首,有句云:"一舟剪径凭风信,五日飞帆驻月楂。"又有句云:"相看楼阁云中出,即是蓬莱岛上居。"李鼎元说他写出"真境真情"②。李鼎元自己的诗,被史家赞誉为"风骨高峻,奉使诸作,尤推豪健"③。可惜笔者未克获睹他的《师竹斋集》,不能与读者共赏他的出使诗作。

三、情趣解析

使臣及其从客所关注的事情已如上述,主导他们行事的动机是什么?与使节的使命是何关系?如何看待他们那些行为?特别是用今人的观点可以做出何种评论?

首先,他们的诗文是猎奇心生的谈助?抑或是反映出使意义及介绍琉球?笔者认为是兼而有之,而以后一方面为主。诗文的作者及其友人颇为担心人们对诗文创作主旨的误解,以为是消闲的无意境之作。明代嘉靖年间使臣陈侃在其《使琉球录》的序言中说,他的前辈出使外国,都有记录或诗赋,而他们不是以此"炫词华",实是为记载人家的风情、人物,"非特探奇好事者所欲知,而使事之周爰咨诹自不可少也"④。说明使者作诗文,并非为表现写作的才华,而是使命的需要,希望读者不要误解。前述汪士铉说徐葆光赋诗不是要表现他远游的机会和才华,也是要求人们不要产生误会。张学礼返京复命,路过杭州,与表弟王言宴饮于西湖,王言好奇地说,听人讲琉球的马齿山、姑米山都是插在洪波中的,是那样的吗?张学礼就把《使琉球记》给他看,王言因而知道使臣,"或燕燕居息,或尽瘁事国,或栖迟偃仰,或工事鞅掌,信不诬也"。而表

---

① 李鼎元:《使琉球记》,载《近代中国史料丛刊》第48辑第472号,第394页。

② 李鼎元:《使琉球记》卷3,载《近代中国史料丛刊》第48辑第472号,第125页。

③《清史列传》卷72《李鼎元传》,第18册第5918页。

④ 陈侃:《使琉球录·序》,见郭世霖:《重编使琉球录》,载《四库全书存目丛书·史部》第49册,第655页。

兄"乘长风破万里浪,为国徕异域,奚啻天上星客"①。赞叹张学礼的书是其完成使命的记录,也是为人解惑之作,这是对使臣著述的高度评价。林麟焻关于琉球的诗文,清初文坛领袖王士祯读后,认为可以"广异闻,且以彰圣朝声教之远",作者本人亦感到其著作虽不敢与《水经注》比美,然于记风俗的《荆楚岁时记》相彷佛,可供好奇者猎奇和后来的使者参考。因此,决定将它印刷传播出去。②潘相在《琉球入学见闻录》中选辑了一些使者的诗赋,笔者在前面已经多次予以引用了。潘相所以要选这类作品,乃因它们富有内容,能反映"其地其事其人""皆足志盛典,广和声"。③

　　包括诗词歌赋在内的使者的作品,就笔者所见到的,是有猎奇成分,诸如女集、女子手背上的梅花针瘢痕、女子的衣裳、土妓等女性生活为多人所描写,相反男性生活特征则少见。有些诗是使者闲得无聊,外出游览,访问僧衲,与其唱和,缺少内容。但是更重要的是那些记录涉及范围相当广阔的作品,关于琉球的,从自然地理、生产交换、政治制度、语言文字、宗教信仰、社会风俗,到王室历史、华人移民史,以及同中国的关系,方方面面,均有所道及。关于中国的,则使臣的选择,随行人员和兵丁,诏书的纂修,舟船与海洋航行,天妃的祭祀,册封的仪式,接受琉球留学生等,不仅内容广博,而且包含许多不好懂的科学知识,如航海技术中的"更""针路""风信",是猎奇者所不会注意的。可是使者为顺利册封,就不能不讲究了,并将所得的知识记录在著作中。今人面对上述各种类型的作品,获知使者主要是为总结出使经验,歌颂皇帝的圣明,为后来的使节提供参考资料,同时也是显示自家的成功,就中暴露的猎奇因素和炫耀文采,是次要的成分。林麟焻等人所叙述的创作宗旨是可信的。

　　其次,使者对琉球的了解是制度性的、表面的,抑或是深入实际的?前面说使臣在琉球做了多方面的考察,这是事实,有文献为证,然而他们认识的程度,不能不让人提出疑问。笔者读了感到,他们注意制度多而实行状况少,留心现象多而分析认识少,还有许多事情根本没有进入视线范围之内。比如对琉球行政、职官、选举和冠服、仪卫制度,使者多有说明,有的还用图表做形象的表达,诚然很好,但是实行得怎样,出使时何人做何官,是何背景,与制度吻

　　① 王言:《使琉球记叙》,载《四库全书存目丛书·史部》第128册,第418页。
　　② 林麟焻:《玉岩诗集·自序》,载《四库全书存目丛书·集部》第244册,第691页。
　　③ 潘相编:《琉球入学见闻录·凡例》,第9、第12页。

合与否,制度是否有变化,吏治究竟如何,全无追究。再如王室变更的事,明知不清晰,难于追查,与此相关的琉球国号与王号不一的问题,徐葆光察觉到了,他说赐给琉球国王的银印印文是"琉球国王之印"六字,可是国王自称为"中山王",两者不统一。①当然,这不是使臣所能解决的事情,是朝廷政策问题,盖清朝以不生事为原则,矛盾可以不管。华裔在琉球,出任通事者甚多,使节与他们颇有往还,但是使者并没有对华裔有更多的关怀,对于他们的总体情况并未能够把握。琉球以货易货及少量地使用日本钱,使者发现了,然而中国船员与琉球人交易的情形只字不提,似乎是使臣不应管的事务。至于琉球人与其他国家的贸易,国家间的往来,使者亦绝少涉及。琉球国小、人少、贫穷,似是不言而喻的事情,不过人口状况是应当留意的,何以毫不道及。明朝陈侃说他的船到达琉球港湾时,琉球方面派出四千人驾驶四十条小船来牵引大船进港,笔者怀疑这四千人的数字有误,然而陈侃又说:"人至四千,力亦众矣。"②究竟是否用四千人力牵引,笔者仍有疑问,如果真用了四千人,则琉球人口就不少了。日本人伊地知贞馨于 1877 年著《冲绳志》附录有《那霸杂咏》,其中一首有着"全岛人家三千户"③的话。是否乾隆年间琉球那霸有三千户人口,可以不去管它,但由此获知杂咏作者是注意人口问题的。政治状况、人口、贸易、国际关系,是琉球的大事,使者不宜不加考察。如果说现象的罗列差强人意的话,分析则几乎付诸阙如了。

复次,对于琉球恭顺的表象,使者是否探讨其内在的原因——是什么因素促使琉球积极依附中国? 笔者对此颇持疑问态度。使者倾力注意的是琉球国王对清朝皇帝崇敬的表面形象,如前述歌颂皇帝的声教远播,这里不再复述,仅将他们致力促成的琉球王的赞歌绍述于次。康熙五十九年(1720),使臣全魁、徐葆光回国,随同前来的琉球使节带来国王尚敬的谢恩表,颂扬皇帝"道隆尧舜,德迈汤文。统六合而垂衣,教仁必先教孝;开九重以典礼,作君又兼作师"。表示自身"世守藩疆,代供贡职,荷龙章之远锡,鲛岛生辉,沐凤诏之追扬,丹楹增色"④。将藩属国对宗主国,尤其对皇帝的谦卑态度表露无遗。琉

---

① 汪士铉:《中山传信录》卷 2,载《四库全书目丛书·史部》第 256 册,第 409 页。
② 郭汝霖:《重编使琉球录》,载《四库全书存目丛书·史部》第 49 册,第 663 页。
③ 转见陈捷先:《东亚古方志学探论》,台北联经出版公司,1998 年,第 186 页。
④ 汪士铉:《中山传信录》卷 2,载《四库全书存目丛书·史部》第 256 册,第 416 页。

球王每次奏请清朝派遣使节,均系前王故世,世子嗣位,要得到清朝的认可。接待使节要花很大的代价,得准备天使馆及其内部陈设,供应伙食,馈赠礼品,对于贫困的琉球是不小的负担。以此换得一个册封,琉球值得吗?事实表明琉球国王认为是必须的,否则就不必主动奏请了。但是价值在何处?仅仅是向慕大皇帝圣德吗?当然不是。问题是出于哪些内政、外交的需要?这才是关键之所在。使臣对此可以说没有探知的兴趣,全未考察,只是将琉球之奏请视为理所当然的事情,就不问其所以然了。不知这是有意的抑或是无意的疏忽。笔者揣测,应系无意的忽视,因为与琉球的封贡关系,自明朝初年即已确立,清朝是沿袭下来,还有什么缘故好问哩!看来,使臣是抱着漫不经心的态度了。因而没有留下有关的材料,让后人的研究遇到资料的困难。

总起来说,清朝出使琉球的官员,其兴奋点在于传播声教,讴歌天子圣德,同时着意于海外见闻,形之于诗文,既有益于巩固中琉邦交,亦可供文人雅士的谈助。他们的兴致多在于注意事物的表象,而不肯下功夫去认识它的实质,以便在双方固有关系的基础上推动邦交的发展,为后来反对日本吞并琉球的斗争提供更多的东西。因此,或者可以说他们的观念过于关注颂圣,情趣只在于对事物求得一知半解,要旨在"儒雅"方面,而少了些"务实"精神和求知韧性。当然,这不是否定他们在中琉交往中所做的贡献。对此,陈捷先教授说的好:"册封团俨如文化宣布团,到琉球散播文化种子,特别是医学、文学、书画、音乐,甚至饮食文化,可谓无所不包。"①

最后,笔者设问,为什么使者"进取心"不强?日本人冈千仞在为伊地知贞馨的《冲绳志》所作的序言中说:"……况琉球邻支那,又受其封拜,一岛两属,名号不正,苟使彼有俄罗斯之远略,岂不可寒心乎!"②他庆幸清朝中国没有"远略",不像俄罗斯那样积极向远东扩张,没有在日本之前并吞琉球。以天朝自居的中国王朝,与邻国交往,多以"厚往薄来"③为原则,赏赐多于贡物,"做蚀本生意",维持天朝大国的架子和面子。与琉球的关系亦是如此。国策是这样,使臣只要做到声教远扬就很好了,就应该满足了,哪里还需要深入认识琉球,更无法预知19世纪世界格局的巨变,"远略"从何而言。换句话说,使臣所

---

① 陈捷先:《东亚古方志学探论》,第137页。
② 转引自陈捷先:《东亚古方志学探论》,第184页。
③ 潘相编:《琉球入学见闻录·凡例》,第10页。

做的水准,也就是那个时代中国官员所能达到的。本文第一节所叙述的,各个官员对使节的期望不就是那些嘛,他们所寄予的厚望,使节都做到了,就此而言,使臣及其朋友均无遗憾。由此可知,清代中国皇帝和官员,在对外事务上经常是安于现状、眼光短浅、不思进取。

（原载《第七届中琉历史关系国际学术会议——中琉历史关系论文集》,台北中琉文化经济协会出版,1999 年）

康熙帝游猎与避暑山庄的建立

康熙帝(1662—1722年在位)是一位性喜游猎的君主,可是人们知道他巡幸、行围甚多,而从不把他同游猎联系在一起,这是因为"游猎"在早先是贬义词,是历史上有名的暴君桀纣之行,如若将这个词加到他的身上,似乎有辱了他。在清代的官书中,如《清圣祖实录》,对于康熙帝的出行,南巡则谓之察视黄河、淮河工程,北狩是为武备不懈,维持国家根本。今日的评论者,除了这些颂词,别加现代化的语言,诸如誉之为联络蒙古王公和江南士大夫之类。这些论述笔者尚不以为有什么误失,只是遮盖了康熙帝喜好渔猎的性格,并没有将他出行的目的全部说清楚。笔者于1993年出席"纪念避暑山庄建园290周年中国清史学术研讨会",提交《〈御制恭和避暑山庄图咏〉的史料价值》一文①,认为《图咏》一书反映康熙帝"喜好游猎和游乐与政事兼理的生活,反映他好运动的个性,以及动中能静、动静结合的品格",提出他喜好游猎的性格问题。本文就此做些说明,以便了解他的渔猎生活,至于如何评价他的这种个性并非本文所特别关心的事情。

康熙帝南巡至浙江、江苏,西幸山西、陕西、宁夏,东北至吉林、辽宁,北行于塞外,经常打猎的地区是秋狝所至的河北承德、张家口所属地,渔猎之所则是京畿白洋淀和离宫畅春园、南苑。康熙中期起,几乎每年都要秋狝,而去白洋淀不下十五次,至于到京城的南苑行围、在离宫捕鱼更是常事。

随从康熙帝北狩东巡的传教士的游记都会写到皇帝的打猎活动,白晋说康熙帝"每年之中有两三个月要在鞑靼山区过整日打猎的生活,而且他还常常拜谒宗室宗庙(指遵化东陵),并在其附近狩猎十五或二十天",为打猎,"在距北京约一(法)里远的地方,用高高的石墙圈起方圆十六里的园囿,专门饲养许多猛兽和各种可供猎取的动物。皇上尤其喜欢猎虎,为此在皇宫小小的内廷里饲养幼虎,待它们长大以后放入园囿,供狩猎之用"。如此说来,康熙帝

---

① 戴逸主编:文见《山庄研究》,紫禁城出版社,1994年。

捕猎成瘾了。白晋所说方圆十六里的园囿,可能是今北京动物园的前身(待查核)。康熙帝冬天到白洋淀区域活动,则与捕鱼有关。白晋亦提供相关信息:"皇上也喜欢捕鱼。他练习撒网,学习各种渔网的用法。他能够以高超的技艺撒网打鱼。他也常常到北京近郊的河边去钓鱼。北京城里的花园中有水塘,两个离宫里也有许多湖泊和河流。因此,皇上有时也到这些地方去钓鱼。""皇上有时还把自己钓的鱼赐给我们,这被视为一种破例的恩典。"康熙帝原来还是捕鱼能手,垂钓、撒网在大小河流、湖泊、水塘都来得。康熙帝的打猎捕鱼,在白晋眼中是高尚的活动:"为了便于摆脱各色各样的有害的娱乐,康熙皇帝从旅行、狩猎、捕鱼、赛马、练武、读书、研究科学等能够锤炼身心的活动中寻求高尚的乐趣。"①

康熙帝晚年身体欠佳,常常犯病,但并没有影响他的游猎兴致和实践,仅以他崩逝前一年的康熙六十年(1721)十一月下旬至六十一年(1722)十一月中旬的一年而言,据《清圣祖实录》卷二九五至卷三〇〇的记录,他于六十年十一月二十二日到南苑行围,腊月二十一日离去,此行为期整一个月。这是为回宫过年。因此新正过后,即于六十一年的正月二十二日起巡幸畿甸,至雄县、霸州、文安,过白沟河,驻跸白洋淀渔村段村、赵北口,历时一个月,于二月二十一日回到常住的畅春园。一个多月以后,四月十三日开始塞外之行,经过怀柔、喀喇和屯(滦平县),于二十七日到达热河行宫(承德避暑山庄),用时半个月,可谓缓缓而行,可能是边走边猎。至此在山庄驻下,历经五、六、七月,于八月初四日起程,往围场打猎,途经博洛和屯、隆化张三营等地,九月初二日回到行宫。次日发布上谕,讲他行围的必要,说以前议政大臣上奏,认为皇帝"每年出口行围,劳苦军士",有所不当,康熙帝就此辩白,强调武备的重要,并认为因此获得了西北用兵的胜利:"此皆因朕平时不忘武备,勤于训练之所致也,若听信从前条奏之言,惮于劳苦,不加训练,又何能远至万里之外而灭贼立功乎!"十六日启銮回京,二十八日抵达畅春园。此行历时五个半月,其中往返行程一个月,行围一个月。二十几天以后,于十月二十一日到南苑行围,冬月初七日因病离开南苑,十三日驾崩于畅春园。若不是病重,还会在南苑住下去的。康熙帝辞世前的一年,两次幸南苑,一次巡畿甸,一度北狩,历时八个

① [法]白晋:《中国现任皇帝传》,载[德]莱布尼茨著:《中国近事——为了照亮我们这个时代的历史》,[法]梅谦立、杨保筠译,大象出版社,2005年,第87页。

月。从前阅读康熙实录,见他常于寒冬腊月去长城脚下活动,不知何干,及至与打猎联系起来,才得到解释。一年中的那么多时间奔波于路途,出没于荒原水域,不是渔猎,又是何为?康熙热衷的秋狝,固然有武备的一个原因,行猎亦是促成的一种动力,这应是没有疑问的事情。

热河行宫始建于康熙四十二年(1703),为什么选择在这里呢?康熙帝在《避暑山庄记》一文中有所说明,他写道:"朕数巡江干,深知南方之秀丽;西幸秦陇,益明西北之殚陈;北过龙沙,东游长白,山川之壮,人物之朴,亦不能尽述,皆吾之所不取。"南北东西的这些地方,虽然各有美好之处,但经过比较都不如热河,因为热河的景色壮丽,得诸自然,山与水融为一体,将西北的雄奇和东南的幽曲结合在一起了,适合避暑及行猎的要求,这是第一个缘故。第二是热河离京师较近,便于处理政事,亦如康熙帝在文中所说的:"惟兹热河,道近神京,往还无过两日。"北京的公文呈递热河行宫皇帝御前,官员自京中往行在朝觐均比较方便,即皇帝在避暑山庄,不会影响朝政的处理和中央对地方的治理。

避暑山庄建设出三十六个景区,为康熙帝理政、起居、休憩之所。以康熙六十一年(1722)讲,这一年康熙帝在山庄居住了三个半月,比在大内和畅春园停留的时间都要长。他在山庄的生活,于前述《避暑山庄记》文中,以及他的关于山庄三十六景的三十六首诗里有不少的描述。他在《山庄记》文中强调,他的游幸休闲是为思考政事和建立太平盛世,他说:"一游一豫,罔非稼穑之休戚。或旰或宵,不忘经史之安危。劝耕南亩,望丰稔筐莒之盈;茂止西成,乐时若雨旸之庆,此避居山庄之概也。"原来他乘山庄游憩之暇,思索裕民安邦的大事。这种观念在他的山庄诗里多所披露,如第一首《烟波致爽》诗云:

山庄频避暑,静默少喧哗。
北控远烟息,南临近壑嘉。
春归鱼出浪,秋敛雁横沙。
触目皆仙草,迎窗遍药花。
炎风昼致爽,绵雨夜方赊。
土厚登双谷,泉甘剖翠瓜。
古人戍武备,今卒断鸣笳。
生理农桑事,聚民至万家。

康熙帝认为,他在山庄避暑造成北方安宁、热河开发和民生发展。

他又在《云帆月舫》词中咏道:"阁影凌波不动涛,接灵鳌。蓬莱别殿挂云霄,粲挥毫。四季风光总无竭,卧闻箫。后乐先忧薰弦意,蕴羲爻。"他身在避暑胜地,却以先天下之忧而忧、后天下之乐而乐的精神谋划国事。

休息与理政本来是两回事,怎么联系在一起了? 原来康熙帝在游幸中观赏山川林木、花鸟虫鱼,品味它们生生不息的缘故,联系到人类社会,从中悟出一些人生哲理,并运用到政事的处理上。他在《避暑山庄记》中总结这个道理写道:"至于玩芝兰则爱德行,睹松竹则思贞操,临清流则贵廉洁,览蔓草则贱贪秽,此亦古人因物而比兴,不可不知。"他用比兴的方法,由物及人,由观察自然界而分析人类社会,得到启示,用于行政。康熙帝强调他的巡车热河与勤政爱民并行不悖。他确实是勤于政事的君主,通过游憩,精神饱满地从事政务,不能认为他是耽于游乐的昏君。

然而,游猎不可能不费钱财,鹰犬总是要多养的,还必须是要上好的,臣下定会为此献殷勤,要购买或调教上等鹰犬进呈。有一年康熙帝秋狝,皇八子、贝勒允祀进献一只鹰,康熙帝说那是头将死之鹰,几乎被气坏,因而对允祀大加责难,可见鹰犬之费是难免的。康熙帝死后不久,朝鲜使臣李枋等就听到清朝人关于康熙巡幸的坏话,报告国王说:"康熙皇帝以游猎为事,鹰犬之贡,车马之费,为弊于天下。朝臣若隶于臂鹰牵狗,则以得近乘舆,夸耀于同朝矣。新皇帝诏罢鹰犬之贡,以示不用,而凡诸宫中所畜珍禽异兽,俱令放散,无一留者云。"[1]看来新君雍正帝继位,即有罢鹰犬之举,亦是为平息对康熙帝游猎的訾议。

皇帝出行,民间要平整、清扫道路,地方上要有徭役之征,有对随驾从行官员的供应,也是一种滋扰。雍正帝即位不到一个月,便下令免除前往避暑山庄途经的宛平、顺义、怀柔、密云、平谷五县、昌平一州明年(雍正元年)的钱粮。原因是康熙帝"巡幸所经州县,小民无不除道清尘,趋事恐后,古北口一路,为我皇考每年行幸之地……朕念此路百姓,历年殚力"[2],故而予以体恤。游猎并非坏事,像康熙帝那样休憩与政事兼理,得其好处,这是游猎好的一面,但是

①《李朝实录·景宗实录》。
②《清世宗实录》卷2。

作为最高统治者的游猎,难免还有其弊端,所以统治者的游猎不可不审慎。比如明武宗的巡幸,招致许多非议。他经常光顾京郊南海子(即前述之南苑)而影响朝参,《明史》毫不掩饰地说他于南郊祭天后"遂猎于南海子",写他"狎虎被伤,不视朝"。说他不顾群臣的谏阻,出游南北两畿和山东,"渔于清江浦","渔于积水池,舟覆,救免,遂不豫"而崩。结论云其"耽乐嬉游"。[①]武宗的巡幸游猎实在不敢恭维。

开篇说清朝史书讳言康熙帝游猎,笔者原先阅览《清圣祖实录》,每读到康熙帝在冬天出行长城内外,不明白他所行何事,及至浏览上引朝鲜《李朝实录》想到他是为游猎,才在1993年撰写论述《避暑山庄图咏》文中提到他性喜游猎。对于君主的游猎,康熙时代的中国人、朝鲜人均以非德视之,而法国人白晋却是完全不同的认识,赞扬为高尚行为、高尚的消遣方式。就此一事,可知东方人、西方人观念差异,是我们理解世界事务时不能忽视的。

(原载冯尔康《生活在清朝的人们》,中华书局,2005年。2018年11月略有补充)

---

① 《明史·武宗本纪》。

康雍间殿试策问之题目与时政
——兼述康雍二帝性格

　　科举考试有策制由来已久，宋代英宗治平二年(1065)九月，大雨，"以灾异风俗策制举人"①。所谓"策制举人"，就是举人考试中有对策一目，内容则在时务方面。魏了翁于宁宗庆元五年(1199)登进士第，"时方讳道学，了翁策及之"②。魏了翁也是在对策中论述时务，只是当时官方在禁止道学，他不以为然，公然为道学张目。这两个事例表明宋代科举考试有对策科目，而且关注时事。清代亦然，是继承历朝制度。

　　"策"，在清代的乡会试中第三场是作策五道。"策"是考试中的一种文体。殿试的策制，考官出题，是"策问"，贡士回答是为"对策"，故答卷起始即写"臣对"云云。考官出"策"，具有问难的意思，贡士应该认真回答："以嘉谋入告，无愧责难之义。"③策的内容关乎时务，是"策问时务"，因名"时务策"。策问，提出问题，说明题意，即讲道理，从中可见皇帝、考官命意所在。

　　康熙、雍正两朝文科殿试二十八次，另有博学鸿词科一次，因其无策试，所以本文就以二十八次殿试策试为研究对象。策制既然是时务策，策问题目和答卷，必然涉及当时政务，笔者以此探讨策制与时政的关系，试图了解康雍时期的政治，寻觅当时发生了哪些大事，当政者关注何种事务，解决得如何。此外，是否还能从中窥视策制确定者皇帝的个性？科举是否还有价值？其实，关于康雍两朝政治史的研究已经很多，从策制试题一端不可能有什么大的发现，笔者不过是从一个新的角度——策制与时政关系的论证方法来观察，或许能够印证学者已经做出的研究成果及细微发现。又由于笔者未能搜集策对

---

　　①《宋史》卷13《英宗纪》，中华书局，1977年，第2册第258页。西汉即有策对，董仲舒"天人三策"是也。

　　②《宋史》卷437《儒林传·魏了翁》，第37册第12965页。

　　③《清世宗实录》卷12，"元年十月辛未"条，《清实录》第7册第226页，中华书局，1985年。

答卷,故所依据的资料仅是策问的问题,就此进行些许分析而已。

一、试题的拟定与目标

康熙二十四年(1685),朝臣请求皇帝"亲定殿试题目"。康熙帝偶尔拟定过会试题目,但全让他来出,有两个难处:一是对他个人"不胜烦琐";二是贡士容易揣摩出试题, 故不允准, 仍由考官拟题, 皇帝审阅批准。①雍正元年(1723)恩科,雍正帝指示:"会试、殿试题目,或于古文及律诗词赋等文内,由内阁奏请,恭候钦命,余俱照文殿试例。"②殿试是天子之试,贡士中式成进士,就是"天子门生",试题本应天子自出,然而康熙帝所说的两个原因是实际困难,不可能每次皆由他撰拟。于是偶尔由皇帝亲自拟定,通常的情形是考官先请示拟题方向,而后拟题,经皇帝阅改确定。③诚如康熙帝所顾虑,殿试出题,以防止贡士猜题为大事,皇帝、考官时时在意。康熙五十二年(1713),"以近科乡会试多择取冠冕吉祥语出题,每多宿构幸获"。故五十四年(1715)降旨:"科场出题,关系紧要,乡会经书题目,不拘忌讳,断不可出熟习常拟之题,朕常讲《易》及修定天文律吕算法诸书,尔等考试官断不可以此诸书出题……不然则人皆可拟题幸进,实学何由而得?"④不仅康雍时期防范如此,乾隆朝亦然,四年(1739)四月殿试,"御制策问题,不拘旧式,以杜诸生预先揣摩"⑤。

考官命题应表现出通于时务,好让士子作答,否则给予处分。康熙三十六年(1697),以各省乡试命题悖谬,谕大学士等:"乡试为抢才大典,出题理宜详慎,今览各省所进题名录,如福建三场策问台湾事宜一道,于地方情形事势毫未通晓,乃盲昧命题,殊为悖谬,其余各省亦多未当。"这一年考核出福建、云南、河南三省第三场策问命题悖谬,主考王连英等分别降调。⑥乡试策问题目

---

① 《清圣祖实录》卷120,"二十四年三月丁丑"条,《清实录》第5册第260页。
② 乾隆官修《清朝文献通考》卷48《选举二》,考5313,浙江古籍出版社,2000年。
③ 皇帝与试题的关系,康熙博学鸿词科亦为一例:"钦命试题,赋一篇、诗一首。"见《清朝文献通考》卷48《选举二》,考5307。
④ 《清圣祖实录》卷262,"五十四年正月甲子"条,第5册579页;《清朝文献通考》卷48《选举二》,考5312。
⑤ 乾隆官修《清朝通典》卷18《选举一》,典2133,浙江古籍出版社,2000年。
⑥ 《清朝文献通考》卷48《选举二》,考5309;《清朝通典》卷18《选举一》,典2131。

如此,殿试自然要求更加严格。讲究命题的准确性,希望士子敷陈切当,朝廷好得到通达时务的人才。

二、试题内容反映康雍两朝关注的事务及出现的大事

策问总的原则是全面讲求治理之道,以备采择。康熙三年(1664)策试题所说曰:"治效犹未即臻,岂广历之道有未尽欤?今欲诞敷教化,使天下蒸蒸振兴为善,其道何由?……尔多士其各抒所见,详切敷陈,朕将亲览焉。"①明确表示寻求治理之道的愿望。康雍两朝的策问题目究竟是何内容,表达出哪些政治治理观念,反映出哪些时政问题,兹分类交代如次:

(一)对于执中治国之道、治理方针是宽平抑严苛、更新抑守旧的探讨

康熙十二年(1673)三月策试"治狱之吏,以刻为明……常平之设,多属虚文……今欲疏禁网以昭悖大,缓催科以裕盖藏","何以使利兴弊革欤"。②康熙四十二年(1703),皇帝认为世道"蒸蒸然有治平之象"。既然处在治世,因此殿试策问提出三个问题:一为执中之政的方针,"从来治有大体,贵在适中,若或矫饰以邀名,深刻以表异,虽复矢志洁清而民不被其泽,岂非务综合则人受烦苛之扰,尚宽平则人蒙休养之福,其何法以激劝之欤?"二为教化之术,"风俗厚则仁让之教兴,风俗偷则嚣凌之气炽。今欲使家敦孝弟,户励廉隅,共勉为忠厚长者之道,而耻为非僻浮薄之行,宜何术之从也?"三与执中之道相联系,为平狱之法:"兹欲听狱之吏,体朝廷好生之心,悉归平允,以渐臻于刑措,何道而可?"③策题所说"综合""深刻"是指"综核名实",即更新,而所说"宽平"是行仁政,对现状不做大的改变。所提的是施政总方针应当是宽仁还是严苛的根本性问题。下一科(四十五年,1706)策问有相同的内容。

因执中之政的题目太大、太难,遂不以专题出现,而其精神贯彻在具体问题中。策问提出官吏如何清廉爱民:"作吏之道在洁己爱民,操履不饬,则行检俱隳,其或市名立异,自以综合为能,则民亦滋累。兹欲使大吏以及有司,咸清白持身,和平御下,俾小民安食息之常,而无狱市之扰,宜何道之从欤?"慎重

---

① 《清圣祖实录》卷11,"三年三月甲申"条,第4册第176页。
② 《清圣祖实录》卷11,"十二年三月庚寅"条,第4册第553页。
③ 《清圣祖实录》卷212,"四十二年四月己卯"条,第6册第148页。

刑法再次提出来:"朕于大小之狱,必平必慎,每念民命至重,务委曲以求其生,乃四方奏谳,或未协中,而听狱之吏,至有恣用酷刑,滥伤民命者,何其惨而不德也!"①

雍正元年(1723)举行恩科,策问以端正风俗为题,表达改行新政的意向:"今欲使家有孝子,国有廉吏,所以倡导鼓舞之者,其道安在?","风化始于君,成于臣,渐仁摩义,非一手足之烈欤","尔多士积学有年,必有以抒夙抱而佐朕之新政者,其悉以对,朕将亲览焉"。②

次年(1724)殿试策问,雍正帝提出政治革新的三个问题令贡士回答:一为讨论兴革的利弊,革新可能会出现烦苛,维持旧况,则弊端滋生,如何是好?以用人而论,"诚欲其兴事慎宪,有裨地方,匪直洁己自好而已。夫生事苦其纷更,而避事必至隳废。操切患其滋扰,而优容又至养奸,何道而成明作惇大之治欤"?二为议论学与行的关系,重在实践:"士为四民之首,必敦尚实行,以倡风化,今或务华鲜实,甚者嚣凌狙诈,岂渐摩化导有未至也?抑崇德绌恶,所当劝惩互用欤?"三是讨论如何劝农,广开农田:"朕欲地方大吏督率有司,多方劝课,俾惰农尽力于作劳,旷土悉成为膏壤,何道而可?"③

雍正八年(1730)殿试,策问课吏宽严之道:"夫课吏者,督抚之责也,务为姑息,必长废弛玩愒之风;稍涉苛求,又非为国家爱惜人才之道。何以励其操守,作其志气,策其不逮,宥其过愆,使群吏承风率教,鼓舞奋勉,以奏循良之绩欤?"④从宽与严的角度议论吏治之道,不简单是吏治问题,而归属于施政总方针议题之内。上述策问之题,实质上是要求贡士议论"时中"之策,即根据当时吏治、民生状况实行何种政策最为相宜,在方针上是仁政的宽松,还是革新的威猛,具体方面则表现在对官吏、刑政的宽严态度上。总之是追求中庸之道及其落实。

(二)关注吏治政风

康熙六年(1667)以吏治不清为题:"迩来贪风未息,诛求下吏,以奉上官,遂致不肖有司,私派横征,民生益困,何法而可革其夙弊欤?……欲使草野免

---

① 《清圣祖实录》卷224,"四十五年三月戊寅"条,第6册第256页。
② 《清世宗实录》卷12,"元年十月辛未"条,第7册第226页。
③ 《清世宗实录》卷25,"二年十月壬申"条,第7册第337页。
④ 《清世宗实录》卷93,"八年四月己亥"条,第8册第240页。

追呼之苦,而度支衡足,其道安在？"①康熙二十七年(1688)策试题,探讨对官吏的奖惩之道:"何以使殿最惟明,黜陟允当与？抑正己率属大法则小廉也,崇奖洁清以风厉有位,尚有可讲求者与？"②康熙帝于三十六年(1697)取得对准噶尔部噶尔丹战争的彻底胜利,精力转向内政,因而在策问中说:"外氛既涤,内治宜修。绥辑地方,子爱百姓,惟司牧者是赖,倘使贪墨不除,则民生何由休养？"为澄清吏治,策问贡士如何令官僚"怀恐惧羞恶之心,共励羔羊素丝之节,其何道之从也"③？三十九年(1700),康熙帝对吏治状况颇多不满,策问谓民间疾苦难于上闻,胥吏尚多奸顽,闾阎未登丰裕。因此问:是"积习之骤难除欤？抑有司奉行之不力也？兹欲令大法小廉,民安物阜,渐几于淳庞之治,何道而可"④？良好的吏治,始终是朝廷追求的目标。康熙五十一年(1712),殿试策问就以大小官员一体、大法小廉为论题。试题认为当时官员之间、官员与皇帝"犹未能一德同风",其故何在？《尚书》谓"同寅协恭",难道是让臣下"朋党比周",如何才能偏党不生,和衷共济呢？"大臣法,小臣廉""何以使廉法相承,永底盛治欤"？⑤五十二年(1713)恩科,康熙帝针对"国家承平日久,文恬武嬉"的状况,希望官吏振作有为,为此殿试策问命题,一问官吏如何达到廉洁:"今吏道未尽澄清,官邪未尽振肃,其亦倡率之道,有所未至欤？"二问怎样以公荐贤。如今被荐的人,经任用后往往不能称职,原因是荐举者"无至公心",徇情而荐扬所至。⑥为了长治久安,五十四年(1715)策问,康熙帝仍以恬嬉为戒命题:"夫竞业所以保泰,晏安或致隳功,其相与维持警戒,益求致治保邦之道,宜若何以副朕意欤？"⑦

(三)追求忠孝之道、君臣一体、一心一德,反对臣下结党营私

康熙四十八年(1709),在第一次废黜、复立太子事件及所反映的朋党之风盛行之后,殿试的策问题目就与此密切相关,放在议论朋党之害与讲求人伦道德方面:"从来人臣之于国家,谊均休戚,所谓腹心股肱联为一体者也,倘

① 《清圣祖实录》卷21,"六年三月甲午"条,第4册第297页。
② 《清圣祖实录》卷134,"二十七年三月戊戌"条,第5册第456页。
③ 《清圣祖实录》卷184,"三十六年七月壬辰"条,第5册第970页。
④ 《清圣祖实录》卷198,"三十九年三月辛亥"条,第6册第14页。
⑤ 《清圣祖实录》卷250,"五十一年四月甲寅"条,第6册第472页。
⑥ 《清圣祖实录》卷256,"五十二年十月癸未"条,第6册第536页。
⑦ 《清圣祖实录》卷163,"五十四年四月丁卯"条,第6册第586页。

或营己怀私,背公植党,则臣职谓何?夫不欺之谓忠,无伪之为诚,古名臣忠与诚合,然后能守正不阿,独立不倚。今欲戒欺去伪,以共勉于一德一心之谊岂无其道欤?"①六十年(1721)是康熙帝登基一甲子大庆,而太子虚位,诸皇子与臣下结党谋位,康熙帝颇有隐忧,策问就此而发:"朕自御极以来……兢兢业业,宵旰不遑,六十余年如一日,而犹虑人心诚伪不一,凡在臣工,欲其消朋党而去偏私,无怀二心以邀虚誉……夫粹然无私之为公,凛然不欺之为忠,为人臣者,必能公忠自矢,表里如一,乃不愧心膂股肱一体之义,倘或缘饰于外,则实行不孚,甚至背公植党,起于心术之隐微,而其害有不可胜言者,今欲戒欺妄而去私伪,果何以精白乃忱,靖共尔位欤?"②

雍正帝在策问中把"君臣一体"当做论题,是在五年(1727)的殿试之时,然而自他继位以来的殿试都关涉到了,如元年(1723)恩科策问开头即说:"朕惟致治之道,必君臣一德。"③二年(1724)策问亦然,"朕惟至治之世,君臣一心一德"④云云。到五年(1727),就令贡士就此发表意见:"人君奉天出治,而赞化端赖臣邻。人臣体国奉公,而分猷必兹群力。惟君臣联为一体,故公而忘私,国尔忘家,而明良之庆以成;僚采联为一体,故善则相劝,过则相规,而协恭之美以着。朕推诚布公,实视百尔臣工为一体。而诸臣之事君者,果能尽一德一心之道,而无惭于幽独欤?又何以使同朝共事者,绝党比之私,化畛域之见,以臻师师济济之盛欤?"⑤八年(1730)殿试策问仍然以一德一心设问:"堂阶孚于一德,而后谟明弼谐,克赞其猷。僚采合为一心,而后抚辰凝绩,共收其效。朕推心置腹,一本至诚,冀百尔臣工,抒诚启沃,以襄治化,而在廷诸臣,果能精白乃心,夙夜献替,无愧笃棐之义欤?人臣职内职外,皆朕股肱耳目之寄,必也忠以居心,公以莅事,然后能与君为一体。苟党援互结,而怀溺情阿比之私,文貌相承,而挟矫诈沽名之术,何以称靖共匪懈,无忝厥职也。尽欲使内外诸臣,共勉于古大臣公忠体国之谊,钦乃攸司,无载尔伪,励匪躬之节,而凛勿欺之忱,果何道之从欤?"⑥雍正帝认为,君臣一体之状况有所前进,仍不满意,乃在十

① 《清圣祖实录》卷237,"四十八年三月辛卯"条,第6册第369页。
② 《清圣祖实录》卷292,"六十年四月壬辰"条,第6册第637页。
③ 《清世宗实录》卷12,"元年十月辛未"条,第7册第226页。
④ 《清世宗实录》卷25,"二年十月壬申"条,第7册第388页。
⑤ 《清世宗实录》卷56,"五年四月戊子"条,第7册第851页。
⑥ 《清世宗实录》卷93,"八年四月己亥"条,第8册第240页。

一年(1733)殿试策问中寻求君臣同心同德之道:"朕推诚以遇臣工,时以公忠体国切加勖勉,深冀内外诸臣,共臻斯路,而服官受糈者果克以忘私去伪,自励而交励耶? 若犹未也,则图所以殚厥心者宜何如?"①

(四)研讨民生民食、仓储,特别关注黄河、淮河的修治

康熙九年(1670),策试提出两个问题:一为吏治,另一为漕粮与民生,重点在后者。策题云:"……乃士风尚未近古,以致吏治不清,民生未遂……漕粮数百万,取给东南,转输于黄、运两河。何以修浚得宜,而天庾藉以充裕,俾国收其利,而民不受其害?"②十八年(1679),以民生经济为议题,策问:如何劝农垦荒,督科有效? 铸造铜钱而原料不足,是开采铜矿,还是禁止民间使用铜器?"尔多士留心经济,其详切敷陈,勿泛勿隐"③。二十一年(1682),三藩之乱平定,而创伤未复,应做两件事,即稳定民心和恢复经济,所谓"图治之要,首重天储,兼御民患",为此要修治黄河、运河,可是为何久修而不治,是否旧法已经失灵,新法应怎样创造? 九月殿试策对遂以此意命题。④三十(1691)策试题仍以治河为念:"何以使堤防永固,漕挽迅通,虽有霪潦巨浸,恒无泛滥之虞,运道民生,咸有攸赖,其熟筹之。"⑤下一科(三十三年,1694)的殿试策问:有什么办法保障黄运两河"永固无虞"。⑥再下一科(三十六年,1697)策问,表示已经使用一百多万两银子修治黄河、运河,然而河水依旧泛滥,怎样才能堤防永固,无溃决之忧。⑦接着康熙帝以赶修永定河、黄河、淮河、运河为要务,三十九年(1700)策问中指斥河工官员怠窳玩愒,以致工程稽迟,不知何日能够竣工,以释朕宵旰之忧,因命贡士详论河工完善之法。⑧

(五)讲求儒学、理学学术根底的修养,以改善官风与士习

康熙二十四年(1685),策试题关注民生士习,农夫果然"争趋本业否欤"? 欲使士人"束修砥节,何道而可? 教化之不兴,以凡为士者从事虚名而未登实

① 《清世宗实录》卷129,"十一年三月庚戌"条,第8册第684页。
② 《清圣祖实录》卷32,"九年三月戊午"条,第4册第435页。
③ 《清圣祖实录》卷80,"十八年三月庚寅"条,第4册第1030页。
④ 《清圣祖实录》卷104,"二十一年九月乙巳"条,第5册第56页。
⑤ 《清圣祖实录》卷150,"三十年三月丙午"条,第5册第669页。
⑥ 《清圣祖实录》卷162,"三十三年三月戊午"条,第5册第777页。
⑦ 《清圣祖实录》卷184,"三十六年七月壬辰"条,第5册第970页。
⑧ 《清圣祖实录》卷198,"三十九年三月辛亥"条,第6册第14页。

学也,矫伪相煽,中于人心,咸令惕然知返,着诚去伪,抑何术之从也"①? 对于理学家空谈性命之学,不能践履,康熙帝有所不满,就在殿试十天后,指责空疏不学之辈,"借理学以自文其陋","自负为儒者,真可鄙也"。②他是想通过殿试命题,教育士人改变学风和为人作风。二十七年(1688),殿试策问讨论儒家学问:"天人相与之际,穷理极数,阙有奥旨,可得而详之与?"皇帝要达到天人和谐的政治至治,就要对最高深的政治哲学有更深入的理解。所以就此题意做出说明:"善言天者,必有验于人者,极先天之数,而尽天地万物之变化,该帝王圣贤之事业,殊途一致,其旨安在?"③关于经学,康熙三十年(1691)殿试策问贡士:"汉唐之笺疏,宋儒之训诂,繁简得失,义蕴精微,可得而悉指欤?"④因教育乖方,士习凌竞,三十三年(1694)殿试,就此策问:"欲厘惕振兴,以广械朴作人之化,何术之从欤?"⑤康熙五十年代编辑《朱子全书》,明确以理学为官方哲学。五十一年(1712),殿试策试贡士对理学的理解,策问云:"夫六经四书,濂洛关闽,学之正者也。历稽往代,莫不崇尚经术,兴数百年太平之基。今士行犹未尽修,士业犹未尽醇,其将何以养育陶成,绍休圣绪欤?"⑥五十四年(1715)策问,赓绪上科,要求贡士明了"昌明正学"之道:"儒者著书立说,苍萃群言,务期阐明大道,折衷于至当",不可"人自为书,家自为说,或假以立名,或用以阿世,使圣贤精意,反因之而滋晦"。⑦五十七年(1718)策问不离朱学话题,而围绕对孝道的诚伪方面。皇帝说他以孝廉奖励天下,但敦笃彝伦、树立名节者并不多见,而标榜孝廉欺世盗名者有之,因之不能不辨别诚伪,尤其是士人徒然能够述说经意,实行方面反不如农夫,这是何故? 士人应当通经,对经典的诠释,朱子精当,"皆切于躬行日用,绝无华言浮说"。士人既然"明一经之义",就应当"收一经之用"。⑧怎样能够做到呢? 雍正五年(1727)的殿试,策问探讨端正士习的问题:"今欲使读书之人,争自濯磨,澡身浴德,悉

---

① 《清圣祖实录》卷120,"二十四年三月庚辰"条,第5册第261页。
② 《清圣祖实录》卷120,"二十四年四月辛卯"条,第5册第263页。
③ 《清圣祖实录》卷134,"二十九年三月戊戌"条,第5册第456页。
④ 《清圣祖实录》卷150,"三十年三月丙午"条,第5册第669页。
⑤ 《清圣祖实录》卷162,"三十三年三月戊午"条,第5册第777页。
⑥ 《清圣祖实录》卷250,"五十一年四月甲寅"条,第6册第472页。
⑦ 《清圣祖实录》卷263,"五十四年四月丁卯"条,第6册第586页。
⑧ 《清圣祖实录》卷278,"五十七年四月癸未"条,第6册第728页。

为端人正士,以树四民之坊表,必何道而可？"如何获得称职的亲民官及其如何化导民风:"朕欲百姓乂安,风俗淳美,果何道而使司牧皆得其人,以收实效欤？抑大法小廉,必端本于大吏之倡率欤？……为民牧者必如何劝勉鼓励,而后见丰亨豫大之休也。"①八年(1730),继续探讨端正士风问题,去虚浮,倡实行:"乃海内之士,或驰骛于声华,或缘饰于巧伪,而乔野朴鲁之质,又拘迂固陋而无适于用,将欲使之洗涤积习,相与进德而修业,其何以渐摩陶淑,因材造就,以储誉髦之选欤？"②十一年(1733)殿试策问,教士先立志:"孟子曰'尚志',记曰'士先志'……然则士可不自植其本欤？而师儒之教又可弗急其先务欤？"③

(六)探讨应付战争之策、武备与抚绥边民

康雍之间发生三次战争,即三藩之乱,三征噶尔丹,康雍先后进行的对准噶尔之战(包括进军西藏)。战争导致经济的破坏、人心的浮动、边民的抚绥等一系列问题,在殿试策问中有着反映。康熙十五年(1676),正值三藩之乱,朝廷既要稳定人心,又要增加赋税。因此问计于贡士,三月殿试策问:"忠孝者,人生之大节也,知之明,则不惑于邪正;守之固,则不昧于顺逆。乃人心不古,奸宄潜滋,所关世道,良非细故,岂亲亲长长之谊素未讲究欤,抑司教者之训饬未备也。"这是追究叛乱发生的一般性原因,如何解决,此时无力理会,要务在敛财以支持战争,故云:"今戡定方殷,军需孔亟,议生议节,亦既筹划多方矣,而度支未见充盈,施行尚鲜实效,何道而使上有裨于经费,下无妨于修养欤？"④五十四年(1715)开始对准噶尔用兵,至五十七年(1718)策问,讲到武备军需,特别提出屯田储粮时务问题:"古者内有民间之储,外有边境之备。自汉有屯田塞下之议……今欲推广其法而行之,使疆内无转运之艰,行间获饱腾之利,其何以兴良法而课实效欤？"⑤康熙帝三次亲征噶尔丹,三十六年(1697)功成,殿试策问如何安抚蒙古降人:"西北塞外悉已荡平,朕中外一视,念其人皆吾赤子,复育生成,原无区别,其何以抚循绥集,使窜匿者不致于仳离,向风

---

① 《清世宗实录》卷56,"五年四月戊子"条,第7册第851页。
② 《清世宗实录》卷93,"八年四月己亥"条,第8册第240页。
③ 《清世宗实录》卷129,"十一年三月庚戌"条,第8册第684页。
④ 《清圣祖实录》卷60,"十五年三月壬寅"条,第4册第781页。
⑤ 《清圣祖实录》卷278,"五十七年四月癸未"条,第6册第728页。

者得遂其食息欤？"①五十九年(1720)，在西藏地区取得对准噶尔人的胜利,而对祸根的准噶尔本部的战事毫无进展。六十年(1721)的策问针对因局部胜利出现的骄傲情绪。因此问屯边实效和练兵之要。②雍正帝继续对准噶尔的战争,主动两路用兵而毫无结果,十一年(1733)殿试策问关于常备不懈的武备事宜："夫治世不弛武备……夫士不练,不可以称勇,器不精,不可以言备。然则弧矢戈矛之用,与夫坐作进退疏数之节,司戎政者,可勿时时加意欤？"③

(七)议论对外贸易事务

康熙二十七年(1688)策论："商贩通行,远至外方物产,以阜吾民,其间果有利而无弊,可悉指与？"④

综观康雍两朝二十八科殿试策问内容,就与朝政相关方面,笔者产生三点深刻印象：

其一,试题与时政关系密切,针对性很强,极富现实感,呈现当朝大事。比如治理黄河、运河,是康熙朝特别重大的事情,其时黄河夺淮河入海,河患严重,康熙帝几次南巡,就以治河为名,四十四年(1705)的第五次南巡,验收并宣布修治黄河、淮河工程的成功,他高兴地说"河事已大治矣""朕为两河告成,特来巡阅"。⑤两河的治理,不仅关乎地方民生,更关系着漕粮的运达北京,以保障京师官员、士兵食粮的来源。康熙帝不厌其烦地于九年(1670)、二十一年(1682)、三十三年(1694)、三十六年(1697)、三十九年(1700)五次出题,以治河考问贡士,可知修治两河是何等大事。平定三藩之乱、三征噶尔丹、对准噶尔用兵的过程中,策问的内容或是如何取得战争的胜利,或是觅求善后之策,所以策问反映了这些战争的历史。废太子事件和储位虚悬,没有明确进入试题,其实策问中反对朋党的问题就是为此而发,是曲折地反映了。雍正前期反对朋党是时在进行的大事, 雍正帝策问总讲君臣一心一德, 尤其是五年(1727)讲"绝党比之私",可见反朋党是朝廷要务。康熙帝尊崇理学,将朱熹升为十哲之列,五十一年(1712)、五十四年(1715)策问以"昌明正学"为题,是就

① 《清圣祖实录》卷184,"三十六年七月壬辰"条,第5册第970页。
② 《清圣祖实录》卷292,"六十年四月壬辰"条,第6册第837页。
③ 《清世宗实录》卷129,"十一年三月庚戌"条,第8册第684页。
④ 《清圣祖实录》卷134,"二十七年三月戊戌"条,第5册第456页。
⑤ 《清圣祖实录》卷219,"四十四年二月庚寅"条、"三月己亥"条,第6册第212—213页。

此而发。看来,两朝重大事情在策问题目中表达出来了。

其二,皇帝拟试题既是宣扬,也是探讨根本性的治国方针和理念。施政方针的宽仁与严猛,政治的革新与维持现状,对官员廉洁与宽容的把握尺度,刑法的平允协中与否,理学为官方哲学等方面的试题,涉及的是国家的治理理念和方针。这样的题目,既要让贡士领会、明了治国方针和理念,也要求他们发表见解,以备朝廷采择、参考。

其三,要求官员、士人学用一致,成为百姓表率,端正民间风俗。康熙、雍正二帝屡次在策问中讲官员的大法小廉,辨别官员、士人的诚伪,要求他们讲求忠孝之道,君臣一心一德,不欺隐,不矫诈沽名,言行一致,"悉为端人正士,以树四民之坊表",从而化导民风,达到"百姓乂安,风俗淳美……丰亨豫大"的至治气象。①

三、科举仍有可以称道之处

康熙时期就有改革科举制度的议论,而到了光绪末年才废除科举。科举之弊,上个世纪论者颇多;近年,则有学者关注废科举之后出现的问题,诚为反思后的有识之见。科举的存废历史,不属拙文论述之列,笔者只是通过殿试策问,试图认识康雍时期科举的成就与问题。

(一)重视选拔实学人才的努力

策论是选拔实学人才之路。策论之试,是考察应试者对政治与时政的分析认识能力,殿试考试时务策本身,显示朝廷选拔实学人才的愿望;出题讲究合于时务,否则处分命题的考官,同样显示选取人才的愿望;康雍两朝历次策问的内容,都是关乎国计民生的大事,或是治国的纲领理念,可以从贡士的答卷中发现有识之士。

策论是朝廷获取民间声音的一种渠道。皇帝和主考官的命题,就是让贡士把握时政特征和存在的弊病,提出对策。于是殿试策论成为取士的一项标准,更是朝廷获取政治建议的一种渠道。贡士来自民间,他们的策对,在力求符合经典及揣摩、迎合皇帝旨意的同时,必然会或多或少地传送民间的声音,反映民众的某种要求,供朝廷参考、取择。

---

① 《清世宗实录》卷56,"五年四月戊子"条,第7册第851页。

进行策问的科举仍然可以出人才。科举既然考试时务策，并如其所愿，所出的试题都是关乎时政的，尤其是要政、国策方面的，表明朝廷是希望从考试中发现人才、选取人才。因此不能说科举制绝对扼杀人才、窒息人才，应当说科举还是培养一些人才的。当然，由于科举制内在的弊病，清代已经不能出旷世人才，故而嘉道时期龚自珍有"我劝天公重抖擞，不拘一格降人才"的呼声。

康雍两朝的殿试策问，说明朝廷努力从科举中选拔实学人才，至少是有这种愿望。如果不是为了选拔人才，又何必费力地实行科举制度。

（二）科场规则与防止作弊

考官先接受考试。对考官艺能的要求，除了科甲出身的基本条件，还应先接受考试，以便选用。雍正三年（1725）二月定："应考试差之翰林及进士出身官员人等，于太和殿试以四书题文二篇，上亲定甲乙，以备差遣。"[①]表示慎重科举，慎重衡文。

种种防范之策：拟题防止诸生猜题，前述康熙帝言讲甚明。试题拟定后防止走题，试卷移交的保密和时限，考场与阅卷的警戒，都有明定的章程。为防止考官作弊，考试各种人员往往临时指定，赴各省的乡试考官，命下之日即须离京，以免接受京官关节。

防范衡文作弊。康熙帝于五十二年（1713）十月殿试阅卷，阅至第二卷，预言这是南省人书写的，命拆开弥封，果然如其所说，因为阅文多了，知道各地方人的文风，皇帝都能如此，考官必然更加明白，这样就容易舞弊。康熙帝还知道士子到京，把自己作的文字分别投送可能成为考官的人，"以博己之声名，以求人之采取"，就此，他警告读卷官，"当一秉虚公，略无私意，始称厥职"。[②]

教育考官务实。前述出题中防范贡士猜题，也是教育考官，不让他们从经书中选取"冠冕吉祥语出题"。这是因为官员好借试题歌颂皇帝圣明，当今盛世，向皇帝献媚。然而这样的题目考察不出贡士的真才实学，与考试目标不合，也与改进时政无补，是以康熙帝留心改正。

（三）因看重书法而相对忽视真才实学

康熙五十二年（1713）庶吉士散馆，康熙帝定其名次，"王图炳，字甚好，易

①《清朝通典》卷18《选举一》，典2132。
②《清圣祖实录》卷256，"五十二年十月乙酉"条，第6册第536页。

置第三"①。雍正帝于十一年(1733)四月说张若霭殿试卷"字画端楷",策问文"颇得古大臣之风",应中式鼎甲。②可见康雍二帝均将书法作为确定名次的一种标准。乾隆帝亦然,二十五年(1760)四月上谕,廷试对策,"除文、字俱佳者尽登上选外,其有字不甚工,而援据典确、晓畅时务者,亦应列为上卷"③。后来的发展,以至以书法取人,与文、字俱佳的要求不相合,不利于选取人才。

(四)张廷玉为子退让鼎甲,中华传统美德的表现

雍正帝谓大学士张廷玉之子张若霭殿试卷 "颇得古大臣之风""字画端楷",应中探花。张廷玉反复辞谢,奏称:"天下人才众多,三年大比,莫不望为鼎甲。臣蒙恩现居政府,而臣子张若霭登一甲三名,占寒士之先,于心实有不安。倘蒙皇恩,名列二甲,已为荣幸。"又跪奏:"臣家已备沐恩荣,臣愿让于天下寒士,求皇上怜臣愚衷。若君恩祖德,佑庇臣子,留其福分,以为将来上进之阶,更为美事。"因言辞恳切,雍正帝乃允准其请求,将张若霭改定为二甲第一名。④张廷玉的话,道出其为人之道,一是为他人着想,本身已占据高位,不应再妨碍寒士晋升,不但不占便宜,还要让出应得的利益;二是恐惧盈满,深知盛极必衰的道理,他和他的父亲张英已经是两代大学士,再出鼎甲之人,必然遭到他人的嫉恨,就不是发家之象,而是衰落的征兆,同时让出鼎甲,对张若霭本人也不是坏事,让他从头做起,加强磨炼,更稳当、扎实地做人,凭自身本事继续求取发展。

四、从试题看康雍二帝的政治方针与为人性格

从试题看康雍二帝为人,不难明了他们的共同之处是:勤政不倦而又认真;睿智,善于把握时局和发现问题;讲求政治思想的深入人心(从官员、士人到百姓),以此移易政风、士习、民俗。他们可谓为天子双星。他们的相异之处是政治思想和施政方针有所不同:康熙帝始终主张并施行宽仁之政,反对更新,为人仁厚、宽容;雍正帝力主革新除弊,实行严威治国的方针,为人严酷,察察为明。

①《清圣祖实录》卷 256,"五十二年十月甲辰"条,第 6 册第 538 页。
②④《清世宗实录》卷 129,"十一年四月壬子"条,第 8 册第 686 页。
③《清朝通典》卷 18《选举一》,典 2133。

康熙帝一贯主张实行宽仁政治。笔者将从三个方面来表述:其一为一贯性。康熙帝的实行宽仁之政,笔者原以为是他后期的事情,特别是晚年倦勤所致,今从策论试题来看,早在青年时代就是这种主张。十二年(1673)策问试题指斥刑政弊端——"治狱之吏,以刻为明",表示"欲疏禁网以昭惇大,缓催科以裕盖藏"①,指出判案应该平允,不可深文周纳,导致失人之误;要爱民,令民家有盖藏——有隔宿之粮,而不能催科太急太猛。一个刑政、一个赋敛,关系百姓生活和生命,慎重为之,集中体现宽仁施政的理念。此时康熙帝二十岁,宽仁之政坚持到他寿终正寝。三十九年(1700)策问仍以慎刑为题:"朕于大小之狱,必平必慎,每念民命至重,务委曲以求其生,乃四方奏谳,或未协中,而听狱之吏,至有恣用酷刑,滥伤民命者,何其惨而不德也!"

在这种指斥中,表露出康熙帝施政"协中"的观念,这就是笔者将要叙述的"其二"了:强调执中之政,反对更新。就在这个谈论协中的问卷中,又说官吏"自以综合为能,则民亦滋累",认为更新是美谈,而实际是扰民乱政,显示出不赞成的态度,而鲜明表达则是在四十二年(1703)的策问中,他说"从来治有大体,贵在适中,若或矫饰以邀名,深刻以表异,虽复矢志洁清而民不被其泽,岂非务综合则人受烦苛之扰"!同时认为"尚宽平则人蒙休养之福"。宽平民得福,更新则民受烦苛之苦,为民行仁政,就不必进行综核名实的更新。

其三,对官员中的不正之风,温和劝导,不予严厉处分。康熙帝明知科举中有作弊贿卖现象,只有出现大案,才严加处理,小事就睁一眼闭一眼,但是并不忘告诫官员清廉,秉公处事。前述阅卷中,康熙帝就南人试卷发生的议论,是他含蓄指明科举有舞弊的行为,起到警诫考官毋卖关节的作用。在三十三年(1694),康熙帝亲定殿试贡士甲第,谕大学士等:"诸贡士策中,论吏治,皆言当实心任事,大法小廉。"而现今言官建白甚少,官员不敢参奏,所以"今诸生对策,虽能言之,若身当其任,恐亦能言不能行也"②。这样说,表示对言官不能尽职的不满,也是期望贡士、进士做官之后,能够言行一致,尽职尽责。他的语气缓和,不厉声厉色,显露宽容态度。康熙帝曾经就官员的贪赃行为,对朝臣说,他并非不知道这种事,试想这些人当初大比进京时,行李非常简单,而做官后再出京,哪一个不是箱箧多多,钱从哪里来的,还要问吗?他就是不

①《清圣祖实录》卷41,"十二年三月庚寅"条,第4册第553页。
②《清圣祖实录》卷162,"三十三年三月戊午"条,第5册第777页。

整饬而已,否则谁也逃不了。他还说过,在废立允礽的过程中,很多官员卷进朋党之中,若是追究,他们就性命难保。他发出警告,希冀官员自律,廉洁奉公,而不采取严厉打击的政策。看来他是重在防范,而不在惩治。

雍正帝与乃父不同,锐意更新,猛烈推行。他也是有一以贯之的特点。还在皇子时代,偶尔奉命处理事务或议事,都表现出来。如康熙五十二年(1713),顺治帝淑惠妃丧事,有关部门料理不善,康熙帝命雍亲王胤禛查办,胤禛遂奏参工部尚书、侍郎、内阁学士兼管光禄寺卿、内务府总管、署理总管等人,使得这些大员都受了处分。于此一事,可见胤禛处事不苟且,崇尚严刑峻法。又如在四十八年(1709),康熙帝巡视京畿,责备同行的鄂伦岱等结党营私,而鄂伦岱以国戚自居,不知畏惧悔改,胤禛在旁看不顺眼,向康熙帝建议,把鄂伦岱交给他处置,他说:"此等悖逆之人,何足屡烦圣怒,乱臣贼子,自有国法,若交与臣,便可即行诛戮。"①他动不动就要杀人,可知性格严酷。不当政尚且如此,一旦位登九五,必行严猛之政。

雍正元年(1723)举行恩科,策问表示实行新政,二年(1724)殿试策问,雍正帝大讲政治革新之道,表现在对官员、士人、农夫的严格要求方面。关于官员的要求,他说任用官员,"皆务得人,欲其兴事慎刑,有裨地方,是非直洁己自好而已。夫生事苦其纷更,而避事必至隳废。操切患其滋扰,而优容又至养奸,何道而成明作惇大之治欤"?他虽是在兴事、避事方针的选择上问难于贡士,可是字里行间表明他的态度:官员不能只是洁身自好,还是兴事为好。同样的问题,与康熙帝的策问文字表达就不一样了,康熙帝注重讲综合偏急扰民,而不讲避事的隳废——败坏政事,表示偏重于宽仁的态度,由此可见两个皇帝意向不同,政治方针不一。策问还指斥士人,"务华鲜实,甚者嚣凌狙诈",因而提出"劝、惩互用"的问题,并且借用经典之论:"先王诗书礼乐以造士,其不率教者,有郊遂之移,寄棘之屏",也就是说,不符合规范的士人,将摒弃不用,显现对士人的严肃态度。对于农夫也是着重警告,要求地方官"多方劝课,俾惰农尽力于作劳,旷土悉成为膏壤",简直是把农民看做"惰农",不是鼓励,而是威吓。官,要求其兴事、生事;士,要求其行履端正;农,要求其勤于力作。

---

① 雍正朝《起居注册》,三年二月二十九日,中华书局,1993 年,第 1 册第 443 页。

雍正帝不满现状,希望"吏治澄清,教化洽而休养备""以成郅隆"之世,[①]而至此之道,在于兴事,在于革新,而不能避事守旧。策问表达了雍正帝的革新精神和施政方针。八年(1730)殿试,雍正帝策问课吏宽严之道,"姑息,必长废弛玩愒之风;稍涉苛求,又非为国家爱惜人才之道。何以励其操守,作其志气,策其不逮,宥其过愆,使群吏承风率教,鼓舞奋勉,以奏绩"[②]?话语之间稍有爱护之意,而非一味严酷无情。此时他已执政八年,进入治理的后期,再不像前期那样为政猛烈了。总起来说,雍正帝的革新思想,是在前朝形成的,登基后予以延续和发展,即已经不是在所能涉及的范围内主张严威政治,而是全面施行于各个社会领域。雍正帝力主革新,而性情急躁、残酷,策问也暴露出来。

(2007 年 6 月 5 日作于顾真斋,载《社会科学战线》2008 年第 1 期)

---

① 《清世宗实录》卷 25,"二年十月壬申"条,第 7 册第 388 页。
② 《清世宗实录》卷 93,"八年四月己亥"条,第 8 册第 240 页。

康熙帝经营黑龙江与瑷珲三题

康熙帝为稳定边疆、安定边民,反击、防御沙皇俄国侵扰,于康熙二十二年(1683)特设黑龙江将军,并将衙署建在位于黑龙江岸的黑龙江城(瑷珲),随之加强黑龙江地方建设,派遣驻防军,先后筑城黑龙江、墨尔根(今嫩江)、卜魁(今齐齐哈尔),设置多条线路的驿站,派督耕屯田,设立官学,移民实边,使得黑龙江(主要是瑷珲、墨尔根、卜魁)经济文化有所发展。在此基础上,以黑龙江城为前沿基地,两次向俄军盘踞的雅克萨城发动进攻,掌握了中俄关系主动权,建议举行中俄边界会谈,与俄国签订《尼布楚条约》,划定中俄东段边界。自此东北边疆出现百年和平局面。

康熙朝是黑龙江省建制的奠定基础时期,建省的肇端是康熙帝决策设立黑龙江将军,将军衙署最初设在黑龙江城(瑷珲、爱辉,今黑龙江省黑河市)。因此,"设置黑龙江将军及其开府瑷珲之政权建设"成为笔者研讨黑龙江与瑷珲史的第一个题目;黑龙江将军建制之时,"康熙二十年代处理中俄关系中瑷珲的重要地位",此为第二题;"《康熙皇舆全览图》中的黑龙江"则为第三题。瑷珲与黑龙江建省关系密切,需要给予应有的一笔。因此瑷珲史的研究,关乎着黑龙江省历史和中俄关系史,是以笔者有兴趣加以研讨,写出此读书札记。

一、设置黑龙江将军及其开府瑷珲之政权建设

康熙二十二年(1683)九月,康熙帝下命设置黑龙江将军、副都统,①十月任命满洲镶蓝旗人萨布素(1629—1701)为将军,②开府于黑龙江城,二十四年(1685)铸造黑龙江将军印信。③随着军府的建立,进行一整套政权建设。

---

① 《圣祖仁皇帝实录》卷112,"二十二年九月丁丑"条。

② 《圣祖仁皇帝实录》卷112,"二十二年十月癸亥"条。

③ 《圣祖仁皇帝实录》卷119,"二十四年正月癸未"条,康熙帝上谕:"后有移会雅克萨城文书,用黑龙江将军印。"可知业已铸造"黑龙江将军印"。

（一）设置黑龙江将军的客观需要

从两个方面来看：强化对黑龙江流域的辖制，抗击沙皇俄国的侵扰。

清朝入关后，对发祥地的白山黑水继续加强建设和治理，设置奉天将军（治所盛京，今沈阳市）、宁古塔将军（治所宁古塔城，今黑龙江省宁安市）、吉林将军（治所乌喇，今吉林省吉林市），而对黑龙江中上游地区需要有待加强经略。

康熙帝亲政后，关注清朝发祥地，十年（1671）九月初三日至十一月初三日东巡，十月初三日、十四日先后召见来朝的宁古塔将军巴海，谕以对瓦尔喀、胡尔哈、赫哲、飞牙喀等部，"善布教化，多方训迪"，开垦，劝农桑，又指示加强东北部边防："罗刹贼寇虽云投诚，尤当加意防御，操练士马，整备器械，毋堕狡计。"[1]康熙二十年代开始，因三藩之乱平定、台湾统一，康熙帝将施政注意力转向白山黑水地区，二十一年（1682）二月，二次东巡，深知"祖宗开疆非易"，乃"周巡边境，亲加抚绥，兼以畋猎讲武"。[2]四月至乌喇，徙流人数千户于此。八月，命副都统郎坦、公彭春从京中率兵前往尼布楚（今俄罗斯涅尔琴斯克）、雅克萨（今俄罗斯阿尔巴金诺）侦察俄罗斯人状况，以便出师征讨。康熙帝指出："罗刹犯我黑龙江一带，侵扰虞人，戕害居民……近闻蔓延益甚，过牛满、恒滚诸处，至赫哲、飞牙喀虞人住所，杀掠不已。尔等此行，除自京遣往参领侍卫护军外，令毕力克图等五台吉率科尔沁兵百人，宁古塔副都统萨布素等率乌喇宁古塔兵八十人，至打虎儿索伦，一面遣人赴尼布楚谕以捕鹿之故，一面详视陆路近远，沿途黑龙江行围，径薄雅克萨城下，勘其居址形势……尔等还时，须详视自黑龙江至额苏里舟行水路，及已至额苏里，其路直通宁古塔者。更择随行之参领侍卫同萨布素往视之。"[3]康熙帝两次东巡，要点有二：教育民众发展经济；关心抗俄，保卫边疆，显示对东北疆域的特别关切。随后就有设置黑龙江将军的举措和两次雅克萨攻战。

（二）设置黑龙江将军的过程

二十二年（1683）四月，康熙帝以"进征罗刹军务"，令"萨布素、瓦礼祜俱

---

① 《圣祖仁皇帝实录》卷 37，"十年十月辛巳"条、"壬辰"条。
② 《圣祖仁皇帝实录》卷 101，"二十一年三月辛酉"条。
③ 《圣祖仁皇帝实录》卷 104，"二十一年八月庚寅"条。

以副都统领兵前往,不必授为将军"。①此时,康熙帝思考问题的中心在于驱逐俄国人的临时性军事行动,尚未顾及完善黑龙江地区的行政管理事务,故而不设置黑龙江将军。及至同年八月统一台湾后,集中精力关注东北疆域,九月就下令军队永戍黑龙江,设将军及其衙署,指示理藩院尚书阿穆瑚琅,"朕统一寰区,无分中外,凡尔民人,咸吾赤子",俄罗斯扰犯,藏匿根特木耳逃人,而对其前来投降的三十余人,犹加豢养,岂能容忍其侵害我边民!"我兵既命永戍额苏里(黑龙江城、呼玛尔之间,黑龙江边),应派乌喇、宁古塔兵五六百人、打虎尔兵四五百人,于来秋同家口发往。设将军、副都统、协领、佐领等官镇守,深为有济。"其时,被派往索伦地区了解雅克萨俄人状况的郎坦回京复命,又被遣往萨布素处会商运送军粮事宜,萨布素等建议在黑龙江采取轮番戍守的办法,将乌喇、宁古塔三千士兵分为三批轮流到黑龙江,而不必设置固定守军,康熙帝认为不妥,下令"在黑龙江建城永戍……仍设将军、副都统领之"。②表明设置黑龙江将军的决心。

(三)黑龙江将军职能及治所黑龙江城的建设

将军及其职能。在边疆的将军,代表皇帝全权处置地区军政、民政事务,即不仅是军事长官,而且兼具行政职能,负责居民编制和管理,有时还负有外交使命。③职官有:将军、副都统、总管、城守尉、防守尉、协领、参领、佐领等品官及防御、骁骑校、路记等职官。④

驻军。二十二年(1683),在郎坦(?—1695)于二十一年冬天奏报雅克萨可以攻取之后,康熙帝令宁古塔将军巴海(?—1696)、副都统萨布素调取所部兵丁一千五百人戍守黑龙江城和呼玛尔(黑龙江省呼玛),内有水手、炮手、工匠、邦丁及其家属。⑤二十四年(1685),清军第一次驱逐雅克萨城俄罗斯军队,六月,康熙帝令从吉林乌喇调来的兵丁回原地休整,从盛京打虎尔调兵往

---

① 《圣祖仁皇帝实录》卷109,"二十二年四月庚辰"条。

② 《圣祖仁皇帝实录》卷112,"二十二年九月丁丑"条。

③ 参阅郭松义等:《清朝典制》,吉林文史出版社,1994年,第229页。

④ 《圣祖仁皇帝实录》卷112,"二十二年九月丁丑"条:"设将军、副都统、协领、佐领等官镇守。"金梁:《黑龙江通志纲要》,载《中国方志丛书·东北地方》第31号,台北成文出版社1974年,第77页。

⑤ 光绪《大清会典事例》卷1127《八旗都统·田宅》;《清史稿》卷280《郎坦传》,中华书局,1977年,第34册第10136页;《圣祖仁皇帝实录》卷109,"二十二年四月庚辰条":"萨布素、瓦礼祜俱以副都统领兵前往黑龙江。"

黑龙江防守。①需要明了的是，黑龙江驻军是清朝的精锐部队，当二十五年(1686)围攻雅克萨战役中，萨布素官兵中有人患病，康熙帝说"此皆属满洲精兵"②，特派遣太医院官二人前往治疗。

修筑黑龙江城。二十二年(1683)九月，康熙帝就萨布素、郎坦、议政王大臣等请求，决计"在黑龙江筑城永戍"，萨布素与理藩院郎中额尔塞议请调派乌喇、宁古塔兵五百协助筑城，康熙帝则令副都统穆泰率领盛京兵六百人于来年三月抵达彼处，筑城器具由彼等携带。所修筑的黑龙江城(即瑷珲③)为衙署所在地。④所筑为木城。康熙二十六年(1687)，到黑龙江城的江南文士何世澄在《艾浑无题作》二首之二咏道："草映木头城，安边赖劲兵。"⑤筑木城，既为衙署所在地，又是军事要塞。所谓木头城是土木结合，并非单纯的木栅栏。⑥

设立驿站。二十二年(1683)九月，康熙帝批准议政王大臣等的建议，在乌喇与黑龙江城之间设立驿站："自黑龙江(城)至乌喇置十驿，驿夫五十人，遇有警急，乘蒙古马疾驰，寻常事宜，则循十驿以行。"⑦要求设置十个驿站，相应配置驿站夫役，指明分别公文性质而确定输送方法、速度。十二月，户部提出从黑龙江城到乌喇设立十站，需要调查地理形势而后确定具体地点，康熙帝遂令户部郎中包奇、兵部郎中能特、理藩院郎中额尔塞前往，会同宁古塔将军选派的熟知地势者、郭尔罗斯旗、杜尔伯特旗向导丈量黑龙江至乌喇距离，相度设立驿站。⑧包奇经过实地丈量，奏报乌喇至黑龙江城一千一百九十五里，

①《圣祖仁皇帝实录》卷121，"二十四年六月癸卯"条。

②《圣祖仁皇帝实录》卷129，"二十六年正月戊子"条。

③ 黑龙江城，也即瑷珲，瑷珲有新旧二城，清代、民国文献有所记叙，笔者无意考证，这里转录当代学者张玉兴的选注《清代东北流人诗选注·艾河元夕词》中的注释："瑷珲，在黑龙江左岸，我旧境江东六十四屯地区(今苏联境内)。康熙二十二年(1683)命宁古塔副都统萨布素等率兵一千五百人，于明代胡里平寨旧址改建。以境内有艾浑河，故名瑷珲城。该城'周九百四十步，门四'(《大清一统志》卷48)。第二年迁至下游右岸十二里处建新瑷珲城……因此新瑷珲城被称为瑷珲城，又名黑龙江城。原来瑷珲被称旧瑷珲。二城隔江相望。"辽沈书社，1988年，第425页。

④《圣祖仁皇帝实录》卷109，"二十二年四月庚辰"条；卷112，"九月丁丑"条；《清史稿》卷280《郎坦传》，第34册第10136页。

⑤ 张玉兴选注：《清代东北流人诗选注》，辽沈书社，1988年，第521页。

⑥ 参考齐齐哈尔建城情况可知。西清著《黑龙江外记》："齐齐哈尔内城排木为重垣，实以土。"(转见《清代东北流人诗选注》第522页)类似于中国自古相传的版筑法。

⑦《圣祖仁皇帝实录》卷112，"二十二年九月丁丑"条。

⑧《圣祖仁皇帝实录》卷112，"二十二年十二月庚申"条。

需要设立十四驿站,康熙帝复令再行丈量,得知实际是一千三百四十里。二十四年(1685)七月,康熙帝令设成十九驿站。每驿站设置壮丁十名,拨什库三十名,马二十匹、牛三十头,壮丁由盛京、宁古塔所辖驿站派出,马、牛由盛京户部采买送往。①此外,康熙帝于二十四年(1685)四月,指令自墨尔根(今黑龙江省嫩江县)至雅克萨设立驿站,及时递送军书,令理藩院侍郎明爱经理其事。②及至九月,因黑龙江将军移驻墨尔根,康熙帝令在乌喇与墨尔根间、墨尔根与黑龙江城之间设立驿站。③

兴办屯田和督耕。在二十二年(1683)设置黑龙江将军之际,康熙帝和与事大臣就关注在黑龙江屯田种粮事务。宁古塔、乌喇及派往黑龙江的臣工获知黑龙江城、呼玛尔之间额苏理有"田陇旧迹",建议来年春天派遣打虎尔兵五百人到那里"耕种,量其秋收,再迁家口"。这是"筑城""屯田"兼行。④统辖黑龙江诸军的都统瓦山(公爵)、萨布素等奏报四月进攻雅克萨事,康熙帝就此发出上谕:"发盛京兵五百人代黑龙江兵守城、种地,出征兵还,亦命还盛京。种地事宜,遣户部大臣一员督理。所云早熟之谷,即内地春麦,今我兵亦多种春麦及大麦、油麦于陨霜之前,六月皆可收获。"⑤康熙帝不仅了解黑龙江地区农作的一些情况,更重要的是派遣督耕官员去黑龙江经理垦田事务。与此同时,因黑龙江的耕牛尽毙、农器损坏,康熙帝令派往督耕的副都统马喇(?—1735)如数购买耕牛,萨布素打造农具。⑥二十五年(1686),督耕大臣使用蒙古、席北、打虎尔、索伦等人力耕种,田谷大获。郎中博奇所监种田地收获为多,足供驿站人役口粮。⑦黑龙江垦荒,影响及于后世。金梁在《黑龙江通志纲要》中说督耕大臣,是为黑龙江督垦之始。⑧屯田种粮,是历来维持边疆驻军供给的有效方法。

---

① 《圣祖仁皇帝实录》卷121,"二十四年七月壬申"条

② 《圣祖仁皇帝实录》卷120,"二十四年四月乙未"条;同日上谕:"黑龙江城以内驿站,原来每站设二十人,改为十人。"

③ 《圣祖仁皇帝实录》卷122,"二十三年九月甲申"条。

④ 《圣祖仁皇帝实录》卷109,"二十二年四月庚辰"条;卷112,"二十二年九月丁丑"条。

⑤ 《圣祖仁皇帝实录》卷119,"二十四年正月癸未"条。

⑥ 《圣祖仁皇帝实录》卷119,"二十四年正月丁亥"条。

⑦ 《圣祖仁皇帝实录》卷128,"二十五年十二月丙辰"条。

⑧ 金梁修:《黑龙江通志纲要》第24、第51页。

将军管民事。将军署设刑司,协领、佐领理刑政,所谓"旗署兼管刑狱"①。

黑龙江城居民组成。由乌喇、宁古塔(今黑龙江宁安市)迁移来的满洲,新满洲、陈满洲皆有;蒙古,新旧巴尔虎、挂勒察、锡伯;汉军,从宁古塔、乌喇移入;水师营,京口、江南移入之满人、蒙人;站丁,原吴三桂部属;屯丁,辽宁移民。②

招抚边民。康熙元年(1662),清朝政府制定宁古塔将军辖区招编新满洲奖励办法,十二年(1673)前后,将军巴海招抚边远满洲部落至宁古塔城附近,编为四十个佐领,号为新满洲。③康熙十三年(1674),巴海带领新佐领进京朝见康熙帝,后来康熙帝巡幸吉林,赐诗巴海,称赞他"宣威布德,招徕远人"④。黑龙江将军遵循这一政策,将受蒙古人控制和影响的锡伯族、瓜尔察族内迁至吉林,三十一年(1692)编为佐领,为新满洲;瓜尔察人受康熙帝关注,从蒙古人赎买,编为新满洲。使用姓长制度⑤编制辖区的赫哲人、飞牙喀人。

黑龙江将军衙署移徙后的黑龙江城改由副都统管理。二十四年(1685)五月第一次摧毁俄军雅克萨城,同年九月,康熙帝令黑龙江将军萨布素及副都统一员移驻墨尔根,令副都统博爱负责修筑墨尔根城。黑龙江城设副都统一员,驻防兵五百,从乌喇、宁古塔兵及流放那两个地区的犯人中派人,副都统由温代、纳泰充任,给予铸造的印信"驻防黑龙江副都统"⑥。三十八年(1699),黑龙江将军移驻卜魁(今黑龙江省齐齐哈尔市),下辖五个副都统,为墨尔根、黑龙江、呼伦贝尔、呼兰、布特哈,黑龙江城仍是副都统镇守,下分八旗、四协领、二十六佐领,另有水师营,水手四百余名,官庄壮丁二百余名。所谓"将军迁移,八旗五司仍在"⑦。不仅如此,还增设了官学。三十四年(1695),萨布素奏准在墨尔根两翼各立官学一处。黑龙江城、齐齐哈尔、墨尔根、呼兰

① 金梁修:《黑龙江通志纲要》,第75页。

② 金梁修:《黑龙江通志纲要》,第48页;孙蓉图、徐希廉修纂:《瑷珲县志》,载《中国方志丛书·东北地方》第28号,第344页。

③ 《清史稿》卷243《巴海传》,第32册第9585—9586页;《圣祖仁皇帝实录》卷50,"十三年十一月己丑"条。

④ 民国《宁安县志》卷4《艺文》。

⑤ 姓长制是一种治理方式,姓长、乡长,向朝廷纳贡。

⑥ 《圣祖仁皇帝实录》卷122,"二十三年九月甲申"条。

⑦ 民国《瑷珲县志》卷1《城池乡屯》,第22—25、第629页。

设官学。①

康熙帝在黑龙江城建立黑龙江将军的军政府，确立辖区之治理法权，为清朝地方政权建设必然之事，对抗、阻遏沙俄入侵，使得黑龙江地方政权建设迫切性加大，也是康熙帝决心加大对黑龙江流域广大地区的治理力度。

二、康熙二十年代处理中俄关系中瑷珲的重要地位

十七世纪俄国向东方扩张，四十年代侵入黑龙江流域，清朝治下的蒙古族茂明安等部被迫从黑龙江上游内迁。俄国人又深入松花江、牡丹江和黑龙江下流抢掠，清军与战，互有胜败。及至康熙帝从关内事务中抽出手来，始得大力对付入侵者。

经过精心准备，清军对雅克萨俄军发动进攻。战事发生在二十四年(1685)五月，在此之前，清朝已做好进攻准备，诸如从宁古塔、乌喇调遣部队进驻黑龙江城，从中央派遣军队和指挥人员，造船②运输军粮，派遣军、民前往黑龙江耕种，以保障粮食供给。但是黑龙江地区气候严寒，军事行动只适宜于春夏之际进行。原先设想在二十三年(1684)出征，未能进行，萨布素等以失误军机请罪，康熙帝深知进取雅克萨时机关系重大，为此特派都统公瓦山、侍郎郭丕前往黑龙江，会同萨布素，"将雅克萨地方应否攻取，作何行事方克有济，逐一详明议奏"③。可知康熙帝是亲自部署战争方略和把握行动机宜。二十四年(1685)五月，彭春、郎坦、萨布素率部从黑龙江城出发进攻雅克萨，二十三日分水军、陆军两路列营，架设"神威将军"④等火炮，二十五日猛攻雅克萨城，

① 金梁修：《黑龙江通志纲要》，第 109 页。

② 早在二十二年(1683)十一月，康熙帝要求在明年往黑龙江运送两年的军粮，为此在乌喇造船八十只，每船设运丁十五人，需要一千二百人，由萨布素派一百五十人，乌喇八旗猎户六百九十，宁古塔兵三百六十，其中猎户多。因此令总管席特库前往统领。见《圣祖仁皇帝实录》卷 115，"二十二年十一月癸酉"条。

③《圣祖仁皇帝实录》卷 116，"二十三年九月甲戌"条。

④ "神威将军"火炮系比利时人、传教士南怀仁(Ferdinand Verbiest,1623—1688)主持制造于康熙二十年(1681)，康熙帝在卢沟桥观看试放验收，并指出验准星的方法。"神威将军"火炮共铸造三百二十门，配给八旗(荣振华著：《在华传教士列传及书目补编》，耿昇译，中华书局，1995 年，下册第 717 页)。雅克萨前线所使用的"神威将军"炮，是康熙帝允准郎坦请求，给予二十门应用(《清史稿》卷 280《郎坦传》，第 34 册第 10134 页)。

俄军首领额里克舍迫于形势请降,彭春、郎坦和萨布素宣布康熙帝宽待方针,将俄军官兵及其家属立即释放,摧毁雅克萨城,然后部队回驻黑龙江城。[1]但是清军撤出,俄军立即卷土重来,重新筑城雅克萨。冬天,萨布素上疏奏报军情,询问是否立即前往征讨,抑或等待随从黑龙江将军移驻墨尔根的家属搬迁之后再行出征。康熙帝下令议政王大臣、贝勒与有关人员彭春等商议。[2]次年(二十五年)二月,康熙帝给萨布素三项内容的指令:停止军队家口的搬移;急速修理船舰;驰赴黑龙江城,统帅二千名乌喇宁古塔官兵攻取雅克萨城。康熙帝同时命令以在黑龙江的福建藤牌兵中选取四百人由建义侯林兴珠带领助战。[3]五月底,萨布素率军进逼雅克萨城,但此次进击与第一次不同,俄军固守,萨布素乃采取围攻战术。八月下旬,康熙帝考虑到在黑龙江严冬会很快到来,指示萨布素预谋马匹饲料、船只收藏及防范俄军增援诸事。萨布素迅捷报告部署情况:掘壕沟筑堡垒,防御俄军突然出城反扑,壕外置木桩鹿角,在雅克萨城面西临水的那一方位部署一支部队。萨布素又说明军中有疫情,马匹疲羸,请求增兵。康熙帝遂令副都统博定精选筑城及种地官兵二百人前往,并参赞军务。[4]

在围攻雅克萨之时,康熙帝不仅顾及眼前的结束战争,更谋划如何与俄国建立和平相处关系。七月,荷兰使臣宾先吧芝将要回国,康熙帝从其得知该国与俄罗斯"接壤,语言亦通",乃致书沙皇,请荷兰使臣转送。康熙帝要求沙皇下令从雅克萨撤军,退至尼布楚,建议两国议定疆界,永相和好。[5]清朝的建议获得沙皇的同意,两国决定派遣使团,会议两国划定疆界事宜,中经厄鲁特蒙古噶尔丹部进兵喀尔喀蒙古的干扰,中俄两国使团最终确定在尼布楚举行谈判。领侍卫内大臣索额图率领的清朝使团于二十八年(1689)六月到达尼布楚,代表团成员有从黑龙江到来的郎坦、萨布素,遵照康熙帝指令,萨布素率领黑龙江兵一千五百人前来。[6]据尼布楚谈判清朝译员法国人张诚 (Jean-Francois Gerbillon,1654—1707)在当时的通讯中讲,中俄谈判双方均显示力

① 《圣祖仁皇帝实录》卷 121,"二十四年五月癸巳"条。
② 《圣祖仁皇帝实录》卷 124,"二十五年正月甲戌"条。
③ 《圣祖仁皇帝实录》卷 124,"二十五年二月丁酉"条。
④ 《圣祖仁皇帝实录》卷 127,"二十五年八月丁丑"条。
⑤ 《圣祖仁皇帝实录》卷 127,"二十五年七月己酉"条。
⑥ 《圣祖仁皇帝实录》卷 140,"二十八年四月壬辰"条。

量和军威,清朝代表团由八九千人组成,内有三千名士兵、五十门大炮、一万二千匹马、三千头骆驼。"俄国代表团虽然人数少一点,但是在气势排场上双方势均力敌。"①因为俄方有包括火枪兵、炮兵在内的卫队近二千人。清朝的军力,黑龙江将军萨布素的部队是重要组成部分。双方谈判,于七月签订边界条约——《尼布楚条约》。

写到这里,我们似乎需要了解黑龙江及黑龙江将军第一个衙署黑龙江城在对俄国抗争中的重要地位。

其一,黑龙江靠近满洲发祥地及对抗俄国侵扰的前沿位置,康熙帝深知必须着力经营。

黑龙江将军的建制与黑龙江的各项建设、进攻雅克萨俄军与订立《尼布楚条约》,都是康熙帝决策的,亲自指导实践的,甚至细致到驻军的调动、战略战术、疆界的走向。当第一次雅克萨之战胜利的消息传来时,康熙帝宽慰地说:"征剿罗刹,众皆以路远为难,朕独断兴师致讨,今荷蒙天眷,遂尔克之,朕心嘉悦。"又说:"今征罗刹之役,似非甚要,而所关最钜。罗刹扰我黑龙江、松花江一带三十余年,其所窃据,距我朝发祥之地甚近,不速加剪除,边徼之民不获宁息。朕亲政之后,即留意于此,细访其土地形胜、道路远近,及人物性情,以故酌定天时地利,运饷进兵机宜,不徇众见,决意命将出师,深入挞伐……今收复雅克萨地,得遂初心。"②康熙帝如此看重黑龙江地区的重要性,加意经营,终于驱逐侵犯雅克萨的俄军和签订《尼布楚条约》,以此保卫发祥地和安定民众。众所周知,发祥地是清朝根基所在,若根基有闪失,会导致政权不稳定;维护根基与稳固边防、安抚民众,适相一致。驱逐雅克萨俄军和签订《尼布楚条约》,是在康熙帝加强黑龙江地区管理基础上实现的,而《尼布楚条约》是中国与外国订立的第一个正式条约,维持了中俄边境的百年和平,意义颇大。

其二,黑龙江驻军与中央部队共同组成前线军团,取得局部军事胜利和主动权,为中俄谈判创造条件。

清军两次出征雅克萨,第一次以彭春、郎坦统领的中央军队为主力,黑龙

---

① [德]莱布尼茨著:《中国近事——为了照亮我们这个时代的历史》,[法]梅谦立、杨保筠译,大象出版社,2005 年,第 49 页。

②《圣祖仁皇帝实录》卷 121,"二十四年六月癸巳"条。

江部队起协助作用,却是不可少的,从萨布素与彭春共同向投降的俄军官兵宣布康熙帝优遇政策,可见萨布素的作用;第二次战争的主力军是萨布素率领的黑龙江驻军。

另外,在《尼布楚条约》签订过程中,萨布素奉旨率领黑龙江兵丁到会议地区,成为清朝谈判使团拱卫部队的重要组成部分,为安全保卫、交通运输做出贡献。由此亦见,黑龙江驻军在清朝处理与俄罗斯关系中不可或缺的地位。

其三,黑龙江城是雅克萨之战的前沿基地。

第一次雅克萨之战,清军从黑龙江城出发,开赴战场,胜利后军队返回原地;第二次战争时,黑龙江将军衙署虽迁移墨尔根,但部队仍是从黑龙江城出发。黑龙江城是适应军事需要建筑的前沿要塞兼供应基地。

二十八年(1689)订立中俄《尼布楚条约》,三十八年(1699)黑龙江将军府衙迁移卜魁。民国《瑷珲县志》编者就移驻墨尔根一事说:"自是边务稍稍弛矣。"①是的,黑龙江地区行政中心,由黑龙江城向西内移至墨尔根,再往西南迁至卜魁。这种向内地移动,更凸显《尼布楚条约》签订之前黑龙江城独特的军事地位。所以王思治在《康熙事典》中,就萨布素被任命为黑龙江将军及驻地之事评论:瑷珲"'左枕龙江,右环兴岭',成为边陲重镇,断俄军雅克萨与黑龙江下游牛满江(今俄罗斯布列亚河)之联系,成为清军抗俄前线基地,日后雅克萨之战清军的出发地"。②

三、康熙帝在绘制《皇舆全览图》中心系黑龙江

从康熙四十七年(1708)至五十六年(1717)的十年时间,康熙帝令服务于内廷的西洋传教士和清朝官员、内廷人员分头赴全国各省、各地区测绘舆图,成《皇舆全图》(《皇舆全览图》《康熙皇舆全览图》),并于五十八年(1719)雕版印刷。四十七年(1708)四月,康熙帝派遣法国传教士白晋(Joachim Bouvet,1656—1730)、费隐(Joachim Bouvet,1656—1730)、雷孝思(Jean-Baptiste

---

① 民国《瑷珲县志》,第 638 页。

② 王思治、冯尔康编著:《康熙事典》,台湾远流出版公司,2006 年,第 177 页。《康熙事典》系王氏与笔者合著,引文部分为他的文字。

Regis,1663—1738)、杜德美(Pierre Jartoux,1669—1720)往蒙古等地绘制地图,随后于四十九年(1710)六月二十六日,将费隐、雷孝思、杜德美差往黑龙江一带绘图。①表明康熙帝心系包括黑龙江城在内的黑龙江地区。

康熙帝晚年对诸皇子说明《皇舆全图》的内容与重大意义:舆图"南至沔国,北至俄罗斯,东至海滨,西至冈底斯","尔等观此图方知我朝地舆之广大,祖宗累积岂可轻视耶?既知创业之维艰,应虑守成之不易。朕惟祝告上天,俾天下苍生永乐此升平之世界耳"②!康熙帝要求子孙维护祖宗基业,令百姓安乐。这番训子言论表明康熙帝极其看重测绘地图之事,将之视为反映江山之所至,子孙世代应予保持。

综上所述,康熙帝为稳定边疆、安定边民,反击、防御沙皇俄国侵扰,于康熙二十二年(1683)特设黑龙江将军,并将衙署建在位于黑龙江岸的黑龙江城(瑷珲),随之加强黑龙江地方建设,派遣驻防军,先后筑城黑龙江、墨尔根、卜魁,设置多条线路的驿站,派督耕屯田,设立官学,移民实边,使得黑龙江(主要是瑷珲、墨尔根、卜魁)经济文化有所发展。在此基础上,以黑龙江城为前沿基地,两次向俄军盘踞的雅克萨城发动进攻,掌握了中俄关系主动权,建议举行中俄边界会谈,与俄国签订《尼布楚条约》,划定中俄东段边界。自此东北边疆出现百年和平局面。

(2017 年 3 月 30 日写就,载《安徽大学学报》2017 年第 4 期)③

---

① 黄伯禄:《正教奉褒》,韩琦、吴旻校注,收入《〈熙朝崇正集〉〈熙朝定案〉(外三种)》,中华书局,2006 年,第 367 页。

② 雍正帝等编辑康熙帝训子语《庭训格言》,第 94 页,陈生玺、贾乃谦注释,《康熙几暇格物编》合刻,浙江古籍出版社,2013 年。

③ 本文初稿写于 2014 年 5 月 24 日,2017 年 3 月 30 日增补。何以在案头搁置三载,缘于第三目有待增加内容。本拟阅览《康熙皇舆全览图》,介绍康熙时代黑龙江及黑龙江城地理位置,经纬度、面积、山水、周边情况。然笔者对该图多方寻觅,如南开大学图书馆、天津图书馆均无收藏,请学友在京查找,蒙拍制一幅,但无法寓目,今在客边,不便前往国家图书馆查阅,不无憾焉。该写的内容没有写出,唯请读者谅宥。

施琅外海边防观念的提出和实践

众所周知,施琅的历史功绩在平定台湾郑氏和保守台湾的外海边防之议及其实现,但是从平台湾到保台湾,则是清朝在防卫边疆认识上的重大突破,也是中国古代海防史上防卫观念的前进和发展,值得大力研讨,我这里只是提出这个问题而已。

康熙二十二年(1683)六月,施琅(1621—1696)率军攻克台湾郑克塽延平王政权占据的澎湖;七月,郑克塽宣布投降清朝;八月,施琅赴台湾接受郑氏的投降。清朝从皇帝、中央政府到地方政府官员,对于对郑氏集团的胜利,在观念上是平定海寇,是荡平逆氛,至于对郑氏集团的根据地台湾是否纳入版图则是当做另外一个问题予以考虑的,即靖海氛是一回事,将台湾纳入版图、建立地方机构加以保卫是另一回事,只有施琅将这两件事视作一件事,当然他也有个提高认识的过程。

一、欢庆“靖海氛”

对于攻打郑氏及成功的意义,皇帝、朝臣都是从宁靖海隅与纾解民生困窘着眼的,为的是靖海氛——消灭敌对政治集团。

二十二年(1683)七月,康熙帝讲到派遣施琅出征台湾的原因是:郑氏“窜伏海岛,侵扰沿海一带地方”,“必须用兵扑灭,扫荡逆氛,庶海隅安全,民生乐业”。①八月中秋,康熙帝得到施琅的捷报,赐其诗云:“岛屿全军入,沧溟一战收……伏波名共美,南纪尽安流。”②九月康熙帝封授施琅靖海将军、靖海侯时又说:“向来海寇窜据台湾,出没岛屿,窥视内地,扰害生民……朕念海氛不

---

① 《清实录·圣祖实录》卷111,“二十二年七月癸未”条。
② 李光地:《榕村续语录》卷11《本朝时事》。

靖,则沿海兵民弗获休息,特简施琅为福建水师提督,前往相度机宜,整兵进征。自明朝以来,迪诛积寇,始克殄除,濒海远疆,自兹宁谧。"①同月御笔褒彰施琅:"海氛之不靖……滨海居民,鱼盐蚕织耕获之利,咸失其业。"②

二十二年(1683)十月,九卿翰詹科道因为"海寇底定",请求为康熙帝加上尊号,康熙帝不允,诸臣再次奏请,谓台湾"乃海贼历年占踞,凭恃其险,侵扰沿海居民,今皇上指授庙略,剿抚兼行,海贼遂尔向化"③。

福建安溪人、翰林庄延裕于康熙十九年(1680)建议同乡京官李光地向皇帝请求发兵攻打台湾,否则"到底我们地方遭他屠害,不得安宁"④。

施琅于康熙七年(1668)密奏请求进攻台湾,原因是郑氏负隅海上,"沿海不宁"⑤。

康熙帝和内外臣工的意思是,郑氏依据台湾,是为海寇,为患数十年,造成沿海的不宁,民人不能安居乐业。因此,平定台湾,除去海寇,是靖海氛,求得沿海居民各安生业。这是针对具体的敌对政治集团而进行的征伐,消灭了对方,也就应该藏事了。至于如何对待郑氏基业的台湾,从上述谕旨、奏疏、交谈中并没有透露出值得特别关注的信息,似乎是未做思考的问题,然而这是必须考虑,并且一定要做出政治决策的事情。

二、施琅外海防边的守卫台湾意识

施琅在七月十五日题报郑克塽投递降表时,提出对台湾地方态度的政策性请示:"台湾虽在海外,地方千余里,户口数十万,或弃或守,伏候上裁。"⑥当时他还没有亲身到达台湾接受郑克塽的投降,就提出将台湾收入版图或弃置化外的重大问题,可见他谋虑之早,真可谓未雨绸缪。留、弃台湾,事关朝廷大政方针,康熙帝命议政王大臣会议,以供乾断。大臣建议在郑克塽上岸投降之后再行议论,康熙帝遂命福建总督姚启圣、巡抚金铉、提督施琅和派往福建料

---

① 《清实录·圣祖实录》卷 112,"二十二年九月戊寅"条。
② 施琅:《靖海纪事》卷下,康熙帝《御制褒章》。
③ 《清实录·圣祖实录》卷 112,"二十二年十月丁未"条。
④ 李光地:《榕村续语录》卷 11《本朝时事》。
⑤ 《清史列传》卷 6《施琅传》。
⑥ 《清实录·圣祖实录》卷 111,"二十二年八月甲寅"条。

理军饷事务的侍郎苏拜会商，金铉和苏拜以未曾到过台湾不发表意见，而放弃台湾、将那里的民人迁徙内地的意见颇为风行。如果说施琅在七月十五日题报时对弃留问题尚无定见的话(很可能已有守台的主见，只是以一个地方提督身份，不便直言，不便骤然发表意见)，那么八月赴台，十一月下旬离台返回福建，施琅已对台湾地位的重要性有了新的认识，坚定了守台的信念，他不满意在福建的中央和地方大员的模棱两可的态度，乃于十二月奏上《恭陈台湾弃留疏》，陈述关于保守台湾及其原因的政见，请求皇帝采纳。为什么要保守台湾，他从正反三个方面抒发见解：

其一，避免台湾成为红毛(荷兰)属地，扰乱边境。施琅说明朝后期内地民人潜往台湾，不下万人，郑芝龙盘踞其间，后来借给荷兰人贸易，荷兰人经营，俨然成为"海外之国，渐作边患"，如今若不设官守卫，垂涎其地的荷兰人，必然"乘隙复踞，必窃窥内地，蛊惑人心，重以夹板船之精坚，海外无敌，沿海诸省断难晏然无虞"。施琅敏锐地看到，东南沿海诸省的安宁同防御荷兰人侵扰的密切关系：荷兰人曾经以台湾为据点骚扰沿海，设若再行盘踞，其船坚炮利，沿海民人自然不得安宁。为防止荷兰人卷土重来，就必须守卫台湾。西方殖民主义东来，其势汹汹，而人们的意识尚未觉察，施琅当然不可能将它视作早期西方殖民主义的侵略，不过已然认识到它的骚扰的严重性，懂得防患于未然的道理，故而成为坚守台湾的一种原因。

其二，台湾是关乎江苏、浙江、福建、广东四省要害之地。郑成功从福建出发，以水师进攻长江下游地方，兵围江宁(南京)，东南大震。三藩之乱，郑经从台湾发兵攻占福建一些地区。于是有了顺治十八年(1661)、康熙十七年(1678)两次迁海之令，造成民众流离失所，扰攘不绝。施琅极其看重这些事实，谓郑成功盘踞台湾，"纠集亡命，胁诱土番，荼毒海疆，窥伺南北，侵犯江浙。传及其孙克塽，积数十年"。现在郑氏投降了，保守台湾，以之为"东南之保障，永绝海滨之祸患"。

其三，以前"迁海"的错误政策的教训应当吸取。刚刚说到清朝两次迁海，施琅对这样的政策大不以为然，他说："昔年封疆大臣无经国远猷、矢志图贼，狃于目前苟安，尽迁五省边地以避寇患，致贼势益炽而民生颠沛。往事不臧，致延祸及今，重遗宵旰之忧。"他从迁海这一历史事件中看到消极防范的弊害，即助长敌人的气势而令生灵涂炭，皇上担忧。因此，不能再像类似迁海那

282

样防备敌人,而要守台卫民。

施琅守台的中心点是以台湾作为屏障,保障东南沿海江、浙、闽、粤四省的安宁。原先人们保卫东南沿海的观念是原地设防,修筑城堡,乃至采取不智的迁海政策。施琅根据已然据有台湾的客观形势和对台湾重要地位的认知,以台湾为边防重地,屏障东南。不难理解,他是将东南沿海的防线扩展到台湾,以外海作为内地的屏障。于是海防线已经不是陆地,而是台湾及其附属岛屿。所以他认为要保东南,必守台湾,否则东南必然不得宁静,故云"弃之(台湾)必酿成大祸,留之诚永固边隅"。

施琅将海防线扩展到台湾的见解,前人识不及此,当时人起初也多不理解。在施琅的说服下,苏拜、金铉赞同了。大学士李蔚、王熙对施琅的意见亦表示首肯:"据施琅奏内称,台湾有地数千里,人民十万,则其地甚要,弃之必为外国所踞,奸宄之徒窜匿其中亦未可料,臣等以为守之便。"至此,朝廷接受施琅和苏拜及福建官员的建议,于二十三年(1684)四月定议,在台湾设立一府三县,派驻守军,设置台湾总兵一员,驻兵八千,澎湖副将一员,守兵二千。五月,康熙帝任命杨文魁为台湾总兵官。施琅的保留台湾的建议不仅为康熙帝接受,而且付诸实行了。

扩展海防线到台湾外海,把防线从陆路推向海洋,是海防观念的进化,需要从历史上的防卫观念、海洋观念等诸方面进行深入的研究。

三、"海不扬波"的某种效果

施琅在报告攻克澎湖的题本中说:水师"抵澎之后,海不扬波;进师之时,潮涨四尺,以佐成功"[①]。使用了成语"海不扬波"。"海不扬波"表示皇帝圣明,天下为太平盛世。

清朝进攻台湾郑氏,原为"靖海氛",是特为郑氏集团而发,待后定议守台湾,是为"海氛不生",不要在海上产生类似郑氏集团的政治势力,扰乱内陆。事实上,自设台湾府、省之后,除了在后来出现蔡迁等海盗集团之外,还没有政治性的敌对集团扰乱沿海诸省,就这个意义上说,确是"海不扬波"了。可知

---

① 《清实录·圣祖实录》卷110,"二十二年六月己巳"条。

"海氛不生"的预期目标基本上是达到了。施琅外海边防观点的正确性,由实践予以证实了。

（2003 年 11 月 10 日作于顾真斋,为提交在福建晋江召开的学术研讨会的论文）

乾隆初政与乾隆帝个性

一个帝王的初政是指开始执政的那一段时间中的政策及其实行效果,就乾隆初政而言,乾隆帝坚持服丧三年,实即二十七个月,在服丧期间,他使用总理事务王大臣协助处理政事,谅阴期满,取消总理事务处,恢复前朝的军机处。无论是总理事务处,还是军机处,都是乾隆帝乾纲独断,但名义上、形式上有所不同,故以此作为他的初政时间。就在谅阴期的末尾,即乾隆二年(1737)三月,将雍正帝梓宫安奉地宫之时,撰写雍正帝圣德神功碑文,九月碑亭建成,嗣皇帝给先帝做了盖棺定论,由于初政是对着前朝政治的异同讲的,对前朝政治的评价的确定也应视为初政的重要内容。基于这两方面的考虑,将乾隆初政大体上约定在雍正十三年(1735)八月至乾隆二年(1737)的二十几个月中。

有一个有趣的历史现象,雍正帝、乾隆帝父子在世之时,都被民间指责有十大罪过,指斥雍正帝的是谋父、逼母、弑兄、屠弟、贪财、好杀、酗酒、淫色、诛忠、任佞。如此咒骂皇帝的文件,赖有雍正帝颁发的《大义觉迷录》①予以保存。乾隆帝登基将《大义觉迷录》作为禁毁书,不许流传。而辱骂他的是"五不可解、十大过",是民间假借工部尚书孙嘉淦的名义写的所谓"奏稿"。乾隆帝于十六年(1751)兴起大狱,而文献今则无存,②令后人只能知道咒骂他的两条罪状:南巡、杀大臣讷钦。同样是责难皇帝有十大罪状,一个是公布,一个是销毁,于此令人看到两个皇帝有相异的心态,不同的政治作风,必定会有不同的政治举措,是以我们有兴趣研讨乾隆初政及其与前朝政事的关系,并由初政窥视乾隆帝的政治理念,以及初政同乾隆一朝政治的连续性。

---

① 《大义觉迷录》,载中国社科院历史所清史研究室编:《清史资料》第 4 辑,中华书局,1983 年。
② 参阅陈东林、徐怀宝:《乾隆朝一起特殊文字狱——"伪孙嘉淦奏稿案"考述》,载左步青选编:《康雍乾三帝评议》,紫禁城出版社,1986 年。

一、"翻案"的新政

对于乾隆初政,嘉道时期的昭梿在《啸亭杂录》中有个概括的评述:"纯皇即位时,承宪皇严肃之后,皆以宽大为政,罢开垦、停捐纳、重农桑、汰僧尼之诏累下,万民欢悦,颂声如雷。吴中谣有'乾隆宝,增寿考;乾隆钱,万万年'之语。一时辅佐之臣,如鄂文端尔泰、杨文定名时、朱文端轼、赵泰安国麟、史文靖贻直、孙文定嘉淦,皆理学醇儒,见识正大,故为一代极盛之时也。"①昭梿的着眼点在经济和官员使用方面,笔者拟从乾隆帝的民间、官僚贵族、文化信仰三方面政策做出考察,而且每一个方面均留意于初政反对前朝什么,在什么地方开恩。

雍正帝的政治观念是实行改革,所谓"雍正改元,政治一新"②,"移风易俗,跻斯世于熙皞之盛"③。公开倡导移异风俗,改变官场积习和民间弊俗,进行了涉及贵族、官员、旗人、绅衿、平民等社会各阶层的政治、经济、文化更新。乾隆帝与乃父相反,对移风易俗嗤之以鼻,在继位一月之际发表长篇上谕,教导官员实心爱民:

> 夫移风易俗者郅隆之上理也,然必渐民以仁,摩民以义,使民日迁善而不自知。倘为督抚者,一有移风易俗之见存之于心,宣之于口,朕知其不但不能移易乎风俗,而风俗且受其敝。何者?彼盖不知因民之道,而日事驱民之术,势必更张成法,烦扰地方,为吾民之苦。他如献祥瑞,报羡余,匿水旱,奏开垦,改土归流,改隶州县,所云揆之人事则悦耳,论之阴阳则伤化,其不以此也欤!④

不能存心移异风俗,雍正朝就是犯了这样的毛病。因此出现了献祥瑞、奏

---

① 昭梿:《啸亭杂录》卷1《纯皇初政》,上海进步书局本。
② 李绂:《穆堂别稿》卷18《漕行日记》,乾隆十二年刊本。
③ 雍正朝《起居注册》,二年七月十六日,中华书局,1993年,第1册第280页。
④《清实录·高宗纯皇帝实录》卷7,"雍正十三年十一月辛酉"条,中华书局,1985年影印本,第9册第289页,即《清高宗实录》第1册第289页,以下均以此为名,注出册、页。

开垦、耗羡归公、改土归流、提升州县等好听而实际害民的弊政。乾隆帝所关注的正在这里,这可以说是他所要尽速改变的事情,是初政的中心所在。

乾隆帝发起,臣下遂有跟进者,御史曹一士提出罢能吏用贤吏及清理文字狱等一系列建议,是最激进者,而大学士朱轼、户部尚书史贻直是中坚力量。朱轼在雍正朝就持有不同政见,他是乾隆帝的老师,认为耗羡归公政策不便于民,表示反对,①对西北用兵亦持异议。他因此不安于位,以病要求离职,雍正帝挽留他,说"尔病如不可医,朕何忍留,如尚可医,尔何忍言去"②,遂感动得留于朝廷。乾隆帝继位当日,下诏让他从浙江海塘工地回京,在总理事务处办事,进入政权核心。他们的政事主要在下述几方面:

(一)罢开垦、停捐献等农商政策

乾隆帝在上述上谕中接着说,以"河南一省论之,田文镜匿报灾荒于前,王士俊浮报垦田于后,小民其何以堪"③!河南是最早实行耗羡归公的省份之一,雍正二年(1724),巡抚田文镜就推行自首隐田政策,当雍正帝实施垦荒政策时,他又是推行最力,到雍正八年(1730),河南垦荒和自首隐田有五万四千顷,占到税田的8%以上。④雍正帝夸奖他为模范督抚,为他特设河东总督,以示宠异。他的继任者王士俊更以报垦田为务。乾隆帝善于抓典型,首先拿他们祭旗。十月,朱轼疏言丈量土地的办法根本不可行,小民怕官,勉强首报垦荒,将来不能纳赋,故"请停止丈量,饬禁首报"⑤。史贻直在雍正十三年(1735)十一月上疏,请求立即停止河南的垦荒和捐输,指出所谓新垦田亩,都是不毛之地,或者是河堤坟侧,当做沃土收税,必至小民卖儿鬻女;捐纳是州县官拿着簿籍到人家劝捐,有伤国体,请派廉明大臣,去河南抚绥,解救百万生灵。⑥乾隆帝于是将王士俊解任,调回北京,同时取消河东总督建制,河南依旧只设巡抚。曹一士亦将矛头指向王士俊,专疏弹劾他。

在赋役方面,即位恩诏的例行减免而外,又陆续有所减免。如耗羡一般占正赋的一成,有的省份偏高,乾隆帝于雍正十三年(1735)十一月开始陆续下

---

① 张廷玉:《澄怀园文存》卷12《文端朱公墓志铭》,光绪十七年刊本。

② 徐珂辑:《清稗类钞·恩遇类·世宗慰留朱文端》,中华书局,1984年,第1册第286页。

③ 《清高宗实录》卷7,"雍正十三年十一月辛酉"条,第1册第289页。

④ 雍正《河南通志》卷21《田赋》。

⑤ 《清史列传》卷15《朱轼传》,王钟翰点校本,中华书局,1987年,第4册第1001页。

⑥ 《清史列传》卷15《史贻直传》,第4册第1135页。

令江南、四川、陕西督抚减核,四川耗羡是每两正赋加收二钱五分,乾隆帝命减为一钱五分。此外还有提解费的"余平",约占正税的千分之六,二年(1737)闰九月,令革除这种附加税。①裁革田地买卖、小商小贩的一些杂税,雍正十三年(1735)十二月废黜田文镜实行的契纸契根之法,禁革民间田房过户中官吏的滥收税契银。②二年(1737)四月免去澎湖渔艇陋规,即取缔康熙朝以来的水师衙门在这里所收的一千二百两银子规礼。③六月豁免桂林府鱼税,临桂县墟税,灵川、永宁小税,平乐府糖油鱼苗税。④贩卖私盐,历朝政府都严行禁止,乾隆朝亦然,但接受给事中曹一士的建议,允许老年人在本县范围之内贩卖不超过四十斤的盐。⑤优免商税,还照顾到外国商人,原来到广东贸易的外国商人需要交纳正税之外的百分之十的附加税,名之曰"缴送",元年(1736)十月,乾隆帝下命取缔。⑥

对读书人多加开恩。元年(1736)二月,禁派绅衿杂差。原来在雍正时期,特别是在河南,绅衿也应杂差,如打更、出河工,这时为了"优恤士子",免除举贡生员的杂差。⑦二年(1737)四月,禁收童生试卷费,勿使学政及胥吏借名苛索。⑧

雍正朝在直隶兴办营田水利,开办井田,但闹得沸沸扬扬,乾隆元年(1736)六月,将新旧营田一概交由州县官管理,裁撤专设的衙门。⑨十一月,将井田改为屯庄,庄户按亩纳粮,与一般农户一样了。⑩雍正朝为了鼓励农业生产和务本力农的人,施行老农顶戴制度,乾隆元年(1736)七月,以有似农非农之人钻营顶戴,故而取消这一规则。⑪

乾隆帝的重农恤农在二年(1737)对直隶、山西、山东春旱的关注上表现

①《清高宗实录》卷7,"雍正十三年十一月癸亥"条,第1册第290页;卷52,"二年闰九月丁巳"条,第1册第877页。

②《清高宗实录》卷8,"雍正十三年十二月辛未"条,第1册第303页。

③《清高宗实录》卷41,"二年四月癸未"条,第1册第740页。

④《清高宗实录》卷44,"二年六月壬戌"条,第1册第775页。

⑤《清史稿》卷306《曹一士传》,中华书局,1976年点校本,第35册第10529页。

⑥梁嘉彬:《广东十三行考》,国立编译馆,1937年,第374页;转见《清史编年》第5卷,中国人民大学出版社,2000年,第27页。

⑦《清高宗实录》卷12,"元年二月戊辰"条,第1册第361页。

⑧《清高宗实录》卷40,"二年四月辛未"条,第1册第724页。

⑨《清高宗实录》卷21,"元年六月辛卯"条,第1册第512页。

⑩《清高宗实录》卷31,"元年十一月壬子"条,第1册第624页。

⑪《清高宗实录》卷22,"元年七月癸卯"条,第1册第529页。

出来。三月,直隶无雨,乾隆帝表示内省,并命总理事务王大臣筹划御荒之策。①同月,在天人感应观念的主导下命恤刑;帮助八旗内务府失婚的兵丁婚配;令直隶总督李卫筹备赈务;天津总兵官黄廷桂奏报得雨三寸,斥其为粉饰。四月,下令动用仓场存米平抑米价;禁止商人购买兵丁口粮;祈雨,祭神;免天津、临清关运粮船税;下令免征当年直隶税粮银七十万两,山东一百万两;派遣侍卫往直隶、山东察看平粜粮食情形;截漕救荒;筹议从丰收的陕西运粮至灾区;筹商山东荒政。五月,禁止造酒。六月中旬直隶得雨,酬神祭祀,议叙主持平粜事务的官员;接受原任营田观察使陈时夏的建议,在直隶实行区田法。②

(二)多种钦案的局部平反

雍正朝发生了许多大案,诸如以宗室人员为主的允祀、允禟案,功臣年羹尧案、隆科多案,所谓科甲人朋党案,以及这些大案的附案,如汪景祺案、查嗣庭案等。乾隆帝对这些案件及其已故的主犯并不置评,但重新安置案中人,表明他的某种否定态度及进行局部范围的平反,下面叙述乾隆帝对上列诸案的重新处理。

宗室人员案中人。乾隆帝继位一个月,训饬宗室,谴责允禵之子弘春、允祉之子弘晸,说他们在其父兄遭到圈禁时,受到贝子、郡王封爵,不仅不忧愁,反而很高兴,因此是"不孝不弟"之人;同时说在被前朝整治的宗室中,有人受到感化自新。③十月,乾隆帝说允祀、允禟是罪有应得,他们的子孙被开除出宗室,可是他们毕竟是康熙帝的后裔,长久下去将同庶民没有差别,因此要求臣下商议新的对待办法。④这两次讲话是先造舆论,预示将要对这些人加恩。果然,第二次上谕的两天后,下命将一些革黜的宗室觉罗及其子孙,查明后分别赐予红带、紫带,附载玉牒。⑤接着,将锁禁高墙的宗室新德、新福等,散禁高墙的鄂齐,在家锁禁的丰库,散禁的裕伸等放出高墙,以敦叙亲族。⑥对允禵集团的主要成员允禵、允䄉如何处置,事关重大,乾隆帝说,想来他们被圈禁数年,

---

① 《清高宗实录》卷39,"二年三月甲寅"条,第1册第702页。

② 《清高宗实录》卷45,"二年六月辛巳"条,第1册第785页。

③ 《清高宗实录》卷3,"雍正十三年九月庚申"条,第1册第192页。

④ 《清高宗实录》卷4,"雍正十三年十月癸酉"条,第1册第215页。

⑤ 《清高宗实录》卷4,"雍正十三年十月乙亥"条,第1册第220页。

⑥ 《清高宗实录》卷4,"雍正十三年十月丁丑"条,第1册第225页。

已经知道悔过。因此让总理事务王大臣、宗人府、九卿共同议处。①随即以弘春不孝不友,革去贝子,软禁在家。②这在一定意义上是对允禵的某种抚慰。元年(1736)三月,将雍正朝获罪革除宗室的原任贝勒延信、苏努、公乌尔占等子孙赏给红带子,每月给三两钱粮,登记在黄册之末,以备附入玉牒。③雍正朝在允祀党人公阿灵阿坟前刻有"不臣不弟暴悍贪庸阿灵阿之墓"字样的墓碑,乾隆帝以其先人是功臣,命将碑毁去。④也算是一种平反方式。二年(1737)二月以前,允禵、允祕已被释放,至此加恩,授予公爵。⑤

年羹尧案、隆科多案中人。因年羹尧而获罪的汪景祺,因隆科多获罪的查嗣庭,家属、族人发配边疆。乾隆帝于元年(1736)三月说,汪景祺犯罪是在陕西,他的兄弟及他们的儿子在原籍浙江,并无联系,应将他们释放回籍;查嗣庭的子侄拘禁流放地已有十年,也从宽赦回。⑥年羹尧案中人李维钧,妻子原被罚入辛者库为奴,乾隆元年(1736)十月释放归原旗。⑦对年羹尧的后裔,在雍正年间就从配所赦回,乾隆三年(1738)有人建议让他们当差,乾隆帝认为加恩已多,不准这一请求。⑧

所谓科甲人朋党案中人。原任云贵总督杨名时并非朋党中人,然而雍正帝认为他是科甲人的精神领袖,故意罢他的官,罚修洱海。乾隆帝继位的第二十二天,以其"为人诚朴,品行端方",征召进京,管理国子监事务。⑨杨名时随即推荐进士庄亨阳等人,乾隆帝命予录用。乾隆元年(1736)九月,杨名时卒,赠予太子太保,入贤良祠。主犯蔡珽判处斩监候,乾隆帝于雍正十三年(1735)十月认为他"情罪尚属可原",予以赦放。⑩主犯李绂,乾隆帝即位,诏给侍郎衔,管理户部三库事务,随即实授户部左侍郎。⑪

① 《清高宗实录》卷5,"雍正十三年十月戊子"条,第1册第245页。
② 《清高宗实录》卷5,"雍正十三年十月壬辰"条,第1册第250页。
③ 《清高宗实录》卷15,"元年三月辛酉"条,第1册第417页。
④ 《清高宗实录》卷29,"元年十月癸未"条,第1册第608页。
⑤ 《清高宗实录》卷41,"二年四月丁丑"条,第1册第734页。
⑥ 《清高宗实录》卷14,"元年三月庚子"条,第1册第397页。
⑦ 《清高宗实录》卷28,"元年十月壬戌"条,第1册第597页。
⑧ 《清高宗实录》卷80,"三年十一月辛酉"条,第2册第265页。
⑨ 《清高宗实录》卷2,"雍正十三年九月庚戌"条,第1册第177页。
⑩ 《清高宗实录》卷5,"雍正十三年十月壬辰"条,第1册第249页。
⑪ 《清史列传》卷15《李绂传》,第4册第1083页。

（三）赦放及起用非政治犯废员

乾隆帝即位恩诏，对现在议降议罚及住俸戴罪的文武官员俱加宽免，九月，又命对议革的官员亦予宽免。[1]将恩免追赔银两的官员及其子孙应选应补者俱准铨选。[2]十月中旬以前谕旨，"一应著追银两，暂停追比"[3]。根本改变了雍正朝严厉追比政策，并立即任用废员彭维新署理左都御史，张楷署理礼部侍郎，陈世倌署理副都御史。乾隆元年（1736）五月，先后引见八旗和文职三品以上废员，乾隆帝分别记名，准备选择使用。[4]于是赏给法海、李楠副都统衔，在咸安宫官学处办事，韩光基等管理圆明园八旗兵丁。[5]西北两路用兵的败军之将傅尔丹、陈泰、岳钟琪等人，因以前立有功勋，均从监狱放出，令其愧省。[6]与此同时，减轻赃罚罪的量刑标准，以前赃银在三百两以上的论斩，一千两以上的遇赦不准援宥，乾隆元年十一月改为赃银满一千两的论斩，一万两以上的不准援赦。[7]这样的改动，令赃官处死的机会大为减少，而援赦的机会大增。

（四）文字狱与文化政策的更定

这里所说的文字狱多半是政治斗争的产物，或者本身就是政治斗争的一种表现，一种以文字之祸为外形的政治事件。曹一士就康雍两朝文字狱上疏请求做出全面的平反：

> 比年以来，闾巷细人，不识两朝所以诛殛大憝之故，往往挟睚眦之怨，借影响之词攻讦私书，指摘章句；有司见事生风，多方穷鞫，或至连累师生，株连亲族，破家亡命，甚可悯也。臣愚以为，井田、封建不过迂儒之常谈，不可以为生今反古；述怀咏史，不过词人之习态，不可以为援古刺今；即有序跋偶遗纪年，一或草茅一时失检，非必果怀罪匿，敢于明布篇章。若此类悉皆比附妖言，罪当不赦，将使天下告讦不休，士子以文为戒，殊非国家义义正法，仁以包蒙之至意也。

---

① 《清高宗实录》卷 3，"雍正十三年九月己未"条，第 1 册第 188 页。

② 《清高宗实录》卷 3，"雍正十三年九月辛酉"条，第 1 册第 194 页。

③ 《清高宗实录》卷 4，"雍正十三年十月丁丑"条。第 1 册第 224 页。

④ 《清高宗实录》卷 18，"元年五月甲辰"条，第 1 册第 464 页。

⑤ 《清高宗实录》卷 19，"元年五月庚戌"条，第 1 册第 470 页。

⑥ 《清高宗实录》卷 41，"二年四月乙亥"条。第 1 册第 730 页。

⑦ 《清高宗实录》卷 30，"元年十一月戊戌"条，第 1 册第 618 页。

他请求检查从前各案有无冤情，以后如有妄奏文字悖逆之事，即反坐以所告之罪。①乾隆帝批准了这一建议，令各省督抚进行核查，若承审官将不当比附的作了比附，以故入人罪律论处。②唯有曾静案不能平反，本来雍正帝明确说明不杀曾静和张熙，而且留下遗言不让继承人杀他们，可是乾隆帝继位三个月，就将曾静、张熙凌迟处死，停止《大义觉迷录》的宣讲，收缴礼部，使它成为禁书。③元年(1736)五月宽免他们的家属，既不判罪，家产也不入官。十月，广东屈大均诗文案中流放福建的屈大均子孙赦免回籍。④

雍正帝融和儒佛道三家，提倡佛教，在宫中开法会，乾隆帝初政对僧道的态度与乃父大有不同，继位第三天从宫中驱逐道士张太虚、王定乾等人。⑤第五天下令，不许参加宫中法会的僧侣进京追悼大行皇帝，只许在原地诵经。⑥第三十一天，禁止擅自建造寺观神祠，若有人乐善好施，只许修葺废寺，民人不得自行剃度，得由政府批准，给予度牒，才能成为僧侣。⑦第三十九天下令清理寺庙的斋田，旧有的不得变卖，清查登记。⑧

雍正帝出于政治需要，制造所谓"乐善好施""道不拾遗""祥瑞纷呈"的治世景象，大力宣扬这类事情，乾隆帝持有相反态度，继位不久下令，禁止地方官陈奏祥瑞，希望众臣以实心求实政，"切不可务锐应之虚名，致启颂扬之饰说"⑨。禁陈乐善好施、道不拾遗等事，认为这种事情有变相捐纳之嫌，官员借此以博取化民成俗的虚誉，不肖之徒以此邀赏，并非善政。⑩

(五)对改土归流、耗羡归公的认识与做法

改土归流、耗羡归公，是中国历史上重大的改革举措，乾隆帝对这些事，

① 曹一士:《四焉斋文集》卷 1《请查察比附妖言之狱兼禁挟仇诬告诗文》,宣统二年刻本。
② 《清高宗实录》卷 13,"元年二月辛巳"条,第 1 册第 378 页。
③ 《清高宗实录》卷 9,"雍正十三年十二月甲申"条,第 1 册第 321 页。
④ 张伟仁主编:《明清档案》第 69 册,台北联经出版公司,1987 年,A69—4 页。
⑤ 《清高宗实录》卷 1,"雍正十三年八月辛卯"条,第 1 册第 148 页。
⑥ 《清高宗实录》卷 1,"雍正十三年八月癸巳"条,第 1 册第 153 页。
⑦ 《清高宗实录》卷 3,"雍正十三年九月己未"条,第 1 册第 189 页。
⑧ 《清高宗实录》卷 3,"雍正十三年九月乙丑"条,第 1 册第 198 页。
⑨ 《清高宗实录》卷 2,"雍正十三年九月辛亥"条,第 1 册第 178 页。
⑩ 《清高宗实录》卷 5,"雍正十三年十月乙酉"条,第 1 册第 239 页。

骨子里不以为然,但表面上予以维持,甚至是态度积极。雍正十三年(1735),改土归流的一些地区发生动乱,雍正帝指定包括乾隆帝在内的大臣经理其事,并派尚书张照前往经略,然而战事毫无进展。乾隆帝本来将改土归流看做不应当进行的坏事,可是这时只有硬着头皮将战争进行下去,原因是顾及国家和雍正帝的面子,如果不将战争打下去,使那些地区恢复到改土归流以前的状态,不就是承认原先做错了吗?!事情走到这一步,只能向前,不能后退。所以,乾隆帝于雍正十三年(1735)九月谕办理苗疆军务王大臣:改土归流当初不应进行,但是现在不能放弃。①十一月又说:"人孰无过,过而能改,则无过矣。今日之事,正我君臣改过之秋","此事乃我皇考所贻我君臣之最要最重事件,于皇考颜面所关,我君臣不可不慎也"。②他确实将平定苗疆当做头等大事来做, 继位第四天说:"朕思目前紧要之事, 无有过于西北两路及苗疆用兵者。"③而西北战事稳定,唯有苗疆是必须立即解决的事情。随即撤回办事不力的张照,改派张广泗前往,用了一年的时间,使得苗疆重新稳定,而改土归流的成果得以保持,也不再讨论当初有无实行必要的问题了。

雍正朝实行的新制度,有摊丁入亩,耗羡归公与养廉银,军机处,改土归流,秘密立储,奏折制度的确立(或者说完善),台省合一等;大力推行的政策有,清查经济,严行追比,打击宗室朋党,惩治所谓科甲人朋党,提升州县,整顿八旗旗务,汇追民间积欠钱粮,报垦荒地,奖励老农,营田水利,实行铜禁,钳制士人思想(各种"文字狱");倡导的有,呈报祥瑞,好善乐施,路不拾遗,汉化佛教。对比上述乾隆初政的各项政事,不难发现诸多不同之处,乾隆帝所着意于改变的不在那些制度方面,而是雍正朝推行的政策,或则取消、停止那些政策的执行,如暂停追比,不许改隶州县,取消铜禁,禁止奏报垦荒,停止捐纳,改井田为屯庄,将营田改归州县;或则宽免各种案件中的被处分者及其家属,起用废员或前朝不得意官员;对前朝倡导的那些所谓民间新气象更是极端厌弃,不许呈报祥瑞、好善乐施、路不拾遗。由此可知,乾隆初政,对雍正朝的政治、经济、文化、社会政策做出了多方面的改变,乃至变动得面目全非。同时还应该注意到,变化的仅是表象,而基本制度并未更改(此点后

①《清高宗实录》卷2,"雍正十三年九月乙巳"条,第1册第170页。
②《清高宗实录》卷7,"雍正十三年十一月乙丑"条,第1册第293页。
③《清高宗实录》卷1,"雍正十三年八月壬辰"条,第1册第150页。

面有机会谈到)。

乾隆朝政策的更新,是对前朝的某种否定,是对官民的抚慰。乾隆帝在元年(1736)五月说他体恤下情,办了些从宽的事情:"朕御极以来,所办之事,虽有数件从宽,特因体恤下情,于应从宽者,始行从宽耳。"①自认为所行之政,出于形势的需要,是因应之变。这种变更当时人都能感觉得到,不过持有不同的见解。原任河东总督王士俊和尚书傅鼐可谓为代表。王士俊遭到史贻直、曹一士参奏,被解任,于乾隆元年(1736)四月派往四川,署理巡抚。七月,密疏言事,对眼前的官员条陈、行政表示担忧,他说:"今日条陈,惟在翻驳前案,甚有对众扬言,祗须将世宗时事翻案,即系好条陈之说。传之天下,甚骇听闻。"他明确提出,当时有一股翻案风,否定前朝政治,这无异于说乾隆初政是在搞翻案,乾隆帝即使是在翻转前朝政治,他也要有个孝子之名,现在大行皇帝还未安葬,就翻他的案,这个罪名他如何承受得起,是以见到王士俊的奏疏,非常敏感。他意识到,王士俊说群臣翻案,实际就是指的新君在翻案。故对廷臣说:"夫指群臣为翻案,是即谓朕为翻案矣。"接着说,为治之道,有张有弛,有宽有严,应视情况而定,是因时制宜,朕与皇考、皇祖的仁爱之心相一致,臣工应当体会得到,至于事关皇考的事,妄有指责的,是朕极其留意而不允许出现的。②乾隆帝不承认他在翻前朝的案,并将王士俊作为金邪小人,判处斩监候,以后削籍为民。乾隆帝说王士俊是假借直陈言事之名,而刑部尚书傅鼐亦"如此举动"③,傅鼐究竟说的是什么,记载不明,观乾隆帝在相同时间、场合将他与王士俊并论,可知也是说的翻案的事。君主制下,谁敢说皇帝不是,王士俊、傅鼐的翻案说,显然不是他们二人的,诚如王士俊奏疏所言,有人想从中得好处,形成翻案风,就必然会让一些人认为乾隆初政是在搞翻案。乾隆帝绝对不会承认有翻案风,事实上是存在的,其风源当然是乾隆帝的方针、指令。看来,所谓乾隆初政,是针对雍正朝的多项政策(仅仅是政策),做出更改,说它是翻案,未为不可。至于翻案的效果如何,走向如何,应该做出什么样的评价,容在下节讨论。

---

①《清高宗实录》卷5、卷19,"雍正十三年十月甲申"条、"乾隆元年五月戊午"条,第1册第238、第477页。

②《清高宗实录》卷23,"元年七月辛酉"条,第1册第540页。

③《清高宗实录》卷23,"元年七月庚申"条,第1册第540页。

二、乾隆帝的宽严相济政治纲领及邀誉心理

前述乾隆帝说为政之道，因时制宜，亦宽亦弛，已然表达了他的宽严相济思想，这一节我们就专门考察他的政治观念，会发现他之所以主张实行宽和政策，同他的政治理念及邀誉心理分不开。

(一)宽严相济政治思想的提出及其内涵

乾隆帝继位的第五天颁布大行皇帝遗诏，就其内容来看，自然有的是雍正帝遗愿，有的则是乾隆帝的愿望，下引的一番话应当是乾隆帝的意见：

> 国家刑罚禁令之设，所以诘奸除暴，惩贪除邪，以端风俗，以肃官方者也，然宽严之用，又必因乎其时。从前朕见人情浇薄，官吏营私，相习成风，固知省改，势不得不惩治整理，以戒将来。今人心共知儆惕矣……若从前之例本宽，而朕改易从严者……仍可酌复旧章，此朕本意也。向后遇此等事，则再加斟酌，若有应照例者，仍照旧例行。①

乾隆帝借用雍正帝的名义，在这里提出治理天下的宽严交替使用问题，初步表达改严从宽的意向。一个多月后，乾隆帝召见总理事务王大臣，交待宽严相济的施政方针：

> 治天下之道，贵得其中，故宽则纠之以猛，猛则济之以宽。而《记》称一张一弛，为文武之道，凡以求协乎中，非可以矫枉过正也。皇祖圣祖仁皇帝，深仁厚泽，垂六十年休养生息，民物恬熙，循是以往，恐有过宽之弊。我皇考绍承大统，振饬纪纲，俾吏治澄清，庶事厘正，人知畏法远罪，而不敢萌侥幸之心，此皇考之因时更化，所以导之于至中，而整肃官方，无非惠爱斯民之至意也。皇考尝以朕为赋性宽缓，屡教诫之；朕仰承圣训，深用警惕，兹当御极之初，时时以皇考之心为心，即以皇考之政为政。惟思刚柔相济，不竞不绿，以臻平康正直之治。夫整饬之与严厉，宽大之

---

① 《清世宗实录》卷159，"十三年八月己丑"条，中华书局，1985年影印本，第2册，第955—956页。

与废弛,相似而实不同,朕之所谓宽者,如兵丁之宜存恤,百姓之宜惠保,而非谓罪恶之可以悉赦,刑罚之可以姑纵,与庶政之可以怠荒而弗理也。朕观近日王大臣等所办事务,颇有迟延臻纵之处,想以朕宽大居心,诸臣办理,可以无事于整饬耶?此则不谅朕心,而与朕用宽之意相左矣。……恐相习日久,必至人心玩愒,事务废弛,激朕有不得不严之势。此不惟臣工之不幸,抑亦天下之不幸,更即朕之不幸矣。①

此后,乾隆帝不断论述宽严相济的施政道理,由上引谕旨和历次的讲话可知乾隆帝的宽严相济、刚柔相济的内涵在于:

1.因时制宜,纠正前朝末年留下的弊端

康熙末年,与民休息,出现宽纵之弊。所以,雍正帝即位不得不实行严猛方针,进行整饬。于是又产生严峻之弊,形势要求予以改正,乾隆帝当政,只好用宽仁方针取代烦苛之政。雍正朝的整肃与乾隆朝的宽容均为形势使然,不是当政者随意采取的,不是出自当政者个人的好恶。所以乾隆帝屡次说,他实行宽容政策,如果造成政务废弛,他就会被迫采取严峻方针,希望臣下同他配合,不让废弛局面的出现。由此可知,所谓宽严相济,当"宽政"出现弊端,就用"严政"来补救,而"严政"出了毛病,再以"宽政"纠偏,如果又发生问题,只好复行"严政",这是因时制宜的政治思想。"严峻"并非好事,是不得已而行之,最终要走到"宽容"的政治轨道上。

2.执两用中,强调中庸协调

"治天下之道,贵在其'中'",这一类的话,乾隆帝不知道重复了多少遍。继位第十七天, 给雍正帝拟定谥号, 赋予乃父 "建中" 桂冠。②雍正十三年(1735)十二月,乾隆帝说:"凡政事之张弛,治理之竞觫,惟恐不能协乎大中至正之矩。"③同月又说:"朕遵奉皇考圣训,以中平之道治天下。"④乾隆元年(1736)二月,谕总理事务王大臣:"治道贵乎得'中',矫枉不可过正。……天下之事,有一利,必有一害,凡人之情,有所矫,必有所偏,是以'中道'最难。"⑤同

①《清高宗实录》卷4,"雍正十三年十月甲戌"条,第1册第216页。

②《清高宗实录》卷2,"雍正十三年八月乙巳"条,第1册第168页。

③《清高宗实录》卷9,"雍正十二年十二月丁亥"条,第1册第328页。

④《清高宗实录》卷9,"雍正十三年十二月乙未"条,第1册第335页。

⑤《清高宗实录》卷12,"元年二月癸酉"条,第1册第367页。

月训饬陈奏诸臣,所言之事"不能适合厥中"①。雍正帝于十三年(1735)五月编辑成《执中成宪》一书,乾隆帝于乾隆元年(1736)三月为之作序,说此书是皇考"亲阐执中之礼",皇考"凡施于政教者,或予或夺,或宽或严,或抑扬迟速之稍有不同,而无不立乎大中,可为民极,即《书》所谓执中"。②四月殿试策论,以执中问于贡士:"朕惟治法莫尚于唐虞尧舜相传之之心法,惟在允执厥中。……夫用中敷治,列圣相传,然'中'无定体,随时而用,因事而施,宜用仁则仁即中,仁非宽也;宜用义则义即中,义非严也;或用仁而失于宽,用义而失于严,则非中也。何道而使之适协于中耶?"③话休叙繁,征引就到这里。乾隆帝的意思,实行中庸之道、执中政治,讲究宽严相济,不让因宽而出现废弛的现象,因严而产生烦苛弊病,不可偏废一方,并应当防止这种情形的发生。事情的关键是找到用"中"的法则,令宽严相济,而不相悖,施政艺术也正在这里。所以,他在讲述这些执中道理的同时,屡屡告诫臣工,现在实行宽政,就有放纵的苗头,不能不加以警惕。所以说他施行惇大宽政不久,臣下"渐错会朕旨,而趋于废弛之意,朕滋惧焉"④。让宽与严互相配合,而不是割裂开来,偏于一边。元年(1736)三月,谕总理事务王大臣,严治民间开始冒头的盗贼、赌博、打架、娼妓四恶,因为雍正期间"四恶"已经敛迹,如今"无识诸臣误谓朕一切宽容,不事稽查,以致大小官吏,日就纵弛,民间讹言,诸禁已开"。⑤故而严饬官吏,厉行禁止。同时指责错会其意的官员,说山东巡抚岳濬"观望朕之用人行政,好尚宽大,故为怠玩乎?不知朕之宽乃公正之宽,非荒废之宽也"⑥。

(二)乾隆帝宽严相济政治思想的产生

它的产生有客观与主观两方面的因素。以客观形势来讲,乾隆帝认识到雍正年间存在的社会问题,在强力控制之中有不安定的成分,他认为需要改变。《世宗宪皇帝圣德神功碑》讲到康雍两朝为什么会有相异的治理方针:"圣祖时,疮痍初复,非遍复包涵,不足以厚生养而定民志",但是"政宽而奸伏,物盛而孽萌",如果皇考不来"廓清厘剔,大为之防,其流将溢漫而不可以长久",

---

① 《清高宗实录》卷 13,"元年二月庚辰"条,第 1 册第 375 页。

② 乾隆帝:《执中成宪》序,乾隆间刻本。

③ 《清高宗实录》卷 16,"元年四月丙寅"条,第 1 册第 427 页。

④ 《清高宗实录》卷 12,"元年二月癸酉"条,第 1 册第 368 页。

⑤ 《清高宗实录》卷 14,"元年三月壬寅"条,第 1 册第 398 页。

⑥ 《清高宗实录》卷 15,"元年三月甲子"条,第 1 册第 425 页。

因此进行整顿改制。①他讲了康熙帝、雍正帝各自施行其政的客观条件和原因,那么他呢?他不好细说乃父的坏话,唯说臣下奉行不善,出现烦苛之弊,因而令他不得不予以改变,实行宽严相济的方针政策。雍正帝的严猛政治,令许多官僚不安不满,将他的清查抄家,用打牌中"抄家和"来讽刺,讥笑他是"爱银皇帝";对他的打击允祀党人,就有官员谏议他"亲骨肉"。乾隆帝将这些现象看在眼里,所以继位就对官员和宗室成员施恩。

乾隆帝的赋性、政治理念之中存在着温和的仁善成分。雍正帝遗诏中有乾隆帝"秉性仁慈,居心孝友"②的话,应当是雍正帝的原意。乾隆帝自谓皇考屡次教训他,说他"赋性宽缓"③。礼亲王允礼在雍正朝,说作为皇子的乾隆帝"性资乐善,于道德仁义之根源,既得之圣祖之渐涵,复申以皇上之谕教"④。和亲王弘昼说他的皇兄:"皇祖见爱,养育宫中。恪慎温恭,皇祖见之,未尝不喜。"⑤大学士鄂尔泰在雍正朝经筵会讲中,见皇子乾隆帝"动容出辞,温肃之气具备"⑥。这些人都说乾隆帝性格仁慈、好善、温和而严肃,同宽严相济的政治观相吻合,而尤近于宽仁。

乾隆帝自身,在皇子时代,将自家的居室命名为"乐善堂",雍正八年(1730)汇编诗文集,名曰《乐善堂文钞》,乾隆元年(1736)编订成《乐善堂全集》。以"乐善"为名,反映他的一种理想,诚如允礼所言:"皇子夙以'乐善'名堂,因以标文集,即此见平日心力之所注。"⑦乾隆帝自云取这种堂名,是予人以善的意思,因为给人以善,所以最为欢乐;而善是什么?是孝悌仁义,是孝以养亲,悌以敬长,仁以恤下,义以事上。⑧作为皇帝,主要是仁以恤下了。在文论中,乾隆帝阐发宽平之政的政治理想,他在论述唐太宗、宋太祖时,赞扬他们"以仁爱之心,宽平之政,保养百姓,治功灿然,昭于千古"⑨。为何实行宽平之政,乃因它能赢得众人之心,他理解孔子的"宽则得众"道理,是"自古帝王受

① 《清高宗实录》卷50,"二年九月壬辰"条,第1册第855页。

② 《清高宗实录》卷1,"雍正十三年八月己丑"条,第1册第142页。

③ 《清高宗实录》卷4,"雍正十三年十月甲戌"条,第1册第216页。

④⑦ 允礼:《乐善堂全集》序,光绪间刻本。

⑤ 弘昼:《乐善堂全集》序。

⑥ 鄂尔泰:《乐善堂全集》序。

⑧ 乾隆帝:《乐善堂全集》卷8《乐善堂记》。

⑨ 乾隆帝:《乐善堂全集》卷6《宋太祖论》。

命安邦,遐迩向风,熏德沐义,非仁无以得其心,而非宽无以安其身,二者名虽二,而理则一也。故至察无徒,以义责人则难为人,唯宽能并育兼容"。他的结论是宽能得众,而宽是仁的体现。如果不行宽仁之政,"以偏急为念,以刻薄为务,则虽勤于为治,又有何益"①?这些话给人的感觉是针对乃父政治而言。宽仁的对立面是刻薄,因为刻薄失掉民心,故云宋神宗"信任王安石,用其新法,取利尽于锱铢,掊克罔不在位,于是民心已瓦解矣"②。

乾隆帝宽仁思想的产生受康熙帝的影响。他于康熙六十一年(1722)春天起被康熙帝抚养于宫中,深受宠爱,他真是受宠若惊,他知道康熙帝有一百多个孙子,唯独将他养育在身边,"被恩宠迥异他人"③,他发自内心地感恩,无论是在皇孙、皇子还是在皇帝时期,都对康熙帝异常崇敬。他是善于自律的皇孙,虽然年少,每以受康熙帝教诲严格要求自己,如其自云:"孙臣时虽少,然受皇祖深恩,尝思久侍慈颜,长领训诲,谨身约束,庶无过尤。"④他接受了康熙帝宽容的政治观念,所以在讲到康雍两朝政治的时候,对乃父总是用整风饬纪来概括,而对乃祖则是推崇他的宽仁。如云康熙帝在平定三藩之乱以后,"惟务以深仁厚泽,沦浃中外,俾涵泳优游,四方从欲"⑤,民得其乐。又说康熙帝的包容,"皇祖临御日久,天复海涵,臣工贤否,无不洞悉。晚年多所优容,大臣中或有徇情纳贿之弊,岂能逃皇祖之圣鉴,但不欲深究以保全之"⑥。包容贪官,本来是不足为训的,可是乾隆帝却是有条件地予以赞扬,可见他对乃祖崇拜的程度。

总之,乾隆帝少年时代从乃祖康熙帝那里接受宽平之政的理念,有着仁善的政治观念,向往宽平之治,以宽为表,以仁为实,希望用宽恤获取众心,营造太平之世;成年后鉴于乃父雍正帝的严猛政治的弊端,深明利弊相循的道理,更加明了实行宽平之政的必要,即位后决意施行宽严相济的理想。

上面从政治观念考察乾隆帝的施政思想及其来源,但是还有一点不宜忽略,这就是他的邀誉意识,而且在初政期间有其强烈性。乾隆帝爱听赞扬、奉承

① 乾隆帝:《乐善堂全集》卷1《宽则得众论》。
② 乾隆帝:《乐善堂全集》卷6《北宋总论》。
③ 乾隆帝:《乐善堂全集》卷8《皇祖圣祖仁皇帝恩赐御书记》。
④ 乾隆帝:《乐善堂全集》卷8《恭跋皇祖圣祖仁皇帝御制避暑山庄三十六景诗》。
⑤ 《清高宗实录》卷50,"二年九月壬辰"条,第1册第848页。
⑥ 《清高宗实录》卷25,"元年八月乙酉"条,第1册第562页。

话。左都御史孙嘉淦于乾隆元年(1736)上半年上"三习一弊"疏,谓人君"习于所闻,则喜谀而恶直","喜柔而恶刚","喜从而恶违","三习既成,乃生一弊,何为一弊,喜小人而厌君子是也"。[1]孙嘉淦的上疏属于谏议性,并非说乾隆帝犯了三习一弊的毛病,提出来加以警惕,乾隆帝也表示赞赏他的见解。但是任何谏言都不会无的放矢,孙嘉淦看出乾隆帝有喜谀喜柔的问题,故而提请皇帝注意。二年(1737)十一月,乾隆帝刚刚释服,御史陈其凝疏陈"二欲宜克,三私当省",三私中有一私是"好谀"。[2]他同孙嘉淦一样,提请皇上警惕好谀的毛病。乾隆帝好谀对初政的某些决策,不能不说起了很大作用,他需要标新立异,要与乃父有所不同,改动前朝的政事,以显示他的才华和仁爱品格,树立自身的新朝的形象。有些事情可以做,但是不一定在初政时期急急忙忙地去做,如对宗室政治犯的宽贷,前几朝都是慢慢进行的,多尔衮的事,顺治帝不许变,康熙帝维持不动,直到乾隆后期才做出改正。乾隆帝这时忙什么,不能说不同邀誉有关。为着邀誉,他不自觉地说一些过头话,过多地否定前朝的业绩,而后慢慢地把其中的一些话收回来,恢复到前朝的状态。对于他的改变政策及心理,藩属国朝鲜使者将耳闻目睹的情形及收到的情报汇总起来,对继位初年的乾隆帝及其政事做出这样一些评论:"政令无大疵,或以柔弱为病"[3],"雍正有苛刻之名,乾隆行宽大之政"[4],"政令皆出要誉"[5]。看来,乾隆帝好谀邀誉,也是他以宽平之政改变乃父政策的一个原因,这个因素是不可忽视的。

三、初政效应及遵循雍正朝基本制度

乾隆初政实行的效果如何,应该做出怎样的评价,对此要放长时间来看,或许会清晰一点。

(一)初政稳定社会的成效

雍正后期进行两场战争,消耗国力,大大降低了皇帝的威望。对准噶尔人

---

① 李元度:《国朝先正事略》卷15《孙文定公事略》,中华书局四部备要本,第201页。

②《清高宗实录》卷57,"二年十一月壬午"条,第1册第932页。

③ 朝鲜《李朝实录·英宗实录》卷43,"十三年(乾隆二年)四月丁卯"条,学习院东洋文化研究所,1964—1965年,第44册第82页。

④ 朝鲜《李朝实录·英宗实录》卷49,"十五年(乾隆四年)七月壬戌"条,第44册第173页。

⑤ 朝鲜《李朝实录·英宗实录》卷58,"十九年(乾隆八年)十月丙子"条,第44册第348页。

的西北两路用兵,屡吃败仗,双方都打不下去了,雍正帝主动议和,乾隆帝继位,继续和谈,达成协议,暂时解决了西北问题;乾隆帝对苗疆坚持用兵,成功地维持改土归流的成果,并且不再否定这一政策,维护了雍正朝的改制成果。西北、西南的稳定,更是中央政府与中原地区的安定因素。

那些去烦苛、施恩惠政策的实行获得了人心,令贵族、官员、绅衿、平民有所喜悦。因为严猛之政,在传统的政治思想中不占主导地位,仁政的思想深入人心,严政不到万不得已时是不能使用的,就以雍正帝来讲,他就认为仁政好,只是当时的形势不允许实行,他表示社会状况好转之后,他就会实施宽仁政治,社会条件允许实行宽仁,那才是他的福分。乾隆帝的认识是相同的,他说如果臣下放纵,出现废弛的情形,他就会被迫推行严政。谁也不愿意落个实行严政的坏名声。所以,从严政改为宽政是会得人心的。得人心,社会就容易稳定,统治者好按部就班地进行治理,少操心,日子还好过,何乐而不为!实际上在雍正帝的整顿之后,社会条件允许乾隆帝实行宽平之政,乾隆帝也有这种禀赋认识形势,及时改变前朝政策,取得相应的社会效果。乾隆初政,克服了雍正朝某些烦苛之弊和战争的动乱,稳定了社会正常秩序。所以乾隆初政值得肯定,《啸亭杂录》所记录的民间欢迎乾隆初政的情况应当是属实的。《清史图典·乾隆朝》认为:"'宽严相济'是乾隆帝处理政务的基本方针,这一方针是他总结了历代帝王,特别是康熙帝、雍正帝统治经验而确定的。因时因事而宽严相宜,从而开创了不同于康熙、雍正朝的政治局面。"[1]由于实行宽严相济的方针,开创了乾隆朝独特的政治局面,应当是符合实际的说法。周远廉相当肯定乾隆初政,认为乾隆帝"政尚宽大",纠正雍正朝之错,补救前朝的偏差。[2]所论都有事实根据。笔者在这里需要补充的是,乾隆帝继承的雍正帝创造的比较清明的政治,是他的福分,也是他自己说的享受父祖的余荫。但是,初政之时,由于好谀等原因,对前朝否定得多了些,而后又不得不加以纠正。所以,对初政是有条件的肯定,对矫枉过正的弊病也不要忽视。好,现在来看乾隆帝的自我调整。

(二)恢复、维持雍正朝创行的主要制度

第一节指出,乾隆帝的新政主要是针对雍正朝的政治、经济、文化、社会

---

① 朱诚如主编:《清史图典·乾隆朝·政务篇》,紫禁城出版社,2002年,第3页。

② 周远廉:《乾隆帝大传》第1章《乾隆初政》,河南人民出版社,1990年,第19页。

政策,而不在所改革的制度方面,对制度性的事物,有的他并非没有异议,但是比较慎重,而最终维持雍正朝的制度,兹就其态度一一做出说明。

对耗羡归公及与之相联系的养廉银制度,乾隆帝在七年以前处于认识不清晰吃不透、拿不准的状态,雍正十三年(1735)十一月,乾隆帝下令禁止滥收耗羡,说雍正帝就考虑在各省补清亏空之后,减少或革除耗羡,而他自己表示"从容计议",将来条件允许的时候,可以取消耗羡。①以后他不断听到耗羡归公不是善法的议论,令他产生疑虑,但在初政期间并未将它作为重大事务提出来。而到七年(1742)春天会试之时,通过殿试策论,征询贡士的意见,不得要领,又让九卿翰林科道及各省督抚发表意见,大学士等认为耗羡归公是"良法美意,可以久远遵行,应勿庸轻改旧章",这时乾隆帝也承认"钱粮之有耗羡,盖经国理民,势事之必不能已者",而耗羡归公并未增加小民负担,令办公有资,捐派不行,系"爱养黎元,整饬官方之至意",遂于十一月乾断,维持这一制度,不做变动。②

乾隆帝谅阴期间任用庄亲王允禄、礼亲王允礼、大学士鄂尔泰和张廷玉为总理事务王大臣佐理政务,于雍正十三年(1735)十月废弃雍正帝建立的军机处,这是可以理解的。因为,重大事务同总理事务王大臣商讨,可以不设置军机处。二年(1737)十一月服丧期满,允禄等提请免除总理事务,乾隆帝允准,但考虑到西北两路军务尚未完竣,还有特召交办的事务,须"就近承办"。所以,遵循雍正帝的军机处办法,指定鄂尔泰、张廷玉、公讷钦、尚书海望、侍郎纳延泰、班第进入军机处办事。③这样,恢复了军机处制度。

雍正帝创立秘密立储方法,乾隆帝接受了,于元年(1736)七月,乾隆帝宣布效法雍正帝,采用密立储君之法,认为这个办法是"皇考鉴古宜今,宝爱玉成之妙用",故而"再四思维,惟有循用皇考成式,亲书密旨,照前收藏";他同时认为这还是权宜之法,后世未必要奉行此法,将来仍有明立储贰的可能。④也就是说,他虽然秘密立储了,但对这种办法有着保留意见,只是后来几经周折,到四十三年(1778)坚信秘密建储是良法,要求子孙遵守不变。⑤

---

① 《清高宗实录》卷7,"雍正十三年十一月癸亥"条,第1册第290页。

② 《清高宗实录》卷178,"七年十一月乙丑"条,第3册第298页。

③ 《清高宗实录》卷57,"二年十一月庚辰"条,第1册第930页。

④ 《清高宗实录》卷22,"元年七月甲午"条,第3册第517页。

⑤ 参阅白新良:《清代中枢决策研究》第6章第3节,辽宁人民出版社,2002年。

对前朝的奏折制度,乾隆帝自始就予以接受,继位第八天,下令准许原来的具折人继续书写,以便他广为咨询,增加见闻,以利治理。[①]这一制度从未中辍。

前面已经说过,对改土归流制度,乾隆帝本来不以为然,但为平叛,坚持下去,而后也就以为然了。

摊丁入亩的赋役制度,乾隆帝一贯遵行。

对雍正朝的制度性的改革,乾隆帝虽然对有的项目持有异议,然而后来自我改变了,终于坚持那些制度,使雍乾两朝保持一贯性。笔者在《雍正传》中讲过这样的意见:"乾隆改变雍正的一些政策同时,保留了其父创行的主要制度,即改土归流,奏折和军机处,摊丁入粮,火耗提解与养廉银等制度,这些也正是雍正的基本政策和功业的所在,它们得以维持下来,说明乾隆政治与雍正政治有继承性、一贯性。"[②]今天笔者仍然是这样的看法。

(三)从初政看乾隆帝政治及其调适能力

乾隆帝不愧是明君康熙帝、雍正帝培养出来的帝王,总结两朝的政治得失,初政即提出宽严相济、刚柔相济的政治方针,尤其可贵的是随时观察政治动向,比较及时地纠正露出端倪的偏差。在他初政期间,屡屡告诫臣工,不要因为他施行宽平之政,而不理民务,听任自遂,出现废弛的迹象。如元年(1736)三月说,现在臣下"今日曰宽此,明日曰宽彼,以至群相怠玩,百弊丛生,必至激朕又有不得不用其严之时,则非天下臣民之福也"[③]。五月,因广西巡抚金𫓧半年没有上条陈,指斥他揣度皇帝"欲尚简静,而缄嘿不言,为迎合之举"[④]!似此上谕甚多,不必枚举。不难从中发现,乾隆帝很敏锐,及时发觉宽政中官员的心态,官民的恣肆,政事的废弛,告诫臣下警惕,以及全面实行宽严相济方针的必要。他之能够训饬臣工,是因为他时刻进行反省,深怕从一个弊端走向另一种毛病,并且有能力来发现。初政期间如此,以后仍然注意。三年(1738)二月,谕九卿,不可"因朕宽大,稍萌纵弛,甚至苟且营私,致干物议"[⑤]。四年(1739)三月,训饬部院堂官,"近来看得各部院办事,渐觉懈弛,天下之

① 《清高宗实录》卷1,"雍正十三年八月丙申"条,第1册第155页。

② 冯尔康:《雍正传》第16章,人民出版社,1985年,第561页;上海三联书店,1999年,第643页。

③ 《清高宗实录》卷15,"元年三月甲子"条,第1册第423页。

④ 《清高宗实录》卷18,"元年五月辛丑"条,第1册第460页。

⑤ 《清高宗实录》卷62,"三年二月壬辰"条,第2册第20页。

事,整饬难,废弛易"①,应当警惕。由此可见,乾隆帝随时调整政策,注意克服弊端,使宽严相济的方针得以完整贯彻。宽严相济、政策适中,反映了乾隆帝政治的活力。

初政中乾隆帝不时讲他实行宽容政策,臣下也这样体会,但是我们发现乾隆帝与康熙帝很有不同,并不以慈爱面目出现于世,他的严毅一面也很明显,从囚禁王士俊可知,严厉打击可能出现的反对派,也是杀鸡儆猴。他是宽中有严、柔中有刚。从其一生来看,严饬雍正帝遗诏命入太庙配享的大臣鄂尔泰、张廷玉,杀戮大臣讷钦、张广泗,实际上废黜皇后乌喇那拉氏,大兴文字狱亦是一端,甚至因立储的事要诸皇子安分,不要兄弟相戕,否则"与其令伊等兄弟相杀,不如朕为父者杀之"②。这种话,康熙帝是说不出来的,而且因为皇长子允禔说出要代父皇杀废太子允礽的话,康熙帝立即将他圈禁。对比一下,乾隆帝的严酷一面就暴露出来了。他的这种性格,赋予政治当中,就能够宽严相济、刚柔相济。

归结本文旨趣,意在从乾隆初政中明了乾隆帝的性格,不在于评论雍正帝及其朝政。乾隆初政,在许多方面改变了雍正朝的政治、经济、文化、社会政策,所谓去烦苛,施仁政,暂停贪官的追赔,起用废员,为政治犯及其家属做某种程度的平反,但初政反对的某些事情过后又肯定了。在某种意义上说,初政是在翻前朝的案,只是制度性的政事未做更动。这是执行乾隆帝的宽严相济的方针和宽平政策。这种方针政策的产生,除了乾隆帝的赋性之外,是其在皇孙、皇子时代逐渐形成的,他接受康熙帝宽仁思想的熏陶,鉴于雍正朝严猛政治的某些不良影响,以及他谋求美誉、树立个人权威所导致。乾隆初政起到了稳定社会的作用,不仅在于改变了雍正朝的某些弊政,还在于最终坚持雍正帝改革的制度性成果,使雍乾两朝基本制度保持一致性,它反映了乾隆帝具有高度的政治调适力,而且贯穿于乾隆一朝,同时也体现出乾隆帝与康熙帝、雍正帝的不同性格。他真是刚柔相济,不只是宽容柔弱。

(2002 年 8 月 9 日草就,原载《天津师范大学学报》2007 年第 3 期)

---

① 《清高宗实录》卷 88,"四年三月庚申"条,第 1 册第 371 页。
② 《清高宗实录》卷 317,"十三年六月甲戌"条,第 5 册第 2008 页。

从召见臣工看道光帝、咸丰帝的理政和性格
——以召见张集馨、段光清为例

道光帝（1782—1850,1820—1850 在位）、咸丰帝（1831—1861,1851—1861 在位）是平庸之君,似已成为学术界的定论,这里不是要发出什么异议,而是希望通过他们召见官员的史实来认识他们的理政能力和个性。从这种侧面来了解皇帝似乎还没有,本文仅就他们多次召见张集馨、段光清的并不多的史事,希望从召见史的视角与史料为研究帝王史和政治史开个头。

一、道、咸召见张、段及其史书

清制,中下级的地方文武官员、进士举人上任、调动新职,都要由他的主管部门长官带领面见皇帝,聆听训示,然后赴任,这一活动叫做"引见";若是地方高级官员的布政使（藩司）、按察使（臬司）的履新,则应请求皇帝给予当面指示的机会,皇帝同意了,则进京面君,是为"召见"。引见由堂官带领,往往是多人共同进行的,只见一面,而召见则多属个人行为,系皇帝与被召见人单独交谈,即为密谈,且可能多次见面。

张集馨（1800—1878）,江苏仪征人,进士出身,历任编修、知府、道员、按察使、布政使,于道光十五年（1835）、十六年（1836）、二十五年（1845）、二十七年（1847）、二十九年（1849）,咸丰元年（1851）、六年（1856）、九年（1859）先后八次被召见。段光清（1798—1878）,安徽宿松人,举人出身,历任知县、知府、道员、按察使,道光二十四年（1844）、咸丰九年（1859）召见。每回召见,非仅一次,多的达五次。

召见关乎君臣双方的历史, 本文则将关注点放在君主方面, 从他的提问、指令、表情来看他关心的事情,对臣下的态度,他的处置政务的能力,他的为人与智慧程度, 以及制约他施政的社会客观条件。至于臣下的应对能力、是否欺君,回话中反映的政治、军事、经济、民情实际情况如何则不是本

文的着眼点。

张集馨、段光清二人在官场均不得意，然皆有著述遗世，记录他们的经历与观念。张集馨有自订年谱，杜春和、张秀清予以整理，以《道咸宦海见闻录》为名，由中华书局于1981年梓刻行世。段光清的《镜湖自撰年谱》，亦由中华书局于1980年出版。二书均比较详细地披露了他们被召见的情形。本文主要依据这两部著作的资料草成。

二、道、咸关注的政事与吏治民情

道光帝、咸丰帝召见张集馨、段光清，谈论中说到大政方针，但更多的是了解从封疆大吏到民间情况，太平军、捻军及少数民族战争情形，大员察吏的职责和方法，施政的细微原则，以及被召见人的家庭与生活，涉及面相当广泛，现在区分其内容，介绍如次：

(一)安内攘夷的战略性思考

咸丰九年(1859)三月，咸丰帝连续五天召见浙江按察使段光清，在第五天，咸丰帝问段光清："方今夷人横强，粤匪扰乱，是天下两大患也。据尔看来，如何办理? 办理宜以何者为先? 何者为后?"咸丰帝首先明确当时存在着安内、攘夷两大难题的形势，接着提出两个问题，一是如何克服这两个大患，二是平息这二患的先后次第。段光清任职于杭州，同太平军活动的中心地带接壤，又在宁波担任过属县县令、知府和宁绍台道，宁波是鸦片战争后五口通商城市之一。所以，他对夷务和太平军的对策早有考虑，立即回奏：

> 夷人扰害中国，今已二十余年，内有商贾，交易往来，已渐相安。当初若沿海地方，任其躁蹦，亦未必遂能深入内地；今则内地既深入矣，猝欲除之，势必不能。臣窃窥夷人之志，不过专心营利，未必遂有他志。且连年外而哦夷，内而属国，祸结兵连，习以为常。刚者必缺，自然之理，不久夷人当自虚弱。皇上为中国百姓忍辱含羞，天下自能谅之。
>
> 目下粤匪到处掠人赀财，毁人庐室，淫人妻女，焚人诗书，每破城池，衙署尽烧，每逢庙宇，则神像俱毁，此万姓所切齿，而天理所不能容者也。皇上且振刷精神，命将出兵，奠安海内，以顺舆情。

粤匪既灭,夷人自驯,内顺外安,有不期然而然者矣! ①

他的看法很明确,第一先处理太平军之乱,办法就是用兵,武力消灭对方;第二才是对付洋人,一则平定了太平天国,夷人见中国没有内乱就会老实一些,再则盛极则衰,夷人必然会败落,所以可以放到第二步来料理。咸丰帝当时没有表态,会见后就把段光清的意见告诉军机大臣,得到他们的赞同,九门提督穆某当面赞扬段光清"所言甚善"。②安内、攘夷的次第与方法的决策,本来是朝廷的事,咸丰帝竟然谋及并非疆吏的地方官员,是否病急乱投医?其时,清朝的形势确实是危机重重,太平军和捻军已搞得清朝焦头烂额,第二次鸦片战争也在进行,咸丰七年(1857)十一月,英法联军攻陷广州。八年(1858)四月,攻占大沽炮台,逼近天津;五月,清朝先后被迫与英法美俄四国签订《天津条约》;十月,又在上海与英法美三国签订通商章程,半年前的四月,还同俄国订立了《瑷珲条约》,清朝政府实际上采取先安内后攘夷的方针。可是外国侵略者咄咄进逼,九年(1859)正月,英国使臣坚决要求进京,朝廷一面下令严防海口,一面令海运漕船躲避夷轮。三月,俄国强行在乌苏里江、绥芬河建造房屋的奏报到京;英使兵船北上,不理睬直隶官员的阻止。就是这种形势逼着咸丰帝君臣再次思考安内攘夷的战略大计,所以才在召见中谋及地方官员,并且坚定了他们先安内后攘夷的方针。

(二)有限度地更新

"整顿",是道光帝的施政方针,二十七年(1847)八月,召见即将上任的四川按察使张集馨,要求他"诸事整顿",他怕对方不能理解,特意说明:

譬如人家有所大房子,年深月久,不是东边倒塌,即是西边剥落,住房人随时粘补修理,自然一律整齐,若任听破坏,必至要动大工。此语虽小,可以喻大,即曲突徙薪之论也,汝当思之。③

为了不使房屋倒塌,要随时修葺,这种生活常识人们容易懂,可是国家要保持兴旺不灭,王朝长期延续,应当怎么办呢?大范围、大规模的革新,小范围、小规模的整顿,都不失为可以选择的方针与方法。道光帝即位之初,颇有采用前一种方针的愿望,下令整肃吏治,清厘陋规,但是没有成功,现在看到

---

① ② 段光清:《镜湖自撰年谱》,中华书局,1980年,第144页。

③ 张集馨:《道咸宦海见闻录》,中华书局,1981年,第89页。

国家政权如同房屋一样,年头久了不会没有损坏,房子要修缮,朝政也应当改善,避免事情积累多了,无法修补。所以他定下随时整顿修理的方针,至于能否如愿,他就无能为力了。道光帝与张集馨说这番话时已是鸦片战争的前夜,不过当时谁也不会认识到。道光帝的小修小补的方针是无济于事的,更何况他的整顿根本就无人实行,也无法实现。不过由这个整顿指令,倒不难看出道光帝总有一点危机感,不敢懈怠。这种精神是值得嘉许的。一个民族如果没有危机感,迟早会在危机面前吃苦头的。

(三)多方考察疆吏和领兵大员

道、咸二帝在召见官员时,常常询问他们的上司——疆吏的优劣,因为那时战事多,也问及在地方上的领兵将帅。

张集馨将由四川按察使升任贵州布政使,道光十九年(1839)十一月接受召见,道光帝问他近年来四川总督谁最优秀?张集馨一时不便回奏,道光帝就说琦善办事老练,又问裕成如何?张集馨奏称他"中正和平",道光帝则说"嫌他太软",不过无人可用,还是派他去做川督,并预料他"大约整顿未能,亦未必敢坏地方公事"。[1]第二天再见时,道光帝查问琦善带兵攻打中瞻对藏人的事情,起因是什么,用了多少兵饷,谁承办粮台。[2]这是从具体事务考察琦善了。咸丰帝于九年(1859)询问受召见的张集馨:潘铎"在河南,能办事不能办事?肯办事不肯办事"?河南巡抚瑛棨"能办事吗"?[3]

咸丰九年(1859)三月,皇帝召见浙江臬司段光清,问他历任浙江巡抚谁最好。段光清对原任吴文镕、黄宗汉等四位巡抚一一做出评论,又为现任胡兴仁说了好话,但是咸丰帝仍然追问:"胡兴仁到底何如?"这就使得段光清预感到胡兴仁将会碰到麻烦。[4]果然,九月胡兴仁就离职了。道、咸二帝通过属员了解其主官,是皇帝的惯常手法。

久历官场、经历丰富的张集馨,在咸丰六年(1856)、九年(1859)受咸丰帝两度召见,皇帝要求他报告在直隶和江苏领兵大臣和将领的情况,其中有胜保、僧格林沁、向荣、张国梁、福兴、李鼎泰、托明阿、德顺、李若珠的用兵情况,

① 张集馨:《道咸宦海见闻录》,第 117 页。
② 张集馨:《道咸宦海见闻录》,第 118 页。
③ 张集馨:《道咸宦海见闻录》,第 254—265 页。
④ 张集馨:《道咸宦海见闻录》,第 122 页。

能否身先士卒,谋略如何,互相间的协调如何,甚至问到远在新疆的伊犁将军松筠杀降的事情。①

(四)施政指示

皇帝对召见的官员总要根据其职务给予一些既原则又具体的教导和指令,详细地说有下述诸方面:

1.用人原则。道光十九年(1839),道光帝对布政使张集馨说,用人不要有成见,做官的人不外来源于科举、捐班、满、汉四个方面,哪一方面都有人才!当然,捐班的人将本求利,操守难求,让人不放心。②不预存偏见,就要根据属员的实际表现来使用,避免委屈优秀人才。

2.胸中有数,全盘料理。咸丰帝于九年(1859)训饬行将就任闽省藩司的张集馨:"汝到任须将事审度到底,再行办理,无为州县蒙蔽。"③就是到任不要急急忙忙,还不了解多少情况就拿主意,处理事情,而应对所有的事务有个通盘的认识,明了原委,有计划地去做,就不会受下属的蒙骗,把事情办理妥善。

3.考察属吏,不可徇情废法。这就涉及明确各种官职的职责、考察方法及不可避免的参劾。道光帝于十六年(1836)告诫即将上任的知府张集馨,知府不能只是洁身自好,还要能够查察所属的州县官,办法是"明查暗访"④。二十七年(1847)训饬川臬张集馨:臬司专管刑事案件,难免要判死刑,不要存怜悯之心,或杀人报应之惧,为情实罪犯减刑。又以自身为例,每年勾决人犯,并不惑于生死之说。又说臬司管理驿站,马匹紧要,可是盘查马匹时,州县官彼此挪借,查不出毛病。因此,不必去查点,只看公文递送,如有迟缓的,即行参奏,就会收到实效。⑤二十九年(1849),道光帝对即将出任布政使的张集馨说:"理财固为藩司专政,而察吏尤为当务之急,地方得人而治。"⑥道、咸二帝告诫长吏要善于御下,警惕被僚属欺蔽,故而道光帝对张集馨说:"不要听劣幕救生不救死之说。"⑦咸丰帝告诉张集馨:"无为州县蒙蔽。"⑧

4.自行办理的托付。咸丰六年(1856),甘肃布政使张集馨在召见临别之

---

① 张集馨:《道咸宦海见闻录》,第183页。
②⑥ 张集馨:《道咸宦海见闻录》,第119页。
③⑧ 张集馨:《道咸宦海见闻录》,第267页。
④ 张集馨:《道咸宦海见闻录》,第22页。
⑤⑦ 张集馨:《道咸宦海见闻录》,第88页。

际,请求皇帝教训,咸丰帝说:"汝随时斟酌办理,我亦没有得什么教训你的。"①事情不能完全按规制去做,要依据实际情形自行处断,咸丰帝既希望张集馨将事务料理得好,又表示对这个资深官员的信任。

5.兢兢业业理政,要坚持不懈。俗谚"新官上任三把火",像是有一番作为,而后就疲沓了。咸丰帝深知官员有这种毛病,对新任闽藩张集馨说:"汝到任后,诸事自然要整顿,切不可初到整顿,久则因循。"②要求他勤劳办事,持之以恒。

张集馨、段光清身任藩、臬,系地方高级官员,各司民政钱粮、司法治安之职,道、咸二帝对他们的要求,在本职的主要方面之外,重在他们的任用和考核属员,以及始终勤勉供职。履新的召见,主要起着这种教导作用,此外还有对官员修养教育的功能。

(五)关注官员个人修养和家庭生活

召见中,皇帝为了有的放矢,要阅视被召见官员的履历,并询问他个人或家庭的情形,就中对官员提出一些个人修养处世的要求。

1.重经世之学。道光十五年(1835),道光帝召见翰林张集馨,告诫他"读有用之书,无徒为词章所困也","汝试思之,词章何补国家,但官翰林者,不得不为此耳!"又勉励他:"汝在家总宜读经世之书,文酒之会,为翰林积习,亦当检点。"③"有用之书""经世之书"之说,表明道光帝希望词臣重视经世致用之学,诗词歌赋应放在次要地位。

2.人臣为国分谤。为君父分忧、分谤是做臣子的本分,然而臣下难以做到,君主就提醒臣工了。捐纳盛行的朝政为人议论,道光帝于二十七年(1847)召见藩司张集馨,要他注意考察捐班出身的官员,对不肖之徒严加参劾,怕他有顾忌,特加开导:"汝等受国家重恩,做如此大官,尚不肯为国家分谤么?"又表示为敢于严格要求下属的主官撑腰:"汝等一经奏到,或勒休,或送部引见,我断没有不依的。"④

3.勿自暴自弃与厉行晚节。道光十六年(1836),道光帝教导新放外任知府

---

① 张集馨:《道咸宦海见闻录》,第192页。
② 张集馨:《道咸宦海见闻录》,第119页。
③ 张集馨:《道咸宦海见闻录》,第20页。
④ 张集馨:《道咸宦海见闻录》,第120页。

的张集馨:"慎无自暴自弃。"①历时将近十年,张集馨升任道员,道光帝褒奖他操守甚好,但"此去更要坚持,老而弥笃,人臣所以励晚节也"②。十九年(1839),张集馨就藩司任,道光帝以升迁开导他勤奋任职:"我今日叫汝做藩司,是要汝做好督抚,汝不可自暴自弃!"③

4.表示对臣下的关怀。翰林张集馨外放知府,道光帝召见中特意告诉他:"汝乃朕特放,并无人保举",张集馨因而磕头谢恩:"此皇上格外天恩。"④另一次召见时,道光帝问张集馨:汝升道员也是特旨吗?"⑤令张集馨更增知遇之恩的感情。所以后来听到道光帝晏驾的消息,伤心得"五中摧裂"⑥。咸丰帝于六年(1856)十月召见张集馨,因张的属籍仪征县城一度被太平军占据,遂问他有没有家人受伤;在京城有无住房,在什么胡同;有几个儿子,多大了,是否当差;有几个妾。这一回召见共见面五次,均在圆明园进行,其中一次间隔了几天,再见时咸丰帝问张这几天是不是回城里了,今天是从城内赶来的,还是昨天到的。⑦咸丰九年(1859),六十岁的张集馨被召见,皇帝问他还能不能写小楷,又问:"想汝在外多年,诗赋亦不如从前?"⑧这两次召见,体现了咸丰帝对张集馨个人和家庭生活的关怀。段光清安徽老家亦为太平军所占据,咸丰帝召见他时问他家中情形,段光清回奏乃父坟茔被太平军挖掘,棺骸暴露。咸丰帝听到这里,急忙问:"尔家中人现在何处安顿?"回奏:亲兄弟们逃到臣浙江衙门居住,堂兄弟们无力照顾,仍在故乡。咸丰帝又追问:"同支眷属大约不少,到底作何安顿?"段光清再次做出回答,并说天下苍生遭此战祸,哪里能够安顿。咸丰帝颇为伤感,良久说不出话来。⑨

一般地说,皇帝教导臣下做人,是希望臣工提高素质,能够恪尽职守为皇上尽忠尽职;关怀他们,是使他们感恩图报,自觉地尽忠尽职。这是君主驾御臣下的常用而有效的方法。不过也应看到,君主对臣下的关心确有真诚的一

①④ 张集馨:《道咸宦海见闻录》,第 22 页。

② 张集馨:《道咸宦海见闻录》,第 77 页。

③ 张集馨:《道咸宦海见闻录》,第 120 页。

⑤ 张集馨:《道咸宦海见闻录》,第 88 页。

⑥ 张集馨:《道咸宦海见闻录》,第 122 页。

⑦ 张集馨:《道咸宦海见闻录》,第 181 页。

⑧ 张集馨:《道咸宦海见闻录》,第 264 页。

⑨ 段光清:《镜湖自撰年谱》,第 140 页。

面,从有关段光清的记载中透露出这种信息。

(六)获取知识,了解民情

在召见当中,道、咸二帝会因着被召见人的经历、知识,询问想知道的各种事情,有不懂得的地方也不隐讳,照问求知。这是私下会见,不是坐朝,不必显出天纵圣聪、无所不知的样子。所以,在交谈中,无论是职官制度、人丁钱粮、交通道路、水利水患、收成口粮、民风民情和民众运动、少数民族,以及历史往事,皇帝表现出兴趣,臣下就尽心回答。下面逐项交待张集馨、段光清的有关记录。

1.职官制度。官制中的重要内容,皇帝当然知晓,特别是道光帝中年继位,坐朝时间又长,知道的更多,但有些规则还是不了解的。道光二十六年(1846)召见陕西粮道张集馨,问:"粮道自然管粮,不知管地方否?"回奏:"西、乾、鄜三属地方,归粮道统辖。"又问:"那个乾字?"回答:"乾坤之乾。"①于是道光帝获知粮道不仅管收钱粮,还兼管地方,陕西有个乾州。地方官聘请幕宾,是对清代职官制度的一种补充。张集馨将赴福建布政使任,咸丰帝问他,你上任是带幕友去,还是到任再聘请;又问你过去在各省请几个幕友,他们每人每年要给多少束脩。②

2.人丁钱粮。人丁与钱粮征收,是政府的命脉之所在,为皇帝高度关注。道光帝问张集馨四川库存有多少,每年田赋是否够本省支销。③咸丰九年(1859),咸丰帝询问式地对张集馨说:"各直省地丁,自然以贵州为最少。"张集馨回奏甘肃亦不多,咸丰帝遂连续问及甘肃、四川、河南、山东、福建的地丁钱粮,以及为什么四川赋税比其他省轻,张集馨一一做出解说。④

3.道路交通。道、咸二帝不像他们的祖先康、乾二帝巡幸的地方多,地理知识多来自书本和臣下口述,因而常在召见中问及有关事情。咸丰帝因张集馨将赴福建之任,遂在九年(1859)五月的召见中详细询问去福建的路程及交通情形,兹将张集馨的记录抄录于次:

上曰:"自京至福建省有多少路?"对曰:"七十余站。"上曰:"仙霞岭一日

---

① 张集馨:《道咸宦海见闻录》,第 77 页。
② 张集馨:《道咸宦海见闻录》,第 267 页。
③ 张集馨:《道咸宦海见闻录》,第 119 页。
④ 张集馨:《道咸宦海见闻录》,第 263 页。

过得去否？"对曰:"可以过去。"上曰:"汝今年能到任否？"对曰:"臣亦想赶于年底接印,恐长途风水阻滞,不能刻期。"上曰:"到福建有水路通否？"对曰:"自京至王家营系旱道,自清江雇船至杭州,换船至衢州起岸,便是旱路。"上曰:"必要走苏杭？"对曰:"是,此系驿路大道。"①

从交谈中可知,咸丰帝的地理知识不少,仙霞岭之外,王家营、清江、衢州等地应是知道的,否则会提出来的;不过他由此得知到福建的具体走法,以及必经苏杭的原因,也可能消除了他的一种误解:以为走苏杭是为游逛。

4.水利水患。道光帝于十五年(1835)五月召见张集馨的这一天,正好见到河道总督关于南河水涨的报告,心中不悦,说:"黄水陡长丈余,岂不可虑？"张集馨回奏,夏天涨水不足忧虑,因此时天亢,随涨随消,可忧的是秋汛,涨水不能消退。接着又奏称,河道总督奏报是怕万一出事,好以早经奏闻推卸责任,而他下面的人故意将水情说得严重,以便兴办河工,从中渔利。道光帝边听边点头,表示明白了个中缘由。②

5.收成口粮。就在上述讲水患的那天,道光帝问到张集馨故里扬州所生产的粮食够不够本地食用,为什么要仰赖四川、湖广的粮食。③二十九年(1849)十一月,川臬张集馨奉召由成都到京,道光帝问他沿途年景如何？回答:"各省皆收成丰稔,且已早得大雪,麦苗滋润,来年可庆有秋。"又问成都米粮够不够民间食用。④

6.民风民情和民众运动。上述道光帝询问从四川到京师沿路年景,同时还问民情和地方是否安静,近年四川游民比从前如何。又同张集馨讨论鱼米之乡的四川为什么游民那样多。⑤咸丰年间太平军、捻军战事连年,迫使咸丰帝更其关注地方治安和民众运动。九年(1859),询问张集馨,湖广白莲教齐二寡妇为何能以一个妇人聚众闹出那么大事,四川民风为什么强悍,又详细了解福建的械斗始于何时,械斗情形,如何完结,丧命的人赔偿价码,地方官为什么不弹压。⑥同年召见段光清之时,恰值浙江巡抚奏报余姚佃农抗租,聚众进

---

① 张集馨:《道咸宦海见闻录》,第 266 页。
②③ 张集馨:《道咸宦海见闻录》,第 21 页。
④ 张集馨:《道咸宦海见闻录》,第 117 页。
⑤ 张集馨:《道咸宦海见闻录》,第 117—119 页。
⑥ 张集馨:《道咸宦海见闻录》,第 262—267 页。

城,焚烧恶霸邵五住宅及富户李、谢二姓之家,咸丰帝问段光清是否知道此事,段光清知其详情,不愿细说,只说主佃发生口角,即使有一二莠民煽动,不过土匪之类。咸丰帝一听到土匪就紧张了,急忙问:"土匪不虞滋事乎?""知县能平土匪乎?"段光清做了知县能平定的肯定回答,咸丰帝的情绪立即缓和下来。①

7.少数民族战事。甘肃、青海的藏人与农耕的汉人、游牧的蒙古人多有纠纷,咸丰五年(1855),甘肃方面发兵征讨,青海办事大臣反对,形成案件。次年,咸丰帝询问张集馨到底该不该打,并问该案的审判经过。三年后,咸丰帝再次询问甘肃藏人的事,他们的投诚是否靠得住。前面说过道光帝向张集馨查问四川总督琦善带兵攻打中瞻对藏人的事,咸丰帝又问道:"中瞻对是何地方,夷人是何种类,因何起衅?"②犹在追询历史往事,增长知识。

三、道、咸的图治、性格与清朝家法

道光、咸丰二帝召见的官员很多,召见张集馨、段光清二人的大体情形,已见于上面的说明,从中可以窥视道、咸施政的一个侧面,他们的性格、才能的某一个方面,以及清朝皇家家法的积极影响。

(一)召见是道、咸勤政图治的一种表现

召见、引见中下级官员是道光帝、咸丰帝的日常事务每日晨起,先见军机大臣,议事决策,发下昨日或先前批阅的奏折、题本,接着可能就是召见、引见内外官员,召见、引见几乎成为日课。对于藩、臬的召见,每一回都是交谈几次,连续进行。道光帝于二十七年(1847)八月召见行将赴任的川臬张集馨,十九日、二十日、二十二日三次面谈,二十一日的轮空,是因为道光帝去黑龙潭求雨,未能正常办公。二十九年(1849)十一月的召见系在初一、初四、初五三天。咸丰帝于六年(1856)十月召见张集馨,第一次在初三日,次后于十三日、十四日、十五日、二十日进行,共计五次;二十日的召见本来定在十六日,因咸丰帝生病推迟到这一天。咸丰九年(1859)的召见,分别在五月十九日、六

---

① 段光清:《镜湖自撰年谱》,第140页。
② 张集馨:《道咸宦海见闻录》,第190页。

月初九日、十六日、十七日和十八日五天完成。同年三月召见段光清,也是会面五次,且是连续进行的。藩、臬的召见,清朝旧制,只有一次面圣的机会,所谓"旧例藩、臬入觐,虽许条奏地方事宜,然仅由通政司投递,引见一次,辞朝,即行"。康熙二十二年(1683),接受左都御史徐元文的建议,增加会面次数,以便官员陈奏地方事务,皇帝予以咨访,观察其人的才具优劣,以及督抚保举是否得当。①至此,藩、臬有了不止一次的面君机会。正是在这一制度下,道光帝、咸丰帝每回召见张集馨、段光清都有几次会面,动辄三五次,真是不嫌繁细,实为一种勤于理政的表现。

召见的时间都是在上午早些时候。段光清记录,每次召见都是在黎明进宫,等候面君。张集馨对召见的钟点笔录有时严谨一些。道光二十九年(1849)的召见,都是五更到宫门等候。咸丰六年(1856)十月初三日辰刻(七时—九时)在大内养心殿召见;十三日也是辰刻在圆明园勤政殿会面;十五日丑正(二时)张集馨进圆明园等候,辰初(七时)见咸丰帝骑马过来,张集馨在最后被召见,时在巳正(十时);二十日仍然是辰刻召见。②咸丰九年(1859)的召见,均在巳刻(九时—十一时)进行,五月十八日这一天,是在玉泉山清音斋召见的,张集馨于卯刻(五时—七时)到宫门侍候,辰正(八时)见咸丰帝乘马而至。③据做过军机章京的赵翼记忆,乾隆帝每天必定在卯刻起床,冬天时节驾临乾清宫,还要点寸许的蜡烛天才明亮。④咸丰帝基本上在辰刻以前会见军机大臣,而在辰刻召见地方官员,还是传承了祖宗的惯例。据此而言,仍然可以用赵翼的"圣躬勤政"来形容道、咸二帝的勤于处理政务。

在召见过程中,如前所述,道光帝、咸丰帝获得很多有关政治、军事、吏治、民风的信息,关于官员优劣的情报,为他们的施政决策提供了思考的素材。所以,召见是皇帝的一种信息来源渠道,是理政所不可或缺的。但是这仅是召见的表面效果,更重要的是,它所提供的信息与其他来源的资料相结合,被综合利用,能发挥更大的效用。皇帝的信息来源是多方面的,以公文书来说,有秘密的奏折、公开的题本,以及官员的请安折等。面谈,有大臣的、召见、

① 吴振棫:《养吉斋丛录》卷3,北京古籍出版社,1983年,第35页。
② 张集馨:《道咸宦海见闻录》,第118页。
③ 张集馨:《道咸宦海见闻录》,第265页。
④ 赵翼:《檐曝杂记》卷1《圣躬勤政》,中华书局,1982年,第6页。

引见官员的,身边太监、宫女的。皇帝将从各种途径所得到的信息,常常进行联想,做出综合的考虑。道光帝根据河道总督的报告,就问张集馨水患的事情,听取他的意见,张集馨对夏汛、秋汛的辨析,对河督奏报水涨心理状态的明察秋毫,使忧心于水灾的道光帝明了怎样正确对待那些奏报,这大约也是道光帝欣赏张集馨的原因,所以对他屡屡加官。若不是他的驾崩,张集馨的仕宦之途一定会进至封疆大吏,而不会终老于藩司之任。咸丰帝根据浙江巡抚的报告,担心地方治安,太平军、捻军的长期战争,因为正在进行中的第二次鸦片战争已经将他弄得焦头烂额,地方上再出事,安内攘夷的战争还怎么打下去?当然一听说有民变就心急火燎的,段光清凭着自家平服土匪的经验,告诉皇帝不要紧,有法可治,咸丰帝就像吃了定心丸。咸丰朝的先安内后攘夷的方针正在进行中,但皇帝在英法联军的咄咄进逼下,对这种方针不能不进行再思考,听了段光清的意见,他和朝臣的心情就平静一些了。这种将各种信息资源调动起来,进行综合研究,做出政令的判决,是图治精神的体现。

(二)道光帝是有见识而缺乏刚毅性格的君主

关于道光帝的识见、性格,慕恒义等人认为他"犹豫不决,愚昧无知,气度狭小"①。喻大华评价道光帝:"不是昏君,却是一位平庸的君主,缺乏力挽狂澜的魄力、能力以及对时局的洞察力……是一位循规蹈矩的皇帝。"在用人方面,"一是谨慎过度,二是缺乏定见"②。他们所论均有事实凭据,笔者在这里不是要同他们讨论什么事情,而是谈一点想法。

考察道光帝的识见有一桩事情可做依据。其一是继位之初的接受军机大臣英和的建议,清查陋规,整顿吏治,然而刚一实行,遭到了朝内外官僚的反对,他立即罢手,并将英和撤职。其二是支持禁烟派,任用林则徐到广东查禁鸦片,但是英国军舰一打,他又软了下来,订立屈辱的《南京条约》,并惩办禁烟中坚人物。其三是倡导经世致用之学,前已说过,他在道光十五年(1835)要求张集馨留心经世之学;二十一年(1841)他在策试贡士的"制义"中云:"士不通经,不足致用,经之学不在寻章摘句,要为其有用者。"③务实,这是道光帝的

① [美]恒慕义主编:《清代名人传略》下册,中国人民大学清史研究所《清代名人传略》翻译组译,青海人民出版社,1990年,第28页。

② 朱诚如主编:《清朝通史·道光朝卷》,紫禁城出版社2003年,第7页、459页。

③《清宣宗实录》卷351,"二十一年三月"条,中华书局,1986年影印本。

一贯主张。清厘陋规、整饬吏治、严禁鸦片烟毒,是朝政中的大局,是势在必行的,道光帝认识到了,抓住了,问题就出在不能紧抓不放上。在道光帝的意识里,办理这类事情就是整顿,统统属于他不离口的"整顿"范畴。务实、整顿,说明道光帝是有见识的,也是有主见的,确实不是昏君,但是他不能坚持主见,反映了性格中软弱的一面。似乎可以说道光帝能够察觉朝政中固有的那些问题和弊病,至于外国侵略者的汹汹来势之不能识及,就不是那个时代的人所能够认识到的,可以不做深论。要之,道光帝是有识之君,而没有坚毅的品格来支持他坚定自家的主见。而之所以显得主见不足,除了本身的主观成分,还受着客观因素的制约,令他无法坚持固有的识见。

(三)咸丰帝的好学与不成熟

《清史稿》对咸丰帝的评价是相当不错的,谓之"任贤擢才,洞观肆应;赋民首杜烦苛,治军慎持驭索;辅弼充位,悉出庙算"①。似是睿智善断之君,然而有的当代史家颇为恭亲王奕訢鸣不平,认为若他登极要比咸丰帝好,则是看不上咸丰帝了。从召见中看咸丰帝遇事感觉新鲜,很有好奇心,乐于了解下情,希望获取治理经验。他好问,下指令并不多。他二十岁(实岁十八)登基,应当说他具有有为的年轻人的好学精神。他希望得到的知识和兴趣不妨归纳为四个方面:一是国家大政方针。如征求段光清对安内攘夷的意见,问张集馨接受甘肃藏人投诚能否保持安定。二是战争与战术。询问张集馨贼军何以屡攻不克,究竟官兵比贼兵技艺如何,敌军木寨是怎么回事。胜保与僧格林沁两人用兵优劣如何,胜保打仗真是勇敢吗?张国梁战功多,必有用兵奇异之处,是个粗人,能懂兵法指挥调度吗?哪一省的营兵最为精锐?齐二寡妇以妇女而能御众打仗,过人处何在?②三是官员相见礼仪。询问张集馨,两司见督抚是何仪注,督抚在什么情形下坐大堂,坐大堂时两司又如何相见,什么是庭参礼,督抚要站起来回礼吗?琦善见属员,必然是倨傲的?胜保是否待人傲慢,连提督、总兵、都统都不让坐?③四是官员相貌与官兵是否接近女色、男色。问张集馨,胜保帐篷内是否"娇童林立"?向荣是否赳赳之气,是何相貌,是否在战斗中被

①《清史稿》卷20《文宗本纪》。
②张集馨:《道咸宦海见闻录》,第183—184页。
③张集馨:《道咸宦海见闻录》,第259—260页。

削去半边脸？知道不知道江北兵勇私养女人，不肯打仗？①

前面两点的咨询是完全必要的，对处理政务、战事必然有益；后面两点不能说全然没有价值，而咸丰帝的发问多半是出于好奇心，试想向荣、张国梁那样勇敢善战，是什么模样，也许有种想象，不如问一问。作为皇帝，自家坐朝的仪式当然清楚，督抚坐大堂与天子不能比拟，不过究竟是什么样子呢，好奇心驱使他发问了。如果有机会谈到知县坐堂审案，咸丰帝一定会饶有兴趣地听下去。人云咸丰帝好色，他问将领和军士是否好女色、男色，也许反映了他的内心世界。他的时间、精力有限，有的事情是无须发问的。

咸丰帝的记忆力可能不好，或者不善于记忆，他同张集馨在六年(1856)的谈话，到九年(1859)再见时，问了许多重复的事，如张集馨是怎样坠马受伤的，他在仪征老家的人有无在太平军进城时伤亡，张集馨在向荣江南大营是否管粮台、写奏折，张在北京有无住房，福兴表现如何。皇帝日理万机，那些琐事不会记得住，是可以理解的，但是咸丰帝丧失的记忆太多了，不便承认他是聪睿之人。说他洞察力很强，似乎根据并不充足。

(四)道、咸之勤政渊源于清朝家法

道光帝、咸丰帝之勤于政事，其主观条件是具有不耻下问的精神，在官员的觐见、召见、引见活动中能够向臣工发问，咨询政事，寻求治理之策。还有一个因素，就是继承了先人的传统，接受并实践爱新觉罗氏家法。清朝皇家家法是敬天法祖、勤政爱民。勤政，形成若干具体制度，如奏折制、召见引见制。皇帝要批阅密折，通过它了解下情，商讨政务，这种制度为历朝所未有。召见引见制也是清朝创立，以前王朝皇帝若接见几个地方中下级官员(太守县令)，被视为贤明之君的盛事，而在清朝，府州县官上任都要引见，皇帝面谈，派遣赴任，为往代所不可思议。所以王庆云说，前代"以天子临轩策遣为非常旷典，以今视之，何如哉"②! 这种家法促使道光帝、咸丰帝勤理政事，不敢懈怠。从咸丰帝对张集馨召见的时辰来看，六年(1856)是辰时，九年(1859)推迟了一个时辰，到了巳时，表明他上朝晚了，不知是否为身体的原因，但是坚持召见制度则是毫无疑义的。可见皇家家法在持续执行。

---

① 张集馨：《道咸宦海见闻录》，第 183 页
② 王庆云：《石渠余纪》卷 2《附纪引见召见守令》，北京古籍出版社，1985 年，第 69 页。

(五)君主在客观环境制约下不可能任意行事

皇帝有至高无上的权力,因此容易被人误解,以为他可以随心所欲,为所欲为。其实不然,他不仅要受皇帝规范约束,更受着客观环境的制约,不可能完全按照自己的主观意志去行动,他也要违心地去改变主意,或去做一些事情。下述三事,即为显例。

1.大肆捐纳。在道咸时期,由于军费比任何时期都多,田赋不可能多收,只有在两个方面增加财政收入,这就是商税方面增加厘金,再有即为大行捐纳。捐纳得官者,如同道光帝所说,他们是将本求利,哪里谈得上廉洁奉公,不过以贪赃枉法为能事。道光帝明知其弊,可是政府需要额外的金钱,不得不采用捐纳之法。所以,他叹息道:"我既说捐班不好,何以又准开捐?""无奈经费无所出,部臣既经奏准,伊等(捐纳官员)请训时,何能叫他不去,岂不是骗人么?"[1]他深知这是饮鸩止渴,然而世事如此,不这么做也不行! 咸丰帝对张集馨说:"州县亲民,最是要紧。"张集馨则云:"近来经费支绌,皇上准予捐输,流品纷杂,无非得本求利,又未便严加淘汰,以阻其输将之意。将来南服军务廓清,经费有着,皇上亦必澄叙官方。"[2]道、咸二帝为扩充经费来源,不得不开捐任用非人,内心并不安宁,还要听舆论的"闲话"。

2.羁縻政策。对于甘肃藏人的投诚,咸丰帝心存疑虑,怕他们伪降,仍将作乱。所以询问张集馨:"甘肃野番情形如何?""投诚靠得住么?"张集馨回奏:因为投诚,给予水草美好的牧地,是心甘情愿的,但是他们好斗成性,将来也可能叛变,目前只好实行羁縻之策。咸丰帝边听边点头,同意他的见解。[3]此时哪里有力量开辟西北战场,不羁縻,也别无良策。

3.军人跋扈。太平天国战争中,浙江要向南京和安徽徽州驻军提供军饷,可是太平军进攻浙江,他们不一定出兵援助浙江。因此,段光清对咸丰帝说:"浙江但有筹饷之责,略无调兵之权。"咸丰帝感到奇怪,严肃地问:"巡抚不能调兵乎?"段光清吓得叩头回奏:"巡抚之权原可调兵,特目前浙省境内无兵可调,督兵防守徽州者,乃京堂张芾,督兵防守宁国者乃金陵大营调来总兵郑士魁,俱非浙江巡抚所得而调也。或浙江有警,以信商之,犹可以委员带兵来援,

---

① 张集馨:《道咸宦海见闻录》,第120页。

② 张集馨:《道咸宦海见闻录》,第260页。

③ 张集馨:《道咸宦海见闻录》,第256页。

若以札调之,则断不应调也。"咸丰帝对这种状况毫无解决的能力,只是"愀然不语者久之"①,然后改变话题。

鸦片战争、太平军之役以来,皇帝在官民中、官员在百姓中的权威大为下降。龚自珍就禁烟失败说:"开辟以来,民之骄悍不畏君上,未有甚于今日中国者也。"②段光清则说:"夷扰以来,民不畏官。"③客观形势造成皇帝权威下降,他们也没有能力改变这种现实,于是不得不羁縻叛服不常的少数民族,自我破坏形象地大开捐纳,以维持其政权。

四、余论

道光十六年(1836),皇帝召见知府张集馨,告诫他不能光是洁身自好,还要管好属吏,"持身虽严, 而不能察吏, 尚未能了我事也","我岂肯以好好地方,听人糟踏耶! "二十七年(1847),道光帝召见川臬张集馨,要他赶快赴任,说:"我地方要紧,汝明日不用再递牌子(意为不再召见)。"④道光帝一口一声的"我"的地方、"我"的事情,将国家、地方、政事都视作"我"的。本来,朕即国家,政事、地方、人民都是皇帝的,不必讲了,问题是道光帝这里是要求官员协助他把政事、地方、百姓管理好,使国家安宁、百姓乐业,从这里我们看到道光帝的治理好国家的一种责任感。他将国家、人民看做他所有,很自然地具有管好的责任。因此说他有责任心,不足为奇。"朕即国家",是专制主义的代名词,皇帝是专制主义的象征,对这种专制皇权应予批评,20世纪以来,学界、社会各界都是如此做的。不过皇帝对国家的那种高度责任心,以至有的亡国之君以身来殉社稷,后世走马灯式的国家治理者很难有那样强烈的感情。因之,高度责任感的治国精神是值得提倡和继承的。

道光帝遗诏:"仰为列圣家法,一以敬天法祖、勤政爱民为本。"⑤道光帝是遵循皇家家法的,咸丰帝也是如此。清朝的"勤政爱民"家法确是代代相传。这

① 段光清:《镜湖自撰年谱》,第139页。
② 龚自珍:《龚自珍全集·与人笺八》,上海人民出版社,1975年,第40页。
③ 段光清:《镜湖自撰年谱》,第52页。
④ 张集馨:《道咸宦海见闻录》,第22页。
⑤《清宣宗实录》卷351,"二十一年三月"条。

是将皇帝对国家、臣民的责任心具体化了,应有可以称道的内容。

归纳本文之意:从召见臣工的角度观察道光帝、咸丰帝,他们均为勤政之君;道光帝有政治主见,而软弱的性格使他不能振作有为;咸丰帝好学,然专心致志不足;由召见的谈话内容发现,道、咸施政受客观环境限制,进而认为皇权有其制约因素,皇帝不能为所欲为;君主专制制度下皇权必须批判,但家天下的皇帝对国家、人民具有责任心,后人宜于认识到这一点。

(原载《江汉论坛》2005 年第 4 期)

晚清学者吴汝纶的西医观
——兼论文化反思的方法论

十年前笔者浏览吴汝纶的书信、日记及其年谱，感到他推崇西医，贬斥中医，遂将他《答肖敬甫》函中劝请西医治疗的话写进拙作《清代人物传记史料研究》①。今年春夏之交，拟就吴汝纶的西医观写出专文，并向同事余新忠教授说及，他即给笔者近年学界有关研究的两篇论文，随后又将他搜集的西医在华流行及其背景的一些资料无私赠送，为笔者写作提供方便，私心至为感谢。笔者因在客边不能阅读多少文献，仅将《吴汝纶全集》中的《尺牍》《东游丛录》《日记》及附录之吴氏传记、行状等部分重读一过，今仅就此所得的材料撰文，史料太少，将就从事，甚感遗憾，并向读者致歉。在18世纪末至20世纪中叶中医命运巨大变化中，吴汝纶是反中医崇西医的弄潮者，从他对中医的态度进行文化反思实为典型事例，但是如何反思得好，笔者亦将体会写在这里，求教于同好。

一、崇奉西医和思考建设西医学院

吴汝纶于光绪十九年（1893）自云"笃信西医"②。十年后的光绪二十九年（1903）正月初，他在家乡桐城病笃，拒绝中医诊视，派人到安庆请西医，日本学人、略知西医的早川新次陪同美国医生闻生前往诊治，然而西医亦束手无策，眼见他撒手尘寰。③仅此一事，适足以显现吴氏宗奉西医厌弃中医的鲜明态度，所宣称的"笃信西医"丝毫不爽。他的提倡西医、主要表现在以下几方面：

---

① 冯尔康：《清代人物传记史料研究》，商务印书馆，2000年，第264页；天津教育出版社，2005年，第205页。

② 《吴汝纶全集》，施培毅、徐寿凯校点，第3册第70页，载《安徽古籍丛书》第9辑，黄山书社，2002年。下面用该书材料，仅注明全集册页，或有必要加注篇名。

③ 全集附录1早川新次《在安庆寄邦人书》，第4册第1166页。

（一）强烈推荐西医和抨击社会对西医的误解

吴氏信用西医，身体力行，及于家属。他至死聘请西医诊病，不必说了，其子阎生（启）肺病，他请日本军医（即西医）柴冈治疗，[1]又征询从美国回来的罗大夫及应系洋人的阿大夫意见，令阎生坚持休养。[2]让其弟山东汶上知县诒甫北上天津找西医治病。[3]

除亲属就诊西医之外，吴氏着力劝谏友人改从西医。肖敬甫久服中药而不见效，光绪十七年（1891），吴氏在信中说他"宁为中医所误，不肯一试西医，殊可悼叹"，进而劝他改从西医："执事久客上海，宜其耳目开拓，不迷所行，奈何顾久留病魔，不一往问西医耶！"[4]吴季白之侄听了吴氏的话请西医治病，后到京城，吴氏于光绪十八年（1892）九月劝导继续用西医，给吴季白信云："令侄还京后，幸尚就西医治之，可望复壮，勿听他人沮败也。"[5]次年三月因不知对方是否服用西药，写信询问，并指责吴季白医学观念守旧，不读西医书籍，对西医信不过，要求他尝试"游移不自信之术"[6]的西医。同年写信给居住在直隶鸡泽县的王西渠，因乃父体弱失眠，建议改变迷信中医的态度，到天津洋行购买西药（西洋补药）服食。[7]何豹丞身体羸弱，吴氏特地向他推荐熟识的在北京的美国医生满乐道，要他去求医。[8]贾绂臣听从吴汝纶的劝告，用西医治好疾病。[9]吴氏学生王某体弱多病，命他吃西药，颇见功效。[10]

吴氏的宣传西医，劝导于人，甚至采取责骂态度逼迫对方遵从，如谓信中医的吴季白："执事于医学，所见如此肤浅，劝君且止此事，但可作举子业，今年取乡荐，明年入馆选，岂非用君所长乎！医道一事，从此闭口勿言可也。"[11]又如在给姚叔节的信中说："不信西医者，皆庸人也。"[12]他采取这样激烈的态度，

---

① 全集第 1 册，《送日本军医柴冈先生归国》，第 444 页。

② 全集第 3 册，第 573、第 577 页。

③ 全集第 1 册，《北行七哀》，第 433 页。

④ 全集第 3 册，第 55 页。

⑤ 全集第 3 册，第 62 页。

⑥ 全集第 3 册，第 69 页。

⑦ 全集第 3 册，第 70 页。

⑧ 全集第 3 册，第 156 页。

⑨ 全集第 3 册，第 141 页。

⑩ 全集第 3 册，第 179 页。

⑪ 全集第 3 册，第 78 页。

⑫ 全集第 3 册，第 110 页。

似乎有失敦厚之道,乃因他感到中医传统势强,推广西医,得清除社会阻力之故。为此他对西医做了多方面的宣传,以便国人接受:

对西医已然在世界和中国流行的形势应当有所认识。吴氏在光绪十九年(1893)说,"近日五洲医学之盛"①,使得中医一钱不值。在此前二年,吴氏认为西医已在中国流行,故云其时"西医盛行"②。光绪二十七年(1901),又针对湖广总督张之洞关于西医不合风土人情的说法,批评道:"西医在中国行术者六十余年矣,何尝有'不习风土'之患?"③

以治愈病人为例介绍西医。因贾绂臣用西医收效,希望"自此京城及畿南士大夫,庶渐知西术之不谬"④。

用西医则须笃信之,不可将信将疑。所谓"以信医为第一义,一起居,一服食,无不惟医之从"⑤,这样医者亦愿诊治,故能生效。要求养病的儿子"一切惟医之言是听"⑥。

非痼疾均可以光顾西医,始能相信西医。光绪十七年(1891)云,西医对"非劳瘵痼疾,决无延久不瘥之事"⑦。

化除积习和故见。"中国读书仕宦之家,安其所习,(对西医)毁所不见"⑧。

对西医书籍应持欢迎态度。劝人阅读西医书籍,谓"近今西医书之译刻者不少"⑨,不读是不求上进。"尊体赢弱,宜略阅西医书,稍明养身之法。"⑩有人认为不通德文不能翻译医书,如今所译之书是糟粕,吴氏则云英文通行各国,法文尤精,懂英法两种文字即可,无须一定要用德文,而现在所译的书皆有用之书,即是糟粕,也可先用,再谋得精华之书。⑪

抨击中医业者的自私自利。指出"用医术为生计者,又唯恐西医一行,则己顿失大利,以此朋党排摈,而不知其误人至死者,不可胜数也"⑫。

使用中西医对比的方法贬低中医提倡西医。吴汝纶常常进行这种比较,

---

①⑨ 全集第 3 册,第 69 页。

②⑦ 全集第 3 册,第 55 页。

③ 全集第 4 册,第 456 页。

④⑧⑫ 全集第 3 册,第 141 页。

⑤ 全集第 3 册,第 568 页。

⑥ 全集第 3 册,第 591 页。

⑩ 全集第 3 册,第 156 页。

⑪ 全集第 3 册,第 78 页。

最典型的说法是,他不止一次地讲"中医之不如西医,若贲育之与童子"①,以为两者的差别是一天一地,让人唾弃中医而信奉西医。

(二)认识到的西医科学之处

西医的科学之处,它的真正价值,在吴汝纶的时代,即使相信者,人们的认识也是不完全的、有限的。吴汝纶与在北京、天津、保定的西洋医生、华人西医及懂得医术的传教士交游,特别是阅览一些有关西医的书籍和手册,如《妇婴新说》②《省身指掌》③《西医大成》④等,因而对西医有所了解,并在与友人的书信中进行交流。他在光绪二十三年(1897)说的这一番话,大约表现出他的总体认识:"西医考核脏腑血脉的有据;推论病形,绝无影响之谈;其药品,又多化学家所定,百用百效。"⑤但对西医所能理解的、感受到的,或者说能表达出来的,主要在下述三个方面:

一是学理、病理清晰准确。

吴氏说西医"理精凿而法简捷",而中医则是"含混医术"。⑥这种"精凿"与"含混"的对比,是说西医学理精确,也就是现代语所说的西医是科学,是有理论的,是用理论来论证病情,可以准确无误地剖析病人所患为何种疾病及应该如何治疗。吴氏以人们常说的头痛病来说明西医分析的精到:"有人头痛,每发辄椅床呼号。此病中医不知其故,西医书则称其脑气受累所致。缘脑气所以受累者,则因人之聪明知慧皆出于脑,每日用功,必有休息闲适之时,然后脑不受累,若勉强过度使用,脑必累而成病。"⑦

二是诊治方法简明而科学。

吴氏在没有参观西医剖腹截肢手术之前,知道西医使用听诊器检查病状,确定病名,对症下药,与中医的切脉不同,认为西医的简单可信。他就西医诊治肺病说,"用闻症筒细心审听,决为可治,乃足信耳"⑧。意思是医生通过听

---

① 全集第 3 册,第 145 页。
② 全集第 3 册,第 254 页。
③ 全集第 3 册,第 268 页。
④ 全集第 3 册,第 52 页。
⑤ 全集第 3 册,第 141 页。
⑥ 全集第 3 册,第 55 页。
⑦ 全集第 3 册,第 179 页。
⑧ 全集第 3 册,第 287 页。

诊器细心诊断,认为肺病的程度仍可治疗,才会给药及提出养病建议,病人也因此信任医生的处断。诊断认真,且为不可缺少的环节,否则不给治疗,所谓"西医不见病人,不肯给药"①。吴氏还知道西医通过 x 光镜为病人做检查。李鸿章在《马关条约》签订时中弹遇刺,吴氏写信慰问,并询问治疗情况:"面部所被子弹,闻用西医新法,照见留藏处所,曾否用法除去,果以无庸过问,至为私系。"②

三是药品因科学研制而富有疗效。

吴氏说"西医研精物理"③,深知物性,研制出医药产品,故而对治病有效。为此将化学家与制药连为一体,如说"制药,化学家事也"④,以及前述药品多化学家所定。说到"学家",意味着科学,令人信服。比如国人深信燕窝为最有价值的营养补品,而吴氏说西医研究得知,骆驼粪便提炼出的阿磨利亚,树生的阿磨利亚与鹿茸的功力相等,而价格仅为鹿茸的百分之一,同时它们的补力都很小,西医并不采用。⑤

(三)建设西医学堂的思考

相信西医,医生从哪里来?吴汝纶在国内阅读西方及西医书籍,结交洋医生,应当对西医学院有所耳闻,如光绪二十七年(1901)阅览沈敦和辑译的《英法俄德四国志略》,得知德国设有大学院,其医学有六门类(课程?),为核全体骨窍肉筋血液管脑气,论各经功用,论病源,论药品,论配制,论胎产。⑥及至光绪二十八年(1902)到日本考察教育,留意于西医教育,去医学堂、医院参观,出席医学家集会,访问学者和官员时交谈医学教育,他将心得写进日记,写信告诉友人和管学大臣张百熙,特别在《东游丛录》中作出专题报告,现在依据这些文献揭示吴氏建设西医院校的见解。

医学在学科分类中为专门之学。吴氏获知西方学术界将学术区分为三大类,即自然科学、社会科学和心理科学,自然科学里的二类学科有材料学科,其下有性态科学,实即医学,内含生理学、组织学(凡人物身体之构造,骨骼之

---

① 全集第 3 册,第 586 页。
② 全集第 3 册,第 124 页。
③⑤ 全集第 3 册,第 257 页。
④ 全集第 3 册,第 704 页。
⑥ 全集第 4 册,第 667 页。

结合,研其效用,谓之组织学)、病理学、卫生学。①由此可知医学是一种专门学问,医学教育也就是一种专门教育。在日本,中学毕业,可以进入专门学校,包括进医学堂。

日本医学院校的建制和学制。医科学校有两种:由国家设立的为医科专门学校,归文部省管辖,经费出自中央政府;府县设立的名曰医学校,经费由府县筹备。②医学校分为二科:一为医学,另一为药学。医科学业年限系四年,药科则为三年。③教员,在专门学校分为两种,即教授和助教授,前者系奏任职务,后者为判任职。④在医学校,亦分两种职务,曰教谕、助教谕,也分别是奏任、判任。⑤大学医学部的教习,多延聘荷兰、英国和德国学人。⑥教学设备,除了教室、宿舍、餐厅,重要的是实验室,如病理标本室、解剖标本室、验药室、制药处、考验毒物室、生理化学室、生理室、眼科解剖标本室、附属医院和病房。⑦课程,有生理学,吴氏所述仅此。上课以外,还有实习。⑧学生,中学毕业生可以直接进入医学校,而入专门学校则要考试录取。学生均须交纳膳食费。府县医学校卒业,即可行医。⑨

特别关注于法医。吴氏云:"所心服者,尤在法医。法医者,检视生死伤病,以出入囚罪,近年问刑衙门获益尤多。吾国所凭《洗冤录》、忤作等,直儿戏耳。"⑩又云:"(法医)吾国所急宜讲求者。"⑪

(四)为中国开化而倡导西医

吴氏的提倡西医、西医学,直观上来看是要用西医取代中医,当然事情不是这样的简单,而是关乎着中国对西学和近代化的接受,以及近代教育。他在直接给张百熙的书信,以及由他人转达的函件中,说明他在日本耳闻目睹关于西医重要性的言论,如日本政要文部大臣菊池、外务大臣小村、长冈子爵、

---

① 全集第 4 册,第 548 页。
②⑤⑨ 全集第 3 册,第 664 页。
③ 全集第 3 册,第 657 页。
④ 全集第 3 册,第 666 页。
⑥ 全集第 3 册,第 779 页。
⑦ 全集第 3 册,第 703、717 页。
⑧ 全集第 3 册,第 766 页。
⑩ 全集第 3 册,第 396 页。
⑪ 全集第 3 册,第 716 页。

近卫公爵等,医学家同仁会均讲说兴办西医的意义,他之不厌其烦地转述,是怕中国政坛"以医为无甚关系,故具书此间所闻,以备张尚书采摘"①。关系重大究在何处？在于：

西医为开化之端。所谓"医学为开化至要"②,日本"文明之化,自医学开始"③。开化是对着文明讲的,文明是近代文明,中国要走出古代的不开化,走向近代文明,要以学西医为起手办法,为开端。

西医促进中国西学发展。学习西医,就要联络西人,从而成为加强西学的一种门径。而习西学,是立国之本。吴氏在研经会招待席上答辞："今时国无西学,不足自立。下走东来,仰求师法,实欲取长补短,以求自列于群集竞存之场。"④用现在的话说,是学习西方,使中国立足于竞争的世界之林。

二、卫生学的倡导及其与西医、西学之关系

养生之道,自古有之,吴汝纶所讲的养生法已经不是传统的,而是同他对西学、西医的认识相一致的。他将养生提高到卫生学的境界,将疾病医疗与健身方法联系起来,并将卫生法引进学堂。这些新观念的产生,无疑源于他对西医、西学的理解和运用。

(一)新式养生与健身

肺病疗养法。19 世纪及 20 世纪上半叶,肺病的流行是人类健康的大敌。吴汝纶本身咳血,不知是否为肺病,而他的儿子确实患上了。为此,他求教西医,与洋人肺病患者交流养病经验,因而总结出一套疗养法,并且介绍给友人。如在给侄女婿廉惠卿的信中说："令四弟如系肺疾,应就西医,并宜移居海滨,借海风所涵碘质,以补益肺家,服麦精、鱼油,以调养肺体,仍戒勿用心,勿受外感。此病甚不易治,中医不解,亦无征效之药,其云可治,乃隔膜之谈。"⑤大体上表述了他的肺病治疗法：其一是呼吸新鲜空气,多吸收氧气。"养肺以

---

① 全集第 3 册,第 397 页。
② 全集第 3 册,第 396 页。
③ 全集第 3 册,第 447 页。
④ 全集第 3 册,第 450 页。
⑤ 全集第 3 册,第 287 页。

常得空中清气为要，故每晨出游，为养生第一义"①，早晨到户外呼吸新鲜空气，只是一个方面，他还懂得吸收氧气和排除废气二氧化碳，故云在山区，得养气(氧气)稍多，肺渐结实，而入城郭，接受炭气(二氧化碳)多，就会犯病。②户外活动之外，要勤开窗户，所谓卧内宜通空气，窗宜常开，宣通疏豁以养肺，人不知此，尤其是北省人冬天固闭门窗，室内黑暗，竟然以为养人，令知医学者可怜他们。③吴氏不仅明了通风对养病有益，更由此懂得了中国传统房屋建筑不利于健康之处，故云"中国房舍不适通风采光之法"④，所以成为上学幼童早逝的一个原因。其二是注意饮食，吃易消化的食物和西洋补品。吴氏认为麦乳精、鱼肝油为咳血要药，牛肉精或牛液粉(奶粉)皆养身妙品。⑤吴氏主张多吃牛肉，家中备有"洋铛"，炖牛肉，不加水，喝其汁，以养人。⑥(笔者理解，此法应与云南汽锅炖鸡相同)其三是应有有节制的运动。用吴氏的话说是"运动以不受累为要"⑦。他特别以肺病痊愈的传教士为例做宣传，路牧师肺病严重，遵医嘱回国疗养，他每日在田野锄地，不到一年病愈，原因是原野空气新鲜，锄地活动两肘，增加肺呼量。⑧当然运动量不能大，大了身体要受伤。其四是听医生的劝告，少用脑，少读书。其五是防止感冒。此外，病人一切起居宜加慎重，勿着急，勿恼怒，勿忧愁，大风大雾之时勿外出。⑨在肺病的特效药盘尼西林、雷米丰发明以前，主要靠养，诚如吴汝纶所说，"肺病不在医药，全在得清气养气，善自将息。"⑩他的疗养法是行之有效的。其实，他的方法不只是治疗肺病的，在营养、适当活动、呼吸新鲜空气诸方面，对健脑、养胃都是有价值的。

健脑法。吴汝纶的教书职业，多接触青少年，而青年学子中患头痛、风眩、癫狂病、失眠症的不少，吴氏说这都是脑筋受伤，解决的办法是不要上学太早，

① 全集第 3 册，第 286 页。
② 全集第 3 册，第 578 页。
③ 全集第 3 册，第 567 页。
④ 全集第 4 册，第 1166 页。
⑤ 全集第 3 册，第 568 页。
⑥ 全集第 3 册，第 493 页。
⑦⑨ 全集第 3 册，第 586 页。
⑧ 全集第 4 册，第 753 页。
⑩ 全集第 3 册，第 592 页。

应到八岁入学,在学习时间,不可用功过猛,一定要有课间休息、体育锻炼。①

养胃法。吴氏友人王小泉患胃病,几乎不能进饮食,又不敢吃药,吴氏特为他介绍牛肉精,入胃即化,不会使胃出力受伤,它是食品,不是药,不必拒而不用。②

营养学和营养品。吴氏多次在通信中说到营养品牛肉精、奶粉、麦精等物的价值。他作为以米为主食的南方人,从西方书籍中获知面粉的营养价值高于大米,因此主张多吃白面。③他关注的不是个别食物,而是营养学。他在光绪二十三年(1897)日记里摘抄了一千多字的《纽约格致报》中关于食物成分、能量的统计分析,内容包括各物产生的热能,人类能够消化的程度,以及脑力工作者与体力劳动者,体质强者与弱者,男性与女性,年龄的差异对消化吸收的影响。吴氏从而获知:消化之事,以肉为易,瓜菜为难也。④

育婴法。吴氏因为添外孙,因而告诉女婿柯绍忞夫妇:中国传统抚育婴儿方法不当,应咨询西方女医,"彼土料理婴儿,将养爱护,曲尽性理,家喻户晓。其谓吾国妇人,愚蠢不达事理,往往用为笑柄,名为爱之,其实害之,故必以勤问西法,为养婴之要诀"。他举例说,去看视一位西方人,他不在客厅接待,乃因小儿昨夜未睡好,现在那里睡眠,不要去惊动他。尽心如此,其他可以类推。⑤

晨练法。吴氏日常早起,到原野走步,一般要走七八里。⑥他鼓吹晨练,劝人"日日清晨出外行动,其补益过于日食一鸡"⑦。走步而外,自云"每晨跳舞,即体操之意"⑧。总之,早晨要做健身活动。

(二)学堂卫生法

吴氏将学堂卫生看做第一等事,他所理解的卫生,是将体育(体操)视为生理卫生的重要内容,纳入教学课程,制定学校清洁卫生法规,主张设立

---

① 全集第 3 册,第 368、第 601、第 603 页。
② 全集第 3 册,第 72 页。
③ 全集第 3 册,第 575 页。
④ 全集第 4 册,第 527 页。
⑤ 全集第 3 册,第 254 页。
⑥ 全集第 4 册,第 1146 页。
⑦ 全集第 3 册,第 257 页。
⑧ 全集第 3 册,第 594 页。

校医。

卫生为教育根本的识见。吴氏得知"外国学堂以卫生为第一义"①,而且"现今以卫生为教育根本,已成世界之公论","西洋各国学校中皆有卫生之学"。何以卫生能成为教育根本?吴氏认为学堂卫生有三个必要,也有三种收益:使学生身体健壮,足以胜任工作;体健能够令人有精力发挥才智,创造财富,使得国家富足;体壮能够精神刚毅,义勇奉公,是国家兵力强大的条件。②这样把富国强兵同卫生联系起来,自然将卫生教育放在重要地位了。

学堂清洁法。吴氏让人将日本学校实施的清洁法译成中文,预备在他筹办的学堂中实行。他不是原文照搬,而是加上自己的见解。如大扫除,日本原定每年一次,他觉得太少,改为二至三次;又如禁止吐痰一条,他特别加写"此各国所兢兢也"③。清洁法规则分三个方面,为日常清洁法、定期清洁法和校园被水后清洁法。其日常清洁法有九项:第一,教室、宿舍每日洒水打扫,擦拭用具,开窗户,洒水而不能使室内潮湿;第二,教室、宿舍备字纸篓、痰盂,不得乱扔废纸及随地吐痰;第三,宿舍预备鞋帽刷子,学生出入应该刷拭;第四,衣服被褥时常曝晒和洗涤,每月最少一次;第五,便所每日清洗,粪缸撒布防臭药;第六,食堂、厨房、浴室、盥漱室时常打扫,开窗通风,清除臭气;第七,垃圾及时搬运出去;第八,水沟经常疏通;第九,庭园、操场、廊檐下亦需保持清洁。定期清洁法不再说明,其水后清洁,是为防止湿气。④

体操课程的设置。吴氏批评儿子闿生不懂得体育的重要:"体育为学校中一要义,各国皆讲求此事,汝独不能,是仍中国旧见。"⑤表明他知道重视体育乃世界潮流,国人要能跟上,必须破除传统观念——以为体能活动不是读书人的事情。他强调体育,不只是将其看做学生个人的事,而是关系着国家的富强。日本体育会体操学校松井次郎兵卫在给吴氏的信中讲述体育的好处:体育令人身体健壮,精神旺盛,"则文教可兴,武备可精,殖产兴业可以隆盛焉。果然,则富国强兵之策,全存于兹"⑥。这封信,吴氏收入所著《东游丛录》中,表

---

① 全集第 3 册,第 591 页。
② 全集第 3 册,第 671 页。
③ 全集第 4 册,第 1166 页。
④ 全集第 4 册,第 722 页。
⑤ 全集第 3 册,第 603 页。
⑥ 全集第 3 册,第 750 页。

达出重视和赞同之意。

校医的设置。日本学校设有校医,在光绪二十七年(1901)吴汝纶考察之时,公立学校二万八千余所,有校医七千余人。校医的一项任务是调查学生体格,一年两次,所谓调查,即体格检查,并写出报告,说明学生现时身体强弱,比较当年与前年体质变化。报告送交文部省,以便修改学生课程数量,保障学生健康。①

其他方面,吴氏亦多所关注,如教室采光,课桌椅高度与学生身材的配合,吴氏也都留心到了。②另外,个人卫生方面,强调注意整洁仪表,比如教导作为学生的儿子,身体宜修洁,囚首丧面而谈诗书令人讨厌,以后八日一剃发,三日一洗澡才好。③

(三)卫生学与西医、西学

学校开设体育课,设立校医制度,建立一整套的清洁法,是中国传统教育所没有的。吴氏讲的卫生学既为中国前所未有,相关的养生学亦是新式的,与传统的迥然不同。这是因为他吸收了西医、西方养生学知识,并加以总结而得出的。在前面的叙述中已经多次见到吴氏说卫生、体操西人如何说、如何做,西医又如何如何,他所抱的态度就是学习、仿效,并要求他人也要那样跟进。他读包括医书在内的西方书籍和接触西方人士时,力求抓住人家的办事精神、为人处世的精髓。他说:"西国学人必求饮食起居之适意,不以简啬为美,诚见养生之重。"④又说:"卫生之学,万不可不讲。西人无论为学办理,每日不过四小时用心,余皆休息时,此最宜学。"⑤他从而懂得人的劳逸有度的生理卫生要求是合理的,生活的适当营养是必须的,因为有那样的生活理念,才有相应的养生之道,那样的生理卫生知识。"非明于西医者不能自养"⑥,在彼时的中国,无疑是至理名言。

日本人学习了西医,吴氏从日本得到了卫生法。吴氏在日本获得一个深刻的印象,就是日本的医术,从学习中国改而效法西医。他在日本同仁会欢迎

---

① 全集第 3 册,第 670 页。
② 全集第 3 册,第 733 页。
③ 全集第 3 册,第 576 页。
④ 全集第 3 册,第 604 页。
⑤ 全集第 3 册,第 603 页。
⑥ 全集第 3 册,第 567 页。

会致答谢辞云:"贵国之医,本取中国,几经考验,乃改用西法",又说"见各学校于生徒卫生之事,最为注意,此非医学大明,何能及此!今敝国将开学堂,若诸君子以精深医术推行教导,则吾国受益于贵国甚大,岂言语所能志谢哉"①!盛赞日本医学的进步,同时表示乐于接受日本的医学,改变中国医学和教育的面貌。从日本西化转习西方文化,此为晚清中国改革论者的理想之路。吴氏的赴日游历,结交日本各界人士,请人翻译学校及卫生规则,就是走通过日本学习西方的道路。

三、传布西医、西学的意义和反中医的世纪反思方法

简单叙述了吴汝纶推崇西医和卫生学的史实,如何看待他的这种活动,他在崇信西医中极力反对中医,又应怎样评说,尤其是中医起死回生,学界回眸,那么需要什么样的态度和方法呢?这一节就来思考这些问题。不过限于笔者的能力和时间,只能做肤浅的、提要式的说明。

(一)推崇西医的社会意义

从三个方面考虑:

其一,推动现代学校卫生教育的诞生,吴氏个人应当被视为一位助产士。

这里只以一个事实为例了解吴氏对新式教育出现的作用,这就是他的作品《东游丛录》。他将在日本考察现代教育所形成的文字汇集成《东游丛录》四卷,第一卷是关于教育制度的,涉及教育行政,各种类型学校的功用、学制、学则、管理、教学法、学生成绩考核、教科书、学校设备、图书馆、博物馆,日本学校沿革,欧美小学课程。卷三是学校图表。卷二系参观交游日记摘录。卷四汇集有关函札。卷一、卷三是总叙现代学校制度,并以图表做出辅助性表达,是理性的说明。卷二、卷四是面对现代教育的个人感受,进一步说明现代教育的内涵和实行的必要。吴氏系受清朝政府学部派遣赴日考察,身份是北京大学总教习,以《东游丛录》交差,可惜的是回国旋即辞世,筹办中的桐城学堂亦未能目睹其问世,更不必说办大学了。然而他鼓吹兴办现代学校的愿望是在中国大地实现了。整套制度不说,以卫生方面来讲,学校开设体育课、生理卫

---

① 全集第 3 册,第 447 页。

生课,建置校医室,制定并实行清洁卫生规则。以笔者的亲身感受讲,20世纪40年代在农村上私塾,在大城市读高小和初中,私塾还是老规矩,不必说没有体育课,没有课外活动,就连去厕所也要拿牌子及时回到书房,随地吐痰、擤鼻涕;学校就大不同了,教室放有废纸篓、痰盂,每天有值日生做清洁,另有大扫除,体育课之外,高小打垒球,初中打篮球。而今回想起来,在这样现代学校中学习真是幸运,而这是受现代教育推行者之赐,是吴汝纶现代教育思想为世人接受的结果,也就是受吴汝纶之赐啊!因此,对他怀有感激之情。

其二,吴氏是西医在中国立足的呐喊者,对西医的传播起着推动的作用。

据上海新闻报纸报道,同治十一年(1872),到虹口养育堂就诊的病人17644位,其中有西方人321人,西医为院中董事,并培养华人医生。[①]同年,前往仁济医馆"就诊之人日益多"[②]。同治十二年(1873),到北京西医医院治疗的有9618人。[③]这是19世纪70年代,在首都北京、大城市上海各有上万人次的西医就诊者,这些人是新事物的勇敢尝试者,然而更表明的是西医在中国已有不俗的表现。随后而来的有关信息是,西药因立见效应,"有后来居上之势"[④]。到了19世纪、20世纪之交,人们认为西医已然流行。[⑤]也许可以说19世纪下半叶是西医在中国站稳脚跟时期。吴汝纶就是在这种情形下信仰、推崇西医的,他是先驱者,属于勇敢者行列。这还不算什么,重要的是为西医疾呼,以不信西医者为庸人,拒绝中医者为卓识(谓王小泉"拒绝中医,实为卓识")。[⑥]他因为与西医及洋人接近,在义和团运动时期被民众误认为是信洋教的,他想从直隶保定到满城,而当地民众不允许,辗转逃避到深州,才避免被团民掳杀之劫,而他主持的莲池书院有人被抓,友人罗大夫遇难。由团民对他的态度,可知他是宣传西医、西学的重要人物,有着不可忽视的影响。

其三,吴氏是冲击中医的激进者,仍有其某种积极意义。

中医无论在理论上、治疗手段上、医疗立见效果上都不及西医。中医缺少

---

① 《申报》同治十一年五月十九日。
② 《申报》同治十一年十月十五日。
③ 《申报》同治十二年六月初十日。
④ 黄式权:《淞南梦影录》卷2,光绪九年(1883)。
⑤ 陈虬:《瘟疫霍乱答问》,光绪二十八年(1902)。
⑥ 全集第3册,第72页。

科学理论,诊断、用药规律性不显著,不能大量培养人才,医生多凭个人素养、经验处方,误诊之多不可避免,造成庸医多。可是中医又占据医疗的主导地位、统治地位,不撼动它,西医就不可能立足和发展,就不可能为多数民众所接受。对中医进行冲击的力量,在态度上有两种区别:一是激进者,以为中医一无可取,要使它从医疗界消失;另一种人持温和态度,认为中医、西医各有优长,也各有不足,都不能百病皆治,需要取长补短,这自然允许中医存在了。两种态度,都对西医在中国的传播有利,都质疑中医的垄断地位,使它处于被动地位,以至1929年国民政府卫生部通过取缔中医的决议案,赖有识之士的缓颊才使中医延续下来,而后共和国政府的政策使它有了较大发展,不过它已过多地汲纳西医成分,似乎已然不是纯粹的中医了。话说得简单些,冲击中医统治地位是必要的,使得它自身改进更新,提高科学程度,取信于人,乃至走向世界的可能性越来越大。这样,温和派、激进派都起了积极作用。但是激进者的过分行为,无情打击中医,使得它在一个时期内难以生存,不能发挥它的治病救人作用,使得从业人员艰于生活。这种伤害,无论对社会、对医药界、对病人、对中医从业人员都是不利的。激进者的行为难辞其咎。吴汝纶是冲击中医的激进论者,对中医的变革有其意义,而对中医事业也有破坏作用,这正负两方面的作用都应看到,不宜偏向一极。

吴氏全面反对中医,可是好像又存有一点希望,这么说,是因在他的文论中有蛛丝马迹可寻。光绪十七年(1891),吴氏给在上海方言馆任职的萧敬甫写信,赞赏该局出版的《西医大成》,并云该局赵元益"长于译书,兼通化学",可否请他邀集懂得化学的同人,"将《伤寒(论)》《金匮(要略)》中药品一一化分,考其质性,则为功于中土甚大"①。他希望能将中医经典里的药方药品化验出它的化学成分,能像西药一样,以明其药性,便于使用。可知他不是简单地抛弃中医。他阅读中外典籍,作出笔录,对《黄庭经》摘录甚多。②此书系道家修炼养生之作,与中医颇有关系。八国联军侵扰保定之时,吴氏给地方官吕秋樵书信,谓其维持局面甚为难得,并云:"事经有识之君子承办,虽万分棘手,亦皆有脉理可寻……"③"脉理"一词,不经意用来,然而这是中医专业技术语汇,

① 全集第3册,第52页。
② 全集第4册,第990—993页。
③ 全集第3册,第304页。

这一用,也表明吴氏并非决绝地摒弃中医文化,兴许还有一点爱护之意。吴氏虽然接受了一些西方文化,但是中学是母文化,是其文化的根基,不论他如何表示对中医的弃置态度,在骨子里是不会遗弃干净的,与根文化不可能彻底决裂。

(二)否定中医的思想根源与社会背景

关于吴汝纶反对中医观念的形成,董丛林的《吴汝纶医药观的文化表现及成因简论》[①],张勇的《偏激与折衷——试析近代国人对待中医的态度》[②],均论及吴汝纶反中医思想的成因,如与维新变法、与晚清儒学今古文之争的关系,笔者就不再论及,而拟说明以下四点:

重物质轻思维观念的时代来临。近代以来,西方社会对人文科学与自然科学的价值,看法上有着根本的转变,自然科学的地位超越人文科学;在中国,自洋务运动以来,这一转变也越来越明显。中医和西医就好像人文科学与自然科学的不同,西医检查使用器械、做化验,用药与施行手术并行,这都是看得见、摸得着的,而中医靠望闻问切,讲的是辨证诊断和治疗,多系观念层面的,人们看不见、摸不着,两者的一物质、一思维,就令人直觉西医可信,中医不可靠了。孙宝瑄在《忘山庐日记》里说:"我国人谓疫有神,故设法以驱之。西人谓疫有虫,故设法以防之。神不可见,而虫可见。微生物乃天地间一大种类,终日与人争战,虫败则人生,虫胜则人死。"[③]所云神不可见、细菌可见,即中西医的精神与物质之别。吴汝纶所说的西医"理精凿而法简捷",中医是"含混医术"[④],就体现了重物质、轻思维的观点,而这是时代理念,不是吴汝纶个人的。

社会上层易于接受西方先进物质文明。开始让西医治疗的主要是两种人:一是社会下层的穷人,无力治病,西医,特别是传教士开办的医院施医施药,穷人不得不前往就诊;另一是社会上层人士,早在清初皇帝就让西医疗

---

① 董丛林:《吴汝纶医药观的文化表现及成因简论》,《安徽史学》2005 年第 4 期。

② 张勇:《偏激与折衷——试析近代国人对待中医的态度》,《六盘水师范高等专科学校学报》2003 年第 2 期。

③ 孙宝瑄:《忘山庐日记》,第 484 页。

④ 全集第 3 册,第 55 页。

疾,服用西药。吴汝纶的时代,上层人士信西医者也是先驱。李鸿章、恭亲王奕䜣、醇亲王奕譞府邸均以牛肉精为"至宝"①。李鸿章的夫人请伦敦会的马根济博士治病,痊愈后捐款,帮助马根济在天津建立大医院。②曾国藩之子纪泽的儿子求治西医,不治而亡。驻日公使黎庶昌用西医治眼疾,丧失一目。③无论成功与否,找西医治病的上层人士实乃不乏其人。对外国先进的器物,社会上层乐于享受,采用迅速自是情理之中的事情,但是信用西医,可能有生命危险,上层何以敢于一试? 试者乃思想趋于新潮者,接触西人、西学较多的人,李鸿章、奕䜣、曾纪泽、黎庶昌皆是,吴汝纶亦然。

富国强兵的思潮。吴汝纶的幕主曾国藩、李鸿章以富国强兵为政治主张,吴汝纶深受影响。要达到国富强兵的目的,一个前提条件是人的身体要健壮,为此学习西医,在学堂进行卫生教育。对此第二节多所说明,这里从略。

"庸医杀人"的社会思潮的作用。晚清至民国前期,可能是西医在中国的实践更让人感到中医之无能。于是,"庸医杀人"与中医等同起来,或者说就成为中医的代名词。鲁迅不就因乃父的治病而大骂庸医杀人吗? 与吴汝纶痛恨"中土庸医杀人"④如出一辙。

(三)关于文化反思的几点思考

笔者前面对吴汝纶反对中医采取两分法,未做全面否定,就涉及文化反思的方法论问题。

反思对于学术研究,意在给人以历史经验的启示,需要避免强烈的政治性和大批判的武断方法,始可能正常地开展。尝见关于民国取缔中医案、讴歌名医施今墨的中医史论文,讲述议案制订者如何反动,怎样被斗争抵制。阅后并不能令人明了为何会有取消中医的动议,而使人产生在宣教"新旧社会两重天"的感觉。至于方法上,重在给事情定性,并不讲述多少道理,似乎有大批

---

① 全集第 3 册,第 101 页。

② [美]费正清著:《剑桥中国晚清史》,中国社科院历史研究所编译室译,中国社会科学出版社,1985 年,上卷第 619 页。转见前述董丛林文。

③ 薛福成:《出使英法义比四国日记·出使日记续刻》卷 3,载钟叔河主编:《走向世界丛书》,岳麓书社,1985,第 161 页。

④ 全集第 3 册,第 141 页。

判的痕迹。想来作者也并非有那种意识，很可能是受意识形态上颂今非昔的影响，受否定历史、动辄批判的思维方式的影响。学术性地进行文化反思，似乎不宜只是单纯地对反思客体做出对与错的判断，更重要的是明了其时人们何以会有那样的行为与观念，重在说明它，以便后人理解，从中得到教益。这样的要求，绝不意味着学术见解可以含糊。观点必须明确，是非应当分明，但这不等同于立场分明。既然不是简单地判定是非，就需要克服思维定式，多做分析说明，能够以理服人，而不是以势压人。

对文化反思客体的各种新旧思潮、观念、流派、团体均宜做出正负两方面的检讨，说明为什么会有新思潮、新流派与传统观念、非主流观念，以及不同团体间的冲突。如中西医碰撞中各自的得失有哪些，中医从主导地位到被动、危殆、复兴，对自身的刺激、革新、前进有无益处，益处又何在，教益又来自何方？西医的、全社会的均宜关照到。又如对新文化运动的反思，谓其打倒孔家店过激，诚然，确实需要清除其影响，而所倡扬的科学与民主思想不仅是时代要求，即使今日仍是我们的宝贵文化财富。再如北洋政府时代，以卖国、军阀混战、猪仔议会而为人所知，可是要回到那个时代，不难发现"猪仔议员"是被迫表态，比那种自愿地惟上是从的举手未必不如，或许还要强一筹呢！抗战时期和内战时《窃国大盗袁世凯》《人民公敌蒋介石》问世，都是说蒋介石国民政府卖国，然而正是斯时废除领事裁判权和不平等条约，在联合国取得五大国地位(虽然名不副实)，然而人们接受的却是反政府观念，这是为什么？那些接受者中，文化人甚伙，且多有富有影响力者，他们大声疾呼，公开声讨，要民主，要自由，及至后来被他们的拥护者戴上帽子，则噤若寒蝉，于是社会出现万马齐喑状态。为什么会是这样子的？这一切都需要分析的，而不是简单地评判是非。再说，判定是非可以说相对容易，而明了事情的原委曲折及致此之由则不简单了。

从长期社会后果看文化观念的社会性和价值。世界上不存在永恒的东西，所谓真理也具有相对性。文化反思的现实告诉人们，对同一个事物，不同时期的人有着差异的，甚至迥异的看法，往往是后人否定前人的见解，但是能够成为定论吗？再后来的人会一定信从吗？不一定。今日以为正确，焉知异日不为谬论乎？所以不必过分自信，不必盲目自以为是。定论很难说，不过应当尽量做到反思得准确一点，为此要运用历史长过程的动态考察法，即将事物放在历史的长河中,观察其变化,了解其在不同时代对社会的正负面作用及其演变,说明其社会性和社会价值。

(2006 年 8 月 7 日草于旅次,原载《天津社会科学》2007 年第 3 期)

严范孙贵州学政的教育业绩与撰写经济特科奏折的思想学识准备

《严修日记(1876—1894)》业经陈鑫学友编校,于前年梓刻,现经陈氏不懈努力,严修使黔时期日记,即《严修日记(1894—1898)》亦排印面世。令人欣喜!何也?严范孙在此期间,上疏请开经济特科(日记光绪二十三年九月二十四日,以下引文凡出自日记者,不再注明),并以此闻名于时,延誉于后世。确实,此奏疏为严氏重大历史贡献之一,而此时期亦为其人生重要阶段。严氏怎么会写出这一奏折?可以从《严修日记(1894—1898)》中找到答案。日记记录了他履行学政职责的情况,如前往贵州各府州举行岁科两试,参与乡试,创办官书局,赋予学古书院新使命(中西学堂雏形),亲自执掌数学课教鞭,同时着力自家修身养性,一以贯之地阅读有关近代西方的书籍,从而近世经世致用观念益趋深化,并在岁科两试、经办官书局与学古书院的过程中强调近世经世致用之学。此外,日记里还记叙了中日甲午之战的时局变化,交友与书信往还,旅途见闻与地方政事、交通、民生、风俗,无不表明严范孙对世事的关注及其强国富民的思想。总之,《严修日记(1894—1898)》的内容能够反映他撰写经济特科奏折时期的思想、学识和为人胆识,以及奏折的撰写过程。本文利用日记资料说明严氏履行学政职责的各种举措和事迹,以及研讨奏折产生的思想、学识条件。

在未进入严范孙具体行施职务之前,不妨简单交待与他的任职及思想、学识有关的社会背景。严范孙就职贵州学政之日,恰是甲午战败的灾难深重之年,朝野士大夫思想剧变,洋务运动之不济于事日益为人知晓,维新变法的观念开始深入人心。随着洋务运动的兴起,传播西方文化,特别是科技文化的事业应运而生。一些省份开办官书局,兴办翻译印书机构,同治二年(1863),上海有了广方言馆,于同治六年(1867)并入上海机器制造局为翻译馆;同治三年(1864),曾国藩(1811—1872)开办江南书局;光绪十四年(1888),商务印书馆编译局面世。这些机构编译中外书籍,上海机器制造局翻译馆出版几十种图籍,其中有同治十二年(1873)创刊的《西国近事》,刊载最新国际要闻;光绪元年(1875),每五天出版一期,每月(或每季)汇编成册,名为《西国近事汇编》。由李鸿章(1823—1901)倡导,始办于同治十一年(1872)的上海招商局,后来(1883)在天津、牛庄等地设立分局。李鸿章操持的电报局,始设于天津,继改设总局于上海。同治年间,在岁科二试中增设算学考试。光绪二十一年(1895),津海关道员盛宣怀(1844—1916)创办天津中西学堂。

一、以近代经世致用思想教育学子

严范孙赴任途中,光绪二十年(1894)十月十九日,在湖北荆门州听到“初十旅顺失守之说”。他感叹:“果尔,则……大局不堪设想。”(日军确是侵占包括旅顺在内的一些辽东地区) 显现出对时局的高度忧虑。光绪二十一年(1895)四月《马关条约》订立,严范孙于六月十八日在贵阳收到北京寄来的家庭和友人信件,得知“时事日棘,为之气短”。忧国之情洋溢于纸面。当时有识之士都意识到时事多艰,急需特殊人才,严范孙更是如此,在二十三年(1897)二月初一日奏报岁科两试一律完竣折子中特别强调“臣惟防弊固考政所宜先,而育才尤今日之急务……臣惟有督同各学教官,随时激励(贵州士子),破其固陋之见,启其振奋之机。冀储有用之才,以仰副圣主作人之意”(见《严修手稿·黔轺杂著》)。为造就有用之才,严范孙致力培养学用一致、通时务的实学人才。他的具体做法是通过测试观风卷、劝导写日记、推行算学考试,启发诸生关心时政、注重实学。

(一)通过观风卷测试,诱导诸生关心时务,并以此选拔贡生

严范孙到任十几天后,就在十二月十一日发出《观风告示》及《观风题》,强调写作策论,确定四个方向的题目,即“辨志”“明师”“评文”与“匡时”。“匡时”方面给出思考题:“‘多诵而不知其说’,晁错(公元前 200—前 154)讥之;‘知古而不知今’,王充(27—约 97)笑之。读书将以致用也,方今时事急须才矣。诸生有熟于经世之学者,军国富强之策,民物利病之原,各举所知以相讨论。范文正(范仲淹,989—1052)作秀才时便‘以天下为己任’,愿诸生效之。”(见《严修手稿·黔轺杂著》)明确要求诸生通晓经世致用之学,不可以不通今世之务,要为国家富强、民生富足献策出力。次后,岁科两试中都有策论试题。在二十三年(1897)的《示应乡试士子》文告中,他再次申明策论讲求务实:“新

章策问兼及时务,平日留心,临场自足制胜。然须自撅真见,不得肆口讥评,尤不可直录《盛世危言》《普天忠愤集》及《时务报》等书,拾人唾余,雷同取厌。"(见《严修手稿·黔轺杂著》)

严范孙评阅策论,注意力在察其内容。比如二十一年(1895)闰五月十三日,在遵义阅观风卷,他读到该地通用的"毛钱",两文钱当一文制钱使用,人们还不乐意要,"诸生观风卷多言此弊者"。可是地方政府在盘安门外立碑,表示"永革毛钱"而不严格执行,严范孙讥刺之为"益空言矣"! 二十二年(1896)五月初八日上午,在黎平批阅温兆麟观风卷,得知他"颇知时务,尤熟洋事"。次日取阅岁考一等一、科考一等三的周开鲁观风卷,又因"温兆麟观风卷特佳,召与语,询以何以知洋事。盖伊久居广东之嘉应,故闻见颇多,然非留心者亦不能也。摘卷中数条问之,应对无滞,且申言之"。当天就"定选拔案,周正而温陪",即拟议中的拔贡,以周开鲁为正选、温兆麟为副选。次日,严范孙离开黎平前往都匀,温兆麟等三名拔贡拟陪人员前来送行,他特意下轿,"略谈数语,勉以留心时务"。指明他们的努力方向:继续关心时务。

(二)教导诸生书写日记,推究读书方法与倡导躬行修身

严范孙在发布《观风告示》的同时,发出《劝学告示》,要旨是反对不良学风,倡导学习宋学,讲求学以致用,方法则是写作读书日记。他指出当时学风的两个主要弊病,为学用、言行均不一致,养成的是俗士、陋儒,于家国无用(见《严修手稿·黔轺杂著》)。

为讲求实用,《劝学告示》申言"劝读宋儒书"。主要是读《钦定性理精义》及朱子《小学》《近思录》三书。严范孙去书院讲学,也是讲解这三部书的要义,是以贵州学子为他离任竖立《去思碑》云:"为挽文人浮华之习,凡所讲贯,必以《朱子学》《近思录》《性理精义》三书为宗鉴。"(《蟫香馆使黔日记选辑》)

严范孙之所以推崇宋学,是因为"宋儒以躬行为主,故其言多平实切用,由此入门,先可束身于无过"。他表示:"愿与尔诸生讲求为学之本原,推究读书之实用。为学之要,首在反身,试即诸生已读之书,返己自证。"就是要理论与践履结合,要对照宋儒的教导检验自家的观念、行为是否正确,以便修正错失(见《严修手稿·黔轺杂著》)。

理论结合实际,就是最好的学习方法。如何结合?严范孙认为书写日记是好方法。《劝学告示》就此而言:"劝行日记法。先正读书无不札记,日久积多,遂成著作,此最便之法。"他倡导的是写作读书札记,记录学习心得,同时用作

反省功过，争取做正人君子。他是将读书、运用、修身三事有机地综合在一起。

《劝学告示》宣布要检查诸生日记，严范孙是用力实行了。在贵阳，在各府州，他都让诸生呈交日记。二十二年(1896)十月十四日在遵义，"牌示诸生呈送札记、日记及纂辑稿本"。同年七月初四日在贵阳，收诸生札记甚多，有廪生杨德懋《春秋集释》，文生陶其淦札记二本，文生姚华《说文便读》初稿，又《读段氏说文注逐日札记》，廪生杜运钧课程日记，文生余钟点过的《史记》两套，此外有举人王勋《匡时论》一篇。收到日记，严范孙亲自评阅。二十二年(1896)五月初九日在黎平"阅古州吴在福所呈日记，召以语，勖以不可作辍"。二十三日，严范孙自家日记云："写信：复倪书田，并寄还生童日记五本，附奖书数种。"倪书田是贵阳地区的教官，将生童日记给他，请他转交；"奖书数种"，当系用书籍奖励日记作者。

(三)大力推行数学教育，培养科学技术人才

尽管同治年间朝廷增设了岁科二试的算学考试，然而在贵州，很少人学数学，诚如《誓学碑》所言，"算于黔中，绝学也"(《蟫香馆使黔日记选辑》)。严范孙在贵州大力改变这种状况，推动了贵州学子学习数学的热情，数学人才脱颖而出。他的办法有二：一为在岁科两试中鼓励考算生童，二是变革书院课程，着力于数学教育。

严范孙在贵州岁科两试的第一站是安顺府，于二十一年(1895)二月初七日，"发牌示二：招考算学及童生十五岁以下默经"。将招考算学生的意向宣示于学界。同年闰五月二十一日在贵阳府岁试，考经古者到场诸生五十六人，童生七十八人，其中考算学者生员二人、童生一人。次日发榜，取三十人，内含算学三人。在一百三十四名生童中，有三人报考算学，只占考生总数的百分之二点二，可知缺少这方面学子；而考算学者全部录取，占到录取人数的百分之十。无疑，三名考生有学习算数的基础，还可能有严范孙鼓励生童学习算学热情的倡导成分。二十二年(1896)十二月初九日，在兴义府科试，有二人报考算学，严范孙问一人是否会算术，回答不懂得；询问另一人是否读过《九章算术》，是否会开方，回答全然不晓。乃让他们改考经古。这二人或许是因宗师鼓励考算学而企图侥幸录取，但是严范孙并不马虎迁就，而是真想造就算学人才。二十三年(1897)正月初六日，严范孙在安顺府看生童算学卷八本，初八日取中算学生二名。同年二月二十一日在贵阳"考算学，备调书院，到三人……算取二"。这一天的日记透露了一个信息，就是要办书院培养算学人才。

严范孙在岁科两试和加试观风卷活动中,通过《观风告示》《劝学告示》等文告和考试的试题,通过推行数学教育、录取秀才与拟取贡生等实践,劝导诸生关心时务,讲究读书方法,躬行修身,倡导学习近世经世致用的实学和西方科学文化知识。

二、开办官书局传播实学和科学知识

江苏、湖北、广东等省的官书局出版实学及有关西学书籍,而贵州缺如。严范孙到任就着手兴办,第二年建成,为士子读书提供方便。

(一)筹建书局,订立章程

作为天津人的严范孙早早感受到近代文化气息,接触了西方文化。在上任途中,他就有了开设官书局的设想。途经武陵时,遇到同时路过此地的贵州镇远籍新翰林谭启端,谈起贵州学务。谭氏建议:"黔省宜设书局,运各省局本如天津例,由海入江,道常德,常德至镇远,一水可达,到镇远再易驮杠,每驮可载两箱,但使当道肯为,固无患其难致也。"进入贵州境后,严范孙考察得知"此地读书讲求根柢者亦颇有之,惟得书甚难"。赴任伊始,他即着手经营官书局和具有新式内容的书院,但贵州是内陆省份,接受新信息、新事物慢于东部沿海地区,严范孙的事业并不顺利。崇敬严范孙的雷廷珍(玉峰)在《誓学碑》中说:"乙未(光绪二十一年)夏,(严范孙)始则拟开精舍于资善堂,以教黔士;继而为人所阻,复筹商于当轴,改设书局,捐廉千金,以助成之。实开都中强学会改官书局之先,黔士遂广沐其泽。"概括说出严范孙创办资善堂官书局的经过与作用。

严范孙就任二十天后,就于十二月二十日与贵阳知府文仲瀛"议设局购书,仿津局例"。次日拟出《书局章程》草底。他在积极创设书局。转年正月十四日"写信致首府,为运售官书事"。就是为外省官书局出版的书籍在贵州运销的事情,写信与文知府商讨。由于二月至五月往安顺等府岁试,运作官书局事稍有停顿,及至六月二十四日,严范孙与贵州巡抚嵩昆协商筹办贵州官书局,随后向嵩巡抚发出咨文。嵩巡抚支持严范孙的建议,一面援照广西成案向朝廷奏请兴办官书局,一面先造活字板一份,备排印书籍之用。七月初九日,与文仲瀛同赴资善堂看新到局书,"堂在北门内车家巷,北向,入而东。厅事三楹,极闳厂"。到这里是为书局选址,或者已先选好,来此观察,看后甚为满意。

接着,在八月十二日,再次"拟书局章程",终于写就《谨议设立官书局章程》,对书局的地址、经费、经管人员、刻印书籍、购书与销售方法作出规范(《严修手稿·黔轺杂著》)。

开办经费,省里没有预算,严范孙设法自筹。如《誓学碑》所言,他首先捐出养廉银一千两。徐世昌(1855—1939)在《蟫香馆使黔日记序》中说,严范孙在贵州,"振兴文教,培植人才,竭尽心力。清俸所余皆出以济其用"。确为实录。严范孙的养廉银一部分用做还贵州之行所欠之债,一部分捐助书局和书院。

(二)致力于刻印实用图书,传播中外实学书籍和教材

《先正读书诀》是一部介绍读书经验的著作,为乾隆四十四年(1779)贵州乡试典试官周永年(1730—1791)编著。早在到任之初(二十年十二月二十八日),严范孙便准备刻印此书。二十一年(1895)八月十二日,撰写《先正读书诀序》,二十三日将书印出,分"送抚、藩、邵前辈、黄廉访、文观察、严绍光、李鸿章师,唐、邵、黄、严、文五处并配书目各十本"。二十二年(1896)九月初四日,与襄理衡文的幕客尹湛(澄甫,举人)商"议刷印(张之洞)《书目答问》"事,不知后来有无下文。二十三年(1897)四月二十四日刻成《算法须知》。雍正帝的《圣谕广训》,笔者所藏为宣统二年(1910)津河广仁堂印本,所依据的是严修于光绪二十一年(1895)的刻本。笔者疑即严范孙在贵州梓刻。此外,严范孙组织生员抄写张之洞(1837—1909)的《輶轩语》数份,备借给生员阅读。

为节省刻印图书经费,严范孙拟使用木活字,颇为费神。二十二年(1896)二月十三日,"为活字板"写信给善后局严绍光;三月初八日再次致函,商议三事,其一是"铅板价昂,拟请方伯将署存活字木板发局"。即拟向布政使提请将所藏木活字板给书局使用,以减低印书成本。三月二十三日,接见"书局管书板张云浦(铭)",显然是谈论木活字板的事情。

严范孙还支持学古书院诸生成立刻书会,为刻书献策。二十三年(1897)五月二十四日"杨德懋等议立刻书会,拟先刻算书"。严范孙将此事放在心上,离任前一个月的十一月十六日,特与协助算学教学的裕增"商改算会章程"。

(三)确定购书单,销售、转输书籍

书局刻印书籍之外的业务是从事发售。发卖的是自印及从外省书局购进的图籍,购书单由严范孙审定,以利有益书籍在贵州流通。

二十一年(1895)八月十四日,严范孙与尹湛"商官书局应买书单"。二十

二年(1896)七月二十三日,"为书局赴各省咨取官书",知府衔戴斐章携来善后局详稿,严范孙"为增入上海局书八种,又湖北局《旧五代史》"。二十三年(1897)二月二十一日,严范孙为书局业务复与尹湘商议购买"西学书单"。四月二十三日,因杨德懋来访,严范孙将学古书院生员需要的购书单请他转交书院山长送书局采购。

严范孙为贵州书局筹划销路。书局设在省城,要面向全省,让书籍流通,需要把各省书局现刻的书目向每州县寄送一本,由其开书单认购,派人到省局领取。各州县所购之书,交学官存储学舍,准士子赴学阅览,并预备登记簿,由阅读者签名,书写时日及所读书名、册卷,并以此考核生童及教官之勤惰。

严范孙为官书局经营图书制定"书价宜从廉"及生童优惠的方针。"各州县购取者,仍照原价加三成","远近士子来局购取者,照原价加一成"。收取原价加成费用,以维持书局的运营。

严范孙创设的书局刻印、经销图书,以及营销方法、书价原则,均有益于士子利用,有利于传播基础知识、读书方法及自然科学知识。

三、改造学古书院为具有"中西学堂"性质的书院

学政的任务是进行岁科两试,严范孙在事务进行之中,同时致力于兴办具有中西学堂性质的学古书院专修班,并且亲自讲授算学课程。

严范孙一到贵州就想开办具有新式教育内容的书院,但遇到阻力。可是在他离任前的一个多月,绅士们主动"请开中西学堂"(二十三年十月二十三日日记)。不到三年的时间,绅士的态度就有一百八十度的转向,真是吊诡。然而并不奇怪,一则是全国社会开办中西学堂的呼声日益高涨,二则是严范孙致力于办学的成效显现。

(一)开办具有新式教育内容书院的条件初步具备

严范孙一贯重视书院建设,贵阳有学古、贵山、正本三间书院,更是他关注的重点。二十二年(1896)八月初一日,布政使邵实孚给他送来三书院"条规"及"高材生加饩章程单""善后局给三书院的经费单",当天他就抄写"善后局月发三书院银数单",可知他关心的程度。他懂得,改良书院办学方针,必须同地方官及其主管合作。所以,不时同贵阳知府李祖章、主管善后局事务的知府衔严绍光沟通,以取得他们的支持。如二十二年(1896)十月初一日日记:

"书院、书局事宜,以纸记出,待绍光面议。"怕有遗忘,特地书写备忘录,以便与严绍光磋商。

在严范孙的努力下,贵州考算课生童增多,表明学子对数学的看法有所改变。严范孙意图改造书院为中西学堂的设想,由于开办官书局、提倡考算学等取得了成效,从而具备了基本条件。

(二)在学古书院内办理中西学堂式的专修班

筹办事务,主要是制定书院章程,选择管理人和教习,选录适宜培养的生员三项。

制定书院章程。书院章程是书院的"基本法",拟定章程,严范孙是不惮其烦,斟酌至再。据日记所载,录之于次:二十二年(1896)八月二十一日、二十五日、二十八日均"拟书院章程",二十九日"抄书院章程草稿",三十日接着"抄书院章程草稿,至此凡五易稿矣"。几个月后的二十三年(1897)正月二十四日,善后局"(严)绍光送来《书院章程》刊本又序文",二十六日"校《书院章程》刊本"。这一反复拟订的过程,除了说明严范孙的认真对待态度,可能更表明书院章程内容的难于确定,但是严范孙克服了。此外,严范孙还拟制"书院条约"。二十三年(1897)三月初二日,严范孙"拟书院条约,自辰至子,乃就初稿"。初三日"拟书院条约,又删改一次,凡十二则"。初二日另有"《山长学规》,付杨(馥滋)、饶(德与)二君,属院生缮清稿"。严范孙为书院拟制了《书院章程》《学古书院肄业条约》《山长学规》三种规则。笔者见到《学古书院肄业条约》,共十二项内容,可分为两类:一类是讲礼法,如何做人,如衣冠整洁礼拜孔子,"谨守学规、笃信师法","恪守礼法","朋友讲学虚心讨论,互相切磋,不得恃己骄人,致生嫌隙"。另一类是行为守则,如不得旷课、在外留宿、让客人进入宿舍,十天休沐一日,书写与交阅日记,尽力购买书籍,违规记过以至开除。(《严修手稿·黔轺杂著》)

严范孙欣赏的经办书院、官书局的人才,主要是雷廷珍(玉峰)和郭中广(竹居)二人,另有数学人才裕增(福田)。雷廷珍,贵州绥阳人,光绪十四年(1888)举人,二十二年(1896)年初,受聘为官书局董事,"治经学颇有心得",著《经义疏证略例》。二十二年(1896)六月十七日,严范孙与雷廷珍初次见面,认为他学问上"所诣甚深"。此后,他们交往频繁,日记所书不下三十次。可能出自严范孙的推荐,他管官书局,兼掌学古书院。他于二十三年(1897)十一月撰写讴歌严范孙教育业绩的《誓学碑》,就是在学古书院敬业堂写成的。不过雷廷珍虽关心时务、精于中学,却"于泰西学术,茫乎未知"。所以,严范孙还邀请了另一位懂西学的书院管理者郭广文。二十二年(1896)六月初一日,严范孙在都匀岁考,"与监场学官杜文屏同年(嗣音)、郭竹居(广文)畅谈"。这大约是他们相交的开始。严范孙对郭广文的印象很好,当天记其阅历与特点:贵筑举人,光绪元年(1875)师从座师"毕东屏于苏州郡斋,颇习洋学,通算法"。后到广东,"充水陆师学堂稽察,兼教习汉文",于是西学知识"益进,于中外情形、泰西学术大略能言之。黔中有此人,庶几一开风气乎!竹居自撰有《勾股细草》,又拟删繁就易改订《代数术》"。严范孙称赞他是贵州难得的人才。次日,郭广文将所撰《代数细草》呈送严范孙。严范孙得书,当天阅览,并于初三日兼作练习题——"阅郭广文《代数细草》,演十余题"。初四日亦然,初九日又据以作题二十多道。可知他把郭著作用为演练算术的参考书籍。严范孙既然认为郭广文人才难得,遂将他聘任为学古书院监院,是以有二十三年(1897)七月初三日,"郭竹居为书院火夫与黄大令之仆斗殴事来面禀"的事。

物色教授数学的师资,严范孙尤为上心,因为这种人才稀少,聘请不易。一面自己留心寻觅,一面求助于贵州布政使、贵阳知府。二十二年(1896)十月初六日,在从贵阳往遵义途中,在沙子哨打尖时,写信给贵阳知府李祖章,"商订算学山长事"。十月十三日在遵义收到复信:"李簜青太守发三百里排递信一封,言接到沙子哨信,已据达黄君矣。"十一月二十四日得知"黄玉屏不应主讲之聘"。次日给湖广总督张之洞写信,请他推荐算学人才赴黔,允诺年付聘金三百两,似乎没有得到响应。二十三年(1897)三月十三日日记:"(贵州布政使邵实孚)方伯得长沙钟太守复函,言算师因道远脩微皆不肯就聘。"邵实孚要湖南长沙知府帮忙请人,对方进行了查访,但是"算师因道远脩微皆不肯就聘"。所幸者严范孙自己发现了裕增这样的合格人选,可以做自己的助手。二十二年(1896)八月初六日,会见裕增,"颇好算学,兼习推步"。欣赏他的喜好算学,从此频频来往,研讨数学,更多的是严范孙听他讲解算法。当年八月初十日,"福田为余说《少广缒凿》《开方古义》两书之法,并各演算以证之。数年蓄疑,今稍豁然。甚矣!口授之贤于冥索也"。深刻领会听讲释疑的乐趣,视之为数学老师——"余所从习算学者也"(二十三年十一月二十七日日记)。二十三年(1897)二月二十日,"福田自昨日安砚于西偏之左室,日一至,后不复书"。这是将裕福田请到学政衙门,视其如同幕友,此为裕增协助教授南书院学生数学课的张本。九月二十五日,严范孙"到书院。为刘思明演勾股草二。又属黄、周、张、熊、唐、孙、罗、刘八人联算课,请福田主课,合之二谈,共十人"。这是请他为南书院十名学生讲授数学课。十一月十六日,严范孙与裕增共同商改熊继先所草拟的算会章程。

选取学生,特别是算课学生。二十三年(1897)二月十一日日记云:"考算学,备调书院,到三。"结果为学古书院选取学生二人。同年十一月十三日记:"考试贵阳八属保送南书院肄业生……到五十二人。"十八日记:"高材生卷原拟备卷十七本,请澄兄复校,仅汰其三,乃定为正取四人,备取十人,翌辰榜示。"即十九日发榜,取中四名,备取十名。考试是保送的,仅取四人,看来录取很严格,是优中取优。这里说"考试贵阳八属保送南书院肄业生",明确说出是南书院在招生。

(三)学古书院(南书院)开办"住斋课额,经算兼课"及其行政管理

阅《使黔日记》,第一次见"南书院"名称,是在二十三年(1897)二月初七日,"傍夕到南书院,同(严)绍光周阅前后"。此后去南书院近五十次。南书院不像正式书院的名称,研究者指明它是学古书院的俗称、简称。前述严范孙给张之洞函件请求帮助聘请算数教习,信中说:"黔省学古书院改设住斋课额,经算兼课。"原来是在学古书院增设住斋课额,兼授经、算两个方向课程。对此《誓学碑》亦有所说明:"丙申(光绪二十二年)秋,(严范孙)复建议变通书院,捐廉购置中西学书八十余种,创立科条,学兼中西,调四十人肄其中,无间风雨寒暑,日亲督课,十越月如一日焉。"这就是严范孙在学古书院内开设学兼中西的专修班。二月初七日,他同严绍光到南书院"阅前后",就是观看校址,考察办学环境。

开学典礼在二月二十八日举行。当天的日记曰:"巳初至南书院,山长至,行交拜礼,余东向,山长西向;又行酬酢礼,各四拜,起止以揖。既毕,诸生叩见山长,又谢余,俱四拜再揖。"这标志学古书院内兼学中西的专修班正式成立。

学古书院专修班开班后,设有山长、监院管理,而严范孙仍然关心备至。六月初四日,"到南书院,晤玉峰、竹居,皆久谈"。书院有事情,总是请求严范孙帮助处理,如前述郭中广因书院火夫与黄知县仆人斗殴事请求严范孙处置。七月初四日,"到书院。晤玉峰。诸生不满于竹居,大相龃龉,传而申饬之,并规竹居"。可能是郭中广不善于行政管理,同诸生发生冲突,严范孙与雷廷珍交谈后,批评诸生,同时规劝郭中广改善行政技能,从而妥善处置了师生纠纷。九月十五日,"到南书院,山长新立课程,诸生病其繁,毫无演算之暇,是日

与之商改"。仍然是协调师生不同要求,让多留自学时间,以利诸生练习算术。

严范孙一想到南书院应办之事就主动提出。二十三年(1897)三月初八日,他给严绍光写信,商议三件事,其一是"书院宜设斋长"。四十名诸生,行政上主要由监院管理,严范孙建议在南书院设立斋长,从诸生中选任,负责自学、纪律的监督,协助院方管理。关注新生的入学。二十二年(1896)二月十一日在铜仁考试,发现唐桂馨是美才——"童生唐桂馨年不及二十,文笔敏捷,书法亦佳……美才也"。遂让他进学为秀才。南书院开班后唐桂馨转入书院,严范孙在日记中特予记录:"三月十七日到南书院。唐桂馨昨日进院。"是人才,他牢记在怀,唐桂馨进入南书院,可能是他致力的结果。

(四)亲自执掌算学教鞭

数学是一切科学,尤其是自然科学、工程科学的基础,学习数学关系到科学技术的发展。因此,严范孙着力提倡学子学习数学,并为他们的学习创造条件,亲自到南书院讲授数学,批阅试卷并发奖。此外他举办算学考试,颁发奖品,鼓励学子习算。

设立算课及其实践。前述《誓学碑》说:宗师严公"特每月朔,创设算课,捐廉重奖,以开风气"。是说严范孙设立算课——数学考试,每月一次,考试日期定在每月初一日。南书院开学后的第三天就举办了第一次算课,二十三年(1897)三月初一日,"月课算学是为第一次。生、监、文童共三十人。辰至午、未至酉,俱在堂上监视之"。第一次考试,亲自监场以示郑重,应试者不限于南书院诸生,其他书院的生员、监生、童生都可以参加。严范孙经过数日的阅卷,选中十五名,初九日发榜,予以奖励。自此至严范孙离开贵阳前的十一月,每月考算课,五月"算课到五十五人",取超等八名、特等三十四名。六月初一日的考算,人数增加到五十八名,二十二日"发算课奖",予孙、唐二生《代数术》各一部。十一月初一日,"算课到二十六人……申退堂,牌示:'本日作三四题均可。过日有补作者,另卷誊写。限三日交卷,作全者优奖'"。因题目多,在三日内做完亦为合格。这时他将离任,诸事繁忙,然阅卷,并就欣赏的答题抄录下来,如初七日,"午,钞算课卷之佳者。又批本月课卷"。十一日,发本月算课榜。为学子增加数学知识,严范孙开创算课,真是不遗余力。

严范孙在南书院讲授算学情形,《誓学碑》概述为:"于算术演式读理,尤不惮烦难,口讲笔授。"从日记很难明了严范孙讲课的系统内容,但从他给诸生的阅读书籍及教给诸生的算学题目,出的试题,讲解演算方法,批改作业等方面,可知他主要是讲授代数学、几何学,兼及微积分。三月初四日,"《算法须知》一本、《算学大成》内《代数》三本交黄禄贞传阅",这是将《算法须知》借给学子阅读。及至此书由官书局印出,严范孙携购买的书于五月初九日到南书院,"散、演《算法须知》",即在赠书同时,演算其中的练习题教育诸生。二十一日"到书院,为周生讲算。晚,阅《通艺录》,载有公式,摘录之,拟翌日示周"。将学生的疑问记在心间,见到问题有公式可解,抄写下来,第二天给对方,以增进其知识和改进学习方法。

(五)算学外的其他教学内容

南书院教习中西文化,中学自不会排除,有造诣颇深的雷廷珍在,不会不进行有关内容的教育。就《使黔日记》载笔而言,严范孙特别关心对诸生进行"时务"教育。维新派于光绪二十二年(1896)八月创办《时务报》,严范孙就成为热心读者,不仅自家阅览,并把它推荐给诸生。如在二十三年(1897)三月十四日收到《时务报》四十份,即于次日"到南书院,散《时务报》"。八月初九日善后局给他送来廿六、廿七、廿八三号《时务报》各四十一份,当即送雷廷珍转发南书院诸生。严范孙还劝谕诸生订阅《时务报》,就此一事,可知严范孙一心为国"储才",热切期望诸生关心时务,以便有真才实学。

(六)数学人才大增

至此不妨回顾一下,严范孙初到贵州举行岁试,考算术的生童人数寥寥,可是到他行将离任时,仅在贵阳参加算课的每月都有几十人,成绩被严范孙评为超等、特等的为数不少,可知贵州学子学习数学的兴趣与水平大为提高。再换个角度观察,原来为请算数教习,到外省招聘,人家因为束脩微薄不愿来黔,到了严范孙任期即将结束之日,竟然出现贵州向云南输送算数教员的盛事。前面讲到严范孙赞赏唐桂馨等十数人,其中有"婺川选生申云藩"。后来申云藩更致力于算数,不时到学政衙署拜见严范孙求教。八月、九月算课,"皆申云藩第一"。严范孙深知他的数学造诣,可以为人师,十月初八日,乃请"徐家驹函询申云藩愿就云南算师之聘否"。十二月初八日,得到申云藩"愿就滇中算师之聘"的答复,严范孙立即将来信转送邵布政使,意在玉成其事。从向人家求才,到向他人输送人才,岂不是巨大成就!有鉴于此,雷廷珍才兴奋地在《誓学碑》中写道:"(严公)创设算课,捐廉重奖,以开风气,黔士通代数微积者,至今遂彬彬焉。"学子在严范孙的引导下关注数学,人才蔚然而起。贵州省秋闱,新举人中,六人出自南书院,解元即在其中,"南书院肄业生中六人,一解元、一第四、一第八,余则十四、十七、二十也"(九月初二日日记)。可见南书院成绩斐然,严范孙劳绩卓著。

　　行文至此,归纳严范孙在学古书院附设专修班,从事中西学问,特别是数学的教学,令其初步具备"中西学堂"性质,并为贵州培养出初步学兼中西的人才。严范孙离开贵州几个月后,贵州巡抚王毓藻上奏,将学古书院改为经世学堂,"仍饬山长令其阅史书、探掌故,泛览中外时报及泰西各种书籍,以拓其眼界;讲求经义及先儒语录,以正其心术。并举经济、内政、外交、理财、军事、格致、考工六事,按条考核,相与讲明而切研之"(《贵州通志·学校志》)。这是在严范孙创办的基础上将学古书院改设为贵州第一所近代学堂,严范孙致力的事业得到延续和发展。

四、严范孙致力于西学知识的掌握和强调中学的实用性

　　严范孙在贵州岁科两试中要求学子重视实学、学习数学,创办具有中西学堂雏形的学古书院专修班、官书局,传播西学知识,这是他将自己的认识付诸实践,而其认知,是多年求知积累所致。他禀赋强烈的求知欲,如在二十二年(1896)委托管理官书局的雷廷珍从上海购书,可是迟迟没有寄来,到了二十三年(1897)六月才见到发书单,遂在七月初八日将原订书单重抄一份,交给雷廷珍,请他新书一到,立即派人送来(七月初八日日记)。他急于阅览新书的心情表露无遗。

　　(一)阅览中学书籍,讲求经世致用

　　严范孙要求学子阅读的《近思录》等书,其实也是他自己反复诵读之作。他的阅读范围可分为两类,即经世致用之作与报纸杂志。经世类又有两种:主要用于修身齐家的,用于治国的。

　　二十二年(1896)二月二十三日、二十四日,严范孙连续"看《呻吟语》"。二十三年(1897)三月初九日"看《四礼翼》"。同年九月十五日"李琳借去(约定到京见还)《万国公法》《呻吟语》《中西算学大成》"。《呻吟语》和《四礼翼》是明代主张治学致用的官员、学者吕坤(1536—1618)的著作。对明末徐光启(1562—1633)的《农政全书》,严范孙视作必读书携带到贵州,并让学子阅读。是以二十三年(1897)三月二十九日日记云:"《农政全书》《续经世文编》送监院交各生检查(初二日送回)。"对清朝经世致用学大家顾炎武(1613—1682)尤为崇

敬,严范孙不时阅读《日知录》。江苏布政使贺长龄(1785—1848)和主张"师夷长技以制夷"的魏源(1794—1857),于道光六年(1826)编辑成的《皇朝经世文编》,是严范孙反复阅览的书籍,二十一年(1895)十月二十一日、二十二日"枕上看《经世文编》",二十四日、二十五日亦然。次年三月初五日再次写道:"看《经世文编》。"对曾国藩及有关他的著述,严范孙更是爱不释手。二十二年(1896)七月初八日"看《曾文正年谱》",八月初三日、初四日"看《曾文正家书》",初五日"看《曾文正家书》《家训》",二十一日、二十四日、二十五日"看《曾文正文钞》"。严范孙还向都匀知府陈佑之的儿子伯完借阅郑观应(1842—1922)的《盛世危言》。后来他有了此书,并借给陈惟彦阅览(二十三年十月初九日日记)。严范孙还关注康有为(1858—1927)的活动,二十二年(1896)九月二十七日,收到儿子崇智寄来的《公车上书记》,当天即行观看。

对于当时的报刊,严范孙尽力搜求,或借阅,或订购,或家属从北京汇寄。在岁科两试的旅途中,严范孙渴望看到上海出版的《申报》,二十一年(1895)十一月初一日在镇远府,从全知府处借来一些。次年二月,在铜仁借《申报》看。二十三年(1897)二月二十七日,看《申报》同时,阅《时务报》。三月十七日,"点《泰西新史》,看《申报》"。此外,二十二年(1896)六月十三日,"收二十号家禀,附……《铁路章程》一套"。同日另收到传教士李提摩太(1845—1919)所著《时事新论》。

(二)持之以恒地学习西方文化知识

阅读《严修日记(1894—1898)》中有关西学书籍的内容,显示出严范孙关注西方文化和西方国家现状。

点读《泰西新史揽要》。二十三年(1897)三月初三日,"看《泰西新史》一卷"。十六日、十七日均"点《泰西新史》"。点读,是极其郑重地阅读,不同于泛览、翻阅,如此认真,给人如饥似渴地获取西方知识的感觉。此书作者是英国人马肯西,出版于1880年(光绪六年),李提摩太与蔡尔康译成中文,光绪二十一年(1895)广学会出版单行本。该书写19世纪英、法、德、奥、意、俄、土、美等国历史,主要是英国史和法国史,叙述各国政体演变、军事、外交、财政、工商、教育、科技发明、著名人物和殖民地史。甲午战败之后,中国社会精英奋起谋求变法图强之道,该书中的欧美变法内容恰可作为参照。严范孙成为热心读者,就在于他关心时务,更想从中获得实践经世致用之学的启示。

获得《广学会书目》等书。二十二年(1896)十月二十一日,收到友人陶仲敏寄来的《译书事略》《格致书室书目》《广学会书目》。"广学会"的创办人是英国新教教士韦廉臣,光绪十三年(1887)创立于上海,宗旨是以西学增益中国之学,是基督教在中国设立的出版机构,《广学会书目》是汇录其出版品的目录。《译书事略》疑即《江南制造总局翻译西书事略》。

收藏《万国公法》。此书作者是美国外交官、国际法学者惠顿,由传教士丁韪良(1827—1916)译出,并于同治三年(1864)在京师同文馆印行。该书论述的不是西方某一个国家的法律,而是国际公法,讲解各国平时交往、国际间战争法。自鸦片战争以来,清朝签订了几个不平等条约,爱国者严范孙自然而然地关注国际公法。

收藏《中西纪事》。光绪二十一年(1895)七月初五日,严范孙收到陈惟彦寄来的《中西纪事》。夏燮(1800—1875)留心时务,道光末年写出《中西纪事》初稿,同治四年(1865),以二十四卷本刊刻,不久即有光绪十年(1884)江山草堂印本。夏燮采取纪事本末体写法,将明末至同治初年中外关系史区划为通番之始、猾夏之渐、粤民义师等专题,叙其原委。

收藏并赠送他人《西学书目表》及《读西学书法》。二十三年(1897)五月十一日,收到《西学书目》并《读法》各五十部。梁启超(1873—1929)在《时务报》主笔政,于二十二年(1896)在《时务报》刊登《西学书目表》,汇集中国近代译书目录,约三百种,区分成西学、西政和杂类三大类,对每种书说明著者、译者、刻印处、数量、价值。书后附《读西学书法》,介绍各书之成就与缺略。这两部书适应了向西学求知的学人需要,严范孙早有收藏,及至可以购到大量图书时,乃多买送人。

严范孙拥有《万国公法》《西学书目表》《读西学书法》及《中西纪事》等书,显然不是为收藏图书,而是自身阅览,增加西学及中西关系史知识。

(三)自修数学及向友人请益

严范孙在贵州学习西方数学有三个特点:其一,勤学,不间断地学。就以他学《代数术》来说,在翰苑时期就已开始,在贵州依然如此。其二,边阅读编演算,以求读懂,真正掌握所学知识。其三,讲求学习方法,与友人裕增共同学习、研讨,相得益彰。

严范孙所读中西数学书籍十余种,有《代数术》《代数提叙》《代微积拾级》《微积须知》《三角举要》《算法须知》《数理》《数学启蒙》《学算笔谈》《中西算学大成》《形学备旨》《数理精蕴》《八线备旨》《几何原本》等。学习状况,略述数

种,以窥一斑:

《代微积拾级》。二十三年(1897)四月十一日日记:"从(诸生)杨德懋假《代微积拾级》一部。"严范孙向学生借书,可知《代微积拾级》是他渴望学习的数学著作,十三日即"看《代微积拾级》"。此书是美国数学家 E.罗密士(1811—1889)的著作,咸丰元年(1851)出版,内容包括今之解析几何、微分学和积分学三大部分。中译本由英国人伟烈亚力(1815—1887)和李善兰合译,这也是西方微积分著述的第一部中文译本。

《代数术》。严范孙经常阅读与演算的"课本",华里司著,傅兰雅(1839—1928)与华蘅芳(1833—1902)合译,江南机器制造总局于同治十三年(1874)出版。

《学算笔谈》。光绪二十二年(1896)二月十四、十五两日,严范孙在从铜仁往松桃厅路上,"途中看《学算笔谈》"。该书系华蘅芳编著,成于光绪八年(1882),是通俗的教科书,但作者对数学教育的主张,甚有价值。

《代数备旨》与《形学备旨》。美国传教士狄考文等编译,前书是中国最早使用阿拉伯数字的代数教科书,后一书是初等几何教科书。

《几何原本》,欧几里得著,李善兰与伟烈亚力从英文本合译一部分,同治四年(1865)刊于金陵。

严范孙所阅读与演算的《代微积拾级》诸书,笔者并不知他的数学达到何种程度,乃请教友人、南开大学数学院王公恕教授,他在给笔者的电子邮件中说:"严氏关注数学的进展,是中国早期接触、学习微积分、解析几何的人。从日记中看,他还是在学习、演算,并未进入研究阶段。日记中所列的书,从上面这部书,以及《微积须知》《微分术》(在网上未查到,估计大概是较浅的介绍微积分的书)外,都可归为初等数学。"感谢公恕教授指教,令笔者得知严范孙"是中国早期接触、学习微积分、解析几何的人"。作为非数学专业人士,他达到这个程度,不能不说他是热爱数学的士人,是深知数学的社会价值及其与"时务"变革密切关系的士人。

(四)学习英文的积极热情态度

光绪二十三年(1897)四月,严范孙开始学习英文,聘请祁祖彝(听轩)指导。十二日日记:"祁听轩始来译书。"他们于正月二十六日相识,严范孙得知他生于上海,是同治十三年(1874)清朝派遣出洋学生一百二十人之一,在美国十年,懂得制造业,光绪十七年(1891)来黔帮办青溪矿务,二十二年(1896)

因牵涉青溪矿亏空案被劾,遂在贵阳听候质讯。严范孙在四月十四日请他来教授英文,日记云:"始学洋文。延听轩每日来署口授,兼译《算书》,月酬八金。"果然,十五日,"学洋文二十六字母大楷"。此后天天"学洋文"。"每日祁以辰正(八时)来,午初(十一时)散"(七月初十日日记)。每天用上两三个小时学英文。严范孙为加强记忆和提高兴趣,采取抄单子和抄英译《聊斋》的方法。如到七月初十日,已经学会八九百字,但到课本中就认不出来了,于是决定"自明日起,选洋译《聊斋》手钞读之","且读且钞,手口并用",以增加学习效果。学习英文,直到十一月三十日仍在进行。进入十二月,因忙于离任事务,停止了学习。

严范孙人在中年开始学习英文,识见、勇气、毅力令人感佩。他是在担忧外患的忧国忧民思想状态下,在洋务运动、维新思潮勃兴、中体西用观念日益深入人心的社会背景下从事学习的。显然,他隐隐约约地认识到中国已被迫纳入资本主义世界体系,原本以自我为中心的老大帝国,现在必须与外国打交道,要办外交,通商务,交流科学技术、文化知识,不掌握英文,就缺少了必要的工具。学习英文,体现了他对世务的清醒认知,绝非偶然。

严范孙所笃信并传播的经世致用之学,其内涵远远超出清朝初年,成为具有近代意义的实学,即主张自强,富国强兵,裕民,开办工厂矿山。主导思想上"中学为体,西学为用"中的中学,主要是讲究实用之学,具体讲是有关开矿,发展机械制造业,讲求农桑生产,通洋务,学科学(数学、律学),培养科学技术人才。这里所说他的近代经世致用理念,体现在他日记中关心的事务上。二十年(1894)十二月二十八日记叙贵州绸缎:"贵州绸又名府绸,廛肆招牌题'府绸发兑'者是也⋯⋯闻府绸以遵义为最。"次年六月二十四日从尹湉处得知《蚕桑实济》一书,及至二十二年(1896)五月十九日,在黎平"官厅晤俞太守,与商各学规费事,并劝其创办蚕桑"。他一贯关心蚕丝业,才会劝导俞知府改良蚕桑技术,以利民生。二十二年(1896)三月十三日在思州科试:"昨与饶(星帆)大令谈青溪机器局事,大令述颠末甚详。据云,自亏累之后久停工作,刻上海有洋商欲以五十万金顶兑,议尚未谐。又云,闻中丞已出奏,将原派总办之曾太守参追矣。大令云,镇远、思州、青溪、玉屏一带煤铁之苗颇盛,原办者不能得法,未免糜费,以刻下言之,又苦于款项不足也。"表明他关注于矿业及机器制造业。希望明了国际大事及万国公法,学到了一些自然科学、西方历史与现状知识,获知"泰西之新制,月异而岁不同"(《严修手稿·黔轺杂著》)。

356

严范孙坚持为时务而学以致用的目标,力所能及地进行中学和西学知识的学习,以至在西洋数学方面达到非专业人士的较高水平,不能不说他识见过人。

五、坚持不懈地完善自身修养

在贵州的严范孙与从前一样严格要求自己,讲求为人之道,躬行践履,从而成就他的新业绩。

(一)坚持反省修身,克服弱点

到贵州半年后,严范孙反思自身的操行,二十一年(1895)六月十九日日记记:"轻过(有),躁过(有),矜过(有),惰过(多)。"认为自己在"轻""躁""矜""惰"四个方面中的三个方面都有"过",而惰性尤多。他把这四项作为检查自己思想和行为对否的标准。所谓"轻",是指思想上的轻率,做事未经深思熟虑;"躁",办事毛躁,容易坏事;"矜",有傲慢成分,迟疑不决;"惰",懒惰。总之,做人应勤谨、稳重,办事、待人热情,不可操之过急,应与人为善。他拿这四项标准时时衡量自己,以改正言行。他确实这样做了。

严范孙察觉到惰性,深以为戒。二十一年(1895)正月十四日:"每夜恒谈至丑(一至三时),好夜居者不善早起,戒之戒之。"十月十四日,在镇远岁试,"终日坐堂,颇觉神倦。嘻!自此以往,其浸以懈怠耶"!连日监考劳累,疲倦是正常的,但思想上觉得累了,所以警惕怠惰思想的冒头。二十三年(1897)四月二十七日,"黎明如厕,如是者四五次。终日倦卧,无所事事"。次日,"体仍不适,勉习洋文"。身体不适,还要责备自己"无所事事",还是学点英文,以勤补惰。

以诚敬之道与人相交。二十一年(1895)八月初一日,在贵阳会见陈、熊两太守,"与客谈,语多失检,心不存也"。交谈中有的话说得不准确,是心不在焉所致,这是待人不够诚敬,有轻忽怠慢之心,看是小事,但严范孙从"轻""矜"的角度观察,就不是小事了,就得改正。

严范孙的自省,激励他生活工作有规律,从而能够勤奋办事。如二十三年(1897)八月十三日的日记:"卯初起。温洋文两小时。批牍二。薙发。习洋文一段(是日因看家信,未温熟者,亦未钞)。午后,与福田谈算片刻。收信……发电:'北京苏州胡同翰林严。赙李高阳(大学士李鸿藻,1820—1897)五十金、齐道安百金,速办.'廿三字,四两八钱七分。诵《公羊春秋》一卷(十四叶)。写团扇二。"清晨五时起床,温习英文,批公文,理发,学英文新课,本来要继续温习英文,因收到信件甚多,为看家信,未能温习已经熟识的英文;下午与裕增讨论数学;拟给家属电报稿并发送(处理两件师友丧事赠送赙金事);吟诵《公羊春秋》一卷;题写团扇二柄。一天的日程安排紧紧的,因特殊缘故,才有些许变动。有规律性,生活节奏紧凑,也有点紧张,才能有效率,出效果。所以他在贵州办书院和官书局,进行岁科两试,业绩明显,绝非偶然。

(二)讲求家礼

由修身而齐家,严范孙严格遵循家礼行事,堪称楷模。他对兄长严振(1853—1898)完全遵守为弟之道。二十年(1894)九月十六日赴黔离京之际,"叩别兄长。兄命一路小心,含泪相对,诺而出"。他对长兄行跪拜大礼,长兄的嘱咐,视作"命令",适足表达身为弟弟的严范孙对哥哥的尊敬与守礼。再看,几天后的二十一日,在行进到保定府清苑县,"发寄兄第一号禀,寄崇儿第一号谕"。十二月二十一日在贵阳,"收森昌局来津信:兄谕一(第一号)、辅叔信一、崇儿禀一(第一号)、崧生信一、仲明先生信一"。弟弟给兄长写信、儿子给父亲写信称"禀",意为下对上"禀告";父亲给儿子写信,为"谕",晓谕、教导。写信、收信,严范孙就是这样守着为人弟、为人父之礼,乃兄给他写信,不会是教导的口气,但他视为"谕"。严范孙对严振的尊敬,还体现在为后者做生日上。二十二年(1896)十月二十三日,在遵义科试,"家兄生日,是日恰无事,略治具与诸公小酌"。转年同日在贵阳,"是日因家兄生日,留祁(听轩)、裕(福田)二君晚酌"。连着两年为严振做寿。在贵州三年,第一年没有办寿礼,因那一天在镇远,"覆试文生,至二更扫场。三更后发文童草榜"。忙到三更以后,无法为乃兄过生日。第二年,"是日恰无事",就了却为兄过生日的心愿了。他对乃兄绝对情真意切,必然是兄弟情谊甚笃,发自内心的尊重,也是他真正守礼,绝非假礼做作。

(三)仁爱行义

按照君子做人原则,严范孙对幕友、诸生讲究仁义兼至,对生员关爱、培养有加。他出发赴黔时的幕友:襄助衡文的是姑表兄尹湅、亲戚王鋆(式金);表弟王荣卿司会计,尹湅内弟许永澄(镜波)副之;还有原不相识的涿州人卢文昭(选卿)为襄校。陈学宽(栗堂)办庶务,卢氏因父母、陈氏因父亲客死贵州未能归葬,均托人推荐为幕宾,好趁此机会迎柩返乡。严范孙"此行凡师友之荐幕友、荐仆役者概未承诺,独卢、陈两君则慨诺之"。是同情他们的孝心,可见他的仁义心怀。二十一年(1895)正月,严范孙准备往遵义、镇远等地岁试,而王荣卿得病,这时陈学宽、卢文昭已做好扶柩北返准备,陈学宽先人棺柩已于初三日起运,不日到镇远,但是他考虑到王荣卿的病情,怕幕主到考场时人手不足,乃于初四、初五日相继表示"暂缓归期,襄考上游诸棚毕,然后扶榇北行"。严范孙认为扶柩是大事,"不便久留也,婉言道谢"。到初十日,王荣卿的病情毫无起色,乃请陈学宽暂留,并托人给镇远府首县杨知县写信,请其在陈学宽先人棺柩到时照料安置。宾主各自为对方着想,情义感人。王鏊协助严范孙衡文,代书应酬函件,颇为出力。二十二年(1896)六月十四、十五两日腹泻,消瘦疲乏,"犹勉看选拔卷,甚为吃力"。严范孙、尹湉要代他批阅试卷,他执意自行阅卷。王鏊的父亲患病,因此严范孙与尹湉商议,劝他返津省亲,他因襄校需要不肯离开,七月十九日,严范孙乃分别往北京、天津打电报,表示王鏊关切父病,询问王父病状详情,以便相机行事。二十三年(1897)正月,岁科两试完竣,二月十八日王鏊才安心提前返乡侍亲。

对诸生,严范孙在维护考试规则的前提下,仁爱关怀。二十一年(1895)九月十四日,在平越考场,"点名时两号忽大哗,询之,则有一人乱号,由西而窜入东号也。呼之至,丁名泽昭,瓮安人也,乃逐之出,旋悔之矣"。丁泽昭不按座位规定乱坐,可能是为作弊,严范孙遂不允许他考试。处分之后立即后悔,本来让他回到原定座位考试也未为不可,逐出场,就失去考试的资格。想必是严范孙思及于此,就有不忍之心了。二十二年(1896)五月初八日,黎平考场,诸生陈士杰等禀称:廖振鹭平日不善于文,而科考复试由第二提升第一,众论未服,请今日将廖移坐公堂之前,以防替代。又有人质疑周启方有同样情形。严范孙乃将二人移至公堂考试,廖之答卷确实不佳,严范孙并不因此就断定他有作伪情况,而是决定明天另外出题测试他们。于此充分表现出他的仁心仁术。至于他奖拔生童的诸多事例,前文已有道及,不必赘言。

严范孙要求诸生写日记,主要是写读书札记,兼及省身,而他自己的日记则是两者并重,反省的功能至为明显。友人、书画家赵元礼(1868—1939)读严范孙使黔日记,"觉先生居心之诚怛,莅事之廉勤。从政之暇,不忘其修省与研诵"(《蟫香馆使黔日记选序》)。实乃知己之言。严范孙在贵州学政任上,勤劳,不仅廉洁,更捐廉奖励学子,修身与治学不辍。

六、撰拟请开经济特科奏折

三年学政任期尾声，严范孙以递呈请开经济特科奏疏划上圆满句号。本目就来讨论他书写奏折的思想基础、撰拟过程、奏折内容与朝廷反响。

（一）思想认识的前提和知识积累的条件

甲午战争之后，人们鉴于洋务运动的无济于事，出现一种思想倾向："外察大势，内求诸己，认为必须大事变革，与人并驾齐驱，结果形成政治改革运动。"（郭廷以著《近代中国史纲》）如前所述，严范孙强调近世经世致用之学，具有洋务运动的内涵，同时外察大势，内求诸己，含有维新变法意识。他关心时务，涉猎面广泛，借以获取新信息，观察世事的变化，观念随之更新，有益于产生变革思想。严范孙就是具有这样的思想认识和知识积累的条件，才可能提出举行经济特科的请求。

还有一点需要注意到，举办经济特科，同严范孙深明科举积弊密切相连。他在《劝学告示》中说："国朝大儒顾亭林有言，今日考试之弊，在乎求才之道不足，而防奸之法有余。"又在送出经济特科奏折半个月后的十月初九日写出《贵州武乡试录后序》，痛陈："臣闻明臣张溥（1602—1641）有言：'古之取士以人，今之取士以天。'痛哉其言也！邱浚（1420—1495）亦言：'论文科者，谓科目不足以得人，豪杰之士由是而出耳。武举亦然。'合两说观之，科法之敝，盖非一日之故矣。"他深知科举弊端非止一日，不能不有所变革，并且确认科举外大有人才，需要招揽，就要举行经济特科。

（二）撰写奏折过程

日记所留下的信息完全可以说明奏折书写经过，唯一缺憾是没有明白叙述写折子的原因。

书写奏折的过程是：二十三年（1897）八月十五日，严范孙将思考已久的写奏折设想告诉陈惟彦，后者表示非常赞同，严范孙乃决心书写（"劭吾谈极久，与商奏设特科事。劭吾大以为然，余志乃定"）。十六日，又同尹湘商讨，进一步确立信心，动手写作，为此查阅清朝历代《圣训》等书，其中的康熙词科史籍非常重要。因为康熙博学鸿词科是严范孙建议举行经济特科的历史依据，下了这番功夫，检索到奏折所要引用的素材（"拟折草，先与澄兄商确。检查《（历朝）圣训》及《诗人征略》《先正事略》《诸书考究》、康熙词科诸人官阶"）。

十七日,继续撰写("仍拟折草")。十八日,奏折初草拟就,并且抄出清稿,同时写出奏折附片和请假扫墓折子("奏草一、附片一、请假一,属草略就,先自书一底稿")。十九日,请尹湉誊清奏折底稿,未抄完("澄兄来代誊奏草,未毕")。二十日,在尹湉抄写进行中,严范孙与他商酌,对奏草有所改动后,严范孙亲自誊清("澄兄代誊奏草并附片……就澄兄商改奏草,复易两纸,因自书之")。二十一日,到陈惟彦处,请他看奏折底稿,征求意见("拜客:诣劼吾,以奏草就正")。陈惟彦经过多日斟酌,修改严范孙奏稿,到九月十四日交还("劼吾送来代拟清折")。十五日,与尹湉讨论陈惟彦修饰的奏折稿子("与澄兄商改折稿")。十七日、十八日,继续修改奏稿("改折稿")。十九日,奏折基本定稿("折稿略定")。二十日,再次与尹湉、陈惟彦研讨,确定奏折稿本("折稿写一通,自巳正至申初毕。复请澄兄审定。是日,凡客皆谢不见……晚,便衣诣劼吾商折稿,劼吾以为可用矣")。大约又经过一两天的深思熟虑,决定递交奏折,因学政没有资格直接送呈,要通过巡抚代交。因此,到二十三日,请巡抚衙门的汪巡捕来包装奏折("汪巡捕来包折")。二十四日,为上奏折设香案行跪拜礼,然后交给巡抚衙门桂巡捕("拜发条陈设科折,附请假修墓片。交抚辕桂巡捕")。从八月十五日决定写作请开经济特科奏折,二十一日写出初稿,经陈惟彦修改,到九月二十日定稿,二十四日拜发,四十余日可知严范孙对上折子极端重视;就中与友人陈惟彦、尹湉商酌,陈惟彦尤起推动作用。在严范孙的心目中,陈惟彦(1856—1925)是"博洽能古文,通时务,尤留心义理之学,庶乎有体有用者矣"(二十三年八月二十三日日记),他们在"时务"见解上志同道合,是以重视他的支持态度,促成他下决心递呈折子。当然,上建议性奏疏会担风险,严范孙有胆有识,毅然呈递。

(三)奏折内容与朝廷反响

折子开宗明义说明举行特科吸收人才的必要性:"时政维新需才日亟,请破常格,迅设专科,以表会归而收实用。"接着叙说招揽经济人才及其办法:特科与科举制度不相冲突,是仿照、变通康熙朝、乾隆朝博学鸿词科之例,其时是吸取山野逸才,如今新科是专收周知全国地方利弊、中外交涉、科学与法律、机械制造、工程测绘的时务专才,"统立经济之专名,以别旧时之科举";专科取中名额不限,因人才多寡而定;定期举行特科,宜短不宜长;与试资格,以荐举为定,责成京官四品以上、外官三品以上、各省学臣实心举荐;录取人员同于正途出身。

严范孙的奏折递呈后,光绪帝于十一月二十三日指示军机大臣:"着总理各国事务衙门会同礼部妥议具奏。"二十四年(1898)正月初六日,总理衙门作出回奏,认为严修筹划周密,当今急需人才,仿照博学鸿词科例,开设经济特科,然不能成定制。当天光绪帝准许实行。随后总理各国事务衙门会同礼部拟出经济特科章程六条,五月二十五日光绪帝批准,"着三品以上京官,及各省督抚学政,各举所知,限于三个月内迅速资送总理各国事务衙门,会同礼部奏请考试,一俟咨送人数足敷考选,即可随时奏请,定期举行,不必俟各省汇齐再行请旨,用副朝廷侧席求贤至意"(《德宗景皇帝实录》)。

严范孙的思想观念、学识与胆识,促成他发出开设经济特科专取时务人才的建议。《严修日记(1894—1898)》,恰恰是此一重大疏议形成的忠实记录。而这一条陈,被梁启超视为发科举改革、戊戌新政之先声,意义重大(《戊戌政变记》)。

笔者附言:写作中无缘阅读贵州地方史志,文中涉及地方人物史事,容或有误,祈请识者正之。多谢!本文所使用的《严修日记》以外的资料由陈鑫学友提供,特致谢。

(2016 年 3 月 19 日敬书,以"导读"附刻于《严修日记(1894—1898)》,天津古籍出版社,2017 年)

清代的婚姻制度与妇女的社会地位述论

婚姻、家庭制度,决定于生产力水平和社会制度,决定于政治状态,还受传统习惯的支配;它们也影响着社会历史的变化和发展。因此,历史研究需要把婚姻、家庭、妇女的问题包括在内,需要把它们同社会经济、政治、思想文化和风俗习惯等领域一起进行考察,才可能把握社会全貌和阐明历史的进程。

本文所要讨论的是清代的婚姻制度是什么样子的,有何特点,对社会发展有何影响,妇女如何才能摆脱受压迫的地位。这里所说的女子,主要指一般身份地位的,贵胄和贱民中的妇女、一妻多夫制中的女子,均未做特别叙述。

一、包办的门当户对的婚姻制度

清朝政府同其他王朝一样,维护父母决定子女婚姻的权力。它继承明代的法令,规定:"婚嫁皆由祖父母、父母主婚,祖父母、父母俱无者,从余亲主婚。"①很清楚,子女的终身大事,由祖父母、父母做主,如果这些长辈都亡故了,就听伯、叔、姑、兄、姐和外祖父母抉择。若这些人也没有,则听凭余亲尊长(如伯叔祖父母)主婚。若祖父母、父母犯死罪囚禁,子孙之婚姻亦需听他们安排,倘若自行嫁娶,则要受杖八十的刑罚。②在家族制盛行的地方,祠堂以族人联姻关乎宗族体面,也干预族内青年的婚事。如江苏宜兴筱里任氏宗祠要求,当家长为子女议婚将成时,必须报告祠堂的宗子、宗长,他们同意了,婚事才能定下来。③这样,婚姻的当事人青年男女没有权力选择自己的配偶,不管他(她)们愿意与否,都得服从家长以至族长的安排。本来,一对结合的新人,要长期共同生活,白头偕老,但是他们的结发,不按照他们的意愿进行,却凭家长捏合,这样的匹配是包办婚姻。这就是清代婚姻制度的主要内容。

---

①② 光绪《大清会典事例》卷 756《刑部·户律婚姻》。

③《宜兴筱里任氏家谱》卷 25《婚娶议》。

那么家长给子女选择配偶,又是根据哪些原则进行的呢？我们从载籍资料获知,主要有两条:一是论门第,二是论贫富。

清代社会等级制度森严,人们间的极其重要的交往——联姻,也和其他社交一样,受着等级的制约。雍正年间纂修的《浙江通志》说,宁海县"婚姻择,先门第"①。道光中编写的安徽《祁门县志》说该县风俗,"婚姻论门第"②。同治时撰写的湖北《石首县志》谓该地"男子十岁以上,女子十岁而下,门第年齿相匹,即为定盟"③。光绪年间编纂的江苏《崇明县志》说当地"婚姻论良贱,不论贫富"④。可见"论门第""严良贱"是联姻的重要准则。门第,主要是官民范畴内的界限,诸如贵胄之家、品官之家、绅衿之家、平民百姓,等等差别。良贱,区分良民与贱民。良、贱也是不同的门第,所以要详加区划,是强调良贱的不同。婚姻论门第、严良贱,就是要它在相同的等级或上下相差不远的等第间进行,而最不允许的是良人与贱民间的联姻。

清朝政府严格禁止良贱通婚,法令专设"良贱为婚姻"的条文:"凡家长与奴娶良人为妻者杖八十,女家减一等","奴自娶者,罪亦如之","若妄以奴婢为良人,而与良人为夫妻者杖九十","各离异";因婚而入籍为婢的女子,改正为良。⑤法律中还有"娶乐人为妻妾"的专条,禁止官吏及其子孙与贱民中乐贱人户通婚:"凡官并吏娶乐人为妻妾者,杖六十,并离异;若官员子孙娶者罪亦如之,注册,侯荫涵袭之日降一等叙用。"⑥凡是良贱为婚,不仅体罚打板子,更重要的是判处离婚,绝不许良人以上的家庭掺有贱民的血统,以维持良贱制度。

宗族祠堂极力维护婚姻论门第、严良贱的原则。望族不乐与寒门联姻,更不准与贱民通婚。如康雍年间,无锡县华姓宗族一成员将女儿许配给奴仆的儿子,该族士人华泰认为有辱宗党,出面干涉,男方对此毫无办法,就找别的理由告他,打了几年官司,婚姻终被拆散。⑦上述规定和事实说明,禁止良贱通婚是政府和官绅所竭力奉行的政策。

---

② 道光《祁门县志》卷5《风俗》。
③ 同治《石首县志》卷3《民政·风俗》。
④ 光绪《崇明县志》卷4《风俗》。
⑤⑥ 光绪《大清会典事例》卷756《刑部·户律婚姻》。
⑦ 《华氏传芳录》卷10《母舅贡士襄周华公传》。

人们政治身份的良、贱与经济状况的富、贫虽不等同,但大体上相当。尽管有的地区婚姻论良贱而不计贫富,但是在更多的地方,既辨别良贱,又计较贫富。如在无锡,"婚姻之家,必量其贫富而后合"①。在安徽宁国府旌德县,也是"婚嫁论财"。家庭经济不富裕的,顾虑到女儿出嫁后的生活,更要考察男方的经济情况,所以"中下之家论财"②。论财,就使得经济状况基本相同的人家为儿女提亲,结为姻戚。

婚姻论财突出地表现在讲究聘礼与嫁妆上,尤其是聘金的多少,常常成为婚姻成功与否的重要因素。雍乾时期翰林院检讨夏醴谷说,当时婚姻论财的严重情况是:"将择妇,必问资装之厚薄,苟厚矣,妇虽不德,亦安心就之;将嫁女,必问聘财之丰啬,苟丰矣,胥虽不肖,亦利其所有而不恤其他。"③主婚的男女双方家长过分地挑剔对方的彩礼、嫁妆,也是查看对方的经济实力。

婚姻论门第与论贫富,在这两方面,又以前者为重,因为良贱是不许逾越的鸿沟,人们必须严加注意。

二、婚龄的规定和童养媳制度

清朝政府规定,男子十六岁、女子十四岁就达到结婚年龄,可以自便。④这项法令,继承了宋明的立法,已有几百年的历史了。虚岁十四五岁的少年就可以成亲,是一种早婚制度。早婚是当时的习惯,在社会上层和缺少劳动力的贫穷人家尤为流行。清朝的帝后是早婚的典型,顺治帝十四岁大婚,康熙帝的婚事更早在十二岁的童年时完毕,雍正帝的孝圣皇后结婚时十三岁,乾隆帝算是晚婚的,大婚时也才十七岁。帝后的婚龄之早,表现了皇室、贵族、官僚等社会上层家庭婚龄的一般情况。社会下层的缺少劳动力的家庭,为了获得劳动人手,常给年岁尚幼的儿子娶年长的媳妇,形成小女婿的社会现象。

在中国历史上,婚龄的规定,随着社会条件的变化有所变动。在长期的战争年代,法定婚龄偏小,如南北朝时期北齐后主(565—577年在位)规定,女子

---

① 光绪《无锡金匮合志》卷30《风俗》。
② 嘉庆《旌德县志》卷1《风俗》。
③《昏说》,载陆耀辑:《切问斋文钞》卷4。
④ 俞正燮:《癸巳类稿》卷3《媒氏民判解》。

十四岁到二十岁之间必须出阁;北周武帝建德年间(572—577),强制十五岁以上男子、十三岁以上的女子成亲。在一次大的战争之后,婚龄也在实际上被提前了。西汉惠帝六年(公元前 189 年),规定女子在十五岁至三十岁之间必须出嫁,否则多征税。唐太宗贞观元年(627)的法令,强制男子二十岁、女子十五岁以上成家。①这些婚龄的规定,是实行鼓励人口增殖的政策。因为战争使人口锐减,统治者为增加劳动力和补充兵源,强迫青少年早婚以繁殖人口。

清代的婚龄法规是稳定的,虽然没有强制少年结婚,但实际是鼓励早婚,鼓励人口的滋长。在清代,人口的猛增成了爆炸性的问题,由顺治七年(1650)的一千零六十万丁口,增到道光二十年(1840)的四亿一千二百八十一万人。早在清朝初年,康熙帝、雍正帝都感到了人口问题的严重性,屡屡说人民生计困窘,是由于生齿日盛而田不加辟所造成的。乾隆帝在晚年更惊呼他的属民比乃祖时跃增十五倍,表示他对民生问题的担忧,说些要求小民"俭朴成风,勤稼穑,借物力而尽地利"②的陈辞虚语。康熙帝、乾隆帝祖孙都没有推迟结婚年龄、限制生育的措施。因为,那个时代的人们普遍认为子孙多是好事,"多子多福"。如雍正祝愿他的宠臣鄂尔泰"多福多寿多男子"③。鄂尔泰报告他已有五个儿子,雍正说他的祝愿实现了。④他的父皇康熙有儿子三十五个、女儿二十个,堪称"多子翁"。人们希望多生,在当时是很自然的事情;家庭需要有血缘关系的财产继承人,在一家一户为生产单位的社会,家庭需要及时补充劳动力。这就是早得子、多生子的思想意识和现象产生的根源。由此而派生的早婚制度及其稳定性就不难理解了。

早婚还表现在童养媳制度上。童养媳,又称"待年媳",就是由婆家养育女婴、幼女,待到成年正式结婚。

童养媳在清代是一种普遍的现象。童养的女孩年龄多很小,有的达到了清代法定婚龄,也待年在婆家,则是等候幼小的女婿成年。其待年情况,从下表可知一二:

---

① 杜佑:《通典》卷 59《礼典·嘉礼》。

②《清朝续文献通考》卷 25《户口》。

③《朱批谕旨·鄂尔泰奏折》,雍正五年五月初十日朱批。

④《朱批谕旨·鄂尔泰奏折》,雍正五年八月初五日奏折和朱批。

童养媳待年情况表

地区	童养媳姓名	丈夫姓名	进入婆家的年龄	资料出处
江苏镇洋	周氏	蔡廷爵	5	王祖畲《镇洋县志》卷10《人物》
长洲	杨氏	钮成惠	6	乾隆《苏州府志》卷69《列女》
江阴	何冰氏	陈世荣	9	李兆洛《养一斋文集》卷15《记陈烈妇事》
阳湖	刘氏	徐时凤	12	李兆洛《养一斋文集》卷15《徐节妇刘孺人传》
吴江	陆氏	贺邦达	12	张海珊《小安乐窝文集》卷4《贺烈妇传》
阳湖	汪氏	李绶馥	13	《锡山李氏世谱》卷首之14《孝烈母汪孺人传》
湖北云梦	某氏	袁树声	13	嘉庆《芜湖县志》卷12《宦迹》
江苏吴江	陈氏	屠应权	15	乾隆《苏州府志》卷72《列女》
吴江	龚氏	凌某	15	光绪《吴江县续志》
吴江	黄氏	张某	15	张士元《嘉树山房集》卷12《黄贞女论略》
江阴	梅氏	李传臻	16	《锡山李氏世谱》卷首之14《节母梅孺人传》
镇洋	周氏	许观澜	16	王祖畲《镇洋县志》卷10《人物》

童养媳婚姻的流行,有着广泛的社会原因:第一,贫穷的人家生下女儿无力养活,就把她给了人,长大了成为抚养者家中的媳妇。安徽绩溪县这种情形很多。所以,嘉庆年间修县志,说贫者"女生畀人抱养,长即为抱养者媳"[1]。第二,结亲聘礼重,婚礼浪费大,陪嫁多,而这种习俗常人又无力抗拒,但是童养媳制度倒可以大大减少这种开支,男方抱养待年媳不需要财礼,等到正式结婚,仪式要比大娶简单得多,不要花多少钱,女家也不要陪嫁妆,没有破家嫁女之忧。所以,同治年间纂修的江西《新城县志》说到当地童养媳盛行,强调"农家不能具六礼,多幼小抱养者"[2]。婚礼习俗,成为形成童养媳制度的一个原因。第三,清代社会还有公婆或丈夫病重提前娶媳妇的习俗,这种做法叫做"冲喜",希望病人好起来。这成为出现童养媳的一个原因,如上表中提到的李绶馥妻汪氏,十三岁时,"为姑疾笃,归李为待年媳"。

童养媳制度使幼女的身心遭到无情的摧残,她们多受夫家,尤其是婆母的虐待。扬州八怪之一的郑板桥有一首同情待年媳的题名《姑恶》的诗,他写道:"小妇年十二,辞家事翁姑。……姑令杂作苦,持刀入中厨。……析薪纤手破,执热十指枯。……姑曰幼不教,长大谁管拘! 今日肆詈辱,明日鞭挞俱。五日无完衣,十日无完肤。吞声向暗壁,啾卿微叹吁。姑云是诅咒,执杖持刀铻。

---

① 嘉庆《绩溪县志》卷1《风俗》。
② 同治江西《新城县志》卷1《风俗》。

岂无父母来,洗泪饰欢娱。岂无兄弟问,忍痛称姑妯。疤痕掩破襟,秃发云病疏。一言及姑恶,生命无须臾。"①道出恶婆要把童养媳纳入规范,动辄打骂,并强迫幼女从事力不胜任的家务劳动。她们在这种迫害下,还不敢向娘家的亲人诉说。这样的恶婆婆不是个别的,她们要降伏儿媳,以使后者规规矩矩地伺候公婆丈夫。"多年的媳妇熬成婆",待到小字辈熬成婆婆,又以婆婆的方式虐待自己的童养媳或儿妇。有的童养媳还被婆家当做财产而出卖,如上海有贫民把童养媳卖给妓院。②阳湖县有一个佃农为了交地租,要把童养媳出卖给人为妾。③童养媳是一种惨无人道的婚姻制度。

三、旌表贞节与寡妇再婚

(一)传统社会阻碍再婚

男子亡故,妻子成了寡妇,聘妻成了"贞女",还有离婚的妇女,这些女子都有再婚的问题。

传统道德说夫妇为人伦之始,夫妻名分一定,就终身不能改变。为了正名分的大事,妇女要保持贞节,"从一而终",不能再嫁,即使家贫无以为生,也要按照宋儒的"饿死事小,失节事大"的伦理,不能再嫁。倘若第二次结婚,就会低人一等,受到各种侮辱,亲朋会认为她玷辱"门风",看不起她,所谓"再嫁者不见礼于宗党"④,就是指此。社会上也看不起,甚至会出现徽州的情形:"再嫁者必加以戮辱,出必不从正门,舆必勿令近宅,至家墙乞路,跣足蒙头,群儿且鼓掌掷瓦而随之。"⑤生前如此,死后还要受到歧视,族谱的写法就在贬低和蔑视她们。如丹徒县的《京江郭氏家乘》对族人妻室写法规定:正室曰"配""继配",如果是娶再嫁女子则书"纳",族人的妻子改嫁出去了则写"曾娶",为的是"贱失节也"。⑥

元明以来,统治阶级把守节的寡妇和贞女表彰为"节烈""贞烈",给她们

---

① 卞孝萱编:《郑板桥集》,齐鲁书社,1985年,第99—100页。
② 同治《上海县志》卷20《朱锦传》
③ 道光《武阳合志》卷28《义行》。
④ 民国《崇明县志》卷4《风俗》。
⑤ 同治《祁门县志》卷5《风俗》。
⑥ 镇江《京江郭氏家乘·凡例》。

建立"贞节坊""烈女祠",而清朝做得特别认真。雍正元年(1723)上谕说:"朝廷每遇覃恩,诏款内必有旌表孝义贞节之条,实系钜典",命令各地"加意搜罗",对山乡僻壤、贫寒耕作的农家妇女,尤其不要因她们请旌经济有困难而遗漏。旌表节孝,除像以前一样给个别节妇银两建牌坊外,又命在各地建立节孝坊,表彰所有节妇。又放宽表扬条件,原定五十岁以外死了的寡妇才能申请旌表,改为四十岁以上而已守寡十五年的。①几年后,又以有的官员不认真执行,下令把建立节孝祠的情况作为卸任交待的一项内容。②在这种政策下,旌表节孝成了地方官的一件要务。常熟县把西洋天主堂改为节孝祠,储放节妇、烈妇、孝妇、贞女的牌位。③吴江县于乾嘉道间建立贞节坊七个、旌节坊五十个。④受到旌表的人很多,上海在同治以前表彰的节烈妇女已达三千多人。⑤有的宗族祠堂也给节妇、贞女建立祠宇,并在家谱上大书她们的事迹,"一以阐幽,一以励俗"⑥。

官府和民间在经济上抚恤寡妇。一些地方官和绅衿富人设置名曰恤嫠堂、安节局、全节堂、崇节堂、清节堂、保节堂、儒嫠局的善堂,多有一些田产,给予贫穷寡妇些许资助,或接收她们进堂生活。有的宗族给寡妇抚恤金,特别是在有义庄、赡族田的宗族内,如华亭张氏义庄规定,寡妇之家即使经济不拮据,亦按贫穷族人标准给予口粮、衣物,⑦浙江永康县应氏宗族有恤嫠田一百余亩,收入全给节妇、贞女。⑧有的田主给佃农寡妇以优待,如广东香山刘清的佃农死了,儿子尚幼,遗孀失去租地就无法维生,刘清为保持其"清节",允许其继续耕种,交不足地租也不追逼。⑨

(二)寡妇的悲惨生活

三从四德传统思想的束缚造成了恶果——在妇女中出现许多悲剧,最惨的是殉夫制度,一些妇女在丈夫死后自杀相随:"不幸夫亡,动以身殉,经者、

---

① 《清世宗实录》卷4,"元年二月癸亥"条;卷12,"十二月甲寅"条。

② 《上谕内阁》,五年闰三月二十九日谕。

③ 邓琳:《虞乡志略》卷3《典祀》。

④ 光绪《吴江县续志》卷7《坊表》。

⑤ 同治《上海县志》卷24《列女传序》。

⑥ 民国《宜兴筱里任氏家谱》卷2《贞节议》。

⑦ 《张氏捐义田折奏附义庄条例》,抄本,南开大学图书馆藏。

⑧ 俞樾:《春在堂杂文四编》卷1《永康应氏义田记》。

⑨ 卢文弨:《抱经堂文集》卷34《赠中宪大夫乡大宾作庵先生墓志铭》。

刃者、鸩者、绝粒者数数见焉。……处子或未嫁而自杀,或不嫁而终身。"①安徽石埭县方坤死了,妻李氏自刭。②有的人本来不想死,但有人逼她改嫁,她为了保持贞节,以自杀来抗争。震泽沈天喜妻方氏二十二岁守寡,婆母劝她改嫁,适有湖洲富商愿买为妾,公公同意了,方氏听到这个消息,投水自溺。③福建流行的一首民歌:"闽风生女半不举,长大期之作烈女。婿死无端女亦亡,鸩酒在尊绳在梁。女儿贪生奈逼死,断肠幽怨填胸臆。族人欢笑女儿死,请旌藉以传姓氏。三尺华表朝树门,夜闻新鬼求还魂。"④控诉了宗族势力对妇女的迫害,揭示了寡妇被迫殉夫的一个社会根源。

清朝政府对殉夫现象既赞扬,又有所保留。康熙二十七年(1688)以前,对于殉夫者多加表彰,这一年大学士等又题请旌表山西的烈妇荆氏等人,康熙帝因而说:"今见京师及诸省殉死者尚众",然而丈夫寿短,妻子何必自殒,这种轻生是反常现象,过去旌表,使死亡者"益众",自今以后,严行禁止"王以下至于细民妇女从死之事"⑤,当然不再旌扬了。康熙帝表现了开明的态度。但是殉夫乃是"夫为妻纲"的产物和一种表现形式,这种思想和制度不改变,必然会有殉夫的现象。而它是"大义凛然"的事情,统治者觉得不表彰不好,到雍正六年(1728)就斟酌情形,表扬那种尤为节烈的。特例一开,地方官请旌的就多了起来,到雍正十三年(1735)闰四月的头几天,请旌表的节烈妇女就多至十数人,⑥于是再令劝谕妇女不要殉夫。清朝政府尽管不是那样积极地倡导殉夫,但那时的婚姻制度决定了这是不可能根绝的现象。

守寡,一部分被"忠臣无二主,烈女无二夫"思想控制了的妇女,"耻再嫁"⑦,"知重名节,以再嫁为耻"⑧。守寡,对于没有独立经济来源的妇女来说,在富贵人家生活有着落,尚可维生,对贫穷人家就极其困难了。所以,一部分寡妇要

---

① 同治《休宁县志》卷5《风俗》。

② 康熙《石埭县志》卷7《人物》。

③ 乾隆《苏州府志》卷72《列女》。

④ 俞正燮:《癸巳类稿》卷13《贞女说》。

⑤ 《清圣祖实录》卷135,"二十七年五月乙亥"条。

⑥ 《上谕内阁》,十三年闰四月初六日谕。

⑦ 同治《宁国县通志》卷1《风俗》。

⑧ 嘉庆《旌德县志》卷1《风俗》。

再婚,但是仍有一部分人身处贫贱,犹守空房。如武进郑马氏二十九岁丧夫,身边有三男一女,夫家、娘家都穷得"空如悬磬,无以度日",好心人劝她改适,马氏表示"宁饿死,不改节"①,终于把孤儿养大,可算是守寡者的典型。孷妇不仅失却丈夫的爱,还受一些人的欺凌,生活艰难,备尝人间的辛酸,是人生的极大不幸。

守贞又是守寡中最悲惨的事情。有的未婚妻在未婚夫亡故时殉情死去,有的到夫家,或在娘家守寡。如前述石埭县方坤妻李氏殉夫事,其子方启祥先方坤夫妇死,启祥聘妻林婉卿闻丧,来守孝,面上刺"守制"二字,表明誓不改嫁的决心。②

未婚妻守贞已属离奇,更加惨怪的是广东的"慕清"。广东风俗,把未婚妻的不出嫁叫做"守清","原未许嫁而缔婚于已死之男子,往而守节,曰'慕清'"。据说有许氏女向父母要求同意她慕清,双亲不答应,她说姐姐没有嫁着可心的丈夫,生活痛苦,二老也担心,设若我再遇到那样的人,不是让你们更难过了吗?而且我身体瘦弱,不能适应家务劳动,嫁出去也没有好处,找个死鬼做名义上的丈夫,我就可以安心生活了,要不然就出家做尼姑,那样名声反倒不好。她父母见她态度坚决,只得依从,恰巧有个姓陈的未婚男子死了,就把她"嫁"到陈家。陈家小姑和这个嫂子很处得来,虽已定亲,也把婚退了,求慕清在家。③许氏女的那一番议论,说明在传统社会制度下,女子出嫁后可能遇到的种种不幸,因此还不如独身的好。守清、慕清、是妇女丧失人生乐趣情况下的婚姻制度。

未婚而守节,人们也有不同的看法。有反对者,理由是:据礼法规定,未婚夫死,未婚妻列入齐衰之服,三年丧毕,就可以脱离关系了;再说婚姻包括一系列仪式,有订婚礼、结婚礼、未婚夫亡,即没有举行过结亲仪式,算不得真正夫妻。持这种观点的人认为守贞是诡僻的行为,不符合圣贤的礼教。嘉道时学者俞正燮说:"后世女子不肯再受聘者谓之贞女,其意实有难安:未同衾而同穴谓之无害,则又何必亲迎,何必庙见,何必为酒食以召乡党僚友,世又何必有男女之分乎!"他认为赞扬贞女的人是贤者没有认真思考这些问题的

---

① 《荥阳郑氏大统宗谱》卷2《节妇马氏传》。

② 康熙《石埭县志》卷7《贤媛》。

③ 俞樾:《右台仙馆笔记》卷1。

缘故。①比较起来,还是倡导守贞的社会舆论强大。

清朝政府对于守贞既不反对,也不鼓励。"独室女未婚守节及以身殉者例勿旌"②。规定是这样,然而旌表的贞女并不少。

总之,社会主流意识的提倡,是产生守贞、慕清现象的重要原因,即使俞正燮等反对守贞,也是在圣贤规范里打圈子,因而很难起到制止守贞的作用。

守节者、殉葬者,富裕家庭的女子比较多。还有一种守节现象,当做深入分析。先看几个操持家务的孀妇事例:

宝山潘杨氏,"家贫,凭十指以给衣食,奉翁姑,孝养无缺"③。

宝山李周氏,"日治布以课子读"④。

奉贤曹吴氏,"佣工奉姑,生养死葬,凡曹姓柩无祀暴露,概为埋瘗"⑤。

奉贤范沈氏,"抚孤耕织,营葬三世"⑥。

金坛刘汤氏,"家无斗储,勤十指以给"⑦。

金坛史程氏,"日夜纺织,易布易粟"⑧。

这类资料很多,在地方志的列女传里可以随手拈到。满腹纲常伦理的作者赞扬她们的孝敬公婆,不论潘杨氏等人的行为是出于纲常理念,还是出于亲情人性,她们的行为本身却更重要。她们是贫穷的妇女,用勤劳所得维持了由于男子死去而陷于绝境的家庭,她们尽到了自己的社会责任,使老人得其终,终而有葬;使儿童得其育,长而成人。这是普通人敬老养幼的美德,是我们民族的宝贵遗产。或许可以理解,在不同经济状况家庭中的守节者有着某种不同的思想内涵:纯粹是信奉从一而终观念的守节,亲情人性观念下的维持家庭不败。

(三)妇女再婚现象的普遍存在

寡妇再婚问题上,社会存在三种力量:一方面是阻挠女子再婚,一方面是要求再婚的现实需要和权利,还有一种是破坏妇女贞操的恶势力。

在清代,寡妇再婚的现象具有一定普遍性。在上海,"闾阎刺草之家,因穷饿改节者十之八九"⑨。改嫁的女子占到寡妇的百分之八九十,是绝大多数。再

① 俞正燮:《癸巳类稿》卷 13《贞女说》。

② 朱轼:《朱文端公集》卷 2《书贺烈妇传后》。

③④ 光绪《宝山县志》卷 11《列女》。

⑤⑥⑦⑧ 光绪《奉贤县志》卷 14《列女》。

⑨ 同治《上海县志》卷 24《列女》。

婚妇女是"失节"之人，为社会所蔑视。所以，她们的事情很难见于记载，偶而在表彰节妇的时候记下她们，以显示节妇气节的高尚。要之，记载少并不能改变寡妇普遍再婚的事实。

部分女子的再婚，在思想认识上有基础。允许、同情妇女再嫁的思想在贫乏者中存在着。笔者见到一些寡妇、贞女的亲友劝其改嫁的资料，颇能说明问题。有的人在弥留之际劝妻子在他死后改嫁，如太仓张祥麟对妻陶氏说："家贫母老，生无所资，我死汝即嫁，第勿弃我母也。"①有父母劝女儿改嫁的，康熙时吴县周文遂妻马氏少年守寡，其父"哀其贫，呼归，讽改节"②。有公婆劝寡媳出嫁的，南陵刘应赓遗孀任氏，"家酷贫，姑劝再适"③。有亲朋邻里劝再婚的，南陵吴懋馆妻任氏寡居，"家贫如洗，人皆劝其改适"④。

从这些事例中不难发现，被劝改嫁的寡妇多是穷人，劝人改嫁的也多是穷人，他（她）们是普通人。所以，普通人与社会上层对寡妇再婚问题的看法不相同，普通人认为寡妇再婚是可以理解的，是合乎情理的，应当被允许。他们对那些节烈之妇，在同情之中也有所贬责。嘉庆时，浙江乌程有一个沈氏嫠妇，家贫而不改嫁，活活饿死，她的母亲和姐姐都是再婚的妇女，沈氏生前劝母亲不要改嫁，姐姐改适了她就和姐姐断绝往来。沈氏死后，她母亲说她"愚"，想不开，落得年轻轻死亡的结果。经她母亲一说，"于是里中人咸以愚妇目之"⑤。这表明普通人认为贫苦守节乃至死亡是不值得的，对沈氏持否定态度，这与社会上层的观点成了鲜明的对照。

在上层人士中也有人持有允许寡妇再婚的思想。俞正燮认为，对寡妇应抱这种态度："再嫁者不当非之，不再嫁者礼敬之斯可矣。"⑥钱泳指出，阻挠嫠妇再嫁是"讲道学之误"，他说妇女是否再婚，应该"看门户之大小，家之贫富，推情换理，度德量力而行之可也，何有一定耶！沈圭有云：兄弟以不分家为义，不若分之以全其义。妇人以不再嫁为节，不若嫁之以全其节"⑦。他们同情因贫穷而再婚的寡妇。

---

① 王祖畲：《太仓州志》卷23《列女》。

② 乾隆《苏州府志》卷60《列女》。

③④ 民国《南陵县志》卷35《列女》。

⑤ 张士元：《嘉树山房集》卷10《书沈节妇事》；张海珊：《小安乐窝文集》卷4《书沈烈妇事》。

⑥ 俞正燮：《癸巳类稿》卷13《节妇说》。

⑦ 钱泳：《履园丛话》卷23《改嫁》。

（四）强迫寡妇再婚与盗卖孀妇

为争取生存而再婚的孀妇是出于自愿，婚事的主动权基本上在她们手中，也有寡妇不愿再婚而被强迫进行的，其中又有几种情形：

其一，因财产继承问题而被迫。清朝政府规定，寡妇改嫁，"夫家财产及原有妆奁，并听前夫之家为主"①，即改嫁妇女不但不能接受前夫的遗产，连嫁妆也不一定属于本人。因此，有的寡妇家拥有丈夫遗留的较多财产，她的族人为了霸占其家产，逼迫寡妇改嫁。江苏巡抚陈宏谋在乾隆二十五年(1760)发布的《保全节义示》中说："三吴恶习，妇女守节者亲族尊长中竟有无良之徒，或因有田产垂涎侵分……多方逼逐，令其改嫁。"②常熟顾晓岳妻潘淑清守寡，"族人觊觎遗赀，朝夕逼嫁"③。

其二，为夫家所卖。有些贫穷人家，使寡媳出嫁，既可减轻家庭人口负担，还可得些彩礼。宣城谈良逵之父卖寡媳稽氏，后者不乐意，也强迫出去。④崇明人瞿发，以七折钱二十四两彩礼把寡媳嫁给秦观受。⑤

其三，社会恶势力盗卖寡妇。南汇县有"扛孀"恶习，即流氓勾结寡妇所属宗族的恶人，私自为孀妇立婚书，到夜间抢人，进行嫁卖。⑥

（五）对于妇女再婚问题的两点认识

第一，再婚、守节是对立的观念，基本上是不同社会地位人群的思想和行为。守节是在政权、族权、神权支持下夫权的表现形式之一，是已故丈夫还在支配、统治活着的妻子。改嫁在下层社会家庭中出现得比较多，是普通妇女要求生存的权利，要求重建和争取幸福的家庭生活，表现出普通人生存权的愿望。

第二，遗产继承制既要求女子"守节"，又破坏妇女贞操。为了财产的继承，有人强迫有产家庭的孀妇再嫁，则是从事破坏妇女贞操的行为。

---

① 光绪《大清会典事例》卷783《刑部·户律婚姻》。

② 陈宏谋：《培远堂偶存稿》卷46。

③ 乾隆《苏州府志》卷71《列女》。

④ 嘉庆《宁国府志》卷32《列女》。

⑤ 中国第一历史档案馆藏档，《内阁全宗·刑科题本·土地债务类》，嘉庆二十年，第44包。

⑥ 光绪《南汇县志》卷20《风俗》。

四、溺女风习与育婴堂的建立

溺女是女婴刚一坠地就被淹死。溺女是清代相当流行的恶习。光绪四年(1878),翰林院检讨王邦玺写奏折,请禁民间溺女。他写道:"民间生女,或因抚养维艰,或因风俗浮靡,难以遣嫁,往往有淹毙情事,此风各省皆有,江西尤盛。该省向有救溺六文会章程,行之多年,全活不少。无如地方官奉行不力,致良法未能遍行,请饬责成州县劝办。"朝廷因此发出上谕,要求江西巡抚刘秉璋督催州县官认真办理六文会,并晓谕居民,"嫁娶务从简俭",以清溺女之源。同时通令各直省督抚,一例照此办理。①这个奏折和上谕,全面涉及了溺女现象产生的原因、状况、拯救办法。

诚如王邦玺所说,溺女是风行全国的事情,兹就笔者所见资料,列表以明之:

地 区	状 况	资 料 出 处
江西雩都	溺女相沿已久,皆以为当然	同治《雩都县志》卷 5《风俗》
宜黄	民俗多溺女	孙星衍《平津馆文稿》下,连江知县王艺山行状
乐平	生女辄溺之	嘉庆《松江府志》卷 57《朱衮传》
石城	溺女,邻邑皆然,石为甚	道光《石城县志》卷 1《风俗》
兴国	溺女之俗由来已久,目下为少	同治《兴国县志》卷 11《风俗》
浙江 金华府	江右风俗多溺女,浙江而金华尤盛	钟琦《皇朝琐屑录》卷 38《风俗》
永康	俗产女多溺	嘉庆《松江府志》卷 57《沈藻传》
浙东	吴恩诏任金衢严道,禁当地溺女	民国《歙县志》卷 3《宦迹》
镇海	俗生二女辄不举	光绪《嘉定县志》卷 16《张骏业传》
永嘉	奁资盛而女溺	光绪《永嘉县志》卷 6《风俗》
长兴	俗多女溺	光绪《锡金县志》卷 25《顾璞传》
安徽和州	俗多溺女不举	民国《吴县志》卷 68《宋思仁传》
泾县	俗多溺女不举	嘉庆《泾县志》卷 19《懿行》
芜湖	风俗喜男厌女,弃者众	嘉庆《芜湖县志》卷 20《育婴堂碑记》
宁国府	俗多溺女	光绪《嘉定县志》卷 16《程候本传》
旌德	女多辄不举	嘉庆《旌德县志》卷 1《风俗》
徽州府	俗多溺女	道光《徽州府志》卷 12《余铭传》
铜陵	旧习产女有勿举者,近严溺女之禁	乾隆单修《铜陵县志》卷 6《风俗》

---

① 《大清律例新增统纂集成》卷 28《刑律斗殴》。

地区	状况	资料出处
福建尤溪	俗生女多不育,相效淹溺	乾隆《尤溪县志》卷9《恤政》
古田	其俗溺女	同治《上元江宁两县志》卷24《叶世经传》
漳州	俗多溺女	乾隆《尤溪县志》卷9《恤政》
湖南常德府	彭希郑任知府,禁民溺女	民国《吴县志》卷68《彭希郑传》
广西陆川	嫁女者多厚妆奁,中人以下之家因而溺女	民国《陆川县志》卷4《风俗》
江苏句容	产女者多溺之	光绪《句容县志》卷10《曹之率传》
苏州府	吴俗溺女火葬	光绪《锡金县志·耆硕传·华久藻传》
高淳	溺女风习之酷烈,无如淳者	光绪《高淳县志》卷21《溺女戒》
太湖洞庭	地多溺女	民国《吴县志》卷70《葛以位传》

表中所列七省的府县,无疑是溺女风习严重的地方,其他区域的情况,由下面将要叙述到的各地针对溺女而设立的育婴堂一事,亦有所透露,惟是笔者阅读载籍尤其是方志不广,不得其详而已。

何以造成民间溺女呢?王邦玺说的对——"抚养维艰"。嘉庆年间修的《绩溪县志》说"贫者生女多不举"①。贫乏人家现有人口都难以生存,再添女婴,生计更不好维持,只能忍痛淹毙。

但是何以只溺女而保存男婴呢? 所以上面讲的只是一个基本原因。清代社会风气重陪嫁,女儿到了婆家,没有像样的嫁妆,令人看不起,还要受公婆、妯娌、小姑的气,不破费办嫁妆也不行,与其到那时破产赔嫁,不如不要养活了。这就是王邦玺所说的"风俗浮靡,难以遣嫁",故而溺女的原因。光绪帝上谕的"嫁娶务从简俭",也是看到了嫁女破家与溺女的关系。溺女盛行的地方,对这个问题更清楚。所以同治《雩都县志》说:"为制奁之艰而甘为杀女之事。"有的地方,佃户嫁女儿,要先向地主送银子,名曰"河例",佃户为免除这种负担,多溺女婴。②

男子结亲更费财,为什么单单溺女呢? 继承制和重男轻女的思想也在起着重要的作用。家庭财产由男性子孙继承,每个家庭需要养活男性后人,再穷也要有个接烟火的人!而女儿是要嫁出去的,总是人家的人。因此对于家庭来说,女儿并不是必须有的,这样产生重男轻女思想。在生活困窘的情况下,养

---

① 同治《雩都县志》卷1《风俗》。
② 《吉安府志》卷36《义行》,转引自傅衣凌:《明清农村社会经济》,生活·读书·新知三联书店,1961年,第83页。

男养女只能取其一的时候,权衡轻重,就留男而弃女了。在这种思想的支配下,溺女就是很自然的事了。还有的家庭,头几胎生的是女孩,而家长盼望早日抱儿孙,认为已经出世的女婴妨碍迅速受孕,于是立即处理掉女婴。这就是乾隆年间编修的《泾县志》所写的"泾俗贵男贱女""嗣艰者冀目前之速孕"。①就淹溺女婴了。据俞樾说,宁波出现烧女婴而又沉河的事:有一人家连生两个女孩,都淹死了,第三胎又是个女婴,怕只是水淹她,又来投胎,下一个还要生女孩,就改变方法,先用火烧,然后坠上石头沉入江中,使她永远不得出世。据说那人这样做时,围观者数百人。②这种残忍的事情没人制止,可见当时人的思想大体是相同的。

溺女陋习的流行,使人口中的女子略少于男子。清季普查人口,据《清朝续文献通考》所载的北京、顺天府、吉林、黑龙江、直隶、山西、浙江、江西、四川、贵州等地的统计数字,男口均多于女口百分之十以上。③人口性别不平衡,关系着人类本身的发展,所以是一个社会问题。这虽是清末的统计,但男多女少的现象不是到这时才冒出来的。在此以前,人们已经感到溺女问题的严重性,一些地方官采取命令的方法禁止民人溺毙女婴。乾隆时尤溪令吴宜燮"出示严禁"溺女,并"作歌晓谕",希望民人知晓溺女的害处和官府的态度。④嘉庆时金华知县刘陆遵因俗多溺婴,"为立条约,时于地方耆老谆切劝戒,并捐产创建育婴堂,以恤贫困"⑤。有的官员和士人做一些禁止溺女的宣传,如翰林院侍讲施闰章作《溺女歌》,劝人存女为善。⑥有的宗族宗祠和上层分子也参与这项活动,如益阳熊氏宗族特作《溺女戒》,作为宗规要求族人遵守,它以歌谣的形式,对溺女的种种糊涂观念,如养女破家、养女妨碍生儿等,一一予以驳论,如以"若云养女至家贫,生男岂必有怡亲。浪子千金供一掷,良田美宅等埃尘"。生子不一定能保家、发家,何必总看着嫁女赔钱。又说:"若云举女碍生儿,后选迟速谁能知?"又针对穷人溺女,说"贫者杀女终不得,家无担石身无裤"⑦。

---

① 乾隆《泾县志》卷1下《风俗》。

② 俞樾:《右台仙馆笔记》卷3。

③ 《清朝续文献通考》卷25《户口》。

④ 乾隆《尤溪县志》卷5《吴宜燮传》。

⑤ 《武进西营刘氏宗谱》卷6《洞柟府君行述》。

⑥ 施闰章:《愚山先生别集》卷3《矩斋杂记·戒溺女》。

⑦ 益阳《熊氏续修族谱》卷首《家训》。

道理不一定讲得透彻和准确,但发人深省。

地方官和士人的劝禁溺女的规定和宣传,记载上述那些人的业绩文字,都说收到了良好的效果:"俗风因以稍革""陋俗一变"。实际是在短时期内,该地溺女者减少一些。所谓"俗尽革",则是美化劝禁者的过甚之词。其人去后不久,溺女又在那里流行起来。盛行溺女的金华府,早在明朝嘉靖年间李昭祥就在禁止,并且规定养了三个女孩的,就给予免除差徭的优待,当时出现"无弃女者"的局面。①但是后来沈藻、吴恩诏等还在那里禁止,直到清末钟琦说金华溺女严重,可见终明清之世,当地始终流行溺女的恶习,只不过有时候略微好一点。在宁国府,乾隆初知府程候本"开诚谕禁,陋俗为变"②。究竟变没变,同治间修纂的《宁国县通志》说:"弊俗相沿,莫盛于停丧、溺女二事。"③靡揭了这个底。

一般民众的贫困,贵男贱女的观念,婚姻仪礼的奢华糜费,这些风习不改变,溺女现象只能长期持续下去。不是某一项法令能解决的,也不是靠激发天良能奏效的。道光年间,梅曾亮明确地指出,溺女"非法所能禁",因为"腹饥不得食,肤寒不得衣,虽慈母不能保其子"。④他承认人们因为经济的缘故而溺女,不像某些官员只责备民心而回避社会贫富不均问题。不过梅曾亮并没能提出救弊良方,他只是在建立育婴堂上打主意。好吧,现在就来考察这项办法。

设立育婴堂、六文会之类救济机构,是从经济上资助贫人,促其养育女婴。清代育婴机构的建立,较早地出现在扬州、北京、通州、绍兴、杭州、苏州等经济、文化发达的地区。⑤康熙四十五年(1706),左副都御史周清原鉴于溺女严重,奏请各省建立育婴堂,"以广皇仁",得到康熙的批准,命疆吏留心承办。⑥这一决定促进了地方官建设育婴堂的热情。许多州县官和地方绅士结合,捐钱、捐田,或拨给部分公田、公费,作为育婴堂的固定资产,从而把它建立起来。育婴堂多半由绅士管理,地方官监督,如安徽怀宁育婴堂,先于乾隆

---

① 光绪《华亭县志》卷 14《李昭祥传》。
② 光绪《嘉定县志》卷 16《程候本传》。
③ 同治《宁国县通志》卷 1《风俗》。
④ 梅曾亮:《柏枧山房文集》卷 14《光泽县育婴堂记》。
⑤ 民国《吴县志》卷 30《记苏州育婴堂事略》。
⑥《清圣祖实录》卷 224,"四十五年三月丙戌"条。

十一年(1746)由巡抚潘思榘、安庆知府赵钖礼、知县陈间仪捐金募建,后于道光二年(1822)由布政使陶澍等捐银置田,望江县监生周钖荫等捐钱发典生息。开始"绅士董其事",次由候补官在堂经管。①常熟县的育婴堂,"绅士为监堂,生员为董事"②。

育婴堂必有田产可收租,或兼有银钱放债取利,前述怀宁育婴堂每年可收息银三千七百两、租谷二百六十三石。奉化育婴堂始建于嘉庆朝,至同治末,有田一千四百多亩,岁收谷十一万八千斤,钱六千四百八十四千文,到光绪二十九年(1903),产业增至田一千八百六十八亩,山二百一十亩,地五十二亩。③江西溺女严重,然而育婴堂的规模并不大,萍乡县城育婴堂,每年可收租近四百石,归圣乡、长丰乡等六个乡坊各立育婴堂,收地租。④但到同治年间财产损失,县育婴堂只剩房三间、田十余亩。广昌县育婴堂至同治年间有田租七十二石,沪溪县堂有税四十二石。⑤财产甚少,无法办堂,正是在这种情况下,王邦玺才强调办六文会。这个会章规定各村设立股份,由民人认购,每股每月交钱六文,一百股可得六百文,以给本村贫而养女之家。

育婴堂立有规则,条具抚养女婴的办法。有的堂备有房舍,将弃婴收留在堂,雇乳妇喂养;有的把女婴交给乳妇带回家抚育,按月发给生活费,无论在堂与否,均给衣服。如松江府育婴堂把女婴放在佃户家抚养,给予钱米,管理人每月初到佃家验视。因此陈金浩歌之曰:"水云亭(在府城西)畔义堂开,不复传闻虎乳孩。记得城东收弃子,佃农月旦望门来。"⑥各地育婴堂由于经济力量的限制,对于众多嗷嗷待哺的女婴来讲,远远不能满足需要,绝不能解决溺婴的问题。是以清朝一代,溺女之风踵相流行。

五、妇女家庭地位

妇女不论是以明媒正娶的形式,童养的方式,还是再婚的过门,到了夫

---

① 道光《怀宁县志》卷10《公局》。

② 光绪《常昭合志稿》卷17《善举》。

③ 光绪《奉化县志》卷3《建置》。

④ 同治《萍乡县志》卷2《育婴堂》。

⑤ 同治《建昌府志》卷2。

⑥ 陈金浩:《松江衢歌》。

家,其地位如何呢?

(一)妻子以丈夫的附庸面貌出现在家庭中

自从原始社会中父权制确立,男子成为家长,便开始了奴役女子的历史。人类社会进入阶级社会以后,更加强和巩固了男性的家长地位。人们把男女关系比作天地关系,天高地下、夫尊妻卑,人们认为这是正常的伦理,设若高下颠倒,尊卑易置、妻主夫从,则是反常的乱伦了。

清代只承认男性为家长,蔑视女子的家庭地位,在户籍登记中,户主一定是男子。只在没有男子或成年男子的情况下,才允许女性做家长,有时甚至不记载妇女,如乾隆二十二年(1757)保甲法,给民户名牌,"书家长姓名,生业,附注丁男名数,不及妇女"①。宗族谱牒的记载,以男性为中心,记录男子的血缘关系,写明男性家长的简历,包括他的妻室和子女。妇女上宗谱,是为了交待男子配偶情形,并非为了女子本人。有的宗谱写明妻子的娘家和出嫁女的婆家情况,有的宗谱认为这些都"无关轻重",不需要写,只有"妻及女夫之父,其嫡派祖先有达尊硕望者并及之,以著其阀阅,至女夫之子孙有爵秩者,亦详载之,以志我之所自出"②。即使这种情形的,有的宗谱仍不著录,"女所适,虽贵不书"③。很明显,即使书写女子事迹,亦是为了显示宗族的光彩。

妻子作为丈夫的附庸,清律作了明确的规定。在五服关系中,妻为夫服斩衰服,而夫为妻则降一等,服齐衰服,妻对夫的父母亦服斩衰服,而夫对岳父母只为五服中最轻的缌麻服;妻殴打丈夫,不管丈夫告发与否,均杖一百,如果有伤,加凡人斗殴三等治罪,若致残废,绞立决,倘若致死,则斩立决,若故杀就凌迟处死。④妻子殴打、杀害丈夫,属于"十恶"之中的"恶逆""不睦",罪大恶极,为常赦所不原。⑤丈夫殴打妻子,没有成伤的不论罪,致伤的,妻子告发,依凡人斗殴减二等治罪,致死的绞监候,故意杀害的绞立决。⑥清朝司法机关完全按照这些规定处理夫妻纠纷案件。嘉庆二年(1797),山西介休县人任存禄打死妻子李氏,晋抚蒋兆奎依夫殴妻至死者绞律,判绞监候。⑦四年(1799),

① 《清朝通志》卷85《户口丁中》。
②④⑥ 《大清律例增修统纂集成》卷28《刑律斗殴》。
③⑤ 《大清律例增修统纂集成》卷4《名例律》。
⑦ 中国第一历史档案馆藏档,《内阁全宗·刑科题本·土地债务类》,嘉庆朝,第3094号。

福建长汀钟学友被妻郭氏毒死,原来郭氏八岁就到婆家为童养媳,备受丈夫虐待,钟又把女儿出卖,这才起意害死丈夫,结果她被凌迟处死。①司法表现出,夫妻犯同样的罪,夫减刑而妻加刑,夫对妻犯罪,至重判绞决,而妻则重至最酷烈的刑法——凌迟。这是法律对夫妻的主从关系的肯定。

即使在女子做家长的情况下,她在名分上还是不合格的,如无锡李明华第二女有能力,而子李鎔身体虚弱不能理家,明华临终以家事托女,女承担下来,三次为李鎔娶妇,待到李鎔死,遗有稚子文茂和一大笔债务,道光二年(1822)她清理借贷,"召券主列坐,抱文茂出,扱地谢,谓子弟累诸君子,薄田数亩,顾悉以偿子母,勿使泉壤有负心人。众皆诺"②值得注意的是,她和债主商议事情,要抱着不懂事的侄儿,表明她虽然是事实上的家长,但是社会承认的还是李鎔的儿子,李氏要管理家政,还得承认男性权力,自认是不合格的家长。这种女性做家长,是权宜办法,是暂时的现象。丈夫权力的影子,在妇女为家长的家庭中也处处笼罩着。

(二)妇女在"别内外""勿听妇言"训条下被限制参与家政

男子是家长,掌握着家政大权。所谓"别内外""勿听妇言",即用来实现这种目的。"别内外",要求女子不与外人外事接触,事实上禁绝了妇女参与家庭外部事务。湖南湘阴士人王朗川《言行汇纂》宣称妇女有十三禁,第一条就是禁"干预外政"③。传统意识蔑视女子,认为她们见识少、气量小,家庭的不和是她们引起的。因此,妇言听不得,否则就是"牝鸡司晨",必定出乱子。这类谰言作为治家经验,写在家训中,如武进谢氏《宗规》说妇女若"不避内外,不事女红,长舌司晨","皆是女德不淑"。④

(三)妇女从事家务劳动,处于"家庭女仆"的地位

社会伦理要求女子出嫁之前从父母,做"淑女",出嫁之后从丈夫,做"贤妻",生儿女之后带孩子,做"良母"。按照这个要求,妇女的任务就是所谓"相夫子",即在丈夫指导下从事家务活计,若是富贵家庭,主妇领导婢妾去劳作,劳动者家庭的主妇就亲自从事家中杂务。婚仪中"奉箕帚往婿家",就充分反

---

① 中国第一历史档案馆藏档,《内阁全宗·刑科题本·土地债务类》,嘉庆朝,第 3112 号。
②《锡山李氏世谱》卷 13《贞女记》。
③ 见陈宏谋:《五种遗规·教女遗规》卷下。
④《毗陵谢氏宗谱》卷 1。

映了妇女在夫家进行洒扫炊厨的家庭活计的内容。这种劳动是为家庭、为丈夫服务的，是一种"对家庭中的私人事务的义务"①，不具备社会劳动性质。因而这种劳动不能提高妇女的社会地位，相反，它正表明了女子的"家庭女仆"②"家庭奴隶"③的地位。至于富贵家庭的主妇，不过是主要的管家婆和女仆头领罢了。妇女"家庭女仆"的地位，就是她们是家长属员的实质，换句话说，这种家长属员就是"家庭女仆"。还须指出，妇女的家务劳动，做饭、看孩子，是最原始、最繁重的劳动，付出的体力代价是艰巨的。而这种极其琐碎的劳动，束缚了女子智力的发展，使她们变得"愚钝卑贱"④。社会制度造成了女子这种状态，反过来又把它作为诬蔑、统治妇女的一个可耻的借口。

（四）女子成为"生孩子的简单工具"

妇女的命运，还在于她们是实质上的生育子女的工具。生儿子是家庭重大的事情，在财产较多的家庭中尤其如此。丈夫要求妻子生儿子，如果不能生育的话，不管是男方还是女方的原因，都推在女子身上，认为女的犯了罪，列为七出之条，可以撵出家门。"不孝有三，无后为大"的伦理，使一夫多妻成为正常的制度。

丈夫为了财产不至沦落他族，后继人确实是自己的儿子，即不仅是名义上的，而且是血统上的，绝对要求妻子保守贞操。贞操观念，是妇女的气节问题，是女子的最高道德。为了妻子保持贞操，丈夫要求妇女过幽居的生活，避免与丈夫以外的男子接触。前面提到"别内外"，包含禁止女子与外人接近的内容。康熙时即墨杨姓家族《家法》规定："异姓卑幼，妇人不许辄见。小姑之夫不见，侄婿非大事不见，堂侄婿大事亦不见。"对比较近的亲戚的男子尚且如此，不相干的人更不能交往了。所以该《家法》又说："妇人不得入庙焚香，不许游山玩景，不许与男子语。"这一条规则，目的就在后一句话上。对家中的仆人，女子是有事情要处理的，不能一概不联系，于是又有相应条规："家人不许入中门，有所禀则扬声传语；有事呼入，则妇人避之，有所诏，则隔帘而命之，"该《家法》还规定："妇人非至亲之家，不得住"，"妇人不许往疏亲家饮燕"。⑤如

---

① ②《马克思恩格斯全集》第二十一卷，人民出版社，1965年，第87页。

③《列宁全集》第二十九卷，人民出版社，1965年，第390页。

④《列宁全集》第二十九卷，第390页；第三十卷，第25页。

⑤《即墨杨氏家乘》。

此这般,妇女只能幽在室。

对于女子贞节的要求,在各种家庭中都是相同的。但如上述多种多样的具体要求,各种家庭不全一样,在社会下层家中做不到,妻子要下田劳作,当然要走出家门,出现"壮丁健妇相杂于道"的景象,没有可能来藏"娇"。

(五)妻子被当做财产出卖

女子作为男子的附属品,最严重的情况是被视做财产,以至被出典出卖。本来,丈夫用聘金娶妇,是变相的买老婆,自然有权处置妻子的人身,直至典卖。清代,卖妻的事在各地时有发生。康熙时,兴国知县张尚瑗在一份报告中写道:"兴邑敝俗,或因伉俪不和,或为饥寒所迫,辄将己妻妾妄作姊妹等项名色,转嫁他人,或写立婚书,公行嫁卖。"①说明该地卖妻的事实和原因。究其缘由有两个方面:一是夫妻不睦,这是家长包办婚姻的必然恶果;一是为贫穷所迫,这是社会财富分配不均的必然产物。所以,兴国的卖妻及其原因带有普遍性,反映了全国的情况。汉川人黄同兰移居德阳县,替儿子黄秀元娶江子陇之女为妻,小夫妇合不来,黄同兰商得江子陇的同意,把江氏卖给曾宣为妾,得彩礼钱十七千文,到曾宣迎娶的时候,黄又向他要酒水钱。②就是伉俪不和而卖妻。清初顾炎武在陕西户县、岐山之间,看到农民为了交钱粮,"相率卖其妻子"③。康雍间,绩溪县陈文成的家族中,"贫窭至欲鬻妻子者十三家"④,可见卖妻者之多。

鬻妻者受国赋、私租、债务、贫病、岁欠等原因的逼迫,靠嫁卖妻子解决眼前的困难。这种买卖,当授受之际,原来的夫妻生离死别,男的伤心欲焚,女的"哀啼不忍去"⑤,夫妇"相袂而哭"⑥。被卖的妻子对丈夫依依不舍,毫无怨恨,这是因为卖人者与被卖者都是被迫的受苦人,妻子被卖的决定因素不在丈夫,而在社会制度。

还有一种典妻的现象,在浙江、甘肃等省流行。男子无以度日,将妻子租

---

① 同治《兴国县志》卷37《请禁时弊详文》。
② 中国第一历史档案馆藏档,《内阁全宗·刑科题本·土地债务类》,嘉庆三年,第73包。
③ 《皇朝经世文编》卷29《钱粮论》。
④ 乾隆《绩溪县志》卷8《陈文成传》。
⑤ 嘉庆《芜湖县志》卷14《邓光远传》。
⑥ 雍正《浙江通志》卷188《闻人炳传》。

典给人,受典者亦多系无力娶妻者,或有妻而不孕者,为了传宗接代,租人妻子,定有年限,到期归还。[1]这种婚制遗留到 20 世纪中期,土地改革的时候,江西农村还有一种"租人利"的债务,即是典妻制存在的表现。[2]

卖妻典妻的事情中,尽管卖妻的丈夫也是悲惨者,然而妇女所遭受的痛苦更沉重,男子还可以将所受的痛苦部分地转移到妇女身上。因此,卖妻现象也不失为男子视女子为财产的实质的表现形式之一。

综上所述,妇女在家庭内部被限制参与家政,屈居附从地位,实质上是家庭"生育器具",甚至还被剥夺了基本的人身权利,被当做财产出卖出典。当然,这是从实质上说的,也是极而言之,至于女性家庭具体生活情形,应当有其人生欢乐的一面;社会上也还存在惧内的男人,妇女并非完全不能当家做主。

六、妇女在农业生产中的辅助地位与缠足

本节考察妇女同生产资料及生产劳动的关系。

家庭财产属男子所有。社会主要财富,如生产资料的土地、牲畜、车船、农具、手工业器具及生活上的重要资料房屋都归男性家长所有和支配。老家长亡故,财产由他的男性子孙继承。所以男子拥有生产资料,具有自己的经济。就是没有主要生产资料的农民男子,也可以向地主佃种土地,具有自己的经济。老佃农亡故,儿子还可以继承他的租佃权。在丈夫同意下,妇女对于家庭财产有话语权。富室妻子可能有较多的嫁妆,甚至有一定数量的奁田,但是它在名分上属于丈夫家庭,而不属本人;她可能有一些首饰、银钱,但是不能用去投资生产,至多只能放高利贷。妇女不能作为财产继承人,丈夫的遗产由儿子承继;没有儿子,丈夫的宗族也要为她有财产的丈夫立后,以承受家业,如果他们之间合不来,寡母也只能分得一小部分财产以维持她的余年。清朝政府规定的寡妇再嫁,要把包括她的嫁妆在内的所有财产留给夫家,说明她没有财产继承权。至于娘家的财产,嫁女没有继承权。如果娘家富有而婆家贫穷,娘家可能出于至亲情谊给予周济,而不能有法定的财产继承权。从总的情

---

① 赵翼:《檐曝杂记》卷 4《甘肃陋俗》。
② 江西省土改委员会编:《土地改革几个重要文件汇编》,1951 年,第 27 页。

况看,妇女没有自己的财产,不掌握生产资料,因而没有自己独立的经济。

农业是传统社会的主要生产部门,妇女参加一些农业劳动。徐珂辑《清稗类钞》中说:"男女并耕之俗,广东、广西、福建最多,江苏、浙江、江西、安徽亦有之,且有见于湖南者。"[①]他所见的是八个省的部分妇女参加田间生产。侍郎李绂在从荆襄至常德的路上,见"妇女皆徒跣,治田畴","与男子杂作水田中"。[②]可见湖南、湖北妇女下田并不稀罕。江南人方苞给他的兄弟写信,说:"余每见农家妇,耕耘樵苏,佐男子力作。时雨降,脱履就功,形骸若禽兽。"[③]他很不以妇女参加农业劳动为然,但这是事实。大体上讲,长江流域及其以南地区,部分妇女参加农业生产。北方女子也有置身农事的,如河北首蠡县的妇女"农时躬耨"[④]。妇女从事的农活,因各地区农作物不同而有差异。在南方稻米生产中,女子从事插秧、除草、收割、打场等项活动。如松江府妇女"耘获车灌,率与男子共事"[⑤]。在北方,女子主要参加收获,如河北玉田县妇女采棉摘豆,禾麦登场时在场上干活。[⑥]苏州人沈德潜有诗句:"磨镰霍霍割上场,妇女打晒田家忙。"[⑦]反映了南北各地妇人参加收割打场的事实。农业生产是繁重的体力劳动,也有一定的技术性,它的主要劳动力是男子,如关键性的技术活——选种、育种,最笨重的体力活——犁田、耙田都是男子的事情,女子的劳动是在男子指导下进行的,是辅助性的,是农忙时补充男子劳动的不足。因此,她们不是农业主要生产者。

纺织业基本上是自然经济的传统社会的重要手工业部门,妇女是这个行业的主力军。女子在农忙以外,"暇则纺织"[⑧]。献县农妇庞魏氏一天能织布一端。[⑨]在纺织业中心之一的苏松地区,"乡村纺织,尤尚精敏"[⑩]。吴江县"小家妇女多以纺织为业"[⑪]。农村家庭纺织业,大多是为自家消费,只在商品经济和纺织业同时发达的地区,产品才较多地投入市场,取得货币以补助家用,有的还

---

① 徐珂辑:《清稗类钞·农商类》,第 17 册,第 5 页。

② 李绂:《穆堂别集》卷 14《云南驿程记》。

③ 方苞:《方望溪先生全集》卷 17《甲辰示道希兄弟》。

④⑨ 李塨:《恕谷后集》卷 6。

⑤⑩ 嘉庆《松江府志》卷 5《风俗》。

⑥ 光绪《玉田县志》卷 7《风俗》。

⑦ 沈德潜:《归愚诗钞》卷 8《刈麦行》。

⑧ 乾隆《铜陵县志》卷 6《风俗》。

⑪ 嘉庆《黎里志》卷 4《风俗》。

可以养活自己,如官员尹会一所说:苏松女子"七八岁以上即能纺絮,十二三即能织布,一日之经营,尽足以供一人之用度而有余"①。然而从全国看,从农家的全部收入看,女子的纺织,一般也不成为家庭收入的主要来源。所以,女子尽管是家庭纺织业的主力,但不能改变非主要社会劳动者的地位。

妇女还进行了其他的生产劳动,如南汇女子从事制盐业,健妇能负盐行百余里,"赖以给衣食"②。钱塘女子络丝、褙纸、缝纫。③刺绣、做针线的妇女又多些,如福建晋江人王命岳的母亲"日刺女红","每日操作至鸡鸣,约以日得钱十余文"。④上述大都是琐碎细小的服务性劳动。

女子干活儿很多,很辛苦。农忙时务农,勉力从事繁重的体力劳动;农闲时日夜纺织,还有笨重的、琐细的家务劳动。她们的辛勤劳苦,已为当时人所指出:"村妇之劳,甚于男子。"⑤总的说来,妇女的农业生产活动基本上是辅助性的,却是不可缺少的:纺纱织布有益于维持自耕自足的家庭生活;在商品经济较为发达的地区,妇女的纺织和女红,创造社会财富,成为家庭重要的经济来源,可以独立维生。既要看到女子在创造社会财富方面的积极作用,也要明了她们在生产中之处于辅助地位。

讲到女子的生产劳动,很自然地联系到她们的缠足问题。缠足,是对女子身心的摧残。

前述徐珂辑《清稗类钞》中讲到广东等省女子参加农作,紧接着写道:"盖其地之妇女皆天足也,常日徒跣,无异男子。"从事田间劳动的妇女,和男子一样是天足,没有包裹过。确实,长江流域及其以南地区女子天足的大有人在。顺治年间,王沄到福建游历,见"泉漳之间,弓步绝迹"⑥。乾隆时,袁枚说:"江宁城中,每至冬月,江北村妇多渡江为人佣工,皆不缠足。"⑦光绪年间修的《奉贤县志》说,该县十家村地方,"务农者多,妇女不裹足,不避寒暑风雨"⑧,能肩

---

① 尹会一:《敬陈农桑四务疏》,载《皇朝经世文编》卷36。

② 光绪《南汇县志》卷20《风俗》。

③ 雍正《浙江通志》卷99《风俗》。

④ 王命岳:《家训》,载《皇朝经世文编》卷60。

⑤ 同治《萍乡县志》卷1《风俗》。

⑥ 王沄:《漫游记略》卷1《闽游》。

⑦ 袁枚:《随园诗话》卷10。

⑧ 光绪《奉贤县志》卷20《杂志》。

负致远。独逸窝退士辑《笑笑录》卷6录有《余墨偶谈》一则,说广西"乡村妇女率天足,肩挑负贩,与男子同"。女子天足的地方,恰是她们参加农业生产的省区。相反,北方妇女下田少,弓足则多,钱泳说:"足之小者,莫如燕赵齐鲁秦晋之间。"①天足好多参加生产劳动,裹足则多从事家务劳动,足的状况与劳动性质相关联,就不是偶然的巧合了。

裹足与否,在汉族上层社会看来是重大的事情。宋元以来,把缠足作为妇德、妇容的内容,认为只有三寸金莲的女子才可能有教养,才美丽。方苞把女子天足而又赤脚视作禽兽,极端鄙视,就是这种观点的反映。所以裹足与否,就涉及妇女的身份地位了。吴震芳在《岭南杂记》中说:"岭南妇女多不缠足,其大家富室闺阁则缠之,奴婢俱赤足行市中,下等之家女子缠足则诟厉之,以为良贱之别。"②钱泳则说:"两湖、两广、云贵诸省,虽大家亦有不缠者。"③在两广,裹足成为大家闺秀的事情,她们不弓足的只是例外。社会上层要求妇德、妇容,他们家庭的女子缠足就很自然了;一般人家的妇女要干活儿,讲究不得"妇容",并不一定要追逐时尚的缠足;婢女贱妇,供人使役,她们的天足,倒可分出良贱,是以社会上不许缠足。裹足成了社会上层家庭女子的权利,天足是下层人家女子的本分。天足、弓足倒成了不同家庭妇女的分界线。缠足本来是对妇女的迫害,却变成了一部分女子的"权利",事情的颠倒竟至如此!社会制度的腐朽,社会上层道德的败坏,才产生这种奇奇怪怪的逻辑和恶劣的情事。

在裹足问题上,清初统治集团内部有不同的政见。满族统治者因本民族妇女是天足,在未入关以前,防止汉化,于崇德三年(1638)下令,禁止满族女子效法汉人缠足,否则治以重罪。入关以后推行剃发、易衣冠法令,强迫汉人满化,并以此作为汉人归顺的标志,其中也包括禁止汉人缠足。顺治二年(1645)下令,自此以后,满汉人等所生女子不得缠足。康熙三年(1664)重申禁令,规定:若康熙元年以后所生女子违法裹足,其父有官者交吏、兵二部议处;兵民之家则交付刑部责四十板,流徙;十家长不能稽察,枷号一个月,责四十板;该管督抚以下文职官员有疏忽失于觉察者,听吏、兵二部议处。④立法如此森严,有类于"留头不留发"了。这与汉人士大夫思想和民情严重不合,推行不

①③④ 钱泳:《履园丛话》卷23《裹足》。
② 转引民国《陆川县志》卷4《风俗》。

下去,不得不于康熙六年(1667)松弛这项禁令。①当时士大夫的抵触情绪,即从后日对王熙的讥讽可知。王熙在康熙五年(1666)至七年(1668)间任左都御史,上疏主张禁止缠足,并表示从自己家属做起。《桐荫清话》的作者为此写道:"奏疏中有足发噱者,康熙中左都王熙疏禁女子缠足,首云'为臣妻先放大脚事'。"②清初禁裹足之风过后,亦有有识之士表示对缠足的不满。钱泳认为裹足是人情所不乐意的事情,而"天下事贵自然,不贵造作",应顺乎人情,不要提倡缠足。他还认为小脚与妇德、妇容没有关系,不必为此而束缚女子。他更认识到缠足有害于人的身体和国家兴盛,因而说:"妇女缠足,则两仪不完;两仪不完,则所生男女必柔弱,而万事隳矣!"他对缠足的历史做了考察,他说不是为考订而考订,因为这是"系于天下苍生"③的大事,应当弄清楚,从而消除这个现象。钱泳从国计民生出发反对缠足,他呼出了那个时代的强音。

缠足,从本质上说是适应社会上层玩弄妇女的需要,是对女子的人身摧残;妇女要取得这种体质上的解放,同改变被压抑的社会地位相一致。

(原载《清代研究集》第 5 辑,光明日报出版社,1985 年。本文原有第七节"清代妇女问题的特点",由于空洞议论,故删去)

---

① 吴振棫:《养吉斋丛录》卷 25。
② 录自独逸窝退士编:《笑笑录》卷 6。
③ 钱泳:《履园丛话》卷 23《裹足》。

母子共同砥砺

——尹会一之母李氏、洪亮吉之母蒋氏、张惠言之母姜氏教子的故事

　　砥节励行是传统美德的内涵，是杰出人物的表现，下面介绍的尹会一与其母李氏、洪亮吉与其母蒋氏、张惠言与其母姜氏三对母子，是孤儿寡母在极端困境中艰苦奋斗而成就事业的典范。

　　尹会一（1691—1748）成为清代名宦，可以说是他母亲李氏和他共同致力取得的。会一，直隶博野县人，雍正二年（1724）进士，五年（1727）出任襄阳知府，九年（1731）转任扬州知府，乾隆元年（1736）升任两淮盐政，二年晋河南巡抚，关心民瘼，疏言常平仓粮不拘存七粜三之例，斟酌灾情接济贫民，获准。四年（1739）以干才改任左副都御史。五年（1740）以母年七十余请准终养。九年（1744）母病故，四年后会一亦病逝，乾隆帝下令赐祭，后准入名宦祠。

　　会一的成就，得力于乃母李氏的教诲。乃父尹公弼早逝，家境贫寒，李氏在贫窘中为姑舅和无子的亲生父母养老送终，教会一读书，讲解《论语》。因此，会一少时就立志崇奉孔学，长大后，会一笃信宋儒程朱理学。他出仕以前，在祁州教家馆，把李氏接去侍养。出任襄阳知府，李氏随同到达任所。襄阳水旱灾害严重，每次会一亲去指挥救灾，李氏都要跪在地上祈祷老天保佑风调雨顺，免除灾害瘟疫。众人因她上了年纪，怕累坏身体，劝她回府署休息，从来也劝不动。冬寒之时，李氏让给60岁以上的贫民布帛。会一白天在衙门办的公事，晚上均禀告乃母，李氏如果认为有不恰当的地方，就要求他改办，会一每次均下跪请罪。会一的家庭收支均由李氏主管，夫妇从不多用一尺布、一文钱，把节省下来的钱物拿到公堂分给需要的人。当地百姓感念李氏的恩德，为她建立贤母堂，表示崇敬。会一调任扬州太守及升任两淮盐政，母子居住扬州府城。扬州是商业大城市，人们消费高，馈送也多，会一从不收受礼物。李氏认为当地风俗奢侈，特意著作《女训质言》，倡导改变风俗。会一升任河南巡抚，见当地出产的棉花很多，可是百姓却不会织布。因此劝导妇女效法江南，从事

纺织。会一终养时秉承母命，买田给同宗族的穷人耕种，不采取赠送的方法，是怕那些人出卖耕田，再度失去生产资料。又办义学，设义仓，资助穷人。李氏的贤名为人传颂。直隶总督高斌到博野拜望她，乾隆帝得知李氏守节抚孤恤老悯贫事迹，特赐诗一首、对联一副、匾额一方，匾曰"荻训松节"，悬于所居堂，①诗云"聆母多方训，于家无间言……犹闻行县日，每问几平反"②。 匾与诗赞扬李氏训子有方，有裨政务。李氏始终关心政事，经常阅看朝廷发布的公告，每有好事，她便焚香庆贺。李氏和会一互相砥砺，才有尹会一的清官形象。

洪亮吉（1746—1809），今江苏武进人，六岁丧父，母亲蒋氏教育成人。洪家贫乏，蒋氏一面纺织养家糊口，一面教授亮吉读书，除讲授启蒙读物之外，还有《仪礼》《汉魏乐府》等经学、文学书籍。一次，讲到"夫者妻之天"句，想到丈夫早逝，孤儿寡母的苦处，大哭一场，亮吉从而更加懂得敬爱母亲。在讲解儒家经典中，蒋氏特别注重伦理教育。洪亮吉的祖父洪公采独以个人的财产补偿亮吉曾祖父亏欠的官帑十余万两银子，不让兄弟分担，又受赵氏托孤，破产保全赵家，而己身落入困境。蒋氏时时以洪公采的义行教导亮吉，应明大义，舍己为人。蒋氏还带儿子回娘家居住，让亮吉和表兄弟们一同读书。蒋氏是书香门第，亮吉外祖父兄弟五人，二人中进士，一人中举，一人为贡生。蒋家教育子弟极严，孩童入家塾以后，白天晚上都有课程，奇寒酷暑也不放假。夏天时，将五六个大缸注满水，放置在书桌底下，学童把腿放进去，既避免蚊虫叮咬，还可以降温，这样孩子虽苦，但可以坚持读书。亮吉在这种氛围中学习，刻苦认真，学问增长很快。但亮吉家境清贫，一次他为买书，把夹衣当了，被母亲发觉，遭到一顿痛打。蒋氏卖掉织的布，把衣服赎回来。乾隆三十二年（1767），亮吉外出考秀才，没有被录取，借住僧房读书，每夜念到三更天。和尚嫌吵，改让他住到既漏雨又潮湿的屋子，他为读书，对此毫不在意。但是他在科场并不顺利，直到45岁才中进士。这时蒋氏早已亡故，洪亮吉思念母亲的教诲恩情，绘制《机声灯影图》，表现其母在灯下纺织教子的情景，广泛请求名家题词，表彰母德。洪亮吉受蒋氏教诲，为人正直，忠诚不阿。嘉庆四年（1799），亮吉上书朝廷，批评嘉庆帝"视朝稍晏，小人荧惑"，指责皇帝不能勤政，用人不当，赏罚不明，吏治败坏，点名批判朝内外官员四十多人，揭露了官

---

① 《清史稿》卷 508《列女一》，第 26 册第 14023 页。
② 《清史列传》卷 18《尹会一传》，第 5 册第 1318—1321 页。

场钻营的种种丑态。这一下捅了马蜂窝，朝臣认为他诽谤皇帝和大臣，要求将他处死，嘉庆帝把他发配新疆，一百天后虽予以释放，但再不用他做官。洪亮吉不以为意，继续研究学问，涉猎范围很广，在边疆历史和地理学方面做出很多贡献。他十分关心国计民生，当时人口已经三亿多，他著文评论，认为人口增长的速度超过了生产的增加，表示担忧。他的著作很多，有《卷施阁文集》《乾隆府厅州县图志》《春秋左传诂》《汉魏音》等。洪亮吉的成就，是他们母子共同砥砺人生的结果。

清代文学史上有一个散文流派——阳湖派，张惠言(1761—1802)就是这个学派的创始人之一，他的祖母白氏寡居教育其父蟾宾兄弟，其母姜氏又以孀妇训导惠言兄弟，白氏、姜氏苦节厉行，培养出了惠言这样的人才。祖母白氏的丈夫秀才张金第死后，留下三子二女，长子思楷 11 岁，次子蟾宾 9 岁。白氏带着两个女儿纺织，挣钱少，一天只能吃一顿掺糠的稀粥。只有过年过节和家忌的日子，孩子们的饭食才得到一点改善。他们的生活用品更是短缺，夏天没有蚊帐，冬衣没有棉絮。白氏没有被这种穷日子压倒，一心让儿子读书，教他们念"四书"、《毛诗》。因为她知道得有限，讲解不了的地方，便向张氏本家有学问的人请教。有人看她家这么可怜，劝她不如让儿子干活挣钱以糊口。白氏说，张家六代读书传家，不能到我手里中断了。孩子的叔祖张衍黄是穷教书的，被白氏的精神所感动，经常义务教育蟾宾兄弟。也有亲戚接济张家一些粮食和钱，白氏都一笔一笔记下来，以便将来条件好时归还，并教育儿子报答人家的恩情。经过白氏的教育，思楷、蟾宾互相鼓励，发奋学习，终于成为秀才，在乡里教私塾。

蟾宾死时，妻姜氏 29 岁，女儿 8 岁、儿子惠言 5 岁，遗腹子张诩还未出世。当时他家无隔宿的食粮，姜氏面对嗷嗷待哺的幼女稚儿，一度为生活压倒，在惠言 5 岁时自杀，幸而被人发现救活，从此更尽心抚育儿女。她带着女儿做女红，惠言的伯父思楷居住城里，虽度日艰难，但还是多少给姜氏一点资助。惠言 9 岁时，伯父把他接到城里教他读书。惠言一个多月才回家看望母亲一次。有一天黄昏时，惠言回到家中，家里一粒米也没有，他晚饭也没吃就睡觉了。第二天早上饿得起不了床，姜氏对他说：我的儿，你饿不惯了，我和你姐姐、弟弟经常不吃晚饭。惠言听了哭出声来。幸好惠言的堂姐知道了，买块糕送来垫补一下，直到太阳下山的时候才借来一点米，煮稀饭喝。惠言跟伯父学习四年，姜氏叫他回来教弟弟念书。姜氏给自己和女儿规定每天干多少活，完成了才休息,晚上也得做。每到晚上,一盏灯放在桌子中央,惠言兄弟对面坐着念书,姜氏母女对面做针线活。到了四更天,他们才相继休息。惠言少年懂事,学习刻苦,14岁开始教家馆,挣钱供家里生活。后来考中进士,任职编修。他针对嘉庆初期官场积弊,主张整顿吏治。著有《柯茗文编》《周易虞氏义》《仪礼图》《读仪礼记》等书。其弟张翊也考中秀才。惠言亲自教儿子成孙读书。成孙也一心钻研学问。惠言有《说文谐声谱》未完成的稿子,成孙替他增补完成,送给大学士、大学者阮元观看,阮元称赞这是"超卓精细"的一部好书。

白氏抚养孤儿二十八年,姜氏则是三十年。白氏的艰苦卓绝精神教育了蟾宾、姜氏一代;姜氏又以自己的行动感化了惠言一代;惠言又把这种精神传给儿辈。张家就是靠着世代磨炼,在艰苦中坚持学业,保持了家声,并给社会留下精神遗产,使我们今天还能从中得到启迪。

上述三对孤儿寡母的故事,寡母首先碰到的是生活问题,李氏、蒋氏等人原是小康之家,丈夫去世,家中断了经济来源,难于支撑;白氏、姜氏的家庭原来就一贫如洗,以自己纺织、做女红,抚养了儿女。其次她们碰到的是教育问题,她们亲自教授子女读书,训练他们的智能,讲求教育方法,重要的在于如何做正直的人,做对社会有益的人。儿女也能体贴母亲的苦心,他们刻苦钻研,成为人才,做官爱民,反对弊政,研究学问,讲求实学。艰难中的两代人或者三代人互相砥砺,情深似海、血肉相连,砥砺精神是这类家庭的真正传家宝。

(节自1991年中国青年出版社《砥砺篇》,增补于2011年12月19日)

"少守三从太认真,读书误尽一生春"

——袁机评传

袁机(1720—1759),为世称"袁家三妹"之一,是 18 世纪文坛领袖之一袁枚(1716—1798)的三妹,另外两妹是四妹袁杼、堂妹袁棠(1734—1771),三人都是才女,"而皆多坎坷,少福泽"①,袁机尤其不幸。为什么会不幸,这是本文在交代她的生平之外,要探讨的问题。

一、袁树《哭素文三姊》并序

笔者检索部分文史方面的论文索引,未见近人有研究袁机的述作,偶见于辞书的释文,讹误甚伙,②故而不惮其烦,先说明记载她历史的原始文献。

有关袁机的历史资料不多,仅在一些著作里有她的小传及片言只语,这些图籍是:

光绪《杭州府志》
《清史稿》
嘉庆《如皋县志》
袁枚:《小仓山房文集》《诗集》《随园诗话》
袁机堂弟袁树:《红豆村人诗稿》
袁杼:《楼居小草》

---

① 袁枚:《随园诗话》卷 10,人民出版社,1960 年,上册第 343 页。
② 如袁韶莹等编《中国妇女名人辞典》"袁机"条全文云:"袁机(1744 年前后在世),清代诗人,字素文,浙江仁和(今杭州)人,文学家袁枚之妹,高绎祖之妻。婚后未至一载,夫妇皆亡。著有《素文女子遗稿》,出版时,有袁枚为之作序,为《三妹合稿》之一。"(见北方妇女儿童出版社,1989 年,第 442 页)这个传文疏漏至少有:(甲)生卒年不清楚;(乙)籍贯不确切;(丙)婚后一年夫妇皆亡不实;(丁)袁枚为其作序不实;(戊)漏载作《列女传》三卷事实。关于这五点的说明详见正文。

袁棠:《绣余吟稿》

袁机外甥陆建:《湄君诗集》

施淑仪:《清代闺阁诗人征略》

蒋敦复:《随园轶事》

徐世昌辑:《晚晴簃诗汇》等

这些书中,唯袁枚的著作涉及袁机史事较多,而袁树的《哭素文三姊(有序)》有事实、有评议,诚可先抄录出来,以便读者对袁机其人有个印象。

此外,袁机自撰的《素文女子遗稿》,研究者当然要把它当做有关著者的历史资料来应用了。

乾隆二十四年(1759)袁机死后,袁树作《哭素文三姊(有序)》,诗、序原文如次:

姊讳机,字素文,别号青琳居士,存斋兄胞妹也。静好渊雅,有不栉进士之目。归如皋高氏,遇人不淑,抑郁终身。今年十一月十三日终于随园,年四十。合族齐悲,众口同叹。先是姊病时,余随兄俱至维扬,闻信奔归,姊已气绝。殓后三日,余又匆匆渡江,客旅以墨和泪,制哀辞四章。

解读诗书性最淳,每从谈论见丰神。若为男子真名士,使配参军信可人。宝镜竟同残月缺,芦帘空掩落花春。纵教史书传遗迹,已负从前金粟身。

犹记床中病卧余,珊珊玉骨影清癯。持家尚替兄筹策,煎药还为弟惜须(姊病笃时,余亲执汤药,姊笑谓余云:"弟须无多,当留作苦吟捻弄。"盖用李勣故事。委顿之际,其闲雅尚如此)。病识事烦容婢懒,坐嫌力弱倩人扶。多愁薄命兼难老,如此伤心世恐无。

少守三从太认真,读书误尽一生春。无家枉说曾招婿,有影终年只傍亲。荡子已亡方掩涕,慈姑犹在更伤神。灵前剩有痴顽女,也着麻衣学谢人(生一哑女)。

高堂垂白泪双流,弱女伶仃未解忧。教养竟交媚姊替,晨昏添与阿兄愁。频搜奁箧收遗稿,略剩珠玑见远谋。更怆生无佳偶配,死犹孤冢各千秋。①

---

① 袁树:《红豆村人诗稿》卷4,载《小仓山房全集》本,乾隆五十六年刊。

二、"不栉进士"与"遇人不淑"

袁树说袁机"有不栉进士之目",而"遇人不淑,抑郁终身"。确乎如此。袁机是有才华的女性,但嫁了糟糕的丈夫,忧郁而亡。

袁机,浙江钱塘(今杭州市)人,康熙五十九年(1720)生在读书人的家庭,父亲是一位幕宾,在湖南、云南、广东、福建等地为地方官做幕僚,没有机会和子女在一起生活。母亲章夫人是知识女性,闲暇爱读唐诗,但大部分时间忙于家务,做针线补贴家用。哥哥袁枚比她大4岁,家里虽穷,但是请教师指导袁枚读书。袁机在这样的家庭环境里,自幼喜好念书,有时随袁枚听老师讲课,学到很多历史知识,练习写诗。她生得白皮肤,高挑身材,端庄秀丽,是才貌双全的姑娘。

乾隆七年(1742),袁枚庶吉士散馆分发江苏当知县,家庭经济好转,袁父不再处幕,到儿子衙门生活,大约袁机也跟着到了江苏,乾隆九年(1744)年就住在沭阳县衙署。

早在袁机4岁的时候,袁父给她订了亲。原来袁父在如皋人、衡阳令高某处做幕宾,雍正元年(1723)高某死,有亏空,妻孥下狱,其弟高八解救不成,业已离开衡阳的袁父赶去救出原东家家属,高八为感谢他的情义,说你三女儿没订亲,我妻现有身孕,若生男儿,愿结为亲家,袁父答应了。高家果然生了男孩,送来下定的金锁,袁家给袁机戴在脖子上,亲事正式确定了。

高家的儿子叫绎祖,相貌不扬,矮小弓背,斜眼,性情暴躁、狠毒,不走正道,高八气得把他打得死去活来,感到若为他成了亲对不住袁家,于是伪称孩子有治不好的病,商量退亲。袁机认为女子只能从一而终,表示:夫婿有"疾,我字(侍)之;死,我守之"①。她同时拿着金锁啼哭,不吃饭,她的父母没了主意。后来高家又来人说明高绎祖不成材的实情,希望袁机不要往苦海里跳,但她"闻如不闻"②,坚持不退亲。乾隆九年(1744),袁机从沭阳到如皋成了亲,③

---

① 光绪《杭州府志》卷154《袁机传》;《清史稿》卷509《袁机传》,中华书局点校本,46册第14089页。
② 袁枚:《小仓山房文集》卷7《女弟素文传》,乾隆三十四年刊本。
③ 袁枚:《小仓山房诗集》卷4《送三妹于归如皋》,乾隆三十四年刊本。

时年 25 岁。

毫无疑问，袁机婚嫁时对婚后生活会有较多考虑，诸如如何做贤惠儿媳、妻子，如何适应新的生活环境。她在后来袁棠出嫁扬州时赠诗说："此去萍縻填所司，西湖花鸟莫相思。同怀姊妹怜卿小，珍重初离膝下时。……学罢杭州大梳裹，又弯新髻插琼花。"①告诫小妹要尽子媳、妻室的责任，要学会婆家扬州的生活习惯。她早知高绎祖人品不端，更会想到如何恪尽妇道，所以孝敬婆母，深得婆婆的喜爱。而高绎祖残酷地虐待她，她则逆来顺受。高不愿意见她做针线，她就停止女红；高不要她写诗词，并把她的作品毁掉，她就不再吟哦；高赌博，拿她的嫁奁做赌资，输光了，拿棍子打她，拿火灼她，对她手搗足踢，婆母来阻止，高竟把母亲牙齿打折，更严重的是高还要把她卖了抵账。袁机被逼无奈，一面逃到尼姑庵，②一面请人报告娘家。她的父亲赶到如皋打官司，判决离异，把袁机领回杭州老家，这大约是乾隆十三年（1748）的事。因乾隆十四年（1749）袁枚回乡，其母说家常，讲到"三妹抱瑶瑟，悔嫁东家王。四妹婿远游……"③可知袁机、袁杼都在娘家。而嘉庆《如皋县志》说袁机结婚"甫四载，夫卒，氏惟兄嫂是依，守节二十余年殁"④。若如是，袁机当在乾隆十三年（1748）离开高家。至于志书说她夫死才离去，那是骗人的，因袁机受人同情，事迹应写入志书，而若不说她守寡 15 年以上，又自动离异，就不符合节妇条件，不能上志书。这大约是高氏家族谎报材料，志书也就如例编写了。所以说高绎祖死后才回娘家的材料不可信。在乾隆二十三年（1758）高绎祖死后，袁机回忆他们的婚姻说："结缡过十载，聚首只经年。"⑤"经年"形容其团聚时间短，但不是年把年就离开高家的。她逃居尼庵，实在不堪其夫之扰，才讼官告绝。这大约有 4 年的时间，《如皋县志》记的结婚四年夫死云云，在年头上可能是准确的，即他们保持 4 年婚姻，然后从形式上离异了。

袁枚于乾隆十七年（1752）定居南京随园，举家迁徙，袁机随同到达。她因没有丈夫，几乎按照寡妇的生活规范来生活，穿素色衣服，不理发，不化妆，不听音乐，遇到时令节日偷偷地哭泣。不吃荤腥，吃斋，大约这时取别号青琳居

---

① 袁机：《素文女子遗稿·送云扶妹归扬州》，载《小仓山房全集》，乾隆五十六年刊本。
② 《小仓山房诗集》卷 15《哭三妹五十韵》："舍宅栖兰若，长斋伴济尼。"
③ 《小仓山房诗集》卷 6《归家即事》。
④ 嘉庆《如皋县志》卷 19《列女传》，中国方志丛书本。
⑤ 袁机：《素文女子遗稿·追悼》。

士,表示在家修行。

袁母章太夫人健在,袁机以侍养母亲为职责,寄居在哥哥家里,有时帮着料理家务。每当章太夫人、袁枚生病时,袁机精心照料,讲说各种故事,替他们解闷心消烦。因为她才识高明,有许多掌故袁枚听着都很新鲜,知她才能,有时请她代写书柬,家里人读书释字也常请教她。因此,袁枚以"问字举家师"①来形容她。

袁机生有哑女阿印,带在身边,想方设法教她识字、绘画,以便她能表达自己的意思,与他人交流,生活下去。袁机为女儿耗费了大量心血。

袁机把她的凄凉之苦偶而用诗歌抒发出来,《闻雁》写道:"秋高霜气重,孤雁最先鸣。响遇碧云冷,灯含永夜清。自从怜只影,几度作离声。飞到湘帘下,寒夜尚未成。"透露出自身如同孤雁哀号的心情。《偶作四绝句》之一:"归梦隔扬州,空庭雨不休。女娇频乞果,婢小懒梳头。"写出不同身份小儿女情态,入木三分。另一首云:"难逢千日酒,且煮六班茶。怕引游蜂至,不栽香色花。"把逃避世人注目的心态呈现出来。离绝后袁机作诗三十余首,死后由袁枚编辑刊刻,题名《素文女子遗稿》,被收入《小仓山房全集》,为"袁家三妹合稿"之一,有1891年印本,又被收在《随园全集》中,有1918年上海文明书局刻本。袁机的诗在意境中蕴含着哲理,表现出她的思维和文字才能。

前述袁机在形式上离异了,是说她身子走出高家,心却没有完全离开。她惦记婆母,写出《寄姑》表示感念的心情:"欲寄姑恩曲,盈盈一水长。江流到门口,中有泪双行。"有时托人给婆婆带去食品、衣物。对于丈夫多少有一点恨意,如在《感怀》中所说:"回首夕阳芳草路,那堪重忆恨悠悠。"但还是把他当做丈夫看待。所以,高绎祖的死讯传来,她写出《追悼》诗,方才明白他们的婚姻是真正地结束了,所谓"死别今方觉","胖合三生幻,双飞一梦终"。次年她也得病亡故,享年40岁,葬在江宁瑶芳门外元山。女儿阿印由袁枚抚养,长大后出嫁。

袁机另作有《列女传》三卷,惜未传下来。根据她的为人,可以想象这是为三从四德女子作传的书。

陆建评论袁机:"白雪裁诗陪道蕴,青灯说史侍班姑。贤明岂但称闺秀,儒雅难逢此士夫。"②把袁机比作谢道蕴、班昭有点过誉,但她们确是一种类型的

---

① 《小仓山房诗集》卷15《哭三妹五十韵》。
② 陆建:《湄君诗集》卷下《哭从母》,《小仓山房全集》本。

才女。不仅如此，袁机还是有识见的人，她若是个男子，不会只是诗人，还会是贤能的官绅。恰恰因为她的传统伦理思想太严重，信守指腹为婚的荒唐姻缘，嫁给恶人，招致后半生的不幸和早亡。淑女嫁中山狼而不能自拔，命运就这样捉弄袁机。这是为什么？

三、"无家叹我姻缘恶"

这句诗出自袁机之手，是她悼念袁枚的陶姓妾写的《挽陶姬》中的一句。这里有两重含义：一是婚姻的不幸，二是由此而来的成了无家之人。因为嫁出去的女子不再是娘家的家庭成员，成了夫家的人，所以出嫁叫"于归"。袁机离开高家，回到娘家，这时的娘家只是投靠栖留处所，不是真有家庭。袁树说的"无家枉说曾招婿，有影终年只傍亲"，明确表明袁机无家。徐世昌编《晚晴簃诗汇》选有袁机诗，在介绍作者时说她"所适非人，归依母氏以终"[1]。也含有袁机后半生无家的意思。袁机连家都没有，不幸到了极点，究其根由在于婚姻的失败。

对于袁机的婚事，当时的人有两种看法：一是同情，另一种是讥笑。从文献上看前一种人居多，而实际上的绝对人数，也许是后一类人更多。

合肥女子许燕珍读了《素文女子遗稿》，很为她的婚配鸣不平，写道："彩凤随鸦已自惭，终风且暴更何堪！不须更道参军好，得嫁王郎死亦甘。"[2]就是说像袁机这样淑女嫁不了才华出众的鲍照，至少也要许配给谢道蕴不满意的丈夫、中庸之才的王凝之这类人吧！可惜她都不能得到，怎么能死而无恨！袁棠在《哭素文三姊》中说出一句"半生辛苦狂夫怨"[3]，在同情她三姊时，痛骂三姊夫是"狂夫"。陆建在《哭从母》中写"生教无计奈夫狂"[4]。袁棠、陆建指责高绎祖为狂夫，实在是忍无可忍。因袁机夫妇尽管离异，但高绎祖毕竟是袁棠姊夫、陆建姨父，他们不恨极了不会骂人，因为这究竟与礼法不合。

袁枚说袁机离婚之后，"合族笑姨痴"[5]。因为结婚以前高家已经说明高绎

---

① 徐世昌编：《晚晴簃诗汇》卷 186，1929 年版。
② 许燕珍著有《鹤语轩集》。这首诗转引自《随园诗话》，人民文学出版社，1960 年，上册第 456 页。
③ 袁棠：《绣余吟稿》，《小仓山房全集》本。
④ 陆建：《湄君诗集》卷下。
⑤ 《哭三妹五十韵》。

祖的恶劣品行,可是袁机偏偏遵循从一而终的信条,往火坑里跳,终于闹到离异的惨境,这不是自找的吗!不是发呆傻吗!仅仅是指腹为婚一说,何况男方家长提出解除订婚约,若那时退亲,一点也不亏于礼法,而袁机不根据实际情形,偏要坚持婚约,实践从一而终的信条。袁氏家族中许多人为袁机的傻气而惋叹,也是符合情理的。把坚持这种贞节观认为是办傻事的,不止是袁氏家族中的一些人,社会上也大有人在。浙江乌程有一位沈姓孀妇,家贫而不改嫁,她的母亲和姐姐都是再嫁的,她以姐姐再婚为耻,断绝往来。母亲劝她改适更不听从,结果活活饿死。她母亲说她"愚",想不开,邻里们也把她看成"愚妇"。[1]可见袁氏族人认为袁机痴呆绝非偶然。

同情袁机的人,可惜的是她的才华,认为是鲜花插在粪堆上,糟蹋了;讥笑她的人是认为她过于迷信从一而终,不值得,也是认为她是高人,太可惜了,同样含有同情的成分。所以,持两种看法的人有个共同点,即都为她惋惜。

袁机为什么会有惨不堪言的悲剧性生活,她以为是天命,是天的安排,是她命中注定的。所以在《追悼》诗中说:"旧事浑如昨,伤心总问天。"又在《随园杂诗》中写道:"草色青青忽自怜,浮生如梦亦如烟。乌啼月落知多少,只记花开不记年。"一切认命,活一天算一天。袁枚有时也把妹妹的遭遇看做天意——"天高不鉴之"[2],但是他比袁机清醒,认识到妹妹的行为,是读书后按照义理去做吃的亏。因为袁机自幼跟随袁枚听课,"爱听古人节义事",长大了,自身去实践,倘若她不读书识字,"或未必艰贞若是"。袁枚基于这种考虑,责备自己读书,带累了妹妹。[3]袁枚看到书中节义教育对袁机的作用,无疑是符合事实的。不过说得深刻而又简练的,还是袁树的"少守三从太认真,读书误尽一生春"的话。袁机的悲惨命运,不是老天安排的,无可改变的,而是她本人读书,自觉接受三从四德的说教,葬送了终生幸福。

这么说是咎由自取了,对这不幸的人还要横加指责?不然,是那种社会教育,那种社会制度造成的,袁机是那种教育的忠实信徒,因而也是当然的受害者,而其实又何尝是她一个人呢?!

---

① 张士元:《嘉树山房集》卷10《书沈节妇事》;张海珊:《小安乐窝文集》卷4《书沈烈妇事》。

②《哭三妹五十韵》。

③《小仓山房文集》卷14《祭妹文》。

四、"女子无才便是福"

袁枚因袁机的不幸,沉痛地说"斯真所谓女子无才便是福也"①!他原是不信"女子无才便是福"的,这是痛苦极了,从反面悟出这个道理。人们有时并不把女子有才华看做她本人的好兆头,因为"佳人薄命"是难逃的"规律"。袁杼的《哭素文三姊》咏叹:"似此才华终寂寞,果然福命误聪明。"人伶俐了,反而福命俱无。陆建《哭从母》中也说"谁信有才真命薄"!真是信不信由你了!

袁机那个时代,许多才女命途多舛。比她早一点的一个同乡叫童大姑,字克敦,"七岁解《内则》,十七适高某,无才志,童时时讽谏,形诸歌咏,皆刺血以书,冀夫感动。二年,郁郁死。遗诗一卷,大都讽夫思亲之语"②。刺血写诗谏夫,丈夫不理会,郁闷中迅速死亡。她大约比袁机唯一好一点的是没有遭到丈夫的毒打。袁机的一位章氏姨妈,"嫁非其偶",不时念出"巧妻常伴拙夫眠"③的诗句,以抒发胸中的愤懑。"巧妻常伴拙夫眠"岂止章氏念叨,已成为流传社会的常用语。④

所谓"女子无才便是德""女子无才便有德""女子无才便是福",原是传统社会礼教不让女子有才能,害怕女子才大违背三从四德。所以,历代统治者大加宣扬,清代也不乏其传播者。梁绍壬在谈到"女子无才便是福"时,说一位官绅老爷讲:闺秀即使作出好诗,流传到社会上,被选家收进书中,在编排体例上必是放在僧道诗人的后面,娼妓诗人的前头。在这两类人之间,把自己置于什么地位了!所以还是没有文采、不会作诗的好,否则出乖露丑。梁绍壬认为这话虽说得刻薄一点,但很有道理。因此,奉劝玉女不要成为闺秀,更不可把诗词刊布出去。⑤《红楼梦》里大观园小姐们也深以此为惧,她们起诗社,吟哦作句,被贾宝玉传抄出去,又被好事者刊刻了,林黛玉、贾探春就责备宝玉:"你真正胡闹,且别说那不成诗,便是成诗,我们的笔墨也不该传到外

---

① 蒋敦复编:《随园轶事·青琳居士》,广陵古籍刻印社,1991年,第1页。
② 光绪《杭州府志》卷151《列女·童大姑》。
③ 《随园诗话》,人民文学出版社,1960年,上册第297页。
④ 王有光:《吴下谚联考》,中华书局,1982年,第35页。
⑤ 梁绍壬:《两般秋雨盦随笔》,上海古籍出版社,1982年,第139页。

头去。"①可见大家闺秀忌讳把诗作传到社会上,以免遭到侮辱。"俗称女子不宜为诗"②,大约这是主要原因吧。

"女子无才便是福"是压抑妇女的言论,是三从四德伦理卫道者所宣传的,本来没有道理,可是以奖掖后进为己任、收了数十名女弟子、把三个妹妹诗作亲刻出来的袁枚为什么也无可奈何地表示出一点信服的意思呢?才女不幸、佳人命薄的社会现实,使人感到女子无才,服服帖帖,不遭人忌,也无抗争,倒不招社会摧残,不遭受丈夫荼毒,不至于短命夭亡,不至于夫死非要守节,无知无识者的生活要痛快一些,总比才女活得那么累的好。这不就是"女子无才便是福"吗?!因此,要从两方面来分析"女子无才便是福":其一,它是压迫女子的观念,是传统社会压抑有才华女子的事实在意识形态上的必然反映,用以宣传三从四德的伦理;其二,宣传无知比有才好,由于女子逃不脱受压制的命运,无知识女性反而比才女好生活,易于满足,这样"女子无才便是福"又含有一点道理。当然,这道理不是说让女子愚昧有理,压迫女子的观念有理,而是说女子屈从于男性社会现实,糊里糊涂,少受些痛苦。这不是讲道理,而是讲实际。

道理和实际常常是分离的。上层社会女子读书明理的多,讲妇道的多,寡妇不改嫁的多,下层社会女子的这些讲究少得多,寡妇再婚的多。谁信守传统社会伦理谁倒霉。"纵教青史留遗迹,已负从前金粟身。"袁树说的对极了。袁机笃守从一而终,在《如皋县志》《杭州府志》里被立了传,连《清史稿》也把她写入《列女传》,真是青史留名了,而她本人的生活竟是那样悲惨。血泪换来的节烈之名实在太残酷了,宣扬这种道德的社会太腐朽、太令人痛恨了。

袁枚、袁树堂兄弟把袁机的不幸归之于读书有才,有一定道理。才女的不幸,确与读书有很大关系。读书之无用,在古代就体现在女子身上,不允许她们施展才能;而男子则可读书出仕,读书又是那么有利可图。有用与无用是对不同的人而言的,是由那时的社会制度决定的。男性统治女性的社会,就希望女性愚昧,自然会给有聪明才智的女性以重重的打击。所以读书之有用无用

---

①《红楼梦》第 48 回。

②《随园诗话补遗》,载袁枚著、顾学颉校点:《随园诗话》,人民文学出版社,1960 年,下册第590 页。

关键在于社会制度和政策,在于那个社会允许不允许女人及男人读书并发挥作用。袁机及与其同命运的女子的历史,可以用以检验一种社会制度的优劣。凡能给读书人以发挥创造才能,特别是能给女才人发挥能量机会的社会,是有创造力的、有活力的社会,否则反之。

（原载蔡美彪主编《庆祝王钟翰先生八十寿辰学术论文集》,辽宁大学出版社,1993 年）

《楼居小草》的作者袁杼

袁杼,《少守三从太认真,读书误尽一生春——袁机评传》文中的主人公袁机的妹妹,字绮文,又字静宜,在姊妹中排行第四,故乃兄袁枚诗文中多称其为四妹。

生卒年当为 1727 年(雍正五年)—1776 年(乾隆四十一年),或 1728 年—1777 年,有待新资料的发现来确定。她病危时自云:“未了三生事,公然五十春。”可知享年 50 岁,或接近 50 岁。她的母亲章太夫人生卒年为 1685 年(康熙二十四年)—1778 年(乾隆四十三年),乾隆三十九年(1774)九十大寿,袁杼正在病中,次年袁枚以袁通为继嗣,她作有贺诗。她故世在乃母之前,所以对她的在世年代做这样的判断。

出嫁诸生韩思永,生有一子一女。其夫远游他乡,分离时依依惜别,相约返程日期。袁杼朝夕盼望丈夫归来,然而五年后他客死异地,时间大约在1750 年。消息传来,袁杼悲怆地写出《悼亡》诗,从此过着寡居抚育子女的生活。依然怀念丈夫不已,一次做梦相会,写作《梦先夫子言别》,内云:“未见征衫湿,先教粉泪垂。愿移昏作昼,尚可望归期。”希冀白日变为黑夜,以便与丈夫梦中相聚。因夫妻感情甚笃,亦令寡居苦不堪言。

思念丈夫的同时,着力于教养儿子韩执玉(1746—1760)。执玉人才出众,5 岁开始学习《离骚》、“十三经”,9 岁会写诗,12 岁中秀才,15 岁参加举人考试,出场即得疾病。袁杼期盼儿子病愈,并能中举:“且待南枝桂花发,教他好向月中求。”但是执玉病势日重,问母亲李白的诗句“举头望明月”下一句是什么,袁杼答曰“低头思故乡”,随即瞑目而逝,似乎返归故里了。这对袁杼打击的沉重是可以想见的:夫死之后,人生希望全部寄托在儿子身上,不想那样年少有才的儿子竟永远地离去。在《哭儿》诗中哀号:“顷刻书堂变影堂,举头明月望如霜。伤心拟拍灵床问,儿往何乡是故乡?”书堂变灵堂、影堂,今人读到此,不免为袁杼伤感堕泪。

儿子死后,袁杼带着女儿离开故土杭州,到袁枚的江宁随园,依附于母亲、兄嫂。随园是南京名园，袁枚又将它向世人开放，春天秋天游人如织，高朋满座，袁杼却僻居楼上，连吃饭也懒得下楼，一心求清静，怕见人。她说："自知天命愁如许，愿向灵山礼佛前。"实即在楼上清修，做女居士。偶尔游一趟花园，又见时序变迁造成的自然景物的差异，反倒引起哀思。真是游园也愁，愁不离身。

袁杼不断创作诗歌，题材多在自身、家人、亲友生活范围，诸如悼念亲人、赠送亲友、生活感受之类。其诗浅近，但有形象、有情理。如袁枚出游苏州，她写《寄怀简斋大兄》云："长路迢迢江水寒，萧萧梅雨客身单。无言单劝归期速，有泪多从别后弹。新暑乍来应保重，高堂虽老幸平安。青山寂寞烟云里，偶倚栏杆忍独看。"说明老母平安之外，表达对客游在外兄长的深情关切和盼其早日归来的心情。袁枚阅后深受感动，立即乘船返回家园。又如作《赠鹏女》，有句云："花簪一朵休嫌少，字课三张莫厌多。学问每从勤里得，韶光瞬息易蹉跎。"言浅意深，容易为童年女孩接受。没有较深的功力，浅近诗写不好，袁杼较为能够驾驭。但其诗多悲凉之音，如《不寐》："为寻古字书抽乱，多绣繁花线放长。欹枕不须人睡稳，恐教残梦觅家乡。"将一个无家可归的离乡寡妇的凄楚心情活托出来。她的五十多首诗，集为《楼居小草》，取名之意大约是表示楼居生活的产物。由袁枚将它刻印，同其三姊袁机的《素文女子遗稿》、堂妹袁棠的《绣余吟稿》《盈书阁遗稿》合为一部，称为"袁家三妹合稿"，收入《小仓山房全集》，有1891年版，又收入《随园全集》，有1918年上海文明书局印本。

袁杼晚年有两件事不放心，就是她在《除夕十二韵》中所写的："射屏愁弱女，戏彩慰高堂。"老母尚有兄嫂侍养，小女最让她挂怀。为给女儿谋求生路，把她送给袁枚为女，由袁妾方聪娘（1724—1772）抚养，让女儿称自己为姑妈，叫袁枚、方聪娘为爷、娘。其苦心孤诣，为常人难以做到。不幸方氏于乾隆三十七年（1772）故去，其女仍是孤单。

袁杼50岁病故，临时安葬在金陵瑶芳门外元山袁机的墓旁，可能后来移回故里杭州。

袁杼以诗作留名后世，《清史稿·艺文志》、光绪《杭州府志·艺文志》、胡文楷编《历代妇女著作考》等书皆著录她的《楼居小草》。徐世昌（1855—1939）选编清代诗人作品，成《晚清簃诗汇》，其中闺阁诗人486家，袁杼为其一。与袁杼同时代的金陵学者严长明（1731—1787）推崇《楼居小草》，为之作《题辞》。当今有的传记辞典也因《楼居小草》为袁杼立传。

（原载萧虹主编《中国妇女传记辞典·清代卷》英文版，纽约：M.E. SHARPE 公司，1998 年）

女诗人袁棠

　　"袁家三妹"之一的袁棠(1734—1771),其父袁健磐,在广西作幕,于雍正十二年(1734)生下袁棠。在这期间,袁枚也曾去广西投奔他叔父。袁棠有兄弟姊妹数人,在姊妹中排行第四,年龄最小。其父故世,袁枚把他们全家接回故乡杭州,袁棠后来与袁机、袁杼一样寄居在金陵袁枚的随园。袁棠二兄袁树(1731—1810)中秀才后,因家贫不得不外出游幕,操起父业。袁棠就生活在这样贫寒的读书人家。

　　袁棠在描花刺绣之外,热衷于写诗,不分白天黑夜,苦苦吟哦,而且还不耽误织绣。她的天分颇高,写出来的诗得到袁枚的赞赏,并因《中秋》《七夕》等诗,特地赠送她金钗,以资鼓励。她在闺中,写出后来梓刻的《绣余吟稿》的大部分作品。袁枚在这部诗集的"序"中说,袁棠当时的写作"韵语与机声相续,灯花共线影齐清"。可见她绣、吟兼顾。她的二哥袁树在袁棠死后重读《绣余吟稿》,说"心伤能绣凝思处,肠断挑灯问字时"。袁棠不能像男儿从师问学,在自学中请教兄长,只能凑哥哥的时间。所以是一面织组,一面问字,一面吟诵,不作刻苦的努力,就不可能有诗作了。袁棠的闺中苦吟,可以说是"业余"创作,因为家贫,显然要以织组补贴家用,她以"绣余"作书名,亦是写实的。

　　乾隆二十三年(1758),袁棠已经25岁,出嫁给扬州诸生汪孟翊(1712—1773),在随园结的婚,然后过江去夫家。汪孟翊家庭较富有,是个大家族,但他比袁枚还年长4岁,比袁棠则大了22岁,结婚时已经春秋四十有七,在今日人们对这种年龄的不般配尚不能完全接受,何况18世纪的人了。孟翊原先结过婚,妻子死了,留下儿子庭萱和女儿,袁棠是做填房。年龄差距是父女间的状况,又是填房,婚前和结婚初期,袁棠对这种婚事会是被迫无奈的,不满意的。所幸婚后夫妻和好,年长的丈夫深知疼爱年轻的妻子。袁棠勤劳理家,任劳任怨,妥善处理家庭和宗族内的各种人际关系,获得人们的好感,公婆称她孝顺,前房子女尊重她是慈母,族人因为她有才华,和她研讨诗歌,敬重她。

汪孟翊经常外出办事,有时元旦前夕还不能赶回家,袁棠对他异常思念,以《寄怀夫子》为题的诗就作了三首,内中一首写道:"……清夜不堪间里坐,秋风多在树中生。一天月送孤蓬影,两岸蛩催打浆声。恨煞隋堤轻薄柳,年年那管别离情。"不愿丈夫出行和希望他早归,怪及隋堤杨柳,情何其深矣!另一首云:"有恨经年常作别,无能枉自号多才。布衣愿效鹿车挽,何日园林共举杯?"宁肯丈夫不奔走于事业,也愿厮守在一起。孟翊对袁棠感情深笃,尊重她的为人和诗歌创作,婚后二年,给袁棠枣梨《绣余吟稿》,收诗130多首。此后,袁棠仍然写作,每当袁枚到扬州,她就拿出新作,请袁枚欣赏和指教,这样至少又写了五六十首。就在她理家、创作的时候,由于难产亡故,得年38岁。孟翊非常悲伤,反复阅读她在扬州的诗作,以回忆旧日的恩爱生活。为纪念她,把她的诗汇集为《盈书阁遗稿》,刊刻流传。而他本人因为悲哀过度,在袁棠死亡的第三年辞世。

袁棠以能诗出名,在闺阁时代就以擅长写诗为人称道,袁枒说她是女才子,硗岩老人将她的诗作为楷模与其他女诗人做比较,袁枚称赞她的诗渊雅志洁而情深,其夫说乃妇的诗发于至情至性,无香奁气。袁棠诗的内容同袁枒的一样,多是关于家庭成员的,相互关怀,以诗致意。其大姊远嫁,随夫宦游蜀、鲁,其三兄先后送大姊和袁棠完婚,客死外乡,其五弟原同她芸窗共读,不幸夭亡,袁棠均作诗寄怀,如《哭步赡三兄》写道:"前年五弟先摧折,今日兄为泉下客。连理人分次第亡,刀铛一夜生胸隔。从今怕见广陵春,回首天涯倍怆神。羡杀世间嬉戏者,荆花成对是何人。"抒发了深厚的手足之情。

她的诗集《绣余吟稿》以"绣余"为名,不是她的"专利",闺阁诗人多爱用之,如钱塘纪琼的集名《绣余小稿》,同县朱柔则的《绣帙余吟》等。社会要求女子德言容功"四德",不喜女子有才。所以,袁棠等人在妇功之余作诗,并以此命名,才不为世人讥议。

笔者以连续三篇文章叙述袁家三妹——袁机、袁枒和袁棠,她们都是才女,都信仰和实践三从四德的伦理,而现实的生活偏偏同她们作对,对她们很不公平:一个被破坏至离异惨境,这在清代社会是极其少见的不幸;一个年轻守寡,丧子,撇下幼女;一个做填房,早逝。而她们的兄长(嫡兄、堂兄)袁枚颇有离经叛道的味道,搞同性恋,收女弟子,四处打秋风。他们兄妹生活在同样的社会、家庭环境,而女子信守纲常条教,男子则可有所违背,亦见男尊女卑的严重,社会不合理到何等程度!

（原载萧虹主编《中国妇女传记辞典·清代卷》英文版，纽约:M.E.SHARPE 公司,1998 年）

清代的押租制与租佃关系的局部变化

租地押金制在明代已出现,但在清代才正式形成一种制度。研究这一问题有助于说明君主专制社会后期土地制度、阶级关系及生产力发展等方面的状况和特征。笔者试做考察。

一、押租的出现及其原因

明末清初人顾炎武在《天下郡国利病书》中说,福建漳州府一田而有"三主":其一主是土地所有人,出佃收租;又一主是代土地所有人完纳国课,亦有收租权;另一是佃农,向田主交纳银钱(叫"佃头银"),取得土地耕种权,因系"出赀佃田",故得称为"一主"(卷93、卷94)。不过它还不普遍。那时漳州人说:"一田三主之弊,尤海内所罕有。"确实,在明代漳州以外,押租制只在江西、南直隶的个别州县出现了。到鸦片战争前的清代,押租制已经成为具有一定普遍性的社会现象。笔者从接触到的不多的有关资料获知,这时下述地区都产生了押租制,并形成了它的相应名称:四川彭县、崇庆州、广西陆川和江西萍乡的农民向地主交纳的押金称为"押租银";浙江永嘉、河南确山名为"押佃钱";湖北石首叫做"批田钱",同省的京山则曰"上庄钱"。安徽是押租制比较盛行的省份,它的各府县的押租金名称互不相同,如霍邱叫"寄庄钱",阜阳称"揽种钱",黟县则叫"典首"。江苏也是这样,苏州谓为"承揽钱",靖江说是"系脚钱"。此外,福建汀州称"根租"',浙江青田叫"佃价",四川云阳名"压桩",都是实行押租制的名称。

从上面说到的押租流行的省区看,又主要流行在长江流域及其以南的相当大地区,在北方则很少发现,可见仍未遍及全国。

所谓押租的制度化包含着两重意思:其一,田主先要向揽佃的农民索取一笔银钱,作为佃农欠租欠债的抵押,然后才把土地给他耕种,并把它写进租佃契约中;其二,押租制实行一段时间之后,构成一种社会习惯,在它的流行区,无地农民不交押金就难于租到土地。习惯法就是制度,人们就得遵行。

押租制在清代的流行和制度化可以归结为以下几个方面的原因:

1.在农民抗租运动发展和人身依附关系减弱的形势下,田主为控制佃农采取的经济手段

农民的抗租在明代已屡见不鲜,到了清代,更是蓬勃发展、形式多样,有要求减租的,有拒绝交租的,还有对抗大斗收租的。这种抗租活动,在江苏、江西、福建等省尤其激烈,"佃田者不输租"已经"积以成习"。①福建主佃矛盾尖锐,"彼此视为仇仇""佃户以抗税为长技"。②

清代的佃农人身依附关系有所削弱。清朝政府实行"滋生人丁永不加赋"和摊丁入亩制度后,丁银有了保障,就不需要再像以前那样严密控制人口,禁止居民离开祖籍。乾隆时废除编审制度,因而农民离开乡里的机会增多了。对于田主直接控制农民的权力,清朝政府也加以某种限制和削弱。雍正三年(1725),法律规定,绅衿"私置板棍,擅责佃户",要"革去衣顶职衔",并"杖八十"。③按照律文,私家拷打监禁罪止杖八十,现在对地主责打佃户也治满刑,说明清朝政府是把主佃都当做良人平等对待的。不论其目的如何,结果是地主(特别是非官僚缙绅地主)控制农民的强度减弱。

佃农的抗租使得地主不能按通常的情况收取地租;佃农可以比较自由地离开乡里,对佃农逃租有利,而对地主收租不利;佃农社会地位的相对提高,使地主通过超经济强制实现地租的能力也削弱了。一句话,地主在收租问题上碰到了难题,遇到了某种危机,于是千方百计寻觅补救之法。他们除了更加依靠国家的暴力强迫佃农照章交租外,还把借贷方面的抵押制用到土地租佃上。在传统社会,以人、物作为抵押品的制度产生很早,春秋时就有人质,至迟在南北朝时期产生了当铺,后来土地也可以作为质物。抵押制保障债权人的利益,使债务人处于无可逃脱债务负担的境地。这种长期存在的制度给田主对付佃农抗租以启示——先取质信,然后租地。明代的个别田主这样做了,清代这样做的更多。嘉庆年间,河南确山地主佘文德收佃户胡致中押佃钱一百

---

① 康熙《无锡县志》卷10《风俗》)。江西于都的农民组织团体与地主作对,"小则抗租诘讼,大则聚党踞抢"(同治《雩都县志》卷13《艺文》)。

②《闽中政要》卷中《风俗》。

③ 光绪《大清会典事例》卷809《刑部·刑律斗殴》。

五十千文,议明"欠稞抵押,辞地还钱"①。又如乾隆《岳州府志》的修纂人在叙述该地租佃关系时写道:佃农"承佃之初,有进庄钱,视田亩多寡为率,防短租也"②,明白无误地说明进庄钱是田主为对付抗租而采取的措施。广西陆川县黄添茂向范智昌出佃田地,收押租钱八千文。嘉庆十六年(1811)范未交租,黄即以押租钱扣清租谷价值,起佃自用。③石首县张大榜收唐有义批押钱十六千文,后因欠租起佃,唐要求退还押金,遂至在纠纷中被打死。④这些事例说明,押租是地主防止佃农欠租、欠债,实现地租的一种经济手段,一定程度上代替了超经济强制的作用。

2.在土地集中和劳动力平均使用耕地面积锐减的情况下,地主以押租制作为掠夺农民的新手段

清朝自康熙中叶以后,土地集中的现象日趋严重,大约百分之五十以上的耕地为地主占有,大多数农民与土地所有权相分离,所谓"一邑之中""无田者什九"⑤,"农无田者十之七"⑥。广大的无田农民,在当时的社会条件下,只有极少数人离开家乡,到城镇充当手工工人,而大多数人只能向地主租佃土地,成为佃农或其后备军。更严重的问题是,在这种情况下,人口又以比垦田增辟快得多的速度增长着,进一步造成农民耕地的短缺。清代人口的激增是中国历史上的一个爆炸性问题,关于它的增长及其同垦田关系问题,笔者选择几个有代表性的数字,制成"清代人口、垦田增长率比较表",如下:

清代人口、垦田增长率比较表

时间	人口		垦田		平均每人垦田亩数	
	人口数(万)	增长系数	垦田数(万亩)	增长系数	平均每人亩数	下降率(%)
康熙元年 (1662)	1920^(1)	1	53113^(2)	1	27.7	1

① 转录李文治等编:《中国近代农业史资料》第1辑,生活·读书·新知三联书店,1957年,第75页。下引该书资料,简称"李书"。

② 光绪《巴陵县志》卷52《杂识》引。

③ 故宫博物院明清档案部所藏清朝档案。《内阁题本·刑科·土地债务类》,嘉庆十七年第47包。下引同类档案资料只简单注明档案、时间及包数。

④ 档案,嘉庆三年,第59包。

⑤《皇朝经世文编》卷30邱嘉穗《丁役议》。

⑥ 同治《新城县志》卷1《风俗》。

时间	人口		垦田		平均每人垦田亩数	
	人口数(万)	增长系数	垦田数(万亩)	增长系数	平均每人亩数	下降率(%)
乾隆三十一年 (1766)	20809[3]	10.84	74144[4]	1.4	3.6	0.13
嘉庆十七年 (1812)	33370[5]	17.38	79139[6]	1.49	2.4	0.087

资料出处：

(1)(2)《清圣祖实录》卷7,第26页上。

(3)《清高宗实录》卷775,第30页下。

(4)见《清朝文献通考·田赋》。

(5)《清仁宗实录》卷264,第36页上。

(6)嘉庆《大清会典》卷11,转引"李书"第60页。

统计数字表明,从康熙元年(1662)到嘉庆十七年(1812)的一个半世纪中,人口增殖了十六倍多,而垦田仅增加半倍。因此,每人平均使用的耕地面积下降到原来的百分之八点七。

人口多,耕地少,形成严重的耕地短缺问题。杨锡绂说清初"地余于人",乾隆时"人余于地"[1]。乾隆皇帝在比较了康熙与他统治时期的人口数字后,惊呼人口比前多十余倍,说其时"以一人耕种而供十余人之食"[2],意思是讲昔时一人耕种的土地现在要供十余人食用了。可见人口猛增之后,处在土地集中情况下的无地农民不仅占着人口的大多数,而且绝对数量惊人。面对着大量要求租地的农民,地主以土地居奇,迫使农民多出供纳。押租就在这种情况下被较多地采用了。如安徽黟县的押租——"典首"形成的原因是:"昔人地狭人稠,欲佃不得,于是纳金于田主。"[3]在福建汀州,"高山叠嶂,间有平原不及十分之一,而山僻乡愚,专以农耕为事,豪强业主遂将田土居奇,当佃户纳券

① 《陈明米贵之由疏》,载《皇朝经世文编》。

② 《清朝文献通考》卷25《户口》。

③ 民国《黟县四志》卷3《风俗》。

初赁之时,每亩先勒银三四钱不等,名曰根租"①。江南的苏州、松江地区也是所谓民生稠密之区,地主易佃,"则责新佃者以承揽钱"②。

地主收取押金,虽然大多数在解除租约时要退还佃户,但在租赁期间,他们拿着佃户交纳的相当数量的银钱自由使用,或以之扩大购买土地,或用以放债,或投资商业,以谋图进一步获得利益,而他们对于抵押人不付任何利息,白白使用。所以,押租制也就成为地主掠夺农民的新手段。

3.押租制产生的其他社会原因

在某些边疆和未开垦的山区,田主为控制劳动力而采取押租制。如川、陕、鄂三省交界的巴山老林和南山老林,未垦辟之先,"土著人少,所种者不一二",地主"招外省客民,纳课数金,辄指地一块,立约给其垦种"③。但清代地主因此而使用押租制的似乎并不太多。

二、押租与"主佃两业"

押租制的一个直接后果是造成"主佃两业",或者说"一业两主"。乾隆时进士陈道说,他的家乡江西建昌府"乡民买田承种",所以"田均主佃两业,佃人转买承种,田主无能过问"④云云。系指上首佃农将他用押金租来的田亩,向下首佃农索取顶首银钱转租出去,而田主不能干涉。因此,他也成为有产的"业户",成为田地之"一主"。陈道的文字不多,然而概括了押租制带来的主佃关系的某种变化。

何以说押租是佃农买田承种呢? 在江西新城,把土地买卖叫做"大买",不交押租钱的租赁叫"借佃",农民花钱租佃的则谓"小买"。⑤在浙江青田,因"钱交租主"而形成的租佃叫"买佃"。⑥在江西宁都,"佃户之出银买耕,犹夫田主之出银买田"⑦。"小买""买佃""买耕",把佃耕与买耕联为一体,此种押租,意

---

① 王简庵:《临汀考言》卷6, 转引自傅衣凌:《明清农村社会经济》, 生活·读书·新知三联书店, 1961年,第163页。

② 陶煦:《租核·重租申言》。

③ 严如熤:《三省山内风土杂识》。

④ 同治《建昌府志》卷9《艺文·新城田租说》。

⑤ 同治《新城县志》卷1《风俗》。

⑥ 光绪《青田县志》卷4《风俗》;吴楚椿:《风俗议》。

⑦ 《民商事习惯调查录》第423页,转引自傅衣凌:《明清农村社会经济》,第151页。

味着农民购买佃权。买佃,与非买佃的借佃自应有所不同。凡是交押金买佃的,就使土地属性出现田骨与田皮、田底与田面的区分。雩都"田有田骨、田皮,田皮属佃人"①。松江"业户买田,俗云田底是也;又有田面之说,是佃户前后受业者"②。苏州"俗有田底、田面之称,田面者佃农之所有,田主只有田底而已"③。田骨、田皮,田底、田面,是不同地区的异样称谓,其实田骨、田底是一回事,为田主的土地所有权;田皮、田面是另一回事,为佃农的佃种权(田面权产生的原因甚多,这里只讲了与本文有关的押租制的作用,至于其他原因,非本文所能叙述)。

买佃的租种权,或者说田皮(田面)权,其内容除同一般的租佃权一样取得土地使用权外,还把这种使用权永久化了。只要田主没有退还押金,收回田皮(田面),佃农就可以终身使用,传诸子孙,拥有永久佃耕权,即使田主变换了也不能改变此种情状。如陶煦说:田底田面之分,使田主"与佃农各有其半,故田主虽易而佃农不易"④。这种永佃权也是一种产权,像龙溪交了佃头银的农民将田"遂据为业",田主"不得召耕",即不得撤佃。⑤云阳交了压桩钱的农民获得永佃权后,"数世相安,视同己产"⑥。永佃权及其具有的某种产权的性质,是田皮(田面)权的一个内涵。还须指出,此种永佃权的取得,押租制只是提供了可能性,它之所以成为现实,还是佃农激烈斗争的结果。有些事例表明,交纳押租的农民应具有的永佃权并无保障。如阜阳沙辰向李万清租田,交过揽种钱,李万清死,其兄弟李万春继承管业后,要求沙辰另给揽种钱,"换立佃约,才许种地",此种无端勒索,理所当然地遭到沙辰的拒绝,但李万春声称"若不给钱,又不退佃",就把沙辰"告官究逐",迫使沙辰愤恨地致死李万春之子李咬。⑦但是像沙辰这样的个人反抗是无济于事的,只有一部分农民组织起来,进行争取和保卫永佃权的斗争,才能取得成效。如江西兴国县佃农李鼎三,于康熙五十二年(1713),领导数千民众"创田骨、田皮许退不许

---

① 同治《雩都县志》卷5《风俗》。
② 光绪《松江府续志》卷5《风俗》。
③④《租核·重租论》。
⑤ 乾隆《龙溪县志》卷5《赋役》。
⑥ 民国《云阳县志》卷13《礼俗》。
⑦ 档案,嘉庆十七年,第45包。

批之说"①。就是说,田主、皮主可以向直接生产者的佃农退押金,收回业权,但在未退押金之前,不许收回业权,另行召佃。佃农的斗争取得了一定的成效,使得知县按照他们的要求"勒石,著为令"②。终于禁止田主任意撤佃。

田皮(田面)权的另一个内涵是佃农具有租佃的转让权。佃权转让大体上有三种方式:出卖、典当和出租。出卖的一般情形是:上首户向下首户收取顶银,让渡佃权,并由下首户继续承担上首户对田主的纳租义务,上首户即不再与田主和原租地发生关系。如青田的买佃中,买者将"钱交原佃,谓之买佃皮"③。就是上首佃出卖田皮给下首佃。华亭县"田面由佃户乡间授受者曰'顶种'"④。即为下首佃农向上首佃农承买田面权。出让佃权,如同土地买卖有活卖、绝卖之分一样,也有"活""绝"之别。如浙江平湖,有马姓田主将田十一亩佃给袁文高,乾隆四十二年(1777),袁将之顶给潘松明接种,收顶价钱二十六千文,并立顶契。过了十五年,即1792年,袁文高之子袁德昌向潘找去绝价钱二千文,又立票据,到嘉庆十五年(1810)袁德昌又要增找顶价。⑤一找再找,总要立了"叹契""杜契"才算完,适足见将佃权当做一种产权了。佃权出租也屡见不鲜,江西石城田皮租即为其类。该县有一义渡叫羊滩新渡,乾隆三十二年(1767)建,邑人赖鲁助"净皮租一石",即为田皮之租。该县琴江书院有皮骨田一坵,"净租一斗,皮租四斗"⑥。所谓皮骨田,是田主既有田骨,又掌握田皮(即没有租出),然后将此两项权利分别收租,净租即田骨租,皮租即田皮租。这两处田皮租都超过了田骨租,适表明田皮之价昂及其租高。

押租产生的一田"二主"反映着土地制度和以它为基础的租佃关系的某种变动。这种变动虽是微小的,但亦可概括为三方面:

(1)田主丧失在同佃农关系中的土地任意支配权。田主的土地所有权包含支配权,然而田地的所有权区分为田骨与田皮,就使田主的所有权受到一定限制。所以押租制的出现,固然是田主新的生财之道,但他所付出的代价却是它的土地所有权的不完整。

---

①② 同治《兴国县志》卷46《杂记》。

③ 光绪《青田县志》卷4《风俗》。

④ 光绪《华亭县志》卷23《杂志》。

⑤ 档案,嘉庆十七年第58包。

⑥ 道光《石城县志》卷3《经制》。

(2)少数拥有田皮(田面)权的佃农变成"二地主"。随着佃权的出租,一小部分佃农可能发展为"二地主"。因为田皮租可以高出田骨租,那些拥有较多土地佃权的人转佃取得大量皮租,虽仍保有佃人之名,其实已经脱离农田劳动,成了收租的田主。

(3)佃农人身依附关系的削弱。押租制是一种经济关系,它的发生和流行,表明佃农与田主关系中经济关系的发展,即地主所借以控制农民实现生成物分配关系——地租的经济力量,而不是主要靠超经济的强制。如在 20 世纪 20 年代,山东德县租佃制度中有一种"包种地",租地人要交纳押金,但若"有保人",就"无押款"。①保人的办法,是田主通过保人监视佃农,保证交租。保人制度,是一种变相的超经济强制。相反,押租制不要保人,说明田主依靠这种经济关系尤甚于凭借人身控制。这虽是民国时期的事情,也可借用来说明清代押税制下田主对佃农控制关系的变化。再从佃农方面来看,押税制下,他们承担、完成纳租义务,主要不是屈服于田主棍棒的力量,而是由于田主的经济手段。所以,押租制是佃农人身依附关系削弱的产物,又是它的表现。不仅如此,它的实行,还使佃农的政治地位有相对的提高。我们知道,在阶级社会中,一般说来,人们的政治地位同经济地位是相适应的:前者决定于后者。以佃农而论,耕牛籽种由地主提供时,不光是地租重,人身依附关系也强;自备牛、种,就要比缺乏此种生产资料的同辈受的人身控制要轻一些;交纳押租钱的佃农多是自备牛、种,他们的经济力量比同辈要高,有求于田主的地方要少,田主就难以控制他们。

三、押租制与生产力发展的关系

要说明押租制与生产力发展的关系问题,先要了解押租量及其同田产量、田价、地租量的比例关系。

押租量有多大,有几份关于嘉庆年间租地面积、押金额的具体资料,兹制出"平均每亩押租价格表"于下:

---

① 叶鹏年:《中国几个农佃制度举例》,载《社会学界》2 卷,1928 年 6 月。

平均每亩押租价格表

地区	出租人	承租人	租地面积	押租额（千文）	平均每亩押租金（文）	资料出处
太湖	宋以德	杨月盛	1石7斗（约10亩⁽¹⁾）	14	1400	转录"李书"第77页
霍邱	陈陶	胡自清	水田2石（即20亩⁽²⁾）	13	650	同上
永嘉	邹世贤	郑亦先	5分	16	3200	转录"李书"第75页
萍乡	陈原玮	付学启	46亩	88	1900	同上
确山	余文德	胡致中	地100亩	150	1500	同上
崇庆	周李氏	周仲银	田1亩	6	6000	同上
石首	张大榜	张有义	洲田20亩	16	800	档案³⁾，嘉庆三年，第59包
阜阳	李万清	沙辰	地16亩	24	1500	档案，嘉庆十七年，第45包

说明：(1)南方一些地区以石种计算田地面积，安徽太湖一石种，据同治《太湖县志》卷12《学校》载学田情况所提供的数字，在六亩左右，本表按六亩计算，一石七斗种田约为十亩。

　　　(2)安徽霍邱"民间口号以十亩为一石种"（同治《霍丘县志》卷3《物产》）。

　　　(3)指中国第一历史档案馆藏档，《内阁全宗·刑科题本·土地债务类》。

　　如表所示，平均每亩押租钱一般在一千五百文以上。就目前所知情况，概略计来，一千五百文，在嘉庆年间多数地区约可买米一石。大多数地方地租量每亩在一石米以下。^①地租若行分成制，通常为对半分。^②故租米不及一石，年产量当为一石多。如此，押租金约为一石米，则超过了一年的地租额，相当于全年的大部分产量。田主以超过一年地租量来收押金，别有其打算——不管农民怎样抗租，当年地租是有保证了。

　　将押租价与田价做比较，很能说明佃农负担的程度。上表太湖宋以德平均每亩收押金一千四百文，该县田价，据同治《太湖县志》卷12《学校》载，嘉庆二十四年(1819)育婴堂置田，道光十四年(1834)圣庙洒扫会置田，每亩价钱

---

　　① 据"李书"第73页，统计刑档嘉庆朝实物租定额制案例68件，其中亩租在一石以上的15件，其余四分之三在一石以下。

　　② 据"李书"第73页，统计刑档嘉庆朝实物租定额制案例35件，对分制为19件，占一半以上。此外讲对分制的文献甚多，毋庸赘述。

分别为九四钱二十三千、十千,价格相差甚大,可能是地质好坏不同。笔者取其中,每亩作十五千计算,如是,该县押租价约为地价的十分之一。前述霍邱的押租每亩平均六百五十文。该县邻近的凤台县田价,"下者至数百钱,贵者不过四五缗"[①]。若取其最高价作霍邱田价计量,则霍邱押租额约为田价的八分之一。这个按凤台高田价估出的数字,当不会提高霍邱押租价与田价的比值。在泸州,李在春于嘉庆十二年(1807)用五百六十千文当得田业一处,租予周帼奇,收押佃钱一百二十千文。[②]则押佃钱占到当价的五分之一强。上面三例的押租价相当于田价(或当价)的五分之一至十分之一之间,表明押租价非常重,佃农确实是在买田承种。

田主收了押租以后,地租有减轻与不减轻两种情况。还看太湖的那个例子,宋以德收租十八石九斗,每亩平均一石八斗九升。据该县同治志所载,县学田、洒扫会田、熙湖书院田、余公祠田、育婴堂田地租每亩在八斗至一石八斗之间。在霍邱,陈大邦向赵红道佃庄田一分,交寄庄钱二十千,每年四六派分。[③]陈陶收租八石,平均每亩四斗。该县"亩出谷一石"。[④]四斗租,实际上也是四六分租。而该县一般是实行对分制的,所谓"贫民无业,贷田于富人,获之时,计其入,而以半为租"[⑤]。萍乡陈原玮的地租四十七石,平均每亩不过一石有零。该地育婴堂田及一些义渡田租平均都在一石六斗至三石六斗之间,多数在二石以上。[⑥]永嘉邹世贤收租五斗,合亩则为一石。道光时该县县学有民田四十四亩,收谷三十四石至三十六石。[⑦]平均每亩不及八斗。从以上数例看,押租与地租量的关系,一是如同太湖、永嘉收押租的田主那样,没有减少地租量;一是有不同程度的减轻,如霍邱减了百分之二十,萍乡则减得更多,不知是否别有缘故,但减少则是事实。

押租制实行后,地租量有不轻于和轻于原租量的两种情况,它对生产力发展的影响也就有所不同。佃农交押金"买田承种",具有投资土地的性质。这种投资,与改良土质提高产量性质不同,特别是在交押金与不交押金都是同

---

① 李兆洛:《养一斋文集·凤台县志·食货志》。

② 档案,嘉庆十七年,第50包。

③ 转自"李书"第72页。

④⑤ 同治《霍邱县志》卷3《物产》

⑥ 同治《萍乡县志》卷1、2。

⑦ 孙同元:《永嘉闻见录》卷上。

一地租量的情况下,佃农纯粹是以押金方式投资于土地,把有限的财力用于脱离生产的方面,从而削弱了他们投资生产的能力。尤其严重的是,押租额相当于一年多的地租量、相当于田价的五分之一至十分之一,数额大,使得佃农很难再有余钱投资生产、发展生产。因此是阻碍生产力发展的。

至于交押金而地租减轻的,这种押租,同保持原额地租的租佃一样,具有佃农投资土地的性质,但是它还有预付地租的性质,因而在租佃后可以少交地租。于是就产生了佃农利用少交的这一部分财力投资生产、扩大生产的可能,从这个角度看,押租制对生产力的发展尚有某种适应性,有某种允许生产力发展的可能,这一点也不应当忽视。

（原载《南开学报》1980 年第 1 期。本文写于 70 年代末,其时刚刚恢复学术研究,学术刊物甚少,一般限制论文字数在一万字以下,不要注释,有者亦不规范,以简单为宜。故本文开篇讲到各地对租地押金名称的差异均未注明资料来源,2018 年 12 月 7 日阅改,已经难于补充,不无憾焉！）

清代的货币地租与农民的身份地位初探

古代货币地租史,许多学者做了很好的研究。他们指出:货币地租至迟在宋代就出现了,但发展迟缓,到鸦片战争前的清代,在整个地租形态中仍不占重要地位。笔者认为这种见解符合历史实际。然而鸦片战争前的清代,货币地租处于何种状态呢?为什么发展迟滞呢?有哪些特点呢?货币租制形态下、租佃契约条件下的佃农的政治、经济地位是怎样的呢?这些问题似有研究的必要。下面谈谈笔者的初步认识。

一、货币地租的少量采用

(一)折租的实行及其货币地租的性质

折租出现得很早,到了清代,有的田主继续采用,有的原来征收实物租,至是改征折租了。如江苏阳湖县的耕田,原先的地租形态是实物租,即夏季节征麦,秋天收米,道光六年(1826),将夏麦折价钱一千五百八十八文征收。①

清代的折租办法有两种:一是计粮石纳银钱,定价不易。如江苏吴江县,于康熙五年(1666),清理学田,定出实物租额和折租银额,其中一份田每亩征租七斗八升五合,无论粮价贵贱,每亩实征银四钱一分。另一份田每亩征租九斗,无论贵贱,每石折银五钱一分八厘七毫。②又如浙江永嘉县学田,道光中规定,一份涂田每亩折收租钱一百六十文,又一份涂田每亩折收一百文。③这种办法,就是把粮食折价固定了,不管粮价涨落,佃农交纳货币量不再变化。二是随时易价,如江苏江阴县学田有柴薪二万斤的租子,"随时易价",以征收货币。④

---

① 道光《武阳合志》卷8《赋役》。
② 乾隆《震泽县志》卷7《学校》。
③ 孙同元:《永嘉闻见录》上。
④ 道光《江阴县志》卷5《学校》。

折租,以实物租的租量作为基准折纳征租。因此,它同实物租有密不可分的联系。但是这种地租,农民所交纳的已经不是他的生产成品——农产物,而是产品的价格形式——货币。这是决定折租性质的关键所在。马克思指出:封建的货币租为"单纯由产品地租转形而生的地租,像产品地租本身只是转形的劳动地租一样。在这里,直接生产者不是把产品付给他的地主(不管是国家还是私人),而且把产品的价格支付给他。所以,一个实物形式上的产品余额已经不够,它还必须由这个实物形式转化为货币形式"①。列宁在复述马克思的这个定义时,异常简单明确地说:"货币地租是指农民用货币形式把全部剩余产品交给地主。"②因此我们把握折租交纳货币的事实,可以说它基本上符合马克思的货币地租定义,它已经是货币租,而不是实物租。

(二)货币租从官田向义田、民田的发展

上面从货币地租发展程度讲了折租问题,现在从土地所有制形态分析货币租的采用。笔者将清朝土地类别分为三大类:一类是官田,即清朝政府直接占有的土地,如官庄、屯田及一部分坛庙学校田。一类是"义田",即宗族的祭田、义庄田,各种慈善机构的土地,一部分寺庙学校田地,这类垦田要向政府纳赋,既非官田,也不是一般民田,清人魏源说:"井田废而后有公恒产者曰义田。"③取其义而用此名。一类是民田,为出租土地的地主和劳动农民所有。

这三类土地中,官田采取货币租的比较普遍。官庄一部分收实物,一部分收货币,如畿辅富民带地投旗的官田五千七百多顷,征货币租银三万八千九百余两。④直隶遵化旗地二百三十顷,征租银一千八百余两。⑤屯田中有一种瞻运屯田,由农民承佃,交纳货币租,如江苏上海农民佃种金山卫屯田十八顷六十亩,每亩征折租银五钱五分八厘。⑥城濠田——沿城之地,为官田,佃农纳货币租,如乾隆中安徽歙县城濠租银一百五十九两。⑦江苏江阴县城

---

① 《资本论》第三卷,人民出版社,1966 年,第 931—932 页。

② 《列宁全集》第 13 卷,1965 年,第 293—294 页。

③ 《魏源集·庐江章氏义庄记》。

④ 钟琦:《皇朝琐屑录》卷 27《征粮附杂赋》。

⑤ 乾隆《遵化州志》卷 7《赋役》。

⑥ 嘉庆《松江府志》卷 24《漕运》。

⑦ 乾隆《歙县志》卷 5《赋役》。

根银三十六两。①学田,各省府州县都有,其田除政府拨付的,各地官绅陆续捐办,不断增加,其管业,有由府县学管理的,有由州县衙门代理的,还有捐献人兼管的。这种土地,其主人既采用实物租,也利用货币租,即"所收有银有钱有粮"。雍正二年(1724),全国有学田近四千顷,收租银二万三千四百多两,租粮一万五千余石。乾隆十八年(1753),田增至一万一千余顷,租银一万九千多两,租粮二万石。②还有一些书院,由地方官办或绅办,也拥有一定数量的土地,收货币租者不乏其例。江苏丹阳鸣凤书院在道光中有田二千五百亩,"不论荒欠,实收租七百文一亩"③。安徽石埭县长林书院在五份田地中,全部收货币租。④寺庙的土地,有信士舍施的,有官拨的,其中有少数收取货币租。如陕西洋县福神庙有坡地一块出租,嘉庆初年租钱二千文。⑤公祠,纪念某一名人、名宦或忠义节烈者的祠宇。江苏泰兴县节孝祠建于雍正二年(1724),每年田租钱十四千文、洋银三十元。邱、袁二公祠,祠田三百六十八亩,租钱一百三十九千文。⑥

义田的所有者对货币租也有一定兴趣。许多宗族,特别是那些望族拥有一部分土地,即"祀田""赡族田""义庄田",多采用租佃制,收取地租以实物租为多,征收货币租的也陆续发生。浙江山阴县王氏祠堂的祠田原来是"计米收租",到乾隆二十八年(1763)改为"现租",每亩收钱一千二百文,所有田房产业,每年定额三十八千余文。⑦浙江诸暨县王氏祠堂亦收现租,乾隆时期,其一块一亩的田收租钱三千文,一块二亩的田也是收三千文。道光八年(1828),该祠堂族学新湖书院的二亩六分修费田,收租钱五千五百文。⑧广西陆川县连氏祠堂有官绅连际遇,于乾隆时捐田三十亩,每年收租钱十九千文,另一份田北园地,租钱十千文。⑨江苏丹徒郭姓续古堂宗祠于道光元年(1821)从汤姓佃户

① 道光《江阴县志》卷 4《民赋》。
② 《清朝文献通考》卷 12《田赋》。
③ 民国《丹阳县志》卷 10《学校》。
④ 乾隆《石埭县志》卷 3。
⑤ 中国第一历史档案馆藏档,《内阁全宗·刑科题本·土地债务类》,嘉庆三年,第 61 包。以下简称档案。
⑥ 光绪《泰兴县志》卷 14《典礼》。
⑦ 《中南王氏宗谱·卷首》。
⑧ 《牛皋岭下王氏宗谱》第 5 册。
⑨ 民国《陆川县志》卷 11《孝友》。

收租钱两千文,从另一汤姓佃户收一千文。①宗族的义田具有某种社会救济事业性质。在清代,其他社会救济机构相继问世,所谓"慈善"团体遍布于各府县,这些机构多有不等量的田产。它由绅士管业,有采取货币地租的。如松江府普济堂,在太仓州的一百亩田收租钱一百四十五千文,在镇洋县的三百亩收五百二十六千文,政府拨给毕姓没官田租一千三百余两。②镇江府丹徒县育婴堂有田房,收租钱三百八十余千文。③

民田上亦出现货币地租。笔者借助李文治编辑《中国近代农业史资料》(第一辑)和自行搜集的资料制成"民田货币租示例表":

民田货币租示例表

地点	时间	地主	佃农	田亩	租金	备注	资料出处
江苏靖江	雍乾	刘南珍				"佃人完租,钱不较锱铢,谷不较升合。"	咸丰《靖江县志》卷14《义行》
嘉定	嘉庆四年	金忝	奚万	田1.5亩	1500文		李文治《中国近代农业史资料》(第1辑),第74页
宝山	嘉庆十八年	申奉求	申众	田1亩	800文		《内阁全宗·刑科题本·土地债务类》,嘉庆二十年,第50包
浙江嵊县	嘉庆元年	竹绍有	金允法等	地16亩	20000文		档案,嘉庆三年,第75包
湖北钟祥	雍正	舒国英	李三	田5亩		一次交银五钱	档案,乾隆朝,第108包
湖南桃源	乾隆五十一年	吉文理	黄春太	山地一片	6两		"李书"第105页
武陵	乾嘉	严昌平	严添容	山地两片	2钱	欠租夺佃	档案,嘉庆三年,第62包
陕西岐山	乾隆五十六年	强仁	朱式金	山坡荒地80亩	2400文		档案,嘉庆三年,第70包

---

① 《京江郭氏家乘》卷6。

② 嘉庆《松江府志》卷16《建置》。

③ 嘉庆《丹徒县志》卷26《义举》。

地点	时间	地主	佃农	田亩	租金	备注	资料出处
周至	嘉庆二年	王如玉	王瀅	旱地2亩	1300文		档案,嘉庆三年,第59包
陇川	嘉庆三年	李义有	文进仓	河滩地6亩	1220文		"李书"第74页
江西泰和	嘉庆四年	熊汇川	蒋士登	田一片	种一斗,租140文		同上
河南邓州	嘉庆五年	张玉林	范文	地4亩	2000文		同上
安徽东流	嘉庆五年	张烛	胡逐美	田一块	700文		同上
合肥	嘉庆十六年	黄丫头	刘元和	园地两块	1800文		档案,嘉庆十七年,第59包
福建漳浦	嘉庆十八年	蔡闽	林明	园地	700文		档案,嘉庆十七年,第47包
直隶三河	嘉庆十年	田文举	张三	地23亩	东钱3000文		"李书"第74页
四川威远	嘉庆十五年	罗淳红	陈文发	田一份	18000文	另有租谷12石2斗	同上

　　上表反映了民田货币租的基本情况,其有关地租率、租佃经营规模等方面不谈外,尚可看出:货币租在民田上产生的地区比较广,达到十三个行省;这些地区并非全都是商品经济发达的地方,其中有的县是很不发达的。

　　从上表中土地占有的类别看,官田上出现货币租的数量比较大,多半来自民田的义田和民田也有采用,它们在跟着官田发生地租形态的转化。

　　(三)货币租在经济作物田与粮田中的同时出现

　　从土地经营种植方面考察货币地租的实行。

　　棉田:江苏常熟县屈氏义庄,在昭文县有"花田"(即棉田)三百五十亩,收租钱九十八千文。董氏义庄有花田七百五十亩,租钱一千零六十千文。①华亭县学田,除收租米外,收花租折价七八串钱八十两。②

　　桑田:清初浙江桐乡人张履祥拟定的租田契约条例,内容中有:"某字圩

---

　　① 光绪《常昭合志稿》卷17《善举》。
　　② 光绪《华亭县志》卷5《学田》。

地几亩几分几厘,额该租桑银几两几钱几分几厘,内收棉十分之一。"①就是拟定桑地收租银,但仍收十分之一的实物。

麻田:嘉庆二年(1797),浙江嵊县刘登贵向金允进等转佃麻地二亩,议明租钱一千文。②

葵田:广东新会县有葵田六千多亩,种蒲葵树,制扇。租种葵田者,每亩交租银十四五两。③

竹地:安徽泾县水西书院有竹地二亩,每年收租银四两,县学有竹地八亩,收租二两三钱。④

园地:广东程乡县申姓有池塘一口、空地三段,出租给人种菜养鱼,年收租钱一千三百文。⑤江苏丹徒县救生会有芹菜田十亩,还有粮田和房屋,每年共约收租钱一百千文。⑥

山地:生产经济林木、柴木的山地出租者往往收货币。安徽太平县周建勋有木山一百一十亩,出租,每年可得数百两银子。⑦江西雩都县雩阳书院有油山二处,每年除收实物租油外,另有山租银三两五钱七分、钱一千七百五十文。⑧四川云阳县田主,因"山地杂植",所以"征佃钱",而在农田上则行实物分成制。⑨

芦荡草洲:福建龙溪锦江书院草洲一百八十余亩,加上一些围田,年收租银八十一两五钱八分。⑩乾隆时,江苏娄县普济堂在娄县、青浦、金山等县有蒲荡,年收蒲租银九百二十二两。⑪

以上农田,有经济作物田、副食品原料作物田,都不是粮食作物田。这种田地上出现货币租比较自然。那么粮田上呢?亦同样有采取货币租的,我们不

① 张履祥:《杨园先生全集》卷 19《赁耕末议》。
② 档案,嘉庆三年,第 75 包。
③ 屈大均:《广东新语》卷 16《器语》。
④ 乾隆《泾县志》卷 3。
⑤ 档案,嘉庆十七年,第 61 包。
⑥ 嘉庆《丹徒县志》卷 26《义举》。
⑦ 嘉庆《宁国府志》卷末《懿行补遗》。
⑧ 同治《雩都县志》卷 4《书院》。
⑨ 民国《云山县志》卷 3《礼俗中》。
⑩ 乾隆《龙溪县志》卷 4《学校》。
⑪ 乾隆《娄县志》卷 2《建置》。

再一个个地主、一块块田地举例,兹指出以下几点或许就可以说明了:

(1)"民田货币租示例表"十六例,有田六份、地五份,均系种粮田地;山地三份,其一知为粮田,另二份不详;园地只有四份。就是说粮田最少十三份,占总数四分之三强。所以,粮田收货币租的要比非粮田为多。

(2)官庄基本上收货币租,它的土地大部分是粮田。

(3)学校、慈善堂等的田产,大多不是好土地,而经济作物等田要求肥壤沃土,学田、善堂田多不适合此需要。故其所收货币租,除出自芦荡等田外,主要来自粮田。

清代粮田和非粮田的租佃关系中都出现货币地租,由于粮田在全部农田中占绝大部分。所以货币租在粮田上出现的数量大大超过非粮田。但是绝不能由此得出粮田上货币租发展得快的结论,恰恰相反,非粮田倒是在领先。在清代,地主的一般习惯是粮田上基本收实物,非粮田才可能收货币。前面提到张履祥草拟的租佃契约规定桑田收租银,而粮田则确定收实物:"种本宅某字圩田几分几厘,额该租米几石几斗几升几合,内收糯米十分之一。"这种拟议,不是张履祥的主观臆构,社会现实就是如此。前述常熟屈氏义庄花田收银钱,它同时在常熟有田四百九十亩,额收租米四百石;在昭文有田四百六十亩,租米四百石又钱六十余千文。董氏义庄除花田外亦有稻田二百五十亩,额收租米二百二十五石。华亭县学有花租钱,还有租米三百七十石。事实表明,经济作物田等非粮田上货币地租出现得比较早、比较多,粮田上也发生了,也在增多,它在逐渐地发展着。

至此可以说,在鸦片战争前的清代,货币地租(包括折租和纯粹货币租)确实为一部分田主所采用了。但是,它的发展程度如何呢?在整个地租形态中占据什么位置呢?

不妨以江南事例立论。这里货币租的采用比较多,然而它在该地区的实物地租的汪洋大海般的包围下,处于非常微弱的境地。道光十三年(1833),江苏巡抚林则徐有一道请缓征田粮的奏报,他说江苏连日阴雨,稻子收不上来,即使收割了,也因霉烂碾不成米,是以田主"未得收租",交不了钱粮。[①]林则徐在实物租的前提下谈租与赋的问题,反映了当时江苏地主实行的是实物地租。至于货币租,是值不当提的。乾隆时期修的《吴江县志》和《震泽县志》都

①《林文忠公政书》甲集《江苏奏稿》卷2《江苏阴雨连绵田稻欠收情形片》。

说:"有佃人之田,以耕而还其租者,曰租户。计亩而还,下自八斗,上至一石五斗间,有至一石八斗者。"(前书卷38,后书卷25)因讲佃农,叙及地租,就中仅述实物租,丝毫未及货币租。林则徐及修县志的人们这样漠视货币租的情况,表明它的存在还处于不足以引起人们注目的状态,它还没有重要地位。只有至清代晚期,情况才起了变化,如同治末年,苏州元和人陶煦著《重租论》(收入《租核》一书,成于光绪十年),言当地地租之重,特别指出:"最可异者,纳租收钱而不收米,不收米而故昂其米之价,必以市价一石二三斗或一石四五斗之钱作一石算,名曰'折价',即有不得已而收租米者,又别有所谓'租斛',亦必以一石二三斗作一石。"地主争改折租,不得已才收实物租,无疑,前者已占居领先地位。这一事实,反证出鸦片战争前这里货币地租的绵薄。货币租采用较多的江南尚且如此,其他地区更不待说了。

总起来看,鸦片战争前的清代,货币地租在不同土地类别的官田、义田和民田上,在不同经营类型的粮田和非粮田上都出现了,国家、团体和个人都采用了,它呈现出某种发展趋势,表明实物租在向货币租进行某种程度的转化。但货币租尚非常幼弱,还处在它的发生阶段,处于实物租向货币租转化的初期。

二、货币租发展迟缓的原因

清代货币租的少量出现和发展趋势是偶然产生的吗?它又为什么不能急速发展呢?这就需要从社会根源上去考察。

首先分析清代货币租发生的原因和条件。

(一)在商品经济刺激下,一部分田主的社会购买增多

官庄地租的获得者有国家、皇室、贵族,由于生活的必须,要用一部分粮食和其他农产品,但他们在衣着、用度、社交、赏赐等方面的开销又需要相当数量的金钱,所以他们在索取实物地租的同时,又向佃农征收一定数量的货币。

曹雪芹在《红楼梦》中描叙宁国府官庄地租时写道:乌庄头给贾珍送来大量的粮食、家畜家禽野味,"外卖粱谷牲口各项折银二千五百两",贾珍嫌折银少,皱着眉头说:"我算定你至少也有五千银子来,这够做什么的?……真真是叫别过年了!"乌庄头为了表白他交银子不少,就说荣国府庄子多,折租"不过

二三千两银子,也是有饥荒打呢!"贾珍接着说:那府里"这几年添了许多花钱的事,一定不可免是要花的,却又不添些银子产业。这一二年不赔了许多,不和你们要,找谁去?"曹雪芹以这个故事情节,生动地反映了贵族地主因着避不可免的金钱花销,而向农民征收一部分货币地租(折租)的事实。学田的收入用作教育经费,顺治年间规定:"学租归学政衙门,为本学及赡给贫生之用。"①既是行政开支和生徒学习费用,当然要用货币,所以各地学田要收点银钱。如扬州府及其附郭江都、甘泉二县的学田,每年额租银三百零八两,"俱为廪生膏火、礼生衣帽、寒生赈给及修学宫备祭祀"之用。②休宁县学田租银"备每季会课及三年大比科举花红等项支给"③。宗族的祭祀器皿和祭品要花钱去买,所以一部分祠田收租钱,像陆川连氏祠堂收银钱即为"备祭祀"。私人地主的全部生活中,也有求于社会的商品交换,也要一定数量的金钱,因而转向佃农打主意,谋求货币。从贵族到大大小小的田主,依据他们消费的多寡不同,都需要一些货币,而且这种要求,在商品经济刺激下就来得强烈了。鸦片战争前的清代,商品经济有所活跃,手工业、商业都在发展,丝棉织业在明代的基础上前进着,江南的精致纺织品被布商运销全国各地。百货用品和奢侈品的增多,刺激了田主的胃口,使他们更加耽于享乐。乾隆时,无锡人黄印记叙该地上层的衣着变化,他说康熙时人们"常服多用布,冬月衣裘者百中二三,夏月长衫多用枲葛,兼用黄草缣。今则以布为耻,绉缎绸纱,争为新色新样。北郊尤盛。间有老成不改布素者,则指目讪笑之。冬月富者服狐裘舍猁狲之属,服貂者亦间有之,若单裰则为贫者之服矣"④。无锡手工业发达,有"布码头"之称,该地人们的衣着之趋向新颖华丽,不能不同当地的商品经济发展有关。在此情况下,官僚地主要购买,需要大量货币,于是乞灵于货币地租了。

(二)商品性农业决定田主需要货币

手工业的许多原料靠农业来提供。非粮田的农业生产,一部分为手工业输送原料,这一部分在一定条件下就成为商品性农业,像麻、芦苇、材木、蒲葵的大量生产,都不是为生产者本身消费,主要是为了出卖。棉花、桑蚕的生产,

① 光绪《大清会典》卷 164《户部·学田》。
② 嘉庆《扬州府志》卷 19《学校》。
③ 道光《休宁县志》卷 3《学校》。
④ 黄印:《锡金识小录》卷 1《风俗变迁》。

在它的集中产区，就不仅是农民自身家庭手工业的原料，同时也要投向市场了。尽管在清代还没有形成农业专门化地区，没有纯粹的商品性农业，但非粮田的农作物生产都或多或少地具有商品性农业的性质。这种农业，不仅引起农业、手工业之间的交换，而且引起农业内部的商品交换，即与其有关的农业人口需要向生产粮食的农业部门购买生活必需品——食粮。所以出租非粮田土地的田主，根据经济法则，就需要货币，进行必要的购买，这样，收货币地租是再自然不过的了。退一步说，地主向佃农征收实物也未尝不可，但那要自己经营，去做买卖，这就会产生担风险的问题，不如径收货币来得方便。如乾隆五十年(1785)，江西浮梁县金义祥等人合伙租佃冯、金、程、方四姓的公山，垦种树木，"议明成材出卖，得价主佃平分"①。

（三）货币经济的发展与地丁征银的连锁反应

清朝雍正年间推行摊丁入亩法，一面将徭役征银制度化，一面增加田亩的赋税负担。田主为了适应赋役制度的变化，适当改变收租办法。有的田主收取货币租，以便完纳地丁银；有的让佃农代纳田赋，即"佃户自办条漕"②。这样，田主实际上已在向佃农征收相当于国课量大小的货币租了。有的地主在加租，添加的这一部分收货币，如浙江仁和、钱塘二县地主命佃户在原定租额外每亩加银二分、米二升，名之曰"以助产主完丁之费"。③所以随着地丁征银的固定化，地主采纳货币租的增多了。

国家地、丁都征货币，一部分地主也跟着要银钱，对货币的热衷，是货币流通的发展在人们头脑中的反映，清朝人对于钱和物的关系的看法，已同他们的前人有所不同。乾隆时武进人钱惟城说："今不重布帛菽粟而重金钱。"④比他略晚的苏州人钦善则说："人生之道，金粟并重，得金不患无粟焉。且缓急转移，多金尤便。"⑤钱、钦之说表示当时人对金钱的重视不在粮食之下。他们是江南人，那里商品经济发展，他们所说人们对货币的看重，可能更多地反映了江南人的观念，这也是不应忽略的。此时人们重视货币，自然是它具有购买

---

① 档案，嘉庆十七年，第62包。
② 光绪《娄县续志》卷7《学校》。
③ 雍正《浙江通志》卷71《户口》。
④ 《皇朝经世文编》卷11《养民论》。
⑤ 《皇朝经世文编》卷28《松问》。

价值的缘故,但问题还不在这里,因为货币历来具备此种品格,何以清人独重之呢?推其究竟,在于清代商品经济的有所活跃,产品的市场价值在逐渐形成。这种货币流通的发展,是清代地主采纳货币地租的一个原因。

(四)地主对付农民抗租斗争的一种手段

中国历史上,农民的抗租斗争层出不穷,在明代出现了著名的邓茂七起义,到清代更是如火如荼,方式则有武有文,多种多样。如康熙四十六年(1707),江苏无锡农民在过胡子领导下开展"租米不还籽粒"运动。[①]乾隆十一年(1746),罗日光领导福建上杭农民暴动,要求减租。抗议地主大斗收租的"较斗"斗争不断发生。还有的农民采取比较温和的方式同地主软磨硬抗。江南农民专种叫做"不道糯"的稻子交租,因其产量高,出米少,质量差,所以称为"谩官稻"。[②]江西新城农民种芒稻,芒长约二寸,每四石出米量不及其他稻子的一石,以此交租,"故主佃常相疾",清朝地方官屡加禁止,农民照常以此交租。[③]

农民的抗租,使一部分地主感到实物租方式难以保障地租收入,尤其是用次粮顶租,令他们束手无策,而放弃实物租,采取货币租不失为一个办法。如丹阳县学田,地租原归县学征收,到雍正五年(1727),因佃农抗租,教谕害怕赔累,请归县衙经理,并令佃户代完国课,再每亩交租粮一斗二升,称为余租。这种办法施行后,佃农继续拒不交纳。乾隆十一年(1746),江宁巡抚安宁以佃农抗租,声言"起田另佃",布政司以行不通,决定自十三年(1748)起余租改收折色,每亩征银一钱二分,并说这是"以从佃便"。[④]又如四川屏山县人王万友租种赵富安土地,每年额租谷六石七斗五升,嘉庆十九年(1814)的地租,到十月间尚欠二石七斗,赵富安看到粮食很难收上,改令王万友折钱五千文交纳。[⑤]这类改征货币的事实,表明货币租的采用与农民的抗争有关,同时它还是地主对付农民的一种手段。

上述种种原因,使清代货币地租有所发生,有所发展,但在中国货币租的漫长岁月里,它的变化极其微弱,发展极端迟缓,究其原因是多方面的。

---

① 黄卬:《锡金识小录》卷4《祈雨》。
② 包世臣:《安吴四种》卷25上《齐民四术》;乾隆《娄县志》卷11《食货》。
③ 同治《新城县志》卷1《风俗》。
④ 民国《丹阳县志》卷8《赋役》。
⑤ 档案,嘉庆二十年,第54包。

第一,也是最主要的,是商品经济的不够发达和各地区发展得不平衡。清代商品经济有所活跃,但发展得还是不够充分。手工业的生产规模有限,主要是个体生产,具有一定规模的手工作坊还不发达,分布地区也不够广泛。商业贸易在一些大城市很兴盛,然而不普遍,有些地方还停留在以物易物的状态。商品经济在一定程度上的活跃,以较多的、较好的商品刺激包括田主在内的富人购买,这是一方面;另一方面,它的不够发展,有限的商品,使富人的购买欲很难普遍地急骤上升。许多方志记载,说该地俗尚古朴,人们不事奢华,衣食住行率遵古制,若有稍异者,则目之为纨绔,或曰风俗日偷。这都表明该地商品经济的不发达。与商品经济发展有限相联系的是自然经济的牢固,农村家庭副业与农业紧密结合,更使商品经济难于冲破自然经济的禁锢。由于购买有限,大多数地主不那么迫切需要大量的金钱,他们宁愿收取实物地租,当需要货币支出时再行出卖实物,以获得金钱,而不愿直接向农民征收货币。如安徽石埭县人沈廷襄,于乾隆三十九年(1774)捐田租石给县学,"累年收贮易钱为岁科两试"①。他需要货币,但不收金钱,可见当地少有收钱习惯和条件,固守实物租的陈规,使货币地租很难迅速发展。

第二,货币制度和物价不够稳定。如同商品经济有所活跃而又不够发达一样,货币流通有所扩大,但货币制度和物价又不够稳定。这种状况既包含有利于货币地租出现的因素,又有限制它发展的不利因素。清代的货币制度是银、钱并用,大计量一般用银,小计量用钱。银、钱的比价不固定,据杨端六的研究,整个清代可分为三个时期:第一个时期从清初到嘉庆十二年(1807),比价相对稳定,一两银子兑换制钱在七百文至一千四百文之间;第二个时期是嘉庆十三年(1808)到咸丰六年(1856),比价上升至二千文左右;第三个时期又回落了。②清代物价的不够稳定要比银钱比价的变化为剧烈。与民生关系最密切的粮食的价格虽有短期的稳定,但总的趋势是较大幅度的上升。以江南的苏松常镇四府的米价为例,康熙四十六年(1707),当地大旱,米价昂贵,每石七百文,雍正乾隆初,平年,米石一千余文,乾隆中一千四五百文,乾隆五十年(1785)以后,在二千七百文至三千五百文之间。③在雍正至乾隆中的四十年

---

① 民国《石埭备志汇编》卷 3《人物志》

② 杨端六:《关于清朝银钱比价变动的问题》(上篇),《武汉大学人文科学学报》1956 年第 1 期。

③ 钱泳:《履园丛话》卷 1《米价》

间,米价从一千文上升为一千四五百文,提高了百分之四十至五十,平均每年提百分之一,很平常,但 1707 年至 1785 年的近八十年间,从七百文到三千五百文,整整涨了四倍,幅度就相当大了。而且七百文的米价还是旱年的,若是平年,还到不了这个价格,那么后来米价上涨的幅度就更大了。

田主采用货币地租就碰到银钱比价不够稳定和粮价很不固定的问题。施行货币租的地主,相当多的人以制钱计量,但钱价下跌,地主感到不合算。从粮价看,货币租是定额租,粮价上涨,而收租货币量不变,等于减少地租。地主在损失中认识到货币租不如实物租有利,为什么非要自找倒霉,去实行货币租呢?! 所以货币制度和物价的不稳定,严重影响到货币地租的产生和发展。有的田主原来实行货币租,后来又改为实物租,可能就是这个原因。如泾县水西书院,乾隆时期有田二份,岁收租银,到嘉庆年间,都改为"按亩监分"①,就是采行了实物租的分成制。

第三,田主很少从事经营。田主中只有极少数人经营农田,成为经营地主。许多大地主跑到城里,追求享乐,成为城居地主。能够振奋他们的事情,莫过于高利贷了,这就同生产更加脱节了。地主基本不经营手工业、商业和农业,不需要进行投资,因而限制了他们占有货币的要求,就不会急于谋求改变实物地租的传统方式。

第四,佃农缺乏经济力量,不能保障货币租该交纳。一般状况的佃农的经济力量薄弱,生活困难了。以压缩自身的必要支出,交纳地租。(关于交纳货币租的农民的经济状况,后面还有机会谈到)如有不能完纳的情形发生,田主采取暴力手段,或派人径去田里抢割庄稼,或至佃农家搜抢粮物。这在实物租下是"合理合法"的。在货币租下,这种现象仍有发生,如陕西洋县福神庙租给戴德耕种的土地,每年收租钱二千文,乾隆六十年(1795)和嘉庆元年(1796)两年,戴德因贫穷欠租,嘉庆二年(1797)麦收时,庙中会首就要以麦作抵,还开枪打死正在收麦的戴德。②又如江西宁都州王有祥将山场租给王其忠,数年间王其忠欠租钱五百余文,嘉庆二年(1797),王有祥就强行砍树十三株,以顶租钱。③但是这里有个问题,地主本来是要农民卖掉粮食或其他生产物交租钱,

① 乾隆《泾县志》卷 3 下,嘉庆《泾县志》卷 8
②③ 档案,嘉庆三年,第 65 包。

现在自行去抢粮物,道理上说不过去之外,重要的是他们自己破坏收租制度。因此,地主在施行货币地租的条件还不完全成熟时,与其用货币租束缚自己,何如干脆坚持实行实物地租!

上述种种,表明货币地租要发展,要代替实物地租,是有条件的,是非常困难的。正如马克思所说:"在劳动的社会生产力还没有一定程度的发展时,这种转化是很少能够发生的。这一点,当我们看到罗马皇帝屡次试行这种转化都没有成功,看到在人们至少已经把实物地租中当做国税存在的部分一般转化为货币地租以后,又回到实物地租上来的事实的时候,就可以得到证明。法国革命以前的情形,也可以作为实例,说明这个演变过程上的相同的困难。那时候的法国,货币地租还和以前各种地租形式的残余混合在一起,夹杂在一起。"①中国君主社会的实物地租向货币地租的转化,比西方更困难,时至清代,条件还不成熟,它要取代实物租的地位,尚有漫长而艰巨的历程。

三、货币地租制下佃农的政治、经济地位

清代出现货币租制时,佃农与地主的关系问题,不妨先从租佃契约谈起。佃农与地主具有契约关系,有着悠久的历史,最迟可以上溯到唐朝,那还是纯粹实物租形态的时代。从唐到清,实物租制的租佃契约,其条文不外为:租种田地的面积;地租数量及品种;租佃期限;佃农保证用心耕种;佃农保证按时按量交租;佃农若不依约承担义务,地主或撤佃,或告官究治。一般说来,契约中没有田主直接控制农民人身的内容,但不等于不包含这个因素。所谓"用心耕种",就是农民耕作或轮休土地,种植何种作物没有自主权。有的地主以所谓"督耕",在生产过程中支配农民。保证交租的背后,就是撤佃和告官。欠租农民会被捉进公堂,投入监狱,严刑追比。地主通过政府的暴力实现地租,这种地租实质是强迫从事剩余劳动。所以立有文契的实物租制的租佃关系,仍然表现出地主对农民的某种人身控制,不过它是以由政府帮助实现作为其特点的。

交纳货币地租的农民同样没有自由种植权。陕西周至县佃农王潍,于嘉庆二年(1797)十二月经王腊娃作中,租种王如玉二亩旱地,讲定每年租钱一

---

① 《资本论》第三卷,人民出版社,1966年,第932—933页。

千三百文,当即给了次年的租价,到三月初,王滩在地里种了棉花,王如玉因他种了经济作物,非要加租钱,王滩不答应,王如玉就去把棉花苗犁毁。①在岐山县,佃农朱式金于乾隆四十六年(1781)起佃种强仁八十亩山坡荒地,每年租钱二千四百文,嘉庆元年(1796)强仁要收回自种,朱式金以费了工本开荒,要求承佃一半,强仁不允,卒经人说合,拨出三亩给朱耕种,以酬开地工力。朱于是在那三亩地上种了油菜,强仁"见油菜茂盛",硬要收租钱,并派人去犁毁油菜。②地主就害怕农民改进耕作,提高产值,好像那样他就吃了亏,非破坏不可。这样一来,农民按照自己的意志进行生产是不可能的。

收取货币租的田主可以破坏租约,甚至任意夺佃。湖北黄梅县清江镇庙园地,自乾隆五十八年(1793)起租给唐秀儒种菜,每年租钱二千四百文,到嘉庆元年(1796)唐秀儒早早交了全年租金,九月间,庙方提出收回园地,唐以租已交,请求明年退佃,卒不见容,以致引起凶杀案。③乾隆后期,湖南武陵严昌平买严添容之父的两块山地,由出卖者承佃,每年租银二钱,乾隆五十五年(1790)严添容只欠租二钱,就被撤佃。④嘉庆元年(1796),浙江嵊县佃农刘金贵因无力承种退还竹有绍的租地十六亩,次年向金有法等转佃麻地二亩,年租一千文,到九月未还租,金有法等就犁田撤佃。⑤由此可见,田主对农民实行超经济强制,以保证其地租剥削,而佃农的佃权根本没有保障。

历史事实是,无论实物租还是货币租都有订立契约的。契约所规定的主佃关系,表面上不是赤裸裸的隶属关系,实质上还是佃农受着地主的一定程度的人身控制。但是,货币租制的农民与实物租制的农民的身份地位毕竟有所不同,这是由附加地租的取消所表现出来的。

实物地租施行的时候,附加地租是它形影不离的伴侣。佃农在交纳正额租粮以外,要给田主送一些农副产品,雍正或其管家来收租时,佃农也要请客送礼。所送物品和数量,田主要把它写在契约上,或做口头的规定,佃农要像对待正租一样,不得缺少。有的地方,农民还要到田主家里做数日的无偿劳

---

① 档案,嘉庆三年,第59包。
② 档案,嘉庆三年,第70包。
③ 档案,嘉庆三年,第58包。
④ 档案,嘉庆三年,第62包。
⑤ 档案,嘉庆三年,第75包。

动。正租之外的加租——附租,是一种贡献,是下属对主人因有人身隶属关系而做的贡纳,它反映着田主对佃农的人身控制。附租,原本交纳实物,但也在向着纳钱的方向发展。如雍正时期,江苏崇明县的佃农除交纳两季正租外,还有"轿钱""折饭""家人杂费"等项附加地租。①都是折钱收纳。关于这个问题,傅衣凌在《明清农村社会经济》一书中搜集了有关资料,并做了成功的说明。该书第164页录有可能是乾隆年间的一份流水账的记载:收正租租谷外,又收"冬牲钱八十文"。第61页录有嘉庆二十二年一份租佃契约:"年例供顿〇席(应钱二十文正)"。第62页录道光十九年的一份契约:"牲、顿折钱六十三文。"这里的"牲""顿"(席)钱,就是将附租的冬牲、酒席折成货币交纳,这是附租的改折。但是它们的正租都是实物租,改折的仅仅是附租。傅衣凌检索乾隆时和民国时修的两种《尤溪县志》,发现该县开山书院的田产,在乾隆三十五年(1770)收折租,包括折租钱和折冬牲钱,到道光三年(1823),更定租额,原来的实物量没有变,而折收的钱增多了,可是折租中只有正租的准折,没有冬牲钱一项。傅衣凌认为,折租的增加不是因粮价上涨造成的,而是把冬牲钱加了进来(第38页)。

笔者由此形成一种看法:随着货币地租的实行,附加地租被归并到正租中,取消了它的名目。事实上,绝大多数的货币租的实行者都没有附租。附租,从同实物租结合,到货币租时被取消,这是历史的进步,其意义不光在由实物变为货币,重要的在于它的名目的被取消,标志着田主对佃农人身控制的削弱。由此可见,佃农人身权利的提高,同货币租的实行是同时发生的。

清代货币租的实行,对佃农经济的发展没有提供多少有利的因素,因为它没有出现西方货币租流行时租佃契约期限长的那种情况。清代货币租的租约期限很短。广东东莞县香月南租种王姓尝田,租期定为五年,年满需另行转批。②四川威远县佃农陈文发与田主罗淳红议定佃耕十年(同上)。安徽南部有一些棚民租山交银,像休宁县六百多棚民出租银二千六百两承种山地,他们的租佃期限"或十年,或十五年,或二十年至三十年","年满退还"。③从这些事例获知,租佃期在五年到三十年之间,为时不长。约满之后,或退佃,或另议租

① 雍正《朱批谕旨·李卫奏折》。
② 李文治等编:《中国近代农业史资料》第1辑,生活·读书·新知三联书店,1957年,第74页。
③ 道光《徽州府志》卷4之二《道宪杨懋恬查禁棚民案稿》。

钱。因此,佃农不能长期地把租价固定在一定数量上。只有长期固定租价才对佃农有利,他才可以利用长时期内物价变动对自己有利的因素,即物价上涨,货币贬值,根据租约,他交纳的货币量不变,而出卖粮食的价格提高,赢得一个差价。租期短,田主易于加租,佃农就得不到赢得差价的机会了。清代货币租的情况正是这样。前面提到过山阴王氏祠堂在乾隆二十八年(1763)规定,祠田租钱每亩一千二百文,过了二十八年,即乾隆五十六年(1791),该族族长和祠堂执事议定,祠田每亩租金改为一千六百文,比原租价提高三分之一。歙县马田行折租制,原定每石租粮折银五钱五分,后改为六钱。①山阴王氏在改议地租时说:"田亩租息,却难一定,总归时值估价,就时论事也。"②他们的原则是以实物为基准,确定地租的货币量,保障地租水平。为此要经常调换租约,重议租价。这就是中国货币租约期限短的原因。

绝大多数交纳货币地租的农民的经济状况都很差,承租耕地少,经营规模小,请看"货币地租农民承佃状况示例表":

货币地租农民承佃状况示例表

佃农	田主	佃田亩数	平均亩数	租银额(两)	备注	资料来源
左星等	泾县县学	10	5	2	以两户佃农平均	乾隆《泾县志》卷3《学校》
王纲科等	泾县县学	11.2	5.6	1.756	以两户佃农平均	同上
卫谋等	泾县县学	10	5	2	以两户佃农平均	同上
肖万等三人	泾县县学	11.5	3.8	3.5		道光《泾县续志》卷1《书院》
赵球等五人	泾县水西书院	20.5	4.1	0.54		乾隆《泾县志》卷3《书院》
赵现巨等	泾县水西书院	田24 地10 山1片	田12 地5	5	以两户佃农平均	同上
叶显等	泾县水西书院	15	7.5	2.35	以两户佃农平均	同上
马丁香等	泾县水西书院	4.1	2	0.792	以两户佃农平均	同上

① 民国《歙县志》卷3《赋役》。
②《中南王氏宗谱·卷首》。

佃农	田主	佃田亩数	平均亩数	租银额(两)	备注	资料来源
许霞等	泾县水西书院	7.1	3.5	1.886	以两户佃农平均	同上
赵黄	泾县水西书院	田5 竹地2	田5 竹地2	6.5		同上
程本熙	歙县县学			1.916		民国《歙县志》卷2《学校》
曹垄发	歙县县学			0.72		同上
程士沾	歙县县学			0.96		同上
仰长庚	歙县县学			0.66		同上
程光禄	歙县县学			0.65		同上
汪凡允	歙县县学			0.832		同上
程三妹	歙县县学			0.44		同上
江天福	歙县县学			2.214		同上
江德胜	歙县县学			0.76		同上
宋起生	歙县县学			1.2		同上
叶有元	歙县县学			0.68		同上
徐垄关	歙县县学			0.7		同上
洪松聚	歙县县学			0.764		同上
吴大九	歙县县学			0.436		同上
方来聚	歙县县学			0.72		同上
孙有源	歙县县学			952文		同上
朱五洪	歙县县学			800文		同上

农民租种的土地，如表中所例，少的二三亩，一般五六亩，多的十几亩。从歙县县学向每个佃户所收租银看，多的二两余，少的四五钱，大多在一两以下，把这些租银量与泾县县学、水西书院佃农租价量对照，不难发现歙县县学佃户的承种田亩数，只会比泾县少，一般不过三五亩。再联系"民田货币租示例表"所示，佃农租田少的才一亩，多的不过二十几亩。资料表明，交纳货币租的农民，所经营的土地大多数在十亩以下，个别在十亩以上。这同交纳实物租的农民的经营规模相仿佛。嘉庆时期，张海珊说苏松地区"一夫不能十亩"[①]。章谦说"(农民)工本大者不能过二十亩，能十二三亩者为中户，但能四五亩者

---

① 张海珊：《小安乐窝文集》卷1《甲子救荒私议》。

为下户"①。按照章谦说的标准,交纳货币租的农民多属佃租四五亩的下户,少数是能佃十几亩的中户,上户更少。

乾嘉时期江南的亩产量约为稻米二石②,多的三石③,按照这个产量,耕种五至十亩的下户,年收米十至二十石,卖出一部分交租,剩下几石米,只能在半饥半饱状态下生活,维持简单再生产,绝不可能扩大再生产。耕种十几亩的中户比下户强些,但很有限。佃种二十亩以上的经济状况也不一定好,如直隶三河县的张二种的是北方田,比不上南方,他还是中下户。唯有四川威远的陈文发交租钱十八千文,租谷十二石二斗,佃田当在二十亩以上,经济状况应当较好。也有交纳货币租的佃农使用雇工的,如浙江嵊县刘登贵雇有工人金汝有,但刘登贵原佃十六亩地,后因"乏本退佃",可见其经济之不佳。④此外,在徽州出现的富裕棚民可值得注意,道光时杨懋恬说:"荒山百亩,所值无多,而棚民可出千金、数百金租种。"⑤此种富佃是否有利可图,可以探究,唯是目前资料有限,尚难论断。总起来看,交纳货币租的农民经营规模小,经济力量微薄,很难发家,很难从中发生分化,产生富裕农民。

清代货币租下的佃农,其处境与实物租下的佃农基本上相同,过着贫苦的生活,如果说有什么不同的话,前者在受田主人身束缚方面有所削弱。

四、小结

鸦片战争前清代的货币地租状况与地位可以归纳为以下几点:

(1)与实物地租紧密结合。货币租有折租和纯粹货币租的不同形式,但都同实物租紧相联系,以之为楷模,田主要想恢复实物租亦不费难。换句话说,此种佃农所支付的产品价格的地租确实是货币地租,但发展水平不高,还处于它的初级阶段。

(2)契约关系中包含人身压迫的内容,佃农依然受着田主某种超经济强制的束缚,与资本主义租地农业家的地位相差甚远。

---

① 《皇朝经世文编》卷 39《备荒通论》。
② 钦善《松问》、章谦《备荒通论》。
③ 包世臣:《安吴四种》卷 26《庚辰杂著二》。
④ 档案,嘉庆三年,第 75 包。
⑤ 道光《徽州府志》卷 4 之 2。

(3)货币租的出现有经济前提,但远不充分。传统社会内生产力和商品经济的一定程度的发展,为实物租向货币租转化提供了某种客观要求和前提条件,但生产力和商品经济发展有限,因而使货币租大量出现的要求不那么迫切,前提条件很不充分。

(4)货币租的缓慢进展的状况,是传统社会发展迟滞的缩影。古老的社会制度,非要社会生产力和商品经济的较大发展才能打破它。

(原载《南开史学》1980 年第 1 期,2018 年 12 月 8 日略做文字修改)

清代地主层级结构及经营方式述论

关于清代地主阶级的历史，是一个大的研究题目。全面而深入的论述，为笔者的简陋学识所不能胜任。本文将粗略地论及地主土地所有制的特点，地主的经营方式，地主阶级的构成，它的思想文化特征，这个阶级与其国家的关系等问题，试图对地主阶级的面貌和历史地位有所说明。浅薄失当之处，敬请方家指正。

一、地主土地所有制的特点和地主本身的变化

清代的地主土地所有制，就其基本方面来讲，和前代一样，地主占有土地，具有所有权，得到国家的承认和保护，有支配权，或出租，或雇工经营，或出卖，获其利益。但是，清代土地转移中，找价和活卖的流行，造成土地所有权的复杂化，佃农"买佃"耕种，形成"一田二主"的局面，使得地主土地所有权不完整。这两项是清代地主土地所有制的特点，并影响了地主自身的某种变化。

在中国历史上，田产交易过后，卖主以土地价格短少为理由，要求买主补偿的现象，清代以前就发生了。如在明代，江南田主就有"卖价不敷"之说，隆庆年间著名的清官海瑞在应天巡抚任上，允许卖方向买主找补田价，但以增找一次为限，这样使找价成为合法的行为。自此以后，该地增找现象大增，至清代，找价一找后再找，乃有"一产而加五六次者"[1]。江西也是这种情形，该省于都把找价称为"找不敷"，卖主屡索，视为当然，"得业者怜失业者之贫，而求济出银，名'不敷'，原属额外通情，为厚俗之一。相沿已久，视为分内之财，至累索不休，且有'九找十不敷'之云"[2]。找价存在于田产交易的不同形式中，即典当、活卖、绝卖中都有发生，不妨先看一些事例：

---

① 光绪《华亭县志》卷 23《杂志》。
② 同治《雩都县志》卷 5《风俗》。

乾隆四十一年(1776),贵州兴义县人查洪元将一份田地以六十两银子当给刘高位,至五十二年(1787)找补银二十八两,立契,契内不言回赎,等于卖绝。①乾隆五十七年(1792),贵州青谿人孟陇荣将当业水田一份,以价银八两二钱转当给任贵,后来找价七两八钱,至嘉庆十八年(1813)又要找补当价,对方以并非绝卖,不肯增找。②嘉庆九年(1804),甘肃灵台人白文库将山地一顷当给白心仁家,价钱八十七千文,以后凭着这个关系零星借钱,累计达五十五千八百文,到嘉庆十八年(1813)又提出找价三十千文的要求。③山西霍州人傅恭典出水田一亩,死后,其弟傅全养子傅成法于嘉庆十六年(1811)将之立契绝卖,得找价十五千文。④山东诸城人杨渠先把地二十亩五分典给杨泾,嘉庆十六年(1811)议定以京钱三百千文绝卖给对方。⑤以上发生在黔、陇、晋、鲁等省的事例,说明典当土地的卖主,屡次向买主找价,或者提高当价,或由此而将典地卖绝,这已是一个带有普遍性的现象。

在土地买卖关系上,比典当发展一步的是活卖,即卖主将土地出手,但在规定期限内可以回赎,其出售价格要比典当价格高。活卖也有加价找补现象。康熙二十五年(1686),浙江山阴县田氏祠堂用银三两承买余伯饶坟山一亩七分,二十年后,找价钱三千文。⑥乾隆五十三年(1788),同县人王则范兄弟将田三亩二分卖给本族祠堂,价钱六十千文,立契注明回赎,五十七年(1792)第一次找价十千文,嘉庆八年(1803)第二次找价十九千六百文,不但没有回赎,反而立了"杜绝找契"⑦。活卖要求增价,理由也是卖价便宜,请求找补,也还别有名目,如湖南武冈人王配贤于嘉庆十四年(1809)卖田给向铭时,两年后,其子王云衡以曾向田地施肥多为名,要求向铭时"找补粪草钱",向同意给钱一千二百文。⑧

绝卖的土地,即不得回赎的土地,卖主业已绝对丧失原来土地的所有权,

① 中国第一历史档案馆藏档,《内阁全宗·刑科题本·土地债务类》,嘉庆二十年,第46包。下引该馆同类档名,只注档案、朝年和包号。所述包号系80年代以前编号,后来该馆改变了编号方法,这里提供的包号,只能作为查检的参考,下同。

② 档案,嘉庆二十年,第48包。

③ 档案,嘉庆十七年,第46包。

④⑤ 档案,嘉庆十七年,第66包。

⑥《欢潭田氏宗谱·文契》。

⑦《中南王氏宗谱》卷首《捐项》。

⑧ 档案,嘉庆十七年,第52包。

然也不乏找价之事。乾隆五十一年(1786),安徽亳州人慕兴义承买慕长盛田地十五亩七分,"契载杜绝管业",嘉庆十五年(1810),慕长盛要求退地,经族长慕大朋断处,退地二亩六分,这就等于找补了二亩六分地的价格,次年再次提出找价的要求。①乾隆五十四年(1789),湖北黄梅人余善海将田一亩八分绝卖给余方谷,以后屡屡找价,每次得二三百文。②又如江苏丹徒县人王士元于康熙三十年(1691)以二百两价银把园地七亩六分、地四亩五分、山三亩、水塘一口、房一所绝卖给马侯府,后来增找杜绝钱,一次得八两,一次得六十两,又立"杜绝叹气契",得银六十两。③

田产交易,从典当到活卖到绝卖,每一次加价,都立有契约,并因找价而影响买卖双方与土地的关系,契约名称因而不同:当契、卖契、绝卖契;纯粹找价而写的字据,有"找杜契""杜绝契""叹气契"等名称。江苏嘉定县人关于房屋买卖中加找契据的定名,可供参考,兹录该县志记载如下:"买房屋者,于契价之外,有叹、脱二项:叹者,言屋已为他人所有,失主唯有付之一叹,故须由得主加钱若干,别立叹契;脱者,失主屋中有匾额、诰命之类,除去时心有不忍,又须加钱若干,别立脱契。"④

清代,土地的买卖,大多经过典当、活卖、加价找赎,达到绝卖,或者还要加以找补,才最终绝卖。典当、活卖和加价找赎具有一定的普遍性。诚如嘉庆《松江府志》所说:"松属田房授受,大率抵押典解者多,立契绝卖者少。"⑤或如同治《平江县志》讲到当地诉讼情况时所说:"田地售卖,翻赎之风,滋讼尤甚。"⑥再或如学者李塨讲的陕西富平的情况:"鬻卖宅产,尝数十年后复告补价追赎。"⑦

土地活卖、绝卖都使所有权发生转移,由卖方转到买方手中。典当也使所有权发生变化,但与活卖、绝卖有很大不同,土地的出当者,仍保留其所有权,其标志是:(1)他仍然是土地法定的主人。凡是典当田产,不用向政府办理过

① 档案,嘉庆十七年,第51包。
② 档案,嘉庆三年,第58包。
③《京江郭氏家乘》卷7。
④ 民国《嘉定县续志》卷5《风俗》。
⑤ 嘉庆《松江府志》卷28《杂税》。
⑥ 同治《平江县志》卷9《风俗》。
⑦ 李塨:《恕谷后集》卷1《杨侯初度序》。

户手续,不须交纳买卖税金,所以乾隆帝说:"……活契典业者,乃民间一时借贷银钱,原不在买卖纳税之例,其后听其自便,不必投契用印,收取税银。"①政府承认原业主的所有权。(2)原业主继续承担政府的土地税。典地并未过割,赋税自当在原业主名下征收,原业主当然要照常输税。笔者在清代档案中看到过这样的资料:嘉庆六年(1801),四川邛州人殷开应将水田一块当给江奇正兄弟,契约内注明江奇正每年帮助殷开应"条粮钱八十文"②。表明钱粮由出典者完纳,承典者不过是帮助他少量钱文。(3)出典人可以越过承典人处理土地,包括出卖。出典人无力回赎,或急需钱用,可以通过找价把当地卖给承典人,也可以卖给他人。如贵州普安人甘阿三,先将山地当给吴承发,后于嘉庆十三年(1808)卖给徐士贵。③又如嘉庆十七年(1812),安徽亳州人刘万魁凭中人葛在法将地三亩当给刘万荣,次年又凭原中人将地卖给黄泳受。④承典人虽然没有获得土地的所有权,但取得了使用权及转让权,他可以自耕或雇人耕种,也可以出租给他人,甚至可以租给出典者本人。如四川长寿人罗正东,于嘉庆十年(1805)将水田二段当给蒙美有,又租赁耕种,每年向蒙美有交纳租谷五石。⑤再如山西朔州人王雨汉有田三十亩,于嘉庆十四年(1809)正月立契,典给张有德管业,自身耕种五亩,言明秋后交租,至期未纳租,张有德即将田收回,不允租种。⑥这种典当,与以土地作抵押的借贷不同,抵押是保证按期还账的信物,物主不但有原物的所有权,还有使用权。区分典当与抵押的不同,更可明了土地典当使物主权力转移的状况和深度。

至此,可以就典当、活卖、找价的流行现象,以及它们同土地所有权转移的关系作实质的说明:

第一,典当是地主利用高利贷的方式兼并田地。土地典当,正像乾隆说的是银钱借贷,由此而经过找价而完成的绝卖,就不是借贷事务了,它是高利贷资本侵蚀土地。开始承典土地的有各种身份的人,一般农民也不在少数,而能把土地攫为己有的,则多为地主和高利贷者,所以说这是新地主兼并旧地主

---

① 王先谦:《东华录》(下引此书作"王录")乾隆朝卷2,"雍正十三年十二月庚午"条。

② 档案,嘉庆十七年,第48包。

③⑥ 档案,嘉庆十七年,第58包。

④ 档案,嘉庆二十年,第46包。

⑤ 档案,嘉庆十七年,第50包。

土地的一种手段。地主和高利贷者用一部分投资取得承典权,然后追加投资,吞噬对方的土地,这比一次购买土地对他们来得容易。就上述资料作典价占土地价格的百分比简表,就能清楚地说明这一点:

典价占到活卖价比例表

卖主	买主	典价	第一次找价	第二次找价	总价格	典价占田价的百分比%	备注
孟陇荣	任贵	8.2两	7.8两		16两	51	
查洪元	刘高位	60两	28两		88两	68	
白文库	白心仁	87千文	9千文	30千文	126千文	69	未实现

由表可见,承典人用土地价格的51%~69%的货币量初步取得土地的使用权和事实上的不完全的所有权,即以少用1/2至1/3的地价,基本获得土地。这种少投资和分批交款,便于兼并者筹集资金,使他们得以从容集中土地。

第二,典当、活卖还是原土地所有人以找价的方式反对土地兼并,争取回赎的机会,即使不能成功,也要多卖一些钱。还用已经叙述过的资料,制作找价与活卖价的比率表来说明:

找价占到活卖价比例表

卖主	买主	活卖价	第一次找价	第二次找价	第三次找价	总找价	找价与活卖价比率
余伯饶	田氏宗祠	3两	3千文			3千文	约100%①
王则范	王氏宗祠	60千文	10千文	19.6千文		29.6千文	50%
王士元	马侯府	200两	8两	60两	60两	128两	64%

找价占到活卖价的50%~100%之间,这就是说,土地出卖者,可以多得相当于活卖价的0.5倍~1倍的田价。

找价是土地丧失者不能信守契约的结果,当然他们往往是因贫无奈而无赖。学者洪亮吉亲见其外祖父蒋家住宅的原主吴姓找价的情况,他写道:"外家旧宅,其原主者为吴氏,后其家日落,因赁宅而徙于乡,余童时辄见其间一

---

① 当时当地的银钱比价,笔者尚不知晓。按清朝官价,一两银子换钱一千文,实际情况并非如此,这里姑依官价计算,故为约数。

二岁携子弟妻女蜂拥而至,即厅事支釜作炊,势甚汹汹,以找屋价为辞,外祖母必厚待之,俟居数日,则略给以钱米使去。十数岁后始不复来,盖渠又以原券留于杨氏,嗣杨氏又执券以为赎屋及规取方园地步。"[1]可以想象土地找价的激烈场面。据记载,找价者为达到目的,或阻止对方耕种,或强割成熟的谷物,或牵人牲口作抵,或去对方家自杀,或告对方强占土地。[2]因此诉讼频兴,买方为避免打官司破财,不得不同意找价。

大量的找赎纠纷,促使清朝政府制定有关法令。雍正八年(1730)定例:若非绝卖之产,卖主又无力回赎,"许凭中公估找贴一次,另立绝卖契纸";若系绝卖产业,"复行告找告赎",照不应重律治罪。乾隆十八年(1753)又规定:契卖田房,在三十年以内者允许找赎,过限告争,也以不应重律治罪。[3]只给典当者、活卖者一次找赎的权利,与社会存在的多次找价现实不同,是为维护社会秩序。

第三,典当、活卖,造成土地所有权的复杂化和不完整。私人土地所有者的所有权,历来受着国家和宗族等因素的干扰,使其私有权不完整。但是当典当、活卖之后,这种不完整性益发显著了。典当是土地所有者交出了使用权,这种让度,不同于租佃制下的出让,后者是凭借所有权,用它作为向没有缴纳押金的佃农收租的权利,所有权没有受到任何损害;前者是使承典者成为债主的前提下,典当者以出让使用权作为完债的方式,在这种条件下所有权也发生了变化,它实际上为典当双方所共有。私有权是排他的,应当是个人占有,即或是两人以上的,他们应有共同的利益,并以此排斥他人。典当关系的双方不是合伙经营,他们不仅没有共同利益,而且是矛盾的,互相排斥的,直到清除对方的权利为止。活卖方式的买主获得了土地所有权,找价却是对他这种权利的异议,可以说,典当、活卖、找价造成了土地所有权的复杂化,使私有权丧失部分排他性,因而造成这种权利的不完整。如果典当、活卖、找价只是个别现象,尚不足以反映事情的变化,但是它在清代大量出现,表明土地所有权在起变化,就是值得注意的现象了。

在清代,使土地所有权发生某种变化,还有另一种经济因素,即"买佃"所

---

① 洪亮吉:《外家纪闻》,载《古今说部丛书》第 5 集。
② 同治《平江县志》卷 9《风俗》;《古今图书集成·职方典》卷 676《苏州府部》。
③ 光绪《大清会典事例》卷 755《刑部·户律田宅》。

形成的"一田二主"的现象。

一田二主,即佃农和地主都成为耕地的实际"主人",这种现象在明代的福建、南直隶、江西的一些地区已经出现了。福建漳州佃农租地之先,向田主交钱,取得耕种权,这是所谓"出资佃田",所纳银钱叫"佃头银";有的下首佃农要给上首佃农一些报酬,才获得耕佃权,这种花销叫作"粪土银"。这两种购买,使得佃农与地主相并立而成为田地的"一主"。①南直隶丹徒、泰兴等地有田滩二万六千多亩,明朝政府于万历年间令佃户交纳佃价三万七千余两,才给予耕种。看来官私地主皆有令农民纳银租佃的情况,但就全国来讲,它属于个别的现象。

到了清代,交钱承佃的事情就相当普遍了,正式形成押金制度。这个制度,同治《平江县志》作了简要的说明:"议佃之初,有押租钱,其数视岁租多寡为率,盖以杜抗租不完之弊也。"②关于这个制度,笔者从文献获知,它在长江流域及其以南的省份流行着,北方的河南、直隶、蒙古等地也有出现。各个地区产生了关于它的专有名词,诸如"押租银""押佃钱""批田钱""上庄钱""寄庄钱""揽种钱""典首""承揽钱""系脚钱""根租""佃价""压桩""进庄钱",等等。这些名称足以说明交纳押租已经不是个别的现象了。不仅如此,我们说押租制度化了,还因为:第一,地主向揽佃的农民索取一笔金钱,作为佃农取得佃地的先决条件;第二,押租制实行一段时间之后,形成一种习惯,在它的流行区,农民不交押金就难租到土地,习惯成自然,人们必得遵行。

农民交押金而获得租地,是花钱购买土地的耕种权。乾隆年间江西建昌府新城县人陈道说:"乡民买田承种,田土稍薄,仇视其主,抗持之风,漫衍浸渍……"③这个买田耕种的农民不是自耕农,而是与"其主"——地主发生关系的佃农。浙江青田人把农民用"佃价"与"佃主"形成的租佃关系,称为"买佃"④,更说明这种租佃的买卖性质。民国间,安徽黟县人修县志,讲到"典首"租佃法的产生,说是"昔人地狭人稠,欲佃不得,于是纳金于田主"⑤,指出用价

---

① 顾炎武:《天下郡国利病书》卷93、卷94。
② 同治《平江县志》卷9《风俗》。
③ 贺长龄、魏源编:《皇朝经世文编》卷31《江西新城田租税》。
④ 光绪《青田县志》卷4《风俗》;吴越椿:《风俗议》。
⑤ 民国《黟县四志》卷3《风俗》。

佃田的事实与原因。

佃农"买佃"所取得的使用权,与未纳钱获得租地的耕种权,在使用这一点上看似相同,实际大有差别,"买佃"的农民有较多的权利。

永佃权。一经买佃,地主就不能随意取消佃农的佃耕权,只要佃农不提出退押,地主没有退押,佃农就可以永远耕种下去。如在福建云霄,把主佃关系分为惠佃、永佃、固佃、粪尾佃数种,其中的永佃就是佃户在地租之外,又向业主"贴纳租谷若干",立了批约,业主在未赎回佃价之前,不得干预佃人的使用权。[1]这种永佃权的内容是,地主不能撤佃换佃,如福建龙溪交了佃头银的农民将田"遂居为业",田主"不得召耕"。[2]田地易主,也不能换佃。如在苏州,在永佃权的租佃关系中,"田主虽易而佃农不易"[3],佃种权在佃农家庭内世代相传,父传子、子传孙,地主只能认可。

佃权转让权。买佃的农民可以把佃权让度给他人,随意处理,并不征求地主的意见,地主也不得干涉。在江西新城,农田在佃主之间的交易,称为"大买",佃农之间的"私相授受",谓之"小买"。在浙江诸暨也是这样,而且"大买""小买","各有价契"。[4]佃权转让大体上有三种方式,即出卖、典当和出租。出卖的一般情形是:上首户向下首户收取顶银,让出佃权,由下首户继续承担上首户对田主的纳租义务,上首户即不再同田主和原租地发生关系。这种转移,叫作"顶耕""顶种",所用买价称作"顶手礼""顶手银""顶手稻"。这样得到佃权的下首户,还可以向他的下首户让度权力。这种佃权的买卖,如同土地买卖有活卖、绝卖之分一样,也有"活""绝"之别,如浙江平湖佃农袁文高于乾隆四十二年(1777)将佃田十一亩顶给潘松明,立有契约,收顶价二十六千文,过了十五年,即五十七年(1792),袁子德昌向潘找去绝价钱二千文,并立票据,至嘉庆十五年(1810),又行增找顶价,[5]一再找价,适足表明这种佃权是一种产权了。

"田皆主佃两业。"[6]陈道一针见血地指出了买佃制下主佃双方同时成为

---

① 民国《云霄县志》卷7《社会》。

② 乾隆《龙溪县志》卷50《赋役》。

③ 陶煦:《租核·重租论》。

④ 光绪《诸暨县志》卷17《风俗》。

⑤ 档案,嘉庆十七年,第58包。

⑥ 贺长龄、魏源编:《皇朝经世文编》卷31《江西新城田租税》。

土地主人的实质。于是在同一块土地上出现两种权利，当时从买卖上加以区分，就是前述的"大买"和"小买"。在土地隶属权的分裂上，时人也从反映实际的需要出发，加以区别，这就促使了"田底"与"田面"、"田骨"与"田皮"概念的出现。同治《雩都县志》记载："田有田骨、田皮，田皮属佃人。"[①]光绪《松江府续志》记录："业户买田，俗云田底是也；又有田面之说，是佃户前后受业者。"[②]苏州人陶煦说该地田产，"俗有田底、田面之称，田面者佃农之所有，田主只有田底而已"[③]。看来田底、田面与田骨、田皮，是不同地区的异样称谓，田骨、田底是一回事，为田主的土地所有权；田皮、田面是一回事，是佃户的承佃权及其转让权。

如果仅讲田面、田皮权，还不足以表明佃农对土地的权利，把它同地主的田底、田骨权稍作比较，将会清晰一些。买佃的费用，笔者曾就所见资料制出"平均每亩押租价格表"，获知押租量大约相当于一年多的地租量，[④]有些地方要比这个数量大得多，如四川云阳县彭、汤二水之间的佃农多大户，交租在四五十石以上，百石以下，而"压桩之费，常逾千两或数百两"[⑤]。以交租量和押金量相比，大约每承种一石租子的土地，要交压桩银十两。这是一个惊人的数字，尽管笔者不知当地的田价和亩租，可以估计，这个压桩费将同土地价格差不多。又据诸联于嘉庆间的记载，松江青浦县田底每亩约价二三十两银子，而田面却"较昂于底"[⑥]。同治《雩都县志》记录：田皮价"时或高于田骨，而因藐视田主"[⑦]。田皮、田面的地租也很高，有的超过田骨、田底租。江西石城琴江书院有一块田，自有田骨、田皮，每年收"净租一斗，皮租四斗"[⑧]。田骨租才及皮租的四分之一。在台湾，田骨的"大租""极贱"，而田皮的"小租""极贵"，大租也只及小租的三四分之一。[⑨]田皮、田面的价昂和租高，充分表明佃农所具有的

①⑦ 同治《雩都县志》卷5《风俗》。

② 光绪《松江府续志》卷5《风俗》。

③ 陶煦：《租核·重租论》。

④ 参见冯尔康：《清代的押租制与租佃关系的局部变化》，《南开学报》1980年第1期。

⑤ 民国《云阳县志》卷13《礼俗》。

⑥ 诸联：《明斋小识》卷10《田价》，载《笔记小说大观》第4辑。

⑧ 道光《石城县志》卷3《经制》。

⑨ 陈盛诏：《问俗录》卷6《大小租》，转自郑昌淦：《明末至清代前期的封建租佃关系》，载《北京市历史学会第一第二届年会论文选集》，第170—171页。

这种权利的价值。

将佃农的田皮权说清了,"一田二主"的另一方面——田主的权利就容易辨明了。田骨(田底)、田皮(田面)本来是统一的,即一种所有权,自从实行买佃制之后,它们分离了,分别由主佃双方来掌握,换句话说是地主失去了一部分权利。陶煦说苏州田分田底、田面之后,"购田建公署、架民屋,而因价必田主与佃农两议而瓜分之,至少亦十分作四六也"①。这一部分权利的丧失还不清楚吗?另外,原来地主在同佃农的关系中,由于拥有完整的土地所有权,可以任意撤佃、换佃、加正租、增附租,这是他的土地所有权的体现,自从田骨、田皮分立之后,他只剩下征收固定正租的权利,佃农的永佃权及其转让权都是从他那里挖出去的。在这种情况下,土地所有权分解为田骨、田皮两项,而号称拥有土地所有权的人不过执持一项,无庸多说,地主的土地所有权已经支离破碎,毫无完整性可言。这种破坏,比起典当、活卖在土地所有者内部造成的分裂更为严重,因为这不是土地所有人双方共有的,而是主佃双方各具一端。

以上讲了典当、活卖和找价的流行,买田承佃的制度化。尽管它们还没有在土地交换、租佃关系中占据统治地位,但是已经造成清代土地所有制的变化,而这些变化集中到一点上,就是削弱了地主的土地所有权,其丧失了在同佃农关系中的任意支配权,他的土地所有权不完整了,这可以说是清代地主地位的一种变化。

押租制造成的地主土地产权的变化,是地主对付佃农的抗租斗争的无奈选择。佃农抗租在明代已发展起来,到了清代更是蓬勃开展,形式多种多样,抗租活动在江苏、江西、福建等省特别激烈。雩都的佃农"小则抗租诘讼,大则聚党踞抢"②。抗租斗争使得地主不能按通常的情况收租,碰到了危机,于是寻找补救办法,把借贷方面的抵押制用到土地租佃上来,用押租对付农民抗租。南方抗租激烈,押租制也盛行,事实揭示了两者间的因果关系,押租制在一定程度上起到了防止佃农欠租、欠债的作用。而这个目标的实现,是以出卖永佃权及其转让权为代价的。以它的命根子——土地所有权的一部分去作交换,这个代价还不沉重吗?

---

① 陶煦:《租核·重租论》。
② 同治《雩都县志》卷 13《艺文》。

二、地主经营方式和租佃方式的多样性

清代地主有把土地出佃的，有雇工生产的，每一种方式各有其特点，兹分别叙述如次：

（一）出租及出租地主

地主把土地出租给佃农，自身居住在原籍的乡村里，这是千百年来的习惯，清代大部分地主依然如此，无庸多作说明。这种人是"乡居地主"。另有一些地主，居住在本籍或他乡的城市中，不妨叫他"城居地主"，他们倒更能反映清代出租地主的一些特质。

乾隆元年(1736)，礼部侍郎方苞在《请定经制折子》中写道："约计州县田亩，百姓所自有者，不过十之二三，余皆绅衿商贾之产，所居在城，或在他州异县，地亩山场，皆委之佃户。"①按照他的意思，城居地主占有大量土地，他们人数众多，成为地主的主要成分。方苞的话有一定的虚夸成分，城居地主没有那样多。他是安徽桐城人，寄籍上元(今南京市)。他说的情况，如果理解为：全国各地都有那么一批城居地主，而江南又多一些，大约是比较接近实际的。在南方，特别是经济相对发达的地区，地主在城中居住的就是多一些，雍乾时人赵锡孝讲："江南烟户业田多，而聚居城郭者什之四五。"②表明方苞之说不是孤立的了。嘉庆《芜湖县志》写了一则风俗："居城食田之家，召农佃耕之，计亩定额。"③云云。如若城里地主不多，就形不成这种风习了。苏州人顾禄说："官仓完纳漕粮，竟有先乡后城之例。"④官吏先到农村征收钱粮，然后收纳居住城内的地主的赋粮，为什么这样呢？因乡村的农民交了租，城中的地主才能完粮，他不像乡居地主，就地收租，这一段空间差，就需要有个时间来弥补。苏州府为顺利征税，根据具体情况，定出先乡后城的办法，这种成例的产生，恰是城居地主众多的表现。

地主居城，必须有相当的经济条件，不是一般地主所能做到的。城中住

---

① 方苞：《方望溪先生全集·集外文》卷1。
② 贺长龄、魏源编：《皇朝经世文编》卷33《徭役议》。
③ 嘉庆《芜湖县志》卷1《风俗》。
④ 顾禄：《清嘉录》卷10《收租完粮》。

宅,不易置办。常州府的靖江县,"郭中地,亩四五百金,非世族巨室不得占"①。城中生活,开支很大。康熙朝大学士张英精于总结地主生活经验,他认为居住城里,至少要有"二三千金之产",因为薪炭、菜蔬、鸡鸭鱼肉、咸菜等生活用品全要购买,而人情应酬又多,没有大量的金钱,就不能维持生活。②事实上,有的地主就因经济败落,不得不离开城市,回到农村。如宜兴任泰家住城里小东门,其祖父、父亲先后死去,他的族叔任慕刘就给任泰母亲出主意,把城里房屋典当出去,回到农村去,因"乡间较易度日"。任泰母子听了他的话,迁回乡村。③苏州顾长源家"本素封,城居后家渐中落"④,遂移徙故里。看来是素封者才徙城居。像方苞,在江苏高淳有田二百亩,在原籍也有同样数目的田地。⑤像钱宾日,秀才,"饶有家业,居于城西,夏秋往乡课耕,冬春入城应酬"⑥。又像武进胡浚,"家故饶于资"⑦,居城内,有时厌城市之繁杂,到农庄上走走。城居地主,应如方苞所说,绅衿商贾为多,他们多是大、中地主,有的且是官僚,或有功名。城居地主属于地主阶级的上层。

城居不易,而地主何以乐于定居呢?无锡县有个郑姓地主总结治家之道,提出"五要""五戒"的经验,他的第五戒就是不要在乡村居住,理由是:"谚曰:'乡间柴火贱,只怕子孙愚。'居住乡村所见所闻,无非种田事业,祖褐课程,习惯自然,城中街坊大道,衣冠束带,不失斯文之体。"⑧在"城郭则贵贵而尚智,乡村则贵富而尚力"⑨的社会风气下,地主而要城居,是谋求社会地位的提升,或巩固已有的地位,这主要是绅衿的思想和追求。

城居地主离开他的土地,自己不管业,交由家人经理。像仅有几十亩田的小地主甘宏裕,住在江宁城内,令仆人孙祥办理田务。⑩道光中包世臣说苏州

① 《古今图书集成》卷715《常州府·风俗》。
② 张英:《恒产琐言》,载《皇朝经世文编》卷36。
③ 民国《宜兴筱里任氏家谱》卷9之六《显姚唐太安人行述》。
④ 沈德潜:《归愚文钞余集》卷5《谢贞女传》。
⑤ 方苞:《方望溪先生全集》卷17《甲辰示道希兄弟》;《集外文》卷5《与刘言洁书》。
⑥ 戴束:《熙怡录》,载《虞阳说苑》乙编。
⑦ 《毗陵胡氏宗谱》卷3《曾祖绍南公暨曾祖母陈孺人传》。
⑧ 《荥阳郑氏大统宗谱》卷3《四琏子格言》。
⑨ 光绪《常昭合志稿》卷6《风俗》。
⑩ 甘煦:《白下琐言》卷5。

大地主"姬妾管庄"①。他们或下乡收租,或令佃户进城纳租。苏州人石韫玉诗云:"催租人来廪无票,城中歌舞村中哭。"②吴蔚光《东乡谣》:"业主下乡来催租,我子无裤妻无襦。无襦无裤更无米,还有邻家卖妻子。"③均较生动地反映了城中地主下乡收租的事实和恶行。

城居地主的经营方式,尽管与乡居地主同是采取租佃制,但与后者又有所差异。他们完全不管农业生产,连所谓"课耕"也极少进行,而派出的管庄到乡间唯知鱼肉佃户,更加重了佃农的负担。即如华亭县有个小地主秀才陈贤,有六亩田交佃农潘五十耕种,每年收租米三石,后托吴世昌代管,吴却非要收米三石五斗,以便他从中渔利五斗。④所以这种租佃制极大地破坏了生产力的发展。城居地主身在闹市,易于追求享乐,不仅完全脱离农业生产,也不能像在农村,种植蔬菜、豢养家畜家禽,一切靠购买,具有更大的寄生性。从生产与消费来讲,城居地主是地主中最腐朽、寄生性最强的阶层。当然,如果他们兼营商业和手工业则是另外一回事了。

(二)雇工经营

清代的经营地主有多种方式,有的是雇用工人来生产,所雇有长工、季节工、日工等各种类型。有的是包工制,雇主令雇工包种一定面积的土地,给予工钱,不管饭食。如四川荥经地主刘王氏于嘉庆十五年(1810)将一片山地给赵月才、赵月灿、赵贵包锄,工价银九两。次年又把水田给罗发包种。⑤这种包含租佃制的成分,不是经营地主的典型形态,因此雇工经营才是应当注意的重点。为叙述方便,先制"地主雇工经营简况示例表"。本表资料全部选自中国第一历史档案馆藏清代内阁题本档案,事情均发生在乾嘉时代,表中不再注出时间;表中雇工皆系长工,该雇主同时还雇有短工的,则在备注中说明:

① 包世臣:《安吴四种》卷32《齐民四术·吴谚》。
② 石韫玉:《独学庐初稿》诗卷1《云留旧草·布谷》。
③ 张应昌编:《清诗铎》卷7,中华书局,1960年,第204页。
④ 档案,嘉庆三年,第70包。
⑤ 档案,嘉庆十七年,第51包。

地主雇工经营简况示例表

地区	雇主		雇工姓名	年工价	备注	资料出处
	姓名	身份				
甘肃固原	贺世花		文嘱珍、王别旦子、陆依依宁、徐文喜		徐丁丁子为牧羊童工 贺世花长子贺清太为童工	嘉庆二十年 45 包
直隶交河	王淑贤	贡生	彭桂、杨自立		短工马玉成	嘉庆三年 54 包
四川蓬溪	叶友		王老四、叶盛安		短工黄世陇、易潮鳖	嘉庆元年 28 包
直隶多伦	范兴尧		董明河		短工范成喜	婚姻类嘉庆 106 包
贵州遵义	徐士贵		徐恩仁		兼并土地	嘉庆十七年 58 包
广东信宜	俞平一	生员	陈亚三		出租耕寮	嘉庆三年 60 包
山东巨野	李添成		曲化能	5 千文	曲致死李，以凡论	嘉庆十七年 64 包
奉天府	李世瑚		力宝、六十一			嘉庆 3021 号
河南商丘	王昌氏		王六	6.5 千文	东伙尔我相称，雇工杀死雇主，以凡论	嘉庆 3026 号
河南内黄	吴日增		陈大智	京钱 10.5 千文	同上	嘉庆 3070 号
广西贺县	黎理		宋炜	2.4 千文	雇主致死雇工，以凡论	嘉庆元年 36 包
山东峰县	王兴年		徐振邦	20 千文	东伙尔我相称	嘉庆元年 54 包
广西永淳	招朝光		滕亚五、何亚石（牧牛）			嘉庆元年 56 包

453

地区	雇主		雇工姓名	年工价	备注	资料出处
	姓名	身份				
福建始兴	伍三满		胡老人	8千文	无主仆名分,胡致死伍,以凡论	嘉庆3155号
奉天府承德县(沈阳)	左三		国殿荣	60千文	国领短工干活	嘉庆3150号
广东阳江	王子敬		钟亚奉	4石谷		嘉庆3157号
湖北当阳	田士咨		宋良松		田子致死宋,以凡论	嘉庆元年40包
福建台湾县	陈邱氏		方妈保	20石谷	方致死陈邱氏,以凡论:	嘉庆3225号
奉天铁岭	石勇来		吴二小		另雇杨保子放猪	嘉庆元年38包
直隶永清	支梦陇	已革武生	范三	6.6千文	东伙兄弟称呼,支致死范,以凡论	嘉庆元年69包
奉天承德县(沈阳)	觉罗亮山		杨三、刘富维、李德兴、关德保	55千文	杨三与主人不敢尔我相称,殴死主人分居胞弟,依雇工人殴家长期亲属绞律监候律论死处	嘉庆元年40包
广西岑溪	李子发		钟胜才	2.5石谷		婚姻类嘉庆104包
吉林	王富臣		徐某		徐领带短工干活	嘉庆元年54包
河南商丘	张岭南		刘万仓	6千文	东伙尔我相称	嘉庆元年28包
山西介休	程廷凯		武应柱、许全德、温振山			嘉庆3044号
江苏丹阳	吴德玉		吴民科			嘉庆十七年64包
陕西宜君	罗英会		魏福成儿	3千文		嘉庆二十年44包
云南思安	安起车		王腊			嘉庆元年10包
四川叙永厅	黄中立	监生	余廷怀、廖长生		短工阿则	嘉庆十七年45包

注:以上资料除笔者搜集的外,尚有一部分是笔者与南开大学历史系 1979 级部分本科生和 1982 级清史研究生在中国第一历史档案馆与该馆合作搜集。

检阅上表,我们得出如下印象:

第一,地主雇工经营,具有一定的普遍性。当时各直省及奉天、吉林处处都有雇工生产,偏僻州县、边疆和少数民族地区概莫能外。地主雇用农工,在中国早就发生了,不过清代出现的更多一些。

第二,地主经营规模不大。表中地主所雇工人,多的四五人,一般只有一二人,再加上一二短工。当然,他们或许还另有工人,不过资料不全,不能肯定。如果以两三个工人计算,加上地主家的一些劳力或辅助劳力,他们能耕种的土地不会太多,所以大多数经营地主是小规模的生产,经济力量不会雄厚,只有贺世花、觉罗亮山等人可能是中等规模以上的经营地主了。

第三,经营地主的身份不高。他们中有功名的人如王淑贤、俞平一等是极少数,大多数是平民,与雇工尔我相称、同生共食,处于共同的法律地位;他们之间的纠纷,除了觉罗亮山与杨三一案,都是以凡论断。所以经营地主来自平民,有的人可能是农民发家升上来的。

第四,他们管理生产。有的经营地主的家属参加生产劳动,他们大多组织生产,有几则档案以外的资料尽可说明这个问题。江苏昆山人张士仁"治田尤有法度,当昧爽督佣保,趋田中力作,莳艺芸蓐"[1]。武进高士荣是"业农以勤俭起家"的人,"早起督家人桔槔"[2]。俞绍"督家僮治田甚勤,盛夏日卓午,辄戴一笠,巡行畦间,呼咤指挥,汗如雨不倦"[3]。他们有一个共同点,按季节组织生产,尽量驱使工人干活儿。

第五,关于工价的分析。各地工价有所不同,同一地区或邻近地区有所接近。东北工价高,达五六十千文,这里劳动力相对少些,可能就是劳动力价格高的原因。江南、山东邻界,有三例在五六千文之间,一例二十千文,五六千文应是一般价格。广西工价低,二千多文或二石多谷。遗憾的是,提供这些工价的资料,都没有交代雇主的耕种面积、产量当时粮价的情况,使我们无法了解劳动生产率及剥削率,更无从了解经营地主所获得的利润。

经营地主的经济能否发展,就是要看雇工剩余价值的多寡及其与地租量的比率大小。明朝末年,浙江沈某曾为地主经营生产算过一笔账。他以雇长工

---

① 钱仪吉辑:《碑传集》卷144;沈德潜:《张孝子士仁传》。

②《毗陵高氏宗谱》卷15《永业公传》。

③ 徐珂辑:《清稗类钞·农商类》,商务印书馆版,第17册第8页。

一人的生产计算:年工价银三两,吃米五石五斗,合价银六两五钱,盘费一两,农具折旧费三钱,柴酒一两二钱,通计十二两开支。一个工人种地四亩,生产价值四两,种田八亩,除赋粮外,剩米八石,值银十两。此外有田壅、短工之费,以春花稻草抵之,基本相当。按他的说法:"毫无赢息,落得许多早起宴眠,费心劳力。"①他对收入方面的计算有遗漏,如副业的收益并未计入,显然没能比较准确地反映地主经营的实况。到清朝后期,苏州人陶煦的核算方法比沈某有了进步,他按一工治田十亩计算:

支出部分:

佣工食米 5.5 石	每石 1800 文	共 9900 文
佣工其他食用费		12500 文
佣工工钱　合米 6 石		合钱 10800 文
农具折旧费		800 文
肥料费		5000 文
共计		39000 文

收入部分:

春熟	9000 文
秋熟	43200 文
稻秆等	8800 文
共计	61000 文②

由此可知:

工价	33200 文	占收入的 54.4%
生产费用	5800 文	占收入的 9.5%
盈余	22000 文	占收入的 36.1%

陶煦与沈某计算不同,结论也就不一样。沈某是无利可图,依陶煦算法,工价尽管仍占到收益的一半以上,但盈余也不少,为收益的三点六成。沈、陶

---

① 《沈氏农书》,见《学海类编余集》六。
② 陶煦:《租核·减租琐议》。

计算的差异,在工价上并无大差别。陶煦把食用部分计算得多,而地主尚有不少盈余,收益总量增加了,这可能是清代地主加大了雇工的劳动量,创造了较前为多的价值。从沈、陶计算结果的不同,我们理解为清代经营地主比明末有利可图,这也是这种经济在清代有所发展的原因。

出租地主的收益一般为收成的一半,经营地主的三点六成比它要小一些。前者是安坐而得,后者要劳精费神;前者不论年景好坏而稳获收益,后者则要靠天吃饭,经营有风险,两相比较,还是前一种方式比后一种对地主更有利,这就大大限制了地主向经营方向发展,从而墨守出租旧制。所以当时就有人反对经营,自称对"农工之事了如指掌"的钱泳说:"……若雇工种田,不如不种,即主人明察,指使得宜,亦不可也。盖农之一事,算尽锱铢,每田一亩,丰收年岁不过收米一二石不等,试思佣人工食用度,而加之以钱漕差徭诸费,计每亩所值已去其大半,余者无几;或遇凶岁偏灾,则全功尽弃。然漕银岂可欠耶?差役岂可免耶?总而计之,亏本折利,不数年间,家资荡尽,是种田者求富而反贫矣。"①出租、经营两相比较,出租方式总在吸引着地主,有的人就以经营不及出租而改变方式。所以地主采取经营方式的虽在逐渐增加,但速度极其缓慢,它始终处于次要地位,而不能同出租方式并驾齐驱,更不要说超越了。

地主雇工经营,生产能力比一般农民要高,劳动力强壮,畜力足,肥料多,较易合理经营,掌握农时,因而能够提高生产量。经营地主生产较多,产粮除自身及佣工食用外,尚有富裕,而它比一般农户需要购买的东西多,支出工钱也要用货币,为此必须及时地把剩余的粮食卖出去,这就是说这种经营既提供了商品,又要购买商品,它活跃了贸易,促进着商品经济的发展。

(三)地租形式的多样化及其向货币地租发展的趋势

清代地主对佃农的收租,大多采取历久相沿的生产物地租形态,即实物租,在商品经济和其他条件还没有充分发展的情形下,不可能有其他形态来取代它。清代,在商品经济最发达的地区之一苏、松两府,实物租仍占统治地位。前述清朝政府在苏州征收漕粮的"先乡后城"事例,直接反映政府收取一部分粮食,与本问题无关,不去管它。然而"先乡后城"事例的出现是以地主收实物租为前提的,是在允许城里的地主收到租粮之后,再交税粮,这就表明苏

① 钱泳:《履园丛话》卷7《种田》,中华书局,1979年,第185页。

457

州城居地主基本上是采用的实物地租制。城居者需要一定数量的货币,尚且征收实物,处在乡间的地主收粮食就不必说了。道光十三年(1833),在江苏做巡抚的林则徐上了一个请求缓征钱粮的报告,他的理由是该省连日阴雨,稻子不好收割,即使收了的,也是霉烂碾不出米来,所以地主尚"未得收租",故而交不了钱粮。①他是在当地实行生产物地租的前提下,谈赋与租的征收关系问题。不待言,直至鸦片战争前夕,江南还是生产物地租占主导地位。商品经济较为发达的江南尚且如此,全国更是这样了。

中国实物租的传统办法是分成制,大多又取对分法,如董仲舒所说:"或耕豪民之田,见税什五。"②清代,"贫民无业,贷田于富人,获之时,计其入,而以半为租"③的记载,层出不穷;乾隆中福建上杭农民在罗日光的领导下要求四六分租,无一不表明对分法的分成制仍占据着重要地位。但是定额租制在清代有很大发展,在关于租佃纠纷的档案资料中屡见不鲜。在实物租中,比较多的是定额制,而不是分成制。分成制下,佃农增加生产,地主随即按比例多得地租,干落好处,佃农不乐意,因而影响生产情绪。定额制下,佃农增产完全归己,与地主毫不相干,这就能刺激生产积极性。所以定额租制的发展是好事,有利于生产力的提高。

货币地租产生较早,但发展迟缓。最初出现在官田中,经济作物田中,有的还采取了折租的形式。到了清代,地主征收货币租的明显地多了起来。清代,除部分官田继续收取货币租,一些以"集体""公益"名义出现的地主,如祠堂、善堂、书院等机构,对货币租有较大兴趣。如浙江山阴(绍兴)王氏宗祠将祭田实物租改为货币租,原因是"旱涝不时,多寡不等,计米收租,殊难画一",而改行货币租,则可保证丰歉"无盈缺"。④私人地主也有的改而收取金钱。经济作物不能食用,凡属较多种植的皆为出卖,在这种田上收货币租极为自然,只有在民间的粮食作物田上实行货币租制,才真正标志着它的发展。清代,私人地主在粮田上收取货币租的也多了起来,但究竟多到什么程度,也有限。清朝后期陶煦讲苏州的地租形态:"最可异者,纳租收钱而不收米,不收米而故

① 林则徐:《林文忠公政书》甲集《江苏奏稿》卷2《江苏阴雨连绵田稻欠收情形片》。
② 《汉书》卷24《食货志》。
③ 同治《霍邱县志》卷3《物产》。
④ 《中南王氏宗谱》卷首《条规》。

昂其米之价,必以市价一石二三斗或一石四五斗之钱作一石算,名曰'折价'。即有不得已而收租米者,又别有所谓'租斛',亦必以一石二三斗作一石。"①这是地主不收生产物,非要收货币,而农民没有金钱,则要加大实物量。这同鸦片战争以前林则徐所描述的,恰成鲜明对照,即在苏州,货币租原不流行,而到清末有大发展,如果由这里窥测全国,鸦片战争前,地租形态在从实物租向货币租进行某种程度的转化,但货币租尚很幼弱,实物租占居绝对统治地位。

清代,少数地主对劳役租的某些内容恋恋不舍,频加使用。河南汝宁府地主把佃农视为佃仆,"肆行役使,过索租课,甚有呼其妇女至家服役,佃户不敢不从者。且有佃户死亡,欺其本家无人,遂嫁卖其妻若子,并收其家资,占以为利"②。洪亮吉外祖父家的佃户马爵侯,每年都为地主家舂米,"辄数月乃返"。③山东牟平佃农到地主家服役,不给工钱,只管饭,有的地主只备一二小碗,佃农吃不饱也得干活儿。④至于像安徽宁国府的"世仆"、徽州府的"伴当",为主家承担吹鼓等"贱役",为众所周知,不必细陈。

清代地主对各种地租形态均加利用,而尤有兴趣的是实物租的定额制,他们喜爱货币租的苗头也开始显露出来。

清代地主在经营方式和租佃方式的运用上,呈现出多样性和灵活性,也表现出这个阶级的一些属性。采取出租制的城居地主,是它的上层,也是它的腐朽阶层,反映了地主阶级的衰落。和它形成鲜明对照的是经营地主,多为中小地主,是这个阶级的下层,它注意生产,活跃商品经济,具有某种活力。经营地主中的绝大多数和所雇工人中的绝大多数,在法律上又是平等的,佣工基本上具有自由应雇的权利,所生产的物品又部分地投入市场,含有为出卖而生产的成分,这些因素如若得到充分发展,一部分经营地主就可以转化为资本主义农业家。它一旦转化,就成为传统社会经济形态的分解因素,所以经营地主是其所属阶级的活泼因素。但是它不表示这个阶级的活力,而恰是地主阶级衰落的征兆。城居地主与经营地主从两个侧面反映了清代地主阶级处在衰落境地。

---

① 陶煦:《租核·重租论》。

② 嘉庆《汝宁府志》卷23《艺文》。

③ 洪亮吉:《外家纪闻》。

④ 郝培元:《梅叟闲评》卷4,见《郝氏遗书六种》。

三、地主构成及其复杂化

清代地主阶级成员构成上,呈现出复杂的状态。从政治身份上讲,包括上自皇室、贵族、绅衿的特权阶层,以及具有某种免役权的事业性地主,下迄平民地主。从地主经济力量上分析,存在着大中小之别。从地主来源和管理形态上看,有私人地主,有拥有公田的国家地主,有土地集体所有的地主型,即寺院、宗族、学校、善堂地主。从职业上考察,商人、高利贷者、官员、举贡生监兼为地主。笔者综合以上情况,对清代地主的构成作如下说明。

(一)平民地主

这里所说的平民地主,是从政治上讲的,从占有财富上观察,它是中小地主。它在人数上占地主的绝大多数。由于一些研究者认为清代土地高度集中,少数大地主兼并了土地,易于令人产生错觉,以为中小地主和自耕农很少。实际情况并非如此。在清人史料中,确实有这一类的记载:"富豪之家,田连阡陌"[1],"庄户之贫富悬殊,田亩之多寡各别"[2],"田亩多归缙绅豪富之家,小民所有几何"[3],"近日因之归于富室者,大约十之五六"[4],甚至可以举出若干特号地主的例子,如"怀柔郝氏,膏腴万顷"[5],徐乾学"买慕天颜无锡县田一万顷"[6]。这些万顷户,大约都是子虚乌有先生。慕天颜历任江苏布政使、巡抚、漕运总督,按清朝制度不许官员在任所置田,他怎能在无锡占有万顷土地而又转卖给徐乾学呢?再说无锡全县也不过万顷耕地,怎能全被霸占?!所谓徐乾学买慕天颜万顷土地,是副都御史许三礼题参徐乾学的过甚之词。怀柔郝氏是否确有其人,是否实有万顷良田,已有研究者提出怀疑。[7]暂把万顷户、数千顷户放下,看一看清人对富户的理解,《毗陵胡氏宗谱》胡永禄传记的作者谓传主"市田宅,拓产数百亩,增屋数十楹……里党咸称为素封之家"[8]。胡殿辅

---

① "王录"康熙朝卷45,"二十九年六月癸酉"条。

② 光绪《武阳余志》卷6《碑示》。

③ "王录"康熙朝卷73,"四十三年正月辛酉"条。

④ 《皇朝经世文编》卷39《陈明米贵之由疏》。

⑤ 昭梿:《啸亭续录》卷2《本朝富民之多》。

⑥ "王录"康熙朝卷44,"二十八年十月癸未"条。

⑦ 参见张羽新:《怀柔郝氏辨正》,《清史研究通讯》1983年第1期。

⑧ 《毗陵胡氏宗谱》卷3。

传记作者说传主"拓地数顷，富甲一乡"①。有几百亩田，就可以称为"素封之家"，就是一乡首户，可见称得起巨富的，并不一定是千顷、万顷的，数百亩地就可以是一个大地主了。明末清初浙江人张履祥的朋友徐敬可有田四顷，张就此而论："三吴之地，四百亩之家，百人而不可得其一也，其躬亲置者千人而不得一也。"②可见拥有数百亩田产的人数之少和积累土地之难，中小地主的田产更少。常州武进张大南及其妻周氏"内操作，外经营"，"由是家道日隆，田增数十，房置数间"。③同县钱企曾妻蒋氏家本不富裕，由于"朝夕经纪"，"家日丰"，"渐置良田数十余亩"。④所谓"日隆""日丰"之家，不过有田数十亩，显然这是小地主，不过在人们的概念中已经是丰裕的了。看来，在南方，占有数百亩以上田地的人家是大地主，一二百亩及几十亩的分别是中小地主。在北方，由于农业经营比较粗放，大中小地主占有田亩数量要比南方为多。总的说来，成千上万顷的人户是极个别的，土地占有状况在地主阶级内部还是相对分散的，中小地主，尤其是小地主，人数最多，在某种意义上说他们是地主的主体。

平民地主在政治上没有法定的特权，属于良人范畴，是平民，不过在实际上对佃农和雇工的人身有所控制，但并没有法律的认可。佃户和田主发生纠纷，只要没有主仆名分，以凡人论处。乾隆起，雇工与地主若无主仆名分，也以平人对待。他们的私有财产及收租制度受到国家的保护，但是一定要纳赋应役，是主要纳税人。

(二)学校地主

雍正元年(1723)，清朝政府统计，全国共有学田三千八百八十六顷，年收租银二万三千多两，米一万五千余石。⑤到乾隆十八年(1753)，学田扩大到二万一千五百八十六顷，收租银减为一万九千余两，米一万一千多石。⑥学田收租，它的所有者就成为地主。学田一般由府州县学经管，使地方儒学成为一种地主，但它只是我们所说的学校地主中的一个组成部分，它还包括书院地主、义学地主。许多府、县设有书院，它们也拥有多寡不一的田地、房产，如安徽霍

① 《毗陵胡氏宗谱》卷4《舅氏作霖胡公传》。
② 张履祥：《杨园先生全集·文集》卷8。
③ 《毗陵城南张氏宗谱》卷4《大南亲翁行略》。
④ 民国《洛阳钱氏宗谱》卷2《蒋氏孺人传》。
⑤ 《清朝通典》卷3《官田》。
⑥ 《清朝文献通考》卷12《田赋》。

邱书院,在乾隆中期有田二百七十一石(合田二千七百一十亩),年收租一千余石。①山东淄川般阳书院,于乾隆二十六年(1761)买田七十三亩,纳税外,每亩收租钱五百文。②直隶遵化州书院,有官地二百三十七亩。③福建台湾县海东书院建于康熙末年,有田四千亩,以后陆续增添。④河南汝宁天中书院,清初有田二顷。⑤四川云阳云峰书院,道光二十年(1840)开办时,即有腴田数十顷。⑥浙江余姚龙山书院,乾隆中创设,有田四顷余。⑦较有名气的苏州紫阳书院,康熙五十二年(1713)创办,至雍正十三年(1735)就有田近九百亩。⑧松江的云间书院,嘉庆末年有田二千五百多亩,荡一千多亩。⑨有些州县村镇,由地方官绅和宗族创办义学,也置田业。如云南昆阳兴旺村海运庵义学,村民于雍正八年(1730)置田三十七亩,年收租米十八石;老高村三皇宫义学,有田地,交税外,收租米十五石;夕阳村观音寺义学,有田二十二亩,交赋后收租米十四石。⑩又如安徽阜阳伍名集义学,有地六顷;中村集义学,于嘉庆十年(1805)用二千两银子置备田产;龙王堂义学和周家棚义学各有地二百八十亩。⑪还有一些宗族建立义学,将在宗族地主部分叙及,这里不赘。清代学校,包括地方儒学、书院、义学,占有一部分田地,出佃收租,构成一种地主。学校所占有的土地,地方儒学的学田占有相当部分,书院和义塾田缺乏统计资料,由于儒学田每个州县都有,而书院、义学则不然,估计它们的土地不会超过儒学田。若以它们田数大约相等计算,学校田业将为二万多项,约占全国税田六七百万顷的千分之三,比重不大。

学校田产的来源渠道较多,一是政府拨给的官田,这在儒学田中较多,书

① 同治《霍邱县志》卷4《学校》。
② 乾隆四十一年修《淄川县志》卷2《学校》。
③ 乾隆五十九年修《遵化州志》卷6《建置》。
④ 嘉庆《台湾县志》卷23《学志》。
⑤ 嘉庆《汝宁府志》卷23《艺文》。
⑥ 民国《云阳县志》卷26《耆旧·邹世文传》。
⑦ 光绪《余姚县志》卷10《学校》。
⑧ 乾隆《苏州府志》卷16《学田》。
⑨ 嘉庆《松江府志》卷30《学校》。
⑩ 道光《昆阳州志》卷9《义学》。
⑪ 道光《阜阳县志》卷6《义学》。

院田中亦有之。二是"系绅衿捐助，或各学臣捐输置买"①，即地方官、绅衿、富贾捐田或捐银购置。如乾隆中贡生杨志申给台湾县学捐田二十一甲，可收租一百六十六石。嘉庆中，光禄寺署正林朝英捐银八百两，购置一百二十四石租额的田地。台湾县典史陈琇等捐献可收三百四十七石额租的田土给台湾府崇文书院，凤山县生员柯廷第亦捐田四甲。②再如会稽生员陈鲁梅捐田十五亩给山阴县学，绅士孙连玉捐田十亩予蕺山书院。③又如乾隆年间广西陆川知县石崇先与绅士置田租二百三十石，建三峰书院。④另如乾隆初徽州籍盐商汪应庚捐银买田近一千五百亩，给扬州府、江都县、甘泉县三学。⑤三是学校靠存银生息和地租积累，扩充田产。上述三途，以一二两项为多，尤以绅衿捐助为大宗。

儒学田一般由府州县学官管理，有的地方因佃户抗租，交给州县政府代管。书院田、义学田，大多由绅衿掌管，如民国《丹阳县志》所说该县鸣凤书院田，"采租办院，向系邑绅经管"⑥。由地方政府代管的，就给胥吏侵渔造成了机会，而严重影响学田的收入。为免此弊，有的地方就把部分学田交给捐助人和乡绅管理，如安徽泾县汪廷铨向县学捐田一百五十亩，开始本人收租交纳，后归官经营，胥吏侵欺，署县令江恂令"助田之家与乡绅士等会同管业"⑦，后又交汪氏宗祠代管。

书院田、义学田为绅衿、巨贾和其他富有者捐献并归他们管理，采用租佃制收租，并向政府交纳赋税。这种田不属官产，仍是私田，这种地主应视为私人地主。儒学田性质复杂一些。清代官书《清朝通典》讲到官田时说："官田之制，凡耕田及在京坛墠、直省社稷、山川厉坛、祠庙寺观、文庙、学校等田，并部寺公用田、太仆寺牧厂及在官地，均为公田，除其租赋。"⑧把学田列入官田，不纳赋税。光绪《大清会典》讲到各省学田有区别，其中直隶、山东、江苏、安徽、江西、福建、浙江、湖北、湖南、四川、云南十一省学田"即在民田数内"，山西、河南、陕西、甘肃、广东、广西、贵州七省，"则于民田之外另设学田，免其民田

---

① 档案，顺治朝，第 3 包 46 号，户部尚书巴哈纳题本。
② 嘉庆《台湾府志》卷 3《学校》。
③ 嘉庆《山阴县志》卷 19《学校》。
④ 民国《陆川县志》卷 9《书院》。
⑤ 嘉庆《扬州府志》卷 19《学校》。
⑥ 民国《丹阳县志》卷 10《学校》。
⑦ 嘉庆《泾县志》卷 7《学田》。
⑧ 乾隆《清朝通典》卷 3《官田》。

科则"①。学田是否为官田,标准就在是否纳粮,如此看来,大部分学田是纳粮的民田。总起来说,学校地主是私人地主,它与单个地主不同的是它为地主群体,它的所有制具有地主集体所有的成分,或者也可以勉强地说是一种地主集体所有制。

学校收入,除交纳钱粮外,有五大项用途:一是修缮学宫及祭祀费;二是书院、义学的山长、塾师、差人、佣工等人的薪资;三是廪生费、赈济贫生费,或给所有学生膏火费;四是所有举人、秀才、童生应试费用,如试卷灯烛费、盘费;五是奖励举贡生童,给予乡会试中试者,岁科两试优异者,会课、月课优胜者花红钱或奖金。学校地主多方利用经济手段,培养人才。

学校的土地很不稳定,不断增加,不断丧失。像华亭县学在明朝末年有田一万一千二百亩,至清朝嘉庆时散失得只有七百亩。②又如安徽泾县书院,乾隆中存田只及原额的百分之二三十,它的去向是"豪强吞并,宵小侵蚀"③。乾隆六年(1741),下令免去福建闽县"无著学田租额"④,就是清朝政府承认学田被侵蚀的事实。学田的增减不常,说明这个地主是不稳定的。

(三)宗族地主

宗族势力在中国有着悠久的历史,它能够长期存在,同其具有的经济基础有关,这就是宗族经济。

宗族经济主要是土地,它的占有形式和用途不同,名目也有别。祀田,又称祭田、祠田、烝尝田,为宗祠所有,数量多少不等。一般不太多,几亩以至几十亩、上百亩。出佃收租,或者交给族人轮留耕种,也要交租。收入用于修理祠堂、坟茔和全宗族的祭祀。若为族内某一房的以至个人的祀田,则专用于该房、本主的祠祀。赡族田,又叫润族田,祠田办祀而有余财,则可为宗族办理公益事业,也有人捐田数十亩或一二百亩,专做宗族公益之用。大体上是赈济贫乏,兴修义仓,建设家庙。只有少量润族田的宗族的赈济,多是单项的、零星的,数量有限,有的人不以此为满足,而谋求建设义庄,以发展宗族经济。

关于义庄,请先看"义庄简况一览表":

---

① 光绪《大清会典》卷 17《户部》。
② 嘉庆《松江府志》卷 31《学校》。
③ 乾隆《泾县志》卷 3《书院田》。
④ "王录"乾隆期卷 13,"六年三月辛巳"条。

义庄简况一览表

设庄时间	地区	义庄名称	建庄人		建庄史	庄田（亩）	义学及田（亩）	资料出处
			姓名	身份				
乾隆	江苏长洲	宋氏义庄	宋宗元	光禄寺卿		1400		彭绍升《二林居集》卷10《仲舅光禄公葬记》
乾隆	江苏长洲	陆氏义庄	陆肇域	监生	先世已经营	500	设家塾	任兆麟《有竹居集》卷13《请题陆肇域设立义庄议叙呈词》
道光初	江苏吴江	周氏义庄	周光讳	候选员外郎	先有赡族田300亩	1000		光绪《吴江县续志》卷19《人物》
道光十八年	江苏元和	丁氏济阳义庄	丁锦心	捐纳州同晋同知	其父半帆业商置买300亩	1000	301亩（后建）	民国《吴县志》卷314义庄。
雍正	江苏华亭	张氏义庄	张照	礼部侍郎	其祖淇已经营	1000		《国朝先正事略》卷14《张文敏公事略》
嘉庆	江苏奉贤	庄氏义庄.	庄四得	职员		1000		嘉庆《松江府志》卷16《公建》
嘉庆	江苏常熟	杨氏敦本义庄	杨岱	捐布政司理问		1000	1000亩	邓琳《虞乡志略》卷6《第宅》
嘉庆	江苏常熟	临海屈氏义庄	屈成霖		四世而成	1300		光绪《常昭合志稿》卷17《善举》
道光	江苏常熟	龚氏义庄	龚钟	监生	二世而成	1300	另有义学	龚文浦《唐市朴志》卷上《善举》
乾隆	江苏武进	过氏义庄	过廷棅	布政司理问	相过人秀为农民，置田百亩赡族	1000		《锡山过氏浒塘派迁常支谱》卷1，光绪《锡金县志》卷25
嘉庆	江苏无锡	严氏义庄	严昭	家业衣赏从九品顶戴	二世经营	500		《莘一斋文集》卷14《公觐严翁传》
道光	江苏无锡	礼社薛氏义庄	薛云从	世为素族	四世经营			同上，卷9《薛氏义庄记》

设庄时间	地区	义庄名称	建庄人 姓名	建庄人 身份	建庄史	庄田（亩）	义学及田亩	资料出处
道光	江苏泰兴	丁氏义庄	丁椿	庐州卫守备		1370		光绪《泰兴县志》卷8
康熙	浙江会稽	陈氏义庄	陈益虞		二世经营	160		雍正《浙江通志》187
乾隆	浙江会稽	杜氏义庄	杜承节		四世经营	1000		道光《会稽县志稿》卷18
嘉庆	浙江鄞县	徐氏固本义庄	徐桂林				义学书院	民国《鄞县志·政教志·子编·救济事业》
道光	浙江鄞县	朱氏义庄	朱孝经			300	义塾	同上
乾隆	安徽歙县	吴氏义庄	吴禧祖	奉宸苑卿	吴邦伟助之	1000		乾隆《歙县志》卷7、卷13
乾嘉	安徽六安	晁氏义庄	晁当仁		三世经营			《养一斋文集》卷9《六安晁氏义庄碑记》
嘉道	安徽庐江	章氏义庄		太常寺典簿衔		3000	义学	《魏源集·庐江章氏义田记》，中华书局版第502页
道光	安徽桐城	马氏义庄	马树章		二世经营	200		马其昶《抱润轩文集》卷11
乾隆	江西新城	陈氏义庄	陈道、陈守怡	进士，兵部郎中	三世经营	2000		同治《新城县志》卷3
嘉庆	山东牟平	曲氏义庄	曲克忠	素族	二世经营		义学	《安吴四种》卷29《宁海曲氏义庄规约序》
乾隆	广西陆川	连氏义庄	连恒山	县令	二世经营	1880		民国《陆州志》卷11
	苏吴县	范氏义庄	连颐山	以捐义田议叙候选知州同	宋范仲淹建，后裔维持扩建	3000	文正书院1100亩	

466

从上表可知,义庄分布于江苏、浙江、安徽、江西、山东、广西等省,其实其他省份也有,不过不一定叫"义庄"。义庄的设立,据嘉道学者、知县李兆洛讲,"已遍天下"①。比他略晚的冯桂芬也说:"今义庄之设普天下。"②义庄的土地,从表上所见,总在千亩上下,它的事业决定了,没有几百亩以上的土地是不可能开办的。拥有数百亩以上的土地,是大土地占有者,至少也是中等土地占有者。据民国间修撰的《吴县志》卷31《公署》所载,在清代苏州府长洲、元和、吴县三个首县中,自清初至道光十八年(1838)立案的义庄有二十六所,共有田二万五千亩。又据乾隆中编纂的《苏州府志》卷9《田赋》揭示,当时长洲、元和、吴县三县共有税田二百零五万三千多亩。把这两个数字按百分比计算一下,义庄田占到全部垦田的百分之一点二二。仅仅二十六家,就达到这样的比重,它们当然是大土地所有者。

义庄表中已列出义庄而兼设义塾,并具有学田的也很多,有的上百亩,乃至千亩。此外有不能建义庄,而特设宗族义学的。在江西,巨族"俱设有学田,随其士之多寡而分之,至已仕乃止,励读书而养廉隅,莫此为善"③。大学士朱轼家族的长老对他说,要使宗族兴旺,必令"族之子弟尽力于学",为此则须"设义学聚而教之",于是他们合谋捐金置田,延师授课。④诸暨秀才周梦彪"捐田三百亩入家塾义学"⑤。泾县人贵州巡抚朱静斋为其祖父置祭田百亩,后改为"资读田"⑥。旌德任铨叶"家贫力田自给,雅爱读书",和他的儿子共同努力,建立肯堂书塾,置膏火庄田百亩。⑦宗族义塾也具有或多或少的土地,成为地主。

至此,我们明了宗族地主经济包括祭田、赡族田、义庄田及义塾田,其中以赡族田和义庄田为主要成分。义庄地主散布全国各地,哪里有聚族而居的宗族势力,哪里就有宗族地主。清代,长江流域及其以南地区宗族势力强大,它的经济力量也雄厚,宗族地主也以这些地方为多,长江中下游则尤盛。

---

① 李兆洛:《养一斋文集》卷9《六安晁氏义庄碑记》。
② 冯桂芬:《显志堂稿》卷4《汪氏耕荫义庄记》。
③ 同治《新城县志》卷1《风俗》。
④ 朱轼:《朱文端公集》卷1《义学记》。
⑤ 乾隆《绍兴府志》卷61。
⑥ 朱琦:《小万卷斋文稿》卷15《先大父祭田记》。
⑦ 嘉庆《旌德县志》卷8《懿行》。

宗族地主是什么性质的呢？魏源说："井田废，而后有公恒产者，曰'义田'。"①乾嘉间常州阳湖人恽敬也说授田不行之后，"君子于私田之公于族者曰'义田'，义田之给于士者曰'学田'"②。他们都把宗族土地视为公田，这是一种怎样的公田呢？需要根据它的来源、经营管理及分配诸方式的状况来确定。

上面的叙述及义庄表，业已透露宗族土地的来源，主要是在职官员、绅衿、地主和富贾捐献的。宗族下层也有献产的，如金陵寡妇甘元迹妻金氏，只有二十亩田，捐出一半做宗祠祭费。③吴江李文表仅有十一亩田，捐七亩为祭产。④显然，这点数量不足以形成宗族经济。宗族经济来自其内部的官、绅、士、富，这是富贵者把他们兼并的一部分土地、金钱转交给宗族。

宗祠设有管理人，有族长，大族或族有经济较多的宗族，另设有各种执事。选择族长要考虑两个条件，一要辈分高、年齿长，二要有德行，所谓"族长虽序行序齿，以有德为主"⑤。这实际上只能由绅衿、地主来充任，事实上也是如此，祭田纯由族长经管。赡族田、义庄、义塾，有的宗族归族长经理，有的分开，另设管理人。特别是义庄，自有组织，往往与祠堂分立。赡族田、义庄田、义塾田，有的由捐纳人或其家庭直接经营，有的交给宗族。组织机构，设立庄正、庄副等执事人。其选用原则是择宗族内"有身家、能干办、励廉节"⑥的人，"有德有才或殷实可托之人"⑦。不用说，只有富人才能承担。原来的捐献者则成为义庄监理人。所以宗族及其经济，掌握在宗族上层的绅衿地主手里。

宗族的土地经营，采取租佃形式出赁给农民，同私人地主一样收取地租，不许佃农抗租，也不许交租时"短欠成色及掺和水谷"⑧。如有拖欠及其他所谓不法之事，即行告官驱逐，另行换佃，或其他惩处。如全椒县汪姓有一石种祭田，嘉庆二年（1797），汪耀宗耕种，欠租钱三千八百文，就把自己的田抵押给祠堂。⑨义田的条例中往往规定收租使用标准斗斛，不得另用大斗大斛酷虐佃

① 魏源：《魏源集·庐江章氏义田记》。
② 恽敬：《大云山房文稿》初集卷 3《沙陇胡氏学田记》。
③ 甘煦：《白下琐言》卷 1，管同《甘节妇传》。
④ 嘉庆《黎里志》卷 8《人物》。
⑤ 《毗陵城南张氏宗谱》卷 2《宗约》。
⑥ 《毗陵庄氏族谱》卷 15《旧定经理祠产各条》。
⑦⑧ 华亭《张氏捐义田奏折》附《义庄条例》，抄本，南开大学图书馆藏。
⑨ 档案，嘉庆三年，第 71 包。

户,这倒反映了不法经管人的加收地租的事实。宗族土田的地租,从分配关系表证明宗族土地所有制是地主土地所有制。

宗族地租的开支,约为五项:一是完纳国课;二是用于族中公务,如祭祀和祠堂、茔墓的维修,撰写家谱;三是赈济贫穷族人,凡鳏寡孤独、老病残疾、丧葬灾浸,有所助恤;四是设义塾,延师施教,给予入学者膏火费;五是祠堂、义庄管理费,给执事年薪、佣人工食钱。顾恤贫宗,是建设义产的主旨,宗族经济确实为此作出大部分支出。此外还有两种得益的人:一是管理人,名正言顺得酬劳金粟,私下侵蚀中饱,或凭职权施威作福,接受族人礼物;二是捐献义田者的家庭,有的施舍者要从义田收入中提取大量费用,如长洲宋宗元设立义庄,"岁收其赢备私用"[①]。俞樾讲过一个故事:江西南安府巨富陈朝赞有产三十万,一日将二十万捐入始祖祠,十万归予支祖祠,约定每年收益,三分之二归宗祠祭祀和赈贫,三分之一归其子孙。俞樾说:"陈翁此举非独高义,抑亦明智也。拥三十万之资于一家,不三十年必尽矣,今推之于一族,而仍使归其所入三分之一,则是使子孙长有十万也。老子曰:既以为人己愈有,既以与人己愈多。其是之谓乎?"[②]从现实的、长远的两方面利益来考虑,对于捐助者都有好处。义田地租既有相当部分落入其原来所有者和管理人手中,这个分配状况也反映了这种土地的私人地主土地所有制的性质。

清朝政府对宗族地主特别加以保护,保障它的财产不受侵犯。乾隆二十一年(1756)定例:"凡子孙盗卖祖遗祀产至五十亩者,照投献捏卖祖坟山地例发边远充军。不及前数,及盗卖义田,应照盗卖官田律治罪。其盗卖历久宗祠,一间以下杖七十,每三间加一等,罪止杖一百,徒三年。"[③]严禁盗卖宗祠财产和义田。义庄的设立,向官府申请备案,政府非常重视,由皇帝亲自承认其合法权利,同时给建庄人以旌表或官职。对祠产和义田,政府特加保护,即使它的建筚者出了事故,哪怕是抄没问斩,这些产业仍留给宗族,绝不没收。

宗族地主与学校地主一样具有不稳定性,它的田产也容易被侵蚀,不能长久保留。乾隆朝侍郎王昶指出,范仲淹建立范氏义庄以来,"仿者相继而起,

---

① 彭绍升:《二林居集》卷10《仲舅光禄公葬记》。
② 俞樾:《右台仙馆笔记》卷1。
③ 光绪《大清会典事例》卷755《刑部·户律田宅》。

而绵延于后世者绝少"①。那些义田,"屡聚而屡散"②。所以义田、义庄、义塾虽能保持一定时间,但总不能持久。

(四)善堂地主

慈善组织,至迟在宋元已有慈幼局、惠老慈济堂等的出现,它们备有田房产业,帮助贫民处理生养死葬之事。这种事业在清朝有了比较大的发展,首先是它的内容范围广阔了,包括:

普济堂。有男女之别,收养五十岁以上贫穷无依靠的老年男女或病人。如乾隆中河南光州普济堂,收养数十名"穷苦不能自活"的男妇,另有庄田二所,收入发给不能进堂的老病者二十人。③山东淄川普济堂,由本地人、候选州同高肇授等捐献和价买土地二顷,收租一百二十多石,给入堂者每月每人谷六斗,盐薪一百文。④雍乾时,湖北夏口厅平民郭光德捐田二十石、银数百两,充普济、育婴两堂费用。⑤

育婴堂。贫困和重男轻女等原因,造成淹毙和遗弃婴儿(尤其是女婴)现象的严重,育婴堂因而出现于各地,负责收养弃婴。江西萍乡育婴堂由知县倡建,嘉庆元年(1796),绅衿捐田五十七亩,收租约二百石。⑥湖南平江育婴堂,由监生陈德行等倡建,并捐银、田,贡生张礼文亦捐田,计田近百亩。⑦

栖流所。一部分失业者游荡于江湖,成为流民。还有灾荒,使难民流离失所。他们影响到社会秩序的安定,政府和绅衿遂以设立栖流所来应对。嘉庆年间安徽太湖县武举张绅、监生戴先春等倡捐四十四亩,建立承平局,"赈流民乞丐"。监生汪发乾等置田二石,设周急堂,"凡过境流民觅食,照人数散给口食"⑧。苏州长洲县栖流所,冬天"收养老病流民"⑨,春天放出清节堂,或名敬节局、儒寡儒孤局、保节局。收养贫苦寡妇,也有田地,如嘉庆初,元和县节孝祠敬节局有田四百七十亩。

_____

① 王昶:《春融堂集》卷48《陆氏义庄碑记》。
② 李兆洛:《养一斋文集》卷9《无锡李氏宗祠记》。
③ 乾隆《光州志》卷31《邮政》。
④ 乾隆四十一年《淄川县志》卷2《公署》。
⑤ 民国《夏口县志》卷14《人物》。
⑥ 同治《萍乡县志》卷2《建置》。
⑦ 同治《平江县志》卷11《公所》。
⑧ 同治《太湖县志》卷4《公局》。
⑨ 民国《吴县志》卷30《公署》。

锡类堂。雍正十三年(1735),苏州知府姚孔锡创建,寻有田近六顷,市房价值二千八百余两,主要是设义园,收埋无主尸体,平时给穷人施药施衣。建堂二年后效果明显,随设广仁堂以辅之。至咸丰时,苏州城内外这类善堂达数十家。其他地方相继效尤,如乾隆末,晋商程先等在四川云阳举办浮尸会,置有田业。①

义渡、茶亭。南方多水,天热,交通不便,行人困难较多,于是"义渡"出现,或设桥,或备舟。桥梁、舟船的维修,船工的食用,均须有来源,有人施田作常年经费。江西于都攀枝渡,明时建,康熙年间尧仲宏、尧亦士为之捐田一百八十石。②湖南宜章人薛孝新特买田三亩八分,施给曹家渡。③陆川岁贡生胡定坤创龙湾渡,并置田租十二石。④茶亭向行路人施茶,亦有固定产业。如石城面坊茶亭、西竹亭,均在乾隆年间建立,前者有田租九十余石,后者有田更多。⑤

社仓和义仓。清朝政府号召各府州县设立社仓,存谷,备荒歉,青黄不接之时平价出粜,或低利出借。其谷来源多为捐纳,亦有捐监的,还有按田捐助的,只有少数地方有田产,因有固定收入。如江苏溧阳永惠仓,乾隆时有田五百亩,收租米二百六十余石。仁惠仓田三百亩,租米近百石。⑥有的地方设义仓,它与社仓不同,是不限于州县,村镇均可建立。嘉庆末松江府义仓有田近八顷,收租米五百石。⑦苏州丰备义仓之田,道光十五年(1835),光禄寺署正韩范捐田一千一百亩,内阁中书潘曾沂捐田二十五顷,二十二年(1842),绅士陆仪捐田荡五十一顷,积田至一百四十九顷。⑧

各类善堂以及义渡、茶亭、义仓都有不等量的土地,成为大大小小的地主。它们散布于全国各地,而以南方为盛。

它们的土地来源,前述各种类型时已提到:有一部分是官拨的,大部分来自民间,而以绅衿富人捐助为多。

---

① 民国《云阳县志》卷20《惠恤》。
② 同治《雩都县志》卷6《关津》。
③ 宜章《曹氏族谱》卷1《计开渡庙田亩》。
④ 民国《陆川县志》卷5《桥梁》。
⑤ 道光《石城县志》卷3《经制》。
⑥ 嘉庆《溧阳县志》卷6《义仓》。
⑦ 嘉庆《松江府志》卷16《建置》。
⑧ 民国《吴县志》卷31、卷70。

它们的管理权操在绅衿手中,属于民办地方公益事业,成立后要经过地方政府批准,有的大机构还报中央政府备案。它们的管事人员,有的由地方政府和绅衿共同决定,而由政府委派,有的径由绅衿确定。其原则是于"绅富中择其身家殷实、才具干练者"①为之。于是形成"绅士为监堂,生员为董事","绅士为监局,生员为司事"的组成结构。②即绅宦为监督,生员管理具体事务。如澎湖育婴堂"系绅士捐资创设,监生林琼树董其事"③。虽说是使用廉洁干练的绅衿,实际是操纵在出资人手中,廉能与否是另外一回事。

善堂一律采取租佃制的方法,佃农一定要按时交租,稍有拖欠,就会被告官严追。陶煦曾把它与私人地主的收租做过比较,指出它的可恶。他说:善堂或名"清节",或名"保婴",而收租子那样凶狠,"独不思租重而农无以为生,虽有节妇,饥寒迫而失守,虽有婴儿,势亦不得不溺,岂所谓作善者也"④。社仓、义仓出贷,名为加一薄利,实际上不一定。如江苏无锡县管理社仓的人贷米,照高利贷者那样取四五分重利,北门外一个姓袁的人,就这样盘剥,被人告发,他花了上万两银子贿赂知县王允谦,结果反坐告发人诬陷罪,佐证人也遭到斥责。记载这件事的黄卬说:"邑之为社长者,多平日垄断罔利之人,但有剥民之心,岂能行利民之事!"⑤在广西镇安府,社仓出贷,以五十斤为一筐,但只给四十五斤,还时交五十斤本贷,加一利五斤,折耗五斤,加筐五斤,共六十五斤,已是三分以上的利息了。当乾隆对缅甸作战时,地方上有购买任务,上司所发价格不足,地方官即制一百二十斤大筐收纳社仓贷谷。⑥这已不是倍称之息,而是将近两倍了。"行善"不善,一些善堂是凶恶的地主兼高利贷者。

善堂的建立,得到了清政府的保护和鼓励。康熙帝接受左副都御史周清原的建议,号召各地建设育婴堂,"以广皇仁"⑦。雍正年间倡导各地设置普济堂、社仓。清政府还制定法规,奖励响应号召的人。凡官员在籍举办社仓、义仓者,给予议叙,加级记录;绅衿民人建立善堂,给予表彰,树立"乐善好施"牌

① 嘉庆《松江府志》卷16《建置》。

② 光绪《常熟昭文合志稿》卷17《善举》。

③ 光绪《台湾澎湖志》卷2《规制》。

④ 陶煦:《租核·重租论》。

⑤ 黄卬:《锡金识小录》卷1《社米》。

⑥ 赵翼:《檐曝杂记》卷3《镇安仓谷田照二事》,中华书局,1982年,第59页。

⑦ 《清圣祖实录》卷224,"四十五年三月丙戌"条。

坊。有的人受到皇帝的旌扬,如淮安人程钟捐田一千亩建立普济堂,乾隆帝赐给他亲书匾额。①管理善堂的董事,享有优免杂差的权利。②

善堂地主和宗族地主,一在社会上,一在宗族内,"赈贫行善"是他们的共同宗旨。土地来源途径、经营方式、管理人员基本相同,它也是地主集体经济,是地主阶级的一个成员,善堂的捐建人、董理人从中受益颇多。

(五)寺院地主

寺院地主是一个古老的地主。在清代,在政府的保护和限制发展下存在着。

清朝皇帝对佛教颇感兴趣,顺治帝信佛弥笃,可能在宫中剃度了(并未出家为僧),使"都门宗风""大振"。③康熙帝巡幸所至寺院,亲予题词。雍正帝自号圆明居士,提倡佛教,亲自参加佛学宗旨的斗争。乾隆帝刊刻七千余卷的佛经,汇成《龙藏》,又将它的一部分译为清书。康熙六年(1667),全国有大小寺庙近八万个,僧尼道士十四万人。④到乾隆四年(1739),清朝政府发给僧、道度牒三十四万张。⑤根据领牒之人准召一个生徒的规定,⑥这时全国至少有六十八万个合法的和尚、道士。此外私自剃度的还有一大批。上百万宗教职业者的生活,由信徒供奉,舍施田地或捐银买地,侵占农民耕地。清朝政府感到这个问题,还在康熙五十一年(1712),左都御史赵申乔指出信徒布施耕地,"以致民田渐少"⑦,康熙帝为此下令禁止增建寺庙。从乾隆时期的统计数字来看,显然禁止效果不是很大。嘉庆十七年(1812)下谕,对僧人"置田召佃"的事,"随时稽查,毋令滋弊"⑧。清朝政府采取鼓励佛教而又限制其扩展经济的政策。

寺观多占有相应的田地。康熙帝和乾隆帝临幸过的苏州圣恩寺,"寺广千余亩""寺园六顷"⑨。震泽通济庵"有饭僧田五百余亩"⑩。高邮长生庵,乾隆中有田十六顷余。⑪这都是大寺庙。各地有许许多多小庙宇,也都有些土地,如江

① 沈德潜:《归愚文钞余集》卷4《淮安普济堂记》。
② 光绪《嘉定县志》卷29《金石》。
③④⑤⑧《清朝续文献通考》卷89《选举》。
⑥ "王录"乾隆朝卷9,"四年六月戊寅"条。
⑦《清圣祖实录》卷248,"五十一年十二月丁卯"条。
⑨ 冯桂芬:《显志堂稿》卷3《重修邓尉圣恩寺记》、卷8《显考春圃府君行述》。
⑩ 乾隆《震泽县志》卷9《寺观》。
⑪ 嘉庆《扬州府志》卷19《学校》。

西瑞金杜窦庵,康熙时有田四十一亩,收租四十五石。①台湾县一地,海靖寺有田五十甲(550亩)、园六甲(66亩),竹溪寺香灯田七十七亩。法华寺田二十二亩,广慈庵田租谷六十五石,弥陀寺租七十二石。②还有家庙,由建造者施田,如江阴袁氏家庙大悲庵,袁尔和设立,施田八十余亩。③

寺院土地有由僧人耕种的,但大多数是出租,成为僧侣地主。他们平日宣称以慈悲为怀,普渡众生,但一收租,就改变了面貌。云南永北厅何能纪佃种白云寺土地,比丘源泽、广辉等三人往收租,给了粮食嫌不好,强求更换,何妻周氏不允,源泽就用升子把周氏门牙打落。④福建将乐崇业寺僧"拥厚资,积肥产",因此争水,故杀对方,又买嘱流氓抵罪。⑤沙县林基连欠金莲寺地租十六石,住持照梅"要起佃送究"⑥。寺院地主,同民间地主一样,是收租食利者。

寺庙地主,也像其他具有"集体"因素的地主,土地不稳定。僧人败坏,豪民侵盗,使其田产不断散失。但政府支持它,不时地为之清理恢复,信男善女又屡加施舍,故具体的寺观虽时有兴衰,而寺庙地主始终存在。

佛教宣传逆来顺受、与世无争,希望来世幸福及出世思想,清朝政府因而予以提倡和支持。寺院经济还使一部分无业游民皈依佛门,变破坏力量为维护力量。如黄胪登所见:"游惰之子,匪僻放荡破坏之余,无所依归,势必梗化背德而不可救,幸有佛氏建寺刹,设田粮为此辈开一道,且以粥鱼茶饭范其身,五阴七火淋其心,使之匪僻潜消放荡自敛也。"⑦所以寺庙地主及其宗教宣传起着稳定社会的作用。

(六)商人地主

商人地主的来源有二种,一是行商致富、买田做地主。灾荒年头,商人利用时机大量低价购买土地。乾隆四十年(1775),江南重灾,武阳商人薛梧冈"置别业溧阳,溧阳巨族争以田产就梧冈质钱"⑧。嘉庆中,直隶大名府属三十

---

① 恽敬:《大云山房文稿·二集》卷3《杜窦庵后记》。

② 嘉庆《台湾县志》卷5《寺观》。

③ 常州《澄江袁氏宗谱》卷2。

④ 档案,嘉庆三年,第67包。

⑤ 常州《武进西营刘氏宗谱》卷6《清敕授文林郎福建台湾府彰化县知县先考问松府君暨先妣岳孺人行述》。

⑥ 档案,嘉庆十七年,第54包。

⑦ 乾隆《尤溪县志》卷7《艺文》。

⑧ 吴德旋:《初月楼闻见录》卷8。

余州县连年灾荒,农民不得已,将田亩减价十倍出售,"本处富户及外来商贾,多利其价贱,广为收买"①。山陕商人到河南放债,买地的也很多。平常年景,富贾也兼并土地。安徽阜阳人杜凌云原有瘠田六十亩,经商赢利,遂"置良田二十余顷"②,成为大地主。云阳县刘德允贩运于重庆,至其子刘靖之手中,"家有田宅,数顷以上"。同县闵绍贡先人贸迁致富,"置田宅,为县著姓"③。苏州吴江人柳峙安"以贩运起家,有田数千亩,开典与酱园"④。

二是由业农而兼经商,扩大田产。发展地主经济。有的人本有田产或已成地主,同时又去经商,以赢利充实田宅。武进戈鸣九,"课耕之余,且兼服贾",后来"家业颇饶"。同族戈惟和也是"课书而兼贾,置货出入,忆则屡中,家业由此日隆"⑤。无锡郑尊谊"力农服贾,家业遂日隆起"⑥。四川云阳孙德明,"商农并用,岁入益饶"⑦,成为县北大户。

商人地主有两种类型,一是地主兼商人,以土地收入为主,附带进行贸易;另一是商人兼地主,以计然之术为主,兼事农业。以自然经济为主的传统社会和"以末起家,以本守之"观念,促使一些商人转化为前一类型,至少也要成为后者,即占有一部分土地,以为安身立命的根本,以便长期保有财富,以免落入经商可能发生的顷刻荡产后的贫窭境地。

和"耕""读"相联系的商人,一面不离本业,一面追求功名、仕进。前述杜凌云即是监生,刘靖之为贡生,闵绍贡任巡检司巡检。这种跻身地主、衿士的商人,不是用其商业资本发展商品经济和手工业生产,促使自然经济的衰落和解体,相反,却向传统的自然经济靠拢,所以商人地主是地主阶级的一个成员。

(七)官员衿士地主

这是有政治特权的地主,他们是官员和有功名的人,即现任文武官员,回籍离职官员,进士、举人、贡生、生员、监生、职员。

---

① 光绪《畿辅通志》卷4。
② 费善庆:《垂虹识小录》,抄本,南开大学图书馆藏。
③ 常州《洛阳戈氏宗谱》卷2。
④ 常州《荥阳郑氏家谱》卷2《圣叙郑翁序》。
⑤ 民国《云阳县志》卷25《耆旧》。
⑥ 道光《阜阳县志》卷11《孝文》。
⑦ 民国《云阳县志》卷28《耆旧》。

他们产生的途径很多，有科举、捐纳、事功、恩荫等，而以前两种为主。唐宋以来，科举制产生大量士人和官员，清代亦复如此。各级科举中试，得为秀才、举人、进士。秀才经历若干年限，又可以从多种途径得到贡生功名。这些人都有功名，着青衿之服。进士、举人可以出仕为官作宦，部分贡生也有做官的机会。捐纳有捐官与捐监之别。清朝政府不时开捐纳事例，大体上为垦荒、河工、军需三事需要，有钱者交纳额定银两或粮食，成为实职官员、职员或拥有职衔。大体上，在鸦片战争以前，立即实授为地方主官的少，多为候选州同、通判，或为孔目、典史等杂职人员。捐监的很多。乾隆八年(1743)，户部规定，交银一百零八两者即获得监生的资格，而在江西、福建实交二百两。①这就使得一批富有者成为监生。监生可以参加科举考试，以便提升功名;有时允许他们考职，这就同捐官差不多了。②有时赈灾中捐纳、监生和生员也可准做贡生。③捐监使富人滥厕士类，雍正元年(1723)，礼部反映:"太学监生，皆由捐纳，能文之士稀少。"④清代捐监流行，监生是士林中值得注意的成分。

官员和衿士，其中大多数人占有不等量的土地，是大中小各种类型的地主，他们基本上可以同地主划等号。

官员衿士地主，具有政治身份，因而拥有法定的特权。官员以在官之身，有办公事、处私务之别，执行公务中，法律强力保护。如乾隆十三年(1748)定"刁民同谋聚众殴官首从皆斩律"⑤。这还不是一般所说的特权，官衿地主的特权是:

1.优免权

凡绅衿，皆免除本身的丁徭负担，即不纳丁银，如康熙年间，浙江会稽县绅衿优免银一千四百多两。⑥福建莆田县优免银一千二百余两。⑦安徽全椒县优免人丁三百七十二个。⑧清初，士人在户籍登记上称为"儒户""宦户"，或"官

---

① "王录"乾隆朝卷17,"八年四月己亥"条。

② 谢济世:《谢梅庄先生遗集》卷1《遵旨陈言疏》。

③《清世宗实录》卷118,"雍正十年五月辛未"条。

④《清史稿》卷106《选举志》。

⑤ "王录"乾隆朝卷27,"十三年五月己丑"条。

⑥ 康熙《会稽县志》卷11《田赋》。

⑦ 曹一士:《四焉斋文集》卷8《先考行状》。

⑧ 康熙《全椒县志》卷5《户口》。

户"，"凡杂项差徭，量行豁免"。①杂差很多，保甲长、轮直、支更、看守等役，绅衿户概行免派。②绅衿田产需要完纳赋税，家庭也要承担部分差役，因而企图扩大减免赋役的特权，清政府则要限制他们的权力。

雍正年间，令生员与百姓一体当差，如修黄河出工，按田产派伕，不以绅衿做优免，引起生员不满。开封府封邱县生员罢考，宣称征收钱粮应分别儒户，为何与百姓一例完粮，一例当差，筑堤亦不许征用为社伕。③生员还是地方上抗粮的策动者和头面人物，如雍正四年(1726)，直隶大城县生员王存敬聚众闹堂，毁坏门栅。④所有这些，清政府都严厉镇压，不容绅衿扩大法定外的免役特权。

2.司法上的特权

官员士人若牵涉诉讼案内，与平民不同。司法机关不得自行决定捉拿提审官员，"凡在京在外大小官员有犯公私罪名，所司开具事由，实封奏闻请旨，不许擅自勾问"，只有皇帝批准革职后，始能拿问，拟出处理意见，复准了方许判决。⑤在籍州同、县丞以下职员犯法应行革职审讯的，督抚在究审的同时，要报告中央。进士、举人和恩、拔、岁、副贡生犯事，地方官应题参革退，否则不得提审，更不许用刑。缙绅涉讼，自身可以不出席官厅，由家人代理。

官员士人犯有非常赦所不原的斩绞、军流、徒刑等重罪，均可依官品交银赎罪。乾隆八年(1743)定例，斩绞两刑，三品以上官纳银一万二千两，四品官五千两，五六品官四千两，七品以下、进士、举人二千五百两，贡监生员二千两。军流罪犯的纳赎，各为以上纳银的百分之六十。若犯笞、杖轻刑，更可纳赎。贡监生犯杖罪，纳银二百两，笞罪一百两。监生犯罪，若"情节可原"，可以所犯之罪加等赎纳，仍准复为监生。⑥山东高唐人韩承业向监生赵杰借银二十五两，以二十亩地作抵，并以八亩交赵管业，按时给了利钱，待及赎地，赵竟不许，致酿命案。乾隆二年(1737)，鲁抚法敏承审拟刑，赵杰依不应重律杖八十，照例纳赎。⑦江西永丰人李国宾把田一份当给监生王承俭，待后也是不容取

---

① 柯耸：《编审厘弊疏》，载《皇朝经世文编》卷30。
② 光绪《大清会典事例》卷753《刑部·户律斗殴》。
③《朱批谕旨·石文焯奏折》，雍正二年六月二十三日折。
④《朱批谕旨·李绂奏折》，四年八月十六日折。
⑤⑥《大清律例增修统纂集成》卷4《名例律》。
⑦ 档案，乾隆二年，第81包。

赎,造成命案,政府对王承俭做了与赵杰同样的处理。①

3.恩荫权

这是官员子弟入国子监读书和出仕的两种权利。顺治二年(1645),规定恩荫办法:文官中京官四品以上,外官三品以上,武官二品以上都可送一名子弟入国子监学习,为监生。九年(1652)定例,三品以上官员,三年任满,勤事以死的,荫一子入监,是为"难荫"。荫监学习期满,即可分发部院学习(即实习),或行考试入仕。雍正中定例,荫监二十岁以上可参加考试,交部引见,依据其父祖官职加以录用,其具体办法有三种,即内用,正一品官之子用员外郎,从一品子用主事,正二品子用主事或都察院经历,从二品子用光禄寺署正,正从三品子分别用通政司经历、光禄寺典薄,四品荫生与捐纳贡监考职者一例,轮班选用。外用,三品以上分别为府同知、知州、通判、知县,改武职用,则为都司衔管都司,守备衔管守备、千总、把总等职。所有这些荫官,均作为正途出身。在科举上,官员子弟原与民生一体应试,他们舞弊的可能性大,中试较多。为除此弊,改设官卷,与民卷分阅,分别取中。会试官卷二十份取一,乡试占该乡名额的十分之一,中试机会比民生多得多。②所以官员子弟读书、中试、出仕机会又快又多,官职也高。

绅衿还有许多不成文的、习惯的特权,与法定特权并没有多少差别。有些国家负担,绅衿应与平民一例应承,但他们在地方官的默许下,逃避或减少之。如实行耗羡归公制度以前,绅衿应同平民一样按照他们的钱粮数量加耗,但地方官征收之时多令平民输纳,"而搢绅士大夫以及管吏豪强听其自便,输纳之数较少于齐民"③。实际是平民代他们交纳了一部分。又如各种杂差,在直隶南部州县中,"有衿三而民七者,有衿不办而民独办者"④。绅衿在这类耗羡、杂差上的取巧本是不合法的,但"历久相沿,竟成积习"⑤。成了惯例,不合法也变为合法。这类特权,是官绅勾结下实现的,在某种意义上说是官吏给予绅衿的。"绅为一邑之望,士为四民之首"⑥,绅衿的地位令地方官不能不畏惧,特别

---

① 档案,乾隆三年,第80包。

② 《清史稿》卷108《选举志》。

③ 钱陈群:《香树斋文集》卷4《条陈耗羡奏疏》。

④⑤ 《皇朝经世文编》卷33《复议减差均徭利弊疏》。

⑥ 《钦颁州县事宜》,田文镜:《圣谕条例事宜·待绅士》。

478

是对搢绅,存心巴结,以便借他们的势力巩固官位,借他们对自己的宣传,为升迁创造有利条件。康熙时有人说地方官:"平日奉搢绅如父母,事搢绅若天地","依之保官爵,求荐剡",因此,"宁得罪于百姓,不敢开罪于搢绅"。①地方要事, 是州县官与士大夫集议,"定而后行", 所以清代就有人指出:"巨室势重,意谕色授,(县)令鲜专决之政。"②地方官与绅衿勾结,自然因地而异,产生绅衿的不成文的习惯特权。

同样的雇工、佃农在不同身份的主人之下,地位不一样。他们能获得平民的身份,要与雇主、地主能平等相称、同坐共食,而这在乡绅、进士、举人家里绝对做不到,在监生、生员家里则要视情况而定,一般也做不到,这样,佣工往往落入雇工人地位。如嘉庆二年(1797),职员刘奉鸣的家奴田添富打死雇工黄帼任,黄对刘"主仆称呼",只因为刘有官职,黄只能称他为老爷,不能像在平民雇主家中,相互之间尔我相称。政府在拟刑时,以田、黄"同为服役之人,并无良贱可分,应以凡斗论"③。其实田属贱民,黄应属良人,只是受雇于职员之家,身份降低了。清代后期,刑部侍郎薛允升就关于雇工人如何确定的律文指出:"雇工人无定,屡次修改,遂以起居饮食不敢与共,不敢尔我相称者为雇工人,否则无论服役多年,俱以凡论。是有力者有雇工人,而无力者即无雇工人矣。"④换句话说,绅衿雇主比平民雇主对佣工具有较强的控制力,并为法律所承认,这也是他们特有的权利。佃户对不同身份的地主的态度也不尽相同。学官邓琳站在平民地主的立场上曾有描述,在《秋租词》中写道:"绅户豪门勒限严,佃农畏势心觳觫,拣选好米勤输将,盘量出剩唯所欲。寒门无势被佃欺,新租旧积欠功鹿。主人踵门巽语求,秕谷糠粃来混渎。"⑤农民畏惧绅衿之势,不得不按限完租,是则绅衿地主比平民地主对佃农的控制力要强。这虽没有法律的规定,但却是绅衿实际具有的权力。

绅衿在宗族内也有特权。本来,宗族中应讲究尊卑长幼,但许多宗族却尊重贵显。如山阴王氏宗祠条例规定:"宗庙之中,亲亲又当贵贵","凡有超群衣

① 《清代档案史料丛编》第 5 辑《徐乾学等被控告鱼肉乡里荼毒人民状》。
② 光绪《昆新两县续修合志》卷 1《风俗》。
③ 档案,嘉庆三年,第 73 包。
④ 薛允升:《读例存疑》卷 36《刑律斗殴·奴婢殴家长》。
⑤ 邓琳:《虞乡志略》卷 8《风俗》。

顶子孙"，祭祀分胙肉时，"必较执事者次第倍之。以表奖劝之意"。后又改订，衣顶之家胙肉，同于分长、执事。[1]绅衿社会地位高，在宗族中也跻平民族人之上，享有特权。

绅衿还有许多非法权益。雍正帝指责"荡检踰闲不顾名节"的绅衿，"或出入官署，包揽词讼，或武断乡曲，欺压平民，或违抗钱粮，蔑视国法，或代民纳课，私润身家。种种卑污下贱之事，难以悉数"[2]。他所说的卑污种种，实为绅衿通病。唆讼渔利，是不法绅衿的拿手好戏。河南项城县监生胡虞义与监生胡大林系叔侄关系，雍正四年(1726)，争产致讼，进士王辙令该族武生王甸极包揽其词，说明胡大林给谢银一百两，先交出二十两。后来二胡因亲友调处息讼，胡大林不肯再给谢银，王辙遂设骗局，派家人夺走胡大林骡子，声称作价三十两，还要他找补不足。[3]这是唯恐天下不乱，驾词兴讼图利。这还是功名高的欺压功名低的，对平民则更其凶恶了。绅衿鱼肉乡里，诚属家常便饭，像霍邱廪生孟为谦强夺裴扬晋家财物，刃害裴弟，又图谋侵占寺庙田产，强夺佃户的上好粮食，县里不敢过问。[4]刑部尚书徐乾学、大学士徐元文兄弟的子侄，本身也有夤缘取得功名的，在松江老家，串通地方官，无恶不作。太仓州民熊燮控诉说："徐宦掌握朝纲，威钦四海；豪奴依势，窜虐娄民；族党恃威，海邦天黑。"[5]对徐家气势与罪恶作了概括。绅衿欠粮是通常现象，有"不欠粮非好汉"之谚。绅衿还勾结胥吏包纳本宗本地农民的钱粮，从中获利。绅衿的这些非法权利，比法定特权有时来得更多，对小民的压榨更残酷，也同政府产生了冲突。

(八)皇室地主

皇室地主，包括皇帝及其子孙、宗室成员，他们拥有宗室田。清初，皇帝有皇庄，即内务府庄田七百八十八所；宗室王、贝勒、将军庄园有二千零七十个。顺治七年(1650)规定，给亲王园八所，郡王五所，贝勒四所，贝子三所，公二所，每所地一百八十亩；给镇国将军二百四十亩，辅国将军一百八十亩，奉国将军一百二十亩，奉恩将军六十亩；公主园地三百六十亩，郡主一百八十亩，县主、郡君、县君一百五十亩。内务府官庄共有地一万三千二百七十八顷，宗

---

① 绍兴《中南王氏宗谱》卷首《宗祠规例》。
② 雍正帝《上谕内阁》，四年九月二十七日谕。
③ 田文镜：《抚豫宣化录》卷1。
④ 嘉庆《绩溪县志》卷10《宦业·姜肇山传》。
⑤ 《清代档案史料丛编》第5辑，第13页。

室王、贝勒、将军庄田为一万三千三百三十八顷。①两者合计二万六千多顷。这些土地是清军入关时圈占的,也有的是百姓带地投充的。圈地名为清厘近京州县无主荒地、明朝贵戚内监土地,其实是无偿抢占农民和地主的田业。投充者,带田三十亩至二千八百亩之间,其中有小土地所有者被迫投献,也有土豪地主裹胁农民一同投献。投充土地五千七百多顷,占宗室庄田总数的五分之一强。②所以宗室贵族的土地是凭借暴力掠夺来的,这个地主是暴力的产物,它自产生之日起就暴露了它的残暴性。

宗室王公于封地之外,自行兼并土地。顺治年间规定:"凡宗室置买田产,恃强不纳差粮者,有司查实,将管庄人等问罪,仍计算应纳差粮多寡,抵扣禄米。"③表明宗室贵族购置土地,并不照民间田地办法向政府纳税,因他们是贵胄,清朝政府不加惩治,又不便任其发展,故而治罪于管事的庄头,以示警戒。雍正三年(1725)、乾隆五年(1740)先后更改过这条法令,规定宗室自置田宅而不纳粮税的,"将管庄人等比依功臣欺隐田土问罪,宗室知而纵容者,交该衙门察议,仍追应征纳差粮"④。依功臣欺隐田土律问罪,即凡欺隐一至三亩杖六十,每三亩加一等,罪止杖一百,徒三年。⑤而平民欺隐一至五亩笞四十,罪止杖一百,功臣欺隐田粮处重刑,是为限制他们兼并土地。乾隆时期比照功臣欺隐田土律治理宗室贵族的代理人,同时对他们本人也加以察议,较前治罪重多了,这就反映了他们兼并土地严重,清朝政府不得不有所遏制。

宗室地主比官僚、缙绅地主具有更大、更多的特权。八议中首列"议亲",宗室地主是皇帝之亲,是八议中首先要考虑的。有了这个特权,法律的惩治几乎同他们不发生关系,除非犯了十恶之条。宗室地主犯罪,有关衙门报告他们的犯罪事实,是否审问,听候皇帝旨意,未经允许之前,不得擅自提审,及至奉旨审问,只是审清事实,取其供状,将所犯罪名及应议之事,奏请多官会议,与议者议论其犯罪的原因,罪行的轻重,与皇帝亲属关系的状况。若罪重至应判死刑,与议人也只能说"依律合死",而不敢明确地说是应绞或应斩,以便一切由皇帝决定。也就是说官员无权对他们审判,只有皇帝才能判决。宗室王公残害属下人、家奴,致死的很多,因为议亲,绝不用偿命,像作《啸亭杂录》的礼亲

---

①《清朝通典》卷2《官庄》。

② 钟琦:《皇朝琐屑录》卷27《征粮附杂赋》。

③④⑤ 光绪《大清会典事例》卷754《刑部·户律田宅》。

王昭梿,痛打庄头致死,还犯有凌辱大臣等罪,不过夺爵圈禁。宗室成员若遭到他人殴打,凶手则要加重判罪。他人殴打皇帝袒免以上亲,不成伤的也要判杖六十、徒一年以上的刑罚。而平人之间则不会受理,更不要说判罪。若造成重伤,判处绞监候;若打死,则处斩首监候,而平人之间则为绞首监候。这个加重处理,反衬出宗室地主的特殊地位。

上述八种地主,并没有把清代各种类型的地主都包括进来,如宗室外的贵族地主,贵族地主中的特殊类型——衍圣公孔府地主,少数民族中的农奴主,农牧业中的地主,经营高利贷的地主,还有国家地主,即国家以地主的身份出现,出租国有土地——公田,收取租税合一的地租,等等,都没有涉及。然而就在讲到的地主中,也可看出清代地主阶级在结构上的若干特点:

1.成分复杂

在经济上虽同为地主,但有大中小之别;在政治身份上,既多平民,也有握特权的官僚衿士、贵族、皇室;在行业上,本业之外,有兼营商业、高利贷的;在土地所有制上,有私有、国有,还有具有某种集体性质的;在经营方式上,有出租,有雇工经营。中国历朝历代的地主阶级构成都很复杂,清代又增添了新成分,如善堂地主的出现。

2.以"集体"面貌出现的地主及其土地的增多

学校、善堂、宗族地主在数量上比前朝增多,有的还很显著。在它们内部的构成上,有较多的发展和变化,如多种多样功能的善堂的出现,义庄的增多。随着形式的多样化,它们占有的土地扩充了。1950年,中共湖南省委政策研究室调查,将全省土地分为滨湖、丘陵、山区三类,每类公田分别是其中的1%、12%、14%。公田包括官田、族田、寺田、学田等,一般估计占全部耕地10%以上。[①]清代这类田地的数字惜于无人调查,无法得知,但"土改"时湖南的情况可作参考。清代南方各省,寺田、学田、族田、善堂田可能也占该省耕地面积的10%左右,这是颇为可观的数字。学校、善堂、宗族和寺院所有的土地,是为某一个集体所有,地租又非某一个地主家庭所独享。这些地主集体经济在清代有了一定程度的发展。

3.皇室地主而外,其他各类地主具有不稳定性

这一类型的地主可以变化为另一类型的,也可能脱离这个阶级。衿士地

---

① 李锐:《湖南农村的状况和特点》,见《中南各省农村情况的调查》,1950年,第30—31页。

主会因遭到褫夺而降为平民地主，平民地主也很可能通过科举而上升为官僚、衿士地主。任何地主都可能破产而沦落为贫民，但地主阶级并不因此而发生变化。各种类型的地主及其成员的不断变化是绝对的，静止不变是不可能的。

四、地主阶级与清朝政府关系的不断调整

宋朝文彦博对神宗说："朝廷为与士大夫治天下，非与百姓治天下也。"生动不过地表明宋朝是地主士大夫阶级的政权。明太祖称帝不久，宣布其统治政策是"使富者得以保其富"①，表明明朝是保护富人即地主阶级财产的。清朝政府的政策和宋明一脉相承，康熙帝讲"地方多殷实之家，是最好事"②。清朝政府作为上层建筑，要协调各阶级的关系，对地主的政策及调整，大体表现在以下几个方面：

（一）清朝政府保护地主土地所有权，以赋役政策限制大土地所有制的无限发展；地主阶级保证完纳赋税，以支持政府

清朝一入关，就宣布维持明朝地主占有土地的现状，对那些在明末大乱中丧失土地的地主，则帮助他们恢复所有权。顺治二年（1645）规定：凡是田主在战争中逃亡，"故业"被"贼党""霸占"的，回乡后"一一归还"他的家业，新的占有者如果不把它交还原主，就以"党寇"治罪。③同年宣布，逃亡江南的山东士绅返籍后，"准给故业"④，并且可以被选用为官员。在清朝政府支持下，原来丧失土地的地主恢复了他们的所有权。即此一事，足以说明清朝保护地主土地所有权的事实。在法律当中，清朝政府继承了历代政府保护土地私有权的有关规定，如"盗卖田宅"律所定：凡盗卖他人田宅的人，卖"田一亩、屋一间以下笞五十，每田五亩、屋三间加一等，罪止杖八十、徒二年"，"若强占官民山场湖泊茶园芦荡及金银铜锡铁冶者，杖一百，流三千里"，其盗卖价值及历年所得花利归还原主。又有"盗耕种官民田"条：凡盗耕他人田园地土的，一亩以下

① 《明太祖实录》卷 49，"洪武三年二月庚午"条。
② "王录"康熙朝卷 96，"五十四年十一月辛丑"条。
③ 《清世祖实录》卷 15，"二年四月丁卯"条。
④ 《清世祖实录》卷 18，"二年闰六月辛巳"条。

答三十,每五亩加一等,罪止杖八十,荒田减一等。①绝对禁止盗卖或占耕他人土地,以法律保障地主的土地所有权和使用权。

清朝政府保护地主土地所有制,还表现在反对其内部出现的限田主张。土地分配不平均,造成农民的贫困,有些官僚士人提出种种限田的建议,都遭到最高统治者的否决。康熙前期,储方庆鉴于限田不能实现,建言以役限田,即不禁止人占田,但令田多者应役不暇,迫使人们不敢多占,他以为这样将使"兼并之弊自绝,岂非不言限田,而限田之法莫善于此哉"②!他讲的有一定道理,但他不考究加役的办法,怎么能使田多者苦于奔命而不去多占呢?和他同时代的黄中坚认为贫富悬殊,这是"积重难返之势",反对再行井田、限田、均田。③乾隆二年(1737),御史薛议请限田,乾隆帝说:"限田之说,种种扰乱,为害甚大,断不可行。"并指斥薛以悖谬之说,见之章奏,若非言官,则将处分。④不久,都统兼刑部侍郎盛安疏请限田,乾隆帝交大学士等议奏,大学士张廷玉认为限田"有不可行之势,盛安所奏,俱无庸议"⑤,把它否定了。可是原漕运总督顾琮又提出限田之法,意以每户限田三十亩,以均贫富。乾隆帝说他的建议名虽正而实难行,若贸然实施,徒生滋扰。⑥至乾隆后期,御史刘天成奏请均田,乾隆帝回答说:"均田之法,势必致贫者未富,富者先贫。"⑦不准实行。所有限田、均田的建议,不但不予实行,肇意者还遭到斥责。其理由正是乾隆帝所说的怕使富者变贫,要保障地主的土地财产。清朝政府根本不可能在土地问题上做哪怕稍微有一点不利于地主占有大量土地的改革。

清朝保护地主土地所有权,但并非无限制地鼓励大土地所有制的发展,它用赋役政策调节土地的占有关系。清代土地价格几涨几落,反映了土地的分散与集中,而涨落、集散受赋役制度的影响甚大。顺治和康熙前期,由于战争频仍,政府开支大,赋役额重,而且为了保证如数征收,严厉惩治欠赋者,像顺治十八年(1661)江南奏销案,清朝政府以苏州、松江、常州、镇江四府绅衿

---

① 《大清律例增修统纂集成》卷9《户律田宅》。
② 《皇朝经世文编》卷33《田役》。
③ 《皇朝经世文编》卷31《限田论》。
④ "王录"乾隆朝卷5,"二年二月甲子"条。
⑤ 张廷玉:《澄怀园文存》卷3《罢限田议》。
⑥ "王录"乾隆朝卷18,"八年九月甲申"条。
⑦ 《清史稿》卷14《高宗本纪》。

拖欠钱粮,予以处分,凡现任官降二级调用,衿士褫革,一万三千五百十七人被处理,①其中有的人只欠几厘几丝的银子,也遭到惩处。清朝政府以此表明,地主,即使缙绅衿士也一定要按额按期交纳赋税,以便从财政上支持政府,否则予以严厉制裁。三藩乱时,赋役繁兴,在广西,有的有田人害怕应役,想把田地送人,别人也怕赋役沉重而不敢接受。②远在三藩叛乱地区之外的苏州,也受其影响,如苏州人沈德潜所说:"时三藩叛逆未平,赋役繁重,产尽弃,家道日落。"③康熙中后期,由于社会安定,又实行蠲免钱粮政策,人们感受到田业的好处,争购土地,于是田价上涨。雍正中清查积逋,严行追补,又实行摊丁入粮制度,把丁银摊入田粮征收,增加了有田地者的赋税,同时严禁绅衿法外逃避差徭,施行绅民一体当差的政策。有田者又觉得土地负担大,对追逐田地就没有那么大兴趣了,因而田价回跌,与顺治年间相仿佛。乾隆帝屡次实行普免钱粮,社会经济发展,人口猛增,粮价上涨,投资土地有利可图,从此田价大幅度上升,表现了人们对土地的追求。迨后太平天国起义,田价下落。由此可见,田价涨落,土地集散,原因之一是国家赋役的轻重,赋繁役重,人们就不那么攘夺土地,所以清朝政府以此来调节土地的占有状况,一定程度限制了大土地所有制的发展。关于这一点,乾隆时黄印看得很清楚,他说:"(乾隆中)田值之昂较雍正间不啻倍蓰,盖昔迫于追呼,但见田之为累,故弃田之家多,而置田之家少。及乾隆以后大赦旧欠,间阎无扰,又米价腾涌,益见田之为利,故今置田之家多,而弃田之家少,转移之机,盖在朝廷。"④

赋税是国家政权存在的经济基础,财政盈绌还是它强弱的标志。清朝政府强烈要求地主分子和其他纳税人一样完纳赋税,以维持它的正常开支,对不能交纳钱粮的地主,不能容忍,前述江南奏销案就是显例。在清朝政府的严格要求下,各地虽仍有拖欠钱粮的现象,甚至有的地区绅衿宣称"不欠钱粮非好汉",但总的说来,包括绅衿在内的纳税人基本上能够按期完纳赋役。清朝政府每年地丁银约三千万两,漕粮约五六百万石,大多能够如数收纳。地丁银是清朝财政的主要来源,约占总收入的65%。康熙时普免钱粮一次,乾隆四次普免钱粮,三次普免漕粮,这都是国库充盈的表现,说明钱粮收得上来。地丁

---

① 《清史列传》卷6《朱国治传》;叶梦珠《阅世编》卷6《赋税》。

② 方苞:《方望溪先生全集》卷12《陈西台墓表》。

③ 沈德潜:《归愚文钞》卷20《先姊事状》。

④ 黄印:《锡金识小录》卷1《风俗变迁》。

银中,田赋是按土地交纳的,丁银原来按人丁征收,雍正年间实行摊丁入粮政策,把人丁税全部摊入田赋中征收,加大了土地负担,即由有田人承担丁银。这是对地主不利的政策,开始有田的人不乐意,在浙江杭州还出现过闹堂罢市的反对活动,但后来有田者还是把它接受了。清朝政府实行常捐制度,接受有钱人的捐银,每年约收三百万两。这是以出卖官职和功名获取有钱者的支持,这种捐纳人,除了官僚、商人,就是地主。这些事实都说明,地主作为重要的纳税人、捐纳人,以交纳钱粮的实际行动,支持政府。

(二)清朝政府保护地主收租,但限制他们恣意凌虐佃农的非法权利

清代主佃关系的紧张,敏感人士有切身的感受,并深为担忧。清初著名文士魏禧认识到:"贫民富民,多不相得,富者欺贫,贫者忌富,一遇饥馑,初扰抢米,再之劫富,再之公然哨聚为贼。"①钮琇记载:前人曾说"富贵则亲戚畏惧",意思是人若富贵了,他的亲戚因畏其势而不乐于接近;近人雪滩钓叟说"贫穷则亲戚畏惧",与前意相反,意为贫穷之人爱耍无赖,因而亲戚躲着他。钮琇就此评论:"此言殊有感慨。"②人们看法的变化,体现了穷苦人要更多地反映自己的意志,令富贵人不得不考虑他们的愿望。清代,农民进行抗租抗税斗争,反对地主铲佃增租,要求永佃权;人身依附关系较强的农民,要求开户独立,他们建立组织维护自身的利益。在条件成熟的时候和地方,进行武装暴动。有识之士为了消弥农民的抗争,主张融洽主佃感情。理学家陆世仪说:"治国之道,使富民出粟以养贫民,贫民出力以卫富民,此其常也。然其要在使贫富之心相通,贫民食富民之粟而知感,则其效力必勤;富民藉贫民之力而有用,则其出粟必乐。"③他想沟通贫富之心,当然办不到,不过若按他的意见,地主及政府要做这方面的努力。

清朝政府适应地主的要求,对佃农的反抗严行镇压,绝不允许抗欠地租和暴动起义,因为它深知:"朝廷粮赋出于田租,业主置田原为收租,佃不还租,粮从何出?"④强令佃农交租,不仅维护地主利益,也是保障国家税收的先决条件。它同时采取打击地主非法行为的手段,以稳定农民。这两方面集中地

---

① 《皇朝经世文编》卷41《救荒策》。
② 钮琇:《觚賸》卷2《钓叟慨言》。
③ 《皇朝经世文编》卷28《论盐粮贩贷诸法》。
④ 陈宏谋:《培远堂偶存稿》卷45《业佃公平收租示》。

表现在雍正年间的主佃关系法令中。雍正五年(1727),河东总督田文镜针对绅衿欺压佃户的现象,建议严行禁止,若有犯者,乡绅照违例例议处,衿监吏员革去职衔。雍正帝认为他只考虑了绅衿苛虐佃户的一面,没有议及佃户拖欠租课和欺慢田主的一面,并不公允,指示就这两方面制定法令。[①]至雍正十二年(1734)定了如下法规:"凡不法绅衿,私置板棍,擅责佃户,勘实,乡绅照违制律议处,衿监吏员,革去衣顶职衔,照律治罪;地方官容隐不行查究,经上司题参,照徇庇例处分,失去觉察,照不行查出例罚俸一年。如将佃户妇女占为婢妾,皆革去衣顶职衔,按律治罪;地方官徇纵肆虐者,照溺职例革职,不能详查者,照不行查出例罚俸一年。该管上司徇纵不行揭参,照不揭报劣员例议处。至有奸顽佃户,拖欠租课,欺慢田主者,照例责治,所欠之租,照数追给田主。"[②]清朝法令还规定,生员监生吏员私责佃户,革去功名,另处以杖八十的刑罚。[③]清朝对私人之间监禁,对暴行者的处分,最严重的是杖八十。雍正朝的律例,明确禁止绅衿地主私自关押责打佃户、蹂躏佃户妻女,而且以满刑论处,表现了禁止绅衿欺压佃户的严厉态度。这个主佃关系的法令,不允许佃农欠租抗租,维护地主利益,表明清朝政权的地主阶级政治代表的性质;它同时严禁地主擅自凌辱佃农,力图减少主佃冲突,缓和阶级矛盾,充当调和人的角色。

地主分子依靠清朝政府强迫农民交租,在雍正律例之外,乾隆五十三年(1788),两江总督制定通行江南的征租规条,符合地主愿望。道光七年(1827),江苏淮安府山阳县举人陈曦、恩贡马乔年、附生范廷桂等呈请地方政府再定细则,刻为碑石,永远遵循。山阳县经督抚司府各衙门的批准,立碑规定:"恶佃岁包租稻,自应依照佃纸扫数全完",不许"奸佃揽田到手,贪图得钱,私将承种业户田亩盗卖盗典,并私押他人顶种,或预借私债指实秋收偿还",禁止佃户"秋稻成熟,先行收割,拐去业户租籽,泥门脱逃"。总之是"倘有不法佃户","一经业户呈控,定即严拿","按律治罪,决不宽贷"。[④]清朝政府这么规定,也就这样执行。如果佃农不能如期完租,地方政府就会在地主呈请

---

① 《清朝文献通考》卷 197《刑考》。

② 光绪《大清会典事例》卷 100《吏部·擅责佃户》。

③ 光绪《大清会典事例》卷 809《刑部·刑律斗殴》。

④ 《严禁恶佃架命抗租碑》,《文物参考资料》1957 年第 9 期。

下,把农民捉到大堂,严行逼租。像苏州昆山县,到了冬天,"城厢内外之抗租枷示者,相望于途"①,就是典型的例子。由此可见,清朝政府是在保证地主利益前提下,才限制其非法权利。

(三)清朝政府保护宗族地主,祠堂起着最基层政权的作用,维护清朝的统治

清朝政府给宗族上层势力一些权力,并通过它统治宗族群众。它的做法是多种多样的:

(1)为臣民尽忠而鼓吹孝道。顺治年间会试二场从《孝经》命题,康熙中因其可出的试题太少,废而不用。雍正时又命恢复从《孝经》出题,"庶士子咸知诵习,而民间亦敦本励行,即移孝作忠之道,胥由乎此"②。"移孝作忠",把忠孝的关系规定得多么明确啊! 孝的终极目的是忠,清政府正是以此为目标支持地主分子的孝道活动,给匾额,表彰那些六世、七世同居共炊的家族和孝子顺孙,把他们的"孝义"行为登载于各地方志。保护祠堂、义庄的田房产业,即使该家族出了该籍没家产的人,也不没收该族公产,以维持其尊祖敬宗的必要的经济来源。

(2)清朝政府明令各宗族设立族正,"以察族之贤不肖"③,"该族良莠,责令查举"④,"稽察匪类"⑤。宗族的族长、房长的权力,原来只得到宗族内部的认可,至此有了官方的肯定,他们的权力更大了,更巩固了。

(3)给祠堂以部分司法权。许多祠堂规定,族人间的纠纷禀明族长,"在祖宗神位前论曲直,剖是非"⑥,绳之以宗法,若敢不经祠堂而告官,就是有理的一方也要施以处罚。若本族人与他族人争执,由两造宗祠联合议处,也不能遽行告官。这种对族人的审理权,清朝政府给以肯定,甚至为族权的行施,改订有关法令。杀人偿命,是政府法规里的一条原则,然而雍正年间将宗族尊长擅杀族人之罪,予以减刑。雍正帝说:"从来凶悍之人,偷窃奸宄,怙恶不悛,以致伯叔兄弟重受其累,其本人所犯之罪,在国法虽未至于死,而其尊长族人剪除

---

① 《永禁顽奸积弊碑》,《文物参考资料》1957 年第 9 期。
② 雍正帝《上谕内阁》,雍正元年五月二十一日谕。
③ 王士俊:《吏治学古篇》卷下《劝戒》。
④ 光绪《大清会典事例》卷 158《户部·户口》。
⑤ 《清朝文献通考》卷 19《户口》。
⑥ 常州《毗陵庄氏族谱》卷 1《训诫》。

凶恶,训诫子弟,治以家法,至于身死,亦是惩恶防患之道,使不法子弟知所儆惧悛改,情非得已,不当按律拟以抵偿。"于是规定:祠堂以家法致死族人,若确系应死之罪,将为首者服罪人应死而擅杀律予杖,若罪不至死,将为首者照应得之罪减一等,免其抵偿。①这是给宗祠以部分司法权。宗祠由该族大地主和有社会地位的人控制,正如乾隆帝所说,"族正大半多系绅衿土豪"②。宗族自有的及政府给予的权力,使绅衿地主加强了对宗族内部民众的控治。

宗族的活动,对清朝政府至少有两方面的意义,一是宗族的讲孝道,最终是实现对朝廷的忠诚。早在东汉时期人们就认识到"求忠臣必于孝子之门"③的道理。明朝皇帝在给礼部侍郎胡荧祖父母的封诰中,说推恩臣下及于其先人,是"劝忠于孝"④。清代的统治思想和前朝一脉相承,武进高氏家训讲"立身必先忠孝",说民人"安身乐业,坐享太平,为一人宵旰忧劳"之故,所以一定要忠君。雍正帝讲的"移孝作忠",正是看到孝道对于忠君的作用。二是祠堂有着稳定统治秩序的功能。在"国法不如家法""乡评严于斧钺"的清代,绅衿地主控制的祠堂,以家规条教制约族人,像湖南宜章曹氏立家训十四条:顺父母,和兄弟,处妻孥,睦宗族,和乡里,训子孙,隆师重道,谨交游,慎丧礼,议婚嫁,振士气,尚勤俭,敦忍让,别嫌疑。⑤武进吴氏宗族明确规定反对以下四种人:"不孝不悌有违祖训者","男女渎伦有干名分者","勿务本业作风不端者","窝藏来历不明者",凡有犯者,就开除出宗祠,还要究责。⑥宜兴任氏宗族规定得更具体:"凡不孝不悌,惟薄不修,盗贼奴隶,此族恶大条也,不幸有犯者,公逐不许入祠,鸣官正法","族中有下犯上、少凌长者,除不孝不悌公逐外,重者责四十板,罚银二两,记过;轻者责三十板,罚银一两,记过;强梗不服者送官治罪。"⑦绅衿地主通过祠堂加强了对族人的暴力控治,从而促进社会秩序的稳定。清朝后期的思想家冯桂芬敏锐地观察到宗祠弥补政权对治民、父兄对子弟所不易治理的空隙,他说:宗族有家法、有义田,对族人"养

---

① 雍正朝《起居注册》,五年五月初十日。

② "王录"乾隆朝卷110,"五十四年七月庚戌"条。

③《后汉书》卷26《韦彪传》。

④ 常州《毗陵胡氏宗谱》卷2《赠祖祯为礼部左侍郎祖母徐氏为淑人诰》。

⑤ 宜章《曹氏族谱》卷1《家训十四条》。

⑥ 常州《毗陵薛墅吴氏族谱》卷2《续修宗谱规条》。

⑦ 常州《宜兴筱里任氏家谱》卷2之五《宗法·例》。

之、教之,则牧令所不能治者,宗子能治之,(因)牧令远而宗子近之;父兄所不能教者,宗子能教之,(因)父兄多从宽,而宗子可从严也。宗法实能弥乎牧令、父兄之隙者也"①。宗族加强了对族人的治理,同时限制族人与族外人的接触,使反抗者无法在宗族内和地方上活动,所以凡是宗法势力盛行的地方,统治秩序就较安稳,如安徽旌德县,"城乡皆聚族而居","族各有祠,每春冬必合祭以相联属姓;各有谱,几支派必分裂以序昭穆,故皆比户可稽,奸伪无所托足"。②统治者额手称庆,不怕民众组织反抗。在宗法制度下,绅衿地主分子所控制的族权与王朝政权相结合,组成严密的统治网,强化了君主专制。

(四)举办各种慈善事业的地主与清朝政府结合,维护政权统治

绅衿地主办理各种慈善机构,使极少数的无依靠的老幼病残者,生有所养,死有所葬,令人对它抱有不切实际的想法,安分守己做顺民,使那些被抚养者感恩戴德。如松江普济堂规则:"堂中老民无事而食,自应安分度日,若有恃老滋事,及憎嫌淡薄,妄生议论,即系无良之民,立行逐出。"③以救济手段迫使贫民屈服,从一个侧面保障社会秩序。清朝政府亦给管理善堂的绅衿地主以相应的恩惠,往往免其杂差,或则予以旌表,或则任用为职员、候选官员。这些人把善堂义行当作进身之阶,对密切绅衿地主与国家的关系也非常有益。

五、小结

清代地主是具有某种经济活力而又趋于衰落的阶级。在经济方面,清代地主经营发生了一些变化。押租的买佃制的有所流行,是地主用经济手段控制农民;一部分地主自行经营,试图发展生产,扩大财富积累;绅衿地主发展义学、义庄、善堂经济,保障它的土地制度,以此调解与贫民的关系;商人资本转向土地,与农业经济相结合,与地主合为一体;地主多采用定额租制,以有利于生产的发展而保障其地租收入。所有这一切,表明地主经济还有发展余地,能够根据情况进行应变,具有一定的活力,从而说明传统社会制度也未进入瓦解的阶段。但是买佃制是地主以丧失土地所有权的完整去换取的,他们

---

① 冯桂芬:《显志堂稿》卷11《复宗法议》。
② 嘉庆《旌德县志》卷1《风俗》。
③ 嘉庆《松江府志》卷17《建置》。

490

不复是完整意义上的地主了，这是地主阶级虚弱的表现；经营地主也是部分改变出租地主的面貌，其发展前途将不利于传统经营方式；地主城居越发展，表明这个阶级的寄生性、腐朽性越增长。所以说地主阶级在经济上、思想上、内部结构上的变革，使它不能按固有的方法维持下去，走在下坡路上，趋向于没落，只是还没有走到终点。

（原载南开大学历史系中国古代史教研室编《中国古代地主阶级研究论集》，南开大学出版社，1984年。原题为《清代地主阶级述论》，原文尚有专节谈到清代地主思想文化风俗特征，为中国社会科学出版社将要出版的《中国封建地主阶级研究》收入，这里为避免重复而删去）

十七世纪中叶至十八世纪中叶江南的商品交换、消费与本末观念

《红楼梦》的研究中,有一个该书是否具有民主主义思想或思想因素的问题,这就需要了解《红楼梦》的创作时代有没有资本主义的生产关系,或它的萌芽的问题,也即有没有产生民主主义思想或成分的社会条件问题。这篇小文,就是企图给研究《红楼梦》的时代背景提供这方面的某些资料,至于它同曹雪芹的创作的关系,则不是笔者所能描述的。这些资料倘能为研究者所利用,是为幸甚。

曹雪芹逝世于乾隆二十七、二十八年,时为十八世纪六十年代,他的写作是在乾隆时期进行的,他的创作的时代背景,当不限于乾隆朝,可以上推到康熙、雍正时期。所以本文论述的时间,以十七世纪中叶至十八世纪中叶的一百年为限,也就是康熙、雍正、乾隆前期。

江南①是当时商品经济最发达的地区,是资本主义生产关系的萌芽最显著的地方。曹雪芹的先人在这里生活了六十年,他本人也同这里有一定关系,他的作品每每以江宁、苏州及扬州为主人公托迹之所,以致使一部分人产生《红楼梦》故事究竟发生在南方还是北方的疑问。其实,这样的作品本无所谓南北问题,不过既然提到江南地方,倒更需要了解一下江南社会,特别是作为它的特点的商品经济及资本主义萌芽的情况了。

一、农业中商品生产的扩大

首先考察农业单一作物区的发生趋势问题。

---

① 清朝于顺治初年设立江南省,辖今江苏、安徽二省之地。康熙六年(1667)正式建立安徽省,原江南省改名江苏省。本文所讲的江南指苏、皖分省后,江苏省所辖的长江以南地区,即江宁府、镇江府、苏州府、常州府、松江府和太仓直隶州等五府一州地方。

江南沿海种棉,明代已有了一定规模,清朝前期进一步发展。两江总督高晋(1707—1778)经过两次调查,于乾隆四十年(1775)作出报告,他说松江府和太仓州地方,"每村庄知务本种稻者,不过十之二三,图利种棉者,则有十之七八"①。同时期,太仓州嘉定县人钱大昕(1728—1804)说他的家乡,"种棉花者,亡虑十之七"②。这就是说,乾隆年间,松江和太仓的农田,百分之七十至八十种植棉花,几乎成为单一的产棉区。江南其他地方也生产一些棉花,如苏州府的常熟县种植较多,③不过都没有松江、太仓发达。

江南农民把棉花称作"花",棉田叫作"花田"。"用花以代名,实重之也。"④因为棉花在农民生产、生活中占重要地位,所以生产者才这样看重它。

松江、太仓、苏州农民植棉,不是为了自家消费,甚至也不是为自己进行纺织,而是直接出卖。明末清初太仓人吴伟业(1609—1672)写当地棉花出售情景:"看花人到花满屋,船板平铺装载足。黄鸡突嘴啄花虫,狼藉当阶白如玉。市桥吹火五更风,牙侩肩摩大道中。二八倡家唱歌宿,好花直属富家翁。"⑤农民生产的棉花由牙行作中介,被外来商人贩载各地。乾隆中基本上还是这种情形,钱大昕说农民收早花时,"市牙估客频停驶,得钱捆载渡江去,吾庐依旧空沉沉";等到收二遍时,"卖汤老翁打鼓过,倾筐换取目耽耽"。⑥农民边收棉花边出售。在上海,棉农卖花,天不亮就挑到市上,当地称为"花主人家"的牙人用竹竿挑着灯笼,招徕卖主,这个灯就叫作"收花灯"⑦。

苏州府出产蚕丝,太湖沿岸尤盛。湖中诸岛"以蚕桑为务,地多植桑,凡女未及笄即可育蚕"⑧。震泽县民"视蚕事案重,故植桑尤多,乡村间殆无旷土。春夏之交,绿阴弥望,别其名品,盖不下二三十种云"⑨。吴江县"桑麻被野"⑩,"桑

———————————

① 魏源编:《皇朝经世文编》卷37,《请海疆禾棉兼种疏》。
② 钱大昕:《潜研堂文集》卷22《记加增省卫运军行月钱粮始末》。
③ 习寯:乾隆《苏州府志》卷12《物产》。
④ 黄世祚:民国《嘉定县续志》卷五《物产》。
⑤ 《木棉吟》,载叶廷琯:《鸥陂渔话》卷4。
⑥ 钱大昕:《潜研堂诗集》卷1《木棉花歌》。
⑦ 杨光辅:《淞南乐府》;张春华:《沪城岁事衢歌》。
⑧ 习寯:乾隆《苏州府志》卷2,引康熙《具区志》。
⑨ 陈和志:乾隆《震泽县志》卷4《物产》。
⑩ 张海珊:《小安乐窝文集》卷1《湖滨备御事宜》。

麻万亩"①。江宁的丝织业在乾嘉时期有较大发展,它所用的原料,上好的是浙江海宁的,其次是镇江府溧阳县的,②再次才是本地产的,③可见镇江、江宁二府也生产蚕丝。当然,江南的蚕丝生产,比起棉花种植,规模与数量要小得多。

棉花在松江、太仓的大量种植,使这里基本上成为单一经济作物区,苏州一些地方的蚕桑培育,也使它向单一作物区转化。一个农业地区,种植一种或一两种经济作物,是实现农业的专业化,它的生产物用于出卖,而不是自身消费,所以这是商业性农业。同时生产者必须买进食粮,使得经济作物区与粮产区互相开辟市场,扩大了商业交换。因此说苏州、松江和太仓的蚕、棉业的发展,是该地农业中商品生产发展的标志。农业专业化对于商业性农业的产生很重要,对于资本主义农业的发生也很重要。但是江南的农业专业化的发展趋势,是否意味着农业中有了资本主义生产关系,还要视农业经营者的状况来决定,要由是否有富裕农民雇工进行商业性农业生产来决定。

其次考察货币地租的采用问题。

康雍乾时期,江南有的田主把地租征收实物改为收纳货币,其一般情形,请先看"货币租示例表",然后作简单的说明。

货币租示例表

时间	地区	地主	亩租或总租	土地面积（亩）	备注	资料出处
康熙五四十七	苏州吴江	县学	5.1 钱 / 亩			乾隆《吴江县志》卷 8《学田》
	丹徒	救生会	100 千文	22	包括房租	嘉庆《丹徒县志》卷 26《义举》
雍正三	太仓嘉定	县学	78.96 两	591		光绪《嘉定县志》卷 9《学校》
三	苏州常熟	县学	33.86 两	402	另有租米 89 石	光绪《常昭合志稿》卷 14《学校》
三	昭文	县学	74.3 两	781	另有租米 103 石	同上
三	吴江	县学	233.29 两	698	雍正三年以前情况;系折租	乾隆《吴江县志》卷 17《杂税》

① 张士元:《嘉树山房集》卷 5《俞定甫诗集序》。

② 溧阳的蚕桑业是在乾隆初年,经知县吴学谦的倡导发展起来的。见陈鸿寿:嘉庆《溧阳县志》卷 9,吴传。

③ 莫祥芝:同治《上元江宁两县志》卷 7《食货》。

时间	地区	地主	亩租或总租	土地面积（亩）	备注	资料出处
四	吴江	县学	119.8 两	350	折租	乾隆《吴江县志》卷 17《杂税》
四	昆山	县学	104.79 两	605		光绪《昆新两县续修合志》卷 4《学校》
四	新阳	县学	90.88 两	435		同上
四	震泽	县学	113.45 两	348	折租	乾隆《震泽县志》卷 7《学校》
四	松江宝山	县学	73.18 两	679		光绪《宝山县志》卷 5《学田》、卷 3《杂税》
雍乾	常州靖江	刘南珍			凡佃人完租，钱不较锱铢，谷不较升合	咸丰《靖江县志》卷 14《义行》
乾隆初	无锡、金匮	育婴堂	600 千文		另有米麦租	光绪《锡金合志》卷 30《义举》
三	昆山	县学	84.77 两	520	另有租米	光绪《昆新两县续修合志》卷 4《学校》
三	新阳	县学	110.91 两	519	另有租米	同上
六	娄县	政府	1300 余两		六年以前情况，没官田	嘉庆《松江府志》卷 16《建置》
十	常熟、昭文	育婴堂	10.98 千文	244	另有米麦豆租	光绪《常昭合志稿》卷 17《善举》
十	常熟、昭文	育婴堂	20486 文	438	另有米麦豆租	同上
乾隆十三	镇江丹阳	县学	1.2 钱／亩			民国《丹阳县志》卷 8《赋役》
二十	丹徒	育婴堂	350 千文	346	包括房租	嘉庆《丹徒县志》卷 26《义举》
二十七	常州宜兴	黄瑞华	2.4 两	2		档案，转见《清代地租剥削形态》第 310 页
二十八	松江华亭	县学	80.65 两	502	花田，有租米	光绪《华亭县志》卷 5《学校》
四十	松江府	府学	96.17 两	173	包括房租	嘉庆《江宁府志》卷 14《赋役》
四十	上元	县学	132.92 两	992		同上
四十	江宁	县学	70.34 两	492	包括房租	同上
四十	句容	县学	202.85 两	870		同上
四十	溧水	县学	62.99 两	479		同上
四十	江浦	县学	80.18 两	881		同上
四十	六合	县学	44.82 两	430		同上
四十	高淳	县学	31.94 两	212		同上
乾隆	常熟	屈氏义庄	60 余千文	460	另有米租	光绪《常昭合志稿》卷 17《善举》
乾隆	常熟	屈氏义庄	98 千文	350	花田，另有租豆	同上

由表可以看到两个特点：

其一，货币地租从官田向民田发展。在中国历史上，货币地租最早出现在官田中，私人田主采取这种形式则较晚。在江南，收货币租的，有基本上属于官田的学田，私人田主所有的民田中也出现了，而育婴堂、救生会、宗族义庄的土地，是集体所有，也是一种民田，它也部分地收纳货币租。货币租由官田向民田发展，这是规律，江南已出现了这个趋势，乾隆后期以后，有所显露。[①]

其二，货币租在经济作物田与粮田中的同时出现。前已说过，经济作物的生产一定程度上具有商品生产的性质，出租非粮田土地的田主，需要进行生活必需品粮食的购买，这就要有货币，客观条件决定他们要收取货币地租，所以经济作物田上出现货币租比较早。从上表看到，花田地租收货币，就是这种原因；粮田也同时收货币，这是货币租发展的表现。

至此可知，康雍乾时期，在江南地区，实物地租在向货币地租转化，后一种形态呈现出某种发展趋势，但作为支配形态的还是实物地租。

货币地租的出现，以商业、城市工业、货币流通的较大发展为前提，所以江南货币地租的发生、发展是商品经济显著发展的产物，也是它的标志。

地租一旦采取了货币形态，"虽然直接生产者和以前一样，至少要亲自生产他的生活资料的最大部分，但是现在他的产品已经有一部分必须转化为商品，当作商品来生产。因此，整个生产方式的性质就或多或少要起变化。它已经丧失了它的独立性，已经丧失了可以和社会联系脱离的性质"[②]。交纳货币地租的农民必须把一部分产品投入市场，这一部分就是进行的商品生产，因此它不仅是商品经济发展的产物，反过来促进着商品经济的发展。

康雍乾时期江南农业中棉花、蚕丝生产的扩大，个别地方向单一作物区的发展，地租从生产物向货币形态的逐步转化，直接的结果是扩大了商品生产，刺激了手工业、商业的发展，促进了货币流通，它的继续发展，必将有利于农业生产关系的变化，有利于农业中资本主义萌芽的出现。

[①] 据李文治编辑的《中国近代农业史资料》第1辑所载，"嘉庆朝刑科题本"档案资料揭示：江苏有十起租佃纠纷案件，其地租形态，六起为货币地租，四起为实物地租(第70页)。当然它不表明当时的私人田主半数以上已收货币租了，因为不但当时，直至20世纪上半叶货币租也没有取得支配地位。然而不能不认为它反映了私人田主收受货币租逐渐增多。

[②]《资本论》第3卷，人民出版社，1966年，第932页。

二、城乡居民的棉布、绸缎个体加工业

《红楼梦》第十五回叙述贾宝玉随王熙凤往铁槛寺送灵,路过农家,观看二丫头纺纱。这种农民家庭手工业,是为自家消费,不是为出卖而生产,它是与农业紧密结合的自然经济的组成部分, 这是千百年相传的男耕女织的现象。贾宝玉看得心奇,乃因其为居于深宅大院的贵族公子,其实那并没有奇异之处。不过,在盛产棉、丝和手工业发达的江南,农户的纺织,就与二丫头家的有很大不同了。

素有"布码头"之称的常州府无锡县,是个典型的江南的家庭纺织地区,当地人黄印在乾隆前期,有一个对其基本情形的简要说明:"常郡五邑,惟吾邑不种草棉,而棉布之利独盛于吾邑,为他邑所莫及。乡民食于田者,惟冬三月,及还租已毕,则以所余米舂白而置于囷,归典库以易质衣。冬月则阖户纺织,以布易米而食,家无余粒也。及五月田事迫,则又取冬衣易所质米归,俗谓种田饭米。故吾邑虽遇凶年,苟他处棉花成熟,则乡民不致大困。布有三等,一以三丈为匹,曰'长头';一以二丈为匹,曰'短头',皆以换棉花。一以二丈四尺为匹,曰'放长',则以易米及钱,坐贾收之,捆载而贸于淮、扬、高、宝等处。一岁所交易,不下数百万。尝有徽人言:'汉口为船码头,镇江为银码头,无锡为布码头。'言虽鄙俗,当不妄也。坐贾之开花布行者,不数年即可致富,盖邑布轻细不如松江,而坚致耐久则过之,故通行最广。"①他对织布的原料、从业人员、产品、交换及从业者的经济作用都有所说明。下面以此为线索,就这几方面情况一一进行了解。

关于原料。农民生产的棉花,随收随卖,待到纺织时,所用之花,绝大部分不是自家生产的,而是返销的。农民卖出的棉花,一部分被商人贩到江南以外地区,一部分则留在了本境内,但有府县的转移,是以不产棉的无锡也有棉花可织。有一种商人,专门向从事纺织的农民和城市居民出售棉花,如钱煜在无锡北门外开设棉花庄,"换布以为生理"②,即用棉花收购布匹,把布卖给商人,再收进棉花,和生产者换布。黄印说的乡民生产的长头、短头两种布匹,"皆以

---

① 黄印:《锡金识小录》卷 1《力作之利》。
② 钱泳:《履园丛话》卷 23《换棉花》。

换花",就是同钱焜这类的棉花庄商人进行交换,获得原料,从事再生产。这样的以布换花加工,在无锡以外的植棉区亦复如此。如松江府的华亭县,"里媪晨抱纱入市,易木棉以归,明且复抱纱以出,无顷刻间"①。这是以纱易棉,只纺纱,还未织成布。

棉布的生产者,大部分是男女农民,他们在农事稍一间歇之时,就进行纺织,如常熟、昭文的农民在秋收之后,"男女效绩,夙夜不遑"。当地人周桢撰《纺纱词》,写农人纺织极其辛勤:"西风夜起棉花落,似雪弦头弹得薄。家家彻夜纺纱声,芦芭壁满灯火明。手冷频呵响乍稀,怀中儿醒呜呜啼。机空且莫叹无裤,换来朝炊满身露。"②钱大昕咏词云:"促织初鸣河射角,篝灯一缕光犹弇。黄纱夜纺轵车闹,抱布贱售忧如淡。"③可见农民白天黑夜勤于纺织。城市居民织布的也不乏其人,如长洲县,对于纺纱织布,"家户习为恒产,不止乡落,虽城中亦然"④。华亭县人"俗务纺织,不止乡落,虽城中亦然"⑤。

江南棉布的生产,技术高。纺纱,一般用手摇纺车,上海人用"脚车",一人同时纺三支纱;织布的,一人一天生产一匹,少数人可以织成两匹。⑥华亭"织者率日成一匹,有通宵不寐者"⑦。大体上说,由于生产者的勤劳和熟练的技术,一人一天可以织成一匹布。又因广大农村和城镇居民从事纺绩,所以生产量较大,像康熙时的松江,当"农暇之时,所出布匹,日以万计"⑧。

收购布匹,有本地的商人,但采买较多的是外地来的富商大贾。西北、北方及关外商人,"挟资千亿"⑨,来江南购布。在明朝末年,山陕巨商到松江,投奔本地人开的牙行,由牙行代为收购布匹,到了清朝前期,他们熟悉了江南情况,遂自行设庄采买,所以称为"坐庄"。由于长途巨量贩运,安全没有保障,他们就雇用保镖保护货物,如上海居人姚大汉,能"挟弹射物,百不失一,尝为布商护其货,往来秦晋间,盗不敢近"⑩。以是保证贩运的正常进行。江北的商人

①⑤⑦ 姚光发:光绪《华亭县志》卷 23《杂志》。

② 邓琳:《虞乡志略》卷 8《风俗》。

③ 钱大昕:《潜研堂诗集》卷 1《木棉花歌》。

④ 曹允源:民国《吴县志》卷 51《物产》,引康熙《长洲县志》。

⑥ 俞樾:同治《上海县志》卷 1《风俗》,综合康雍乾诸志。

⑧ 宋如林:嘉庆《松江府志》卷 5《风俗》,引康熙志。

⑨ 钦善:《松问》,载《皇朝经世文编》卷 28。

⑩ 褚华:《沪城备考》卷 6《姚大汉》。

也过江买布,江阴出产雷沟大布,"淮、扬各郡商贩麇至,秋庄尤盛"①。宝山县罗店镇因出产棉花、纱布,"徽商丛集,贸易甚盛"②。江南的棉布,通过各地来的商人和苏商,运往外地。

苏松是明朝以来的重赋区,一个府的钱粮比云南、贵州、广西、甘肃等省的还要多,小自耕农的赋役负担沉重,③佃农则要交纳高额的地租,有的农民还受着高利贷的盘剥。农民为了维持生活,只有进行纺织,正如黄印所说"以布易米而食",即织布出售买回口粮。当时当地人对于纺织业在农民经济生活中的这种重要地位看得非常清楚,康熙、乾隆、嘉庆诸朝编写的《上海县志》,指出该县农民,"田所获输赋偿租外,未卒岁,室已罄,其衣食常恃"④织布。官员尹会一在奏疏中说:"江南苏松两郡最为繁庶,而贫乏之民得以俯仰有资者,不在丝而在布。女子七八岁以上即能纺絮,十二三岁即能织布,一日之经营,尽足以供一人之用度而有余。"⑤

苏、松、常、太的农民和城镇居民用并非自己种植的棉花纺纱织布,卖给商人,行销全国,他们进行的是一家一户的个体生产,基本没有投资,以成品布匹换取原料棉花,维持简单再生产,因此可以认为它是个体棉布加工业,棉花商、布商在很大程度上控制它的生产。

农民的个体棉布加工业,还是农民的家庭副业,但是不同于以前的家庭纺织,它紧密地联系着市场。过去农民用自己生产的棉花织布,主要是为本身消费,纵或有多余的出卖,其数量极其微小,因而这种家庭副业维持农民自给自足的自然经济。江南个体棉布加工业,原料来自市场,成品又回到市场,它是商品生产,促进着棉花种植业、商品交换、货币流通的发展,即商品经济的发展,在一定程度上起着分解自然经济的作用。但是农民又以棉布加工而得以维持其农民地位,保持旧的生产方式,所以他们的家庭棉布加工业并不能真正改善自己的处境,进步意义是有限的。

---

① 李兆洛:道光《江阴县志》卷10《物产》。

② 朱延射:光绪《宝山县志》卷1《市镇》。

③ 康熙末年,孙嘉淦游苏州,见景色甚好,但人民困于征敛,他说:"登虎邱而四望,竹树拥林,菱荷复水,浓阴沉绿,天地皆青,然赋税重,民不堪命焉。"见王锡祺:《小方壶斋舆地丛钞》第5帙《南游记》。

④ 俞樾:同治《上海县志》卷1《风俗》。

⑤ 尹会一:《敬陈农桑四议疏》,载《皇朝经世文编》卷36。

"机杼之盛,莫过于苏杭。"①苏州的丝织业,历史悠久,至康雍乾时期仍居于重要地位。丝绸的主要产地在震泽、吴江和吴县,交易很盛,"富商大贾数千里挈万金来买者,摩肩连袂"②。吴江的盛泽镇"以绵绫为业,商贾贩缯,远近辐集"③。"居民以绫绵为业,户口万余"④,"衣被十余省"⑤。丝绸产品,大量的出于家庭织造,乾隆时编纂的《吴江县志》和《震泽县志》记载:"绫绸之业……贫者皆自织,而令其童稚挽花,女工不事纺绩,日夕治丝,故儿女自十岁以外,皆早暮拮据以糊其口,而丝之丰欠,绫价之低昂,即小民有岁无岁之分也。"⑥一家一户织挽绸缎,借以糊口,个体家庭丝织加工业成了人民经济的重要组成部分。

江宁的丝织业,在乾嘉时有织机三万多台,⑦从业人员相当多,所以包世臣说当地人"以丝为生"⑧。其生产方式是,绸缎商人开设账房,用机户为其织造,织挽之前,要加工丝料——纺丝、染色、络丝。其络丝,交个体户进行,所谓"络工,贫女也,日络三四窠,得钱易米,可供一日食"⑨。因此江宁的丝料加工,是在大商人支配之下,城乡人民在自己家中分别进行加工。⑩

苏州、江宁丝绸业的发展,同棉织业一样提供了商品,活跃了市场经济。

① 钱泳:《履园丛话》卷23《机神庙》。

② 沈彤:乾隆《吴江县志》卷5《物产》。

③ 习寯:乾隆《苏州府志》卷19《乡都》。

④ 费善庆:《垂虹识小录》卷1《镇市村》,南开大学图书馆藏抄本。

⑤ 金福曾:光绪《吴江县续志》卷12《熊晋传》。

⑥ 乾隆《吴江县志》卷38《生业》,乾隆《震泽县志》卷25《生业》。

⑦ 莫祥芝:同治《上元江宁两县志》卷7《食货考》。

⑧ 包世臣:《安吴四种》卷26《为秦易堂侍读条画白门荒政》。

⑨ 陈作霖:《凤麓小志》卷3《记机业》。

⑩ 江宁丝织业的兴盛,发生比较晚,不过下述情形仍有说明的必要:丝织品有绸、缎、纱、绢、罗诸种(姚鼎:嘉庆《江宁府志》卷11《风俗物产》)。绸又分宁绸、宫绸、亮绸,花缎又有棉缎、闪缎、装花、暗花、丝绒之别(同治《上元江宁两县志》卷7《食货》)。产品质量高,居全国首列,"故江绸贡缎之名甲天下"(甘煦:《白下琐言》卷8)。产品除上贡外,江宁城里出现绸缎廊,专门经营绸缎业(同上)。更多的是由商人运销全国各地及外国——"北趋京师,东北并高句骊、辽沈,西北走晋绛,逾大河,上秦雍甘凉,西抵巴蜀,西南之滇黔,南越五岭、湖湘、豫章、两浙、七闽,溯淮泗,道汝洛。朝觐燕饷,祭祀宾客,非宁绸贡缎,人或目慢之。"(同治《上元江宁两县志》卷7《食货》)

三、棉布字号、丝绸账房的经营与丝棉织业中的资本主义萌芽

在传统的农业社会中，商业和商人的职能是所谓"通有无"，把生产者的产品转移到消费者手里。康雍乾时期的江南丝棉织业商人中，却有一部分超越于这种职能，已在起着直接组织生产的作用，因而使与它联系的部门的生产关系发生变化，出现资本主义生产关系的萌芽。

前已述及，在苏松经营丝绸、棉布的商人坐庄收买，运销各地，在他们买进卖出之间，有的对商品还进行了一番加工。乾隆年间修成的《长洲县志》记载："苏布名重四方，习是业者……谓之字号，自漂布染布及看布行布，一字号常数十家赖以举火，惟富人乃能办此。"①透露了这种加工的事实。

棉布字号要对布匹进行加工处理，是当时的生产方法和消费者需要所决定的。城乡居民家庭织布，成品是元白布，他们急于出售（夜织以备次日晨炊）和缺乏工本，不可能对它进行再加工，这样坐庄收购的都是元白布，没有经过漂白，也没有染成花色，更不讲究光泽，因而不能适合各种消费者的需要，比如布匹大量销往山陕黄土高原，这里尘土多，若布质稀疏，黄土易于附着，为避免这个缺陷，必须把棉布碾踹压光。②因此棉布字号收进元白布之后，组织对它进行加工，染坊、踹坊遂发展起来。

踹布作坊，开设者叫"作头"，或称"包头"，他备置场房和生产工具，管理生产者——踹匠，将布压光。作为踹坊加工原料的布匹，不是作头备办的，系棉布字号发来，代为加工。其间情状，雍正中，浙江总督兼管江苏督捕事务的李卫、署理两江总督史贻直、苏州巡抚尹继善共同作过概括的说明："苏郡五方杂处，百货聚汇，为商贾通贩要津。其中各省青兰布匹，俱于此地兑买，染色之后，必用大石脚踹研光。即有一种之人，名曰包头，备置菱角式样巨石、木滚家伙、房屋，招集踹匠居住，垫发柴米银钱，向客店领布发碾，每匹工价银一分一厘三毫，皆系各匠所得，按名逐月给包头银三钱六分，以偿房屋、家俱之费。习此匠业者，非精壮而强有力不能，皆江南、江北各县之人，递相传授牵引而来，率多单身乌合不守本分之辈……从前各坊不过七八千人……现在细查苏

---

① 曹允源：民国《吴县志》卷52，引。

② 参阅褚华：《木棉谱》。

州阊门外一带,充包头者共有三百四十余人,设立踹坊四百五十余处,每坊容匠各数十人不等。查其踹石已有一万九百余块,人数称是。"①在这种生产中有几点值得注意:

第一,布商提供布匹,发放工钱。李卫等说包头"向客店领布发碾",即布号把布发给踹坊碾光。布号交给哪一家踹坊,交给多少,完全由其自主,所谓"听布号择坊发踹"。踹匠的工钱,并非由指挥他们生产的包头发给,而由布号发放,不过经由包头转发。这样,生产原料和工资均由布号发给,踹坊成了它的加工场,它支配着包头②,成了这种生产的真正主人和组织者。

第二,包头备办的轴木、巨石,所需投资有限,预备场房需要一笔钱,但实际上他们往往是租赁的,所以开设踹坊并不用多少资本。他们不但不向踹匠发钱,反从踹匠工钱中索取房租和工具损耗费。因此他们不是踹布生产过程的真正支配者。他们在现场指挥生产,在很大程度上起着领工的作用。

第三,踹匠按完成的件数领取工钱,由布号发给,经过包头转发,所以踹匠实质上受雇于布号。踹匠每月向包头交纳固定金额三钱六分银子,是"房租家火之费",或者说是"赁租银"③,等于他们向包头租赁生产工具木、石和场房,这就使得他们的生产具有家庭手工业的味道。他们都是外乡人,只身异地,因同乡、亲戚作保,进入踹坊劳动,他们是被役使的生产者。

第四,踹坊的生产规模,以雍正年间说,有坊四百五十余处,工匠一万多,平均每个作坊约二十四五人。就踹坊和匠人的总数讲,这个行业人员多、规模大,它的生产虽然简单,然是棉布生产不可缺少的过程,而棉布业在当时的商品生产中占有重要地位,因之踹坊加工业也不宜忽视。

回顾上述《长洲县志》所说的"一字号常数十家赖以举火,惟富人乃能办此",就可以理解得清楚一点了。这数十"家"的家,不是一家一户的家,而是说一家染坊、一家踹坊,换句话说,一个布号,下设的染踹加工作坊,多至几十家,下属工匠将有几百人。这样的领会大约不会有误,康熙三十三年(1694)常熟县踹坊作头张瑞等说:"踹坊一业,俱在苏松冲要之所,其踹匠杂沓,每一字

---

① 《雍正朱批谕旨》第 13 函第 5 册,第 28 页上—30 页上。

② 苏州地方政府规定"作头应听商家约束"(江苏省博物馆编:《江苏省明清以来碑刻资料选集》,生活·读书·新知三联书店,1959 年,第 33 页),就是这种关系的反映。

③ 《江苏省明清以来碑刻资料选集》,第 36 页。

号,何啻千百,总计何止累万。"①一字号有千百工匠"赖以举火",说明布号加工量相当大。如此看来,布号的全部活动,包括收购布匹,进行染踹加工,再运往各地出卖。能做到这些,资本雄厚,自不待言。

丝绸织品的生产,据1933年成书的《吴县志》记叙:当时经营"纱缎业者谓之账房,计五十七所,散设东北半城,其木机总数,计一千五百二十四架,年织四万匹,约值银九十万两。其开设年期有远自二百余年者。各账房除自行设机督织外,大都以经纬交与织工,各就织工居处雇匠织造,谓之机户。此等机户约近千数,机匠约有三四千人,亦散处东北半城"②。《凤麓小志》记载:在江宁,"开机之家,谓之账房;机户领织,谓之代料;织成送缎,主人校其良楛,谓之雠货"③。这两部著述是晚近之作,但宣称所叙之事是二百多年前就出现的,也即雍乾时期就是那样了。织造绸缎,至少有两种形式,一是商人设场雇工生产,这种形式较另一种为简单。另一种是商人把原料交给机户,机户自备织机,雇匠人织挽,由绸缎商人按件发给工价。这一情形就与布号染踹布匹的方式相同了。即绸缎商与布商都给生产者发放原料和工钱,都有中间人作为媒介,两者所不同的是,一个组织从原料到成品的生产,一个仅组织成品的加工。

列宁在研究俄国资本主义发展史时,当论述到小手工业中的商业资本问题时,指出在资本主义的最初阶段,商业资本中出现一种包买主,"专门从事销售产品和收购原料的商业业务,并且通常以这种或那种形式使小手工业者从属于自己"④。又说:"包买主把材料直接分配给'手工业者',使其为一定的报酬而生产。手工业 de facto 成了在自己家中为资本家工作的雇佣工人,包买主的商业资本在这里就变成了工业资本。于是资本主义的家庭劳动出现了。"⑤用列宁的观点来分析,开设布号和账房的商人就是包买商。他们不仅购买原材料,同时购买对材料进行加工的劳动力。还须看到,他们本来所拥有的资本是用到商业上,这时扩大到丝棉织业的生产过程,这是商业资本向工业资本的转化。

---

① 《江苏省明清以来碑刻资料选集》,第626页。
② 民国《吴县志》卷51《物产》。
③ 陈作霖:《凤麓小志》卷3。
④⑤ 列宁:《俄国资本主义的发展》,人民出版社,1960年,第321页,第328—329页。

至此,对布号—踹坊—踹匠、账房—机户—机匠的生产关系,似乎可以做出这样的结论:棉布商和绸缎商已不是与生产过程脱离的,而是部分投资于生产的包买商,它通过踹坊、机户雇用踹匠、机匠生产,取得产品或成品的加工物,以便作为商品投入市场。它所获得的利润,不仅包含出卖购进的同种商品的部分所得,还包括对购买的商品作了加工所增殖的部分。这种包买商采取了资本主义的经营,他们本身成为初期的资产者;领取计件工资的踹匠、机匠是劳动力的出卖者,是初期无产者;包头、机户是布号、账房的代理人,其中个别人可能是资产者,但不是这种人的典型。①这些人形成的生产关系,已具资本主义的雏形,即是资本主义生产关系的萌芽。

写到这里,再看棉花庄的换布性质就较简单明了了。就棉花商这一行业来说,买进棉花,以换回布匹,出卖的是布,而不是原来的物品,是成品而不是原料,其中的生产过程,虽然他们中的任何个人都没有进行组织,但从这个行业来说是组织了,即它不是组织在一个作坊当中,而是组织在一个行业之中。棉花商的商业资本已投入生产过程,这也是商业资本向产业资本转化的一种形式,一种低级形式。这种棉花商在某种意义上说也是一种"包买主"。

苏州缎商账房直接雇工生产,比之机户的经营要晚,至迟在明朝万历年间,已经出现"机户出资,机工出力"②的生产关系。清代机户经济继续发展,雍正年间的情形是:"苏城机户,类多雇人工织,机户出(资)经营,机匠计工受值。"③其工价法则是"按件而计,视货物之高下、人工之巧拙为增减"④。这里的机户与向账房领取丝料的机户不同,他们自备织机和原料,雇用机匠,生产和出卖丝织品,攫取机工剩余劳动价值,他们是初期资产者,机匠则是初期无产者,他们间形成初步的资本主义生产关系。

综上所述,康雍乾时期,在江南的苏州、松江、常州、太仓和江宁的棉织业、丝织业内部,由棉布字号、丝绸账房经营的或控制的手工作坊生产中,出现了初步的资本主义生产关系,产生了具有资产阶级性质的包买商,资本主义萌芽存在着和发展着。

---

① 包头内部的情况不完全相同,有的人开设几个踹房,可能是初期资产者,所以对其中某个人的社会地位要做具体分析,但就总体来讲,他是布商的附庸。

②《明神宗实录》卷361,"万历二十九年七月丁未"条。

③④《江苏省明清以来碑刻资料选集》,第6页。

四、交换的发展与消费的扩大

江南植棉业和棉、丝纺织业的发展,促进了本地区和有经济联系的地区、部门的商品经济的发展,最显著的是湖广、江西与江南的米、布对流。

雍正帝于元年(1723)说:"浙江及江南苏松等府,地窄人稠,即丰收之年,亦皆仰食于湖广、江西等处。"①四年(1726)又说:"苏、松户口繁多,民间食米多取给于外贩。"②次年,署理湖广总督福敏奏称:"大江以南,皆系财赋重地,独至米谷,则江浙等省每赖湖广接济。"③皇帝和封疆大吏都讲江南(尤其是苏松)食粮不足,仰靠于外省的湖北、湖南和江西,情况确系如此。苏南本是产粮区,也可以提供一部分商品粮,如每到秋天,河流中"农民粜米还租"④的船只往来不绝,"田多而近郭者,碾以市于城"⑤。但远远不能满足当地的需要。在无锡,那些抱布易米而食的农民,"大抵多藉客米,非邑米也"⑥。松江府和太仓州人民的"每年口食,全赖客商贩运"。太仓州属的崇明县,在乾隆二十年(1755)以前,每年需买进稻米二十余万石。⑦嘉庆末年,包世臣说:"苏州无论丰欠,江广安徽之客米来售者,岁不下数百万石。"⑧不论年成好坏,苏州总要输进几百万石的粮食,可见不是受丰歉的影响,而是当地口粮的正常消费的需要。这几百万石的数字虽说的是嘉庆年间的,由于该地长期靠外粮,康雍乾时期当亦为数甚巨。⑨米的买卖多,就出现集散地,苏州吴县枫桥镇粮食市场最大,所以苏州俗语有"打听枫桥价"⑩的话,表明这个大米市的行情影响着其他地方。震泽县的平望镇有"小枫桥"之称,也是粮食集散地,"米面及豆麦尤多,千艘万

---

① 雍正帝《上谕内阁》,元年十月二十六日谕。
② 《清世宗实录》卷51,"四年十二月丁卯"条。
③ 王先谦:《东华录》,"雍正五年三月壬子"条。
④ 《江苏省明清以来碑刻资料选集》,第638页。
⑤ 莫祥芝:同治《上元江宁两县志》卷七《食货》。
⑥ 黄卬:《锡金识小录》卷1《米价》。
⑦ 高晋:《请海疆禾棉兼种疏》。
⑧ 包世臣:《安吴四种》卷26《庚辰杂著》二。
⑨ 人们靠买米度日,不会储存很多,必是现买现吃,以致苏州人留下了"早吃新鲜米,夜烧活树柴"的谚语。见苏州市文联编:《苏州谚语选》,1963年,第40页。
⑩ 苏州市文联编:《苏州谚语选》,第47页。

舸,远近毕集"①。江宁产米,不够当地食用,采办外省米粮。嘉庆年间,江宁聚宝门外有三十二家砻坊,收购粮食,每家存仓粮万余石,仅够城中三个月的口食,②则每年需要商品粮百十万石。这就使江宁成为一个大的米市,连其附近的安徽芜湖鲁港镇,也"多砻坊,为粮米聚贩之所"③。

雍正帝上谕和福敏奏疏说江浙人仰食于湖广、江西的那个时期,"所称产米多者,乃在湖广、江西二省"④。湖广(两湖)和江西以其丰富的稻米产量,可以部分供给江南民众的食用。江南的输入米,确系来自长江中游,乾隆元年(1736),学士方苞说他生长的安池,流寓的江宁,"皆湖广、江西上游米粟所汇聚"⑤。江宁人吃的是湖广、江西大米,苏州亦然,吴县人沈德潜诗云:"吴民百万家,待食在商舸。转粟楚蜀间,屯积编涯陕。商利权奇赢,民利实釜灶。"⑥

江南买米所需的货币,为出卖布帛等物所得。有的商人把江南的棉布运往长江中游出卖,又有的贩来湖广、江西的稻米。嘉庆十五年(1810),湖广商人邵大志、熊正达等人自称:"向或自船自本贩米苏卖,或揽写客载运货来苏,是米济民食,货利口利,苏省之流通,全赖楚省之运转。"⑦这就是说,长江中游向长江三角洲供应大米,后一地区向前一地区输送手工业品,主要是布匹。乾隆初年,苏州布政使规定:崇明的"商人每年载布前往江宁,易米三万石"⑧。这是以江宁作为交易中转地,把太仓州的棉布运到江宁换米,再经江宁将布匹运到长江中游换回食米。因此,长江中游与长江三角洲的米布对流,互为市场。

江南和关东也互辟市场,据包世臣讲,自康熙二十四年(1685)以后,"关东豆麦每年至上海者千余万石,而布、茶各南货至山东、直隶、关东者,亦由沙船载而北行"⑨。嘉庆中人谢阶树说:"关东每岁有商船二三千只至于上海,曰'沙船',其大可容二千石。其人皆习于海,其来也,则载豆麦杂粟,一岁二三运

---

① 陈和志:乾隆《震泽县志》卷4《镇市村》。

② 包世臣:《安吴四种》卷66《答方葆岩尚书》。

③ 陈春华:嘉庆《芜湖县志》卷2《市镇》。

④ 赵青藜:《请减谷价兴水利疏》,载《皇朝经世文编》卷38。

⑤ 方苞:《方望溪先生文集》集外文卷1《请定经制札子》。

⑥ 沈德潜:《归愚诗钞》卷7《哀愚民效白太傅题》。

⑦ 《江苏省明清以来碑刻资料选集》,第243页。

⑧ 晏斯盛:《上制府论布商易米书》,载《皇朝经世文编》卷47。

⑨ 包世臣:《安吴四种》卷1《海运南漕议》。

以为常，而其去也，则仅易布帛棉花诸货物。"①乾隆时苏州元和商人杨元利驾船到辽东贩豆，遇风漂到朝鲜，他和朝鲜人交谈了关东豆价，以及关东量器为苏州的二点五倍的情况。②说明江南与关东粮食交易的实际数量，可能要比记载的多。事实表明，江南、关东两个地区间，也是棉布和粮食的交流，不过粮食的品种不是稻米，而是杂粮。

江南和闽粤贸易，一方提供棉花，一方供给蔗糖和材木。上海人的记载说：闽粤人于二三月载糖霜来卖，秋则不买布，而止买棉花，"楼船千百，皆装席囊累累"③。或者说："海舶贩来红木段，洋行收去白花衣。"④

江南的植棉业、棉织业、丝织业的发展和长江中游的植稻业有着密切的关系，同关东的粮食种植业、闽粤的种蔗业的发展也有一定关系，双方交换商品，互相开拓市场，共同促进商业的发展，活跃了当时的商品经济，也使棉布商和米商成为商人队伍的重要成员。但是发展并不平衡，江南植棉业、棉织业及丝织业发展得较为迅速，手工工匠、商人和植棉的农民需要大量的商品粮；湖广和江西产米虽多，然而该地农业尚未发展成商业性农业，提供的商品粮尚属有限，像江南每年以上万石计的需求，还有浙江、福建、广东等省的需要，它就难于满足了。清政府给江南米商指定采买地点，就是供求关系紧张的表现。这就要影响江南植棉业和手工业的长足发展。

江南的消费、娱乐事业也随着农业专业化、手工业的发展及因此而促进的交换的兴旺而发达起来，它被统治者视作"淫靡"，屡加摧抑，最有名的是康熙中江苏巡抚汤斌(1627—1687)在苏州的禁淫祠。因当地打牌、歌妓、礼佛、迎神赛会盛行，汤斌厉行禁止，据说出现了"寺院无妇女之迹，河下无管弦之歌，迎神罢会，艳曲绝编"⑤的现象。其实这只是暂时的，禁止不可能长久生效，因为这是商业发展的结果，比如苏州五通祠，不仅成为娱乐场所，还是商人寄托心愿的地方，"商贾市肆之人，谓称贷于神，可以致富，借值还债，祈报必丰"⑥。雍正帝干脆承认奢华现实，并且讥笑汤斌等人的徒劳之举，他说江苏

---

① 《皇朝经世文编》卷 47《改运议》。
② 吴晗辑：《朝鲜李朝实录中的中国史料》，中华书局，1980 年，第 11 册第 4704 页。
③ 《木棉谱》。
④ 《淞南乐府》。
⑤⑥ 汤斌：《汤潜庵集》卷 7《请毁淫祠疏》。

的转移风俗，"前如汤斌等及几任巡抚亦有为此举者，皆不能挽回而中止，反致百姓之怨望，无济于事，如苏州等处酒船、戏子、匠工之类，亦能赡养多人，此辈有游手好闲者，亦有无产无业就此觅食者，倘禁之骤急，恐不能别寻生理，归农者无地可种，且亦不能任劳，若不能养生，必反为非，不可究竟矣"①。他把酒船、戏子、匠工看成是养活人的职业，当然不便禁止了。但这种认识在政府内部仍有反复，如江苏巡抚陈宏谋、布政使胡文伯先后发出布告，禁止奢华和开张戏馆。但是最后还是要回到雍正帝的承认现实上来，如乾隆时《吴县志》的纂修者就以穷人从事服务业，可以减少治安问题，认为富人的奢侈也有好处，所以说："今之为游民者，无业可入，则恐流而入于匪类，幸有豪奢之家驱使之，役用之，挥金钱以为宴乐游冶之费，而百工技能，皆可效其用，以取其财，即游民亦得赡余润以丐其生，此虽非根本之图，亦一补救之术也。"②或如钱泳所说："治国之道，第一要务在安顿穷人，昔陈文恭公抚吴，禁妇女入寺烧香，三春游屐寥寥，舆夫、舟子、肩挑之辈，无以谋生，物议哗然，由是弛禁。胡公文伯为苏藩，禁开戏馆，怨声载道。金、阊商贾云集，晏会无时，戏馆酒馆凡数十处，每日演剧养活小民不下数万人。此原非犯法事，禁之何益于治。"③他认识到这些是穷人的谋生之道，而没能揭示这些职业与商品经济发展的关系。

江南的所谓奢淫，主要表现在：

酒馆茶坊。苏州的茶馆，开始设在寺观庙宇，到乾隆前期，已遍于里巷。④在康熙以前，常熟县几家茶坊酒肆，还怕饭菜卖不出去，自雍正时期起，酒馆增多，生意兴隆。迨后，县西的何家桥，县东的新巷，及慧日寺前后左右，"茶坊酒肆，接拣开张"⑤。在无锡，康熙末年就出现"遍地清茶社"⑥的状况。茶坊、酒楼及家宴，多很豪华，费用很大，所以陈宏谋说苏州人，"一席费至数金，小小宴集，即耗中人终岁之资"⑦。茶馆酒肆，在一定意义上说，是人们洽谈商务和

① 《朱批谕旨·鄂尔泰奏折》，雍正二年六月初八日折朱批。
② 曹允源：民国《吴县志》卷52上《风俗》，引乾隆志。
③ 钱泳：《履园丛话》卷1《安顿穷人》。
④ 李光祚：乾隆《长洲县志》卷11《风俗》。
⑤ 郑钟祥：光绪《常昭合志稿》卷6《风俗》，引《陈司业集·风俗论》《督粮道刘鼎风俗示警文》。
⑥ 黄印：《锡金识小录》卷1《风俗变迁》。
⑦ 冯桂芬：同治《苏州府志》卷3《风俗》。

其他事务的场所。

戏园。苏州的戏园,起初是"商家会馆借以宴客",为数无多,乾隆初它就散布于城厢,白天黑夜都进行演出,还有演唱传奇的赶到场集上表演,观众不仅是富商巨贾,还有城乡男女居民。①中了康熙博学鸿词科的汪琬就说苏州有两个特产,其一为梨园子弟,②可见戏园业的兴旺。此外,有钱人还挟妓在苏州虎丘山塘、江宁秦淮河上冶游。

衣着。雍正时常熟人陈祖范说:"往时履袜之属出女红,今率买诸市肆矣。"③为讲求穿着,到市场上购买新产品,不再穿家属缝制的鞋袜。苏州城里,人们不管身份、地位如何,有钱就可以打扮,"冶容炫服,有一衣之值至二三十金者"④。生于康熙四十五年(1706)的昆山人龚炜,在其所著《巢林笔谈》卷五《吴俗奢靡日甚》中写道:"予少时,见士人仅仅穿裘,今则里巷妇孺皆裘矣;大红绿顶十得一二,今则十八九矣;家无担石之储,耻穿布素矣;团龙立龙之饰,泥金剪金之衣,编户僭之矣。"可见雍乾以降,当地人衣着向高质地变化的迅速。

第宅园林。苏州园林,名闻天下,由来已久,乾嘉人张士元说:"吴俗好为美观,势家富室甲第苑圃,往往穷极壮丽。"⑤钟琦说:"苏松所属地方豪族以奢靡争雄长,宴穷水陆,宇尽雕镂。"⑥像康熙时户部尚书王鸿绪(1645—1723)在原籍松江的赐金园,佳丽自然,博得康熙帝的欣赏,南巡时驻跸其中,亲书"松竹"匾赐之。⑦正因为园林发达,嘉庆中修《松江府志》就用了两卷的篇幅描叙它的盛况。

筵宴宾客,征歌逐舞,衣着华丽,雕梁画栋,是官僚和乡绅享乐、交际的需要,但这两种人,是各个时期、各个地方都有的,哪里这种人聚集得多,哪里就有这种奢华,但是商品经济发展、商人增多,就给这种繁华添加了创造者。他们后来居上,才把这类消费大大扩展了。这一点,当时人看得很清楚,乾隆前

---

① 李光祚:乾隆《长洲县志》卷11《风俗》。
② 钮琇:《续觚》卷4,《物觚·苏州特产》。
③ 郑钟祥:光绪《常昭合志稿》卷6《风俗》,引《陈司业集·风俗论》。
④ 曹允源:民国《吴县志》卷52《风俗》,引乾隆《元和县志》。
⑤ 张士元:《嘉树山房集》卷5《水西庄图序》。
⑥ 《皇朝琐屑录》卷38《风俗》。
⑦ 宋如林:嘉庆《松江府志》卷77《第宅》。

期,长洲知县李光祚说:该地"一切唱楼酒馆与夫轻舟荡漾、游观宴饮之乐,皆行户商旅迭为宾主,而本地士民罕与也"①。酒楼、戏馆成为商人活动的场所,他们用以洽谈贸易,结交官吏、士绅,也是他们生活享受的需要。江南消费服务业本身也是商业,但它发展的前提却是商业性棉花种植业和丝棉纺织业的扩大。

五、商品经济发展下的观念形态

重农抑商的本末观,千百年来相传。江南丝棉织业的发展,是所谓工商末业的兴盛,植棉业虽属于农业,但在当时统治者的观念中,因其不生产粮食,也被当作末业,所以江南经济是"末业"的发展,它的繁盛,被人视作"是末富,非本富"②。确实,就人们的谋生之道来说,"人心趋末富,其权加本富之上"③。但是重农抑末的观念是否因而有所改变呢?就笔者所见资料,不仅康雍乾时期,即稍后的一段时间内,传统的重农轻商思想还是在支配着人们。乾隆五十五年(1790),状元、吴县人石韫玉在《放舟吴淞》诗中咏道:"愿依芦荻移家住,漫说江湖破浪行。此去吴淞三百里,有田决计便归耕。"④这是仕而归农的思想,还是想把仕和农结合起来。约在乾隆年间,吴江县分湖人袁珵因家道中落,弃儒经商,发财后,"买田分湖上,筑室种树,课子弟力耕,农隙课之读书,其不耕者仍遣服贾,贾还复读,不数年、耕者接踵入泮矣"⑤。这是耕、读、贾三者结合,而归之于读,是"以末起家,以本守之"论者的一种内容。在武进城里有个开豆腐店的张金麟,一天对家人说:"吾在城数十年,饱食暖衣,农务荒矣,图目前之安,而不思经久之计,非所以贻后人也。"⑥于是下乡"创置田园,建造房屋",把妻与子打发回乡耕读,其年老也返回乡里。一个豆腐坊的小本经营者,经济比较稳定,尚且预防亏本而留后手,富商大贾经营不善,倾刻荡家,当然更要购置田产,以便败而有所归。就是这个原因,江宁、上元两县的

---

① 李光祚:乾隆《长洲县志》卷 11《风俗》。
② 冯桂芬:《显志堂稿》卷 9《请减苏松太浮粮疏》。
③ 包世臣:《安吴四种》,《齐民四齐序》。
④ 石韫玉:《独学庐初稿》卷 1。
⑤ 柳树芳:《分湖小识》卷 2《人物》。
⑥ 《毗陵城南张氏宗谱》卷 4《金麟张公传》。

人,"重本富,期久远"①。江阴"大率商贾习俗,富则教子弟读书"②。金匮(今无锡)人钱泳主张:"凡买产业,自当以田地为上,市廛次之,典与铺又次之。"③其原因就是田园为务本的产业,店铺是从事工商的末业。末业已经给江南人民的生活带来好处,给这个地区造成繁荣局面,但是鄙视工商的观念依然占据支配地位,可见要产生一种新的观念是极其不容易的,它不可能因经济基础的某些变革而立刻发生相应的较大变化。

就主流意识而言,本末业的观念是如此,但江南商品经济的发展,对人们的思想也非一无影响,特别是在对金钱的看法上,发生了值得注意的变化。乾隆时武进人钱惟诚(1720—1772)说:"今不重布帛菽粟而重金钱。"④就是说一部分人把货币看得比粮食、布帛还重要,因为"得金不患无粟"⑤,商品多了,有了钱可以购买。金钱,真正可以挡饥、挡寒的了,货币势力增大了。钱泳记叙过一个故事:"吾乡有富翁,最喜作刻薄语,尝谓人曰:'钱财,吾使役也;百工技艺,吾子孙也;官吏缙绅,亦吾子孙也。'有人诘之者,富翁答曰:'吾以钱财役诸子孙,焉有不顺命者乎?'语虽刻薄,而切中人情。"⑥人情以钱财为贵,是进一步认识到货币的威力。这个富翁的所谓使百工技艺、官吏缙绅都成了他的子孙,是深知有了金钱可以购买百工技艺的生产品,可以驱使官吏缙绅为他办事。钱可通神,人们早有所知,清代江南商品经济的进一步发展,促使作为交换媒介的货币的作用进一步显示出来,因而加深了人们对它的重视、对它的追求。但是,当时人对货币作用的认识也还是有限的,对比一下同时代的西方人的观念就可以看得更清楚了。在资本主义制度已经发展了的法国,作家巴尔扎克在《欧也妮·葛朗台》中写道:"钱像人一样是活的,会动的,它会来,会去,会流汗,会生产。"又写道:"金钱控制法律,控制政治,控制风俗,到了前所未有的程度。"金钱"会生产",说的是何等生动啊!有了金钱,可以开办工厂,雇用工人,制造商品,增殖新的财富。金钱"会生产"认识得是多么深刻呀!它比之清代江南人的见识显然高了一筹。究其原因,乃是在法国金钱已经控

---

① 莫祥芝:同治《上元江宁两县志》卷7《食货》。
② 李兆洛:道光《江阴县志》卷9《风俗》。
③ 钱泳:《履园丛话》卷7《产业》。
④ 《皇朝经世文编》卷11《养民论》。
⑤ 钦善:《松问》,《皇朝经世文编》卷28。
⑥ 钱泳:《履园丛话》卷7《刻薄》。

制了一切，或者也是巴尔扎克在同一部小说中所说的："法力无边的财神，现代人的上帝。"金钱在中国的江南还没有取得这个地位，人们自然也不能有巴尔扎克那样的认识。

综上所述，十七世纪中叶至十八世纪中叶江南地区的商品经济有了较明显的发展，商品生产在农业和丝棉织业中都有了增长，市场交易随之扩大和繁荣，人们的消费也在上升；与此同时，丝棉织业的生产关系出现了变化，产生了资本主义萌芽；然而人们的观念形态对变化着的经济形势反映得要慢一些。

（原载中国社会科学院历史研究所清史研究室编《清史论丛》第 7 辑，中华书局，1986 年。原题为《十七世纪中叶至十八世纪中叶江南商品经济中的几个问题》，2018 年 12 月 9 日阅定）

清代自耕农与地主对土地的占有

一、问题的提出：清代的垦地是怎样的高度集中，是否农村只有地主和佃农

有一段时间，学者在谈到清代社会基本状况和农村阶级关系，在分析《红楼梦》的时代背景，在评论白莲教等农民起义，大多指出清代土地高度集中，只有少数地主占有土地，而广大农民则与土地所有权绝缘。学者往往罗列清人的记载，证明这个论点。所举出的资料，有明末清初顾炎武说的："吴民之中，有田者什一，为人佃作者什九。"①康熙中做过归善令的上杭人邱嘉穗讲的："一邑之中，有田者什一，无田者什九。"②康雍之世临川人陈之兰说的："今之世，富者一而贫者百。"③秀水人、安吉州学正盛枫在讲到江淮之间农村百分之九十的人口之后说："其十之一，则坐拥一县之田，役农夫，尽地利，而安然食租衣税者也。"④这都是讲农村百分之九十的人没有土地，而耕地集中在只有百分之十的人口——地主手中。研究者还举出一些大地主的例子，如康熙二十八年(1689)，副都御史许三礼弹劾刑部尚书徐乾学，"买慕天颜无锡县田一万顷"⑤，就是说慕天颜、徐乾学先后拥有至少一万顷田产。又如礼亲王昭梿说乾隆时，"海内殷富，素封之家，比比相望"，乃有怀柔郝氏，"膏腴万顷"。⑥

上述资料都出自清人之手，确是原始记录，但是如何准确地理解其内容呢？是否可以得出地主几乎占有全部耕地的土地高度集中的结论，是否可以

---

① 顾炎武：《日知录》卷 10《苏州二府田赋之重》。

② 《皇朝经世文编》卷 30《丁役议》。

③ 《皇朝经世文编》卷 31《授田议》。

④ 《皇朝经世文编》卷 30《江北均丁说》。

⑤ 王先谦：《东华录·康熙卷》44，"廿八年十月癸未"条。

⑥ 昭梿：《啸亭杂录·续录》卷 2《本朝富民之多》。

得出农村除地主之外都是佃农的结论呢？笔者以为是值得再研究的。

在这里，笔者有几个疑问，觉得需要讨论：清代土地占有状况究竟是怎样的？如何理解土地高度集中？在地主旁边，除佃农之外是否还有一个人数众多的、拥有小块土地的、不可忽视的自耕农群体？正确认识清代土地占有状况对说明清代历史特点的意义何在？

二、自耕农在农户中所占的比重

顾炎武讲的"有田者什一"，是专指苏松地区，这里确实土地高度集中，他说的对，不过苏松的状态是特殊的，不足以反映全国的普遍情况。邱嘉穗、陈之兰、盛枫都是南方人，说的也是南中国的情形，而且是一般性的泛论，没有地主占田的具体数字作佐证，原是做不得准的。何况他们为说明自己关于土地制度和赋役制度的主张，讲些土地集中的过头话，也是可以理解的。清代农村绝非只是地主占有土地，绝非只有地主和佃农，还存在着相当数量的自耕农，他们也拥有相当一部分垦田。这方面的文献资料与那些有关土地集中的资料同时并存，不过没有怎么引起研究者的注意，这里不妨从这些材料入手，来明了农村土地占有的实际情形。

康熙帝在四十三年（1704）因蠲免钱粮发出上谕："蠲免钱粮，原为加恩小民，然田亩多归缙绅豪富之家，小民所有几何？从前屡颁蠲诏，无田穷民未必均沾惠泽，约计小民有恒业者，十之三四耳，余皆赁地出租。"[①]他是说在农业生产劳动者中，百分之三十至四十的人是自有耕地的，其余的人才是佃地的农民。这就是说，在18世纪初叶，自田自种的自耕农民占到农民总数的百分之三四十。

嘉庆九年（1804）纂修的《巴陵县志》在讲到该地经济、人口分布和各行各业居民状况时写道："十分其农，而佃种居其六。"[②]农村百分之六十的人口是佃户，其余百分之四十，则是地主和自耕农，依据一般的说法，也即粗疏的夸大地主人数的说法，它占农村人口的一成，那么岳阳的自耕农当占到乡村人口的百分之三十。

---

① 王先谦：《东华录·康熙卷》73，"四十三年正月辛酉"条。

② 《皇朝经世文编》卷29《巴陵志田赋论》。

道光中编写的《江阴县志》，叙述该县风俗，说道"农之家十居八九，农无田而佃于人者十居五六"①。当时该地农业经济占统治地位，绝大多数居民是农业人口，而其中百分之五十至六十是佃农，则有土地的占百分之四十到五十，这样江阴自耕农也将占农业人口的百分之三十至四十之间。

　　同治年间撰辑的江西《新城县志》写道："新城之民，农之家什九，农无田者十之七。"②依上述之法推断，江西新城的自耕农约占总农户的百分之二十。

　　光绪年间问世的《金山县志》在叙述人们的经济关系时说："务农之家十居八九，无田而佣于人者十之五六。"③依前面推测法，松江府金山县的农民中，百分之三十至四十是自耕农。

　　在十八、十九两个世纪，也即从清初到清末，无论是全国范围，还是不同省区和县份，自耕农的人数，占到农村人口的百分之二十至四十之间，但占百分之二十的是个别地区，多数情形是在百分之三十至四十之间。同时我们看到岳阳、江阴、新城、金山都处于长江中下游，尤其是常州府的江阴、松江府的金山是土地集中程度较高、很高的地区，也就是自耕农较少的地方。北方土地占有的情形不同，相对分散，自耕农较多。把这个因素考虑进来，从全国来看，说自耕农占到农村人口的百分之三十至四十，应该是比较保守的说法，实际上它的比重还要高些。

　　上述自耕农的存在状况，是否为康熙帝及《巴陵县志》等撰著者所虚夸的，如果有关于它的统计资料，会把疑问澄清，可惜历史文献没有明白提供，我们只好观察若干类型自耕农的事例，或许有助于对问题的了解。

　　江苏常州宜兴人任鹏，有田十余亩，"精于课农"④，嘉庆十二年(1807)当地大旱，别人家颗粒无收，唯独他收了四亩田的稻子。看来他既有生产资料，又有技术，才能在大旱之年有一定收成。常州武进人张丰隆，"力田谋生，每至不分昼夜"，他的妻子章氏从事纺织，"恒夜半不休"，于是家业日隆。⑤他的同县人王皋峰，家世以农为业，幼时"随父耕作，终日无倦容"，成年后与邵氏

　　① 道光《江阴县志》卷9《风俗》。
　　② 同治《新城县志》卷1《风俗》。
　　③ 光绪《金山县志》卷17《志余》。
　　④《宜兴筱里任氏家谱》卷9之六，任泰：《丽衢公传》。
　　⑤《毗陵城南张氏家谱》卷4《章孺人传》。

结婚，"夫耕妇织，早夜无间，衣食得以裕如"。①以上几户，男耕女织，经济有所发展。

宜兴白家圩人李三，兄弟三人，父亲在日有田六亩、屋四间、舟船一只，乃父死，分家，其二兄各得田三亩，他得船，不久，二兄及一嫂死，一嫂改适，他代抚养侄儿，贫穷不能结亲。②浙江乌程沈姓妇女，幼为人婢女，长嫁给农夫，"夫有田二亩，耕自给"③，不久夫死，夫兄觊觎她的田产，逼她改嫁，她不屈饿死。这两户土地甚少，家计单薄，走向败亡。

明末清初，无锡人华方苞在外教家馆，妻子邹氏"纺织自给，课家人力耕充赋"④。苏州震泽人、《嘉树山房集》的作者张士元，家有屋数间，"种桑一亩"，自身教学，妻子"率诸妇力于蚕织"⑤。这两家是务农兼教书，得以维持家庭开支。

甘肃固原人姚正奉，有旱田十亩，嘉庆十五年(1810)，因灾荒外出谋生，五年后回乡，田被马得花叔侄耕种，代为纳粮，姚讨还不遂，致在争执中酿出人命。⑥赋役沉重和天灾流行往往迫使自耕农流亡，造成他们的经济破产和生活不安定，姚正奉的遭遇即是一例。

四川剑州人杜文元，将田地一块当给张现泷，得银二十两，同时又佃种这块耕地，每年出租。⑦这类出典、出卖土地者又佃种该项成交土地的现象在清代有一定普遍性，如山西襄垣人赵自幅有地六亩，典给李鹏筹，仍租田耕种。⑧广西灵台人白文库在嘉庆九年(1804)，把山地一顷出当给白心仁，其中八亩，认租耕种。⑨

雍乾中，常州阳湖县胡元福，"治家业、精心计"，"出入耕作未尝不亲执"，"凡田租所入，菽粟黍稷薪稿，细至鸡豕凌杂，具有稽数，钩校纤悉，家人不能

① 《晋陵王氏宗谱》卷3《文虎公传》。
② 吴德旋：《初月楼续闻见录》卷10
③ 张海珊：《小安乐窝文集》卷4《书沈烈妇事》。
④ 陆楣：《省存府君墓志铭》，载《华氏传芳录》卷4。
⑤ 张士元：《嘉树山房集》卷10《与吴润之书》。
⑥ 中国第一历史档案馆藏档，《内阁全宗·刑科题本·土地债务类》，嘉庆二十年，第55包。下引同类档案，只注档案、年、包。
⑦ 档案，嘉庆二十年，第44包。
⑧ 档案，嘉庆十七年，第51包。
⑨ 档案，嘉庆十七年，第46包。

铢黍欺。躬自节俭而用其赢余,益市田宅,持筦钥四十年,视(其父)公茂公时产几十倍,至一顷有余"。①胡元福父子初时是仅有十几亩田的自耕农,后来发展成为地主。直隶无极人张兴家,析居时"分田二十余亩,淬砺耕作,至千亩"②。由自耕农变成大地主。

山东栖霞郝培元的叔父家,有五十多人,一百多亩地,男子耕作,女子家务,没有游手好闲的,也没有奴婢,一家"衣食嫁娶,宾客应酬"③,全靠农业生产。江苏太仓州人杨开基有两个儿子、六个孙子,"见客恂恂不能言,共耕田三四百亩"。道光时成书的《璜泾志稿》讲到此事,作者感叹地说:"自古云孝弟力田者,杨氏其庶几乎!"④郝、杨两家,土地不少,但为人口众多的大家庭,靠自身劳动为生,仍然是自耕农。

这些事实生动地表明自耕农的复杂情形:他们中有的人土地极少,拮据维生;有的人耕地略多,经营得法,经济稍宽裕。这样在他们内部,就可以分出有余裕的上农和贫乏的下农两个层次;有人口众多的大家庭,有单丁的小户,大族虽是人丁兴旺,但与小户同处于自耕农经济地位;有的购置土地,发家成为地主,有的出卖仅有的业田,沦落为佃客,这一升一降,反映出自耕农的经济并不稳定,佃农和地主在他们中出出进进,人员有着流动。这样的复杂情况,如果没有众多的自耕农民的存在,没有他们的频繁活动,是不可能出现的。由此可见,清代农村确有相当数量的自耕农民,他们活跃在农业生产和社会生活中。

考察清代自耕农占农村人口的比重, 就所知资料可以得出的结论是:第一,自耕农至少占农村人口的百分之三十至四十,这是很可观的比重,要知道在农村不到三个人中就有一个自耕农,这个比例不小了,而绝对人口量就更大了。这一事实,破除了不合实际的观念——农村并非只有地主和佃农,自耕农的存在是不可忽视的。第二,要充分重视自耕农对社会生活的影响。自耕农直接同政府发生关系,同农村其他阶层有密切的联系,相互发生作用,影响社会生活的变化。

---

① 《毗陵胡氏宗谱》卷 4《元福公传》。
② 李塨:《恕谷后集》卷 6《张太翁传》。
③ 郝培元:《梅叟闲评》,载郝懿行:《郝氏遗书六种》。
④ 道光《璜泾志稿》卷 3《耆硕》。

三、地主所占有的土地及其内部分配

清代地主和自耕农人口所占比重与它们占有土地的比例是相互联系的事情,考察地主对土地的占有,就可以把问题基本理清。

道光中江苏金匮人钱泳说到太湖区域的湖田,"不下数十万顷,其利倍于常田。大约仕宦富豪所得者十之七八,平民所得者十之二三"①。肥壤沃土,是官僚、绅衿、豪强的攫取目标,所以他们占有的较多,太湖周围的良田被他们占了七八成,正是这种情况的反映。下余的二三成为小地主和自耕农所有,不用说自耕农所拥有的湖田不会超过总数的百分之二十。生长在安徽、久住于南京的方苞于乾隆初年进呈的《请定经制札子》中写道:"约计州县田亩,百姓所自有者,不过十之二三,余皆绅衿富贾之产。"②这里说得很清楚,地主占有全部耕地的百分之七八十,自耕农只有下余的百分之二三十。这就和太湖区域的土地分配情形大体相同了,但是方苞说他讲的是全国情形。其实方苞最了解的地方还是长江下游,他有田在老家桐城,又在南京附近的高淳县置有数百亩产业,因此他所反映的实际上是南方的情况。

乾隆十三年(1748),御史杨锡绂在《陈明米贵之由疏》中讲到土地集中的问题,他说:"近日田之归于富户者,大约十之五六。旧时有田之人,今俱为佃田之户。"③他是说到乾隆时耕地日益为地主兼并,原来的自耕农丧失耕地,沦落为佃户,就是在这种情况下,地主占有垦田的五六成,自耕农仍有三四成。还是乾隆时,吴英在《策书》中就政府蠲免钱粮政策说:"田大半归富户,而民大半皆耕丁,今而免粮,只见其继富耳。"④他是说三分之二的垦壤是地主所有的,不用说,自耕农只有三分之一了。杨、吴关于土地分配状态的说法,与地主、自耕农、佃农占农村人口的比例,大体上是协调的,即地主和佃农占农村人口百分之六七十,占有垦田也是这样的比例,自耕农占人口百分之三四十,相应有百分之三四十的垦田。

---

① 钱泳:《履园丛话》卷 4《协济》。
② 《方望溪先生全集·集外文》卷 1。
③ 《皇朝经世文编》卷 39。
④ 《清代文字狱档》。

综合以上诸家的记载,可以认为地主占有六七成的耕地,自耕农只有三四成,在局部地区地主所占的比重要大一些或小一些。

地主内部,土地的分配也是很不平均的。有占田几千顷的特大地主,也有只有几十亩田的小地主。笔者曾在《清代地主阶级述论》一文中,指出慕天颜、徐乾学占田万顷是不可能的。所谓"膏腴万顷"的怀柔郝氏大约是子虚乌有先生,进而认为"成千上万顷的人户极少,土地占有状况在地主阶级内部还是相对分散的。中小地主,尤其是小地主,人数最多。在某种意义上说他们是地主的主体"[①]。在那篇文章中这个观点没有展开,这里略做说明。

占有一千亩以上土地的主人,无疑是大地主了。他们对土地的占有,制作一表以揭示之(见表一)。

表一　大地主占田示例表

时间	地区	姓名	身份	占田面积(顷)	备注	资料出处
乾隆		和珅	大官僚	8000		沤矶钓叟《查抄和珅家产清单》
嘉庆		百龄	大官僚	5000 余		王先谦《东华录》嘉庆朝卷 20,"十年十一月丙辰"条
康乾	江苏海门	陈朝玉	平民	4500	沙田	光绪《崇明县志》卷 17《杂志》
康熙	浙江平湖	陈元龙	官僚	1000		蒋良骐《东华录》卷 15
清初	江西广昌	揭晨	生员	约 600		同治《建昌府志》卷 8《孝友》
乾隆	江苏宜兴	任朝铨	平民	500 余		《宜兴筱里任氏家谱》卷 9 之六《景轩公墓志铭》
清初	安徽泾县	胡一苞	平民	数百顷		乾隆《泾县志》卷 8 中《胡一苞传》
嘉道	江苏吴江	沈懋德	小官	100 余		光绪《周庄镇志》卷 10
嘉道	江西新城	汪毓福	平民	约 60		同治《建昌府志》卷 8《孝友》
嘉庆	江苏山阳	程钟英	平民	50 以上	沙田	档案,嘉庆二十年,60 包
清初	江苏无锡	华轩	平民	40 余		华孳亨《华氏传芳集》卷 10《紫阳府君宗谱传》
乾嘉	山东淄川	陈裙	平民	30—40		乾隆四十一年《淄川县志》卷 10《义厚》
清初	江苏苏州	王永康	吴三桂婿	30		《履园丛话》卷 1
清初	湖北石首	徐恒五	诸生	30		同治《石首县志》卷 6《孝义》
雍乾	山东淄川	高之揆	平民	20 余		乾隆四十一年《淄川县志》卷 6《孝友》
清初	山东淄川	盛大年	平民	20 余		同上,卷 10《义厚》

---

① 南开大学历史系中国古代史教研室编:《中国古代地主阶级研究论集》,南开大学出版社,1984 年,第 258 页。

时间	地区	姓名	身份	占田面积（顷）	备注	资料出处
清前期	安徽阜阳	杜凌云	监生	20余	业商起家	道光《阜阳县志》卷11《孝友》
雍乾	江苏常熟	赵嗣孝	官僚	10		光绪《常昭合志稿》卷26《耆旧》
清初	江苏无锡	华玕	平民	10		《华氏传芳集》卷10《玉良府君宗谱传》
乾隆	江苏吴江	沈本仁	平民	10		光绪《周庄镇志》卷4
清初	直隶无极	张兴家	平民	10		《恕谷后集》卷6《张太翁传》
道光	江苏吴江	柳峙安	平民	数十顷	业商起家	费善庆《垂虹识小录·柳峙安条》
乾隆	四川云阳	涂开盛	平民	数十顷	兼业商	民国《云阳县志》卷25《耆旧》
嘉庆前	江苏江都	蒋易	生员	数十顷	洲田	嘉庆《扬州府志》卷53《隐逸》

中小地主在土地占有上与大地主相差可以很大。怎样才算中等地主呢？特别留心农事的明末清初学者张履祥，因他的朋友徐敬可有田四百亩，在给徐的书信中讲："三吴之地，四百亩之家，百人而不可得其一也。"①有田数百亩的人家，是介于大、小地主之间的了，不妨就以此作为划分它们的界限，并作"中等地主简况表"（表二），以省文字。

表二　中等地主简况表

时间	地区	姓名	身份	占地面积（亩）	备注	资料出处
乾隆	江苏武进	刘楫妻蒋氏	夫为监生	500		《武进西营刘氏宗谱》卷5《节孝刘母蒋孺人家传》
康乾	江苏高淳	方苞	官僚	350	桐城另有田	《方望溪先生全集·集外文》卷10
康乾	阳湖	胡乾泰	平民	数百		《毗陵胡氏宗谱》卷3《乾泰公传》
乾隆	阳湖	胡永禄	平民	数百	乾泰次子	同上，卷3《宗叔永禄公传》
乾隆	江西新城	李印兴	平民	数百		同治《建昌府志》卷8《善士》
乾嘉	江苏句容	朱兆葵	平民	数百		光绪《句容县志》卷10《义行》

---

① 《杨园先生全集·文集》卷8。

时间	地区	姓名	身份	占地面积(亩)	备注	资料出处
乾隆	四川云阳	刘靖之	贡生	数百		民国《云阳县志》卷28《耆旧》
康熙	江苏高淳	张自超	生员	200		《方望溪先生全集》卷8《四君子传》
雍乾	江苏武进	庄钤鄂	附贡生	100	父、弟为官员	《毗陵庄氏族谱》卷13《洪亮吉文》

《毗陵庄氏族谱》卷13《洪亮吉文》小地主的实例太多,不必征引文献以占篇幅。根据上列二表,可见清代地主的某些特点。

其一,大地主极少,膏腴万顷式的土地集中的概念难于成立。表一所列具有千顷以上土地的仅有四户,其中陈朝玉所有的沙田,折合良田不一定上得了千顷,剩下的三户都是官僚,他们的田产面积,是弹章所提供的,或是估计数字,其中虚数不少,不一定有那么多田。看来,能有千百顷土地的,在整个清代也是凤毛麟角。

清人言土地集中在极少数人手里的记载虽不缺乏,但也有不少与此相反的叙述。表一中属于江苏的大地主有十一个,其中有三人是吴江县的,但是《江震续志》却说当地明代有巨富,以赀闻于全国和乡里,到了清代,"少素封者矣"①。嘉庆时吴江人张海珊在备荒的文章中写道:"吾里室鲜盖藏,即殷户亦无数百石之蓄。"②当地有大户,而县志和当地人竟说没有,其实他们是同明代比较而言,换句话说,清代吴江土地集中的程度要比明代为小。表一中列的无锡县大户有两家,都是清初的,后来该处土地集中的情形有较大变化。乾隆中当地人黄印在《锡金识小录》中写道:"城内业田之户多以田归于佃,可得倍价,故昔之田租城多于乡而聚,今则乡多于城而散也。"③是说大地主为得高价把田地出售了,而造成土地的分散。黄印还说:"国朝邑无甚富之家,康熙中推南朱北杨为最,杨字鸿生,朱字尔恺,然田皆未能满万。"④即在华钤、华玕之后,没有上万亩垦田的地主了。

---

① 同治《苏州府志》卷149《杂记》引。
② 张海珊:《小安乐窝文集》卷1《湖滨备御事宜》。
③ 黄印:《锡金识小录》卷1《风俗变化》。
④ 黄印:《锡金识小录》卷7《南朱北杨》。

以上事实,令人产生这样的印象:在清代,膏腴万顷的地主是绝无仅有的,拿这种观念看待清代的土地集中是不符合实际的,田地既非在地主内部集中于极少数人之手,也非只为地主所有,而自耕农对土地的相当数量的占有,也使少数地主垄断垦田成为不可能。

其二,清代地主占有土地的多寡大体同它的政治身份相一致,平民地主是它的基干。从表一、表二可知,大地主中有一部分是官员,而且是大官僚,这种人凭借权势和财力,能够迅速地兼并土地,进入大地主的行列。也有的人本来就是大地主,不甘于政治上的平凡处境,借用捐纳制度而跻身官场。中等地主中有相当一部分是生员,他们有财力培养读书人,或者捐纳为监生,从而使他们也有一定的政治特权。小地主中的大部分是平民百姓,没有法定的特权。在三种类型的地主中都有平民,也都有官员、士人,但归纳起来,地主的大小和它们的政治身份相一致,土地越多,身份越高。但是官僚地主总是少数,平民地主才是这个阶级的主体。

四、清代土地占有状况反映传统社会晚期的特点

清代地主拥有垦田的百分之六七十,占了土地的一大半,不可谓不多了。它使占农村人口百分之三四十的自耕农,仅拥有三分之一的耕地,而使占人口百分之五十的佃农与土地所有权绝缘。垦田的三分之二归属于不到人口百分之十的少数人,它的分配是多么不平均啊!这就是高度集中!不过笔者在这里要明确的是:不必要说地主占到了全部或百分之八九十的耕地才叫高度集中,不要说高度集中就意味着只有地主有土地,他人而没有土地,即没有占有土地自耕农。笔者不赞成排斥自耕农存在的土地高度集中的概念,承认既有自耕农又有地主占有半数以上耕地的土地高度集中的观念。笔者认为正确理解这一概念,才有利于说明清代土地占有的特点。

笔者理解的清代土地高度集中,从中国传统社会土地占有演变史中更易于明了。战国时期,自耕农所享有的土地要比地主多得多,李悝与魏文侯算五口之家的生活账,讲它有多少耕地,能生产多少粮食,需要多少口粮,多少赋税,此外衣着、社交需要若干,算的结果入不敷出,所以提出他的"尽地

力之教"①的主张。李悝讲的自耕农经济状况,据此制定国策。他的议论客体表明,自耕农是社会的主体,而地主占有土地有限,远不能与后代相比。西汉自耕农经济发达,已为研究者所肯定。②占田制、均田制下自耕农是普遍的大量的存在,地主经济虽比战国秦汉发展,但在与自耕农经济并存中不见得占有多大优势。唐中叶到两宋,地主经济有进一步发展,然而从宋代官方的户口统计看,主户多于客户,即作为佃农的客户占农村总人口的百分之四十左右,主户占百分之六十左右。主户中一、二等户及部分三等户是地主,占人口不足百分之十,部分三等户和四、五等户的自耕农、半自耕农则占到百分之五十以上。③就是说到了宋代,自耕农仍多于佃农。换句话说,自耕农的垦田当不少于佃农耕种的土地,即不少于地主的占田。在那时,地主至多掌握一半的耕地。明朝初年由于政府实行垦荒政策,产生了大量的自耕农。从战国到明初,自耕农的人数多于佃农,它的土地多于或不少于地主。明中叶以后到清代,地主土地增多,才达到占据半数以上耕地的情况。从历史长河来看,拥有半数以上垦壤的自耕农的田产逐渐减少,它的攘夺者地主的逐渐增多,乃至双方所占比重颠倒过来,这个变化就是土地集中的过程。地主占有半数以上的耕地,达到高度集中的程度,这是传统社会晚期的状况,清朝的情形正反映了这一特点。

清代土地高度集中,使自耕农在人口中所占比重下降,佃农所占比重上升,地主高度垄断土地,在出租上勒掯佃农,而且由于人口增长速度远远超过垦田增长速度,迫使一部分人无地可耕,而游离于农业生产之外,有的成为小商小贩,有的成为手工业者或工匠,有的则成了无业游民。这样一来,各行业的从业人员在人口中所占的比重则发生了变化。清朝人由于切身的感受,敏锐地指出了这种衍变。《巴陵县志》写岳阳人的职业:"十分其民,而工贾居其四。"④十分之四的人口是工商业者,另十分之六才为农业人口。盛枫说江淮之间,农村人口占人口总数的十分之六,"庶人在官与士夫之无田及逐末者十之

---

① 《汉书》卷 24《食货志》。

② 参阅刘毓璜:《试论西汉时代的自耕农经济》,《南京大学学报》1959 年第 1 期。

③ 宋朝官方统计的主客户口数字,一些学者不相信,认为主户多于客户的统计不准确,又依据当时人的一些记录,认为客户多于主户。对这种不同的意见,讨论起来相当复杂,也非本文任务,这里只能从略了。

④ 《皇朝经世文编》卷 29《巴陵志田赋论》。

四"①。康熙年间修的《祁门县志》，谓该地"人性椎鲁，农者十之三"②。只有三成的人口务农，其他人是干什么的，没有交待，不必妄测。上述三个材料，令我们吃惊的是，农业人口才占总人口的百分之六十，或者还不到，祁门属徽州府，是出商人的地方，业农者少尚不足太怪，但江淮之间和岳阳并非工商业特别发达的地方，何以务农的人数也不像有的地方那样高达人口总数的百分之九十呢？

先把这个疑问搁一下，看一看比这更令人深思的事情。清初，朱泽沄在《养民》一文中写道："天下有其人至贱，其力足以有为，散之不见其多，聚之足以为乱者，闲民也。古之闲民十之一，今之闲民十之六，通都大邑之闲民十之三，穷荒州县之闲民十六七。有无田之闲民，有无业之闲民，有有田而无田，有业而无业之闲民。"③乾隆时，法国天主教神甫阿米窝在考察中国社会的报道中说："大多数的人，在整个年头，都没有职业，尤其是在南方各省，这种情形，就引起农村中有用的手工业及工业之扩大。"④稍后，龚自珍在《西域置行省议》中写道："自乾隆末年以来，官吏士民，狼艰狈蹷，不士、不农、不工、不商之人，十将五六。"⑤不在士农工商四民之内的人竟占到人口的一半以上，他们是游民，是闲手，是懒汉，是有职业而不被认可的游民，他们何其多矣！

上述种种记载的作者，为强调游民的严重性，强调非农业人口的众多，难免把问题说得严重一些，所估计各业人口的比例，不免缩小了农业人口的比重，但是去掉那种不实成分，也反映了这样的事实：农业人口比重在下降，工商业人口在上升，无业游民在增加；工商业者的上升是因农村失业人口提供了劳动力和预备大军，游民的增多是农村失业者增加的一种表现形式。农村失业人口的大量涌现，是土地高度集中的结果和标志。

由此，对下述事实可能加深了认识：为什么苏松染踹业的工匠大多是大江南北互相牵引来的，而不是本地人？为什么景德镇的陶瓷业主多是外乡人？为什么云南的铜锡业工匠来自湖广各地？为什么反清的秘密会党活动频繁，

<hr>

① 《皇朝经世文编》卷30《江北均丁说》。
② 同治《祁门县志》卷5《风俗》引康熙志。
③ 《皇朝经世文编》卷28。
④ 转录邓拓：《论中国历史的几个问题》，生活·读书·新知三联书店，1963年，第140页。
⑤ 《龚自珍全集》第1辑。

而其中多有非士非农非工非商的人？为什么五省白莲教起义中有那么多失业的人和时而为农时而失业的棚民？为什么会出现"湖广填四川"的自发的移民运动？为什么直隶、山东的民人要闯关东？等等。这些事情，都同土地高度集中有关。

清代的土地高度集中，造成了大量的过剩农业流动人口，它一方面补充工商业的劳动力，促进其发展；一方面造成大量游民，使社会动荡不安。这两方面都对社会不利，所以清代土地高度集中的状况，标志传统社会制度处于晚期阶段。

（原载吴廷璆等编《郑天挺纪念论文集》，中华书局，1990年）

游民与社会结构的演变

一、游民之众及由此提出的研究课题

清代游民(或者说闲民)之多,实在惊人。清初朱泽沄在《养民》文中说:"古之闲民十之一,今之闲民十之六。通都大邑之闲民十之三,穷荒州县之闲民十之六,有无田之闲民,有无业之闲民,有有田而无田、有业而无业之闲民。"[①]嘉道间龚自珍在《西域置行省议》文中写道:"自乾隆末年以来,官吏士民,狼艰狈蹶,不士、不农、不工、不商之人,十将五六。"[②]清朝人关注游民社会问题的甚多,笔者在《清代自耕农与地主对土地的占有》[③]中有所征引,无须重复,这里不在罗列。

如何理解朱泽沄、龚自珍所说的"游民"及其社会含义?

所谓闲民、游民,按照通常的理解,应该是不在士农工商的四民之内的人,是无业游民,既无产业也无职业的人。可是其中又有有产业、有职业的分子,又有应在四民之列的,这是怎么回事?他们究竟有无产业和职业?怎样认识有业、无业?

所谓居民中百分之五六十的人是闲民、游民,怎么会有这么多人游离在劳动生产之外? 这个社会还能维持下去吗?

二、游民的职业与社会职业结构

游民有就业的,在工商业发达的城镇,如江苏的苏州、松江、常州,浙江的

---

① 《清经世文编》卷 28。
② 《龚自珍全集》第 1 辑。
③ 吴廷璆等编:《郑天挺纪念论文集》,中华书局,1990 年。

杭州、嘉兴、湖州,江西的景德镇,云南的铜矿区,广东的佛山镇等地,尤其是在江浙的太湖水域周围,手工业和商业繁盛,为游民创造了一些就业机会。他们的职业是:

酒馆、茶馆、戏楼、娼楼的从业人员、艺人,车、船(游船)、轿夫,捐客,成衣匠,香烛匠,织工、染匠、踹匠,铜锡匠,窑工,硐工,木工,泥瓦匠,乞丐,以及三姑六婆等,皆系人们看不上的行当和职业,不正当的行业。

这些行业的就业者,人数不少,这里主要从苏州和景德镇两地来看。乾隆五十八年(1793),英国使臣马戛尔尼来华,二百年后的法国学者佩雷菲特撰著《停滞的帝国》一书,说在当时外国人的眼里,苏州"是女人的都城,也是女人最珍贵的外衣——丝绸的都城",而景德镇则像"一座着了火的城市"。①苏州确实是丝棉织业中心,雍正时期苏州染布业中的踹坊有四百五十家,踹匠多达两万余人,这是苏州织造胡凤翚在奏折里明确讲述的数字。②乾嘉时代染踹业有很大的发展,工匠当更多。染踹业是棉纺织业的一个部门,从事纺织的人员自然更多,虽然其中多数人是兼事纺织的农夫农妇,纯粹的织工不占主要地位,可是这个行业大,织工也是不可忽视的工匠成分。还有与纺织业相联系的棉花收购商,开设棉布字号、绸缎字号的棉布商、丝绸商(多为包买商),踹坊作头(包头,即包工头,由棉布字号领来待加工的布匹和踹匠工银,负责加工和踹匠管理),丝绸作坊机户(类似于作头,从铺户处领料,用织工加工),外地贩布的商人。这样,丝、棉纺织业本身就构成一个大的行业,它的从业人员以万计数。丝、棉纺织业及其他行业的发展,必然开拓出为其服务的行业,道光时钱泳讲苏州"商贾云集,宴会无时,戏馆、酒馆凡数十处,每日演剧,养活小民不下数万人"③表明餐饮业、演唱业(戏馆、酒楼)因应而发展,而且队伍庞大。

以陶瓷业闻名的景德镇,确系火一样的城镇,官窑之外,嘉庆年间有民窑二三百处,窑户数千家,工匠动辄以数万计。或谓该镇"列市受廛,延袤十三里许,烟火逾十万家"④。

---

① 转见郑勇:《旅行者的奇遇与发现》,《中华读书报》1998 年 2 月 6 日。

② 《朱批谕旨·胡凤翚奏折》。

③ 钱泳:《履园丛话》卷 1。

④ 蓝浦:《景德镇陶录》卷 8。

云南铜业的从业人员,每个厂矿,"大者,其人以万计,小者以千计"①。嘉庆中,汉口有铁行十三家,铁匠五千余人。②佛山镇的经济以制造铁丝业最为著名,制瓷业亦较盛行,聚集的工匠多,本地生产的稻米不够食用,靠西江供应补充。与此相关的是碾米业和米铺的存在,乾隆后期,米铺梁太盛、梁升平、黄兴臣等家,"各自雇工七八人至十余人不等"③,可知米铺雇工不在少数。米铺之增添,赖有制铁、制陶等业的发展,这是连锁反应。后来以经济落后而不为人知的陕西南部凤县、略阳、镇巴等地,出现了许多铸造农具、铁锅的铁厂,从采矿、伐木作燃料到冶铁,大厂用工匠三千,小厂也要用工一千多人。④

这类工商重镇,居民来自于各个地方,外地人很多。如苏州、松江的踹匠,多来自江北、安徽南部及镇江府属之地,大体上是有先行者,然后是将亲戚、同乡招引过来。景德镇的工匠,来自于附近及远方各地,如谢旻所说:景德镇"业制陶器,利济天下,四方远近挟其技能以食力者,莫不趋之若鹜"⑤。因此,景德镇的居民,十分之七八是外地来的工匠和商人,属于土著的不过十分之二三。自古以来商人奔走四方,各个工商重镇上的会馆的相继建立,即为外商云集的标志,即以《景德镇陶录·景德镇图》所显示的,该镇有徽州会馆、苏湖会馆、南昌会馆、临东会馆、饶州会馆数所。再如佛山镇汇聚山西、陕西商人,于乾隆四十五年(1780)创建山陕会馆,嘉庆十七年(1812)重修,出资的商号一百九十一家,并在碑记中云:"大丈夫有志四方,无远弗至……此流寓之有会馆所由设地。"⑥苏州、南京、上海、武汉、广州各有会馆数十所、十余所,盛产丝绸的苏州吴江县盛泽镇亦有数所。正因为流离之人众多,地方志写到这些地方的居民状况时,总是用"五方杂处"来形容。

染踹、矿冶、陶瓷、戏曲等业的下层从业人员本来是有职业的人,可是往往被社会上层,乃至整个社会视作"无业游民""游手好闲"之徒,如雍正帝即称酒楼戏馆之人为"游手好闲者"⑦。踹匠被官方称作"踹棍""流棍",康熙三十

---

① 王文韶等:《续云南通志稿》卷44。
② 包世臣:《安吴四种》卷34。
③ 广乐省社科院历史所中国古代史研究室等编:《明清佛山碑刻文献经济资料》,广东人民出版社,1987年。
④ 严如熤:《三省边防备览》卷9。
⑤ 蓝浦:《景德镇陶录》卷8。
⑥ 《明清佛山碑刻文献经济资料》。
⑦ 《朱批谕旨》。

七年(1698)，松江府娄县发布禁止踹匠倡聚抄抢告示，开篇即云"为踹棍倡聚抄抢等事"，原来踹匠朱阿文等抢了坊户彭昼三家，且这类事时有发生，故下令"踹匠责令布坊拘管，仍勒石永禁，不许结党生事"。十几年后的康熙五十四年(1715)，嘉定知县在禁止踹匠齐行的告示中云："(踹坊)包头内择老成者为坊长，管辖九家；如容留流棍，坊长十家，一体治罪。"①所谓"流棍"，就是踹匠，或者是寻找踹匠及其他活计的外来人口。

众多游民有职业而被认为无职业，被视作闲民、无业游民、游手好闲者，为什么？

第一，在重农抑末的传统政策与观念的支配下，不承认游民所从事的一些职业。因为这些行业，不仅与农业生产无关，且认为占用了农村劳动力，又从事所谓"奢靡"事业，影响人心风俗，不能当作正当行为，不仅不予承认，并且加以禁止。康熙年间江苏巡抚汤斌在苏州毁淫祀的事件，就是这种观念的体现：禁止打牌、歌妓、礼佛及以商人为主体的迎神赛会，于是出现"寺院无妇女之迹，河下无管弦之歌，迎神罢会，艳曲绝编"②的现象。这类违背经济发展要求的行政禁令，只能奏效于一时，而终导致"百姓之怨望，无济于事，如苏州等处酒船、戏子、匠工之类，亦能赡养多人，此辈有游手好闲者，亦有无产无业就此觅食者，倘禁之骤急，恐不能别寻生理，归农者无地可种，且亦不能任劳，若不能养生，必反为非，不可究竟矣"③。雍正帝为政务实，看到游民以酒船、戏子、匠工为业，虽不能认为是正常职业，但可以养活人，从而能够保持社会秩序的稳定，应当允许他们以此谋生。可是乾隆时的江苏巡抚陈宏谋、布政使胡文伯，又禁奢华、戏馆，因为将它们视为不正当的职业的观念没有改变，禁止就会不断发生。

第二，这类行业不稳定，就业者也不稳定，人们对其还没有足够的认识，故而对其非难。

游民的就业，表明社会分工和职业结构在发生某种变化，酒馆、茶馆、戏楼过去就有，至迟在宋代产生瓦子，汴京和临安的酒楼已较出名，到清代瓦子演变为戏楼，而且将看戏、用餐结合在一起经营，使娱乐业与餐饮业有较大发

① 俱见上海博物馆图书馆资料室编：《上海碑刻资料选辑》，上海人民出版社，1980年。
② 汤斌：《汤潜庵集》卷7。
③ 《朱批谕旨·鄂尔泰奏折》，雍正二年六月初八日折朱批。

展。沐浴业(澡堂)也在扬州、苏州等工商重镇应时而生。这类行业,就是现代的第三产业。

手工业内部的分工,清代社会要比前代来得细致,比如小五金业,从制铁、制铜业分离出来,锡箔、香烛都成为独立的行业,在苏州有它们的会馆或公所。制瓷业内部分工比过去细致,景德镇制瓷工场分出的工种是:陶泥工(练泥工)、拉坯工(做模型)、印坯工(拍模工)、旋坯工、画坯工、青灰工(合灰)、合釉工、上釉工、挑搓工、抬坯工、装坯工、满掇工、烧窑工、开窑工、乳料工、舂料工、砂土工等,经过这么多专业工人的手,才烧制出瓷器。手工业的规模亦扩大了,从前述云南矿厂动辄用工数千即可得知。这样,旧行业发展,新行业诞生,特别是过去不被认为是职业的,实际成了职业,使它能够容纳更多的就业人员。

人们职业结构的变化,同时是社会经济结构的变化,即在传统的手工业、农业之外,服务业、娱乐业从传统商业中分离出来,或者说萌生了;在手工业内部,较大规模的生产和较为细致的分工,于纺织加工业、制瓷业、采矿业中出现了;在农业内部,个别地区出现生产专业化倾向,产生专门的产棉区、蚕桑区、柞蚕区,以及芝麻、蓝靛等经济作物区。

社会经济结构和职业结构的变化,是社会商品经济发展的表现和结果。

三、社会消费结构的变化需要"游民"所从事的服务业和手工业

商人和手工业者,为着发展事业,同时也是为了享受生活,需要社会公共服务业来配合。如洽谈生意、交流商业信息、处理商务纠纷,除了当事人之外,要有中介参与,甚至要胥吏出场,与事人员多,于是需要在某种公共场所进行,茶馆、酒楼遂成为理想的处所。

商海行情变化较大,也较迅速,商人难于掌握自己的命运,因此笃信于神灵,许愿、还愿,成为常事,这就是苏州商人信仰五通神、在五方山大肆进行酬神赛会的原因。

商人、手工业者为着内部的凝聚与对外的发展,建立组织——会馆、公所,保护同乡、本行业及其从业人员的利益,为此进行会馆房屋、花园的建筑,这就要求土木业的服务。会馆大殿都供奉神灵,或关公,或天妃,或行业神,或各地区信仰神,每年定期举行祀神聚会,同时请戏班演出,成为堂会的一种;

商人和官宦之家还因家庆而办堂会，这就使戏班有了长期存在的社会条件。工商业者的业务和生活需求，使消费结构发生变化。

官僚、绅士、城居地主在商品经济发展的刺激下，消费结构也有所变动，同样需要服务业的发展。但是，消费高的第一个社会阶层还是商人，诚如苏州长洲县令李光祚所云："一切唱楼酒馆与夫轻舟荡漾，游观宴饮之乐，皆行户商旅迭为宾主，而本地士民罕与焉。"[1]李光祚在强调商人宴乐的同时，多少忽视了官僚士人的消费，其实士人往往有狭邪之游，同样是高消费者。消费结构的变化，使游民能够在服务业和手工业中找到一些出路。

但是必须看到，社会经济结构、职业结构、消费结构的变化程度尚有限，新行业尚不稳定，游民时有职业，时而无业，成为真正的"闲民"，所以与"游民"脱离不了关系。

四、游民提供自由劳动力的可能性

农村富余劳动力的大量出现，原因是人口大增而耕地有限；土地自由买卖，分配不均，约有50%的农村人口成为佃农，或无地失业。富余劳力要寻找出路，于是流浪于城镇乡村，成为游民、闲民，也成为工匠和服务业的从业者。

等级结构的某种改变使农民成为自由劳动力出卖者。佃农、佣工中的大部分人已经是平民，特别是佣工，本来社会地位低下，几乎是半贱民身份，可是清代法律使大部分佣工成为平民，只有少数人处于"雇工人"地位。当时的雇主曾总结出对待佣工的"三好""三早"经验。"三好"是给佣工的吃食要好，态度要和蔼，工银成色要足。"三早"是主人先早起，以便叫工人起床、上工；做饭要早，送到地头，不让工人觉得饥饿不好好干活儿；晚上早早烧好洗脚水，让工人烫过脚，早休息，明天好早起。这种经验的产生，说明雇主与佣工基本上是平等关系，若视佣工为半贱民，就用不着"三好"了。贱民中的一小部分也已脱籍为良，如堕民、丐户、疍户、世仆、伴当，在法律上被允许改业从良。清朝自实行"盛世滋生人丁永不加赋"和"摊丁入亩"政策后，人口税固定了，并从田亩中征收，政府已无须加强对人口的控制，所以户口编审已成为官样文章。在此情况下，人们可以离开家乡，到外地谋生，被他人雇用，一般不会受到政

---

[1] 乾隆《长洲县志》卷11《风俗》。

府的干预。当然,政府有维持治安的需要时,会通过保甲制强化对人口的管理,但通常不限制人口的流动。

五、出路

游民能不能都找到职业,或者较稳定的职业,要看社会分工、职业结构、经济结构能否给他们提供较充分的就业机会,也即看商品经济的发展程度,所以要扩大社会分工、职业行当,扩大行业规模,最根本的在于发展商品经济。

政府要有顺应经济发展要求的政策,鼓励工商业发展,要改变重农抑末的方针,不能像汤斌、陈宏谋那样"毁淫祠",破坏小民、游民、闲民的生活之路。

清代游民,在一定意义上说是社会职业结构、经济结构和等级结构发生某种变动的产物,反映了社会的变化,就这个意义讲是好现象。当然,并不是说出现游民是好事。

在清代,商品经济的发展水平还不足以使广大游民就业,政府的守旧政策也不鼓励游民在农业之外的新行业就业,所以清代游民多,出路不广,聚集游民的会党的盛行,即是此种情形的反映。不能要求清朝统治者对游民有清醒的正确政策,但历史告诉人们,在社会变动之时,要使事物向积极方向发展,不能视旧的社会结构、旧的分工和等级观念为万古不变的神圣事物。

(原载冯尔康《清人生活漫步》,中国社会出版社,1999 年)

十八世纪末十九世纪初中国的流动人口
——以嘉庆朝刑科题本档案资料为范围

嘉庆年间(1796—1820)离开原籍,在新的居留地的人们,谈到他们同新居地的关系,自称在这里是"浮住",是"寄居""寄住",而当地人则称他们为"客民"。这些名词,或说称谓,是笔者从北京中国第一历史档案馆的档案中得到的。该馆《内阁全宗·刑科题本·土地债务类·嘉庆朝》档案[①],是嘉庆年间地方督抚和中央三法司审理命案、重大盗案的记录,颇有反映移动人口活动的内容。嘉庆朝的这种档案多达三万二千余件,笔者曾经阅览过一千多件,对移动人口的事情产生一点印象,近日认真阅读四百几十件,摘录有关素材,据以写成这篇小文。由于所读材料太少,并且仅仅是档案资料,所以不是研讨全部移动人口的历史,而只是档案中透露的局部情况。嘉庆朝所形成的命案文献,自然是记叙的时事,但是有些事发生的渊源是在乾隆后期,所以这里所研究的时间是十八、十九世纪之交的三四十年,即包含乾隆末年在内。

一、"闯关东"的征兆与"湖广填四川"的继续

"闯关东"是指二十世纪初期关内人口向东北移民的潮流,它的形成必先有征候。笔者在嘉庆朝刑科题本中见到的流动人口资料,发现闯关东的一些预兆,在此把有关材料公布出来。"湖广填四川"经历了相当长的时间,康雍乾三朝不断,档案资料显示嘉庆时期依然在继续。流动人口的资料不仅是关于这两个方面的,还涉及今日内蒙古地区,甘肃、新疆的大西北地区,以及当时各个省、府之内小范围的移动。对这种人口流动状况,下面进行分地域的说明。

---

① 本文引用该馆同类档案,仅简单注明保存编号。这里的包号系笔者于 20 世纪 80 年代中期阅览时记录的,后来该馆重新编号,笔者现时无暇查明新的编号,给需要查阅者造成不便,尚请原谅;又,所引用的文件,每件只在本文首见处注明,第二次引用不再注出。

(一)山东、河北人流向东北

嘉庆五年(1800)十二月,在吉林将军辖区吉林厅(今吉林省吉林市)发生李轸打死王勇咸的命案。王勇咸,直隶盐山县人,来吉林佣工,于嘉庆五年(1800)三月向吴涌利借钱 5000 文,冬天没有工做,借住业已歇业的丁魁豆腐店闲房。吴涌利是山东莱州府掖县人,44 岁①,在吉林贺家屯附近卖工度日,十二月向王勇咸讨钱,被后者打伤。丁魁和恰恰到来的李轸见状,丁魁去报告牌头张忠,李轸看守伤人的王勇咸,数叨他欠钱打人的不是,王勇咸不服,两人斗殴,以致王勇咸的死亡。吴涌利、王勇咸到吉林做工,一个来自山东,另一个来自直隶,都是后来闯关东的人们的祖籍所在地,可见山东人、河北人早有下关东的历史。凶犯李轸,有年逾 70 的母亲马氏,本人未婚,家中再没有其他的人,他应当是随从父母到的东北,成为当地居民。丁魁开豆腐店,同时开荒,雇工干活(第 455 包)。笔者依据对早期吉林史的了解,②相信李轸和丁魁也是外来人,不过已经入籍吉林厅,他们是到吉林厅的先驱,王勇咸、吴涌利是步他们的足迹而来。

依然是嘉庆五年(1800)十二月,奉天府承德县(今辽宁沈阳市)也出现佣工间的命案。郭琴与戴有德先后到武成有、张秉贵伙开的饭铺吃劳金,郭琴于年底辞工,要求武成有给压岁钱,引起争打,郭琴嗔怪作为劳工的戴有德不帮助自己,也厮打开来,以致受伤而死。郭琴,山东堂邑人,原籍有父母、妻子和儿子,是只身闯关东;武成有,山西太原人,原籍也有妻、子;张秉贵,亦系太原人;戴有德显然不是当地人,只是我们摘抄的资料里忽视了他的籍贯信息。嘉庆年间,山东人、山西人到辽宁,山东人、直隶人去吉林,鲁、冀、晋共同成为移徙关东的关内居民来源地。

山东人李成年,来到奉天广宁(今辽宁北镇),受雇于敬发兴种地,与雇主住在同一窝棚里,住在与他们毗邻的刘家窝棚里的陈焕、陈开也是种地佣工(第 4568 包)。包括雇主在内的这些人,无疑都是外来客民。山东聊城人王升,乾隆六十年(1795)到达广宁,受雇于郭三木匠,借住聂辅房屋,不给租金,房主向他借钱,以无钱回复,引发斗殴,打死房东(第 47 包)。清代直隶辖属的朝

---

① 本文所说的年龄系指其人或其亲属涉及命案时的岁数,下面所讲的年岁与此意相同,不再说明。

② 冯尔康:《清初吉林满族社会与移民》,《清史论丛》(1995 年号),辽宁出版社,1996 年。

阳县,今为辽宁省的朝阳市,乾嘉时期已有关内人前往开发。山东乐安人薛秉义前来,寄住水泉子村,其孙薛奎在杨树沟煤窑背煤。嘉庆六年(1801)三月,煤窑倒塌,薛奎歇了几天,又去找工,这时祖父薛秉义78岁,祖孙三代寄居朝阳,已经在此生活一些年头了,薛秉义的到来应当是在乾隆中后期。同他们相识的山东老乡潍县人冯怀荣,同样是寄住做工(第4584包)。山东惠民人李云到直隶建昌(今辽宁凌源)种地,雇工成义学,是他山东的小同乡,成义学的弟弟成博学也在这里务农(第4586包)。

山东人、河北人、山西人到辽宁、吉林的不少地方寄住谋生,时间不晚于乾隆朝,这些人是闯关东的先行者。

(二)河北、山西、山东人流向内蒙古南部

山东济阳人刘进孝早年到多伦诺尔(今内蒙古自治区多伦),生有三子,长刘贵,次刘祥,老三刘玉,妻故世,种地为生。刘祥于嘉庆四年(1799)四月与山东人张中魁合伙开麻花铺,几个月后因为不能赚钱,张中魁回原籍。有山东新城人王立先赊欠麻花90文,刘祥要清账,王立先抵赖,被打伤而死,王立先的表兄何承旭报案,求为死者伸冤(第4549包)。这一事件,令我们得知,同时期有刘、张、王、何四个姓氏的山东人到多伦诺尔谋生,其中有一个家族,还有一对表兄弟,表明是结伴而来,或虽分先后,但系牵引而至。山西阳高人岑家善自云早年到多伦诺尔"寄住,佣工度日",儿子岑魁同样是雇工。与他们父子毗邻居住的有李大黑,直隶献县人,回民,赶车为生;乐幅,直隶密云人,佣工,没有妻室;杨文盛,不知何方人士,佣工,有家属,借欠乐幅3000文(第4547包)。这是直隶的不同县的人和山西人移民多伦诺尔。

直隶蓟州人华信到平泉(今河北平泉)寄住种地,嘉庆五年(1800)华信48岁,有妻和四个儿子,雇有工人刘义;刘义是山东平定州人,与弟弟刘二都给人打工(第4564包)。这些雇主与雇工皆来自外地。

山西代州人姚礼,到归绥道萨拉齐地方(今内蒙古自治区土默特右旗萨拉齐),至嘉庆五年(1800)62岁时已来此地有不少年头了,所以自己说"向在达赖贝子巴拉亥托亥地方卖烟酒营生"(第4582包)。朔州人宋四小子,多年在清水河(今内蒙古自治区清水河)佣工(第4718包)。山西人所处的地理位置前往蒙古南缘的中部较为方便,姚礼、宋四小子选择的去向,路程都不远,应该说是有充分理由的。

（三）陕西人流向大西北

山西曲沃人贾进玉寄居甘肃省西宁县（今青海西宁市），贩卖布匹，与妻和子生活在一起，可能是全家一起行动的（第4597包）。如果说贾进玉的行为，尚不能表示内地人向大西北流动，下述王兴才等6人不期而遇地向甘肃哈密厅（今新疆维吾尔自治区哈密市）进发，就在一定程度上反映这种流向了。嘉庆六年（1801），王兴才、吴备贵、王进宝，原籍都是陕西泾州，"向来各在口外佣工，大家熟识"，王兴才与王进宝之间还有借钱、垫钱的关系。他们因找工不容易，结伴往西走，五月初四日上午在路上又遇到赵建金、南显荣、孙时忠等3人，于是6人行走到哈密厅沙泉子乡，一更天才歇脚（第4597包）。关中平原的人向甘肃西北部和新疆哈密流动，有点今日所说的"走西口"味道。

（四）湖广人流向四川

湖南零陵人何兴俸，寄居四川苍溪县，嘉庆五年（1800）时19岁，父母已故，有弟兄三人，娶妻杨氏，生有女儿，犯案后口供云"早年搬到案下佃种度日"，他有个姐姐，婆家就住在附近。看来，是何兴俸之父在乾隆年间由零陵迁移而来，将女儿嫁在新居地，为十几岁的儿子何兴俸娶亲（第4547包）。一个湖广移民家庭就这样在四川扎根，逐渐变成土著。湖南邵阳人杨显荣，父母俱故，兄弟2人，均未成亲，来到四川江油县，佣工度日，因雇主短缺工钱300文，于嘉庆六年（1801）生出命案，其时他37岁（第4584包）。显然他是新移民，表明嘉庆年间湖广人还在继续向四川移动。

（五）省、府范围内的人口流动

嘉庆六年（1801）闰三月十八日，在河南叶县发生了23人合伙打劫樊日恭家的大案，这些人并非职业盗匪，而基本上是离叶县不远的异地找工的人，其中有汝州人方添佑、董狗、陈铁匠、陈有牙、赵第二、王兰、宁有幅、赵悦惠、郭骆、张撇，裕州人刘和、倪群，宝丰人煤黑儿，鲁山人王第二、郭来成，不明籍贯的汪金八等四人，也有叶县当地人裴四、李忝成、李传玉、胡六玉。他们多系离家外出找工的人。如鲁山人郭来成，母亲以外没有亲属，到汝州瓦店茔觅工；汝州人董狗，有父亲，佣工度日，也是到瓦店茔找工的，与郭来成、方添佑、陈铁匠等相识，大家说起穷苦，起意打劫（第4584包）。他们不是一个府县的人，而互相熟识，显然是觅工、打工中结识的，可知在外地打工必是多年了。

江西瑞金人古奕祖、古喜奇堂叔侄和冯起中均到福建长汀当挑夫，另一位江西石城人邹细丰也到长汀谋生（第4547包）。田大怀从陕西富平移到临潼,因借钱被人打死(第 4556 包)。此类省府内部流动甚多,不赘述。

移动人口的去向,由于笔者掌握资料不多,不可能对他们的动向作出规律性的说明,但是也产生一点印象。中国历史上历来有所谓"狭乡"居民向"宽乡"移徙的事实,比如这"狭乡""宽乡"的概念就流行于唐代,表明其时狭乡民众迁居到宽乡的众多;明代南方的居民奔赴河南、陕西、湖北三省交界的山区(以湖北郧阳地区为中心),并发生过重大事件——流民暴动,朝廷在移民地区建立行政机构,承认移民的既成事实。笔者认为乾嘉之际人口流动仍然带有这种特点,人口密集地方的居民迁移到人口稀疏的地区去。不过这时的流动更有一个显著的特征,就是到边疆去,到被清朝政府封禁的龙兴之地的吉林、辽宁去,到执行蒙古法的内地与内蒙古交界的地方去,到甘肃西北和新疆哈密去。清朝与明朝的辖区治理不同,清朝皇帝由东北入主中原,以盟旗制度管辖蒙古地区,在新疆建立伊犁将军的管理方式。边疆的稳固,给人口密集地区的民众在客观上提供了去处,虽然吉林、奉天是封禁的,但是民众还是冒险偷着进入。因此笔者认为在乾隆后期和嘉庆时期,"闯关东"、赴内蒙古的先驱者业已产生,后来的大规模移民现象渊源于此,决不是偶然的事情。这种先驱者的出现,表明移动人口中有一部分人的行动是有目标的,往哪个方向去是明确的,不是盲目行为。由家人、亲戚、同乡的共同行动或先后而至的情况看,流动有试探性,适合于谋生与生存,就停留下来,成为移民。

二、卑微、多样而不稳定的职业

流动人口的职业,资料显示,占居第一位的是佣工,第二位是自家耕作的农民,第三位是小商贩,第四位是手艺人,此外还有挑夫、教书先生、奴婢、流丐、僧侣,以及配遣犯,多系下层社会人士。

佣工。本文已经讲到的吴涌利、王勇咸、成义学、岑魁、杨文盛、乐幅、何兴俸、贾进玉、王兴才、王进宝、吴备贵、赵建金、南显荣、孙时忠、刘义、刘二、杨显荣、李成年、陈焕、陈开、冯怀荣等人都是卖工度日的佣工。叶县盗窃案中的23 人也多系佣工队伍的成员(郭来成、董狗等)。他们是做农活的。农业雇工只是佣工的一种,在商业、手艺方面也有一些,如郭琴在饭店打工;薛奎在煤窑干活;陈映奉从原籍黄陂到天门,在罗大云剃头店当雇工(第 4713 包)。江西人到湖南浏阳的泻银店做佣工(第 4856 包)。安徽合肥人曹明山到全椒,受雇在豆腐店,为雇主挑卖豆干(第4538包)。总体来说,农业雇工是佣工的主体,不仅如此,佣工还是约有半数移动人口的职业。可以想象,移民所有的只是劳动力,他们到新居地只有出卖劳动力维生,而在农业社会,基本上也只有农村能容纳他们,他们也只有选择佣工,特别是农业佣工这一个职业。

农民。这里指"自家耕作的农民",是租佃、典当田业、自有田产的农民,以此区别前述农业佣工。少数农民离开故土时带有一点钱,到了新地方,租地耕作,有的积累一点钱,典当少量耕地,或者还能买一点田地,务农为生。河南淇县人郭林江迁移到湖北房县,在乾隆五十九年(1794)当得一块山地(第4586包)。甘肃泰州王提于嘉庆十二年(1807)来到陕西宝鸡种地,十年后的嘉庆二十二年(1817)六月用价30千文典当赵文蔚的12亩耕地。四川名山人黄曰智,早年到雅安种地,后来有山地出租,每年仅收地租芋麦七斗,可知地亩很少,不过表明他有余田了(第4716包)。陕西白水人移居周至,开始做佣工,后来典当山地耕种(第4875包)。嘉庆二十二年(1817),王善与长子王贵谦早已分家各过,都是"种地"度日(第4718包)。前面提到过的刘祥,他的口供:"向在案下白岔敦都坤兑沟种地度日。"(第4549包)在刑科题本文字表达方面,涉案人员口供所云维生手段为"种地",而未及"种地"之地的主人问题,则此种田地,不是租佃来的,就是自家所有的。周元珑、周元贵弟兄从四川合川移居邻水,分别租种熊姓地主的田地,他们的同乡陈盛潮亦是租佃熊姓的耕地,于是又成了邻居(第4586包)。湖北蕲水周维太到达陕西洋县,打短工,自己也种地,家里养着猪(第4717包)。他可能是佃农,并有余力充当短工。四川大足人谢平章至兴文县,佃种游李氏田地,交押租三两银子,乾隆六十年(1795)未交租谷,以二两作抵,退佃,仍借住田主草房(第3084包)。这种有不少田产的寄籍人已经在当地生根,与寄住有很大的差别。

小商贩。开酒店、豆腐店的不乏其人,太原人张秉贵、武成有在奉天承德县开饭铺。山西太谷人张泽宇到直隶蓟州桑梓村开设酒店,比在马庄开酒店的杭奇本钱要多一点(第4598包)。江西临川人吴明珍到贵州威宁开设酒店,因脚伤不能挑水,雇用四川兴文县来的宋老大临时帮工,每月工钱七钱五分(第3222包)。陕西清涧人郑魁到肤施,与姜保儿伙开饭铺(第4718包)。山西猗氏人王崇亮和弟弟王崇奇与荆泳谷到汾阳,于嘉庆元年(1796)合伙开油坊,王氏兄弟出钱30千文,获利王氏兄弟得一分六厘,荆泳谷得一分(第3229包)。安徽当涂人在浙江兰溪开糕点店,雇用堂弟做帮工(第4870包)。萧友三从衡阳到长宁"小贸营生"(第4556包)。贵州广顺州人李锦连、李才连弟兄到义兴府贸易(第4589包)。陕西渭南人李澍带着妻子至汉中开磨房(第4574包)。可能是北京作为大城市好谋生,直隶河间人张三来此卖烧饼(第4607包)。河南人任宗尧到江苏铜山开烟店,雇有伙计沈九秩(第4535包)。有的人无力开店铺,就肩挑负贩,如刘世发从麻阳到凤凰厅挑卖零酒(第4565包)。

小手艺人。湖南麻阳人谭征桂到凤凰厅编织草鞋出卖(第4565包)。甘肃成县人王世兴来到两当,会做纸手艺,串街走村,应人雇役,完活即离开雇主(第4565包)。浙江金华府兰溪县胡联魁、胡联发兄弟与族兄弟胡顺苟是泥水匠,到衢州府龙游县做工(第4556包)。此外还有一些人从事少见的职业,有的临时应雇干杂活,如挑夫,前述古奕祖、古喜奇、冯起中均以此为生。湖北潜江人苏昌周到东湖也是做挑夫,为人家喜事抬轿子(第4719包)。有私塾老师,如李澍修,从原籍渭南到汉中,以教蒙馆为生(第4574包)。有僧人,如道悟,原籍四川郫县,出家在彭县净水寺(第4604包)。有乞丐,如许老五,老家浙江兰溪,长期在龙游乞讨,而且强要、强赊欠,是流丐(第4590包)。有奴婢,比如腊梅,是山西太谷人,于乾隆五十九年(1794)被在直隶柏乡做知县的武先振契买为婢女,来到县衙伺候主人。嘉庆四年(1799),因为回嘴,腊梅被主人的儿子打死(第4578包)。至于腊梅的主人武知县也是离开原籍的人,清朝制度不许官员在原籍做官,所以官员具有流动性,古来如此,不在本文讨论的范围,故不涉及。

流动人口中别有一种配遣犯,就是被发配的犯人,离开原籍或原居地,到新的地方接受管制。广东顺德人梁亚树因抢劫讹诈,于乾隆五十七年(1792)被发配河南遂平,在马号当差;徐亚执,和梁亚树是同乡,也被一起发配到,很可能他们是同案犯,在遂平他们合伙摆摊;在遂平还有配遣犯关亚好、周氏夫妇(第4549包)。王允发,四川昭化人,在陕西宁陕州犯案,发遣湖北大冶拘役(第4719包)。

流动人口的职业,如标题所示有三个特点,即:(1)卑微性。流动人口多是些务农、理发、背煤的佣工,编织草鞋、卖零酒的小商小贩、小手艺人,赶车的车夫,卖苦力的脚夫、轿夫,贱民的奴婢,方外的僧侣,讨人嫌的流丐,开饭铺、酒店、烟店、糕点店、磨房、油坊的小商人,能做自耕自食的农民和教书先生已经很不错了。(2)多样性。流动人口从事的行当比较多,不过多属于社会下层,把做官以及依附于他们的幕宾、应试的读书人除外,流动人口中几乎不会有社会上层成分。(3)不稳定性。佣工中的短工根本就是不稳定的职业,所以时而有工,时而无工,并且具有很强的季节性。小商小贩,赚不到钱而歇业破产。不稳定性,往往造成流动人口的生活没有保障,会继续游动,或者返回原籍。

三、艰难和灾难频发的生活

既然流动人口多系被迫只身外出谋生,缺乏经济实力,来到一个陌生的地方,自然是举步维艰,生存上糊口不易;相当一部分无有家室,生活孤寂无聊;在地域观念强烈的传统社会,作为外来人会受到当地恶势力的欺凌;若是佣工的处境,又会自觉与不自觉地为雇主卖命,甚而成为法律上的罪人。流动人口造成的命案较多,事情的出现,源于他们的悲惨生活,标题所说的"灾难",即指斗殴之类的恶性事件。

(一)繁多的零星借欠、赊欠纠纷所反映的生活艰难

小额无利借欠的纠纷。寄住者之间或与土著之间,发生借钱、借粮关系,数量都很小,多的不过几千文,少的一二十文,常常因一个时期不能归还,导致争执,以致闹出人命。福建顺昌人文亨到南平佣工,借本地人康有魁 180文,约定五天还钱,过期失约,被康有魁打死(第 4584 包)。胡顺苟借给胡联发 150 文, 讨要中争执出事。四川安县人李有贵到武平帮工度日,嘉庆四年(1799)三月向杨畛借钱 40 文,一年多后的五年(1800)闰四月杨畛讨要,并要剥他的衣服作抵偿,李有贵就把他刺死(第 4556 包)。广东归善人罗亚四在永宁做工,嘉庆四年(1799)十一月借给黄亚水 1600 文,次年八月去讨要,对方愿将一块地里种植的花生顶抵,罗氏同意了,后对方反悔,引起斗殴,致死黄亚水的母亲周氏(第 4583 包)。以上是无息借钱。亦有非高利贷性质的有偿借贷,如配遣犯王允发于嘉庆二十年(1815)三月借给杨鸣南 5300 文,三分起息,嘉庆二十二年(1817)七月去讨债,杨家不能归还,就把其妻子、长媳打死,又打死其次子夫妇。

欠工钱的纠纷。农村雇主家中难得有现钱,要等粮食收成后出卖了才会有钱,故而不能及时发给工钱,而后来的讨要中往往出现事故。直隶涿州人李广显寄居保安,嘉庆五年(1800)三月受雇为武金文耕地,讲明工钱 333 文,当时得了 300 文,余欠 33 文,次年四月李广显在众人面前讨要,武金文认为栽

了他颜面,打伤李广显妻子耿氏,反而被李广显打死(第4584包)。四川庆符人罗贵应雇给西昌刘自贵,年工钱4000文,少给400文,罗贵讨要,刘自贵说他偷懒,不愿再给,罗贵就将雇主打死(第4591包)。陈映奉在罗大云剃头店佣工,每月工钱500文,三个月没有给工钱,发生殴打死亡事件。

赊欠的纠纷。开店,尤其是饭店、布店、杂货店,向来允许常客记账赊购。陕西清涧人郑魁,自幼随父母寄居肤施,嘉庆九年(1804)同姜保儿伙开饭店,嘉庆二十二年(1817)二月从怀远县来的何天禄在附近佣工,赊欠饭钱530文,六月郑魁找到何天禄的雇主樊保海家,将樊保海打死(第4718包)。贩布的贾进玉,赊给同院居住的蔡希玉315文的布,至期没有给钱,致死蔡希玉。卖草鞋的谭征桂赊购刘世发16文的酒钱,因而致死讨账的刘世发。邹细丰因为本钱少,冯起中吃了18文的饭钱,要求记账,不答应,引起另一位客人古喜奇的不满,认为既然是主顾,就不应当逼讨,并导致斗殴死人。曹明山为雇主卖货,寄住在全椒的含山人王胜高赊购18文的豆干,曹明山替主家讨要,被王胜高打死。

高利贷的纠纷。周维太于嘉庆十七年(1812)四月借贷王棕贵包谷九斗,合钱1800文,约定秋后还清,周维太到期未还,王棕贵提出每1000文每月加利100文,周维太没有答应,嘉庆十八年(1813)还过400文,嘉庆十九年(1814)还荞麦四斗二升,作钱800文,次后常给王棕贵做短工,日工钱44文,做了一个月,应得工钱1320文,被全部扣去,嘉庆二十二年(1817)三月王棕贵叫周维太上工,周不去,被拉到他家殴打一顿,四月王棕贵到周家,说还欠他本利十串零八十文,要立即交钱,无钱,拉走猪一头,并说等周维太地里麦子熟了去收割,激起周维太谋杀王棕贵。在清水河佣工的宋四小子,于嘉庆二十二年(1817)三月向王加善借豌豆一斗,言明秋后加利五升,九月给王加善做工半个月,每天工钱40文,计600文,王加善要债,宋四小子想用工钱抵债,王加善不从,争打中致死债主、雇主王加善(第4718包)。

争工价的纠纷。胡第元租佃山地烧石灰,雇工马四,每月工钱四钱,马四要求增加到六钱,发生争打命案。

其他经济纠纷。湖南衡阳人萧友三到长宁,"小贸营生",于乾隆六十年(1795)租借杨世元的房子,年租金6400文,按季交租,均系按期给予,而嘉庆五年第三季度才将这年的房租交出2000文,九月初二日被房东打死(第4556包)。他多年来一直按期交房钱,至此不能做到,显然不是图赖,而是生意不好,维持不住。直隶盐山人王七,寄住通州,做工度日,有房,出租给刘敬纯,收押金2500文,不收房租,退房时退押金,及至刘敬纯退房,要求退押金,被王七推倒摔死(第4549包)。黄曰智佃出小块山地,将欠租的佃户刘泗荣致死。

少量的借欠、赊欠、拖欠工钱和地租,在讨要中,一言不合,互相辱骂,继而厮打,进而动用凶器,终至酿成人命。在局外人或后人看来,这种人命的事是不应当发生的,是不值得的。然而仔细思量两造的处境和心情可能会对他们的行为有所理解。试想,前往哈密厅找工的王兴才借了王进宝780文,还过500文,代垫修鞋钱280文,虽然两人没有言明互不相欠,但是心里都会明白:借还两清。然而事情竟然发生了,在赶路的途中吃饭,王兴才却向王进宝讨要垫出的钱,以便交饭费,对此王进宝当然气愤,认为他无理取闹,经同伴劝开之后,晚上再相遇,仍要抒发不平之气,以致同好心的劝架人发生冲突,并被打死(第4517包)。他若是经济上、心情方面均可以过得去的人,对王兴才的要钱,本可以心平气和地去对待,把事情说清楚,是容易处理好的,何至于愤恨不平呢!再说王进宝本来就是无理的,何必无事生非,去要垫钱?盖因吃饭要付钱,一个不久前借钱的人,又没有外财,此时虽是还了钱,囊中必然空虚,这时想到当初不垫钱(还钱)多好,如果眼下再借钱,大家都是找工的人,不好开口,说要垫钱,就有理由了,所以才采取类似耍无赖的办法要垫钱(实际是还出的钱)。他虽则不对,不过也是出于无奈。事实是,纠纷命案的负欠一方,即使小额无息出借的一方,允许赊欠的小商人,大都是生活在贫困线上的人,得一钱就可以去吃饭,少一钱就会挨饿,无钱的压力之大,是难以想象的。贫困使人生活在压抑中,如若受刺激而爆发,那是很难抑止的,自然会做出不理智的事。应当说,争吵、殴打往往是难于避免的,而致死他人,除了周维太类的极少数故意杀人之外,都是意外出现,是清代法律上所说的"误杀""戏杀",是带有极大偶然性的。由这类人命案件的出现,不能不令人认为,它反映流动者生活的艰辛、生存的极度没有保障和恶劣的心境。这里只是从经济生活观察流动者的生活状况,下面再从家庭生活等方面来考察。

(二)流动者孤苦的独身生活

流动人口中,尤其是刚刚流动的人,极少数是携家带口的,多系只身行动,到新居地,依然是"茕茕孑立,形影相吊",孤苦伶仃。比如35岁的李有贵,由四川安县到武平佣工,没有妻子,父母亡故,也无兄弟,孤身一人(第4556包)。34岁的任士保同李有贵一样没有父母兄弟妻子(第4578包)。同是34岁的周维太,没有结婚,老家有个哥哥(第4717包)。37岁的杨显荣,没有结婚,父母也都弃世(第4584包)。28岁的罗贵,没有兄弟妻子,故乡有60岁的父亲(第4591包)。30岁的苏昌周,无妻室;只有76岁的老母(第4719包)。37岁的张三,无婚姻史,老家有71岁的母亲。44岁的吴涌利,无妻室。45岁的胡顺苟,无妻子,有75岁的母亲在世,等等。

在新住地,流动者有的同雇主居住在一起,如李成年与雇主敬发兴同住窝棚。有的借住在人家,如山西孝义人武三周到石楼佣工,借住在佃农周武汉家(第4584包)。有的人租房子,如外来佣工在山西平遥典窑房居住(第4876包)。有的有了自己的住房。有一些短工,只好栖身于饭店,四川岳池的周贵从乾隆五十五年(1790)到南江县佣工,时常在黄沛坤饭店吃住,待到嘉庆二年(1797)欠钱6450文,被店主要剥衣服抵债,情急之下将黄沛坤打死(第4600包)。伙住、借住、住店,不仅居住环境差,更是无家的明证,家都没有,还有什么好的生活情趣!

还有一些春去冬返的流动者,原来在家种田,有时春天出门打工,冬天返回家园。浙江淳安徐善喜、徐添贵、徐来太、徐盛喜、徐馨贵、徐富顺、徐有喜等七人,"佣工外出,十二月底回家"(第4579包)。他们似乎是这种类型的人。他本来是寄居者,遇到荒年再行流动。季节性流动的人既要离开家乡,又不稳定,有反复移动之苦。

流动、无家、无固定住所,孤苦和不稳定的生活让人难熬,上哪里去找乐趣呢?串门闲谈,是一种不花钱的好方法,流动者之间时或进行这种交流,可是有时也生出事来。杨文盛到李大黑家还借的马屉,岑魁也走来,李大黑就留他们说闲话,乐幅来找杨文盛要钱,杨文盛不敢应声,岑魁为杨文盛帮腔,这才引发凶杀事件,岂不是闲游惹的祸?赌博,也容易在流动者中流行。陈焕、陈开晚饭后到敬发兴窝棚闲谈,后来陈焕起意赌博,加上李成年四人赌开了,掷骰子到鸡叫,陈焕耍赖,才不欢而散,早饭后就发生李成年打死陈焕的事情。在传统社会,没有正常的家庭生活的人群,一方面是因自身生活缺少欢乐而痛苦,另一方面也容易生事,生出更严重的不幸,同时也是社会的不稳定因素。

(三)流动者遭受地方恶势力的欺凌

传统社会地域观念特别强烈,所以寄住、寄籍、原籍、籍贯的概念才那样地分明,土著与客民容易发生纠纷,而地方恶势力、无赖更以鱼肉客民为能事,常常是事端的制造者。任宗尧从河南到江苏铜山做小生意,当地人张忠于嘉庆五年(1800)四月借去 500 文,不还,六年(1801)二月要借 2000 文,任宗尧不应允,张忠大打出手,任宗尧被迫还手,与伙计沈九秩把他打死。张忠强借,实际上是强要,哪有这个道理,无非是欺负任宗尧是客民,不敢怎么样,想不到把人家逼急了,两个人合力回敬他(第 4535 包)。前述河南淇县人郭林江迁移湖北房县,于乾隆五十九年(1794)用银 26 两当得刘有德山地一段,与绳金魁的山地相连,嘉庆二年(1797)二月白莲教军在这里打仗,刘有德逃避,一段时间没有归来,绳金魁以为他被杀害了,就让郭林江以原价转典给他,以便他将来冒认为这段山地的主人,拥有所有权。郭林江不愿意转让,他怀恨找茬。嘉庆五年(1800)七月,郭林江在自家地界砍树,绳金魁诬赖是砍他的树,争执中受伤死去。这两个案例的死者都是本地人,对方的客民厉害,不容侵犯他们的利益,但是成了凶犯,而怯懦的流动者只有忍受欺凌了。

(原载《天津师范大学学报》2005 年第 2 期)

乾嘉之际小业主的经济状况和社会生活
——兼述嘉庆朝刑科题本档案史料的价值

涉及生产关系领域的研究,通常留意的是主佃、东伙关系的两极状况,特别是其中的极富、极贫者的情形,而对处于中间状态的层级关怀甚少。本文将要写的小业主的历史,希望对这种研究状况有所改善。笔者所说的"小业主",比一般社会上所指的手工业者、小商人(零售业者)要广泛一些,还把一般农民、小土地出租者、农民而有雇工者及佃农而有雇工者包括在内。确定这个研究范围的原则是拥有少量的生产资料和特殊手艺(技术)的人,家庭经济来源主要靠自家劳动生产,雇工所得不占主要成分。佃农基本上没有固定资产——田地,但是若能够雇工,从理论上说经济状况不应低于一般小业主,故而也纳入这个范围来讨论,并且也是从生产关系的角度来容纳和考察他们。由于资料的缘故,笔者只能了解小业主经济状况和社会生活的一些侧面,并不能进行全面系统的说明,但力求将他们的职业及从业活动有所交代,对他们的生活特点问题试图有所接触。

能够使笔者进行这种讨论的基本条件,是中国第一历史档案馆所藏的档案,即《内阁全宗·刑科题本·土地债务类·嘉庆朝》的档案史料。这是嘉庆年间(1796—1820)地方督抚和中央三法司形成的人命案件的定案文书,所谓"土地债务类",是中国第一历史档案馆将土地债务经济纠纷造成案件的档案归并在一起,它的数量仅嘉庆朝的就多达三万二千余件,笔者在 20 世纪 80 年代中期陆续阅览过一千多件,近日仔细阅读当年我们摘录中的四百余件,利用这些素材,撰写成本文。在档案文书的使用过程中,笔者对这类档案本身亦有所体认,愿意在文末讲述出来。

一、各种类型小业主的从业状况

各类小业主的状况,笔者将就农业、商业和手工业各业次第写来。

（一）小土地出租者

自有耕地不多，出租的田亩很少，或拥有田地不一定很少，但租出去的并不多，这样的人家，是这里讲的小土地出租田主。

生员出租田地。江苏金匮监生蔡益谦，有田三亩三分，租给陆幅，每亩收租一石米，他同时雇有工人许小大，嘉庆五年（1800）闰四月让他去收陆幅上年的欠租。①蔡益谦的雇工估计不是用来从事农业的，若那样不会再将三亩地的少量耕地租出去，他不知是否开有商店，才会雇工。安徽宁国俞加可，监生，有田三亩，由何狗儿、邵童儿、邵光元三人佃种，年租谷310斤，嘉庆二十二年（1817）八月何狗儿等因遭虫灾，要求按收成平分，不能包租，发生争执，俞加可之子祥松（秀才），致死何狗儿。②

农民出租田地。四川剑州王三宇有地租给同曾祖弟王模，嘉庆五年（1800）十一月要收田自种。③看来他是接受的小量祖遗田产，而王模或自卖，或父祖就没有给他留下田业，才佃田承种。广东潮阳陈振名将田租给梁阿汉，佃户历年拖欠租谷二石二斗，四年冬天陈振名起田另佃，并派其子陈太平屡次讨要欠租。④湖北黄陂王纯把田四斗五升⑤租给万应秀，嘉庆六年（1801）秋收平常，万应秀完租迟缓，王纯夺佃，转租给汶光玉，造成两佃户相残。⑥直隶灵寿安成全子将小块田地租给安保小子，每年租谷五斗，六年（1801）夏天被水没有收成，佃农要求免租，开始同意了，到次年又反悔。⑦四川名山人黄曰智寄住雅安，有小块山地租给刘泗荣，每年收租苇麦七斗，因欠租引起纠纷。⑧浙江龙泉邱沅贵有四亩田，佃给姜培忠，嘉庆七年（1802）欠租200斤，次年起佃。⑨

---

① 中国第一历史档案馆藏档《内阁全宗·土地债务类·刑科题本·嘉庆朝》，第4607包；下面引用该馆同类档案，仅简单注明保存编号。这里的包号系笔者20世纪80年代中期阅览时记录的，后来该馆重新编号，笔者现在无暇去查明，给需要查阅者造成不便，尚请原谅；又，所引用的文件，每件只在本文首见处注明，第二次使用不再注出。

② 第4718包。

③ 第4575包。

④ 第4586包。

⑤ 在南方的一些地区，用石、斗、升作为计算田亩面积的单位，这可能是以需要种子的数量核算田地面积，故论说有多少田，往往说是"几石种"。究竟一石种田合多少亩，各地有所不同，大约总在六亩以上。

⑥⑦ 第4715包。

⑧ 第4716包。

⑨ 第4717包。

向佃户借钱的小土地出租者。浙江仙居应文标有七分田租给张钦法,秋租谷一石四斗,麦租一斗四升,嘉庆三年(1798)向张钦法借钱 3600 文,五年(1800),张钦法自动扣留租谷抵欠,次年夏天应文标怕得不到租子就去强割一半的麦子,到七月三十日又去抢收稻谷,斗殴因之而发生。①

让人代耕的小土地出租者。安徽宿州宋玉一面自家种地,另有旱地八亩交给王克己代种,王克己是宋兹荣的佃户,宋兹荣怕因此影响王克己种他的地,遂于嘉庆五年(1800)七月与宋玉发生冲突。②

小量公有田地的出租者。胡培、胡阳等有祖遗公有田一丘,佃户沈曹,年租三石五斗,嘉庆三年(1798)拖欠一石,五年(1800)四月胡培夺佃,另租给沈纵,致使两个佃户争斗,酿成命案。③

典当业主成为小土地出租者。乾隆六十年(1795),湖南绥宁苏时春用 14 两价银典得李昌太塘田一块,仍由李昌太佃种,四六分租,嘉庆六年(1801)李昌太用潮湿谷子交租,引起苏时春的不满,起田自种,一场人命案子因而发生。④嘉庆四年(1799)十一月,四川东乡马士韬因欠张柱 30 两银子,将田一块抵押给他,田仍由原来佃户李升魁耕种,向张柱纳租,违约则由张柱耕种,可是李升魁连续两年没有交租,七年(1802)春张柱要收田自种,李升魁答应付租,可是收割时不通知张柱,张柱儿子张应山在斗殴中致死李升魁。⑤

租牛的业主,在这里附带说明。广东河源县罗元和向来把牛租给乌逸保耕田,欠租谷八斗,五年(1800)十月中旬见稻谷成熟,向对方讨租,竟将乌逸保打死。⑥直隶藁城王书在嘉庆九年(1804)春天,将牛驴租给张幅荣耕地,后者欠价 240 大钱。⑦耕牛是在田地之外,农民生产的重要工具,有富余畜力的人就出租谋利。

档案资料有出租田地较多的人家,如四川邻水熊姓,有田庄,田地分别出租给周元珑、周元贵、陈盛潮、王明绍。⑧像熊姓这类的土地出租者,笔者还有

---

① 第 4614 包。
② 第 4565 包。
③ 第 4588 包。
④ 第 4712 包。
⑤ 第 4711 包。
⑥ 第 4553 包。
⑦ 第 4870 包。
⑧ 第 4586 包。

几个事例,不过他们可能是出租地主,不是本文的论述对象,不必多说。

(二)雇工的小土地经营者

耕作的田地不多,而雇工生产。

湖北松慈县曹全昌雇用堂侄曹中寿帮工,嘉庆五年(1800)七月购买谭之敏水牛,牛弱不能胜任耕作,让曹中寿退货,争斗中曹中寿被害。①浙江玉环厅姚阿娄于乾隆五十六年(1791)用银四十千文,典得张添锡一亩二分田,收其田纸为凭,可是该田纸载明一亩八分田,含有未卖之田六分,可是到嘉庆六年(1801)二月却要按单管业,带领弟弟阿五、雇工洪兆通、陈阿田去犁田。②陕西咸宁县班得还于嘉庆五年(1800)雇用沙瓜儿,年工钱七千文,陆续预支,四月初十日又要预支一千文,不给,沙瓜儿就另受班世礼雇用,班得还为殴打他出气,竟失手死人。③四川仁寿县董文成雇用董乔保,雇主与佣工共同在地里干活。④山西永宁州白世耀于嘉庆七年(1802)三月雇用刘红家儿,月工钱800文,五月要借支,不允,辞工不让,斗殴中致死白世耀。⑤陕西宁陕厅王棕贵常雇短工,雇用张大笼10天,言明每天工钱50文,但是少给50文,说是人家做工平常,于嘉庆二十二年(1817)春天又要雇他,张大笼不愿去,应允给现钱才上工。王棕贵曾经短雇周维太,又借给他包谷九斗,周维太陆续给他做工一个月,工钱全部被扣除,又还过四斗荞麦,几年下来,利滚利仍欠十多吊钱,王棕贵强夺周维太猪一只,扬言要割他家麦子,引起周维太仇恨,与张大笼合谋,将王棕贵杀死。⑥山西清水河(今内蒙古清水河)王加善在二十二年(1817)三月借给宋四小子豌豆一斗,言明秋后加利五升,九月雇用宋四小子做短工,每日40文,做了15天,应给工钱600文,宋四小子要用工钱抵借债和利钱,王加善不允,宋四小子在斗殴中致死他。⑦

雇主欠工钱。四川清溪县李炳文雇用张碧魁,张碧魁辞工,于嘉庆六年(1801)二月讨欠工银五两五钱四分,并致死李炳文。⑧嘉庆四年(1799)八月,

---

①④ 第4547包。

② 第4601包。

③ 第4590包。

⑤ 第4714包。

⑥ 第4717包。

⑦ 第4718包。

⑧ 第4606包。

四川洪雅县李赵氏和童年的儿子短雇谢兆言,欠工钱300文,次年五月谢兆言到家要钱,没钱,强牵她的牛只,李赵氏要告官,谢兆言将其母子杀害。① 四川西昌县刘自贵雇用罗贵、龚满大,每人每年工钱四千文,六年(1801)三月十五日,三人在地里做活,龚满大、罗贵各自向刘自贵讨要所欠400文工钱,刘自贵说他们偷懒,要多欠几天再给,当即被罗贵等打死。② 仍是四川的长寿县,彭承祖于嘉庆五年(1800)六月请彭添鹤帮助收谷,欠工钱520文,七月彭添鹤讨要,拉牛作抵,并将彭承祖打死。③ 湖南安化县邱庆云雇用外甥陈明信,不能及时给工钱,陈明信就将他的牛卖了,然后外出贸易。④

雇短工。前述姚阿娄等去犁张添锡的田,带有抢种性质,那一点地用不了四个人,笔者估计他的两个雇工,可能是短工,这儿存疑不说,短工的雇主却有一些人。山西隰州张红兴在嘉庆五年(1800)十月雇任士保做工十几天,欠工钱400文,次年二月任士保讨要,张红兴要用二斗油麦顶抵,任士保不依,将张红兴打死。⑤ 贵州广顺州黎荣短雇罗成才,未给工银一钱三分,罗成才要剥黎荣的衣服作抵押,被雇主打死。⑥ 嘉庆五年(1800)四月,山西汾阳县贺建幅雇用郭兴莞几天,工钱240文,五月给140文,年底来讨,补给100文,然而郭兴莞记错了,以为应给140文,终于生出命案。⑦

雇主命案私和。四川忠州邹谷仕于嘉庆七年(1802)雇用袁成,短缺工钱300文,十二月讨要中邹谷仕将袁成打死,然后求人要死者之妻秦氏私了,愿意养她终身,并安葬袁成,秦氏因贫穷无靠就答应了,于是用银20两安葬。⑧ 从欠工钱情形看,邹谷仕经济状况不好,然而私和实现需要很多钱,他应当是有经济力的。

雇主欠债。四川南川县姚在华,有雇工金德陇,嘉庆三年(1798)正月向郑洪伦借钱五千文,郑洪伦来讨要,也不能归还。⑨

---

① 第4583包。
② 第4591包。
③ 第4604包。
④ 第4574包。
⑤⑥ 第4578包。
⑦ 第4602包。
⑧ 第4717包。
⑨ 第4556包。

(三)佃户雇工经营

佃农雇用工人,或偶尔雇短工,这种情形不多见,但是有此种现象。

山东惠民人李云到直隶建昌县租地 20 多亩,与雇工成义学共同耕作,觉得地薄,与他的租地相邻的托果齐,也是租种田地,并有雇工少都巴,李云以为他地好,想和他换地种,托果齐同意,种了一年,李云反悔,又要换回来,于是两个佃户及他们的雇工争打,造成成义学的死亡。①

四川成都人韩光耀,佃种刘景耕地,每年租谷五石,嘉庆五年(1800)七月雇张俸帮同收割,收了五石多谷子,想要刘景让租,谎说只收了三石,可是张俸不明隐情,照实说出,导致二人撕斗。②陕西韩城冯根盛、梁收子合伙佃种北池寺田地,雇用从陕西河津县来的李杠子锄地八日,每日工钱 40 文。③安徽阜阳县倪焕佃种的田多,于乾隆六十年(1795)凭中人倪洪亮说合,雇用童良,一年工钱 2300 文,平日你我相称,同坐共食,因为童良做活不力,找中人将他辞退,而他怀恨把雇主儿子打死。④江西南丰人汪显凡到福建建阳天壶庵看守香火,承佃寺院耕地,雇用黄连生耕作。⑤嘉庆二年(1797),四川仁寿县辜仕明用240 千文押租钱佃得洪相寺田耕种,黄潮依也佃种洪相寺的田地,押租钱 30千文,并雇工刘金成、李开机。⑥

山东李成年到奉天广宁,受雇于敬发兴,同住在一个窝棚,嘉庆六年(1801)六月,住在邻近刘家窝棚的种地工人陈焕、陈开来到敬发兴窝棚,四人赌博,李成年打死讹赖的陈焕。⑦这些人都是外地来的流动者,敬发兴所种的田地,不会是他的,应当是租佃来的。与敬发兴情况相同的华信,直隶蓟州人,寄住平泉种地,雇工刘义。⑧他很可能是租地雇工的人。

(四)雇工的经济作物、农副业经营者

广东英德县钟毓化种植甘蔗,嘉庆七年(1802)九月雇吴书城帮工,每月

---

① 第 4586 包。
② 第 4547 包。
③ 第 3163 包。
④ 第 31 包。
⑤ 第 3162 包。
⑥ 第 3233 包。
⑦ 第 4568 包。
⑧ 第 4564 包。

工钱 500 文,次年二月吴书城辞工,欠工钱 300 文,三月讨钱,无钱支付,强拿寮棚里的被子,并致死来争夺的雇主儿子钟元德。①

山东昌乐县姜进贤于嘉庆四年(1799)十二月雇用韩小水牧羊,年工价京钱 20 千文,韩小水打死二只羊,没有让赔偿。②山西大同县赵诚雇用赵德成牧羊,每月工钱 900 文,嘉庆六年(1801)正月生下五只羊羔,迅即死掉,赵诚怪赵德成牧养不经心,被赵德成扎死。③

江西崇义人黎林养种茶,嘉庆五年(1800)七月雇叶秀兴、叶贱狗、李仕才帮摘茶梓,各人月工钱 1500 文,九月二十四日因叶秀兴懒惰辞退,欠工钱一千文,约定卖油后找给,几天后的二十八日就来讨钱,被叶贱狗等害死。④

四川成都县人周复仁到新繁县种菜园,雇徐林、刘顺帮工二人,蔬菜经常被人偷盗,并因此生出命案。⑤

(五)一般农民家庭经济状况的波动

关于自耕自食的一般农民的家庭经济情形,从档案材料看,可以区分出几种类型,有的是比较稳定的,有的波动较大,或向富裕发展,或滑落下去,而下滑的原因和路线亦有某种迹象可寻。

经济情况较为稳定的农民。嘉庆五年(1800)春粮开征之后,山西孝义县农民张士信已经交纳,但是将单据遗落,闰四月二十五日甲头张发祥催他完粮,说明业已完纳,甲头不信,威胁要以抗粮禀究,张士信害怕,害死张发祥。⑥他能及时完粮,表明经济上过得去。山西霍州张兴太,继母邢氏生张兴顺,嘉庆六年(1801)正月邢氏主持分家,除田亩分配之外自留一亩水田养老,由两兄弟轮留耕种,并在两家轮留吃饭,他们家有北房砖窑房三间,邢氏居住,东西瓦房各三间,分别由两兄弟使用,南房三间,一为门洞,另二间给人住。⑦由住宅可知经济方面应当是可以的。陕西澄城县李洪恩种地,家有三株梨树,梨果卖钱,补助家庭生活。⑧浙江临海人娄允彩,在乾隆十五年(1750)买田一亩,

---

① 第 4717 包。
② 第 4603 包。
③ 第 4593 包。
④ 第 4535 包。
⑤ 第 4870 包。
⑥ 第 4549 包。
⑦ 第 4592 包。
⑧ 第 4594 包。

分给次子娄中凯管业,而将田契交给长子娄中奇收存,嘉庆六年(1801)娄中凯、娄正连父子向娄中奇要契纸,出现家难。[1]河南商丘县韩四、韩五兄弟分家已久,在分家以前有七亩地出当,嘉庆六年(1801)四月韩四独自用钱赎回,贫困的韩五要求分给他二亩,以便出卖维生,韩四自然不同意。[2]韩四的父亲时代,家庭经济不稳定,到韩四赎地,家业回归稳定状态。

买卖田产的农民。自耕农民出卖田地,反映家庭经济逆转,以至衰落;农民买产,或将典当出去的田地赎回来,是家庭情况好转的表现。从田产买卖当中,容易了解农民家庭经济的变化。四川阆中县邢洪先将地一份以 39 千文当给王士奇,嘉庆五年(1800)十二月要求加找当价,显然他家经济进一步恶化,而王家经济状况不错。[3]陕西凤翔人程鹏飞,乾隆四十年(1775)中式秀才,但为人不守本分,于嘉庆五年(1800)被褫革,寻因家贫,把一亩地当给田种玉,价银三两,可是承当者反悔,竟然将人家打死。[4]四川彰明县马魁文于嘉庆四年(1799)十月把二亩水田卖给四哥马化文,次年四月向四哥要找价。[5]陕西澄城张汝温于乾隆六十年(1795)将坡地五亩卖与杨靳,得钱 12800 文,以后杨靳把田整治成好地,嘉庆五年(1800)张汝温要求找价。[6]张、杨二家一降一升,鲜明对比。甘肃泰州人王提于嘉庆十二年(1807)寄住陕西宝鸡县种地,二十二年(1817)六月典当赵文蔚的 12 亩田,当价 30 千文,因为是农忙时间,约定八月初交价立约,同时陆续把 30 千文的当价借给赵文蔚。[7]可见有条件典田,并且心情迫切。

一路衰落下去的农民。从典当田地,到出售田地,再到找价绝卖,在典当之时,希望能够赎回来,不成而至绝卖。卖时或许尚能把田承佃下来,而后连佃种的能力也失去。安徽宿松县项佳士于乾隆五十九年(1794)将田 40 亩卖给项忝禄,田仍由卖主佃种,并扣田价 20 千文为押租钱,项佳士随后故去,嘉庆三年(1798)其子项万盛欠租,经族亲公断,项万盛还清欠租,项忝禄退还押

---

① 第 4594 包。
② 第 4605 包。
③ 第 4546 包。
④ 第 4535 包。
⑤ 第 4600 包。
⑥ 第 4583 包。
⑦ 第 4717 包。

租钱,另给项万盛出屋贺仪,共计76千文,解除租佃关系。后因项忝禄无钱实行协议,将田依旧让项万盛佃耕。①项佳士、项万盛父子原有田不算少,但是一步步败落下去,而项忝禄家业并非发展得那么快。四川眉州赵均明在嘉庆三年(1798)将田当给李万兴,价银30两5钱,并承佃耕种,四年(1799)十一月把这块地卖给李开明,而不还给李万兴典当钱。②他是先当后卖,家业越来越支持不住,由自耕的农民,变为佃户,以至无力佃种。贵州仁怀县黄添桂于嘉庆六年(1801)二月决定将祖遗田一丘出卖给黄添俸,因原先借过他三两银子,就在田价中扣除,寻即改悔,要把田出让给黄添潮,大约是可以得到全部田价银两, 免得卖给黄添俸有三两银子不能到手。③他是由借债而滑落到卖产。乾隆六十年(1795),湖北崇阳县黄钟山兄弟将水田三斗五升卖给陈得荣,田价内扣掉六两银子,作为出卖者承租的押金,同时言明起田归还押租银,嘉庆五年(1800)四月陈得荣表示退还押金,自己耕种。④这些事例表明卖田者几乎有一个共同点,就是从自耕的农民,降为佃农,甚而破产到佃农都做不成。

农民卖产的原因是多方面的。其一是家庭丧失主要劳动力,以及因此而产生的家庭困难。嘉庆五年(1800)六月,安徽寿州陈松年亡故,其妻马氏借钱10千文办理丧事,旋因债主讨要,要将二石五斗田出当还债,因宗族成员干涉而未能卖成。⑤其二是贫困至极, 卖产度日。四川温江人刘体林,嘉庆六年(1801)35岁,父亲亡故,有母亲,兄弟四人,都没有妻室子女,他把水田一段以43千文卖给刘体中,当时交钱30千文,下余13千文议定年底交清,过期刘体中未能践约,出了人命。⑥刘体林自有田地,没钱不能成亲,在买主钱不足的情形下也要将田出手,可见卖田得钱的心情迫切和家境窘迫的状况,贫困使他非卖产不可。湖北孝感县汤家有四兄弟,老大早故,老三汤洪富,子故,有一孙,老四洪桂,有两个儿子都外出佣工,看来情况都不好,老兄弟们当初是承受祖遗田产,分家后使用公塘的水灌溉田地,嘉庆七年(1802),洪富将二斗水

---

① 第4601包。

② 第4603包。

③ 第4535包。

④ 第4570包。

⑤ 第4600包。

⑥ 第4589包、4600包。前件系四川总督题本,后件是主管刑部的大学士和三法司的题本,并有皇帝的批红,是案件的决审文书。

田卖给丁万桂,得价 9200 文,洪桂等得知后,认为将来用水会发生与外姓人的争执,愿意凑钱帮助洪富把田索回来,可是丁万桂不同意退田,洪富因而生气发病,洪桂丧心病狂,竟将三哥勒死,企图嫁祸于丁万桂。①也是贫穷逼迫他这样做的。其三是丧失家庭成员和娶亲。安徽泾县人王延沃遵从生父王道传之命,出继三叔王道俶,接受遗产三亩田,仍随生父生活,嘉庆五年(1800)王道传病故,由大哥王延汪接管家务,王延沃因妻子故世,打算把三亩田卖去,以便续弦。②其四是欠债偿还,被迫卖产,前述四川东乡马士韬因为借欠张柱银子 30 两,就把田抵押给他。

(六)商业、手工业小店主

小业主经营的商业、手工业,最主要的是饮食业,其次是杂货业、布业,再次是铁业等日用品加工业,有开矿业而不发达,兹分别陈述从业者的状况。

餐饮业的饭店、茶馆。江西大庾县刘克昌开酒店,嘉庆五年(1800)七月初一日晚上,有两个客人吃饭,无钱付账,吃住在酒店的刘行元帮助刘克昌向客人要钱,从而打死一位客人。③四川南江县黄沛坤开饭店,有从岳池县来的周贵,佣工度日,时常在店里吃住,并欠饭钱 6450 文。④福建长汀县有刘贵宫饭店、邹细丰饭店,挑夫古奕祖、古喜奇就住在刘贵宫店里。⑤湖北东湖县甘士安开饭店,外地人、挑夫苏昌周和阙明山住在店中。⑥刘克昌、黄沛坤、刘贵宫等人所开的饭店,不只是卖饭,还包括住宿,这是饭铺的特色之一。河南洛阳人杨振甲在麾村镇开饭铺,住在对门的马天锡陆续欠饭钱 4100 文,屡次讨账不还。⑦陕西肤施县姜保儿与郑魁伙开饭铺,外地来的何天禄在附近佣工,赊欠饭钱 530 文。⑧山西太谷人张泽宇到直隶蓟州桑梓村开酒店,在马坊庄有杭奇开的小酒店,常向张泽宇店里取酒转售,欠钱 13 千文。⑨江苏海州新坝镇董文

---

① 第 4713 包。
② 第 4588 包。
③⑤ 第 4547 包。
④ 第 4600 包。
⑥ 第 4719 包。
⑦ 第 4565 包。
⑧ 第 4718 包。
⑨ 第 4598 包。

方开饭铺,王可有赊欠干面 300 文,引出斗殴命案。①浙江龙游徐凤鸣、得丰父子开饭铺,遇到流丐许老五强行讨要,强吃欠钱,将他捆绑送官,路上死去,害得徐凤鸣受绞刑,徐得丰杖一百。②看来饭店赊账是常见现象,是饭店特色之二。直隶怀来新保安王化兴开饭店,武金文在此吃饭时,李广显见而讨欠,不给人面子,引发斗殴命案。③安徽桐城县鲍小开茶馆,提供的不仅是饮茶休闲场所,更是人们谈生意的地方,嘉庆二十一年(1816)九月,开灯笼店的朱在宽约夏德兴来此商谈雇佣的事,生意未成,夏德兴反而把朱在宽打死。④饭店、茶馆这种公共场所容易出事,也可以算为一种特色吧!饭铺开设在城镇村庄,遍布各地,具有普遍性,这是它的基本特点。

饮食业的烧饼店。直隶河间人张三到北京开烧饼店,他认识的人里,任大也是开烧饼店。⑤山东人刘祥、张中魁在直隶多伦诺尔开麻花铺,不能赚钱,寻即歇业。⑥

饮食业的豆腐店。萧远轻在直隶怀来新保安租赁房屋两间,开豆腐店,每年房租 5333 文,还要应酬房东儿子的滋扰。⑦丁魁在吉林吉林厅贺家屯开豆腐店,后来关闭。⑧

饮食业的粮店。丁国锡在直隶新乐县南苏村开粮铺,允许赊购。⑨贵州黄平县石潮奉开张米铺,同样可以赊欠。⑩湖南新化县张刘氏开烟米店,由乃父资助七千文做本钱,开张不久折本歇业。⑪

粮食加工的磨房。陕西渭南人李澍澂与妻子移居汉中,在孝义乡开磨房,折本歇业,谋图重新开张而未能实现。⑫

油坊。陕西咸宁贾维精开油坊,一次卖油渣,值银 11 两。⑬

---

① 第 4602 包。
② 第 4590 包。
③ 第 4584 包。
④ 第 4719 包。
⑤⑬ 第 4607 包。
⑥ 第 4549 包。
⑦ 第 4588 包。
⑧ 第 4556 包。
⑨ 第 4595 包。
⑩ 第 4593 包。
⑪ 第 4575 包。
⑫ 第 4574 包。

肉铺与屠户。四川新津县刘炳屠宰维生,借欠人家 10 千文。①山西朔州张家堡村任三贵宰羊营生,一次被人找去做活,给工钱 200 文,生活拮据,借钱 6500 文,借麦子、谷子各四斗。②河南洛阳县马寅屠宰营生,通常到集市卖艺。③江苏溧阳县史一沅,孤身一人,杀猪度日。④

食品小贩。湖南麻阳人刘世发在凤凰厅挑卖零酒度日,很艰难,为了向顾客谭征桂讨要 16 文的欠账,被对方打死。⑤江西南昌县胡仁贵,削卖甘蔗维生,并养活义母杨氏。⑥

杂货店。山西代州人姚礼到归绥道萨拉齐开设烟酒铺,因赊欠酒钱,与蒙古喇嘛发生纠纷。⑦

布铺与织布手艺人。广东永安县王亚满开布铺,余亚有于嘉庆五年(1800)三月请人作保,赊购夏布一匹,价钱 1200 文,约定四月给钱。⑧山西曲沃人贾进玉到甘肃西宁县卖布,家属也在一起,可能是开小的布店,赊账,但紧着收账。⑨四川仁寿县孟惠先开布铺或成衣铺,周代有赊购布衫一件,价钱 250 文。⑩陕西华州城内朱起秀卖布营生,父故母嫁,嘉庆九年(1804)37 岁并未娶妻,打死赊购人胡添珍。⑪江西万载人李参牙会织布手艺,串乡走街,为人织布,嘉庆六年(1801)三月给卢李氏织布四丈,欠工钱 100 文,再找他,就不应承活计了。⑫

染坊。四川广安州邱占魁开设染坊。⑬湖南邵阳县徐立任开染店。⑭染店是为客户来料加工染色。

---

① 第 4867 包。
② 第 4549 包。
③⑤⑥ 第 4565 包。
④ 第 4603 包、4588 包。
⑦ 第 4582 包。
⑧ 第 4606 包。
⑨ 第 4597 包。
⑩ 第 4583 包。
⑪ 第 4873 包。
⑫ 第 4584 包。
⑬ 第 4588 包。
⑭ 第 4592 包。

灯笼店。前面介绍鲍小茶馆,说到的夏德兴,原来是朱在宽灯笼店的帮工,后来自己做,生意不错,所以朱在宽让他去做活,不能应承。

织草鞋。湖南麻阳人谭征桂到凤凰厅编织草鞋出卖。

铁铺。江苏上海县陈汆林开铁匠店,多半是做人家订的活,如纺棉纱铁碇、农具,不合格的可以退换,生意比较忙。①

铸锅。山东昌邑县王小豹于嘉庆七年(1802)四月出资京钱15千文,与隋加爵、滕来贵合伙开店铸锅,见难获利,就退出来,应允将本钱留下,将来加利归还,隋加爵等寻即倒闭。②

烧木炭。江苏萧县李横德,烧炭生理。③山西永宁州吴敏和高旭合伙烧卖木炭,烧炭的窑为吴敏所修,高旭应摊给工本钱。④

采煤。贵州广顺州陈岩保向金滋云租煤山,嘉庆五年(1800)十二月预付地租二千文,挖煤出售,不久,金滋云要撤佃自行开采。⑤山东滕县张四和张珅合伙贩卖煤炭,农忙停业。⑥湖南醴陵县成奉山、于兴武等八人共集资10两银子,合伙租冯光裕的山地挖煤,每月租金一千文。⑦

篾匠。浙江奉化县人周芳友到定海做篾匠,并入赘金志裕家,后来分开过活,仍资助金志裕。⑧

制纸。甘肃成县人王世兴(王纸匠),做纸营生,应两当县成居之请,在他家做纸,完活离去。⑨

制盐。前述赊购董文方干面的海州人王可有晒盐池度日。

烧砖瓦。陕西澄城雷大创烧卖砖瓦,赊购雷鸣春石炭作原料,烧成砖瓦给他转卖作抵押,另欠九两银子。⑩

---

① 第 4564 包。
② 第 4716 包。
③ 第 4586 包。
④⑤ 第 4582 包。
⑥ 第 4874 包。
⑦ 第 3112 包。
⑧ 第 4602 包。
⑨ 第 4565 包。
⑩ 第 3107 包。

(七)雇工店主

商业、手工业小店主中,有雇工的情形,不过人数很少,只是一二人而已。任宗尧在江苏铜山县开烟店,雇用沈九秩帮工。①

江西万安县喻汉源出本钱 24 千文,于嘉庆六年(1801)正月和刘帼顺合伙开设杂货店,雇用郭茂发为掌柜,后来患病,陆续支用本金,八年(1803)正月刘帼顺因亏本,遂拆伙,与郭茂发另做,并清账,要喻汉源归还亏欠五千文。②山西忻州人孙名升在陕西府谷开张杂货店,收买粟谷,雇用他的同乡郝曾先做帮工,采取股份制,东家得六分,伙计得一分。③

安徽全椒县范玉阶,职员,开豆腐店,雇用曹明山挑卖豆腐。④安徽潜山人程燮堂开豆腐干店,兼卖肉,雇工合肥人陈沛海,每月工钱 2560 文。⑤湖北汉川人虞大居到四川达县开豆腐店,雇涂兴禄帮工,每年工钱四两银子,挑豆腐到街上叫卖。⑥

山西太原人武成有和张秉贵寄居奉天府承德县(今沈阳市)开饭店,雇用郭琴和戴有德。⑦广东嘉应州人钟金鼎于乾隆五十五年(1790)来广西容县石寨墟开酒店,雇同乡张老二帮工,乾隆六十年(1795)因利息微薄,只得歇业,拟望他处另觅生意。⑧

四川峡江县邹饶九开剃头店,雇有伙计曾欢保和陈新保,不过这二人,一个 17 岁,一个 13 岁,是少年徒弟。⑨湖北天门县罗大云也开剃头铺,于嘉庆七年(1802)四月雇用陈映奉,每月工钱 500 文,但是连续欠发三个月工钱,引发撕打。⑩

安徽凤阳县殷燮开猪行,有两个帮工——郁廷兰和张文焕,采取分红的计酬方法,每卖出一头猪,给辛力钱 30 文,如果二人都上工,则二人平分这 30

---

① 第 4535 包。
② 第 4716 包。
③ 第 4873 包。
④ 第 4538 包。
⑤ 第 38 包。
⑥ 第 65 包。
⑦ 第 4582 包。
⑧ 第 10 包。
⑨ 第 4598 包。
⑩ 第 4713 包。

文。这是在猪行所在地开集(赶集)的日子才有买卖。①开猪行基本上是无本生意,然在赶集的那半天生意接洽忙,猪要过秤,就需要雇人帮工。

鱼行和贩鱼。江苏吴县冯兆隆与沈关观合伙贩鱼,租赁沈二的渔船,在太湖厅领船照,雇水手顾忝瑞,从福山贩鳇鱼到顾忝发鱼行出售。鱼贩要租船,雇水手,贩来的鱼到鱼行发卖,应当是本小利微,而鱼行是铺户,鱼贩卖完货,鱼行给他们酒钱,每船 200 文。②四川岳池县敖大春钓鱼为生,雇胡五帮工,每月工钱 100 文,有一个月未及时给工钱,胡五私自从柜里拿 80 文,被敖大春打死。③

朱在宽开灯笼店,雇用过前述夏德兴,嘉庆二十一年(1816)有雇工汪大,还要雇人,才闹出事端。

任大在北京开烧饼铺,雇有佣工王大。

安徽当涂人吴廷辉到浙江兰溪开糕点店,雇用堂弟吴心田帮工。④

胡第元在四川长宁租佃山地,雇短工马四帮助烧石灰,每月给工银四钱,嘉庆六年(1801)四月马四要求增加工价二钱。⑤

在直隶朝阳县杨树沟有人开煤窑,雇用薛奎背煤,嘉庆六年(1801)三月煤窑倒塌,佣工失业,主家当然损失更大。⑥山西长治县李维其开煤窑有伙计牛魁,雇用日工牛招第。⑦河南禹州人田高举没有报官,私开煤窑,雇工密县人梁遂、偃师人郭粪。⑧顺天府(今北京市)宛平县人王朝宾贩煤度日,雇刘二赶车往城里送煤,每月工价京钱 1800 文。⑨

黎林养雇用叶秀兴、叶贱狗、刘仕才制茶油,以月计工钱,显然是季节工,可能不在摘茶梓的时候用不了三个人。桐城鲍小的茶馆,有雇工汪大。

直隶藁城县生员范恭在县城西街开张茶叶店,雇有工人冯六。⑩

---

① 第 4717 包。

② 第 4595 包。

③ 第 4589 包。

④⑩ 第 4870 包。

⑤ 第 4570 包。

⑥ 第 4584 包。

⑦ 第 4856 包。

⑧ 第 26 包。

⑨ 第 52 包。

江西南丰人饶子周到浙江江山县开炭厂,雇用同乡李双得砍柴作燃料烧炭,欠工钱被打死。[1]

广西容县李益寿,雇工陈亚二、刘瑞元二人装稻谷50多担乘船往陇江口发卖。[2]河南卢氏县铁匠郑兴,活计忙时就雇用王秀帮工,乾隆五十年(1785)五月因铁货堆积,又去找王秀,后者因农忙,不能应承。[3]

江苏泰兴县王春明开银匠铺,雇伙计石长。[4]湖南浏阳县萧锦煌、萧显荣开银匠店,雇用江西人徐魁宗。[5]

山西蔚州吹手王元子,有伙计刘照,有生意时,临时雇用四人,按股分红,有一次雇用曹义胜、任六等四人。[6]

安徽泗州戚昌祚开酒店,雇工孙八月子、刘文理,还有外甥李自贤,他同时有佃户耿继业,他的儿子宁宇原来是秀才,因欠月课被革退。戚昌祚家庭可能已超出小业主的行列。[7]

二、小业主的经营特点与社会地位

在上一目我们交代小业主经营的行当和经济状况,基本上没有涉及他们的经营特点、社会意义和他们自身的社会地位,现在应当有所说明,多少表达笔者研讨这种对象的学术关注点。

(一)论小土地出租

小土地出租者似乎有这样的一些特点:

出租的田地都很少。一般地是几亩田,多不过一二十亩、二三十亩,因之地租量也就不大。有的因田地很少,出租兼有代耕性质,佃户帮助耕作,收成交给田主的比平常地租还要多一些。另外,耕牛出租,是牛力有余之家租给无牛耕作的人使用,这也是小土地所有者的一种出租现象。

出租田地的人与土地所有权关系并非那么单纯。不是所有的土地出租者

---

[1]第3229包。
[2][3] 第10包。
[4] 第4868包。
[5] 第4856包。
[6] 第4876包。
[7] 第4549包。

都是田地所有权的拥有者,有的仅有典当权,因而有使用权和出租权;有的业主不是单个的人,而是家族中的几个人,系祖遗小量田产;还有佃农将租来的田地出租的,这是因为他交了押租钱,具有田面权,就可以将所获得的耕种权出让——出租。

有的业主经济状况不好。向佃户借钱,到收租时去抢割,固然是人品不端,也因家庭经济困难而耍无赖。

业主的身份大多数是平民,少数的有监生、秀才的小功名。

出租现象颇具复杂性。小土地所有者出租,与有较多田地出租并依靠地租维生的出租者不同,后者一般讲应是地主,两者不是一种类型的人群。因此需要区分出租类型,不能一见出租现象,就断定其人为地主,小土地出租及小土地出租者的历史,关系到农业经营方式、规模和农民结构、人群关系的问题,需要深入研究,避免因出租表象而忽视事物的特征与性质。

总之,小土地出租者与土地所有权关系复杂,是农民构成的一分子,不同于地主。

(二)论小业主雇工

关于小业主雇工,笔者拟从五个方面分析其实质和意义。

自身劳作。无论是经商,还是从事手工业、农业,雇工的小业主几乎都是亲自操持业务,亲身力作,甚至是主要生产者,与雇工共同作业,一同下地,共同接待顾客。正因此,有的纠纷就发生在地里干活的时候。

雇工数量少。一般只是一二人,多不过二三人,而且有不少是日工、季节工。如果雇用人多,就不一定是属于小业主范畴的事情。

雇工出现在各个行业。农业中有雇工,其中经济作物的精细劳作,需用劳动力多,雇工就是自然的事情。商业、手工业分工较细,在其各个部门多有雇工现象,上面说到的就有饭铺(酒店)、茶馆、豆腐店、烧饼店、糕点店、烟店、杂货店、猪行、鱼行、剃头店、灯笼店、茶油坊、石灰厂、煤窑、炭厂、铁匠铺、银匠店、吹鼓行等,其中豆腐店、烧饼店、烟店、糕点店、灯笼店、剃头店,营业项目单一,也雇用工人,是业务发展的需要。

雇工常见类型、目的与意义。小业主雇工,大致可以区分为长年工、短工、日工三种类型,根据行业特点、经营规模和经营者财力的需要,采取多样化的雇工方式。一般情形是雇长年工,雇主、雇工双方事先讲好工时、工钱,或凭中人口头言明,或立有合同。短工、日工多系季节工,如农业收割的大忙时日,雇主雇用日工,即所谓"忙工"。有的行业颇有季节性,如灯笼业,正月是忙季,雇主需要人,而到淡季,就不需要季节工了。雇工的目的大体上有三种,其一是经营的行当所必须,即那种活计非一家一户所能进行,不得不借助于外人,比如煤窑,挖煤、运煤,没有几个人不能运转,因此常年雇工,而被雇的人不一定是长工,可能是流动性很大的短工;其二是规模稍微大一点的经营,如耕地略多,家中的一两个劳力侍弄不好,于是请少量的帮工;其三是家庭劳力为主,雇人干活为辅,当然这不是说佣工干的是辅助性活计,而是说他所创造的劳动价值在雇主家庭收入中不占主要比重;其四是家庭缺少劳力,如四川李赵氏母子的短雇谢兆言式的孤儿寡母家庭雇工。雇工经营,不仅为家庭创造和增添财富,对家庭经济生活有益,对社会有发展生产、增加社会财富和活跃经济的作用,促进商品的流通,满足人们的消费需求,对维持社会运行有积极意义。小业主的雇佣关系还是传统的,能不能产生新的生产关系?在小业主雇佣关系中几乎是不可能的,他们经营规模太小,只有大规模的经营才可能出现新的生产关系。如果在未开垦的边疆少数民族地区,具有一定资金的流动者,在那里租地,雇用一定数量的工人生产,由于那里耕地多,租金相对少,投资者有钱可赚,会扩大经营规模,发展成为租地农业家。而在内地,土地精贵,地租重,佃户雇工,像韩光耀那样的,是大忙时期,找人帮助收割,而非常年雇工,是极难发达而成为租地农业家的。笔者在档案中见到一则合伙雇工经营、实行按股分红的事例:在直隶正定城里,苗洛双与仝洛立、张洛达合伙开茶叶铺,又合伙租佃监生魏本的160亩田地,雇工刘进孝、史壮耕种,收成按七股分配,即苗洛双等三个出资人分五股,刘进孝等二人各一股;这份地的年租58千文,平均每亩地租363文,是比较少的,经营得好,应该能够有利可得。[①]在这里也许可以产生租地农业家——富农。不过这不是小业主单个人所能做到的。

雇主经济。一般地说可以正常经营,维持生活,有的有向上趋势,如同灯笼店主朱在宽要增添雇工。有的经济状况不好,借钱,拖欠工钱,以致歇业,甚而因欠工钱被戕害。我们看得有的雇主对雇工非常刻薄,他们要维生、要积累,拼命压榨雇工。雇主经营,有各种投入和开支,不一定好筹措,比如商店、作坊必须有房屋场地,有的自家有,有的就要租赁,而租金就是一笔不小的支

---

① 第 3166 包。

出,笔者没有小商人雇工经营者租房的事例,然而有小商人租房案例。湖南衡阳人萧友三于乾隆六十年(1795)到长宁"小贸营生",租住杨世元房屋,年租6400文,按季交纳,连续几年如期交租,到嘉庆五年(1800)十月不能如约,杨世元索租将萧友三打死。①萧友三到嘉庆五年(1800)不能交房租,显然不是图赖,而是生意不好,维持不住,所有如此,不能不说房租是他一个不小的负担。可见经营成本大,赢利受影响,雇主经济难于发展。

(三)论赊销与经营方式

笔者在前面的叙述中,说到许多赊销的事情,无论在各种商店中,在手工业作坊里,都允许赊购,约定日期交钱,而不必付现金,这可以说是小生意的共同特点。为什么会有赊销的普遍现象?采取这种经营方式,第一是为促销,吸引顾客来采购、消费,这样买卖灵活,生意就好做,多做。第二是适应传统社会的人际关系的需要,雇主一时没有现钱,先取走物品或消费掉(如吃饭),颇有人情味,会取得顾客好感,回头再来光顾。邹细丰在福建长汀开饭铺,有相熟的冯起中用餐不能交现钱,叫记账,邹细丰因乏本不同意,拉住索讨,旁观者古喜奇就数道邹细丰,说冯起中既是"主顾,不该这样追追",引发打斗,致使古喜奇死亡。古喜奇是指责邹细丰不敬顾客,不讲人情,邹细丰也不能反驳,只能以本钱少,赊不起为理由,可见讲人情赊销是生意人的应有之意。赊销、赊购,反映商品经济发展程度不高,人们普遍不富裕,缺少货币,很难现钱交易。可以设想,雇工的农民,只有粮食收成了,卖出钱,才会给佣工工钱,他也才会有钱进行其他的消费;同样,佣工到领了工钱的时候,也才有现钱使用,否则主顾双方只能赊购,商家不让赊购,就销售不出去,客观环境决定他采取赊销的营销方式。赊销也有不良的后果,赊销不付现金,令小业主经营者缺乏周转资金,难于扩大经营规模,以至难于维持,像邹细丰那样做法,就是为持续经营,不得已而为之;赊销,就意味着讨账,债务纠纷从而发生,意外的事情自然也会出现,特别是斗殴人命案件,会闹得家破人亡。

(四)论雇工、出租小业主的社会地位

上面说到的各个行当的小业主,纳粮缴税,是法律上的凡人、良人,也即平民百姓,他们雇工,是否身份就高了一些呢?档案材料显示,在法律上他们和雇工一样,依然是平民,一点没有提升,但在实际上,有的能够指挥佣工做

---

① 第4556包。

分外的事情，无形中高出于佣工。现在我们来看这两方面情形。

明代后期，尤其是乾隆以降，有所谓"雇工人"法，即农民和店铺所雇佣工，平日与雇主同坐共食，尔我相称，这样的雇主、佣工双方相犯，以凡人论处。关于这种法律身份史，学术界早有论述，利用刑科题本史料的研究也早有人进行了，笔者在这里不过是使用几条档案材料作些微的补充。前述西昌刘自贵雇用罗贵、龚满大种地欠工钱被打死，刘自贵的妻子杨氏的供词说，雇工"与丈夫平等称呼，并没主仆名分"，凶犯罗贵供词也说，"与刘自贵同坐同吃，平等称呼"，因此四川总督勒保等人断案云："罗贵、龚满大帮刘自贵种地，并无主仆名分，应同凡论。"所以判处罗贵绞监候，与常人一样。白世耀雇用刘红家儿，被他打死，因为平常的相处，共坐共食，平等相称，所以依凡论处。监生俞加可、秀才俞祥松父子致死佃户何狗儿，也是因平等相称，无主仆名分，依凡论断，俞祥松被判处绞监候。在这些案例中，佣工、佃农都被视作凡人，与雇主、田主处于同等的法律地位，也就是说，雇主、田主并没有特权，只是凡人的社会地位。

雇主能在劳作中指挥雇工，有时就能在其他方面支使他们，令雇工参与雇主同他人的争竞，雇工有时还自觉去做，以致本身成为受害者。佣工许小大听从雇主蔡益谦的指使，到佃户陆幅家讨要欠租，发生争执，导致死亡。郑洪伦向姚在华讨要欠钱，本来同姚在华的雇工金德陇不相干，他却先用长柄尖刀打郑洪伦，反而被打伤死去。佣工董乔保和雇主董文成在地里做活，廖富兴来向董文成索债，董乔保帮助雇主，成为杀人凶犯。在戚昌祚父子同佃户耿继业父子斗殴中，作为戚昌祚的外甥与雇工的李自贤就主动投入撕打，后来受到杖一百的刑罚。石长南受雇于王春明银匠店，宰猪营生的印明良去打造银首饰，欠钱 1300 文，石长南屡次索讨也未成功，一天晚上两人相遇，石又讨要欠钱，遂起争斗，致死印明良。①佣为何替雇主卖命？被雇佣的处境所致。看来他们的实际地位低于雇主，反过来说，一般情况下雇主比佣工地位要高一点。

三、"刑科题本·土地债务类"档案的史料价值

本文开篇就交代刑科题本的产生和中国第一历史档案馆保存的情况，现

---

① 第 4868 包。

在简单介绍对它编辑出版的情况。20世纪60年代,中国社会科学院历史研究所的学者到中国第一历史档案馆摘录了乾隆朝"内阁全宗·刑科题本·土地债务类"的资料,嗣后编辑整理,于80年代先后出版《清代地租剥削形态》(中华书局1982年)、《清代土地占有关系与佃农抗租斗争》(中华书局1988年)两种资料选集,并有学者利用这些资料研讨清代农业经济史、资本主义萌芽和农村阶级斗争史,颇有成绩。也就在这两个资料选编问世之时,笔者与中国第一历史档案馆编辑部合作,带领南开大学历史学系部分研究生和本科生前往档案馆,摘录嘉庆朝"刑科题本·土地债务类"的资料数百万字,现在正在由杜家骥教授、朱金甫研究员、笔者与同好进行整理,将于近年把编选的资料公诸于世。在我们查抄之时,山东大学历史学系黄冕堂教授组织他的同事亦去档案馆摘录道光朝的材料,抄录及整理情况笔者不知详情,不过这种相继关注的事实表明学术界对"刑科题本·土地债务类"档案的极其珍视态度。

"刑科题本·土地债务类"档案究竟有何学术资料价值?读者从拙文的前两部分,不难体认到它提供社会经济史、生产关系史和下层民众史的史料,能给学者描绘档案产生的那个时代人们社会经济生活的面貌。笔者前此写过《论"一史馆"土地债务类档案的史料价值》①一文,简单介绍过这类档案的学术史料价值,今因再次阅读它,将新的体会书写于次,作为补充,以便进一步明了"刑科题本·土地债务类"档案对于社会生活研究的学术意义:

宗族史资料。宗族在古代社会的存在及其所体现的中国文化特点,决定了学术界对它的必然关注。对此,笔者使用与本文相同的档案素材,撰写《十八世纪末期十九世纪初期宗族社会状态——以嘉庆朝刑科题本资料为范围》(初稿),②对宗族社会生活作出细部描述,介绍宗亲间在生活各方面的互助、互救,宗族公共财产的管理、分配及纠纷,族人的宗族意识和通财观念,清朝政府施行宗亲法的刑政状况及其对宗族的影响,进而认识族人与宗族的关系和宗族的功能、性质。宗族是社会群体的一种,宗族史的研讨是对群体史的一种个案剖析。

宗教史资料。宗教也是一种社会群体,档案里留下宗教职业者和信众的

———————————

① 见《南开学报》(社会科学版)1999年第4期。

② 中国社会科学院历史研究所于2004年10月中旬庆祝建所50周年,举办"中国社会科学院首届史学论坛(2004)——建国以来的中国古代史研究",笔者应邀将该文作为参加论坛的演讲内容。

宗教活动资料，笔者见到佛寺、城隍庙、土地庙各种类型宗教的活动材料，而佛教尤多，对它的产业及其来源、管理与利用，寺院与地方社会的关系的历史，能够有所了解。如四川乐山人徐启太于乾隆三十二年(1767)将一些田地舍施给三江庙和华光庙，由民众组织的会首轮管收租；①而相当多的寺庙田产由僧侣自行管理，出佃收租，如四川崇宁县慈慧寺有田 90 亩，年租 70 石，收租中发生争执，和尚被佃户打死；②有的土地庙田产亦由佛寺经管，如山东蒙阴水营庄后土庙有地 20 多亩，和尚真乐管理收租。③寺庙的财产听从民间的会首轮留管理，表明寺院与地方社会的密切关系，一定程度上受地方社会及其头面人物的辖治，比如云南南宁县真峰山安国寺屋宇倒塌，修缮事务由乡约、保正议定，寺中租谷除留僧人吃用外，多余的用作维修经费，并因此约同寺院的邻人清查住持账目，以致引出人命案子；④甘肃固原龙王堡兴德寺在乾隆五十五年(1790)被水冲坏，村里王姓族长垫钱修治，寺内向来有会钱，会首经管，收回出借的钱归还族长垫款。⑤有的寺院雇用佣工，如四川彭县净水寺雇工一名。⑥

地方社会资料。社区与寺庙的联系，是地方社会史研治的一种内容，然而笔者对社区史的认识极少，只是以为组织有关信仰方面的活动是它的重要职能，与寺庙的关系是其一方面。各种迎神赛会，宗族、寺院组织的之外，主要由地方社会负责，通常由常设的"会"出面，会首经管，而会首是轮留充当。河南伊阳李方文的村庄于嘉庆五年(1800)八月初一日举行"社会酬神"，张湛充任会首，派李方文出会钱 200 文，张收了 100 文，讨要余钱，李方文表示"酬神出钱多寡，听人乐助，不该硬派催讨"，引起斗殴伤人。⑦地方社会有乡约、保正、牌头、甲长之类人员，在政府来讲是一种差役，不称职会被革役，他们管地方治安，出了人命案，苦主首先报告他们，由他们报告县衙，是所谓"投保禀究"，他们要察看伤情、死因，负责保存现场，绑押凶犯，安置受伤的人。嘉庆四

---

① 第 4597 包。
② 第 4581 包。
③ 第 4605 包。
④ 第 4599 包。
⑤ 第 4574 包。
⑥ 第 4604 包。
⑦ 第 4588 包。

年(1799)十二月三十日,江苏如皋人孙万益再次向戴宝贤借钱,戴宝贤不借,就砸人家茶碗,被戴宝贤及其侄孙戴伯成打伤,送到地保许文才家,许文才通知孙万益妻子陈氏领人,陈氏不肯,许文才就将他留在家里过年,初二日伤重死去。①可知乡约保甲的作用。地方社会的另一事项是风俗的规范。比如江西信丰民间修理坟茔,要请坟墓附近的居民吃酒,否则就会有争议。②

白莲教战争资料。嘉庆初年发生在四川、湖北、河南、陕西的白莲教战争,影响到当地民众的生活,引出了一些案件。战争所至,民众逃难,家中房屋被焚烧,而地方上则组织团练自保,不良分子还借机生事,这方面的资料在档案中保存了一些。河南淇县人郭林江寄住湖北房县,于乾隆五十九年(1794)用26两纹银承当刘有德山地一段,嘉庆二年(1797)二月白莲教军过境,刘有德全家逃难,日久不归,嘉庆五年(1800)绳金魁以为刘有德被杀害,谋占他的山地,叫郭林江按原价转典给他,以便他将来把典地变成自有地。郭林江不同意,终于生出斗殴命案。③四年(1799)二月,白莲教军逼近四川阆中,居民"齐团堵御",即组织团练自卫,马菲秋出任团首,有人捡到枪筒,他留在团里公用,后来人家讨要,又出了一场人命。④嘉庆六年(1801)初,白莲教军在襄阳,焚烧了居民房屋,逃跑的王作明、王作贵兄弟回来之后,见住房已毁,只得搭棚暂住,因为他们早已分家,不过共同住在老宅里,王作贵见此情形,就同王作明商议,把宅基地分了,各自建房,好有居处,王作明仍想同居共建,不同意分地,致使兄弟撕打,王作贵失手打死兄长王作明。⑤

流动人口资料。移民史是极应关怀的研究课题,因此笔者引用档案材料,写成《十八世纪末十九世纪初中国的流动人口——以嘉庆朝刑科题本资料为范围》(初稿),讲述人口移动的方向、职业和生活状况,认识到后世发生的"闯关东"的现象业已萌生,"湖广填四川"仍然在继续,流动人口的职业具有卑微性、多样性和不稳定性的特点,处于弱势群体的地位。对此本文也不再多说。

司法行政资料。笔者从刑科题本的原件中认识到它的形成过程,同时是命案的审判过程。案子的审理流程大体是:苦主向乡约、保甲报案,"地方"向

---

① 第 4595 包。
② 第 4713 包。
③ 第 4586 包。
④ 第 4599 包。
⑤ 第 4606 包。

州县报告,州(散州)县官带领仵作人等到现场验尸,提出案情报告,报送府州(直隶州),再报按察司,报送巡抚或总督,督抚根据下级意见,提出判断报告,送刑部,主管刑部的大学士会同刑部、大理寺、督察院(三法司)拟出结案建议,报请皇帝批示定案(批红)。在这一过程中,上一级主官、皇帝或对案情有疑问,或对处刑意见的依据认为有不当之处,发回去重新审理。审案有期限,即所谓"程限",过限的官员会受到处分。刑案报告(题本)写作有严格的规矩,稍有违反,批红即予指出,以示警告或议处。所以刑科题本反映了案件审判的全过程,从而能令我们了解司法行政的状况,在有驳议的题本里则能得到更多的刑政资料。法律社会史的研讨业已为学术界所留心,利用刑科题本档案资料将不失为一个研讨途径。刑科题本在各方面的社会史素材还很多,在家庭婚姻史方面可谓俯拾皆是,学者郭松义、王跃生的研究成果可为明证,笔者仅举一鸡奸材料,就不再罗列。前面讲到山西永宁佣工刘红家儿,被雇主白世耀鸡奸,又拖欠工钱,决心辞工离去,白世耀追赶他回来,终令他发狠打死雇主。要而言之,刑科题本档案能够提供社会生活史的多种领域的研究资料,非常宝贵,值得珍视,应予充分利用。不仅如此,它还有几个特点:真实性强。一般文献的记录历史,可能有作者的主观性和掌握材料的片面性,可是刑科题本,绝大多数是案件的实录,真实性高、具体生动。叙述的事情细致、具体,富有生动性,如斗殴发生过程,情节记录细致,而发生的原因也叙述得原原本本,当事人的身份、年龄、家庭人口、经济状况、与案件情节有关的社会关系,都要具体说明,因为这涉及量刑,所以必须具体,不能含糊其词。如涉案人口供应有年龄,有无祖父母、父母和年龄,有无兄弟、妻子、儿女,两造有无宗亲、姻亲关系,因为罪犯若有 70 岁以上的祖父母、父母、守节 20 年以上的寡母,而家无次丁,则应考虑对他是否存留养亲,因此又要考察被害人家庭是否别无次丁,免得凶犯存留养亲,而被害人之老人无人奉养的不公平。

内容独特。有些历史现象在各种文献中很少涉猎,而在刑科题本中较多,笔者以为在家庭经济史方面保藏的资料特多,为其他文献所难比拟。

随机性及其对研究者的启发性。许多事情的被记载,是其记录者选择的,是已经被加工了的,可是案件的文书,不是其写作者要不要书写的主观愿望所决定的,而是必须写的,是不能选择的;案子在何时何地发生,亦是承审官所无法决定的。因此我们阅读刑科题本就如同运用社会学的随机抽样法研究方法,所得到的印象出于意料之外,如宗族的南方、北方异同问题,许多学者在思考,笔者也抱有兴趣。在阅读刑科题本时,有关的资料,让我增加了南北方宗族共同性的认识,因为政府宗亲法的执行是不分南北地区的,这就令人不得忽视宗族的存在,无形中加强了人们的宗族观念。

(原载常建华主编《中国社会历史评论》第 7 卷,天津古籍出版社,2006 年)

清初广东人与江苏

笔者曾草有《清代广东人在上海》一文,说到清朝前期粤人赴沪经商,将华南蔗糖运至上海,又贩回棉花的历史,不过该文主要是说清朝后期粤人在沪从事工商业及政治活动,肯定了他们对近代上海建设的作用。清代,上海属于江苏松江府,所以那篇文章也是作的清代广东人与江苏的题目。关于吴粤间的经济交流,本文为避免重复,不再涉及,而是想写清初粤人到江苏寻求什么,得到什么。因此本文会述说江苏人对广东人的影响,与那一篇文字互为补充,以便较全面地了解清代吴粤两地的人文关系。还要交代的是,这里说的清初,指 17 世纪的清朝统治时期。

一、清初粤人游历江苏

17 世纪,广东人到北方,海路不通畅,特别是明清之际的四五十年里,粤船难于到达上海,更不必说由此北上了,所以以江行和陆行为主,其路线是:越南岭、经两湖、河南到北京;另一是经江西或湖南,沿长江东下,至江苏,由大运河北上,此行主要是水路。江苏及其毗邻的浙江是文化重地,金陵又是明朝的陪都,对广东人颇有吸引力,赶考的士子及官员往往愿意走水路,顺便到江浙访问。在明朝这是常见现象,即如番禺人黎遂球于崇祯年间赴京考进士,"便道客游吴浙"①。说他是"便道",就是顺路游览吴越,而不是专程到江南。但是笔者发现,清初粤人北上虽仍有便道访江南的,然而特地到江南的不乏其人。下面制作粤人专程或别具深意地顺道访吴表,以便利观览。

---

① 屈大均:《翁山文钞》卷 2《黎太仆公画像记》,1941 年《广东丛书》本。

粤人访吴表

姓名	时间	地区	目的	资料来源
陈恭尹	1651—1654	吴及闽、赣、越，1652、1653 在吴	避难、访友	《独漉堂集·诗集》
	1653	吴		各小序
	1658—1660	吴及湘、豫、直，1659 在吴	寻友	
屈大均	1658—1669	吴及浙、鲁、陕、晋、直、辽，1659、1660、1665、1669 在吴	寻友	李景新《屈大均传》
	1675—1679	吴及赣、皖	避难、寻友	
何绛	1658—1660	吴及湘、豫、直	寻友	《独漉堂集·文集》卷 3
	1670 以前	"无方之游，无期之行"	寻友	
何衡	1670 前后	吴、湘	寻友、游览	《独漉堂集·文集》卷 10
函可	1645	吴	挽明之亡	《广东新语》卷 12
李成宪	1660 以前	吴、湘	寻友	《独漉堂集·文集》卷 11
杨伊水		江、浙	寻友	《独漉堂集·诗集》卷 3
古桧		江、浙	寻友	同治《番禺县志》卷 49
程可则	1652	吴、鲁	应试北上	《海日堂集·诗集》卷 2
	1662	吴、鲁	返里路过	同上，卷 1
方殿元	1654—1661	吴及浙、鲁、豫、直	应试往返	同治《番禺县志》卷 43
方还（方殿元之子）			寄居苏州	《清史列传》卷 71
方朝（方殿元之子）			同上	同上
梁佩兰	1689	吴、越	辞官返乡	同上
吴韦	1694	吴、越	路过	《独漉堂集·文集》卷 12

这些人中有三种情形：以江苏为主要目的地，同时到其他地方去，他们出行的愿望强烈，如屈大均、陈恭尹、何绛各自两度离乡，且时间较长；以江南为出游的终点，如李成宪、何衡；路过江苏，如梁佩兰、吴韦、程可则，但他们又同便道游览不同，尽管他们与试或出仕，但又不同于那些在思想感情上与清朝融为一体的人。

与粤人北游的风尚相同，东南、北方也有一批人不是为游山玩水而奔波于各地，有的人到广东，与当地人交友，兹举几个江苏人的例子。明诸生、无锡王世桢,明亡后一度出家,北游燕赵,西南至滇黔,徘徊于粤闽间。①常熟人薛熙跑了很多省份,作《秦楚之际游记》,至广东与屈大均为友,屈氏为他的书作序,他则给屈氏《翁山文钞》作评语。②武进人恽日初反清失败逃亡广东,及至广州被清朝攻陷,乃出家为僧,并返回故里。③吴江人潘耒寄情于佛学,游历名山古刹,到广东,著作《岭游集》。④

　　人们南来北往、东奔西走,广东人到江南,江苏人逾五岭,纷来沓至,形成一种流动的势态,这是为什么?

二、粤人会合到江南的复明活动中

　　作为明朝陪都和明太祖孝陵所在地的金陵,是南方的政治中心,南明的弘光政权又在这里支撑一年,随后长江三角洲抗清斗争激烈,乃至有嘉定守城的著名历史事件的发生。武装反抗被清朝镇压后,仍有一部分人坚持反清立场,怀念故主,谋图恢复前朝的江山。他们以出家当和尚、隐居不仕的面貌出现于社会,组织社团,坚定斗志,祭奠故君,筹划策应郑成功集团对江宁的进攻;他们外出寻求友人,共谋复兴之业,同时接待外地来人,互相砥砺。"金陵为冠盖辐辏之冲"⑤,以其历史与现实的地位成为反清复明的重心,吸引着复明志士向它靠拢。下面就江苏反清力量及其活动内容,以及粤人融汇其中等方面略事申述。

　　江苏有一股复明的势力,表现之一是有一批抗清者不怕失败,继续活动。如徐州人阎尔梅在家乡阻挡清军南下,事败,"走山东,联络四方魁杰,谋再举",被捕入狱,逃脱后,历游楚、蜀、秦、晋及关外,但终见"大势已去,知不可为",回归故乡。⑥他的同乡万寿祺在太湖参加抗清队伍,被俘,得人帮助逃回乡里,并不时过江访问故旧和抗清遗迹,也有遗民访问他,"虽隐居,固未尝一

　　① 陈恭尹:《独漉堂集·文集》卷12《王础尘行状》,道光间刊本
　　② 屈大均:《翁山文钞》卷1《秦楚之际游记序》。
　　③ 屈大均:《翁山诗外》卷9,国学扶轮社1910年版。
　　④ 李元度:《国朝先正事略》卷38《潘耒事略》,中华书局四部备要本。
　　⑤《国朝先正事略》卷48《杜济事略》。
　　⑥《清史稿》卷580《阎尔梅传》,中华书局点校本,45册13820页。

日忘世也"①。常熟人邓大临,支援江阴守城失利,"偏走江湖,欲得奇才剑客而友之,卒无所遇",乃身着道冠,然而复明之志"未尝一日下"。②吴江人吴祖锡在浙江抗清,被捕入江宁监狱,逃脱到西南,任永历职方郎中,被派在吴越活动,顺治十六年(1659)在金陵接应郑成功部的进攻。③这一批原来的武装抗清者,处处碰壁,却没有丧失斗志。

表现之二是组织诗社、凝聚力量。清人杨凤苞总括当时结社情形说:"士之憔悴失职高蹈而能文者,相率结为诗社,以抒其旧国旧君之感,大江以南,无地无之。"④其中最有名的是惊隐诗社,它由吴江人吴宗潜、叶桓奏于顺治七年(1650)建立,吴江及侨寓于此的文人王锡阐、潘炎、潘柽章、顾炎武、陈济生等参加活动。吴江以叶、吴、王、潘为望族,该等家族成员与会,可以说是当地绅衿与寓客的社团。该社又名"逃之盟""举逃社",定期举行活动,是"清初江南人士眷怀故明、耻事新朝所结重要社事之一"⑤。明末享有盛名的设立在松江的几社,清初分化为同声社和慎交社,活动中心移到苏州,顺治十年(1653)上巳日,这两个社联合江浙各地诗文社,在苏州虎丘举行大会,有近千人参加,是清初士人最大的一次集会。⑥

表现之三是反清力量中有一批当时颇有名望的人。明末"四大公子"中冒襄、陈贞慧是江苏人,冒氏拒绝清朝任何征召,陈氏隐居宜兴山中,但接纳遗民故老。明举人、长洲徐枋隐于苏州灵岩山,被称为"海内三遗民"之一。明给事中、兴化李清怀念故君,潜心研究历史,将《南史》《北史》删改成《南北史合钞》,成为"三大奇书"之一;对五代十国史以南唐为正统,用陆游《南唐书》等材料,编纂成《南唐书合订》。

表现之四是江苏吸引一批外省遗民前来定居,增强复明势力,如直隶人梁以樟、以樟兄弟及王世德、王源父子居住宝应,与阎尔梅、僧松隐等四方来客交游,并与乔出尘、陈铨等结文字社。达州人李长祥抗清被捕入江宁监狱,

① 《清史稿》卷 580《万寿祺传》,45 册 13821 页。

② 《国朝先正事略》卷 48《邓大临事略》。

③ 《清史稿》卷 580《吴祖锡传》,45 册 13840 页。

④ 杨凤苞:《秋室集》卷 1《南山草堂遗集后》,转录自谢国桢:《明末清初的学风》,人民出版社,1982 年,第 182 页。

⑤ 谢国桢:《明末清初的学风》,第 182 页。

⑥ 参阅谢国桢:《明清之际党社运动考》,中华书局,1982 年。

逃脱后遍游各地,最终老死武进。明江西巡抚、益阳郭都贤出家为僧,在江宁承天寺圆寂。①

粤人与江苏士人交友。清初具有复明思想的粤人深知僻处海陲,要想成就事业,非同中原联系不可,江苏历史的、现实的地位,成为他们向往的目标。陈恭尹送屈大均往金陵诗中有"神州萧条寰宇里,英雄失路归何门"②,鼓励他到江苏谋求政治出路。陈氏也以"足不一踏神州,不遍识中原人物"为耻,"因遨游闽越,循及勾吴……盼天堑于长江,听溪流于春谷"。③屈、陈是广东复明势力的代表,为寻觅志同道合者,到了江苏。屈氏以亲身的感受,说"惟遗民与遗民为友"④,他在江苏交上的朋友,有王元倬、林茂之、方尔止、杨炯伯、洪方白、汤玄翼、毛晋、金陵李某、蔡五、兰公漪、孙无言、吴绮园、汪扶晨、柳某、宋某、吴野人、瞿止虚、董某、王鹿田等。⑤这中间有江苏人,也有寄居的外省人。同时屈氏在北方结识浪迹四方的江苏人,如在山西与顾炎武为友。看来他以江苏为契机,交友甚多。屈氏等粤人参与友人集会,一同活动,交流思想感情,使粤人复明活动汇入江苏共命运者的潮流。

纪念崇祯帝,凭吊孝陵。这是复明人士政治态度的表现。兴化人李洪储出家为僧,支持江浙人武装抗清,顺治八年(1651)被捕,获救出狱,不忘故君,每逢三月十九日崇祯帝殉社稷的日子焚香礼拜,以示纪念。他这样做了二十八年,直至故世。⑥前面提到的李清也是每遇崇祯帝忌日设牌位哭祭。金陵王元倬每年三月十九日与林茂之等六人在家里设祭,顺治十六年(1659)及次年,屈大均和他们一同祭奠,认为是一件幸事。⑦溧阳人汤泰亨遇到崇祯帝忌辰,绝食纪念。⑧遗民追念先君,还表现在对崇祯帝遗物的态度上。崇祯帝有一架"翔凤"琴,明亡流散济南,为李姓所宝藏,明太常寺官员杨正经流落淮泗间, 每值崇祯帝忌日赶到李家看琴。屈大均在北京听故明太监说到御琴事,寻访至李家,等候杨正经几十天,届日设御座,举行祭奠礼,并为御琴清

---

① 以上见《清史稿》卷 500—501《遗逸传》。

②《独漉堂集·诗集》卷 3《送屈翁山之金陵》。

③ 梁佩兰:《前锦衣卫指挥命事私谥贞谳先生独漉陈公行状》,见《独漉堂集》之末。

④⑦《翁山佚文辑》卷中《送凌子归秫陵序》,1941 年《广东丛书》本。

⑤ 散见屈大均各著作中。

⑥《国朝先正事略》卷 45《李洪储事略》。

⑧《国朝先正事略》卷 47《汤泰亨事略》。

理尘埃。①金陵的明遗民缅怀故君的又一常见活动是瞻仰明孝陵。康熙七年(1668)正月初四日,方尔止等结伴到孝陵,在明太祖遗物前礼拜,写出感怀诗。②屈大均前往瞻拜,遇上驻防的清兵砍斫陵殿木柱,把钱给他们,请求不要破坏。③许多江南的和全国的隐士一样不奉清朝正朔,唯用干支纪年,屈大均诗云:"山僧不记谁家腊,依旧楼台甲子年"④,所指即此。屈氏本人用明年号,称明朝为国朝,在有关明朝的文献中,如《孝陵恭谒记》,自称臣,称呼永历帝为"上"⑤。陈恭尹亦不用清朝纪年。用明年号,纪念崇祯帝,凭吊孝陵,表示虽生活在清朝,但忠心于明朝,活着就是为前朝的复辟而努力,至于能否成功可以不管,显示这份心意,在心理上得到平衡,取得安慰。不仅隐士如此,有人在清朝做官,但承认南明政权,也是对前朝有所恋情。如康熙年间编修、桐城戴名世著《南山集》,用永历年号,被人告发,形成文字狱,可见不用清朝纪年是一种郑重的政治表态。

互相策励,谋图复兴。粤人到江苏眼见明朝遗物,对故国的感情倍增,复明的意志更加坚定。顺治九年(1652),陈恭尹在江船上看金陵,感到"故都残照在,一望尚峥嵘"⑥,受到鼓舞。屈大均居江苏随处触景生情,更增亡国的切肤之痛,到南京灵谷寺,发出"兴亡无限恨,消得一声钟"⑦的感慨。说到金陵,惊呼"如何亡国恨,尽在大江东"⑧。更重要的是吴粤两地遗民交流思想,互相感染,知道有志同道合者,有知音,增强了复明信心。有位随从郑成功进攻金陵时流落下来的战士行乞为生,蓄发不剃头,官府拿他没有办法。屈大均到金陵获知其事,深为感动,心想现在人们剃发,就像汉代的刑徒,剃了发去修城郭,不是都成了刑余之人吗!⑨非常愤慨。他在江南人中觅到挚友,如知道薛熙是"天下之有心人,感时悲愤,每于言外见之"⑩,和他相交是一幸事。屈氏在江

---

① 《翁山文钞》卷上《御琴记》。

② 《屈大均诗钞》,抄本,南开大学图书馆藏。

③ 《翁山文外》卷1《孝陵恭谒记》,国学扶轮社1910年本。

④ 《翁山诗外》卷16《秣陵春望有作》。

⑤ 《翁山文外》卷7《伯兄白园先生墓表》。

⑥ 《独漉堂集·诗集》卷1《过金陵不泊》。

⑦ 《翁山诗外》卷8《灵谷寺》。

⑧ 《翁山诗外》卷5《秣陵》。

⑨ 《翁山文外》卷12《长发乞人赞》。

⑩ 《翁山文钞》卷1《秦楚之际游记序》。

苏住在吴野人家,吴氏悲明之亡,感情倾注在所著《东淘集》中,屈氏与他交谈,读他的诗文,结为知己。①屈氏也给友人以启迪。金陵李某是明初功臣后裔,崇祯末年武状元,流落北方,康熙四年(1665)归里,意志消沉,以炼丹为业,屈氏要他继承先人遗业,关心复明大事,赠诗鼓励他:"他日交河战,还期再冠军。"②屈氏在交游中增强了复明的决心,如见遗民对崇祯帝琴的供奉,认为明朝有时来运转之日:"偶然失势龙为鱼,终见时来马生角。"③在从镇江到江宁的路上,感到"江南岁岁添形势,料得天星在建康"④。最足以表明他斗志的是在江宁雨花台设置衣冠冢,立碑写作"南海屈大均衣冠之冢",他不依惯例写自己是"处士""遗民",原因是不愿以此终身,还想干一番事业,或许有复明成功的可能,用他的话说是:"盖欲俟时而出,以行先圣人之道,不欲终其身于草莽。"⑤清朝未统一以前,粤人北游大多与屈氏有同样的感受,以后整个形势发生变化,一些人感到失望,有的人熬不住了,跑到清朝混个一官半职。

仕清怀明,心理失衡,寻求解脱。江苏有一些文人到清朝政府做官,南明礼部尚书钱谦益于顺治二年(1645)在江宁迎降,任职少詹事,太仓吴伟业在顺治九年(1652)应清朝征召,出任秘书院侍讲,康熙十八年(1679)布衣潘耒应博学鸿词科出仕。但是这些人官场上多不得意,又受到坚持汉民族意识的舆论谴责,内心有矛盾:既想保持清朝的功名官职,又对明朝怀有感情,于是对清朝若即若离。吴伟业遗言死后着僧装,坟前石碑题"诗人吴伟业之墓",再不要任何纪念物,知道他的人都为他悲伤,而他本人大约以此表示对仕清的忏悔。与吴、潘等人有相同境遇的人,也到江苏探遗迹、访朋友,表示对故明的怀念,谋求解脱心理上的负担。南海人程可则是抗清殉节的陈邦彦的学生,与屈大均、薛剑公是同学,和其师之子恭尹是世交了。屈、薛、恭尹均隐居不仕,程于顺治九年(1652)参加会试,中了会元(又被取消),留京任内阁中书、兵部郎中,不止一次到江苏,与冒襄诗文唱酬,殷殷表示结交之情,冒氏赠以诗集。程氏对两朝臣民的处境,也有伤感之情,在北京送屈大均南归诗中写道:"别

---

①《翁山诗外》卷8《读吴野人东淘集》。

②《翁山诗外》卷5《赠金陵李子》。

③《翁山诗外》卷3《烈皇帝御琴歌》。

④《翁山诗外》卷15《从京口至石头城作》。

⑤《翁山文外》卷8《自作衣冠冢志铭》。

离须少壮,丧乱饱风烟。羽翼谁相价,行藏各自怜。"①他的悲哀,对屈氏是同情其觅友复明飘泊,对自身则是不得意的哀叹。南海人梁佩兰于顺治十四年(1657)中举,迟至康熙二十七年(1688)中进士,其间在京与朱彝尊等相唱和,中进士一年余即辞职回乡。他游江苏,慨叹良多,在《江行杂咏》里说:"六朝人不识,垂钓客空看……犹怜阴殿草,衰飒到长干。"②瞻仰凤阳明皇陵写道:"忍看陵墓上,风雨折松楸。"③表现怀念先朝的凄凉心情,但他只是到此为止,没有复明的愿望,所以在以《金陵》为题的诗中说:"欲问兴亡向何处,秦淮沽酒破无聊。"④番禺方殿元在参加会试期间往来于江苏道上,康熙十三年(1674)中进士,先后任邹县、江宁令,最后定居苏州,作《归与难赋并序》讲他的心境:"暂栖淮水,时作越吟,此邦兴废,助我伤悲,故国存止,求之梦卜,孰相怜而可语。"⑤既想为清朝出力,又思念先朝,心里矛盾,到江苏找解脱。

综上所述,历史与现状形成了江苏反清复明政治中心的地位,为各地复明人士所向往,纷纷向它靠近,或定居,或游历,参与复明活动,互相策励,既壮大了江苏地区的复明力量,又鼓舞各地志士,回到原籍继续活动。广东人到江苏,同其他地方人一样,汇合到复明队伍中,表现出政治态度。同时在奔波之苦中磨炼了意志,把不屈不挠的战斗精神带回故乡,坚持斗争。

三、粤人会合到以江苏为中心的复明运动中的原因

到江苏寻找出路的,只是广东复明人士中的一部分。

清初广东有所谓"岭南三大家""北田五子""岭南七子"之说,指的是陈恭尹、屈大均、梁佩兰、何衡、何绛、梁梿、陶璜、程可则、王邦畿、方殿元和方还、方朝等十二人。陈恭尹初字半峰,表示终老山林的志向,是"才大而不得生过其时"⑥的人,北游时绘制《九边图》,是主张经世致用的学者,只是坚持反清立场,不出仕。屈氏比陈氏还激烈,雨花台设衣冠冢一事足以明其志气了。何衡、

---

① 程可则:《海日堂集·诗集》卷3《送屈翁山归里》。
② 王隼编:《岭南三大家诗选》梁佩兰卷6。
③ 《岭南三大家诗选》梁佩兰卷5《凤阳》。
④ 《岭南三大家诗选》梁佩兰卷7。
⑤ 同治《番禺县志》卷43《方殿元传》,《中国方志丛书》本。
⑥ 梁佩兰:《前锦衣卫指挥命事私谥贞谧先生独漉陈公行状》,见《独漉堂集》之末。

何绛兄弟文名颇盛,因为明亡,"绝志进取,隐居教授"①。明诸生梁柱为复明,经常一挥千金资助同仁北游,寻找同盟力量。②举人王邦畿于南明在广东失势后,出家为僧,法名今吚,其子王隼,也一度寄身僧舍,取名古翼。十二人之外,尚有很多仇清思明的人,如蔡䧅、邓宜嘉、李成宪、罗璟等都是明诸生,不仕,罗氏听到为明朝"仗节死义"之士的活动,就高兴地说"丈夫当如此也"③。李氏出家,取名今日,出游江楚,没有找到理想的盟友,回广东寄居零丁山,这是文天祥零丁洋诗所指的地方,李氏住此,并时时歌诵文氏的《正气歌》,以抒发汉民族感情。④今日、今吚、古翼均为僧函昰的弟子,函昰与前表所见的函可是师兄弟,俗名曾起莘,明举人,早年出家,住持雷峰寺。明清易代之际,缙绅遗老托身空门以寓复明之志,函昰广泛收为门徒,而这些人确有气节,也为他增光。⑤他的门人,据同治《番禺县志》卷49所载,有今悟、今时、今象、今吚、今晴、今元、今基、今传、今野、今彭、今延、今楸、今趣、今扬、今鹭、今竖、今济(崔植)、今载、今济、今种、今日、今堕、今无、今辩、今释、今沼、今嗜、今徹、古恨、古若、古混、古行、古总、古记、古顽、古深、古颖、古赟、古荙、古湄、古声、古翼、古咸、古沼、古淙、古易、古桧、古云等。今延是黎延祖,其父黎遂球是唐王主事,战死江西,延祖托身丛林,自称"番禺七十遗民";其弟彭祖,即今彭,他们的族人启明,顺治六年(1649)出家,法名今获。今悟,即谢长文,永历户部主事。今种,即屈大均。今释是浙江仁和人金堡,永历兵科给事中,顺治九年(1652)到广东投函昰充门人。今无,俗姓方,奉师命往沈阳访函可,三年而返。今竖,即潘梅元,是古翼王隼的岳父。这些和尚,有人一些时间后还俗,极个别的出仕了。⑥仅是函昰的弟子,以出家的形式表示隐退的人就有这么多,可知粤中存在着一股复明的力量,并善于保护自己。

广东志士集聚力量与发泄心中愤懑的一种形式,和江苏人一样是结社,屈大均组织西园诗社,与不事举业士人会面,以诗歌倾诉哀怨之情。⑦梁佩兰

① 《独漉堂集·文集》卷10《何左王墓志铭》。
② 《独漉堂集·文集》卷10《梁寒塘墓志铭》。
③ 《独漉堂集·文集》卷10《罗秀才墓志铭》。
④ 《独漉堂集·文集》卷11《零丁山人李成宽》;屈大均:《广东新语》,中华书局,1985年,第352页。
⑤⑦ 李景新:《屈大均传》,见《翁山文钞》。
⑥ 函昰门人事迹,见同治《番禺县志》卷42—卷43。

在北京就为诗坛领袖之一,在乡里建立兰湖社,以诗会友。①

粤东人相与砥砺,保持晚节。陈恭尹父亲邦彦为永历给事中,发动地方武装,于顺治四年(1647)进攻已被清朝占领的广州,兵败,退守清远,城破被俘,为清军所杀。②陈恭尹学习乃父,严于择友,所交"皆一时之选"③。他和友人以邦彦为楷模,一个秋天的夜晚,王东村、梁佩兰、刘汉水、王隼、梁无技、陈虁石住在陈氏独漉堂,共读邦彦文集,梁佩兰歌颂邦彦"大节平生事,文章复不刊"④。他们进而从诗文中体会到:"星横奇尾气,霜老枕戈声。一读投湘赋,泉扉自此春。"⑤文会给这些志士带来春天般的活力,鼓舞了他们的斗志。清初隐于佛的反抗者,时间一长,有人真的逃于世外,追求宗教的形式与细节;同时社会对遗民也有不同的看法,认为人数甚少的遗民成不了气候,不能影响政局,有人失去反清的信心。这两种情况都不利于复明事业,屈大均对此有深切体会。他认为遗民体现了华夏道统,汉人政权虽然没有了,但只要有遗民的精神在,就不会最终灭亡。他感到真正需要担忧的是遗民信心减弱,陷入佛老之中,因而大声疾呼,要求遗民警惕。⑥屈氏的意思是保持节操,坚决斗争下去。

总之,粤中有一批志士,互相策励,保持晚节,与各省同道并进,这是清初粤人能够参与清初复明行列的基本原因,是第一个原因。

粤人保卫广东的战争经历和清朝歧视广东士人的政策,是广东产生复明志士并汇合到全国活动中的第二个原因。清朝进军广东比较迅速,顺治四年(1647)初进入广州。明唐王朱聿键上吊死,他的大学士、东莞苏观生自杀。永历部属陈子壮、陈邦彦、张家玉、王兴、赖其肖均广人,各以所部进攻广州,失败,陈子壮被俘自杀,长子上庸战死,母亲上吊。张家玉和祖母、母亲、妹妹投水死,妻子被俘不屈遇害。他们的乡亲死亡很多,如番禺举人梁万爵在清兵进城后说"此志士尽节之秋也",赴水死。唐王太仆卿霍子衡和妾、三房儿子、儿媳、孙女及小婢十人投井自杀,死前写"忠孝节义之家"六字悬于中堂。⑦他们

①《清史列传》卷71《梁佩兰传》,中华书局,1987年,第18册第5800页。

②《明史》卷278《陈邦彦传》,中华书局点校本,第23册7136页。

③《独漉堂集·文集》卷3《先友集序》。

④《岭南三大家诗选》梁佩兰卷6。

⑤《独漉堂集·诗集》卷3。

⑥《翁山佚文辑》卷中《书逸民传后》。

⑦以上见《明史》卷278各人传,第23册第7130—7139页。

以忠于明朝相砥砺,视死如归。这种精神感召他们的同乡,也给他们的子弟埋下了复仇的种子,以复明为己任,当形势不允许他们武力反抗后,就以隐逸方式表现他们的抗争意志。张家玉的弟弟家珍原来同在军中打仗,兵败后认真读书,提高见识,广泛交友,与高僧、剑客肝胆相照,家中常有宾客数十人,希望能汇集反抗力量,但是他不到三十岁就病故了。①陶琪和他父亲在清军进攻广州时逃难,乃父落水淹死,他改字"苦子","考究古今得失,山川险易,人才盛衰之故"②,著作《慨独斋遗稿》,希望能对复明有用。屈大均的堂兄士燝、士煌追随永历于云南,败后回乡,大均同情他们的苦难经历,又受师父陈邦彦精神的感召,所谓"痛先生忠烈,以师仇益恨,坚志不仕"③。陈恭尹在乃父死节后,无家可归,先藏于岳家夹壁中,后乃出游七年。粤人反抗具有这种必然性,当时人就看得很清楚。顺治十三年(1656),到广东任布政使的曹溶就粤中文风盛行说:广东遭兵灾已经十余年,与中原隔绝,被压抑长久,应当有大的文学家出现。④同时间宣城施闰章就程可则会元被取消一事说,那时京中认为不能让广东人做榜魁,压倒其他地方的人,所以对他横加挑剔,改变原议,这不是对程一个人的事,而是对广东人的歧视。⑤同样,程中会元信息传回家乡,亲友到他家祝贺,乃翁却不高兴地说:"岭南初通,南人孤士,哀然弁冕天下,惧且不免,何贺也!"⑥果然不是喜事。它表明清廷对粤人实行歧视政策,自然促成广东人的不满情绪和反抗活动。

粤人的复明活动还有文化传统的原因。明代广东文风较盛,出现陈献章、湛若水、丘濬等思想家、学者,以及节义之士如海瑞等。文人颇有结社风气,明初在广州出现南园诗社,继有浮丘诗社的诞生。前述明末抗清殉难的陈子壮组织诃林诗社,恢复先贤的南园诗社,参加活动的有黎遂球、陈中洲、谢长文等十二人。在东莞有凤台诗社、南园诗社。明代粤籍官员回乡,与士人交友,研讨诗文,多讲求正学,形成风尚,这就给明清变革之际的士人以精神养料,讲求民族气节,所以屈大均组建诗社,陈恭尹虽未打出诗社旗号,但"北田五子"

---

① 《独漉堂集·文集》卷11《孙金吾家珍传》。
② 《独漉堂集·文集》卷12《陶握山行状》。
③ 《翁山文外》卷14《死事先业师赠兵部尚书陈岩野哀辞》。
④ 《海日堂集》曹序。
⑤ 《海日堂集》施序。
⑥ 《独漉堂集·文集》卷3《程周量集序》。

称谓的获得,表明他们有着无形的团体。这些诗社的人,有的在抗清战争中牺牲,如黎遂球,[1]有的坚持反清立场,如今悟谢长文,因此同治年间修的《番禺县志》写到陈子壮结社的十二人中,一人除外,"以忠烈称"[2]。他们的遗孤及受他们影响的人继承其事业,参与复明活动,黎遂球的两个儿子延祖、彭祖的隐于禅林,就是显例。不仅士人如此,因民族观念,民间也流行着忠于明朝的思想。番禺潘秉彝兄弟四人,均年过八十,清朝以人瑞给予旌表,显示朝廷的德政,但是他们不接受,因为他们中年长的生在明穆宗年间,历经神宗、光宗至永历,共八帝,他们认为能有高寿,是托了明朝八帝的福,所以不要清朝的顶戴。[3]屈大均之父宜遇因家贫受邵姓抚养,直到大均考中秀才才回乡复姓归宗,他行医为生,是一介平民百姓,及至清军进广州,他对大均说:在先朝"不仕无义",现在华夏沦亡,"仕则无义",不可参加清朝科举。当知道永历帝在肇庆,就派大均去献策。[4]民间的夷夏之辨思想,造成了一部分人的反清复明活动。

四、小结

本文拉杂写来,现归纳为下述三点:

1.清初粤人到江苏访问,与吴人相与砥砺,坚持反清复明活动,表现了民众反对残暴统治的抗争精神。明朝腐败,活该灭亡,但清朝统治全国之初,强力推行剃发易服的民族压迫政策,激起汉人反抗。民众以明朝代表汉族,支持南明政权,或以复明为旗号进行活动,这在当时是必然的,可以理解的。因此清初反清复明活动是正义的事业,应当给予肯定和赞扬。

2.反清复明队伍,以士人为主干。无论是广东、江苏,抑或全国,莫不是明朝的士人和清初读书不仕的人构成复明活动中坚力量,本文所讲到的各种人物的学历、学业表明了这一点。读书人代表民族意识乃由其素质所决定,在古代社会尤其如此。屈大均说:"自申酉以来,天下贤士大夫之死国者,类多文

---

① 《翁山文钞》卷 2《黎太仆公画像记》。

② 同治《番禺县志》卷 53《杂记》。

③ 《翁山文外》卷 2《赠四潘翁序》。

④ 《翁山文外》卷 7《先考澹足公处士四松阡表》。

士,惟士人之能死国也,其所以为文者,固有以异乎人也。"[①]谁都可以做志士仁人,但士大夫读圣贤书,更懂得国家、民族大义,故而能够为理想而献身。

3.清初广东史值得重视。广东有义士,其事迹、其诗文广泛流行,影响当代及后世。像安徽歙县人汪栗亭给屈大均写信,说"粤东诗人,实甲天下"[②]。乾嘉时期著名学者、江苏阳湖人洪亮吉评论陈恭尹诗集说:"尚得古贤雄直气,岭南尤似胜江南。"[③]评价相当高。清初粤中有丰富的文化遗产,需要进行研究。

（原载《明末清初华南地区历史人物功业研讨会论文集》,香港中文大学,1993 年）

---

① 《翁山文外》卷 2《黎太仆集序》。
② 《翁山佚文辑》卷中《复汪栗亭书》。
③ 《国朝先正事略》卷 38《陈元孝事略》。

清代广东人在上海

　　读者看到这个题目,自然会想到本文将要叙述的内容,是上海历史地位的变化与移民,尤其是与广东人的关系。是的,本文想就此作粗浅的探讨,以了解清代广东人对上海历史的影响与贡献。

　　上海在清朝前期就是一个交通商业重镇,《江宁条约》后被辟为通商口岸,由于其优越的地理位置,发展迅速,洋务运动后,成为全国最大的工商业城市,徐润在光绪九年(1883)说:"上海自泰西互市,百业振兴,万商咸集,富庶甲于东南。"①岂止富甲东南,孙世馥在《徐愚斋自叙年谱序》中说:"上海为中外总枢。"②清末,上海商业之兴盛为全国之冠,"实为中外贸易之中枢"③。在政治上上海也有举足轻重的地位,达官贵人、社会名流留恋于此,所谓"四方冠盖往来无虚日,名流硕彦,接迹来游"④。维新运动主将康有为甚至有迁都上海的设想。在行政上上海虽然只是苏松太道的驻地,但实际上是一个经济、政治中心。清代,主要是近代,上海地位变化巨大,发展迅猛。

　　上海的兴盛,除了土著居民的贡献,移民发挥了重大作用。它是一个移民城市,新的居民来自江苏、浙江、广东、福建、安徽等省。如果我们把清代上海的发展比作一个演员的演出,他学艺时的教师、演出中的导演、化妆师,都起了不可缺少的作用,外省迁民与土著共同建设了上海,广东人也是上海建设的导演之一。

　　广东人究竟如何在上海发挥作用,以及起了什么作用呢?

---

① 徐润:《徐愚斋自叙年谱》,载《中国近代史资料丛刊·洋务运动》,第 8 册第 125 页。
②《中国近代史资料丛刊·洋务运动》,第 8 册第 86 页。
③ 徐珂辑:《清稗类钞》,中华书局,1984 年,第 5 册第 2351 页。
④ 王韬:《弢园老民自传》,载《中国近代史资料丛刊·洋务运动》,第 8 册第 6 页。

一、粤人向沪移徙及其群体

广东沿海居民富有冒险精神,在清代,国内至各省,海外往南洋、美洲,多从事商业和做工,像潮州"舶艚船,则运达各省,虽盗贼、风波不惧也"①。

粤民到上海,在清前期就不乏其人,乾隆中周硕勋主修的《潮州府志》,说到该府"妇女妆束,以航海往来苏松间,相仿者多"②。这是说潮人经海道到上海,进入松江府,再到苏州。既然形成女子学习苏松人化妆的习惯,可见往来苏松的人不在少数。随着清代经济发展和粤人经商的敏感,在上海开埠之后,即意识到它是"南北仕商往来孔道,交易有无之路通,为生可以致富"③,遂热衷于到上海做买卖。所以19世纪五六十年代沪上粤人激增,以后陆续增加,绝对数量很大,在上海人口中占了一定的比重。

上海开埠,西方殖民主义者和商人纷纷到来,原在广州贸易的转向上海,广东的买办商人看到这种形势,与西方人同时赶往上海,有的还走在西方人前头。19世纪四五十年代,上海的中西贸易中的捎客、通事、买办有一半是广东人④,甚至于达到2/3的惊人比例。⑤经营进出口贸易的广东商人同样极其敏感,对上海产生浓厚兴趣,易地而来。

广东人到沪,因家族、宗族、邻里关系,互相牵引,像滚雪球一样,人数越来越多。有名的买办、官僚商人徐润、唐廷枢、郑观应家族就是显例。徐润的伯父徐钰亭在沪任宝顺洋行总办;四叔徐瑞珩在沪经营绿茶业,徐润即由其四叔于咸丰三年(1853)带到上海;徐润从叔徐关大于咸丰五年(1855)到沪当礼记洋行学徒。光绪元年(1875),徐润在沪举行家宴,出席的有其堂弟辰臣、笏臣、赞臣、枚臣、揆臣及玉生、小勤、述斋等人,⑥可知其家族在沪人口之众。香山唐廷枢、廷植、杰臣、纪常、廷庚、国泰均在沪营生。郑观应的叔父郑廷江也

---

① 乾隆《潮州府志》卷12《风俗·术业》,载《中国方志丛书》,第46号第133页。

② 乾隆《潮州府志》卷12《风俗》,第131页。

③ 光绪《嘉应州志》卷23《人物》,载《中国方志丛书》,第117号第436页。

④ 王韬:《瀛壖杂志》。

⑤ 汪敬虞:《唐廷枢研究》,中国社会科学出版社,1983年,第23页。

⑥《徐愚斋自叙年谱》,载《中国近代史资料丛刊·洋务运动》,第8册第88、第90、第114页。

在上海做柯化威洋行买办。①广东人到上海的多，在王韬的小说中都有了反映，《淞隐漫录》写蓟素秋是孤儿，跟随姑母过活，其姑母是粤商的妾，该商安家在上海，经常到汉口买茶，及至"赭寇南下"（当指太平军到江南），粤商携带他们返回广东。②这个故事可谓粤人在沪寄居经商事实的艺术再现。

传教士晏玛太在《太平军纪事》中说 19 世纪 50 年代上海有八万广东人。③八万的记载不实，当时上海没有那么多粤人，但人数亦必相当可观，晏玛太才能这样夸张。据统计调查，可知清代晚期在沪的广东人数及在移民中的比重，我借用邹依仁《旧上海人口变迁的研究》所提供的资料，④制作"清末上海公共租界内粤籍人口数及在客民中所占比例表"于下：

清末上海公共租界内粤籍人口数及在客民中所占比例表

年份	粤籍人数	客民总人数	粤民占客民总数的百分比(%)
1885	21013	109306	19.22
1890	22295	143154	15.57
1895	31200	219306	14.23
1900	33561	299708	11.20
1905	54559	390397	13.98
1910	39366	413314	9.52

遗憾的是不知道同时期上海"华界"的人口统计数字，从而不能计算出粤人在上海整个居民中的比重。不过它在一个时期内占到客籍人口的 1/5，地位是相当重要的。此后，由于民人从邻近上海的江苏、浙江、安徽大量移入上海，使粤人比重逐渐下降，乃至到清朝灭亡，比重竟下降了近 10%。不过这一事实表明，光绪十一年(1885)以前，粤人在客籍中的比重要在 20% 以上。同时邹依仁书提供了"旧上海公共租界上海籍人口与非上海籍人口"表，⑤我把它做了一些删节，抄录于下：

---

① 《盛世危言后编》卷 8。
② 王韬：《湘隐温录》，人民文学出版社，1983 年，第 143 页。
③ 《中国近代史资料丛刊·太平天国》，第 6 册第 926 页。
④ 邹依仁：《旧上海人口变迁的研究》，上海人民出版社，1980 年，第 114—115 页。
⑤ 邹依仁：《旧上海人口变迁的研究》，第 112 页。

旧上海公共租界上海籍人口与非上海籍人口表

年份	上海籍人口	非上海籍人口	上海籍贯人口占比%	非上海籍贯人口占比%
1885	15814	93492	15	85
1890	24325	118839	17	83
1895	40470	178836	19	81
1900	56742	242966	19	81
1905	67600	322797	17	83
1910	72132	341182	18	82

在清末二十五年中，租界内的外省人口比上海本籍人口多得多，土籍不足1/5，粤人又在客民中占多数，所以在租界的整个华民中也占较大比例。总之，粤人移民上海，成为当地居民的重要构成成分。

移居上海的广东人，为了维护共同利益，建立了同乡团体，兹作"粤人在沪会馆表"以明之：

粤人在沪会馆表

设立时间	名称	资料出处
1759	潮州会馆	《上海碑刻资料选辑》，上海人民出版社，1980年
1783	海澄饶会馆	同上
1822	揭普丰会馆	同上
1839	潮惠公所	同上
（？）	嘉应公所	刘惠吾《上海近代史》上册，华东师范大学出版社，第102页
1872	广肇公所	《徐愚斋自叙年谱》
清末	南海邑馆	徐鼎新《旧上海工商会馆、公所、同业工会的历史考察》，载《上海研究论丛》第5辑
清末	顺德邑馆	同上

团体建立，形成粤帮势力，与本地人及江苏、浙江、福建等省人的帮派构成不同的派系。广东人组织的势力，从一个侧面反映出广东人移民上海的兴盛和拥有巨大的势力。

二、粤人在经济领域的活动和势力

清代粤人在沪，开始是从事传统的区域间物品交流；中英鸦片战争以后，大量贩卖鸦片，并从事买办活动；洋务运动兴起，买办转而为官僚商人，兴办新式企业,中小商人也建造工厂;在清代最后五十年中,华人出国做工、经商骤增,粤人又在上海经营适应华侨需要的贸易。

明代就有广东人到上海经商,明末清初人屈大均在他的名著《广东新语》中说:"广州望郡,人多务贾与时逐,以香、糖、果、箱、铁器、藤、腊、香椒、苏木、蒲葵诸货,北走豫章、吴、浙,西北走长沙、汉口。"①广东商人到江浙,走海路的,必有一些人到上海。雍正年间纂辑的《东莞县志》说当地人"涉湖湘,浮江淮,走齐鲁间,往往以糖、香牟大利,故居人多富"。民国年间该县修志者认为雍正志所说的是明代的情形,清初不是那样。②这两种资料表明,广东人经商到上海,明代已经兴起,而明末清初的战争中断了它的发展,康熙后期起逐渐恢复,乾隆以后兴旺起来。屈光辅以歌咏的形式描绘沪粤间的贸易:"湘南好,锁钥仰雄关,商货万樯通岭表……","湘南好,市价日高低,海舶贩来红木段。洋行收去白花衣,民瘦客商肥。"③嘉庆年间,褚华在《木棉谱》中写道:"闽粤人于二三月载糖霜来卖,秋则不买布,而买花衣以归,皆装布囊累累,盖彼中自能纺织也。"④广东到上海的商船,称为"估船",一个月能往返一趟。广东人贩到上海的货物,以砂糖为大宗,红木、香料、染料(苏木)亦复不少,运回去的主要是棉花,其次是陶瓷、茶叶。上海商人用"沙船"把本地棉花、布匹运往广东。⑤据统计,鸦片战争前,上海每年从闽粤运进糖约50万担,染料和物品12万担,运往闽粤的棉花、茶、丝等物20万—30万吨。⑥糖的价值,达数百万两银子。⑦确实是大宗交易。沪粤间的棉糖对流,是这两个区域间的传统贸易内容,持续到清末。直至民国时期,上海西南乡居民生产土布,因为它能"行销闽粤及北地"⑧。清季广东人自然仍会需要一些上海土布。

广东人随洋人到沪的,做捐客、通事,发展为买办,代洋行东收购丝茶,推销洋布、洋杂货,贩卖鸦片,与此同时,他们自身也从事这方面的经营。在上海

---

① 屈大均:《广东新语》,中华书局,1985 年,第 371 页。

② 民国《东莞县志》卷 9《风俗》,载《中国方志丛书》,第 52 号第 256 页。

③《淞南乐府》,《上海掌故丛书》本。

④ 褚华:《木棉谱》,《上海掌故丛书》本。

⑤ 同治《上海县志》卷 1《风俗》。

⑥ 据刘惠吾:《上海近代史》(上),华东师大出版社,1985 年,第 23—24 页。

⑦ 王韬:《瀛壖杂志》卷 1。

⑧ 民国《上海县志》卷 4《农工》。

贩卖鸦片烟的多是广东潮州人,据说潮州有个姓郭的人,能讲英语,随同洋商到沪,开始为洋人推销烟土,后来开设鸿泰号,自行销售。他的亲戚、族人、同乡见有利可图,相继来沪,经营烟土,"于是贩土之人日伙"①,郭家因此成为烟土业的大亨。

清代后期,上海经济界大家盛宣怀、唐廷枢、徐润、郑观应、杨坊、严信厚、祝大椿,其属于粤籍的,都是买办出身,在给洋行东经营丝茶之时,积累了经验和资本,于是自行从事这方面的经营。唐廷枢是上海信和洋行买办,为怡和推销鸦片,收购茶叶,后自己贩茶,并开办修华号锦花庄,成为上海茶业、丝业公所董事。唐国泰是汇丰洋行买办,自办恒顺号茶栈。徐润于咸丰二年(1852)进宝顺洋行做学徒,学习丝茶业,咸丰九年(1859)至 1916 年与人合伙开设绍祥号,包办各洋行丝、茶、棉花生意,同治元年(1862)与人合股办宝源丝茶土号,同治七年(1868 年)离开宝顺洋行,自办宝源祥茶栈,同时在外地设立分号,以便收茶。②徐瑞珩亦是宝顺洋行买办,自设亦昌丝茶土号,荣记丝行。"日与异国人相接"③的郑观应是宝顺洋行、太古洋行买办,在宝顺学丝业生意,任和生茶栈通事,寻承办其茶栈。不是买办出身的广东商人,也有经营茶丝业的,如投资上海轮船招商局二十万两股份的顾、陈二姓,就是潮州经商者。④广东籍商人在沪经营丝、棉、茶,到这些商品的产地收购,运输到上海,转售给外国商人,行销海外。丝、茶、陶、瓷是中国的主要出口物品,广东人在沪经营对外贸易,地位重要。

随着洋务运动兴起,清政府在上海开办机器制造局,提倡官商合办近代企业。买办出身的广东商人以较大兴趣,在沪投资办企业。清末官督商办有四大企业:轮船招商局、上海机器织布局、开平矿务局和电报局,电报总局始设于天津,后改设上海,所以上海有其三,这些企业都是以广东商人为主干设立起来的。同治十一年(1872),李鸿章委派上海邻近的宝山人朱其昂创办轮船招商局,朱出身沙船世家,有些经营条件,但没有威望,招不来商人投资,且有亏损,李鸿章遂于次年改派唐廷枢为总办,徐润、朱其昂及无锡人盛宣怀为会

① 徐珂辑:《清稗类钞》,第 5 册第 2318 页。
② 《徐愚斋自叙年谱》,载《中国近代史资料丛刊·洋务运动》。
③ 《郑观应集》,上海人民出版社,1982 年,上册第 173 页。
④ 《徐愚斋自叙年谱》,载《中国近代史资料丛刊·洋务运动》,第 8 册第 157 页。

办,实由唐、徐主持,立即改变该局面貌。光绪九年(1883)完成预定计划,集资二百万两,其中徐润投资四十八万两,由他招徕的亲友股金五六十万两,他个人联系的股金占了总投资的一半。①唐廷枢个人购买价值八万两的股票,凑集商股数十万两。②唐、徐等招致的股东相当多的是广东人。招商局很快就发展起来,在国内天津、牛庄、武汉、广州等地设分局,客轮远航日本、南洋、伦敦和檀香山。上海机器织布局于光绪四年(1878)筹建,光绪六年(1880)郑观应、龚寿图等集商股五十万两,请香山人容闳在美国聘技师,购机器。电报总局在光绪十年(1884)设于天津,盛宣怀为总办,郑观应为帮办;1882年系官督商办,故又称"电报招商局";1884年总局移于上海,以沪为中心,线路通达广州、武汉、天津各大城市。郑观应还参加上海造纸局的建设。不在上海的开平矿务局,是唐廷枢一手经营的。此外,唐、徐、郑等广东人以上海为根据地,还在直隶、安徽、江西,湖北办矿山、铁路、保险、耕殖畜牧公司。在上海的广东人兴办了近代企业,只有他们才能打开局面,这是因为:(1)他们在洋行实习过,有办近代企业的经验,能打破中国固有陋习,使用新的经营方法,把企业办好。(2)他们本身有资本。(3)他们凭借同乡的关系,能联络上富有的在沪乃至其他地方的广东商人到上海投资。唐廷枢刚就任轮船招商局总办,琼记洋行的费伦预言:招商局"不难找到为数众多的股东,只要他们知道这个公司是由唐景星(廷枢)在妥善地加以办理"③。事实也正是这样,粤商踊跃认股,徐润敢于收买美商旗昌洋行的轮船,使悬挂清朝龙旗的船只在伦敦与英人见面。

在上海的广东人中经营中小企业颇不乏人。方赞举在沪充当工匠,孙英德原在广东老家制农具,他们在19世纪60年代初创建发昌机器船厂,维修船只,十几年过后,具有造船能力。香山人林文开始在发昌机器厂当工人,几年后自办建昌机器厂,二十年间发展到相当规模。同治五年(1866),潮阳、惠来商人75家共建潮惠会馆, 德盛号捐银6420两, 另有两家捐助5000两以上,21家捐1000两以上。④能捐这么多银两,都是不小的商家。

在上海经营对南洋华侨贸易的,主要是闽粤商人。19世纪60年代至甲午

① 《徐愚斋自叙年谱》,载《中国近代史资料丛刊·洋务运动》。
② 《中国近代史资料丛刊·洋务运动》,第6册第38页。
③ 郝延平书,转录自汪敬虞:《唐廷枢研究》,第178页。
④ 上海博物馆图书馆资料室编:《上海碑刻资料选辑》,上海人民出版社,1980年,第326页。

战争期间,广帮协泰和、潮帮花德盛,甲午战后,潮帮仁诚、谢璧记、春华等商号,主要从事南洋华侨所需商品的交易。①

广东人在沪经营工商业,特别是新式企业,对于当地和中国经济的发展、经营方式和生产关系的变革有积极意义:(1)创办近代工商企业,在造船、航运、电报、纱布、造纸、保险等业,其中有旧行业,也有过去所没有的新行业,但都有采用新式生产和经营管理方式的企业,破坏旧行业的管理办法。(2)买办资本向民族资本转化。原来买办在洋行搭股,是买办资本,从中分化出来,开办民族工商企业,成为民族资本,扩大了民族资本队伍,对发展近代生产有利。(3)保护中华利益,与外国经济势力进行商战。以航运业讲,轮船招商局设立以前,由美国上海轮船公司、英国大英轮船公司控制长江航运,所以法国人梅朋、傅立德在《上海法租界史》一书中说,轮船招商局的出现"是令人注目的"②。它与英、美轮船公司竞争,挽回部分航运权利,③其主管人之一郑观应说轮船招商局"实为中国振兴商务之权舆"④,也不算过分。郑观应还说他自己先做买卖,后来经营民族企业,是"初则学商战于外人,继则与外人商战,欲挽利权以塞漏卮"⑤。用外国人的办法与外国人竞争,争取中华民族的权利。(4)出现近代生产关系。在新式企业建立的同时,新的生产关系产生,即民族企业内部的资本主义生产关系,有利于生产力的发展。(5)影响改良主义思想的产生。新式企业出现必然影响思想界,提出适合于它生存、发展的要求,郑观应就成为改良主义思想家;提出工艺救国的主张,"工艺一道为国家致富之基,工艺既兴,物产即因之饶裕。欲救中国之贫,莫如大兴工艺"⑥。成为后来问世的工业救国论的先声。同时他主张政治改良,要求设议院。

总之,在沪粤人对于发展上海经济,尤其是建设近代企业,起着举足轻重的作用,没有他们,就没有上海的近代企业和发达的经济,这种作用在19世纪80年代以前,江、浙籍人在沪势力没有超越粤人之时,更加显著。洋务运动以后,上海成为近代化趋势明显的城市,经济枢纽的作用与日俱增,促进全国

① 参阅李伯祥、蔡永贵:《近代上海与洋庄和南洋贸易》,《中国社会经济史研究》1986年第3期。
② [法]梅朋、傅立德:《上海法租界史》,倪静兰译,上海译文出版社,1983年,第461页。
③ 参阅张后铨主编:《招商局史(近代部分)》,人民交通出版社,1988年,第127页。
④ 《郑观应集》,上册第617页。
⑤ 《中国近代史资料丛刊·洋务运动》,第8册第84页。
⑥ 《郑观应集》,上册第724页。

的微弱的变化,同时粤人又是以上海为据点,四处经营工商业,所以他们对上海的作用,影响到全国。

三、粤人在上海的政治活动及其作用

广东人领头发动上海小刀会起义;维新运动中的上海,是康梁制造舆论的中心。在清代后期上海这两大政治事件中,广东人都做出了杰出贡献。

前述晏玛太说小刀会起义之前上海有八万广东人是不确切的,但其时广东人甚多,这是可以肯定的。事情还不在人多,广东的移民同时还把在广东流行的民间结社天地会带到上海,正是这一组织,作为基本力量发动了小刀会起义。这个团体的首领是刘丽川。刘是广东香山人,道光二十五年(1845)参加天地会,二十九年(1849)只身到沪,当过丝茶栈伙计、商场经纪人、洋行通事,失业后运用民间验方为人治病,遇到贫穷的病人不收诊费,获得好声誉。他发展天地会成员,使之散布于上海及邻县青浦的城乡。当时上海民间会党很多,有福建移民组织的小刀会,土著居民建立的罗汉党等。咸丰三年(1853)三月,太平军到达南京后,上海民众谋图响应,刘丽川联合其他会党,并大度地以小刀会为联合团体的名称,于当年九月发动起义,担任总首领,起义基干队伍由粤人、闽人和青浦农民组成,内有七个帮派,为闽人的建帮和兴化帮,浙人宁波帮,当地人上海帮,粤人的广帮、潮帮、嘉应帮。粤人七居其三,可知其为起义中的基干力量。由于起义队伍中粤、闽人不能团结等原因,起义坚持一年多,于咸丰五年(1855)一月失败。小刀会起义是上海近代史上第一次民众运动,反对清朝统治,并对西方殖民主义侵略势力表现出民众的愤慨。粤人发挥了领袖的作用,处于骨干的地位,给上海的历史留下了粤人的重重的一笔、光彩的一页。

戊戌变法是在北京进行的,舆论中心却在上海。不管在哪里,最重要的人物中都有广东人康有为、梁启超,而康梁在上海制造舆论的作用更大。康有为认为要变法,在于有人才;要人才,得讲求学术;讲学术,要有团体。他本着这个认识,办报纸、书局,组织社团。光绪二十一年(1895)八月,在北京创办《万国公报》,下月筹设北京强学会,十一月初到达南京,获得了两江总督张之洞的支持,携同其幕僚、广东番禺人梁鼎芬到上海,设立了强学会分会,代替张之洞撰《上海强学会序》,发表在《申报》上,主张士大夫参加议政,并作《上海强学会章程》。次年一月上海《强学报》创刊,康有为令其弟子、广东人徐勤、何树龄主持笔政。但是北京、上海强学会先后被查封,《强学报》办不下去,浙江人汪康年办《时务报》,梁启超任主笔,康门弟子粤人麦孟华、徐勤、欧矩甲先后来主笔政,番禺人黄延耀为该报理事,管理财务。需要指出的是,嘉应人黄遵宪为参与上海强学会活动,为《时务报》的出版筹款独多,贡献甚大。《时务报》自1896年8月9日创刊,至1898年8月8日止,共出版69册。刊出梁启超的《论报馆有益于国事》《变法通议》《西学书目表序例》,欧矩甲的《论大地各国变法皆由民起》,徐勤的《中国除害议》等文,鼓吹变法,认为若仍因循守旧,就会像印度那样灭亡,波兰那样被分割,而变法就会如同日本那样的富强;变法就要废科举,兴工艺,发展民族工商业。光绪二十三年(1897)康有为的弟弟康广仁与梁启超在上海开办大同译书馆,出版译著《俄土战纪》《意大利侠士传》以及康有为的《孔子改制考》等书。还同梁启超、谭嗣同、汪康年设立戒缠足会,提倡风俗改革。

维新志士在沪的集体和出版机构,制造了变法舆论,推动了维新运动。他们的出版物大得读者青睐,尤其是《时务报》,问世数月后,售出万余份,为中国报纸所从来没有的盛况。梁启超的文章议论精彩,妙笔生花,大得阅者欢迎,通都大邑、穷乡僻壤的文化人都知道梁启超其人,把他与维新运动主将康有为相提并论,号称“康梁”。各地方的读者在当地传播康梁维新思想,陕西有位书院山长刘光蕡刊刻康有为给京沪两地强学会写的序言,号召在陕西实行变法,他还集资在陕西设立织布局,发展工商业,并主动与梁启超联系,梁向他转赠康有为的《新学伪经考》。康梁在沪宣传变法维新,富有浓厚的政治色彩,倡导爱国主义、民族主义,主张废科举、清积弊,开议院以通下情,开办近代工商业。这些思想渗透入士大夫阶层,为变法制造了舆论,把维新运动推向高潮。

康有为在沪组织学会,对民间政治团体的建立起了巨大的推动作用。清朝历来不许士人成立政治组织,北京强学会的建立突破了这种限制,上海强学会的设立再次对限制政策加以冲击,这两个学会虽然很快被取消了,但其他学会在1897年、1898年大量出现,梁启超因而说“学会之风遍天下,一年之间,设会百数,学者不复以此为大戒矣”[1]。汤志钧在《戊戌变法人物传稿》中著

① 《康有为传》,载《中国近代史资料丛刊·戊戌变法》第4册。

录的团体就有 50 个之多。①北京强学会与上海强学会的开创之举,打破了清朝严禁结社法令,以后民众组织社团已成不可遏制之势。事情还不只是在创立之初,更重要的是这些团体具有近代民主色彩,是明清之际的稍具政治色彩的复社、几社,以及清代的民间秘密结社所不能比拟的。爱国者建立团体,就为推翻清朝统治做了组织准备,所以强学会的建立有着深远意义。

仁人志士在沪集会、办报、译书,宣传救国救民的道理,要求变法维新,在北京强学会被查封之后,上海成为思想最活跃的地方,唱出变法的时代最强音,是宣传维新变法的舆论中心。上海起到的这种作用,是北京以外的城市所不能比拟的,这是上海历史上的光荣一页。随后有光绪十六年(1890)章炳麟、唐才常、容闳、严复在上海成立中国国会,就不是偶然的了。当然,上海能开风气之先,康有为选择上海结社办报也不是没有根据的。戊戌以前,上海受西方文化影响,思想界比较活跃。同治二年(1863)开设的广方言馆,随后并入上海机器制造局为翻译馆,到光绪五年(1879)即译出西方书籍 98 种,梓刻出售。同治十三年(1874)容闳和唐廷枢合办《汇报》(《自报》),粤人投资,该报意在主持公正舆论,与英国人办的《申报》相抗衡。改良主义思想家也在上海活动,郑观应就上海租界会审公堂为洋人把持一事发表议论,大声疾呼:"我国极宜变法,破格用人。"②当时人们都到上海寻求新学问,即使比较开化的广东人也不例外。康有为于光绪八年(1882)年从北京回原籍,路经上海,更加懂得学习西方文化的必要,购买了许多译著回乡研究。梁启超在光绪十六年(1890)路过沪上,得读机器制造局翻译馆的译作。上海的文化思想基础,使它有条件成为新时期的舆论中心,康有为在此做变法经营自非偶然。

客观条件只是一种因素,维新时期人们的活动才是具有决定意义的。康有为到沪举办社团和报纸,他的学生梁、麦、徐、欧及弟弟康广仁、同乡黄遵宪、黄延耀等人的宣传组织活动,对上海成为宣传维新思想的阵地起了倡导作用和推动作用。没有这批广东人的到来,上海难于成为维新舆论中心。

上海对广东人有很大影响,前述康、梁在沪寻求新知识即其一端,不过本文主要是探讨广东人对上海的作用,不去谈它。现在可以就广东人在沪的作为进行归纳:广东移民是 19 世纪下半叶的上海居民的重要构成部分;广东人

---

① 汤志钧:《戊戌变法人物传稿》,中华书局,1982 年,第 688—692 页。

②《郑观应集》,上册第 432 页。

在上海开办商店,经营转口贸易,建立近代式企业,对上海经济的发展,对其成为对外贸易中心、航运中心和开始走向近代化的城市,起着巨大的推动作用;广东人在近代上海的政治舞台上相当活跃,起过促进社会变革的良好作用;广东人还在上海组织地域性、商业性团体,办理社会救济事业和公益事业,在一定程度上影响了上海居民的社会生活。总之,作为移民城市的上海,有了广东人的新血液,面貌发生很大变化,它的历史,具有了广东人的一些面貌,或者说,没有广东人的参与,清代后期的上海就不会是它那样的历史面貌。

（原载南开大学历史系《中国史论集》编辑组编《中国史论集》,天津古籍出版社,1994年）

清初吉林满族社会与移民

本文将首先交代"清初"的时间概念和"吉林"的地理概念,接着说明吉林满族土著与汉族移民所形成的社会状况,经济的发展,文化的交融,民族融合的积极后果。

一、"清初吉林"的时间和地域界定

清朝政权建于 1616 年,定国号为"大清"则是在 1636 年,当时的都城在今辽宁省沈阳市,顺治元年(1644)迁都北京,开始对全中国的统治,史家一般认为这一年以前是清朝的开国时期,这一年是清朝的正式起始年,所谓清初,自然应由此算起。至于它的下限,诸家说法不一,本文不是讨论清史分期的,不必纠缠它,只把它定在乾隆帝的统治初年,即 18 世纪 40 年代。吉林是清朝开国时期底定的地方,故而笔者说清初,就不以 1644 年开始,而要上推到清朝的开国期,所以本文标题的清初系指 17 世纪上半叶至 18 世纪上半叶,经历清太祖天命、清太宗天聪和崇德、世祖顺治、圣祖康熙、世宗雍正、高宗乾隆前期,计六帝七个纪年的时间。

"吉林"在今天是中国一个省的名称,它沿袭于清代,不过清初吉林的辖区要比现行的大得多。康熙元年(1662),清政府设立宁古塔将军,驻宁古塔城(今黑龙江宁安),管理吉林军民事务。康熙十五年(1676),宁古塔将军移驻吉林乌拉(船厂、乌拉,今吉林省吉林市)。乾隆二十二年(1757),易名吉林将军,下辖宁古塔、吉林、三姓、阿勒楚喀、白都讷等副都统管理区,其管辖范围,据清初人杨宾的记录:"东至东海,东南至希喀塔山海界,东北至飞牙喀海界,西至威远堡盛京界,南至土门江朝鲜界,北至发讫哈边。"①这只是描绘了吉林疆域的大致轮廓。它东至东海,东北至北海(含今萨哈林湾)、库页岛(萨哈林

---

① 杨宾:《柳边纪略》卷 1,载《龙江三纪》,黑龙江人民出版社,1968 年,第 10 页。

岛),西北至中俄尼布楚条约待议地区,西为今黑龙江省东部地区,南与盛京(今辽宁)威远堡(今开原东北)连接,东南以图们江、鸭绿江与朝鲜接壤。当时"东西四千余里,南北二千里"[①],辖境辽阔,据梁方仲编著的《中国历代户口田地田赋统计》一书第 82 表揭示,在清朝二十一个省、特别行政区中,吉林面积 754920 平方千米,为全国第一,比第二大面积的四川省 532980 平方千米多得多。[②]吉林辖区后来被俄国大量侵占,一部分归黑龙江和辽宁,方成为今日只有 180000 平方千米的小省,不及原来的 1/4。本文讲述的是清初的吉林,自然以当日辖区为范围,即把宁古塔将军(吉林将军)的辖区都包括在内。清朝于康熙二十二年(1683)设立黑龙江将军,它的治区原来是宁古塔将军辖区的一部分,不过这个时间不长,可以不计,故而把黑龙江将军辖区排除在论述之外了。

吉林是清朝的发祥地,土著居民以满族为主,清朝皇帝极其重视对这里的统治,康熙帝、乾隆帝亲临巡幸,希望这里保持"国语骑射"的满洲本色,作为支持其对全国统治的大后方,然而汉人和其他民族逐渐移居吉林,与土著融合,促进社会面貌的变化,并为今后的进步奠定良好的基础。笔者想,一个边疆少数民族地区是怎样发展的,居民间是什么关系,若能加以说明,应当是有益的事情,因而有兴趣撰成本文。

二、以满族为主体的移民社会

自古以来,直到清初,吉林是满族人及其先民的聚居地,或者说他们是吉林的主要土著。在明代,他们分为许多群体,可归纳为三大部分:"野人女真",居住在黑龙江中下游和库页岛;建州女真,原居于牡丹江下游,15 世纪上半叶迁徙至浑河上游和长白山区,建立建州卫、建州左卫和建州右卫等三卫,故而得名;海西女真,经迁徙定居于松花江中游。女真三部分即归属明朝奴尔干都司统辖。海西女真的乌拉部在 16 世纪下半叶相当强大,通过贸易几乎把野人女真置于控制之下。[③]建立清朝的建州左卫女真人接着兴起,它经历清太祖、太宗两代的努力,于 16 世纪末年至 17 世纪 30 年代统一女真各部,降伏海西

---

①③ 魏源:《圣武记》卷 1,载《开国龙兴记一》,四部备要本,第 8 页。

② 梁方仲编著:《中国历代户口、田地、田赋统计》,上海人民出版社,1980 年,第 262 页。

乌拉、哈达、辉发、叶赫四部，建州系统的苏克苏浒河、浑河、王甲、董鄂、哲陈、苏完、鸭喇古、讷殷、朱舍里、鸭绿江等部，东海瓦尔喀、库尔哈、渥集、萨哈连诸部。这些女真系统的部落，也就是清代的满洲人，绝大多数居住在吉林地区，清太祖、太宗在征服过程中把他们编入满洲八旗，其中一部分编旗较晚，成为新满洲，也有一部分始终未纳入八旗。太祖、太宗征调编旗满人投入辽宁地区的对明朝战争，以及1644年后的统一中国的战争。留居故土的八旗满洲、新满洲及未编旗的满人是吉林的土著居民。

清初吉林的满人，不论是老满洲、新满洲，还是未编族的满人，在境内有所移动，尤其是处在东北边疆的满人向内地迁徙，新满洲不断扩大，使吉林腹地的满人有所增加，改变了被建国期征调后人烟稀少的状况。如岳克通鄂城主充顺巴本率部进驻吉林乌拉，并定居于此。①海浪河阎姓满人率族人迁居宁古塔城。②康熙元年(1662)，清朝订立宁古将军辖区招编新满洲的奖励办法，康熙十二年(1673)前后，宁古塔将军巴海招抚边远满人至宁古塔城附近，编为四十个佐领，号为新满洲，这中间有墨尔哲勒氏族，③有卧密族陶姓，编入宁古塔满洲正蓝旗，④并于康熙十三年(1674)带领新佐领进京城朝见康熙帝，后来康熙帝巡幸吉林，赐诗巴海，称赞他"宣威布德，招徕远人"⑤，就是指的这件事。今黑龙江省依兰，清初是宁古塔将军辖下三姓副都统的治所，三姓是汉称，满语称为"依兰哈喇"，依兰是汉语的"三"，哈喇是"姓"，原来这个地方是赫哲人的葛依克勒、卢业勒、胡什哈里三个氏族于清初从乌苏里江口迁来，因此而得名。⑥

居住在吉林极东北地方的赫哲人、飞牙喀人、奇勒尔人及库页岛上的居民，皆臣服于清朝，清朝用姓长制度把他们编制起来，是吉林土著满人中的一种类型。

①《清史列传》卷10《萨布素传》，中华书局，1987年，第3册第718页。

②民国《宁安县志》卷3《古迹》，中国方志丛书本，第2册第549页。

③《清史稿》卷243《巴海传》，中华书局点校本，第32册第9586页；《清圣祖实录》卷50，"十三年十一月己丑"条，中华书局，1985年，《清实录》第4册第661页。下引"清历朝实录"均中华书局版，不再说明，唯注册、页。

④民国《宁安县志》卷4《人物》，第2册第729页。

⑤民国《宁安县志》卷4《艺文》，第2册第867页。

⑥清末《三姓志》卷1《地表》；民国《依兰县志·人物门·世族》，中国方志丛书本，第147页。

在明代,吉林也有少量的汉人成为土著居民。明朝大量流放汉人到辽东,他们的后裔会有人北徙进入吉林,有的人会去做生意。清初被流放到宁古塔的张缙彦在康熙八年(1669)说,当地土人告诉他,这里有一座山像福建的武夷山。①这个土人不是来自福建的汉人后裔,必是与早年的福建人有关系,否则怎么能知道福建的武夷山是什么样子的,怎能与宁古塔的作比较,这一事实表明明代就有福建人到宁古塔,并定居下来。直隶静海(今天津市静海区)人胡姓于明末到兴凯湖打猎,②也证明吉林早有汉人踪迹,只是人数不多罢了。

土著居民中还有朝鲜人,他们多生活在长白山地区。

清初吉林的土著主要是满人,少数的汉人、朝鲜人及其他少数民族。自17世纪中叶至18世纪上半期,有大量的新移民迁入,其中以汉人为多。

1.被流入的汉人("流人")。清初政治犯流入东北,17世纪60年代后多被指定到宁古塔城和吉林乌拉。③如抗清的郑成功之父郑芝龙及其家属,顺治十四年(1657)江南科场案中的吴兆骞、方章钺及其父拱乾、兄孝标等,康熙元年(1662)浙江通海案中的杨越、钱虞仲等,均被流放宁古塔,内中又有人转成吉林乌拉。康熙四十七年(1708)江浙朱三太子案中人被发配到宁古塔和白都讷(今吉林扶余)等地。还有民间秘密宗教的信徒及其家属,如河南沈丘县秀才李明寰之弟在教,致使其母、明寰等被发遣宁古塔。④被戍的还有出家人,如僧侣静今(静金、静经)是江南人(或说温州人),到宁古塔为观音庙住持。⑤

2.三藩叛乱余孽发遣吉林,编入汉军当差。王世洗等于1924年编纂《宁安县志》,认为顺康间是汉人来宁古塔的第一期,而康熙滇变,藩下流徙东来,又犯罪陆续发遣,构成其主要成员。又说他们修志时调查老年汉民,询问其原籍,不是回答云南,就是说是山东。⑥眼见这种发配的杨宾说他来往宁古塔道上所见汉人,"非云贵人则山东、西贾客"⑦。都说明在吉林的云南人多,原是

---

① 张缙彦:《宁古塔山水记·序》,黑龙江人民出版社,1984年,第5页。

② 民国《宁安县志》卷4《人物》,第2册第734页。

③ 杨宾:《柳边纪略》卷1,第15页。

④ 张缙彦:《城外集·三孝义传》,黑龙江人民出版社,1984年,与《宁古塔水山记》合刻,第64页。

⑤ 吴桭臣:《宁古塔纪略》,载《龙江三纪》,第237页;杨宾:《柳边纪略》卷3,第85页。

⑥ 民国:《宁安县志》卷4,第2册第725页。

⑦ 杨宾:《柳边纪略》卷3,第85页。

吴、耿、尚三藩部下余孽及其妻孥在康熙中被遣戍的。比如后来成为齐齐哈尔大族的汉军崔姓,号称"崔半城"①,本是孔藩下属,发遣宁古塔,次后随军到了黑龙江。②

清朝在吉林设有官庄,庄丁充当种地、打桦皮的差役;立有驿站,站丁传送公文;置有边门,台丁盘诘行旅;又有水师营,水手负有抗击俄罗斯侵略的使命。庄、站、台及水手营长官为汉军缺额,庄、站、台丁及水手由汉人充当,从三藩败兵和流放的汉人中签派。③如水师营水手,原籍多属福建和湖广。④

3.私自进入吉林的汉族、回族农民和商人。清朝政府对吉林地区实行封禁政策,不许流民擅自进入,前述边门就是为查禁闯入者设立的,但是吉林有广阔的处女地和名贵的貂皮、人参,吸引汉人冒险前来牟利。他们往往被称为流民。山东莱州人王孝子与母、妻渡过渤海,到宁古塔,转至吉林乌拉,做小生意。回民张广义、杨维平于17世纪到宁古塔贸易定居,至雍正六年(1728),加上陆续来的回民已有二十多户。⑤直隶人张文玺在乾隆初年迁至白都讷,转到双城堡(今吉林双城),后来发展成为当地的望族。⑥前面说到,杨宾指出商贩多来自山东、山西,稍后的情形仍然如此,不过由于数量增多,来地广泛,乾隆五年(1740)宁古塔将军鄂弥达报告:"流民多系山东、山西、直隶、河南等处人。"⑦

4.迁徙入境的通古斯语系民族。在黑龙江将军辖区生活和受蒙古人某种控制和影响的通古斯语系民族锡伯、瓜尔察等族人相继进入吉林。锡伯族源,说法不一,或曰鲜卑,或云室韦,原居住在绰尔河流域,受蒙古人控制,清朝于康熙三十一年(1692)将他们编为佐领,称新满洲。在此以前他们已有一部分移往白都讷和吉林乌拉,康熙三十八年(1699)白都讷锡伯人奉命迁徙盛京。锡伯人在白都讷居住近四十年,此后又有在北京充当王公包衣的锡伯人返回

---

① 西清:《黑龙江外纪》,中国方志丛书本,第80页。

② 英和:《卜魁纪略》,附刻《黑龙江述略》,黑龙江人民出版社,1985年,第120页。

③ 萨英额:《吉林外纪》卷3《满洲蒙古汉军》,中国方志丛书本,第1册第72页;吴振臣:《宁古塔纪略》,第233页。

④ 徐宗亮:《黑龙江述略》卷3《职官》,黑龙江人民出版社,1985年,第45页。

⑤ 民国《宁安县志》卷4《人物》,第2册第572、第613页。

⑥ 民国《双城县志》卷12《人物·氏族》,中国方志丛书本,第2册第384页。

⑦ 《清高宗实录》卷150,"六年九月戊戌"条,第10册第1153页。

这里。瓜尔察人原来是蒙古人的附庸,据说康熙帝巡幸吉林时,悲悯他们的不幸,用银子赎出,编为新满洲,住于白都讷,后来与锡伯同时迁往盛京。①

5.北京和盛京旗人移驻吉林。前述新满洲锡伯、瓜尔察从吉林内迁,新满洲赫哲、飞牙喀也徙盛京,又内迁北京。不习惯京中生活的,允许返回吉林故土。②这种迁出而又能回吉林的是少数,但是清政府有组织地用北京、盛京旗人充实吉林,则有一定的规模。吉林各地驻有定额的八旗兵,且因时有新防区的设立,从老地区调兵驻防,就要不断补充,招编新满洲是一项来源,同时从北京、盛京派军前往,如康熙二十五年(1686)由吉林调戍黑龙江一千五百名,次年由京旗补充吉林一千五百名。③乾隆九年(1744),京师八旗余丁七百五十名被发往吉林拉林(今属黑龙江省)驻防,次年又派二百五十名作为闲散余丁前来。清朝统治一定时间之后,八旗集中的北京、盛京的旗人生计发生问题,清朝政府开始向吉林派出旗人,进行耕作。乾隆初年,政府决定招佃开垦吉林五常堡荒地,沈阳旗人一千多户应招前往。乾隆八年(1743),被他们划入吉林旗籍。④在有组织的移民垦荒的同时,盛京旗下家奴就有偕家属私自前往的,而且日益增多,违背了旗人不得自行迁徙及封禁吉林政策,清政府鉴于形势,执行松动政策,对盛京兵部、工部、内务府壮丁、王公宗室家奴及旗下家奴,划入吉林官庄耕种,纳粮当差,对正身旗人也不一律捉拿押解回盛京原籍。⑤

6.蒙古旗人。在吉林驻防军中,有蒙古八旗,为一个协领,八个佐领,兵丁四百零一名,弓铁匠九十八人。⑥

移民的进入,使吉林的人口状况发生不小的变化。17世纪,吉林人烟稀少,流人钱志熙于康熙三年(1664)说宁古塔城,“皆深山穷谷,人迹罕到之地”⑦。当时宁古塔城为将军治所,竟那样荒凉,吉林其他地方的人口之少可以想见了。由于清朝建国期的统一战争和抽调人口,使明代吉林的一些市镇毁

①《吉林外纪》卷3《满洲蒙古汉军》,第69页;王钟翰:《清史新考·沈阳太平寺锡伯碑文浅释》,辽宁大学出版社,1990年。

②《宁古塔纪略》,第241页。

③鄂尔泰等:《八旗通志》卷27《兵制》,吉林师范大学出版社,1985年,第1册第518页。

④光绪《大清会典事例》卷1127《八旗都统·田宅》;魏绍周:《双城县乡土志》。

⑤光绪《大清会典》卷155《户口》。

⑥《吉林外纪》卷4《官兵》,第1册第129页。

⑦《宁古塔山水记》钱序。

灭了,如叶赫新旧二城"俱无人迹"。方式济道经于此,见状作《叶赫城》诗咏道:"空城草木长,狐狸自悲语",又说"史臣颂功勋,沧桑漏应补"。[①]就是说不要光歌颂清太祖统一的赫赫神功,也应当看到他"杀王浮民人"[②]的残暴性和破坏性。到18世纪上半叶,由于移民和土著的增殖,吉林人口有了明显的增长。雍正元年(1723),雍正帝说吉林乌拉"人口事孳生,各处之人聚彼贸易甚多",他的臣子也说这里"旗民杂处,商贾聚集",因而民事案件增多,于是每年向吉林派出满、汉科道官各一名,进行纠察。[③]又为加强对汉民的管理,决定在吉林设立专职民政长官,于雍正五年(1727)在吉林乌拉建立永吉州,于白都讷设长宁县,宁古塔建泰宁县。这里设州县后,人口统计数字相继上升,雍正九年(1731)永吉州人丁1470丁,雍正十二年(1734)即达2186丁,三年之间增长40.45%。长宁县雍正十一年(1733)人丁179丁,次年为201丁,增加12%。[④]雍正十二年(1734)盛京几个大州县的人丁是:锦县12239丁,宁远州7546丁,辽阳4539丁,承德3469丁,开原2439丁。[⑤]永吉州以新立之地,人丁直追开原,可知其人口增加的迅速。这种发展趋势,使得清朝在坚持封禁吉林政策的同时,执行中有所松动,即已经到了那里的汉人,有了家业,不再被当作非法移民强迫回籍,于是向政府申报户口的人员大幅度增多。永吉州在三年内多出1/3人丁,大约就是这样出现的。乾隆十五年(1750),清廷决策:"宁古塔及船厂工商佣作人等,不下三四万,有业可守,未免难迁,如果情愿入籍,应分别纳粮、纳丁,随宜安插。"[⑥]这里说宁古塔和吉林城有汉族商人和农业、商业佣工三四万人,已不是一个小的数目。

但是吉林面积大,虽然人口有了增长,密度仍很小。据梁方仲统计,乾隆五十六年(1791)吉林人口密度为0.20口/平方千米,为全国21个省、特别行政区的倒数第一,与人口密度最高的江苏的322.38口/平方千米,无法相比,连新建的巴里坤乌鲁木齐地区也有0.40口/平方千米的密度,吉林却只有它的一半。嘉庆十七年(1812),吉林人口密度上升到0.41口/平方千米,依然在

① 《柳边纪略》卷1,第13页。

② 张玉兴选注:《清代东北流人诗选注》,辽沈书社,1988年,第507页。

③ 《八旗通志》卷44《职官志》,第2册第851页。

④⑤ 乾隆元年《盛京通志》卷23《户口》。

⑥ 《清高宗实录》卷356,"十五年正月乙卯"条,第13册第917页。

各省区中属末位。①正是因为这样情形,嘉庆帝在二十二年(1817)说:"吉林土膏沃衍,地广人稀。"②不过,应该说18世纪上半叶吉林人口有了较大幅度增长,在吉林城、宁古塔、白都讷尤为显著,然因吉林地域广阔,人口密度仍极其微小。

说明了吉林土著和移民、人口状况及变化,现在归纳一下它的居民民族构成和移民社会的特点。清初吉林居民,有原来的土著和新移民,这中间有属于满—通古斯语系的满洲人,即编入八旗的满人,赫哲、锡伯、瓜尔察等族人形成的新满洲,姓长制下的赫哲、飞牙喀等族人,编入八旗的蒙古人,说汉语的汉军旗人;还有汉人、朝鲜人和信仰伊斯兰教的回族。从民族上说,新满洲、八旗汉军、八旗蒙古,都属于满族共同体,均为满族。王钟翰认为:"满族在历史上,不但把具有直接血缘关系的建州三卫、海西四部女真人糅合成满族的主体,同时也吸收了不少不具有血缘关系的外族成员,如蒙古、朝鲜、索伦、锡伯等各族人,特别是大量被俘或投充的汉人加入进来。"③这样理解清代的满族,笔者完全认同。据此,清初吉林满族包括明代女真人后裔老满洲、新满洲、在旗的汉军和蒙古人,范围广泛。满人在吉林虽有迁入迁出,但清朝有稳定吉林满人的政策,如顺治初年规定,驻防江宁等地八旗官员亡故,其子弟必须回京,不得留于当地,而在宁古塔、盛京的旗员老病告退,可以留居本地。雍正元年(1723)重申下述规定:"外省驻防八旗官兵,除盛京、宁古塔等处外,其江宁等省驻防亡故骨殖,仍照例进京,不许在彼置立坟茔。"④旗员可在吉林、盛京居住和立坟墓,而他处地方驻防人员则不允许,优惠吉林旗员,是鼓励他们以此为家,长久定居。

满族是土著,吸收新成分,定居意识强,所以清初吉林满人居于人口构成成分的多数。在17世纪尤其如此,吴桭臣在《宁古塔纪略》里说:"凡各村庄,满洲人居者多,汉人居者少",又说宁古塔"无商贾往来,往来者惟满洲而已"。⑤18世纪上半叶有了变化,汉人移民增多,吉林城附近尤明显。统观清初

---

① 《中国历代户口、田地、田赋统计》第82表,第262页;第87表,第272页。

② 《吉林外纪》卷10《双城堡屯田》,第2册第309页。

③ 王钟翰:《清史新考》,第68页。

④ 《八旗通志》卷328《职官志》,第2册第715页。

⑤ 《宁古塔纪略》第243、第256页。

全貌,居民以满族为主,汉人次之,朝鲜、回族稀少。但是值得注意的是,移民不断涌进,在土著本来人数绝对量不大的情况下,移民对居民成分的构成,对社会生活的影响与日俱增。而且进入满族共同体的汉人、蒙古人、锡伯人、瓜尔察人、赫哲人,总还保留他们原来的民族文化的一些成分,与老满洲有很多不同,所以清初的吉林社会是以满族为主体的多民族的移民社会,因而产生相应的社会特征,需要给予充分的注意。

三、移民促进吉林经济的初步发展

清初吉林有丰富的农牧业资源,但社会经济却很不发达。流人方拱乾说宁古塔四处都可以耕种,只要你愿意开垦,"一岁锄之犹荒地,再岁则熟,三四岁则腴,六七岁则弃之而别锄矣"。可见处女地多,则又肥沃。问题是要进行垦种,所以方氏指出"地贵开垦"①。吉林三宝——人参、貂皮、乌拉草为人所熟知,不必说了,在清初垦辟之前,野生资源极富,民谚"棒打獐子瓢舀鱼,野鸡飞到饭锅里"②,是极生动的描述,摆在人们面前的事情是如何去发展生产。

清朝政府重视驻军的生产,康熙帝于二十一年(1682)巡视吉林后指示注意农事,劝勉兵丁,"使勤耕种"③。军队的农业生产有两种方式,一是按八旗组织,生产粮食;一是专门建立官庄,用汉军垦殖。到 18 世纪 30 年代,这两种方式垦田 139435 垧,约合 13943.5 顷;另外台站役丁垦地 24684 垧。④官庄组织办法是每庄壮丁十名,每名每年向官府交粮,起初是十二石,另交草三百束,猪一百斤,炭一百斤,石炭三百斤,芦一百束,⑤后来改为交粮三十石。也就在这时,将部分台站和官庄的垦田 31782 亩改为民田,照民田办法向政府纳税。⑥其实,这是民人向军队渗透,代官兵垦种,至此政府承认这部分民人的垦种权利。这种民人是汉人私自移徙来吉林的。

清朝政府往往把流放人口赏给满洲、新满洲为奴隶,还有人到关内贩来

① 方拱乾:《绝域纪略·土地》,附新刻《黑龙江述略》,第 108 页。

② 民国《双城县志》卷 15《拾遗》,第 2 册第 450 页。

③《清圣祖实录》卷 102,"二十一年四月丙寅"条,第 5 册第 32 页。

④ 据《八旗通志》卷 21《土田志》,第 1 册第 392—394、第 398 页。

⑤《宁古塔纪略》,第 234 页。

⑥ 乾隆元年《盛京通志》卷 24《旗田》。

奴婢,这些奴隶有的被用作农业生产,这些奴隶会利用汉人的农事经验进行生产。

流民和流人进入吉林,把汉人的农业生产技术带来,在自身生产的同时,传授给满洲土人。流人到吉林,为维持生活,就其所长,"黍稷自耕耘"。流人、流民很快改变了宁古塔的生产面貌,原来此地不种粮食,"迁人比屋而居,黍稷菽麦以及瓜蓏蔬果,皆以中土之法治之,其获且倍"①。前述 18 世纪 30 年代纳税的民田 31782 亩,到乾隆十三年(1748)增至 454055 亩,为原额的 14.29 倍,增长速度惊人。这主要是清朝政府在吉林设州县认可流民垦荒的结果,如雍正五年(1727)设永吉州,时有粮田 14061 亩,雍正十二年(1734)增至 27213 亩,还有一批尚未达到纳粮年限的新垦田没有计算在内。②所以实际垦田要比纳税田多。流民初到吉林,没有居住权和认垦权,依附于旗人,充当其佃户,受其控制,所谓"流民多藉旗佃之名,额外开垦,希图存身,旗人亦藉以广取租利,巧为庇护"③。雍正四年(1726),清政府允许佃户向政府登记纳粮,"不许原主侵占"④,有利于汉人移民的垦种。在流民作为佃户时,与其旗人田主,必有农业经营方式和耕作技术的交流,对促进当地农业生产整体水平的提高必有好处。成百上千的流民进入深山密林偷刨人参,因为人多、时间长,自带食粮不足食,逐渐学会分工,一部分人采参,一部分人种地,增产了粮食。⑤旗人也因采参不足以维持生活,需要学习种地,于是从汉人那里学到技术。⑥

满人精于狩猎。八旗官兵四季从事捕猎,有多种方式。小围,当天或二三日内来回;秋天打野鸡围;十一月打大围,一去二十多天,按八旗各据方位,缩小对野兽的包围圈,合围之后,没有将令不许擅自射猎;十二月底举行年围。冬至时期,令士兵到各山野烧荒,以便来年草木长得更加茂盛。端午节后派人统一牧放马匹,为逐水草,常去几百里以外。到七月马肥始返回住地。⑦军士捕

① 《城外集·宁古塔物产论》,第 54 页。
② 乾隆元年《盛京通志》卷 24《田赋》。
③ 《清高宗实录》卷 356,"十五年正月乙卯"条,第 13 册第 917 页。
④ 《八旗通志》卷 18《土田志》,第 2 册第 330 页。
⑤ 《清高宗实录》卷 187,"八年三月辛未"条,第 11 册 407 页;《吉林外纪》卷 8《杂记·查山》,第 2 册第 267 页。
⑥ 民国《珠河县志》卷 12《物产》,中国方志丛书本,第 2 册第 519 页。
⑦ 《宁古塔纪略》,第 250 页。

猎,大体上采取平均分配的方法。康熙帝指示"所获禽兽,均行分给"①,分配前要注意通知贫人,以免遗漏。满人狩猎技术高明,很能跟踪禽兽,必捕获方休,汉人见之,惊叹不已。吴振臣说满人"最善于描踪,人、畜经过,视草地便知,能描至数十里"②。王姓副都统辖区的满人,基本上以渔猎为生,生产的貂皮和东珠为上品。汉人到吉林,向满人学习狩猎,如流人陈志纪所说:"从人学射猎,驱马试讴吟。"③

吉林幅员辽阔,各地生产状况不一,发展也不平衡。19世纪20年代问世的《吉林外纪》描叙各地经济与民风情形是:吉林乌拉人"务农敦本,以国语骑射为先";宁古塔人"耕作之余,尤好射猎";珲春"旧无丁民,亦无外来民户","捕打海参海菜为生,少耕作";白都讷人"好骑马,常于马上抓木棒,捕野兔山猫,百发百中";三姓人"善骑射";阿勒楚喀(今黑龙江双城)人"尚耕钓,素称鱼米之乡";拉林人"务农之余,熟娴骑射";双城堡"旗丁娴熟耕作,地利大兴"。④以上说的包括18世纪后半期的情形,不完全是清初的,但其中只有阿勒楚喀、双城堡、拉林是后发展的,所以还是基本上反映了清初吉林的经济状况。

总之,就农业来说,17世纪的吉林缺乏农耕,生产以采集业和渔猎业为主,18世纪上半叶农业在吉林城、宁古塔、白都讷兴起,为以后的发展奠定了基础。

清初吉林商业状况变化比较大,主要体现在吉林城和宁古塔城的兴起和走向繁华上。清初,商业原始,少货币交换,多系以物易物。流人、流民的移入,家畜业的相对发展,行政中心的建设,促进了商业的兴起。17世纪中叶,宁古塔人出门不用带食粮,走到哪吃到哪里,不给钱,主人也不觉得是做了好事。⑤说明那里少行旅,缺乏商品意识。康熙二十八年(1689),杨宾从关内到宁古塔,在吉林境内,也是行人不带食物,投宿主人招待吃住不要钱,但没过多久,

---

① 《清圣祖实录》卷102,"二十一年四月丙寅"条,第5册第32页;民国《宁安县志》卷3《职业》,第2册第523页。

② 《宁古塔纪略》,第245页。

③ 《宁古塔春日杂兴》,载张玉兴选注:《清代东北流人诗选注》,第396页。

④ 《吉林外纪》卷8《风俗》,第2册第259页。

⑤ 《绝域纪略·风俗》,第112页。

行人大增,主人招待不起,收取饭费。①说明商业开始了。

宁古塔城,为唐时渤海国上京龙泉府,历史上有过辉煌的一页,清朝在这里设将军府,安置流人,"立场集,教民贸易"②,又建新城,居民上千家。18世纪初有商店36家,32家设在东关,另4家开庄西关;22家买卖食品,10家经营布帛杂货。③附近村庄居民到城中贩卖鸡豚粟布蔬菜,也有城里人到村屯买卖货物,"商农便之"。当地产藕,满人不知是食物,汉人教给他们食用,并拿到城里出卖。④做生意的多是汉人、回民,其中有流入的读书人和官员,他们颇有社会地位,因为满人官兵经常向他们赊账,不能不买他们的情,他们甚而能和将军、副都统接交。⑤出生于宁古塔的吴桭臣说当地"人烟稠密,货物客商络绎不绝,居然有华夏风景"⑥。

吉林城,明初开发奴尔干都司地区,特在这里设立造船厂,后来随着明朝的衰落而停止发展,清朝再次于此建船厂,设将军衙门,成为吉林行政、交通中心,立刻兴旺起来。18世纪初,人烟辐辏,仅流人就有千余家,"百货凑集,旗亭戏馆,无一不有,亦边外一都会也"⑦。吉林城在位置上靠近盛京,为关内和蒙古人聚居地,农业、商业易于发展,繁华程度很快超过了宁古塔。

清朝对实行姓长制的部族,在接受其朝贡之时,开展边民间的贸易。朝贡地点初在宁古塔,后改在三姓。凡纳贡之姓长、乡长、民户,政府向每户选收一张最好的貂皮,并给予赏赐。他们所带来的其他物品,自行贸易。所以每当纳贡之期,聚集了各族商人,开展交易活动。土人所得赏物袍帽靴袜、鞋带、汗巾、扇子,有的人并不把它们看得贵重,贱价卖给识货的商人。⑧

吉林地区还与朝鲜开展贸易,从宁古塔到朝鲜会宁府购买食盐,交易牛马布铁。⑨

---

① 《柳边纪略》卷3,第90页。
② 《宁古塔山水记·石城》,第8页。
③ 《柳边纪略》卷3,第184页。
④ 《宁古塔山水记·沙岭》,第22页。
⑤ 《柳边纪略》卷3,第84页。
⑥ 《宁古塔纪略》,第231页。
⑦ 《柳边纪略》卷1,第13页。
⑧ 《宁古塔纪略》,第240页。
⑨ 《绝域纪略·饮食》,第113页。

清初吉林商品交易大体如此。到19世纪初,吉林城有了粮米行街,宁古塔南门外也有了商店,白都讷南北街皆有商铺,三姓西门外街市尤盛,阿勒楚喀西门外商贾辐辏。①比清初又有了发展,说明清初吉林商业的兴起只是初步的,是在几个城镇表现出来的。

清初吉林开发,是移民带来的先进文化起了作用。流民、流人以汉族的农耕技术开荒种田,加之汉军的垦荒,使农业生产不再是稀罕的事情。商业,基本上是移民汉人和回族人的职业,可以说移民是吉林经济恢复和发展的活力,是主要的社会力量之一。

四、移民与土著生活方式的交融

清初吉林文化可以简单地分为两大系统,即旗人和汉人两系,但实际情况要复杂得多,旗人中有满、蒙、汉军和新老满洲的不同,流人来自关内各省,生活方式不尽相同,人们汇集吉林的始初,各自按照原来的文化习俗生活,互不干扰,如方拱乾所说的:"八旗非尽满人,率各因其类以为风俗,华人则十三省无省无人,亦各因其地以为风俗矣"②。时间稍久,移民和土著互相学习,开始接受对方的习俗和文化,特别是土著满人与到内地的有所不同,尊重汉人,因而双方关系融洽,为相互学习创造了良好的社会环境。民国年间《宁安县志》编撰者总结早期满汉关系,指出官员由满人担任,汉人相形见绌,但"满俗敦厚,对于汉人猜嫌夙泯,若恃势凌侮之事绝少闻见"③,不仅如此,满人对汉族流人表现出相当尊重。如在宁古塔,满人对流放的监生、生员统称为"官人",加以尊敬,"盖俗原以文人为贵",④见到流人,凡骑马必下马,行路的则滚道,不荷戈的老人则匍伏在地,等士大夫过去才起身行走;满族上层与流人中的名士交游,把他们吸收为幕客和西宾,像苏州慎交社领袖吴兆骞受宁古塔将军巴海之请为书记兼教席,他与副都统安珠湖、参领萨布素、穆参领、阿佐领等为友,在《陪诸公饮巴大将军宅》诗中咏道:"四座衣冠谁揖客,一时参领

①《吉林外纪》卷2《城池》,第2册第58页。
②《绝域纪略·风俗》,第110页。
③《宁安县志》卷2《司法》,第2册第349页。
④《柳边纪略》卷3,第85页。

尽文人。褐衣久已惭珠履,不敢狂歌吐锦茵。"吴氏参加巴海与其部属的宴会,虽然行动还有所顾忌,与满人不能完全打成一片,但巴海帐下有不少汉族文人,能混迹于满洲上层,就显出满人的宽容,是文化认同的条件。泰州人陈志纪《宁古塔春日杂兴之三》云:"幕府虽加礼,乡园尽已疏。"[①]在怀念故乡的情绪中,流露出将军对他讲礼仪,或许亦应聘入幕。他以行医为生,想来亦多为满人诊治。满汉畛域之见双方都存在,在清朝政策中表现突出,如始初不许汉人住在宁古塔内城,三藩之乱从吉林调兵,才允许汉人进住。[②]汉人与汉军原来民族相同,汉军保留汉文化和生活习俗,所以流人"每与汉军为伍",满人常把流人与汉军合称为汉人。[③]不管怎么说,在吉林,满人较宽容,满汉隔阂不严重,双方能取长补短,文化与生活面貌各有所改变。

雍正十二年(1734),吉林地方官员报告民俗,说永吉州质朴气刚、人敦忠信,长宁县崇俭尚朴、潮濡声教,宁古塔性直朴,白都讷俗贵直诚,珲春俭朴相尚。[④]这里所说的民风旗俗,不外两方面内容:朴质憨厚,是古代农业、渔牧业民族的特点;崇尚忠信,是汉族儒家文化的表现。这两项内容,在永吉、长宁汉人较多的地方结合起来了,在满人聚居地主要是质朴一面,礼教尚少,表明吉林满人部分接受汉文化,转变自身生活方式,但转变还不大。清初吉林满汉文化的糅合,并保留各自特点,从以下几方面可以有所了解。

(一)祠祀、宗教所表现的信仰方面

汉人崇奉天地神祇和祖宗,对佛道采取宁肯信其有而不敢抗违的态度。清朝政府尊重流人的信仰,把对天地神祇的崇信作为国策,向吉林推广,迅速建立各种坛庙,也给满人不少的影响。

兹将永吉州、宁古塔的坛庙设置分别立表于下:

---

① 《宁古塔春日杂兴》,载张玉兴选注:《清代东北流人诗选注》,第397页。
② 见《宁古塔纪略》,第232页。
③ 《柳边纪略》卷4,第107页。
④ 乾隆元年《盛京通志》卷25《风俗》。

永吉州坛庙表

名　称	建设年代	备　注
社稷坛	1732	
风云雷雨山川坛	1732	
先农坛	1732	
望祭坛	1733	望祭长白山神
关帝庙	1665、1701	
马神庙	1671	共三所
城隍庙		
天齐庙		
火神庙		
财神庙		
文昌阁		
百吉庵		
西方庵		
九天元(玄)女庙①		
药王庙	1738②	

宁古塔祠庙表③

名　称	建设年代	备注
观音阁	1664	住持静今、寂印
老君庙	1666	
三官庙	1682	住持朱一翁
古佛寺	1691	住持荣惠
娘娘庙	1692	住持洞贵
财神庙	1706	
火神庙(既济庙)	1710	兼祀火神、龙王,住持天然
石佛寺(兴隆寺)	1713	古废寺,至是重修
药王庙	1715	

---

① 以上据乾隆元年《盛京通志》6《祠祀》。

② 吉林市博物馆编:《吉林史迹》,吉林人民出版社,1984 年,第 84 页。

③ 主要据民国《宁安县志》卷 2《祀典》、卷 3《宗教》《祠宇》资料制作,另据《柳边纪略》《宁古塔纪略》《域外集》及《吉林外纪》卷 8《杂记》资料。

名　称	建设年代	备注
老圣庙	1715	
城隍庙	1722	
土地庵	康熙初	住持尼,王姓
西来庵	康熙初	
清真寺	康熙初	
城隍庙	康熙初	两所城隍庙
地藏庵	1729	
功德院	雍正间	民妇石熊氏舍宅建
弥勒院	1739	
山神庙		

吉林其他地方也不乏祠庙,关庙和佛刹设立相当普遍,为省篇幅,不再罗列。

上列种种坛祠庙宇中,有几种类型,有政府设置的,如社稷坛、先农坛等,这些坛祠,在直省地区,普设于各府州县,清初在吉林推广到永吉州、长宁县。崇奉天地神祇是官方敬天哲学和政治思想的表现,对民众起教化作用,汉人早已世代传奉,至此教育满人接受。望祭殿,崇祀长白山山神,是清朝特设的。

有纯宗教的寺院,如佛寺、道观、清真寺。回教徒多是其宗教的虔诚信奉者。僧尼道士照说应当是忠实信徒,但不尽然,清初吉林的僧衲多有因政治原因而寄身空门,但他们既着衲衣则从事佛教之宣传,与流人结交自不必说,且与流人中的居士共同宣扬佛法,而满人上层亦颇以崇佛为事,乐建庙宇,向满人灌输佛理。起初满洲土人不识佛教,当和尚诵经时,围观笑乐,随后有了一点佛教知识,乃严肃起敬,学着合掌谛听。而蒙古人原来就信仰喇嘛教,习以为常了。①满洲上层接触佛教早于一般满人,巴海令建宁古塔西来庵,香火旺盛,安珠瑚常去游观,令于附近建观音阁,信士崔某与僧静今董建成功。②康熙七年(1668),从北京来的和尚天空又发愿在庵前筑莲花池,流人张缙彦等助

---

① 《绝域纪略·风俗》,第112页。
② 《域外集》,第41页。

他建成。①沙兰废城原有一石观音,康熙八年(1669)宁古塔蓝旗协里巴黑塔遗命长子吴达哈建庙,吴达哈乃出资,静今董其事,于次年竣事。②事实表明,佛寺之建设乃满人上层、流人与僧侣合作进行的,以向土著与移民展示佛的力量,使佛教走向吉林民间。

有本为汉人的信仰,但很快被满人接受,如关帝庙、城隍庙等。汉人信奉关羽,在宁古塔建庙,开始挂的是关公画像,觉得大圣不够威严,适有从湖广来的汉人会雕塑,于是改为塑像。③在土著满人不知道佛的时候,已粗知关帝,逐渐建起庙宇。④雍正五年(1727),泰宁令戴肇铭给关庙题写匾额和对联,誉关羽为"亘古一人""品物咸亨",⑤向民众宣传关公。当关公五月初三日诞辰时,吉林进行奠祭的同时,举办庙会,康熙年间流人张贲咏其盛况:"奔走同羌貊,喧阗汉将祠。殊方咸虎拜,绝塞有龙旗。"⑥对关公的崇拜,把满人汉人连在一起了。

有满人所推崇的,也为汉人所乐奉,如山神庙、马神庙。满人发祥于长白山,又以国语骑射为传国政策,对山神、马神的礼拜是自然的事情,所以建庙表示心愿。山神庙建立在山间,设备简陋,往往在深山绝涧,架木板为小庙,庙前竖木杆,供山神,祈求保护,免遭猛兽侵袭。⑦

满人保持其萨满教信仰和祀祖的特有仪式。以跳大神祈求神灵,祭祖在院中立一杆,杆头系布片,并在室内西墙设龛祭礼。⑧汉人则没有这类活动。

(二)节日

各民族有其自身的节日,表现民族特征。清初满汉有共同的节日。大家都过新年,只是各有特点。除夕,满人幼辈到长辈家辞岁,行叩首大礼,长辈安然受之,不回礼。⑨汉人贴春联,所谓"茅屋桃符仍旧俗,瓦盆麦酒是新菹"⑩。到了

---

① 《域外集》,第43页。

② 《柳边纪略》卷1,第21页。

③ 《域外集》,第69页。

④ 《绝域纪略·风俗》,第112页。

⑤ 民国《宁安县志》卷4《人物》,第2册第654页。

⑥ 张玉兴选注:《清代东北流人诗选注》,第387页。

⑦ 张凤台:《长白汇征录》卷4《祭祀》,中国方志丛书本。

⑧ 《绝域纪略》,第112页;《宁古塔纪略》,第248页。

⑨ 《宁古塔纪略》,第248页。

⑩ 《柳边纪略》卷5,第144页。

新居地,没有节日用的细瓷器皿,只好用瓦器盛麦制劣酒了。满人也贴春联,用红纸以图吉祥。元宵节,流人姚琢之按汉人传统习惯,制作灯笼,引动土人和迁客聚观,以此传播了汉人文化和上元节风俗。①清明节,满汉均行扫墓,满人富贵者骑马乘车往墓所,贫民带上祭品和炕桌。②这种共同的节日活动,表现出节日文化的大同小异。

(三)衣着饮食

服饰对清初吉林居民有三重价值,一是御寒,二是美观,三是表示身份。对此,满汉趋同的审美观在加强。原来宁古塔满人只穿麻布衣、鹿皮衣,汉人带来布帛,富贵者兑换,穿着以为时髦,后来风气变化,富人穿绸缎料子,冬天穿猞猁狲、狼皮大衣,穷人才穿布帛。③由重视布帛到时行绸缎的变化,和历史上的汉人一样,有个衣着审美观的变化过程。城里是这样,村屯民众则是传统服装。清末记载云:“身则短衣,足则乌拉,首则皮帽,仿佛先代衣冠习俗然耳。”④清末尚且如此,清初自不必说了。

饮食随物产而定,移民入乡随俗,吃兽肉、稗谷,这是受满人影响;满族上层食不厌精,系受汉人积习的同化,豪家“不嫌几席少,偏爱酒席深。风俗套卢橘,人情厌海参”⑤。

(四)丧葬习俗

汉族实行土葬,满人习惯于火葬和风葬,这是满汉丧葬的根本不同。满人棺盖尖而无底,内垫麻骨苇柴之类,以便火化。富贵者生前指定一妾殉葬,不得推脱。孝子为父母守丧,一年除服,在此期间不许剃发。在满汉丧俗中也有相同的地方,如入殓都用装裹,出殡仪式与佛教有一定关系,讲究做七,都有守丧期。⑥满人还有树葬习俗,置尸于大树干内,置放陪葬物,用这种葬法的多为萨满教职业家。⑦还有风葬,即将棺木放在野外木架上,俟棺木将朽,再入土

①《域外集》,第44页。

②④《宁古塔纪略》,第249页。

③《柳边纪略》卷3,第84页。

⑤《柳边纪略》卷5,第152页;张玉兴选注:《清代东北流人诗选注》,第387页。

⑥《宁古塔纪略》,第249页;《绝域纪略·风俗》。

⑦民国《宁安县志》卷3《宗教》,第2册第577页。

下葬。①蒙古人死后与多数满人一样实行火葬,妻妾愿意殉葬的,听其本人自愿。②满人后来改行土葬,而蒙古人维持葬俗,直到清末民初才仿满式土葬法。③表明满汉融合快,而蒙汉融合慢。

(五)婚姻习俗

满人联姻,选择门第相当的人家作为对象,选请老人去说媒,得到允许,男方之母去女家探视,给簪珥布帛,女家接受了,男方之父率其子拜访女家姻戚家,无异词,再去女家叩头,才算把亲事定下来,接着是下茶请筵席,都是男方的事,女方则办陪送。④结婚时不用傧相和鼓乐,迎亲用轿车,挂起红绿绸。新娘只拜公婆,没有交拜礼。⑤婚龄早,多在十岁之内,否则被视作晚婚了。汉人也早婚,但满人最早。汉人历来有婚嫁六礼之习,各个时代侧重点有所不同,满人没有六礼之说,但请媒说合,下彩定,举行隆重结婚仪式,以及由家长主婚,皆是相同的。满洲上层实行一夫多妻制,与汉人上层一样。满人离异不像汉人看得那么重,男子有了新的意中人,动辄令妻离去,若子女已年长,甚至成亲了,也不敢劝乃翁留下老母;出妻也容易再婚,婚后到前夫家与新妇还可以交友,不受离异的影响。⑥

满人受儒家礼教影响,逐渐讲究守寡,清政府以旌表加以提倡。康熙、雍正年间宁古塔城受旌扬的镶黄旗尼哈拉氏兵丁尼雅讷妻等7人。⑦乾隆四十五年(1780)以前,三姓城受表彰的旗人寡妇二十六人,其中有正蓝旗满洲披甲纳木力妻舒穆鲁氏,二十五岁夫亡,守寡二十三年;⑧吉林城满洲闲散德得未婚妻守贞亡故,乾隆三十八年(1773)受旌。⑨雍正年间定制,寡妇守节十五年以上、四十五岁以上亡故才可能得到旌表,所以三姓和吉林城受表彰的节妇贞女,均生活在18世纪上半叶。她们以汉人的从一而终的观念为理想,守寡不再结婚。

---

① 《宁古塔纪略》,第238页。
② 《宁古塔山水记》,第32页。
③ 民国《绥化县志》卷7《礼俗》;黄维翰:《呼兰府志》卷10《礼俗·丧礼》。
④ 《柳边纪略》卷4,第108页。
⑤ 《宁古塔纪略》,第249页;《绝域纪略·风俗》。
⑥ 《绝域纪略·风俗》,第111页。
⑦ 民国《宁安县志》卷4《人物》,第2册第617页。
⑧ 民国《依兰县志·人物》,第149页。
⑨ 《吉林外纪》卷8《贞节》,第2册第262页。

（六）社交礼仪

满人的社会礼节有多种内容：尊重老年人，不同年龄的人同时出行，至宿处，老年人歇息，年轻人侍候，各自以为当然；客人来了，请坐南炕，因满人居室，南、西、北三面皆有炕，主人居南炕，奴隶居北炕，故请客人南炕上坐；相见行握手礼，互致问候，久别重逢，行相抱礼。①

汉人对女子的"别内外"规范，要求严格，虽然在社会下层做不到，但上层是要注意的。满人开始无所谓，后来有了别内外的要求。前述客人到宅，延至南炕，"往来无内外，妻妾不相避。年长者之妻呼为嫂，少者之妻呼为婶子，若弟妇"②。这种男女关系比较自然。家庭宴客中间，妇女出来敬酒，跪地奉劝，等客人饮了酒才起身，这样客人就不能不多喝了。③这种内外无别的情况，至康熙末年已开始有了变化，首先表现在住宅内，用帐帘分隔南北，用汉人的眼光看是"障之成为内外矣"④。

（七）娱乐

汉人上层把一些娱乐方式带到吉林。汉人张缙彦家中养着歌妓十人，汉人祁班孙、李兼汝调教的戏班有十六人之多，但这种家庭剧团维持不能长久，后来解散了。他们演唱的大约是昆剧。康熙二十八年（1689），山东马戏班子到宁古塔演出，给人们留下很深的印象。⑤吉林城比宁古塔进一步，出现了戏院，人们能够经常看到演出，⑥增添了生活的乐趣。流人还偶或组织诗会，吴兆骞、张缙彦、钱威、姚其章、钱虞仲、钱方叔、钱丹季等七人，于康熙四年（1665）集会赋诗，为一方雅事。马吊，也被汉人带来，引起满洲上层少年的浓厚兴趣，他们所用的筹码，都是从北京买来的上等品。对于这种不正当的娱乐，杨宾讽刺道："少年新丰客，翩翩亦自豪。围棋群赌墅，叶子日分曹。果下高丽马，腰间大食刀。可怜编卒伍，万里驾风涛。"⑦满人还有传统的民族娱乐，如莽式歌舞，每

---

① 《宁古塔纪略》，第247页；《柳边纪略》卷4，第108页。
② 《柳边纪略》卷4，第108页。
③ 《柳边纪略》卷3，第91页。
④ 《绝域纪略·宫室》，第109页。
⑤ 《柳边纪略》卷4，第113页。
⑥ 《柳边纪略》卷1，第14页。
⑦ 《柳边纪略》卷3，第91页；卷5，第152页。

当欢庆之时,男女二人相对而舞,观者拍手歌唱以助兴。①儿童玩一种叫作噶什哈的游戏,用狍、鹿前腿前骨灌上锡,放置地上,投掷中者为赢,有时年轻人亦参加玩耍。②

上述种种事实,令我们知道满人是比较开放的,他们乐于向先进文明学习,但是这与当时清朝政府封闭吉林的政策相矛盾,否则这个地区融合的速度还要快一些,进步多一些。清朝封禁吉林,严禁汉人入内,又强调落实国语骑射政策。官方兴办满学。康熙十五年(1676),康熙命令在宁古塔办满学,亲自审订规则,赐学校名曰"龙城书院"。康熙三十二年(1693),吉林城设满洲官学,雍正五年(1727)建宁古塔官学,珲春亦设立了学校,令"教化所兴,无应弗漏"③。学生学习满文与骑射技艺。雍正二年(1724),在吉林设蒙古学。④但是没有儒学(汉学)。雍正二年(1724),给事中赵殿最建议在吉林城设立文庙,设学校,供满汉子弟读书考试。雍正帝不批准,认为这是无益的事情,因为清朝"唯赖乌拉、宁古塔等处兵丁,不改易满洲本习,今若于此崇尚文艺,则子弟之稍颖悟者,俱专意于读书,不留心武备矣"⑤,本朝靠的是武略,焉用文教虚文来粉饰。满人在关内汉化较迅速,相比之下,吉林差些。嘉庆五年(1800),嘉庆帝称赞"吉林地方,清语骑射俱好"⑥,下令把犯错误的京城旗人发往吉林,学习清语骑射,以保持满人本色。官方这一政策,使吉林满人难于学到汉文化,所以长时期内不出学者和科学家,影响当地满人文化的提高。所幸的是当地满人不保守,自发学习汉文化者也有一些,如前述巴海聘请吴兆骞教其二子读书。阿思哈之父有《通鉴纪事本末》,车尔汉之父有《大学衍义》《纲鉴》《皇明通纪纂》等书。⑦显然他们会读这些儒家史书,不过这类人太少了。

上述诸种事实表明吉林满汉各族民众追求中华文明之大同,并保持民族文化特征,民族杂居,很容易在各自文化中造成你中有我、我中有你的状况,

---

① 《宁古塔纪略》,第248页。

② 《柳边纪略》卷4,第114页。

③ 民国《宁安县志》卷2《教育》,第2册第297页;乾隆元年《盛京通志》卷21《学校》。

④ 《吉林外纪》卷6《儒林》,第1册第197页。

⑤ 《八旗通志》卷67《艺文》,第2册1285页;《清世宗实录》卷22,"二年七月甲子"条,第7册第360页。

⑥ 《清仁宗实录》卷64,"五年四月戊戌"条,第28册第852页。

⑦ 《柳边纪略》卷4,第113页。

清初吉林社会亦是如此。满人吸收汉文明，汉人接受一些满人生活方式，两者有趋同现象。作为中国大家庭的各民族有很多共同的东西，即有元旦、上元等共同节日；对天地神祇的信仰和对祖先的崇拜，对佛道的崇奉；生活方式有相同的审美情趣；社会等级身份观念和伦理观念的趋同。以此为标准，衡量清初吉林的满汉各族人，满人日益增加中华民族的共性，朝着与主体民族汉族的文化相接近的方向发展。杨宾在《宁古塔杂诗之十三》中写道："只今风俗变，一一比皇畿。"这个以满人为主体的地区的文化与首都相同，说明宁古塔文化基本上是汉文化。杨宾在同诗之一中说："老亲忠信在，不减住中华。"[1]赞美其父杨越德高望重，与在内地一样受到宁古塔满人的尊敬，只有社会道德标准统一才会有这样的共识。这都说明吉林满族、汉族不可分离。当然，吉林满汉各族仍有各自的民族特征，仍然是独立的民族，这才使吉林文化色彩纷呈、异样多姿。满族接受汉文化有个过程，在吉林各区域也不是同一速度的，如赫哲人迁到桦川，编为新满洲后才学习满文，保持了一段时间，直至清末学习汉语汉文，[2]其生活方式的变化就缓慢一些。

五、移民对吉林社会发展的意义

移民到吉林，不论是被迫的，还是自愿的，对自身行动的价值，很难有充分的认识。考察清初移民去吉林，对当地有意义，对中国历史也有不可忽视的价值，最主要的是促进当地经济、文化的发展，是吉林地区历史上民族融合的新起点，起到抗击17世纪至18世纪沙俄殖民侵略的作用，下面略做说明。

促进吉林经济、文化的发展。本文第三、第四节对这方面已有不少叙述，现在只需作一概述。汉族移民的到来，与土著满人、新满洲、蒙古人、朝鲜人一道，充实了这里稀少的人口，在保持本地传统的渔牧业同时，初步建立了农业和商业，新的城镇兴起。康熙末年，在齐齐哈尔的方式济撰著《龙沙纪略》，指出吉林与黑龙江两将军管辖有七个重镇，为吉林城、宁古塔、白都讷、三姓城、齐齐哈尔、墨尔根、爱晖。都是移民新兴城市，吉林居其四，比黑龙江发展快，因为吉林移民比黑龙江在先，故而早发展，可见移民对当地建设的作用。白都

---

① 张玉兴选注：《清代东北流人诗注选》，第531、第533页。
② 民国《桦川县志》卷2《交通》，中国方志丛书本，第1册第176页。

讷于康熙末年开始发展,原比宁古塔开发晚,雍正年间于两地同时设县治民事,可是宁古塔的泰安县只设两年即被取消,而白都讷的长宁县却得长存,究其原因,乃是宁古塔移民少,白都讷移民多,源源而来,故一需县治,一则没有那么大必要,只好取消。白都讷在宁古塔之西,是盛京、吉林往黑龙江、蒙古的交通要道,往关内比宁古塔方便,关内移民前往吉林,去白都讷也比去宁古塔便捷,故而宁古塔一旦失去吉林行政中心的地位,移民大减,而令白都讷后来居上。乾隆、嘉庆年间发展起来的拉林、双城堡,也是靠移民,如双城堡城墙即是嘉庆年间由当地商民捐资建造。[1]吉林的文化也靠移民的力量来建设。民国《宁安县志》在《凡例》中指出:当地"人文蔚起,迹其文明输入,断推清初迁谪诸贤"。又在卷4《人物志》序中说:"吴兆骞等辈谪戍到此,为文化之先导钦!"事情确系如此,流人及其子孙在吉林著书立说,作诗文,释佛典,尤其是对吉林历史、地理、民族、社会风情撰有多种著作,如杨宾的《柳边纪略》,吴振臣的《宁古塔纪略》,张缙彦的《宁古塔山水记》,方拱乾的《绝域纪略》(《宁古塔志》)等,留下了18世纪前后吉林历史极其珍贵的资料。要之,设若没有移民的一定数量的进入,吉林在清初的经济、文化发展,其规模、程度都要小得多。

吉林地区各族新融合的一个新起点。从周代肃慎到清朝的满洲人,世代居住在吉林,换句话说,吉林在历史上是少数民族聚居地区,但不断有汉人和其他民族进入,发生摩擦和融合。汉人大规模到东北,首次大约是在东汉末年和三国时期,不过那时主要是辽东,吉林辽远,未必有多少人能够到达。但那时汉文化对吉林地区的影响当无疑议。不过第一次汉文化与吉林土著文化显著的交流与融合是在唐朝统治时期。7世纪末年,粟末靺鞨人大祚荣在松花江上游建立震国,定都旧国(在今吉林敦化附近),唐朝册封他为渤海郡王、忽汗州都督,大氏政权遂称为渤海政权。大氏子孙承袭均由唐朝册立,唐廷册封使多次到达渤海国,渤海不停地派人到长安太学学习文化和古今制度历史。渤海的政权建设依照唐朝三省六部制,设立宣诏、中台和政堂三省,忠、仁、义、礼、智、信六部。经济也有所开发,种植稻谷,纺织丝绸。8世纪上半叶,黑水靺鞨兴起于勃利(在乌苏里江与黑龙江的合流处,清代三姓副都统辖区内,今俄罗斯哈巴罗夫斯克),首长倪属利稽到长安朝见,唐玄宗任命他为勃利州刺

---

① 民国《双城志》卷2《舆地·城池》,第20册第6177页。

史,赐皇姓李姓。满洲先世的靺鞨人,在唐代较多接受汉文化,可以说是吉林历史上第一次大发展时代。①

第二次大发展是女真人金朝兴起与统治时期。在女真人受辽朝辖治时,辽朝把进化较快的女真人(熟女真)迁到辽阳以南,12世纪建立金朝的女真部兴起于按出虎水(后日上京会宁府地,清代阿勒楚喀地区),推翻辽朝和灭掉北宋,统治北方和中原,制作女真文(女真大字、女真小字)。进行大规模移民活动,一面把女真人向内地迁徙,一面把燕京、山西的部分富人、农民、手工业者移徙上京。移民带来农业、手工业生产工具和技术,大兴垦殖,使上京地区冶铁业与农业生产工具接近宋朝人的水平。汉人、女真人的结合,有效地提高了上京地区的生产和经济水平。

元代和明初是吉林土著和汉族融合的另一个时期,元朝在东北设辽阳行省,内设开元路、合兰府水达达路,即为日后清代宁古塔将军辖区,宁古塔即属于开元路。设驿站,沟通中央与女真地区的联系,又征调女真人从军。元朝在这里实行"随俗而治"的方针,对女真人的"无市井城郭,逐水草而居,以射猎为业"的状况改变不大。②明初大力经营奴尔干都司,但维持时间不长。所以元明时期吉林地区的发展没有金代显著。清代是吉林地区发展的一个新时代,特别是到了清朝后期,汉人移民骤增,使吉林农业、商业、手工业、采矿业、运输业发展水平有了大幅度提高。清初只是发展的前奏,是准备期,还没有发生大的变化,如手工业,除了造船业,并无大发展,所以说它是新的民族融合时期,经济发展的起点。

写到这里有个问题需要明了:清初吉林地区的落后,与它在历史上出现的发展是什么关系?吉林地区的开发,至少可以说经历了唐代渤海国和金朝时期的提高,农业、手工业和商业均有一定的水平,何以到了清初,反倒是社会经济主要是采猎业呢?这样说符合实际吗?笔者的理解是:这里的文明是断断续续发展的,有时后代比前代落后。吉林土著与移民外来文化结合,其中一支发展得快(所谓"熟女真"),迁徙出去了,留下来的是开化程度低的(所谓"生女真""野人女真"),所以本地区还是落后。先进的走了,落后的留下了,如此循环,发展—停滞—发展—停滞,呈现出断断续续的前进状态。当然还有战

① 《新唐书》卷219《渤海传》,中华书局点校本,第20册第6177页。
② 《元史》卷59《地理二》,中华书局点校本,第5册第1400页。

争的破坏,满族先人政权的兴亡,极大地影响着吉林地区的兴衰。这种情形,在古代边疆少数民族地区有一定普遍性,不只是吉林满族及其先民地区如此,不足为怪。也要看到,先前的发展,虽然有个中断,但为后来的发展还是打下了潜在的基础,如清代白都讷、阿勒楚喀发展较早,还是受金代的开发史的影响,起码这些地方自然环境好,人文因素强,吸引后人来这里生活。

抗击俄国侵略,保卫国土的作用。清朝统一中国之时,正是俄国向远东殖民之日,其来势凶猛。17世纪40年代侵入黑龙江流域,清朝治理下的蒙古族茂明安等部被迫从黑龙江上游内迁。沙俄侵略者又深入松花江、牡丹江流域和黑龙江下游进行抢掠活动。清朝政府当即指令宁古塔官兵进行抵抗,顺治十五年(1658),昂邦章京沙尔虎达率部在松花江、牡丹江汇合处大败俄国侵略军。①康熙四年(1665),将军巴海率部歼灭侵扰索伦部的俄国侵略者。与此同时,清朝政府采取加强东北边疆行政建设的措施,以图进行长期的、有效的反侵略斗争。康熙初年,在黑龙江、松花江汇合处羌秃哩(苍头街)设防,从宁古塔移强八旗,水手、炮手、工匠及邦丁皆偕家眷前往,做永久建设。②不过当时清朝的防御重点是在贝加尔湖至黑龙江上游地区,为此目的,于顺治十五年(1658)在吉林乌喇设船厂,建造战船,训练水师。随着对俄国侵略严重性认识的加强,平定三藩之乱后国内稳定,康熙帝乃于二十二年(1683)设立黑龙江将军,管理从宁古塔将军辖境析出之地的军民政务,其管理人员和军队即由宁古塔、吉林乌喇地区抽调,以宁古塔都统萨布素为黑龙江将军,调吉林兵一千五百名分驻黑龙江城(瑷珲)和呼玛尔(呼玛),又从吉林移去水师。所以后世黑龙江的满洲旗人和汉军旗人许多是康熙年间从吉林移去的后裔。③参加雅克萨之战的地方部队就是原来吉林的旗兵。至此,可知宁古塔将军辖境军民在清初抗俄斗争中的贡献,即在黑龙江下游地方打击了俄国侵略者,使其没有立足之地;支持黑龙江地区的抗俄斗争,取得雅克萨之战的胜利,成功地阻止俄国对黑龙江的侵吞。这些贡献是吉林土著、汉军和流人、流民共同做出的,到前线的工匠、邦丁是从流人中签发的,当时军民同仇敌忾,流人并不

①《清世祖实录》卷119,"十五年七月庚戌"条,第3册第923页。

②《宁古塔山水记·苍头街移镇记》,第39页。

③参见西清:《黑龙江外纪》卷3《种族》,中国方志丛书本,第79页;魏毓兰、馨若氏编,李思乐、张玉春、王彩云校点:《龙城旧闻》卷2《民族》,黑龙江人民出版社,1986年,第57页;民国《绥化县志》卷1《地理》。

因为被惩罚而忽视保卫国土的责任。他们"荷锄兼荷戈,斥堠分所勤"①。清初抗俄的功绩,包含吉林满洲土著与汉人移民紧密合作造就的因素。

(原载《清史论丛》1995 年号,辽宁古籍出版社,1996 年)

---

① 陈志纪:《塞外餐暮枕上作》,载张玉兴选注:《清代东北流人诗注选》,第 394 页。

清代仪征人才的兴起及原因

清代仪征能不能出人才,不妨先看看郑板桥的见解。郑氏是兴化人,兴化与仪征同为扬州府辖县,郑氏晚年长住扬州,他在仪征停留过,不止一次路经此地他往,与仪征籍江昱、江徇等交游,因此他对仪征有相当的了解。他在《晓行真州道中》吟道:"麦秀带烟春郭回,山光隔岸大江深。"又在《真州八首,属和纷纷,皆可喜,不辞老丑,再叠前韵》写道:"江头语燕杂啼莺,淡淡烟笼画绣城。"《真州杂诗八首并及左右江县》之四咏道:"真州漫笑弹丸地,从古英雄尽往还。"之一则云:"曲岸红薇明涧水,矮窗白纸出书声。衙斋种豆官无事,刀笔题诗吏有名。"①郑氏这些诗句反映了仪征处在山峦和大江之间,一派烟波浩淼、郁郁葱葱、莺啼燕舞的壮丽景色,蕴育灵秀之气,千古英雄于此往还驻足,如今官吏以政清唱和为务,里巷传出朗朗书声,大器之成可以预期矣。再看与仪征隔长江相望的丹徒人张玉书的言论。仪征士绅于康熙二十三年(1684)重建学宫明伦堂,时为礼部侍郎的张玉书为之作碑记云:"余往日过仪征,爱其风土类江南,学宫望江,群峰如暮,云横天末,而高柳夹道,绕泮池左右,墙内桃柳数十株,花时若图绣,吾固知其人文必盛。"②他从学宫的修缮与宫内林木的欣欣向荣,预言仪征人文的必然兴盛。

仪征承巴蜀、荆湖的迢迢来水,处富饶的东南之上游,当南北大运河的咽喉,诚所谓控江带淮的形胜之地,交通的要道,成为明清两代淮盐监掣地,漕粮北运的途径,有了这样的地理、交通、经济条件,若再着意于文化教育,人才自当辈出。本文试图利用清人遗留的文献资料,考察清代仪征人才的兴盛和旺盛的社会原因,也证明张玉书、郑板桥的预言不误。

---

① 卞孝萱编:《郑板桥全集》,齐鲁书社,1985年,第38、第127、第128页。

② 道光《重修仪征县志》卷16《学校志》,光绪版,第18页上;本文屡引此书资料,后简称之为《道光县志》。

一、引见履历档案反映的仪征人才

今年夏秋,笔者为了解清朝人的传记资料保存情况,去北京中国第一历史档案馆查阅引见履历档案文书。所谓引见履历档,是清朝政府在官员任用及考核中形成的履历文书。清朝制度对三、四品京堂官,尤其是对文官中的中央五品至七品的六部司官和翰詹科道官,地方的四至七品道府州县官,以及武官中的参将、游击、都司、守备千总等三至六品官,在决定提升或京察、大计、军政考核中的优等或劣等人员的任用、处分前,该官员要自撰履历,上交主管部门的吏部或兵部,该主管衙门转呈并另写该员履历上报内廷,并带领该员往见皇帝。皇帝接见时边阅看其履历,边交谈,时或在履历上写些批语,然后正式确定该员的新任命或任用意见,在这个过程中形成的文献,涉及官员履历的就是引见履历文书。如今中国第一历史档案馆保存的引见履历文书多达四万数千件,内分履历片、履历单、履历折三大类,笔者检阅了前两类,开始是无意,后来加以留心,发现仪征籍官员的履历文书二十余件,这对研究清代仪征人物传记及仪征史有些史料价值,现据那些文献主人的引见时间次序,制作出"清代仪征引见官员简况表"①。

清代仪征引见官员简况表

姓名	年龄②	出身	引见时间	引见前所历官职及新任命	备注
杨凯	47	武进士	雍正四年	游击	朱批为上中人才
程凤文	46	生员	七年	同知	评语中中
张集馨	52	进士	道光三十年	编修、按察使、布政使③	
晏端书	49	进士	咸丰元年	编修、知府	大计卓异候升

① 本表资料出自中国第一历史档案馆(以下简称"一史馆")藏档,《宫中全宗·履历片》第五十七卷第七号、第六十三卷第二号,履历单第二十卷第八号、第三十九卷第七号、第三十三卷第七号、第四十一卷第九号、第五十七卷第十一号、第七十一卷第九号、第六十五卷第四号、第一七八卷第六号、第七十一卷第四号、第九十四卷第九号、第一一五卷第十六号、第一三零卷第十一号、第一三三卷第二十号、第三三六卷第五号、第一四二卷第一号、第一四五卷第十七号、第一八零卷第七号、第二零七卷第三号、第二六四卷第十八号、第二四三卷第十二号、第二七一卷第十一号、第三四五卷第十八号。

② 系引见时年龄。

③ 布政使、顺天府尹、按察使系地方大员,他们的晋见皇帝为"觐见""召见",不属引见范围,然"一史馆"将其履历单归入引见履历文书,今因其为履历文书,一并利用之,纳入本表。

姓名	年龄	出身	引见时间	引见前所历官职及新任命	备注
厉恩官	44	进士	二年	编修、道员	
阮祜	50	举人	三年	知府	阮元之子
卞宝第	43	举人	同治五年	郎中、监察御史、顺天府尹①	
吴潮	59	进士	光绪六年	员外郎、知府	
时庆莱	35	进士	六年	知府	十九年又引见
厉渭青	48	监生	六年	捐纳候补知府	
陈彝	59	进士	十年	给事中、按察使②	
胡隆洵	47	进士	十二年	郎中、给事中	拟用道员
尹肇熙	49	贡生	十三年	知府	
吴引孙	36	举人	十四年	军机章京、道员	后又引见
晏振恪	45	举人	十六年	内阁中书、候补道	
卞得祥	52	行伍	十六年	千总、副将	军功提升
张兆兰	52	举人	十九年	总理各国事务衙门章京、郎中	张集馨之子
王书选	50	武童生	二十一年	守备、参将	
卞绪昌	40	贡生	二十七年	七品小京官、捐纳道员	卞宝第之子
闵荣爵	50	监生	二十七年	试用知府	
张允颐	38	贡生	二十八年	捐纳知府	
卞绰昌	36	贡生	三十四年	捐纳同知、领事官	卞宝第之子

表中官员计二十二人,其中文职十九人、武职三人。十九名文官出身,进士七人,举人五人,贡生四人,诸生三人。在清代,进士、举人属于科甲出身,甚为名贵,两项计十二人,占十九人总数的百分之六十三,为多数。科甲人员和贡生出仕是正途,受尊重,与被轻视的异途不同。表中进、举、贡计十六名,占文官总数的百分之八十四。表明仪征出仕者,绝大多数属于正途官职,是科举出仕,仪征人走的是读书做官道路,离不开读书进学。三名武官出身,武进士、武童生、行伍各为其一,也就是说三分之二的人有文化,即习武之中,未忘学业。统计表明,仪征的官员多系十载寒窗苦读出来的,是郑板桥所吟"矮窗白纸出书声"现象的产物。

---

①② 布政使、顺天府尹、按察使系地方大员,他们的晋见皇帝为"觐见""召见",不属引见范围,然"一史馆"将其履历单归入引见履历文书,今因其为履历文书,一并利用之,纳入本表。

上表二十二人中,有张集馨、卞宝第、陈彝三人属于高级官员,其他十九人在引见时都是中下级官,但有人后来位至大僚,做出一些业绩。比如杨凯(1680—1761),中武进士后在康熙帝身边担任乾清门侍卫,在侍从时遵旨赋诗,得到皇帝赞赏,因而奉命与内阁学士汪颢等编纂《物类辑古略》一书。出为湖广镇游击,引见时,雍正帝对他的印象很好,在其履历片上写道:"人着实明白,好。弓马虽属中平,颇能熟悉苗情。办事明白。"①将他提升为副将。雍正帝赞他熟悉苗情,这正是他发挥特长的所在。时值朝廷在西南实行改土归流政策之始,杨凯驻军在湖南、湖北、四川交界的地方,境内有少数民族土司、土舍,杨凯几次出兵用计击败扰乱地方安宁的土司势力,使湖南桑植、保靖及湖北美容、鹤峰等地土司改归中央治理,杨凯因功升为总兵、湖广提督。杨凯识大局,故能在推行改土归流大事上做出贡献。扬州人、思想家汪中为他作传记,称道他"有古名将风"②。符合事实,不是谀词。

又如晏端书(1830—1881),引见后历任浙江巡抚、督办江北团练大臣、左副都御史、署两广总督。咸丰七、八年间,太平军从赣、皖攻入浙江衢州、处州,晏端书赴浙西督战,逐走太平军。在战事相持阶段,浙人告他办理不善,抵抗不力,咸丰帝派两江总督何桂清调查,何回奏说,晏端书"任事老成稳练,胜于侈口而谈者多矣"③。即他务实而不虚浮,遭到物议并不足怪。晏以战事的胜利证明他办事持重有力,这也是他从政的特点。在浙江任地方官多年的段光清于咸丰九年(1859)面见皇帝,当咸丰帝问他浙抚状况时,他历数各任上司吴文熔、黄宗汉、何桂清、晏端书及现任胡兴仁任职状况,讲到晏端书时说:"适当逆贼大股麕集,紧围衢城,麋烂处州,因截留海运漕米,以济军粮,后蒙皇上福庇,贼竟远遁,浙境肃清,其用心常见精细!但未能大展才华。"④证明他有从政能力,只是环境不好,未能尽才。

卞宝第(1814—1893),出身诗书世家,其父卞士云,嘉庆三年(1798)进士,历官监察御史、湖北按察使、浙江布政使、署巡抚,著有《退思斋诗集》。⑤宝

---

① "一史馆"藏档,《宫中全宗·履历片》,第 57 卷第 7 号。
② 汪中:《提督杨凯传》,载李桓《国朝耆献类征初编》
③ 王钟翰标校:《清史列传》卷 55《晏端书传》,中华书局,1987 年,第 14 册第 308 页。
④ 段光清:《镜湖自撰年谱》,中华书局,1986 年,第 139 页。
⑤ 《道光县志》卷 31《人物·官绩·卞士云传》,第 19 页上。

第为士云次子,在引见后,历任闽抚、湘抚、闽浙总督兼福建船政。主政福建时,适值洋务运动兴起,遂投入这一事业,在福州创立织布官局,购买织机,招募民人学习,卒业即将织机给他们纺织,以事推广;同时在赋税上,免征进口税,减收出口布匹税,为民生谋益。①

表中阮祜,因系大学士阮元之子,以官生资格报捐郎中,以后考中举人,出任郎中。其父阮元(1764—1849)为嘉道时期名臣,清人文献中"仪征相国""阮太傅",指的都是他,他是进士出身,历官国史馆总纂、浙抚、赣抚及湖广、两广、云贵总督、体仁阁大学士、太傅。他的业绩在文教方面最突出。他重视教育,在杭州设立诂经精舍,倡导学术讨论,将诸生的文章汇编成《诂经精舍集》,刊刻流布,学院培养了一批学者,所谓"上舍士致身通显及撰述成一家言者,不可殚数。东南人才称极盛焉"②。他还在海宁办安澜书院,对建立于雍正年间而长期无学额的玉环厅,他派出厅学训导,创立生员中学名额。阮元移节广东后,与在浙江一样兴办文化事业,创办海学堂、三水行台书院。在湖广任上,破除一些对少数民族文童入学的歧视,增加学额。他还修缮浙、赣、粤贡院,改善试子考场环境。阮元主持一些大的著述工程,如主编《经籍纂诂》一零六卷,将唐代以前经史子集各种古籍的正文和注释中的训诂汇集在一起,以字为单位,按韵分类,成为材料丰富的古汉字大字典,其分量超过《康熙字典》,它与阮元自撰的《十三经校勘记》,都是后人研究经学的必备参考书。阮元还主编了《畴人传》一书,为从上古到清代的中国天文历算学家和西洋来华的科学家写出传记,为我国天文历算史的通史研究建立雏形。他还主修《广东通志》三三四卷。他著作等身,涉及各个学科领域,汇编成《揅经室集》(分为一、二、三、四集及续集,再续集、外集)。③

前述段光清评论浙抚中的吴文熔(?—1854),亦是仪征人,段氏谓其"清廉自矢,励精图治,吏治颇有起色……臣所事过巡抚,吴文熔为最"④。段氏如此敬重吴氏可能有个人感情色彩,因为后者推荐过他,但在皇帝面前,他亦不

---

① 《清史列传》卷59《卞宝第传》,第15册第4627页。

② 李元度:《国朝先正事略》卷21《阮文达公事略》,四部备要本。

③ 关于阮元,笔者撰有《清代名臣阮元》一文,可参阅,文载《故宫博物院院刊》1989年第1期。

④ 《镜湖自撰年谱》,第138页。

会乱说,也是因吴氏有识人用人之长的缘故所致。吴氏为嘉庆二十四年(1819)进士,历官侍读学士、户部左侍郎、闽抚、赣抚、浙抚、云贵总督、湖广总督。他识人用人,奏保知县江忠源、段光清、按察使黄宗汉等人,这些人后来都有所作为,所以段光清的评骘不为虚枉。吴氏在赣抚任上,奏请将文天祥从祀文庙,原因是文氏"志宗孔孟,生死不渝",即推崇杀身成仁的气节,他的建议得到批准。后来他在湖北与太平军对抗,兵败无援,向北叩首,大呼"无以报圣朝",投水自杀,清朝在武昌特为他设立专祠。①可知他崇尚气节,并能亲身实践。

杨凯、阮元、晏端书、吴文熔、卞宝第等进入史册的大学士、总督、巡抚、提督文武大员,都有政绩可寻,表明仪征在清代政界出了一些人才,堪足称述。

表中的张兆兰,卞绪昌、卞绶昌从政之时,中国陆续出现洋务运动、戊戌维新、立宪新政,在他们身上已多少反映时代特点。张兆兰于同治年间以兵部郎中身份在部候补,光绪九年(1883)奉旨记名,以总理各国事务衙门章京用,十三年(1887)实授,十六年(1890)获该衙保奏,次年充武库司总办上行走,十八年(1892)总理各国事务衙门对他又加保奏,次年派充万寿庆典随员。②总理各国事务衙门是新设管理洋务机构,张兆兰以兵部官员派到该衙办事,而且屡得该衙保奏。卞绪昌年轻时追随乃父卞宝第于湘、闽等省任所,后捐纳为道员,于光绪二十六年(1900)分配安徽试用,次年四川总督奎俊以他是新式人才给予保荐,其奏疏云:"该员优居里闬,志切匡时,外而交往之宜,内而吏治之要,思虑深远,识见明通,自少随父之任,遇事留心,于各省吏事民情利弊得失,洞若观火,才华越发,议论和平。"③也就是说卞宝第在福建办洋务,绪昌随侍学习,又肯用心,得到经验和新的见解,需要给他机会去实践,以为朝廷出力。其弟绶昌,捐纳同知,在广东试用,光绪二十七年(1901)出使日本大臣蔡钧奏调他充任随员,派充长崎正领事官,三年期满,出使大臣杨枢奏保他为道员,仍留原差,三十三年(1907)二次差满,杨枢以其"保护华侨异常出力"再行保奏。次年二月,农工商部调其在商务司行走,四月,督办铁路大臣吕寰调他担任铁路南段总稽查。④他在外为使馆官员,在内承办新式企业。大官僚子弟

① 《清史列传》卷 42《吴文熔传》,第 11 册第 3281 页。
② "一史馆"藏档,《宫中全宗·履历单》,第 180 卷第 7 号。
③ "一史馆"藏档,《宫中全宗·履历单》,第 364 卷第 18 号。
④ "一史馆"藏档,《宫中全宗·履历单》,第 345 卷第 18 号。

张兆兰、卞绪昌、卞绶昌承父辈之余荫,得入新衙门、新事业机构任职,而且被人认为是新人才,这自然说明官僚子弟在官场上有优越地位可资利用,容易得到相应职位,但同时也表明,随着时代的变化,在仪征开始出现办理现代事务的人才,紧接着就出现具有民主思想的人物,如盛延祺、刘师培等人。盛氏(1894—1923),宣统年间考入两江商业学堂、南洋水师学堂,参加同盟会,终因坚定追随孙中山,为军阀所杀害。[1]其弟盛成(1899—?),十一岁加入同盟会,次年参与辛亥革命光复南京活动,被誉为"辛亥三童子"之一。刘师培(1884—1919),在清末与蔡元培等创办《俄事警闻》(《警钟日报》前身),倡导社会改革,加入光复会、同盟会。他们的作为反映了时代的潮流。

中国第一历史档案馆所藏引见履历文书和其他史书资料,说明清代仪征涌现了一批从事政治活动的人才,可以说基本上是官僚人才,尤可注意的是,随着时代的变化,人才的素质也有不小的改变。

二、仪征科甲的发达和仪人著述

上节引见履历表中进士、举人出身的 12 人,只是清代仪征人中试科举的一小部分。查成书于道光三十年(1850)的《重修仪征县志》卷 28《选举志》、作成于同治十三年(1874)的《扬州府志》卷 7《选举志》,所列清代顺治至同治年间仪征人中科举名录,获知顺治朝有进士郑为光等 3 人,举人厉士贞等 6 人;康熙朝有进士厉士贞等 5 人,举人陈启贞等 30 人;雍正朝有进士洪肇懋等 4 人,内中陈倓为状元,举人李音等 20 人;乾隆朝进士施淇等 22 人,内有榜眼江德量,举人施淇等 73 人;嘉庆朝有进士程赞宁等 6 人,举人方仕煌等 18 人;道光朝有进士陈嘉树等 11 人,内有探花谢增,举人张云藻等 42 人;咸丰朝有进士吴潮等 4 人,举人陈钺等 15 人;同治朝有进士陈彝等 5 人,举人胡隆询等 23 人。总计进士 60 人,举人 227 人。甲乙两科合计 287 人次。[2]

这些数字直接反映出仪征科举中试的绝对数量,那么它又能说明仪征历史的何种状况呢?不妨将这类数字与明代仪征科举、清代仪征举业与全国其他地区科举做比较,或许能告诉我们清代仪征的社会历史地位。

---

① 盛成:《我的母亲》,华夏出版社,1994 年,第 135 页。
② 其中有一部分既是举人又是进士,故这个数字系为科举甲乙榜的人次之和。

翻检《道光县志》卷二十七明代科举表,得知在明朝 277 年间,仪征人中甲科的有 22 人,乙科的为 68 人,合计 90 人次,以之与清代顺治至同治年间的 231 年间的甲科 60 人、乙科 227 人,总计 287 人次相比,要少得多,甲科为清代的 37%,乙科则少至 30%,总人次为 31%,换句话说,清代仪征人的中科举人数比明代成倍增加,说明清代仪征举业有了较前巨大的发展,人才较多地出现。

至于仪征科举人才在全国的地位,也要作一点数字比较,便可释然明了。在顺治至同治年间,会试共进行了 99 科,①每科一甲取三名,二甲、三甲历科人数多不相同,兹据朱保炯等编的《明清进士题名碑录索引》②,所载历科题名数字,统计这 99 科,共取中进士 22630 名。清代直接主管民事的县、散州和散厅,各朝数字有所不同,光绪中有县 1314 个、散州 145 个、散厅 78 个,三项合计亲民州厅县为 1537 个。③在这么多的州厅县中,中进士的 22630 人,平均每州县得 14.7 人,也就是说,在这期间,一个亲民州、厅、县若能有 15 个人中进士,就在全国达到了平均水准。而仪征县拥有 60 名进士,为平均数的 4 倍,远远在水平线之上。

若再考察仪征进士占全国进士的比例,也是一种检验仪征在科举中地位的方法,即将全国取中的总数 22630 人,被仪征一县的 60 人除,得数为 377,这表示全国平均只有 377 个州县能有 60 人中进士。由此可见仪征中进士的名次,在全国 1537 个州县中,至少在第 377 名之前,这应是中上地位。再从鼎甲方面看,每科取 3 名,99 科共取中 297 人,这些人若一个州县只出一名,也仅有 297 个州县有摊得上鼎甲人员的份儿,而仪征中状元、榜眼、探花各一名,计 3 人。若以每州县出 3 名鼎甲人员计算,只有 99 个州县能达到这个数额,如此,则仪征名次至少在第 99 名之前了。有些县出状元数名,在这 99 科中,江苏吴县和长洲县分别得中 7 人,常熟县拥有 66 人,浙江仁和县出了 4 人,归安县有 3 人。从一县出 2 人或 2 人以上的情形看,仪征能出状元更属不易,在州县中地位更要往前。所以说仪征的科甲地位,在全国州县中应当属于上等。清代是仪征科举的黄金时代,是培养出大量科举人才的时代。这种科甲

---

① 顺治两次满文科,康、乾各一次博学鸿词科未计算。
② 朱保炯等编:《明清进士题名碑录索引》,上海古籍出版社,1980 年。
③ 《清会典》卷 4《吏部》,中华书局,1991 年,第 30 页。

状况,提高了仪征的历史地位。

仪征不但文科举兴盛,武科举也同步发展。经查道光仪征志,明代中武举18人,而清代顺治至道光年间武进士17人,武举111人,其中有武状元杨谦,官至天津总兵,他就是前面介绍过的湖广提督杨凯的哥哥。阮元的祖父阮玉堂也是武进士出身。在武科甲中引人注意的是他们往往兼通文武,重视文化学习,如杨谦被世人称为"儒将"①,其弟杨凯少喜读书,故能以赋诗见幸于康熙帝。杨谦平日"说礼乐而敦诗书"②,故成为名将,在他的教导下,其子杨文渊习文科,中进士。阮玉堂,军事余暇,研究兵法,写作诗词,著有《箭法》《阵法》《湖珠草堂诗集》《琢庵词》等书。其子承信为国学生,研治《左氏春秋》,传到阮元,成为大学者。仪征武人重读书,提高了武官素质。

清代仪征出了这么多科举人,此外还有更大数量的贡生、诸生。这些文士在从政、处幕、教学的同时,研究学术,或在生活中抒发感情,写出许多学术著作和诗词歌赋,道光县志卷44、卷45《艺文志》著录清代仪征人的著作,笔者粗略统计,不下450部,本拟列表一一录入本文,然而需要篇幅甚多,遂摘要录出一部分有代表性和较有影响的,制成"清代(顺治—道光)仪征人部分著作目录",其排列先后,依照县志经史子集四部分类法;所谓有代表性,主要是指著作质量较高、学术价值较大;在经、史、子三部中较多选择,集部书多,适当少选;所谓有影响的,主要是看《清史稿·艺文志》和武作成编《清史稿艺文志及补编》(中华书局1982年版)等书是否著录,以及该书作者、序跋作者的名望;前面已经提到的阮元祖孙等著述不再列入,而县志未载,确须介绍的亦行补入。

清代(顺治—道光)仪征人部分著作表

作者	书名	卷数	备注
吴之骏	孝经类解	18	《清史稿·艺文志》经部著录,下简称《清艺》
洪嘉植	汇村易说	15	
经道宗	毛诗广注	8	
伍起	毛诗集说		
陶鉴	诗经提要		宋麟序

① 《道光县志》卷32《宦绩·杨谦传》,第11页上。
② 前揭汪中:《提督杨凯传》。

作者	书名	卷数	备注
张能焯	经籍要义	4	
程名世	左传识小录		
江昱	韶歧	4	《清艺》经部
江昱	尚书私学	4	《清史列传》卷七十一本传
团维墉	春秋讲义表	12	吴锡麟序
洪人骅	毛氏四书说斥妄		批评毛奇龄《四书改错》
许珩	周礼注疏献疑	7	江藩序;《清史稿·艺文志补编》经部,下简称《清艺补》
许珩	周礼经注节钞	7	《清艺补》经部
戴清	四书典故考辨	12	同上
方申	方氏易学五书	5	《清艺》经部
刘文淇	左传旧疏考证	8	同上
刘毓崧	周易旧疏考证	1	同上
刘毓崧	禹贡旧疏考证	1	同上
刘寿曾	昏礼重别论对驳议	2	同上
张集馨	十三经音义字辨		
汪楫	中山沿革志	2	《清艺》史部
郑为光	郑侍郎奏疏		
程元基	仪庠纪要		
李斗	扬州画舫录	18	阮元序,《清艺》史部
张能焯	纲鉴提要	2	
晏端书	扬州府志	24	《清艺》史部
吴熙载	通鉴地理今释	16	同上
卞宝第	卞制军奏议	12	《清艺补》史部
卞宝第	闽峤辅轩录	2	同上
刘毓崧	王船山年谱		同上
吴引孙	扬州吴氏测海楼藏书目录	12	同上
阮先	北湖续志	6	同上
汪廷儒	广陵思古篇	29	同上
刘文淇	旧唐书校勘记	66	《清艺》史部
刘文淇	楚汉诸侯疆域志	3	同上
刘文淇	扬州水道记	4	同上
汪楫	使琉球杂录	5	
江昱	潇湘听雨录	8	《清艺》子部
郑重光	伤寒论辨证	3	

作者	书名	卷数	备注
郑重光	伤寒论条辨续注	12	
郑重光	瘟疫论补注	2	
刘敞	瘟疫论辨		
陈宝孙	时疫大意	1	
张能焯	百子金丹	1	
杜继甫	西铭注疏		
江恂	谳语	10	
李炳	西垣诊籍	2	
李炳	金匮要略注	22	
方士庶	天慵庵笔记	2	《清艺》子部
厉秀芳	梦谈随录	2	《清艺补》子部
巴光诰	六名家帖	4	同上
谢承烈	芙蓉馆题画诗	2	《清艺补》子部
孙庚	医方诗要	2	
汪熊	医学真诠		
刘文淇	奇门行军要略	4	《清艺》子部
刘文淇	艺兰记		《清艺补》子部
刘寿曾	临川答问		《清艺》子部
江德亮	古泉志	30	《清史列传》卷六十八本传
汪光爔	薁稗释		《清史列传》卷六十八本传
汪楫	悔斋全集		《清艺补》集部
纪映钟	真冷堂集		魏裔介序
郑沄	玉勾草堂诗集	20	《清艺补》集部
吴楷	含薰诗集	3	同上
吴楷	丹橘林诗	2	同上,钱陈群序
吴文垄	寒绿斋诗集	4	同上
施朝干	六艺斋诗集	4	同上
施朝干	一勺集	1	同上
施朝干	正声集	4	同上
刘寿曾	传雅堂文集、诗集	5	同上
刘文淇	青溪旧屋文集	10	《清艺》集部
程名世	思愚堂集	14	《清艺补》集部
马荣祖	力本堂文集	13	《清艺补》集部
马荣祖	文颂	1	同上

作者	书名	卷数	备注
李斗	永报堂集	8	《清艺补》集部
李斗	奇酸记	4	同上
李斗	岁星记	2	同上
石椿	从兰山馆初稿	2	同上
张积中	黄崖集		同上
李光炘	龙川诗钞		
孔璐华	唐宋旧经楼诗稿	6	阮元妻,《清艺补》集部
陈佩	闺房集诗	1	江昱妻
陈佩	闺房集词	1	
袁棠	绣余吟稿	1	汪孟翊妻
袁棠	盈书阁遗稿	1	《清艺》集部
方婉仪	白莲半格诗		罗西峰妻
程云	录窗遗稿	1	汪如琛妻
梁兰漪	畹香楼诗集	2	汪祉妻,《清艺补》集部
郑元郎	影园瑶华录		杭世骏序
江昱	梅鹤词		王昶序
贵征	安事斋古文存稿	1	阮元序
吴绍燦	声调谱说	1	《清艺》集部
詹肇虾	草草堂诗选附词一卷	2	同上
姜恩福	寡过斋诗钞	2	江绍憼序、刘文淇序
谢承烈	芙仙馆诗初集	1	《清艺补》集部
谢承烈	芙仙馆题画诗	2	同上
刘舜仪	唾花阁集		王柳泉妾
汪荽	雅安书屋文集、诗集	6	《清艺补》集部
潘佑桐	百首绝句	1	吕氏妇
陈传淑	浮生记梦集		郑兆槐妻
朱宝簪	绣余吟草	1	王僧宝妻
朱宝簪	耐寒轩诗钞	1	

清代仪征人治学,从著述表也许已给读者一些印象,笔者认为它有三个特点。

其一,注重经学的研究,且不限于纯学术,试图运用到民众生活中。

仪征人的经学著作不下五十种,其中阮元及其相关著作,为清代经学一

632

方面代表,不必缕述。除他之外,有影响的学者,在《清史列传》卷 68、69《儒林传》、卷 71《文苑传》和《清国史》①的《儒林传下》卷 18、《文苑传》卷 20,分别为江德量、许珩、汪光爔、刘文淇、刘毓崧、刘寿曾、方申、汪楒、江昱、江洵、马荣祖等十一人作传,叙述他们的经学及文学成就。

许珩因著《周易注疏献疑》被人认为是给《周易》作注疏的汉人郑玄、贾逵的功臣。②江昱与经学名家程廷祚辩论古文尚书,忘掉吃饭,被袁枚目为“经痴”。③在这些人中,三刘与前面提到过的刘师培是一家四代人,刘文淇(1789—1844)与子毓崧(1818—1867)、孙寿曾(1838—1882)三世潜心研究《春秋左传》,撰成《左传旧注疏证》八十卷、《左传旧注考证》八卷、《春秋左氏传大义》《春秋五十凡例表》及《读左札记》等书。文淇另一孙贵曾也以研究经学闻名,师培即其子。师培也是经学家,对左氏学写有《春秋左氏传例略》。刘氏左学著述名之曰“旧注疏证”,旧注主要是指汉人贾逵、服虔、郑玄注疏,用以批评杜预注释的某些误失,希望能对《左传》有通贯的正确理解。《清史列传》说文淇:“上稽先秦诸子,下考唐以前史书,旁集杂家、笔记、文集,皆取为证据,俾《左氏》之大义炳然著明。”④刘氏家族对《周易》《尚书》《毛诗》《礼记》都有研究,刘毓崧对上列四书各写旧注考证一卷,是成果表现。刘氏对史学研究也颇有贡献,如刘文淇根据《左传》《汉书·地理志》《吴越春秋》《水经注》等书,获知唐宋以前扬州地势南高北低,东西两岸未设堤防,与清代运河形势迥然不同,因而著成《扬州水道记》。刘氏之学为社会所重视,陈钟凡讲刘氏家族,“均以治左氏春秋,名于道咸同光之世,列传国史”⑤,确为实录。

清代中后期,在扬州兴起了太谷学派,创始人周谷(太谷)是扬州人,死后葬在仪征城西青山,与仪征有不解之缘,更重要的是,他的两个大弟子张积中(1806—1866)、李光炘(1808—1884)表兄弟都是仪征人。张、李研究经学,张氏著有《尚书释义》《春秋释义》,李氏撰作《龙川草堂文集》《龙川草堂语录》。他们的研究不限于儒家学说,对释道也多所关注,张氏写出《楞严经释义》《老

①《清国史》,原为清国史馆所纂辑,刘氏嘉业堂抄本,中华书局,1993 年影印。

②《清国史·儒林传下》卷 18《许珩传》,中华书局本,第 12 册第 640 页。

③《清国史·文苑传》卷 20《江昱传》,第 12 册第 833 页。

④《清史列传》卷 69《刘文淇传》,第 18 册第 5616 页;《清史稿》卷 482《刘文淇传》,第 43 册第 13274 页。

⑤《仪征刘先生(师培)行述》,载汪兆铺辑:《碑传集三编》卷 35。

子释义》及《庄子释义》。他们生活的时代是清朝已过了鼎盛期,走在衰亡的道路上,内忧外患频仍,民生困窘,他们作为下层读书人,深感民间疾苦,谋求社会出路,试图创造适合于民众口味的儒学,因而对儒家理论加以改造,并吸收佛道思想和教仪,形成带有组织性的社会运动。咸丰年间,张积中偕眷到山东肥城黄崖山居住,吸引不下数百户居民,建立村社式组织,内部实行经济互助,被人称为"黄崖教",于同治年间遭到清朝官方血洗。李光炘则到江都、泰州等地,深入平民中讲学,他在江都讲学处名曰"龙川草堂",故被人尊称为"龙川夫子",追随者甚多。张氏、李氏被太谷派人尊为北、南二宗宗师。他们研究学术,同时重视社会实践,学者王汎森认为:"太谷学派是一由中下层士大夫发动,以理学为主的社会运动。他们是组织化的,而且透过将儒家仪式宗教或秘密社会化……他们将之宗教化以激起下层百姓遵行,是清季儒家在下层群众中引导社会道德的一种尝试。"①说得有理。

其二,关注医学研究及其应用。在著述表中,列有郑重光、张能焯、刘敞、陈宝孙、李炳、孙庚、汪熊等人的十余种医学著作,他们一面阐释世传医学名著,如《金匮要略注》《伤寒论辨证》《瘟疫论补注》《瘟疫论辨》等书,另一方面讲求医学的实用价值,力求将医学知识用于防疫和治病,像《时疫大意》《时疫琐言》《西垣诊籍》等书都有很大的应用性。孙庚还利用诗歌的形式叙述药方,写出《医方诗要》,以便初学者记忆理解。医书的作者中,不乏有功名的士人,如作《百子金丹》的张能焯是举人。又如举人陈辂,"尤癖嗜医家言,手录《灵素》《伤寒论》诸书,积帙盈尺"②。他们是儒医,可以提高医学水平。

其三,妇女从事文学创作,多系吟诗作画,表明仪征人文化较高,才能深入女性中。孔璐华是阮元夫人,曲阜衍圣公孔庆镕堂姊,撰作《唐宋旧经楼诗稿》,世称经楼夫人。其女阮安自幼学习诗画,作有《百梅吟馆诗》。阮元姜刘文如也是能诗善画。袁棠(1734—1771)是浙江钱塘人,著名文士袁枚堂妹,是享有盛名的袁家三妹之一,她与仪征人汪孟翊结婚,所作《绣余吟稿》,被收进袁枚的《小仓山房全集》,今人若想阅读,可以比较方便地找到。陈佩(1707—1728)是天长人,十岁吟出"惜花有梦疑春雨,爱月多情怕晚云"的诗句,嫁给

---

① 王汎森:《道咸年间民间性儒家学派——太谷学派研究的回顾》,(台北)《新史学》第 5 卷第 4 期,1994 年 12 月。

② 同治《扬州府志》卷 13《人物·陈辂》,方志集书本,第 760 页。

江昱,惜享年不永,只留下《闺房集诗》《闺房集词》各一卷。陈传淑适举人、内阁中书郑兆槐,工诗善画,能抚琴瑟,作出《浮生记梦集》。从事创作的女子,不乏阮夫人那样不愁柴米,但有的则要以操持家务为主,如作《雅安书屋文集》《诗集》的汪嫈,丈夫早逝,儿子程镇北才十一岁,拮据中把他培养成进士。纂写《畹香楼诗集》的梁兰漪早寡,家贫,拒不接受亲族的资助,有个侄子以给她做寿为名送厚礼,乃作《返钱诗》还之,教训儿子汪端光读书,端光因而得中举人,官至知府。方彦珍撰《有诚堂诗词》,孀居抚养儿子汪朗延,亲课其读,使成庠生。可见女子的创作受条件的限制,要付出更大的努力。

三、清代仪征文化发达的原因

清代仪征人才的较多出现,是文化发展的结果和表现,然而导致文化发达的原因是什么? 这就需要明了仪征人才出现的必然性。

笔者认为清代仪征人才兴旺的基本原因,是清朝政府将淮盐检查机构设在仪征,从而促使盐商进入仪征,遂由官、商造成仪征经济的活络与繁荣,进而为仪征文化教育事业的发展奠定了物质基础,加上仪征社会的重视文化风气和家庭、家族的努力,导致人才的出现。

仪征,“掣盐便商要道”①。食盐,关乎仪征及仪征人的命运,胡崇伦在康熙七年(1668)等修县志时已非常明确地意识到了,他们特立《盐漕志》,原委是:“天下大计,无过于漕;助漕济用,无过于盐。仪征一邑耳,何关天下,而必之考竟端委哉,盖盐不产于仪而掣挚于仪,漕不兑于仪而寄径于仪,以一线水为国家转运咽喉。”②道光末,王心检、刘文淇等纂辑县志,别立《河渠志》,原因是:“仪征河道,为淮盐捆掣出江之路,南北津要,商贾辐辏,近年每形淤塞,秋后水涸,舟行阻滞,贫民生计维艰,所关甚巨,疏浚之策,当事者必豫筹焉,立河渠志。”③盐、漕与田赋一起,是清朝政府的经济基础,盐税的正常征收和漕粮的安全运达北京,关乎着政府的兴衰,所以盐漕是国家大政。仪征一个小县,地当漕粮通道和盐引检查地,因而就关系着政府经济,也使本身与盐漕联系

---

① 光绪《甘泉县志》卷 4《盐法》。
② 转见《道光县志》卷 49《旧志小序论赞》,第 6 页下。
③ 《道光县志》卷首《凡例》,第 5 页下。

起来,受着盐漕的重大影响,实际上可以说是它以盐漕为生命线,县政和民众的生活状况,受着盐政的制约。

清朝政府实行官盐制度。盐民生产出食盐,不能自行出售,而要卖给政府指定的盐商。盐商向政府登记,交税买盐,根据政府发给的引票到盐场兑盐,在出境时要经过政府特设的衙门检查,合格后放行,运到指定地点销售。政府为此而设置了盐政主管部门。

盐的产地比较集中,清代大的盐产地在两淮、长芦、河东、两浙、四川等地区。中央政府在盐产地设立都转盐运使司负责管理,该衙官员有盐运使(从三品)、运同(从四品)、运副(从五品),下设监掣同知(正五品)、盐课司大使、盐引批验所大使(皆正八品)。两淮是大盐区,清朝在此设有两淮盐运司,衙署设在扬州,盐运使主管全司事务。政府在清朝前期还特设两淮巡盐御史,监督盐运使的管理,后改为两江总督兼理。盐运司下设淮南、淮北两个监掣同知,二十三个盐课司大使、两个盐引批验所大使。

政府规定各盐区所产食盐的行销地点和数量,淮盐销售范围在江苏、安徽、江西、湖北、湖南和河南六省。额定每年行销小引 1410380 引,每一小引 215 斤,合 3 亿多斤,[①]数量巨大。

仪征在两淮盐区,两淮盐运司在仪征设有淮南监掣同知及仪征盐引批验所。前已说过,两淮盐运司下设的监掣同知、批验所各两个,而仪征各占其一,成为两淮盐政重要管理地区。所谓监掣和批验,就是检查。两淮盐出境要到设有监掣同知和批验所的地方接受检验。两淮盐凡销往江西、安徽、湖南、湖北四省的要在仪征检核,其每年所检验的数量是淮盐引额的四分之三,即 105.8 万引,也即 22744 万斤。检查就是盐商将引盐运到仪征,由批验所将盐包一一过秤,视其斤数是否与引票开列数目相等,若符合则给予凭据,放行过关,若超过,即为私带,处以罚银。在监掣集中时期,除了同知、大使主管之外,有时巡盐御史、盐运使亦到仪征监督,这是进行的"所(批验所)掣"。盐商通过之后,凭票将盐运到江边装船。因原来盐包大,不便运输和到销售地点发卖,故在上船前将盐包拆捆换成小包。这时运副驻在仪征江口监察,登记装船盐包斤数,造册报告运司。待到成批商人装好船后,盐运使率领商人举行祭江仪式,并根据商人实装盐斤发桅封,这是所谓"江掣"。至此盐商才能开航,驶往

---

① 行销引额时有不同,每引之重量,各时定例也有不同,这里的数字为较长时期的。

指定发售地区。

盐船开航之后,盐衙仍怕商人夹带偷运,在出江所必经的黄泥滩、铁鹞子两处设立委员盘查,查毕登记造册,交仪征盐衙,与批验所的登记核对,检验是否符合。为了防范私带,政府设立青山守备营,在江面盘检,当然它同时还查察漕粮回空船,因为这种船也会私带食盐。

在盐自产地运至仪征及装船的运输过程中,有人故意将盐包弄散,以便扫拾和抄抢食盐,盐署和仪征衙署为保护盐商利益,在驻仪盐衙和县典史衙门各设巡役人员,以资查拿抄抢者。

总之,四分之三的淮盐在仪征进行所掣、江掣的检验后,始能出境销售,故而两淮盐院在仪征设立衙门,并影响到仪征县衙役的增添和绿营守备署的增设,所以仪征是盐政重地,盐务必会给仪征重大影响。

仪征为盐务重地并非清代所独有,早在宋代此地即有盐署,明代在这里设立盐法道署、盐漕察院(即批验盐引所),但明代江掣在南京浦子口进行,由南京兵部委司官较秤发桅封,故称为"京掣",到清代,南京不再是陪都,地位下降,且仪征江口泊船处芦苇多,利于避风,船只停泊安全,故将京掣改在仪征进行。加之明清两代盐法的不同,因此清代仪征在盐政上的地位,大大地高于明朝,盐对仪征的重要程度也大为提高。[①]

掣盐对仪征的影响。在经济方面,是促进当地社会经济的发展和部分改变传统的经济结构,改善了民众生活和消费结构。传统社会以农业为本业,为主导经济,以工商为末业,居次要地位。清代的仪征,"民多赖四方商贾为生业,鲜力田务本之家"[②]。该县额定纳税田 2402 顷。人口在不同时期有不小的变动,据记载,康熙五十年(1711)为人丁 21188,这是丁口数,不是人口全数。乾隆以后人口统计大增,嘉庆八年(1803)为 362193 口,道光九年(1829)上升为 381423 口,二十四年(1844)又略增至 396598 口。[③]也就是说,在 19 世纪上半叶仪征约有近 40 万人口,可是仅有 2402 顷耕地,每人平均不过 6 分田地。

① 以上说明根据资料主要为:光绪《清会典》卷 20《户部》,中华书局,1991 年,第 170 页;《清史稿》卷 116《职官志》、卷 123《食货志·盐法》,第 12、第 13 册;《道光县志》卷 2《建置志·官署》、卷 15《食货志》;《清朝文献通考》卷 28《征榷三》,商务印书馆"十通"本,考 5097 页;陆师纂(康熙)《仪征县志》卷 6《建置制》;李澄:《淮鹾备要》卷 8《利之八》,益智书社,1904 年。

② 陆师:《仪征县志》,卷首旧序。

③ 《道光县志》卷 12《食货志·户口》。

在一个半世纪以前的农业亩产量与今日无法相比的情况下，仪征人怎能靠农业维持生活！所以道光时当地绅士童正爵等说，即使丰年，仪征的农业生产只够三四成人口的食用。①张集馨对道光帝说，扬州人靠吃四川、湖广稻米，②应是把仪征人包括在这个吃粮范围里的。

那么仪征人以何为生计呢？就是服务于盐业，淮盐过仪征掣掣，需要运夫、扛夫、巡役、拆捆民夫。因为过境盐多至两亿两千多斤，数量巨大，所需的佣夫就多达以万计数，这就成了仪征人的谋生去处。童正爵等人还说："淮南纲食引盐俱归仪征掣捆，数万夫役得受佣资，以敷口食。"③这是说的贫穷佣夫以盐为食，还有一些在两淮的盐商为经营方便，就近定居，多落户于扬州，但还有一些到仪征着籍。他们中颇有一些富人，消费程度高，讲究饮食、穿着、听戏、嫖妓、造花园、招宾客。还有一些外地商人来住，并在仪征建有会馆。有了这些人的生活，才使吴敬梓在《儒林外史》里写上仪征《公子妓院说科场》一回书。所以仪征人无论贫富，多因盐而生存。

仪征不产盐，掣盐是在官督商销制度下食盐流通过程中的活动，因此服务于掣盐的行当应为商业的一种，造成仪征的商业发达。仪征的经济结构，以商业为主，农业倒退居次要地位，与当时社会的普遍情况大相径庭。人们按照传统的本末观，对此甚为担忧，认为"仪民多倚盐为食，舍本逐末，不事生产"，嘉庆时县令、钱塘人屠倬特意"劝民纺织，种桑养蚕"，还从他老家请来农妇，传授养蚕织丝方法。④同时期颜希源等修县志，忧虑地说当时："风俗华靡，百物愈涌贵，而用者愈繁，以致编氓外强中干，非所以谨盖藏、固根本之道也。"⑤其实这有个如何看待商业发展与居民穷富的问题。商业社会中人们收入较容易，开支也快速，因而显出"家无盖藏"的景况，不像农业社会人们省吃俭用，预蓄来年食粮，能持续维生，然而业商者普遍比业农者生活程度高，挣钱虽无保障而相对容易，花了又可再得，这其实是社会经济发展的反映。以传统的本末观识不及此，反而惊呼要改变这种情形，其实是不对的。本文不为论述此

---

① 《道光县志》卷15《食货志》。
② 张集馨：《道咸宦海见闻录》，中华书局，1981年，第21页。
③ 《道光县志》卷15《食货志》，第12页下。
④ 《道光县志》卷26《职官制·屠倬传》，第36页下。
⑤ 《道光县志》卷49《旧制小序论赞》，第15页上。

意,把话拉回来,是说盐业造成仪征经济结构、职业结构的变化,将有益于仪征文化教育事业的发展。

刚刚提到盐业使一些外地人进入仪征,他们的寄居或入籍给仪征带来经济活力,随后是促进仪征文教事业的兴盛,故须对移民作一些交代。他们中有从安徽、江西、浙江、福建、扬州等地来的,而主要是安徽徽州人。新安人至仪,始自明代,清代继续增加。

今查道光县志卷9《舆地》、卷12《食货·户口》、卷15《食货·盐法》、卷31、卷36、卷37、卷38、卷42《人物》,卷46《祥异》,都有徽州人在仪征活动的记录,因据之制作下表。

在仪征册人活动记录表

姓名	至仪时间	是否入仪籍	先世或本身职业	备注
汪景贞	明嘉靖		盐商	设义冢
吴士英	嘉靖	入籍	士	官光禄寺署正
汪逢年之祖	嘉靖	入籍	盐商	
吴德	万历			设义冢
吴一澜	万历		盐商	
汪宗文	万历		盐商	修监署
程贞康	明末	入籍	商	
汪镰	万历			
郑之彦先人	明	入籍		五世同居
王璋	明			
汪楫先人	明	入籍		
黄对先人	明	入籍	盐商	
汪桓	明	入籍	士	
程思训之父	明	入籍	盐商	
刘正实	明	入籍	武官	
许承远	明末清初	入籍		世家
吴爱	明末清初	入籍		监生
李怀阳①	明末清初	入籍		李光炘先人
吴绍溱先人	清	入籍	盐商	先居扬州
吴之骙	清	入籍	士	
方坦曾祖	清	入籍	盐商	
吴汝渐	清	入籍	盐商	

---

①《我的母亲》,第11页。

姓名	至仪时间	是否入仪籍	先世或本身职业	备注
巴树保之父	清	入籍		
汪还溥	清	入籍	盐商	
洪德常	清	入籍	士	
汪从晋先人	清	入籍	士	先世迁扬,占籍仪征
程人荣之父	清	入籍	商	
吴文镕先人	清	入籍	士	
戴清祖父	清	入籍	士	
汪文芷	清			捐修学宫
郑文明先人	清	入籍		
许瑗				修缮文昌阁

仪征人的汪、吴、程、郑、许,在清代为大族,恐多来源于徽州!可见徽州移民在仪征的地位。他们的落籍仪征,大体上经历了如下历程:在明代至扬州经商,转到仪征入籍;或明代在大江南北各地贸易,而后定居于仪征;明末清初之后,多有径至仪征,历一、二世而著籍,他们起始是经商的多,而后是家族中渐出士大夫。在徽州来人之中,亦有贫乏者,或有一时困窘,但总的情况是较富有。客籍人的入籍,要有一定的经济条件。清朝对此作了规定:"如人户于寄籍之地,置有坟庐逾二十年者,准入籍出仕。"①仪征县在执行中,"其客户、外户,有田地坟墓者二十年,准其入籍,但为民户,无田地者曰白水人丁"②。要成为仪征人,外来客得在仪征置有田地房产,要有先人坟茔,且须达二十年时间,也就是说在当地扎下根基,才能入籍成为土著。这是经济条件,还有观念习俗问题,当地人不会一下接受外地人,外地人也还留恋故土,所以在仪征落户的人,往往还以原籍为籍贯,如参加康熙博学鸿词科并中试一等的汪楫,祖籍徽州休宁,入籍仪征,但他的科举题名榜上填的却是休宁。新入籍者的籍属常会新旧混说,令后人定不准。

新安人在仪征经商,要融入本地社会,需要给地方做好事,同时他们既然寄居或定居下来,要培养子弟读书进学,就需要关心县学和书院建设。至此,将盐商与盐衙合作在仪办学的事做出说明。

---

① 《清史稿》卷120《食货·户口》,第13册第3489页。
② 陆师:《仪征县志》卷10《民赋》。

兴修县学。清代仪征县学的不断修葺,有由县官、学官和邑人捐修的,而起大作用的多是盐衙、盐商和仪籍原徽州人。顺治十年(1653),两淮盐运司运副朱懋文捐出商人公费,维修学宫明伦堂。康熙六年(1667),巡盐御史宁尔讲与县学教谕舒文灿合捐俸银修理学宫东庑。十四年(1675),原徽州许承远修缮大成殿。二十三年(1684),其子松龄与乃舅吴爱重修明伦堂。二十八年(1689),知县马章玉会同乡绅郑为旭、许松龄、桓龄等捐银 1550 两,徽商捐银 1600 两,重建大成殿。四十六年(1707),巡盐御史曹寅、运判黄家征再修明伦堂,次年徽人汪文芷修缮倾圮的居仁、由义两学斋。五十三年(1714),许松龄之子许彪重建尊经阁。雍正十三年(1735),许松龄孙华生重修学宫。乾隆五十五年(1790),两淮盐政捐拨银 1000 两,并拨修武庙余银 4000 两,县人捐输 3000 两,大修文庙。嘉庆十年(1805),商人捐银 1000 两重修大成殿。[①]在修葺文庙中,引人注意的是许承远家族,四世以维修文庙为己任,不仅为教育做了贡献,而且完全将仪征视为家乡,成为仪征绅士表率,故而县令戴仁行说许氏"诚大有造于仪邑也"[②]。

捐学田。明隆庆二年(1568),巡盐御史孙以仁捐购江田 113 亩,交仪征县官,收租资助贫窭生员。至道光年间其田仍然保存,岁入租银 22 两,由盐院掌管,赈济贫生。乾隆二十年(1755),生员吴文杰捐圩田 38 亩,补助月课费用。[③]

修缮文昌阁。康熙四十二年(1703)巡盐御史罗瞻、县令许承澎重葺奎光楼,乾隆十一年(1746),徽州人许瑗重修正厅。[④]

兴建乐仪书院。仪征建立较大规模的书院,是在乾隆三十三年(1768),那时江苏各地已有书院 24 所,仪征建得不算早,也不为晚。倡建者是知县卫晞骏,助成的是盐官、盐商。书院设立之初,收正课生、附课生,以后陆续扩大范围,至道光中,收生员正、附、随课生及童生正、附、随课生,计达 240 名,在其时具有相当规模。书院向正、附生发放膏火银,给院长束脩,并设月课奖励银。在嘉庆年间,每年需经费银 1700 两。这个费用,自始即为盐衙和盐商捐助。建院时,盐政善福、监掣同知苏尔通阿、宋维琦、解韬等,批准盐商首领张东冈等

---

① 《道光县志》卷 16《学校志》。
② 《道光县志》卷 16《学校志》,第 30 页上。
③ 《道光县志》卷 17《学校志》,第 34 页上。
④ 《道光县志》卷 16《学校志》,第 22 页上。

的捐助申请。张等以子弟在书院就学,情愿每年捐助膏火银857两,随即又捐生徒盘费银300两。自乾隆五十九年(1794)至嘉庆五年(1800),书院每年开支在1800—1900两之间,盐商原定额捐不足支用,但据实给予新的资助,每年约计共捐2200两。书院因经费来源靠盐务,所以生徒名额扩大及膏火银额数,系由盐院决定。如嘉庆十五年(1810),盐政阿克敦决定增给随课生员盘川银各四五两,道光十七年(1837),监掣同知姚莹改建书院房舍。①

　　叙述了盐院、盐商的建设县学、书院活动,再考察仪征人家庭、家族对教育的重视,然后一总分析清代仪征人才辈出的原因。厉家是仪征望族,其所以成为大家,与重教育有关。清初,厉举对子孙"惟课以诗书,戒以祸福而已"②,即主要要求子孙读书上进。其孙士贞虽家贫而"力学不倦",于顺治二年(1645)中举,是清代仪征第一个中科举的人,其后又中进士,其"子孙繁衍,皆邑诸生"③。他的六世孙秀芳中举,出仕县令;秀芳子寅官,为贡生,官工部主事;长孙岘青也是贡生,次孙楚青为庠生;秀芳的侄儿云官中举,仕至布政使;恩官中进士,官至宗人府丞。④仪征人以训子读书为务的,像厉氏那样甚多,如汤名扬"训诫子若孙,惟多读书"⑤,其子有光,为诸生。张集馨在儿子兆兰刚出世时写诗志喜,并云"而翁已积书千卷,待尔他年逐卷看"⑥,可见望子读书心情的迫切。巴光诰在宗祠旁建筑朴园,园内景点甚多,然以"教后人者唯学是极"的精神,在内专设读书处多所,有"锄经厅",因其族以一经传家,建此厅以表示世守经业;又有秋水读书轩、诵芳书屋,还有命名或未命名的一些处所,"皆为子若侄读书肄业之所";有积书岩,岁书三万卷。巴氏聘请名师教家馆,又延请"四方名士客其家",以作文讲学论道。他把园子设在宗祠旁边,意思是继承祖宗的传统,以读书传家。⑦巴氏以个人之力,培养的不仅是自身子侄,还包括族中子弟。

　　正因为仪征人像厉氏、张氏那样重学,所以产生不少传世大家。如吴之骙

　　① 《道光县志》卷18《学校志》。
　　② 《道光县志》卷34《人物·厉文华传》,第12页上。
　　③ 《道光县志》卷36《人物·厉士贞传》,第11页下。
　　④ 程晼:《厉先生家传》,载缪荃孙辑:《续碑传集》卷44。
　　⑤ 《道光县志》卷34《人物·汤名扬传》,第11页下。
　　⑥ 《道咸宦海见闻录》,第75页。
　　⑦ 《道光县志》卷6《舆地志·园》,第14页上;卷38《人物·巴光诰传》,第25页上。

家族,之骒为康熙举人,长子联科系国学生,次子联元、三子联奎皆附贡生,四子廷珠为举人,官监察御史,廷珠子寅寿是贡生,朋寿为庠生。①又如四世修缮仪征学宫的许承远家族,"家世科第",虽功名不高,然有富于才学的,如许松龄善隶书,所写隶书轴十六字:"渴虎狞龙,气吐颜杜,宝刀一喝,骏神欲舞。"受郑板桥推崇,郑在其轴上续写十六字以赞扬之,字云:"浑古迂拙,精满骨脱,钟繇欲死,中郎欲活。"②前述晏端书家是世代书香,其祖德宝为监生,乃父行忠为诸生,③其子方琦系贡生,乃孙振恪为举人,其事见于本文引见官员表。此类家族甚伙,不缕述。

其二,仪征一些青年,尤其是贫生有了学习处所和读书费用,可以专心学业。当学宫颓圮之时,有的读书人学习没有去处,一年中不过有限的几次拜见学官,哪有请教受益的机会,而且还会影响学习情绪。学宫的不时修缮,就使学子有进文庙问学的机会。文昌阁的修复,也令士子有借读的地方。如江绍憘,因家贫,白日教授生徒,晚上点不起油灯,到奎光楼攻读,终于中进士,历官刑部主事、湖北道员。④乐仪书院的设立,更给诸生、童生提供了读书和食宿场所,激励生徒力学。诸生要通过考试才能进书院,为此先要作一番努力。进院之后,多得名师指点。书院聘请的山长先后有:沈廷芳,中乾隆元年(1736)鸿博,官至山东按察使;赵翼,探花,著名史学家;吴锡麟,进士,官国子监祭酒;王芑孙,举人,有名学者;朱昌颐,状元,翰林院修撰;吴孝铭,进士,宗人府丞,学者;吴清鹏,榜眼,顺天府丞。这些名流掌教政,生徒自是受益良多。书院在经济上,于嘉庆十三年(1808)规定,诸生正课生每月膏火银三两,附课生减半为一点五两,童生正课生为二两,附课生为一两,使120名生徒享受膏火银的补贴,解决口食负担。书院平时举行月课考试,对生徒多所奖励。内分诸生超等30名、特等30名,余皆为一等,童生上上卷16名、上卷16名,余皆为中卷。诸生超等第一名给奖银一两,第二、三名银八钱,其余六钱,特等第一名奖银五钱;童生奖银为诸生的一半。月课每月两次,全年共进行20次,相当数量

①《道光县志》卷31《吴承绪传》,第11页上;同卷《吴廷珠传》,第20页下;卷35《吴之骒传》,第9页下。
②《郑板桥全集》,第290页。
③同治《扬州府志》卷14《人物·晏行忠》。
④《道光县志》卷31《人物·江绍憘传》,第21页下。

的考试优胜者,又可领不少奖学金。此外,书院给参加乡试的诸生盘川费和卷烛费。①

其三,社会营造了读书气氛和良好学风,激励青年进取成才。《扬州府志》说仪征风俗,虽因盐挈之地,游手逐末者多,但是"其士秀而文,土风惮讼,怀居交易,颇以信义"②。意思是商贾征逐场中,而社会风俗很好,其中士人更是严以律己,并富于文采。盛成在《我的母亲》中也说:"仪征的文风,向来很好,沉厚而不浮。治学在骨,而不在形声。"③清朝人和当代人对仪征士风的良好评价,应为实录,即仪征士人具有良好的学风和学业水平。加之社会总风尚也较好,学子在这种环境下读书,必会秉承社会的要求,端正学习意识,努力向学,以做优秀士人为目标。许松龄乡试落第,其父承远看得开,说"吾家常得服诗书,子弟以守先业,亦自不寂寂,何必尽登科甲,以夸乡里乎"④,不汲汲于功名,但要坚持学业,做正人。他们以修葺学宫为家族之责任,以此营造优良的学习风气。前述厉氏家族的厉秀芳中举人,其实他在这以前有过一个周折。他少年聪颖,十一岁能作文,十二岁参加童子试,但此后因母故而怠于读书,到十八岁时反省,发现以往人们看重他,现在却轻视他,他知道这是因为自己不学习造成的,于是折节改行,发奋读书,三年后成为秀才,二十九岁中举。⑤与他同年中举的张集馨由于两次童试名列前茅,文名传扬,他又刻苦自励,因而每次"出见父执,无不殷情接待,谓剑气珠光,不可逼视,会须脱颖而出耳"⑥。人们以他肯读书、有才而嘉许。厉秀芳、张集馨的经历,表明仪征社会舆论肯定读书向上的青年,否定厌学的人。这就是良好的社会风俗,督促青少年读书向上。

其四,社会与士人的努力,令仪征县学成为"大学",使得读书人有较多的进学机会,以进一步造就人才。清朝政府把县学分成大、中、小学三个等级,录取不同名额的秀才。康熙二十八年(1689)规定的学额是:府学 25 名,县学大学 20 名、中学 16 名、小 12 名。雍正二年(1724)下令:凡"人文最盛之州县,提

① 《道光县志》卷 18《学校·书院》。
② 转见康熙《仪征县志》卷 7《疆域·风俗》。
③ 《我的母亲》,第 14 页。
④ 《道光县志》卷 16《学校》,第 20 页下。
⑤ 前揭程皖:《厉先生家传》。
⑥ 《道咸宦海见闻录》,第 10 页。

请小学改为中学,中学改为大学,大学照府学额录取"。即大学的县学,经过批准,可以每科录取 25 名秀才。仪征县即属于人文最盛之州县,县学依府学规制,一科可录取 25 名。①县学被定为大学,就因此地出人才,是仪征人努力的结果。这一规制的取得,又令仪征人进学的几率增加到二十五名,幅度不小,反过来促进仪征人读书,争取进学和高等功名。仪征人实因此受惠良多,从事举业者增加,即以张集馨家族而言,道光三年(1823)有 4 人同往北京,入住扬州会馆参加会试,②可以想见仪征人参与乡会试的众多。

仪征的社会文化教育条件,使人们有理由预期仪征会造就一批人才。雍正十三年(1735),两淮盐政高斌因许华生重修学宫,考察仪征人文,他说仪征"人物秀杰,掇巍科,登显甲者,如云而起",他根据的是当时仪征科举事实。

仅雍正一朝十三年间,中乙科 20 人,中甲科四人,因有状元在内,给人印象极深,所以高斌才说"显甲"云云。高斌据此,又看到县人的好义兴学的风气,接着说他每年两次到仪征,朝拜雄伟辉煌的文庙,"知此邦人士必大有笃志好学,成其才,为国家经济之用"③。他言中了,本文开篇写的张玉书的预测也言中了,康雍之后仪征科甲不断。为明了此点,兹据第二节开始提到的仪征进士举人人数,制作"仪征科举分朝统计及朝年平均人数表"于次:

仪征科举分朝统计及朝年平均人数表

朝年	甲科		乙科	
	人数	年平均人数	人数	年平均人数
顺治十八年	3	0.17	6	0.33
康熙六十一年	5	0.08	30	0.49
雍正十三年	4	0.31	20	1.54
乾隆六十年	22	0.37	73	1.22
嘉庆二十五年	6	0.24	18	0.72
道光三十年	11	0.37	42	1.40
咸丰十一年	4	0.36	15	1.36
同治十三年	5	0.38	23	1.77

---

① 光绪《清会典》卷31《礼部》,第 256 页;《道光县志》卷16《学校》,第 32 上。

②《道咸宦海见闻录》,第 13 页。

③《道光县志》卷16《学校》。

从年平均人数看,顺康两朝数量很小,而雍正朝骤然多起来,乾隆朝延续发展,嘉庆朝有些低落,道光朝再度上升。表明仪征人科举在清代的发展有个渐进过程,即顺康是准备期,雍乾显示出储备力量,嘉道以降持续之。这种渐进式,说明仪征科举兴旺绝非偶然,得之于兴学习学、造就人才的各种社会条件。这里还要补充一点,雍乾时期仪征科举的发达不是孤立的,而与所在地扬州府的情形类似。阮元在《扬州画舫录序》中说,乾隆南巡,造成扬州"士日以文,民日以富"①,又在《重修扬州会馆碑铭》中就嘉庆三、四年乡会试情况写道:"维我广陵,元甲天下,能领江乡。"②盛赞扬州出鼎甲和解元的兴旺。仪征与扬州有类似之处,文运差不多,进一步说明仪征文运之兴,有其必然的道理。

总而言之,清代仪征人才的兴盛,原因虽多,主要是设在仪征和扬州的盐衙、盐官与徽州入籍为土著的盐商相配合的重视文化教育,及在传统社会家庭、家族重视读书科举的努力下,形成全社会的良好学风,实现了人才的培养。或许会有这样的问题:明代仪征也有盐署和徽州盐商,何以文风并不振作?此事似不难理解,盖因仪征在盐业上之地位,明代远不及清代,此其一;其二,明代徽商至仪征时间尚短,未站稳脚根,无暇大力顾及子弟及当地教育,而清代情势则大不相同了;其三,应当看到明代仪征盐业地位及盐商活动,为清代教育事业发达打下一定基础。

四、余论

研究了仪征人才的出现及其社会原因,有一点感想,还拟饶上几笔。首先想到的是政府的政策和机构的设立,对地方的影响极其巨大,尤其在古代社会和高度中央集权政体下的社会,受这种影响更明显。明清时代,特别是清代的仪征就是显例。它在清代较为繁荣,基因就是清朝政府实行官督商销的食盐政策和在仪征设立两淮盐运司派出机构,从而招致盐商的到来和商业的发展。由此可见,研究地方史,不可忽视中央政府的政策及与该地区的关系。

其次留意到移民对地方社会的影响。前面说明一些徽州移民在仪征的情

---

① 阮元:《揅经室集四集·文集》卷5,《国学基本丛书》本。
② 《揅经室集四集·诗集》卷2,《国学基本丛书》本。

况和作用,然而远未展开。不过笔者已经察觉到外来移民对仪征社会的影响是全面的,在政、经、文和社会风习各方面都有表现,有利于地方的发展。当然其有益程度,也要视移民状况来定,属于投资型的、技术型的自然更好,因此一个地方要发达,应当欢迎移民。

最后是历史上的占籍现象值得研究。文中讲到仪征人才,有一个事实没有交代,这里要做一点说明。在那些人才中,有的不是本地人,只是因为科举,到仪征入籍,科举成功,挂着仪征籍的名义,如阮元,居住扬州府城,其祖父阮玉堂开始占籍仪征应武科考试,以后子孙相沿下来。又如卞宝第,也是家住扬州城里。这类现象,据乾隆、嘉庆两部《扬州府志》的《选举志》记载,笔者统计出,属于扬州府郭的江都人、甘泉人(其中有一部分又是来自安徽的徽州人),在仪征占籍中进士、举人的,顺治至嘉庆年间有六十七人次之多。笔者的印象,仪征科举人士约有三分之一是外地占籍者。这么多的外地人,是因江都、甘泉二县进学名额与仪征一县相同,入学不易,故给仪征办点好事,取得入籍资格,这自然是仪征经济、文化及政治地位不及首县,只好接受江、甘人的占籍。占籍的人有了高地位,给当地带来荣誉和一些实际好处。但是寄籍者不在当地居住,随着情况的变化要离去,所以对地方的发展不能产生稳定的影响。因此研究地方史,要看到占籍现象的积极和消极两种因素。关于移民占籍的历史问题,笔者拟另撰《盐商·移民和扬州》一文,做专题探讨,这里不再多叙。

(原载《扬州研究——江都陈轶群先生百年冥诞纪念论文集》,台北联经出版公司,1996 年)

清代乾隆时期扬州人的引领时尚
——建设文化教育休憩城的历史启示

　　十五年前,笔者为《扬州研究——江都陈轶群先生百年冥诞纪念论文集》[①]作序,说到"扬州似乎常和'时髦'联系在一起,被作为繁华和奢靡的代名词",又说"商品经济刺激人追求时髦,扬州的兴衰史似可证明这一点,这或许也是给人们的历史启示吧"。这是提出扬州城市的一种特点问题,借这次学术研讨会的机会,想谈谈这一历史启示,也是一定程度上了却一桩夙愿。

　　扬州在历史上的繁华,有三次高潮,一为隋炀帝下扬州,时间极其短暂;二为唐代,有"扬一益二"的美誉,作为中央政府财政(盐业度支)重镇和内河国际港口,风光百年;三为清朝前期,历经康熙后期、雍正、乾隆和嘉庆初年,而以乾隆年间为鼎盛,其时是以盐业为主体的商品经济发展,是运河、长江交通枢纽,贸易集散地,文化繁荣。后两次高潮的共同特点是经济与文化同步发展,令后人能够领略其时人们高度发达的社会文化生活行为和享受状况。

　　本文所说的扬州人,主要是指清代扬州府城郭的居住者,由于扬州府辖有泰州、高邮、仪征、兴化等州县,这些地方的居民生活亦兼有涉及。所说的时尚,是指文化生活、社会生活(衣食住行交游)行为,并形成风习;所谓引领,不仅是本地人如此生活,还能影响他处,将俗尚移植远方,成为他处人学习的目标和行为。

一、扬州最繁荣的时代在乾隆时期

　　笔者想通过明清时期各界人士及近当代学者对扬州的评论,来认识扬州从经济发展演变为经济、文化双发达的城市,而在乾隆时期处于鼎盛状态。

　　明代嘉万间,文学家和史学家王世贞,以历史的、文化的眼光看待扬州,

---

①《扬州研究——江都陈轶群先生百年冥诞纪念论文集》,台北联经出版公司,1996 年。

说唐代"广陵之富甲于诸藩镇,词人骚客又多为歌咏以益之,而古迹名胜灿然备矣,"是说唐代扬州兼具经济、文化两种繁华;到了他生活的年代,经济复盛,"然而一盐客数耳,其于大雅未复也"①,即经济发展之时,文化未能同步兴盛,留有遗憾。

到了清代,顺康之际在扬州任职推官的王士禛云:"近日地气自江南至江北,而扬州为极盛。"②是在明清之际战争疮痍之后,扬州处于迅速恢复之中。及至乾隆帝六下江南,在扬州游览,其《自高旻寺行宫再游平山堂即景杂咏六首》之二写道:"从来富庶说广陵,满城丝管映街灯。康风拟令崇浮约,谋食贫人虑失屏。"③二十七年(1762)的《平山堂绝句八首》之二又云"楼台丝管广陵擅"④。歌咏的是扬州一派升平繁华气象,尤以楼台丝管为说词,即不仅是经济的富庶,更是生活艺术化,表明人们生活中富有文化内涵。雍正年间两淮盐政高斌、盐运使尹会一皆说:"广陵名郡,人文渊薮。"⑤高斌还讲,扬州"人物秀杰,掇巍科,登显甲者,如云而起"⑥。直接说出扬州人才辈出、人文荟萃、文化发达的事实,当然他们深知这是经济发展促成的。两淮盐政阿克当阿说:"维扬,东南大都会","其人文之盛,尤史不绝书"。⑦仪征人李斗在乾隆二十九年(1764)至六十年(1795)的三十余年间,搜集扬州人活动的素材,于乾隆末年写出《扬州画舫录》⑧,以亲身经历、耳闻目睹之事,反映扬州人生活的繁华景象。阮元于嘉庆二年(1797)为其书作序,谓乾隆帝"翠华六巡,恩泽稠叠,士日以文,民日以富",所以《扬州画舫录序》系"目睹升平"之实录。他明确"士文""民富"是繁荣标志,扬州兼而有之。袁枚在《扬州画舫录序》中云:"扬州一郡,又为风尚华离之所。"自乾隆帝十六年(1751)南巡,官吏商民营建,扬州面貌较康雍时期为大改观。袁枚居住南京,经常往来扬州,堂妹袁棠即嫁给扬州人,对扬州非常熟悉,他说此地是"风尚华离之所",启发我们认识乾隆时代扬州的引领时尚。

---

① 王世贞:《张孟奇〈广陵怀古诗〉序》,载嘉庆《江都县志》卷9《艺文》。

② 王士禛:《香祖笔记》卷7。

③ 赵之璧:《平山堂图志》,载《扬州地方文献丛刊》,广陵书社,2003年,第3页。

④《平山堂图志》,第4页。

⑤ 嘉庆《两淮盐法志》卷53《杂纪二·书院》。

⑥ 道光《重修仪征县志》卷16《学校》,光绪版。

⑦ 嘉庆《扬州府志·序》。

⑧ 李斗:《扬州画舫录》,中华书局,1980年。

繁华既然在于经济发展的民富,文化发达的士文。"士文"是什么意思?王世贞的说法是有士人活动形成的古迹名胜,即以名胜古迹为文化的标志。康乾人、编修程梦星同意此说,并谓"扬州名胜之地"①。嘉庆十三年(1808),周长泰为顾銮的《广陵览古》作序,也说"广陵为古邗沟,名胜甲天下。竹西歌吹,至今传焉"②。都以扬州富有名胜而自豪。何谓名胜?扬州原来有隋炀帝冢、袁娘墓,亡国之君遗存不足称道,不可能成为名胜古迹的主要方面,文坛领袖王世贞在扬州的逸闻趣事,与同好游览平山堂、"小秦淮",留下诗文,为扬州人津津乐道,给名胜增添色彩。康熙帝、乾隆帝南巡临幸扬州,是最重大的盛事、幸事,扬州的官商为接驾而大肆营建,令市容大大改观。两淮转运使德庆在嘉庆《扬州府志序》谓该地,"况淮南大都,为两圣豫游之地乎"!皇帝去过的寺庙、林园身价倍增,平山堂、大明寺、栖灵寺之类的不必说了,像乾隆朝编辑《四库全书》,扬州绅商马日琯捐助私家藏书最多,乾隆帝嘉奖江浙人士的贡献,特在扬州建立文汇阁,在杭州设文澜阁,在镇江建文宗阁,赐书《古今图书集成》,以及四库全书馆藏书的抄本——《四库全书》,允许士子到阁借阅,文汇阁之名亦为钦赐。在扬州任安定书院院长的国子监祭酒吴锡麒创作《广陵赋》,特意写道:"独不见圣天子之惠我儒生乎?度恢宏而建阁,被'文汇'之嘉名。"③正谊书院,明武宗正德年间改祀董仲舒,康熙帝赐"正谊明道"额,遂名董子祠。④趣园,系盐商黄履暹别业,乾隆帝于二十七年(1762)临幸赐名,黄亦因接驾有功,恩赐奉宸苑卿。⑤这一座座寺观堂馆,有着帝王临幸,官员、文士流连的佳话,更有歌咏图籍的记载。

　　王世贞们所说的文化城市的内涵,或者说标准,可以分析出三点:外相的景观,名胜古迹,山水楼台;内在的是这些景观的人文含义,富有名人活动遗迹和遗文、逸闻,即有有趣的、有社会传播价值的故事,是可以传承的,是物质文化遗产与非物质文化遗产的综合体;三是歌舞艺术的行为与载体,这就是乾隆帝歌咏的"满城丝管映街灯",也是兴化人郑板桥书写的"画舫乘春破晓

---

① 《平山堂图志》,第71页。
② 顾銮:《广陵览古》,载《扬州地方文献丛刊》,广陵书社,2003年。
③ 同治《续纂扬州府志》卷23《艺文志上》。
④ 《扬州画舫录》,第207页。
⑤ 《平山堂图志》,第17页。

烟,满城丝管拂榆钱","扬州自古风流地,惟有当官不自怡"。①

明朝人谓扬州富而不文,满是铜臭气,予以蔑视;清朝人推崇扬州为人文渊薮的文化城市。是则扬州经过清朝前期、中期的文化建设和文化积累,成为文化之乡,清人的见解是如实反映扬州实际状况的。

前述乾嘉道时期人们认为乾隆时代的扬州是商业和文化重镇,近当代的学人认可这种说法。20世纪上半叶,陈含光为《扬州丛刻》的出版者陈恒和写墓志铭,他说"扬之地以文化称"②。清代扬州史的重要研究者王振忠在90年代认为,乾嘉时期,"扬州成了东南首屈一指的文化中心城市。东南文化的精华都在此汇集、提炼和升华,并形成独具特色的文化内涵,进而向全国各地辐射、播布"③。杜瑜弟认为扬州在雍乾时期"逐渐成为当时东南地区文化中心",至近代才因淮盐转输和漕运的交通枢纽的优势丧失,发展不及他处④。卞孝萱在《郑板桥全集·前言》中云:"康雍乾时期的扬州,是东南沿海地区一大都会。经济的繁荣,促成了文化艺术的昌盛。"⑤

嘉庆后期,扬州的辉煌已逐渐褪去颜色。时至嘉庆十三年(1808),目光敏锐的人已经感到扬州不如从前,于是说"扬城昔亦繁华耳","而今旧雨重相过,东道依然地主贫"。⑥旧友相逢,东道主的出手不似从前,显得寒酸了。无锡人钱泳多次盘桓扬州,于乾隆五十二年(1787)初次游览平山堂,看到的是"自天宁门外起直到淮南第一观,楼台掩映朱碧鲜新",是令人赞叹的欣欣向荣景象,三十余年后再至,"几成瓦砾场,非复旧时光景矣",不无伤感地说,"《(扬州)画舫录》中人半死,倚虹园外柳如烟"。⑦著名的马氏藏书、程氏藏砚的盛事,均成历史而不复存在。扬州府首县甘泉县的陈家集(今属仪征),未有小扬州之称,当地人林溥回忆:"雍正乾隆间,镇中号全盛,收藏书画名迹极富,名流多往来于此;道光以来,富家式微,物力亦艰,灯市阑珊,迥非昔日矣。"⑧然

---

① 卞孝萱编:《郑板桥全集》,齐鲁书社,1985年,第30、70页。

②《扬州丛刻》,1930年前后印行。

③ 王振忠:《明清徽商与扬州城市文化的特征和地位》,载《扬州研究》,第502页。

④ 杜瑜弟:《扬州历史地理综论》,载《扬州研究》,第56—61页。

⑤ 见《郑板桥全集》。

⑥ 林苏门:《邗江三百吟》,载《扬州地方文献丛刊》,广陵书社,2003年,第108页。

⑦ 钱泳:《履园丛话》卷20《平山堂》,中华书局,1979年,第533页。

⑧ 林溥:《扬州西山小志》,载《扬州地方文献丛刊》,第22页。

而瘦死骆驼比马大,嘉道以降的扬州虽与乾隆鼎盛之时无法相比,但市面并非一片萧条,仍有繁华余晖。

综观清朝人和当代人对扬州城市史的研究,可以认为乾隆时代扬州改变了明代纯粹商贾文化的粗俗面貌,在经济富庶的同时,人文昌盛,创造新的名胜,赋予古迹新的文化内容,在生活享受中讲求艺术品位,令扬州以经济、文化繁华城市的面貌出现于社会,扬州人的生活方式兼具文明与奢华两种成分,并能辐射四方。

二、扬州人引领时尚潮流的具体内容

从文化方面看扬州的繁荣,然而事事物物皆有其文化内涵,笔者这里所讲的文化,排除商业文化的经营之道、官文化的做官之道,物质文化的生产与技术间或有所涉及,重点是在学术教育、文学艺术、信仰文化、消费文化、休闲文化,至于所说消费文化,主要是指衣食住行交游的消费,还有正当的和狭邪的娱乐。具体内容来讲,有生活空间的住宅园林花圃、家庭用具摆设和工艺品;食物生存的餐饮,与此相关的人际交往的餐馆茶馆;美容健身的衣饰、沐浴、按摩、理发;口耳身心并赏的戏剧曲艺杂技;兴办学校与教育成效;狭义文化的经学、文学、史学研究,图书的刻印与收藏;精神寄托的宗教信仰、各种神灵信仰;社会救济及其观念;狭邪的娼妓、赌博,等等。是俗语的人生口福、眼福、耳福和心灵之福的一些具体事象。笔者试图将这些庞杂的内容加以归纳,无奈学术功力不济及研究的不足而不能做到。只好以下述九种类别,叙述扬州兴盛时代人们的生活及习尚,以及它的向外传播,至于如何认识它的价值,留待第三节交待。

(一)园林花卉甲天下

这里关注的是兴盛时代的扬州人的生活空间情形:居室及其艺术,诸如住宅、园林、花圃,居家用物、摆设及工艺品。

乾隆时期扬州园林之胜,为天下之最。钱泳在其著作《履园丛话》中说:"造物之工,当以扬州为第一。"素宿负盛名的苏杭不及。又说国初以张南垣为园林建筑高手,近时杰出者是常州人戈玉良,仪征朴园、江宁五松园皆其手笔,道光三年(1823)往游朴园,认为较苏州狮子园有趣,实为淮南第一名园。①吴锡麒在前述《广陵赋》中说:扬州"园亭之胜,甲乎四方"。园林之盛,为扬州的特色。李斗说"郡城以园盛,康熙间有八家花园",内有筱园、贺园。程梦星的筱园,营建于康熙末年,园内外百数十亩,建设有多处亭榭花圃,有荷花池和水榭的今有堂,梅园及亭的修到亭,种植芙蓉、养蓄水鸟的月牙形池,竹丛中可眺可咏的来雨阁,三十株老桂树的桂坪,花药古松的馆松庵,别有竹畦,枯死,马曰琯赠竹,方士庶为绘赠竹图,程梦星遂名此园为筱园。②程氏"于艺事无所不能,尤工书画弹琴,肆情吟咏"。每当园花报放之时,辄与友朋同赏,作诗文之会,"以是推为一时风雅之宗",受他延揽的有韦谦恒,探花出身,程氏"于家中构玉山心室,延之校书"。他的常客之一陈撰,中乾隆博学鸿词科。盛唐,布衣,工书,"馆于筱园最久"。张铨,诸生,喜游山水,足迹遍天下,精于鉴别古人书画,主程氏,绘扬州二十四景及金、焦二山图画。程氏负时望,"江淮冠盖之衝,往来投赠殆无虚日"③。招徕之众,可以想见。贺园,贺君召建成十二景,接待四方宾客游览,两淮盐政準泰为其春玉堂题额"襟怀顿爽",尚书、书法大家张照则题联:"万树琪花千圃药,一庄修竹半床书。"乾隆十一年(1746),贺氏大会宾客,蓄墨数升,供客人题咏,当日以千计。他汇集游人题咏诗词,成《东园题咏》一书。④筱园、贺园等私家园林,对官绅友朋开放,形成逸闻趣事的佳话,于是造物之工与人文雅事合成名胜,为其主人,也为地方增色。

园林宅院有花圃,而扬州别有花卉业,能与京城争胜,可知其不凡的地位。郑板桥的诗句"千家养女先教曲,十里栽花算种田"⑤,从种花之盛及其销路,道出花卉业的实况。扬州人种花是专业经营,并有专业营销者,消费者既有广大人群,又有专门行业从业者。种花,不是一般的园圃业,而是专植花卉。傍花村、堡城、小茅山、雷塘等处均有集中种花者。⑥傍花村数十家,皆种菊为业,花时填街绕陌,"秋间赏者如堵"⑦。徐谦芳述及扬州人的职业:四野之民业

① 钱泳:《履园丛话》卷10《营造》、卷12《堆假山》、卷20《朴园》,第326页、第330页、第534页。
② 《扬州画舫录》,第22、第343页。
③ 嘉庆《江都县续志》卷6《人物》,台北成文出版公司,"中国方志丛书"本华中地方第394号第1册第197页。
④ 《扬州画舫录》,第317—324页。
⑤ 《郑板桥全集》,第37页。
⑥ 《扬州画舫录》,第23、第80页。
⑦ 《邗江三百吟》,第13页。

农,四郊之民业圃,沿江各洲之民业商,傍海之民业鱼盐,近郭之人以种花为业者亦多,蒔芍药与菊,多佳种,且流布江南各处,几与北京丰台争胜。①反映花业盛行。蒔花者中的宗元鼎,"手艺草花数十种,晨担花,向红桥坐卖,得钱沽酒,市人笑为花颠"。自著《卖花老人传略》②,是颇有个性的花匠(园艺师)。另一个来自苏州的移民,"手种奇花供客赏,三春一直到三秋"③。种花有自卖的,如宗元鼎,也有专业贩花发售的,形成花市,花农及贩卖者每旦入城聚卖于市,如开明桥。花市有特色,如虹桥花市,二月梅花、桃花,夏季为牡丹、芍药、荷花,秋天为桂花、芙蓉。④花市之外,更有小贩沿街叫卖,郑板桥诗句"卖花声里雨濛濛","小楼帘卷卖花声"⑤,反映的就是此种情形。用花者甚多,所谓"扬人无贵贱皆戴花"⑥。"郭外饱看花,道观天桃争秀色,宝城秋菊斗奇葩,佳日赏芳华。"⑦记录扬州人的欣赏花卉情景,非只是社会上层人士的行为,普通居民亦参与其事。江都南门外花院蒔茉莉、珠兰、白兰、香橼花之类,专为贩户采买,制成花表等品,或穿花茶、供碟、花篮,制为三星桌围等物,以备礼品,转售平康乐户及闺阁媛秀,四季无间。⑧妓院是采买的大户,闺阁媛秀亦喜爱有加。女性晚妆用花,如《望江南百调》所咏:"浴罢晚梳妆,雪白罗襦禅翼薄,霞青纱裓麝兰芳,花插夜来香。"⑨文士鉴赏鲜花,寄寓情怀,达到物我交流的境地。因为花业盛行,"花朝"也就过得有声有色,届时举行百花会,在张秀才家进行,四乡名花毕集献艺。⑩

家庭摆设、用物,扬州人讲究使用工艺品,漆器、玉器、剪纸、盆景中外驰名。据惺庵居士认知,扬州漆器"最精纯",卢姓漆工用铜胎制作仿古器物,朱姓善于翻新花样。⑪洋漆壁瓶,插花最佳,扬州驰名。⑫夏姓漆工善制古漆器,有

① 徐谦芳:《扬州风土记略》,载《扬州地方文献丛刊》,第47页。
② 《平山堂图志》,第83页。
③ 董伟业:《扬州竹枝词》,第8页。
④ 《扬州画舫录》,第251页。
⑤ 《郑板桥全集》,第130、第140页。
⑥⑩《扬州画舫录》,第80页。
⑦ 惺庵居士:《望江南百调》,第1040页。
⑧ 《扬州风土记略》,第51页。
⑨ 《望江南百调》,第1049页。
⑪ 《望江南百调》,第1050页。
⑫ 《邗江三百吟》,第39页。

剔红、填漆两种,以金银铁木为胎,朱漆三十六次,镂以细锦,漆盒有蔗段、蒸饼河西三撞两撞诸式,漆盘有方圆、八角、牡丹花瓣诸式,漆器匣有长方、两三撞诸式,统称为雕漆器。[1]面塑,袁姓业者最佳,捏人像能传神:"妙肖传神真面目,装潢余事小琴樽,绝技擅专门。"[2]牙雕,代不乏人,故清季有于啸轩者,技艺最为嘉善,方寸之间,能刻五千言以上,又能模刻名人山水、人物于牙屏之上,欧美万金争购。[3]荷兰女王加冕,湖广总督端方送刻牙一方,即于啸轩为之,正面是女王像,背面刻《金刚经》全文。[4]

(二)维扬菜系与发达的餐饮业

扬州茶馆被称作天下第一,饭菜制作形成维扬菜系,予人口福,餐馆、茶馆不仅是适应人的生理需要,同时是人们社交的公共场所,具有多种功能。

扬州食材丰富,郑板桥诗云:"百六十里荷花田,几千万家鱼鸭边……湖上买鱼鱼最美,煮鱼便是湖中水……一塘蒲过一塘莲,荇叶菱丝满稻田。最是江南秋八月,鸡头米赛珍珠圆。""昨夜村灯鱼藕市,青帘醇酒见人情。"[5]原料及制作成的美食诱人,溢于纸上。惺庵居士的《望江南百调》记叙扬州名菜名点,有烤鸭("肥烤鸭皮包饼夹,浓烧猪肉醮馒头,口福几生修")、三鲜面、煮干丝("加料干丝堆细缕")、水晶肴、蜜饯、酥糖("蜜饯溅牙桃杏脯,酥糖到口桂兰香,风味最难忘")等。酒肆甚多,在虹桥,康熙年间有野园、冶春社、七贤居、且停车,为游人小酌之地,韩园则为聚饮之所。传统社会的厨师,分家厨、受人临时雇用的外厨、餐馆的行厨三种,据李斗的记录,烹饪之技,家厨最胜,各家有绝活儿,如吴一山炒豆腐,田雁门走炸鸡,江郑堂十样猪头,施胖子梨丝炒肉,张四回子全羊。[6]维扬名菜"三头宴"的闷猪头,原来是学者江藩家的拿手菜,由来久远了。扬州点心制法极精,汤包、油糕尤擅名一时。[7]袁枚在《随园食单》中记录了许多扬州菜,如剥壳蒸蟹、程立方豆腐、定慧庵冬瓜、两淮盐运使卢见曾家的运司糕、洪府粽子、仪征萧美人点心,人参笋的做法是细切笋如人

---

① 《扬州画舫录》,第198页。
② 《望江南百调》,第1048页。
③ 《扬州风土记略》,第91页。
④ 杜召棠:《惜余春轶事》,载《扬州地方文献丛刊》,第33页。
⑤ 《郑板桥全集》,第63、第127页。
⑥ 《扬州画舫录》,第26、第253页。
⑦ 《扬州风土记略》,第48、第91页。

参形,微加蜜水,因"扬州人重之,故价颇贵"①。袁枚是美食家,他的品评多为定论。扬州菜在讲求色香味之外,还加装饰物,夏令厨师雕诸瓜为灯,玲珑透露,精美绝伦。②扬州人讲究食鲥鱼,四五月间产在扬子江,上市之时,乾嘉之际一尾价值三五千钱。③崇尚食鲥鱼,故其价昂。鲥鱼的吃法,《调鼎集》罗列了十几种,有煮、蒸、红煎、淡煎之别,还可做成鲥鱼圆、鲥鱼豆腐、醉鲥鱼、糟鲥鱼、鲥鱼烩素面、鲥鱼面、鲥鱼羹,以及煨三鱼。④扬州盐商习于浮华,精于肴馔,造成扬州宴席各地驰名,及至扬州已衰落,而饮馔之盛尤甲于江苏。⑤

李斗说:"吾乡茶肆,甲于天下。"⑥他是"三至粤西,七游闽浙,一往楚豫,两上京师"⑦的游历家,见多识广,不会作无根之谈,扬州茶馆应系甲天下。扬州城乡皆有茶馆,所谓"扬城四面多茶寮,由朝至暮,辄高朋满座,抵掌谈天,故北方人谓扬人为'渴相如'(即渴死鬼之意)"⑧。乡镇亦有茶馆,甘泉"陈家集人每早必上茶馆,亦居然扬例也"⑨。悝庵居士说:"高会谷林堂,试茗有泉烹白雪。"反映扬州人的茶趣,人们举行茶会,品尝天下第五泉烹制的茶水。扬州人有到茶馆饮早茶的习惯,嘉庆以前,人们清晨相约,至好茶馆、好面馆,或叙谈,或议事。⑩品茗,为的是叙事闲谈,或者是商谈业务,且有点心供客人果腹,如林姬的茶肆,供应酥儿烧饼,见称于市。⑪茶馆有雅致的,林姬的茶馆,二门内有三间开的厅,题曰"秋阴书屋",厅后住房十数间,二层,一层为客座,二层为卧室,因其近水、依城,"游人无不适意"。北门桥的双虹楼,铺面五开间,东壁开窗临河,可以眺远。多间茶馆建筑楼台亭舍,养花、植木、种竹、堆石,所用的杯盘匙筋,无不精美。⑫茶馆还应召到顾客家服务,即主人请二三桌酒,叫

---

① 袁枚:《随园食单》,中国商业出版社,1984年。

② 《扬州风土记略》,第91页。

③ 《邗江三百吟》,第126页。

④ 《调鼎集》,中国商业出版社,1986年,第365—369页。

⑤ 《扬州风土记略》,第86页。

⑥ 《扬州画舫录》,第26页。

⑦ 《扬州画舫录·自序》。

⑧ 《扬州风土记略》,第49页。

⑨ 《扬州西山小志》,第42页。

⑩ 《邗江三百吟》,第119页。

⑪ 《扬州画舫录》,第198页。

⑫ 《扬州画舫录》,第26、第198页。

"茶酒"之商家前来伺候。①由此亦见茶馆业的发达。

（三）美容健身的衣饰与沐浴、理发业

衣着、首饰、化妆，讲究修饰的人极其在意，即使马虎的人对衣服的质地、颜色也会稍加留心的，扬州人是注意美容的典型。

惺庵居士说扬州人"服饰竞时髦"②，李斗则云"扬郡着衣，尚为新样"。扬州多子街，因两边多绸缎铺，又名缎子街。在乾隆五十年代以前，流行缎料八团花纹，后变为大洋莲；衣服的颜色崇尚三兰、朱、墨、库灰、泥金黄。乾隆五十二年（1787），大将军福康安前往台湾平定林爽文起事，路经扬州，穿的是膏粱红、樱桃红色衣装，人们于是喜爱膏粱红、樱桃红，名曰"福色"。③男子穿的蝴蝶履，为"扬式名鞋"，世传"苏杭人极称羡"，林苏门以为一双鞋有什么金贵的，不相信传闻是真的，及至到杭州始知实情如此，每双鞋价值高达一两二三钱。④女裙，原来将缎料裁成若干条，使用金线对每条镶绣花边，拼接成裙，谓为凤尾；乾隆后期改为百折裙，使用整幅缎料折成细道，常服是二十四折，名玉裙。这些成衣，往往由翠花街成衣店制作。⑤

扬城翠花街，市肆韶秀，原来是珠翠首饰铺。扬州人常用义髻，有蝴蝶、望月、花篮折项、懒梳头、双飞燕、到枕鬆、八面观音等，异于他处。⑥

香料，多用于化妆品，清朝人喜爱佩戴香囊。李斗说"天下香料，莫如扬州"。又是扬州第一。制作的商号，以戴春林为上，张元书次之。⑦《望江南百调》说到戴家香料店："扬州，比户戴春林，一样牌题名士手，几番香醉美人心，脂粉旧驰名。"⑧戴家名声在外，固然香料上好，也是使用者多，扬州人喜用香料制品。张家也具竞争力，江皖香署理山东巡抚，为乡试监临，令张家店制汉瓦、奎璧等形的香料，凡乡试诸生各予一枚，其后张家名其为"状元香"，售予士子，以图吉利。⑨

扬州俗谚："早上皮包水，晚上水包皮。"说的是扬州人的生活习惯：皮包水，指上述的饮早茶；水包皮，则谓泡澡堂。无疑，澡堂业兴旺。《望江南百调》

---

① 《邗江三百吟》，第 72 页。

② 《望江南百调》，第 1049 页。

③ 《扬州画舫录》，第 194 页。

④ 《邗江三百吟》，第 80 页。

⑤⑥⑦⑨《扬州画舫录》，第 195 页。

⑧ 《望江南百调》，第 1045 页。

咏曰:"沐浴有跟池,扶掖随身人作杖,摩挲遍体客忘疲,香茗沁心脾。"①是说洗澡与按摩同时进行,令人身心舒泰。扬州的浴池城厢内外皆有,互相争竞。浴池用白石砌边,区分大中小池,水温不一,供顾客选用。更衣的座位,分设座箱、站箱,是雅间与普通间之别。洗浴之外,有侍者按摩。备有香茶碧酒,令人极尽享乐。沐浴在节庆日、喜庆日与平日不同,除夕沐浴叫"洗邋遢",端午谓之"百草水",迎亲前夕沐浴,动辄花费数十两银子。②

理发业者有名为"痒上"的服务,顾客数人聚会,一人作东,令理发师按摩,他不捶而捏,使肩头不痛而痒,主人给钱,客人也给小费。③扬州还有类似今日的足疗,业者对客人的足部按摩,有修、捏、刮、出血诸名目,东台有修脚处,理发师亦兼理。④

(四)戏曲重镇

扬州人欣赏戏曲,眼福不浅。后人认为,乾嘉时期各地戏曲来扬州串演,令此地成为戏曲演出中心,是徽班进京的准备场所,京剧的最初孕育地。⑤

戏班。作为两淮盐政所在地,盐院例养戏班,以备皇帝巡幸、官员应酬之用,是以戏剧业不会不发达。正如钱泳所说:"梨园演戏,高宗南巡时为最盛,而两淮盐务中尤为绝出。例蓄花雅两部,以备演唱。"⑥他基本上是转述李斗的话。李斗讲:"两淮盐务例蓄花雅两部,以备大戏。"又指出花、雅之别:"雅部即昆山腔;花部为京腔、秦腔、弋阳腔、梆子腔、罗罗腔、二黄调,统谓之乱弹。"⑦李斗是行家,钱泳即谓其"精于音律"⑧。他指出昆曲在扬州居主流地位,昆腔班起始是商人徐尚志招苏州名伶组成老徐班,而后有大洪班、德音班,又征花部春台班,演大戏。人们看重昆腔,演出称作堂戏。戏班入城演出,先至梨园总局祷祀,谓之挂牌,次于司徒庙演唱,名曰挂衣。戏班的优劣,以戏钱多寡为差等,自七两三钱至三两六钱,分为五等,戏班人数之多,常常达百十人。有许多

---

① 《望江南百调》,第 1048 页。
② 《扬州画舫录》,第 26 页。
③ 《邗江三百吟》,第 76 页。
④ 《扬州风土记略》,第 48 页。
⑤ 前揭杜瑜弟文,载《扬州研究》,第 59 页。
⑥ 《履园丛话》卷 12《演戏》,第 332 页。
⑦ 《扬州画舫录》,第 107 页。
⑧ 《履园丛话》卷 12《度曲》,第 331 页。

出色演员,小旦马天保,"色艺无双,演占花魁醉归,有娇鸟依人最可怜之致"。秦腔名伶魏长生(三儿),到扬城投奔布政使职衔、总商江春,演戏一出,赠以千金,实为天价。他泛舟湖上,风闻的妓船尽出,争与魏船靠近,用船桨相击,而其举止自若,意态苍凉。①

扬州本地戏,属于乱弹类,戏文亦间用元人百种,音节、服饰极为土气,谓之草台戏,演出于祷祀场合,名曰台戏,以旦角为正色,间以丑角,正、丑角搭伙。②

专业戏馆,仿自京师南城外戏馆,有固乐园、阳春茶社、丰乐园。林苏门形容观众踊跃情形,"呼朋逐队观者如堵,细雨邪风坐稳身"③。戏院演出,不受风雨影响,看客稳坐欣赏剧目。

清唱,以外净老生为大喉咙,生旦词曲为小喉咙,丑末词曲为大小喉咙。刘鲁瞻为小喉咙,为刘派,兼工吹笛。清唱在赛会时举行,争相斗曲,以画船停留多少定胜负。④

曲艺门类颇多。评话,说演义故事,如吴天绪"三国志",徐广如"东汉"。徐氏在成名之前,苦读汉魏文三年,故能吐属渊博文雅,为士大夫所欣赏。艺人浦琳,艺名皮五,自撰《清风闸故事》,演出"揣摩一时亡命小家妇女口吻气息",闻者欢笑,感情随之变化,他还善于说笑话,演口技。⑤顾汉章的说书,亦负盛名。⑥大东门书场,中间设书台,观众四面团坐,门悬书招,上书说书人姓名、开讲书目,屋主与说书人分单双日收钱,钱至一千者为名家。各门街巷皆有书场。⑦

扬州弹词(弦词),与苏州弹词,共为江南弹词的主流。⑧

打十番鼓,使用十种以上乐器。《望江南百调》云:"扬州好,鼓乐十番多,

① 《扬州画舫录》,第 122、第 125、第 131、第 132 页。

② 《扬州画舫录》,第 130、第 133 页。

③ 《邗江三百吟》,第 108 页。

④ 《扬州画舫录》,第 254 页。

⑤ 《扬州画舫录》,第 205、第 258 页。

⑥ 《扬州竹枝词》。

⑦ 《扬州画舫录》,第 207 页。

⑧ 参阅严岚:《悲欢离合胸中记 只在三弦一拨间——写在〈扬州弹词·审刁案〉出版之际》,《古籍新书报》第 95 期,2010 年 7 月 28 日。

豪竹分明如法曲,哀思婉转当清歌,缓急应云锣。"①打十番中的"梦香词":"扬州好,新乐十番佳,消夏园亭雨夹雪,冶春楼阁蝶传花。"②词意欠佳。

小唱,音调变易快,适应观众需求,乾隆中期流行哀戚之声,后来时新满江红、湘江浪,有的艺人将牡丹亭、占花魁谱为小曲演出。③

口技。井天章善学百鸟声,游人招至画船,与鸟斗鸣。另有艺人名"画眉扬",可知技艺之绝。④

傀儡戏。惺庵居士咏道:"傀儡戏登场,凡事由人阴簸弄,此身枉自负昂藏,木偶也冠裳。"⑤

杂技门类也多。有舞双叉的,张天奇出名。⑥杂耍,艺人来自四方,有杆戏、饮剑、壁上取火、走索、弄刀、舞盘、风车、菠米、撮戏法、飞水、滚灯,等等。⑦孙猷周变戏法,技艺出众。⑧相扑,又名摆架子,唐代相传而来。⑨各阶层人士皆喜观赏杂技,给人影响深刻,故《望江南百调》留下它的技艺记录,且艺人来自淮北:"把戏铛姣娆,走马柳腰轻贴地,行绳莲瓣欲凌霄,淮北土音娇。"⑩

(五)发达的书院教育

扬州有很多教育机构,大体上分府州县学、书院和义学三种,书院以设在郡城的安定、梅花和设在仪征的乐仪三间最为著名。扬州府、两淮盐政皆倡导书院建设,盐商出力最多。书院院长皆饱学之士,培养出大量人才,成为扬州这一文化城市的重要内涵和标志。

安定书院,系巡盐御史胡文学创办于明朝崇祯十五年(1642),雍正十一年(1733)巡盐御史高斌、运使尹会一,"以广陵名郡,人文渊薮,亟宜振兴,议即旧址重建,谕商公捐"。⑪商人和士人也希望仿照省会的书院规制办好书院,众商乃捐银七千四百两修茸一新。所收学生人数先后有所不同,初期定额正课生六十名,后增至百人,各个时期有所变化。学生分正课、附课、随课三类。

①⑤⑩《望江南百调》,第 1055 页。

②《扬州画舫录》,第 256 页。

③《扬州画舫录》,第 257 页。

④《扬州画舫录》,第 259 页。

⑥《扬州竹枝词》,第 9 页。

⑦《扬州画舫录》,第 264 页。

⑧《扬州竹枝词》,第 8 页。

⑨《扬州画舫录》,第 265 页。

⑪ 嘉庆《两淮盐法志》卷 53《书院》,同治九年扬州书局版。

正课生每年给膏火银三十六两,附课生十二两,住院学习的,于常额外日增膏火三分,此外参加乡试,资送路费,中举者,则予竖旗杆、送匾额的荣誉。梅花书院,创办于明中期,由地方官和盐官主持,先后名甘泉山书馆、崇亚书院,明末废。雍正十二年(1734),绅商马曰琯出资重建,所谓"独任其事,减衣节食,鸠材命工……不期月而落成"①,定名梅花书院。乾隆四年(1739),由盐衙支给诸生膏火费,收留学生六十名,亦分正课、附课、随课三种,给膏火费同于安定书院。乾隆四十二年(1777),马曰琯的儿子振伯呈请完全归盐院管理,运使朱孝纯劝告商人捐修,并定每年经费数额。安定、梅花书院平时有考试,由地方官主持的为官课,由书院掌院进行的为院课,均系每月进行一次,奖励优等者银两,连续获奖者升等。设在仪征的乐仪书院,乾隆三十三年(1768),知县倡建,盐院、盐商支持,正、附、随课生多时达二百四十人,正、附生均享受膏火费,亦有月课奖励银。经费较为充足,乾隆五十九年(1794)至嘉庆五年(1800),每年用银二千二百余两。②

《扬州画舫录》说安定、梅花两书院的掌院,"皆知名有道之士"③。安定书院院长全部是进士出身,梅花、乐仪多数院长是进士,间有举人出身的。康雍乾嘉时期安定书院院长有:王步青,翰林院检讨;储大文,翰林院编修;王峻,御史;查祥,编修;陈祖范,国子监司业;邵泰,编修;沈起元,光禄寺卿;刘星炜,侍郎;杭世骏,编修;蒋士铨,编修;吴珏,内阁中书;赵翼,探花,道员;张涛,翰林院侍读;吴锡麒,国子监祭酒。梅花书院院长有:姚鼐,刑部郎中;茅元铭,内阁学士;蒋宗海,内阁中书;胡长龄,廷试第一。乐仪书院院长亦为有名人士,有:沈廷芳,中乾隆博学鸿词科,按察使;秦黉,编修;王芑孙,乾隆召试举人;赵翼、吴锡麒等人均出任过院长。④这些人中,有的是诗坛领袖,有的是史学大家,有的是桐城派古文集大成者,几乎在《清史列传》《清史稿》中立有传记,文章被收在《皇朝(清)经世文编》中。

书院有名师,又给膏火费,发放岁科两试及乡试路费,颇能吸引学子就

---

① 光绪《增修甘泉县志》卷16《学校》,中国方志丛书本,华中地方第408号第3册第1072—1085页。

② 道光《仪征县志》卷18《学校·书院》,光绪版。

③《扬州画舫录》,第65页。

④嘉庆《两淮盐法志》卷53《书院》。

学,所谓"来学者,四远麇至"①,"四方来肄业者甚多"②。生源广泛,不限本府本省,更易出人才。三所书院,均以诸生、监生为教育对象,培养出一批科举人才、学者和官员,诚如李斗在所说,"能文通艺之士萃于两院(指安定、梅花书院)者极盛"。他们中有管一清,进士,善属文,工诗;杨开鼎,翰林,道员,工书法,有诗集;梁国治,少时肄业于此,官至大学士;谢溶生,刑部侍郎;蒋宗海,前述院长;秦黉、秦恩复父子,皆进士、编修;任大椿及其弟子汪廷珍,均进士,经学家;吴楷,召试中书,工诗文辞赋;段玉裁,古文字学家;李惇,通三礼;王念孙、王引之父子,经学大家;汪中,经学家;刘台拱,精于三礼;韦佩金,尤通于时文,同学称为"文虎";洪亮吉,博通经史,今世以人口论著称;孙星衍,经学、音韵学家;顾九苞,进士,贯通经史,等等。③上面所述基本上是嘉庆及其以前的事,咸丰年间扬州各书院毁于战火,同治中恢复安定、梅花及广陵书院,由盐衙将专门犒赏军队的一部分银子,经过两江总督曾国藩的批准,移作书院的经费。

三所书院之外,扬州还有维扬书院,系明朝中叶巡盐御史雷应龙创建,后废;敬亭书院,两淮商人于康熙二十二年(1683)建立,令士子诵读其中,后废毁。义学与书院并立。府城原有义学三间,后增为五所。嘉庆五年(1800),商人洪箴远等,因郡城广大,义学太少,愿意资助,遂于十二门各设一所,得到盐衙允准,每学三十人。④甘泉县邵伯镇有甘棠义学,康熙年间士民公建,嘉庆八年(1803)生员蒋和重修。扬州营义学,乾隆三十八年(1773)建,盐政资助,专课营兵子弟。⑤

(六)文化学术及扬州学派

笔者仅谈学术方面的扬州学派、刻书藏书、博物鉴赏、琴棋书画与扬州八怪、诗文会五事。

今世学者认为清代学术界产生扬州学派,与惠栋吴学、戴震徽学并称。吴

① 嘉庆《两淮盐法志》卷53《书院》、卷55《碑刻》。
②《扬州画舫录》,第66页。
③《扬州画舫录》,第67页。
④ 嘉庆《两淮盐法志》卷53《书院》。
⑤ 光绪《增修甘泉县志》卷十六《学校》,中国方志丛书本,华中地方第408号第3册第1077页。

学、徽学被认为是专精之学,而扬州学派是通学,①即为融会贯通之学。吴、徽、扬三学,连同北方的颜李学派、湖南的湘学、经世致用之学,促进了清代学术的发展。扬州学派关注经学的研究。张舜徽指出,焦循"于经学造诣甚深,著述多而精",其子廷琥"亦于穷经为长","父子自相师授,有讨论之乐"。②焦循,扬州学派代表人物之一。笔者曾就仪征籍学者检索史料,得知在《清史列传》《清国史》的《儒林传》《文苑传》有十一位学者拥有传记,其中许桁的易学研究,被认为是继汉朝人郑玄的《周易》注疏最有成就者;③江昱的痴迷于《尚书》研究,致令袁枚说他是"经痴"。④江藩撰著《汉学师承记》和《宋学渊源记》,论述经学史;阮元主编《畴人传》,是中国科技史的滥觞之作,均是扬州学派通贯之学的表现。

扬州文化的一个重要特点是这里为刻书重镇与富有藏书家。早在康熙年间,两淮盐政、江宁织造曹寅奉命在扬州编印《全唐诗》,印制《渊鉴类函》《律吕正义》等巨著,他边刻印边进呈康熙帝御览,满意了,继续雕板,所以是精益求精,刻板技艺高超;他自己另刻有关艺术史方面的书籍十二种。⑤马曰琯刻印小学类图籍说文、广韵、玉篇、字鉴等, 被称作 "马版"。⑥乾隆四十二年(1777),盐政伊龄阿奉旨于扬州设局修改曲剧,四年事竣,总校黄文赐,分校凌廷堪。⑦嘉庆帝下令编印《全唐文》,在扬州设淮南书局刊刻,同时刻印《明鉴》。⑧当地人印书,或盐商为外地学者刻书,是屡见不鲜之事。如马曰琯为朱彝尊梓刻《经义考》;⑨进士出身的程釜辞官后,"选定明代及本朝古文,次第付梓";因少年时代与桐城派开创人方苞接近,为其刊刻《望溪全集》。⑩总商鲍志道,幼时读《论语》《孟子》,无善本,发迹后细加校正付梓,藏诸家塾。20世纪六七十年代扬州有广陵古籍刻印社,线装出版名贵古籍,是其时全国唯一的线装图书出版社,这是继承清代扬州出版事业的传统。

---

① 参阅前揭王振忠文,载《扬州研究》,第503页。

② 张舜徽:《清人笔记条辨》,中华书局,1980年,第212页。

③ 《清国史·儒林传下》卷18《许桁传》,第12册第640页,中华书局本。

④ 《清国史·文苑传》卷20《江昱传》,第12册第833页。

⑤ 《扬州画舫录》,第51页。

⑥⑨《扬州画舫录》,第88页。

⑦ 《扬州画舫录》,第197页。

⑧ 杜召棠:《扬州访旧录》,第29页。

⑩ 嘉庆《江都县续志》卷6《人物》,第1册第197页。

扬州藏书家之富,首推马曰琯、马曰璐兄弟,家有小玲珑山馆藏书楼,乾隆朝编修《四库全书》,由马曰琯子马裕进呈可备采摘的图书七百七十六种,内有多种宋版书,从而获得《古今图书集成》《平定伊犁御制诗》《平定金川御制诗》等赐书的殊荣。[①]藏书多,由目录学著述的出现反映出来。马氏有《丛书楼目录》,秦复恩有《石砚斋书目》,陈木礼有《瓠室》。扬州人富有藏书和好学,乾隆帝在扬州设立文汇阁,收藏《四库全书》,令扬州人有进一步治学的条件。与藏书、珍藏书画相一致,装裱业发达,装裱古迹珍本、名画技术高超,如匠人叶御夫,"旧画绢地,虽极损至千百片,一入叶手,遂为完物"[②]。

博物鉴赏,是雅玩之举,也是财富的象征,为扬州人所喜爱。林苏门说"今年讲究人家,未有不学雅而设几方好端砚者",并举吴绍浣、江藩"识砚"为例。[③]"未有不学雅",表明学雅是时尚,是人们的追求。惺庵居士的歌咏表述扬州人收藏古董和买卖字画,但买卖者未必识货:"扬州好,古玩富收藏,周鼎汉砫箱什袭,宋书元画锦装潢,癖嗜有萧郎","扬州好,古董客高谈,金石刮磨奇货视,丹青装点古人参,真赝几曾谙"。[④]虽说人们的古董知识水准不一,而精于此道者颇有其人。童珏,本身擅长绘画梅花,收藏古今人诗文集,能见到的尽入家门,尤其是"精别古画铜磁玉器金石钱刀",几乎精通博物学的各门各类。[⑤]马曰璐收藏古琴,所藏雷琴,系唐玄宗开元二年(714)制品。[⑥]

琴棋书画,为文人应该具备的艺能,其他人要拥有这类本事,不必做文人,但有了文人的名望,故致力于琴棋书画者。多说到绘画,"扬州八怪"为当时及后世人们津津乐道,形成画派,反映画坛的创新精神。郑板桥,工画竹,有八分书与楷书相杂,自成一派,与其唱和者甚多。[⑦]希望收藏他的绘画者,不惜金钱:"时人但以字之怪,画之随意,不惜分金而换易之。"[⑧]扬州书画家极多,兼之过客往来,代不乏人。如禹之鼎,出入于宋元,自成一家,写真多白描,娟

---

① 《扬州画舫录》,第 88 页。

②⑥ 《扬州画舫录》,第 207 页。

③ 《邗江三百吟》,第 91 页。

④ 《望江南百调》,第 1050 页。

⑤ 《扬州画舫录》,第 195 页。

⑦ 《扬州画舫录》,第 232 页。

⑧ 《邗江三百吟》,第 98 页。

媚古雅。①书画界产生强烈商品意识,尤堪顾及。郑板桥定出"润格",对其书画明码标价,绝不讲情面。其《笔榜》写道:"大幅六两,中幅四两,小幅二两;书条、对联一两;扇子、斗方五钱。"对于讨价还价、以物品顶银钱的顾客毫不通融,于乾隆二十四年(1759)特做说明:"凡送礼物、食物,总不如白银为妙……送现银则中心喜悦,书画皆佳。礼物既属纠缠,赊欠尤为赖账……画竹多于买竹钱,纸高六尺价三千。任渠话旧论交接,只当秋风过耳边。"②他将润笔价码说是"笔榜",是不怕人家议论,以质论价,理直气壮。为他人作文,收取润笔,自古有之,买卖字画多有前例,然而公开定出价格,则自郑板桥始,在强烈的商品意识下,他的勇气令后人赞叹。郑板桥的作风,为清人继承,也是定出润格,而且先让顾客交钱,但是常常不及时交画:"先惠笔资悬润格,任追画债懒挥毫,几辈负名高。"③在扬州侨寓的画家施胖子,善写真,画美人,长丈许,小半寸,取酬三十两银子;杨良,工画驴,画一驴取值牛肉一斤,人称"杨驴子"。④

琴及琴学,徐祎为布政使年希尧刊刻《澄鉴堂琴谱》,徐锦堂著《五音斋琴谱》,并称二徐。⑤

围棋。国手韩学源,京师授徒,天下无敌。⑥仪征黄龙士以"弈圣"著名于清初,乾嘉间僧秋航继起,范西屏以国手寓扬,围棋遂为世重。⑦寓客范西屏撰《桃花泉奕谱》,施定庵作《奕理指归》等,先后辉映。⑧

扬州特色的诗文会,由具有高文化素养的绅商主持并出资,招来文人雅士和幕宾,研究学术和文艺,举办歌咏宴会,出版诗集。这正是扬州作为文化城市的一种标志。"扬州诗文之会,以马氏小玲珑山馆、程氏筱园及郑氏休园为最盛。"小玲珑山馆是马曰琯、马曰璐兄弟的,前述藏书事已有所道及。马曰琯为诸生,"好学博古,考校文艺评骘史传,旁逮金石文字",著有《沙河逸老诗

---

① 《扬州画舫录》,第38、第40页。

② 《郑板桥全集·板桥》,第243页。

③ 《望江南百调》,第1050页。

④ 《扬州画舫录》,第49页。

⑤ 《扬州画舫录》,第207页。

⑥ 《邗江三百吟》,第95页。

⑦ 《扬州风土记略》,第49页。

⑧ 《扬州画舫录》,第260页;钱泳在《履园丛话》中不以他们为然,见第314页。

集》，本身就是一位力学的学者，康熙帝南巡，两次赐予御书、满人食品的克食，进宫为皇太后祝寿。马曰璐，工诗，著作《南斋集》，不乐仕宦，因而拒绝博学鸿词科的召试，兄弟二人被人称为"扬州二马"。"小玲珑山馆"拥有两栋藏书楼。他们热情接待士人，研讨诗文，"所与游皆当世名家，四方之士过之，适馆授餐，终身无倦色"①。如杭州人厉鹗诗文颇受名家欣赏，"搜奇嗜博，馆于扬州马曰璐小玲珑山馆者数年，肆意探讨，所见宋人集最多，而又求之诗话、说部、山经、地制，为《宋诗纪事》一百卷、《南宋院画录》八卷。马曰璐对他多方照顾，因六十岁尚未生子，特辟住宅为他纳妾。及至他回乡亡故，消息传来，又为他设灵位祭奠。②郑氏出忠义人士，三度撰写《休园志》。总商江春，诸生出身，工制艺，精于诗，迎接乾隆帝南巡，报效甚多，得到君主欢心，出席千叟宴，赐布政使秩衔，是所谓布衣而与天子交游者。他广结宾客，建随月读书楼，请人选时文付梓行世，名《随月读书楼时文》。他死后，每日来祭灵而不报姓名的有十多人，所以有人将他比作孟尝君。诗会，先定会期。届时，在园中设置若干条案，每案供一人使用，案上放置纸笔墨砚和水注，诗韵，茶壶茶碗，果盒、茶食盒。诗牌，是象牙制品，一寸半见方，每人分得数十字，或百余字，凑集成诗，最难工妙。与会者诗成，即行刻印，次日送各人欣赏，在三日内若有改动，则重新刻印。马曰璐为此刊有《韩江雅集》。每会，备有极为珍美食品。听曲，先在陋室听老艺人奏曲，次后在豪华露厅观赏妙龄男女艺人演奏。所作之诗，至乾隆末年仍在流传，有汪中的"叶脱辞穷巷，莲衰埽半湖"，张四科的"舟棹恐随风引去，楼台疑是气嘘成"等。③

（七）宗教文化与信仰

扬州人的宗教和神灵信仰是多元的，各式各样，与其他地方多有相同，但有其特点，即与皇帝关系密切，从而富有特定的文化内涵；宗教的多元性，反映扬州作为水道码头，尤其是历史上的内河国际海港的文化包容性；强调伦理传统性与时代性的结合。

扬州的佛道及民间信仰诸神寺宇，多有同清朝康雍乾三帝密切关系者。这一层因缘，为它们增添了浓重的色彩，更其出名和富有文化内涵。比如栖灵

---

① 《扬州画舫录》，第 86 页。
② 清史列传》卷 71《厉鹗传》，中华书局，1987 年，第 18 册第 5833 页。
③ 《扬州画舫录》，第 180 页。

寺,隋代创建的古刹,康熙帝于四十四年(1705)赐"澄旷"匾,乾隆三十年(1765)赐名法净寺。是以顾銮在《广陵览古》中说该寺:"清代增建僧寮、殿阁,恭迎列圣临幸。寺本名刹,得此亦壮烟雨楼台之景色。"①为康熙帝、乾隆帝南巡接驾,盐衙、地方官和盐商在寺宇大肆修缮扩建,为皇帝驻跸和游幸。高旻寺,康熙三十八年(1699)赐匾额,四十二年(1703)准许盐商建行殿,康熙帝临幸,赐御书匾,撤大内所供金佛于寺,四十四年(1705)、四十六年(1707)赐诗文法物;雍正年间重修,购置田业;乾隆帝驻跸于此。②天宁寺,康熙帝赐扁额四、楹联二。乾隆帝赐扁额七、楹联八,一方匾曰"省方设教",云其南巡在于了解民情,施行教化。而康熙帝的一方匾曰"般若妙源",寄望寺院弘扬佛法。③法海寺,康熙帝于二十三年(1684)两度临幸。④三汊河高旻寺,康熙四十三年(1704)淮商加建行殿,供皇帝巡幸之用。观音山寺,乾隆二十一年(1756),商人建造,以备乾隆帝南巡休憩。⑤扬州道家罗荣光,自号"寻真子",康熙三十一年(1692)、三十八年(1699)两度应召进京,康熙帝赐书"通幽索隐",他在扬州建斗姆宫为康熙帝祝釐,四十六年(1707)南巡,临幸其宫,御书"大智光"额。雍正三年(1725),雍正帝赐给他银二千两。⑥三汊河关帝庙,乾隆历次南巡,众商修葺⑦。传云欧阳修所建平山堂,成为后世士绅活动场所,屡加修葺。康熙帝两度临幸,撰有《御制平山堂诗》,少詹事高士奇和诗;因扬州知府尹会一撰《重修平山堂记》,康熙帝赐平山堂"贤守清风"额,倡导地方官廉洁;又书"怡情"赐禅师。⑧邵伯镇露筋祠:乾隆四十五年(1780)、四十九年(1784)乾隆帝两次南巡过此,两淮商人重葺。宝应神龙祠:乾隆二十六年(1761)建造,乾隆历次南巡淮商捐资修葺。宝应湖神庙:三十年(1765)修建,四十五年(1780)、四十九年(1784)乾隆帝南巡,淮商先后修缮。⑨

　　唐宋元时期,扬州有数以千计的阿拉伯人、波斯人、伊斯兰教回回人,有回回人担任地方长官,宋元之际的宝合丁(普哈丁)建立仙鹤寺,遗址在扬州南门大街,他的墓地在东关城外老运河东高岗上,俗称回回堂,墓园有元代回

　　① 《广陵览古》,第 34 页。
　　②⑤⑦⑨ 嘉庆《两淮盐法志》卷 52《杂纪一·祠庙》。
　　③ 《扬州画舫录》,第 84 页。
　　④ 汪应庚:《平山揽胜志》,第 53 页。
　　⑥ 嘉庆《江都县志》卷 6《人物》,第 1 册第 240 页。
　　⑧ 汪应庚:《平山揽胜志》,第 64、第 72、第 137 页。

回人的墓碑四通,碑文反映回回人的官员、教长、商人、学士、妇女、平民的活动,基本上反映了元代来华回回人各方面人士。①14世纪上半叶,在扬州有基督教派的圣方济各派教堂一所、景教教堂三所。元代,扬州有基督教堂、伊斯兰教堂与墓园,并有遗迹、遗址保存至今,表明当地有基督教徒、伊斯兰教徒的活动,是多元文化地区,有回回人的后裔定居扬州,扬州名菜张四回子全羊即为明证,说明后世的汉人、满人接纳他们的文化。作为水陆码头,扬州文化具有包容性,也才成为文化名城。

扬州作为商城、水陆码头,与同类城镇有一些共同的信仰祠宇,如有财神庙、水神庙、天后宫、金龙四大王庙、江神庙、河神庙。祈求金钱和平安,同时讲求主流意识的忠孝节义伦理,崇尚名贤,对董仲舒、欧阳修、范仲淹、文天祥、李庭芝、史可法表示特殊的敬意。有董子祠,已如前述。欧阳文忠祠,纪念欧阳修,雍正十年(1732)商人汪应庚修缮,乾隆十五年(1750)众商重修。范文正祠,春秋二祭。双忠祠,祭祀南宋守扬州的李庭芝和姜才,雍正十二年(1734)绅商马曰琯修缮。大忠祠,祀文天祥。五贤祠,纪念宋人、明人,雍正十二年(1734)盐政允许众商捐修。萧孝子祠,祀康熙六年(1667)为病母而死的本地人,雍正十二年(1734)马曰琯重建。五烈祠,雍正十一年(1733)甘泉知县携汪应庚改建。对于明清之际史可法的殉节扬州,当地人和外地人均表示景仰,惺庵居士《望江南百调》云:"阁部史公坟,孝子萧祠相接壤,忠臣信国是前身,梅岭仰清芬。"②浙江人姜宸英的《游平山堂感事有作二首》,其二咏怀史可法:"朝游城北暮城东,相国名犹满域中……荒冢至今闻夜哭,可怜弦管醉春风。"③康熙年间,在政治高压下,不可能出现众人纷往史可法墓凭吊的场面,但汉人内心深处景仰之。在清朝实行歧视汉人政策的情形下,扬州人纪念文天祥、李庭芝、史可法,表现出汉人潜在的强烈的汉民族气节观念。

(八)市政建设与社会救济事业

清代扬州府城的建设颇可称述,主要是河渠道路的修缮,关注交通的便利与安全;注意防火,收容贫病民人,施钱施药,赈灾。

①此处节写杨志玖先生《元代扬州的回回人》,文载《扬州研究》。
②《望江南百调》,第1041页。
③《平山揽胜志》,第125页。

1.水陆道路交通的维修与安全保护

《望江南百调》说得好,扬州是"街小傍河干"[1],滨河的城市河流水道的疏通是为要务,扬州又是以水路运输为生命线,地方官、盐官和盐商更加关注。疏浚城河,不断进行。府城水沟易于淤塞,乾隆二年(1737),淮南总商创意修浚,绅商马日琯自任其住宅所在的广储门至便益门段的疏通,其余十四段众商公修。乾隆二十四年(1759),护城河和城内市河严重淤塞,众商情愿出银一万七千六百两挑河疏通,竣工后,为不令杂物堵塞河道,设专船清除垃圾。城内官井亦相继疏浚。乾隆五十七年(1792),总商洪箴远等公捐重浚。修筑桥梁街道,郡城西北孔道的扬州古雷塘,嘉庆三年(1798),汪应庚建造石桥,以便行旅;乾隆中,淮商罗琦重修东关大街和城外石码头;总商鲍志道重修新城街道。

为便利水道交通,设立义渡。有的地方不便造桥,为了行人的方便,设立义渡,备置船只和渡夫,无偿载渡行人。义渡每年的费用,由商人捐助,在江都和仪征有十余个,如徐宁门外二严庵万松义渡,即由商人汪勤裕捐建;钞关门外义渡始由诸生耿兆组捐田供费用,后来耿氏子孙卖田,致使费用无着,嘉庆八年(1803),改归盐务支银。

为维护水运安全,扬州商人设置救生红船,救助遇难船只。船舶设于江都史家港、双港口、大沙洲、大江镇、瓜洲江口、瓜洲江神庙、仪征天池、仪征沙漫洲、金山、焦山、镇江避风馆、高邮甓社湖等处。救生船是大帆船,要经常维修,水手要有工钱,均由众商渐次修补,并不断增加船只,水手工食银亦有定额。

2.防火

扬州府城人烟稠密,常有回禄之灾,为了救火,城厢设置水仓,备有水炮、水缸及救生用具,并动用水兵服役,所有"修理器具及各处救火兵役,岁需银两,皆出商捐"[2]。也就是说商人承担了城市消防救火的费用。

3.收容贫民、婴儿的善堂

有普济堂、育婴堂、收容所等类型。

扬州普济堂,收养无告老民、贫民,康熙三十九年(1700)创立。乾隆九年(1744),因经费不敷,遂于商捐项内每年拨银一百二十两,后增给六十两,计

① 《望江南百调》,第 1041 页。
② 嘉庆《两淮盐法志》卷 56《杂论八·救火器具》;《邗江三百吟》,第 26 页。

一百八十两。瓜洲普济堂,雍正二年(1724)江都贡生耿兆组捐建,随后知府陈宏谋捐俸及募金扩建,耿氏陆续捐田三百亩、银万两为维持经费,雍正九年(1731)盐运使改令淮商经管,每年给银一千二百两,乾隆中岁支银二千五百八十两。邵伯镇有同善堂,即普济堂,知府尹会一建,雍正十一年(1733)盐政高斌岁给银四百两作为经费。

扬州育婴堂,明代末年毁于兵燹,清初商人创其事,顺治十二年(1655)建成,每年需银二千两,郡绅李宗孔暨商人闵世璋、郑元化等捐助,后来难于为继,康熙五十年(1711)运使李陈常接受商人请求,月给银百两。盐政金派商人管理,时间一久,经管商人以有赔垫,请求退出,运使卢见曾乃于乾隆二十年(1755)令众商议购菜田,作为育婴堂的固定资产和收入,旋于淮南二十八总商内派出二人经理其事,乾隆五十六年(1791),盐政全德将两淮归公田房统交商人承管,补充育婴堂经费。乾隆六十年(1795),盐政扩建乳婴室,盐官与"商人之有力者皆乐输",由知县和总商董其事,建有乳妇室二百四十间,设妇头,有幼儿医师、外科医师各一人。瓜洲育婴堂,因经费不足,众商于乾隆十七年(1752)公捐银一千二百两。

扬州收养所,乾隆三十二年(1767)建,每年冬季收养冻馁无依靠者,需银五六千两。①

4.施钱施药

日常的施钱施药,重灾时赈济。

扬州施药局,盐衙主管,雍正七年(1729)总商黄光德等公捐设立,于每年的五月至八月施舍丸散。殷实之家在城内外设公所——药局,延医,布施丸散。乾隆二十一年(1756)大疫,盐政令商人江助周等增设一个药局,请医生救治,数月后瘟疫消灭,裁撤。②

恤嫠会。嘉庆十一年(1806)成立,资助嫠妇每月四百文。由官员捐俸,绅董经理。③

施茶,在各城门,热天为肩挑负贩者设置免费茶水。④

---

① 以上三所内容见嘉庆《两淮盐法志》卷56《杂纪五·普济堂》《杂纪六·育婴堂》。

② 嘉庆《两淮盐法志》卷56《杂纪·药局》;《邗江三百吟》,第24页;《扬州画舫录》,第207页。

③《邗江三百吟》,第22页。

④《邗江三百吟》,第24页。

赈灾。乾隆三十六年(1771)，维扬被灾，众商捐银二万二千六百七十两买米赈济，在扬州城外设立四个粥厂，每日煮粥，约赈男女四万五千人，泰州、兴化、高邮等处则每日发米数百石，又给灾民棉衣一万件。捐银在五百两以上的，清朝政府给予九品顶戴，陈恒升等八人获得这种荣誉。康熙十八年(1679)旱灾，众商捐银三万三千余两，救济饥民八百一十六万余。乾隆三年(1738)扬州旱灾，众商捐银十二万七千两，汪应庚独捐四万七千两救灾。乾隆六年(1741)秋雨过多，淮南商人黄仁德等设厂煮粥赈济两月；次年维扬水灾，汪应庚捐银六万，黄仁德等公捐二十四万两。乾隆十一年(1746)，淮南众商程可正等因灾公捐二十万两；乾隆十八年(1753)两淮灾，商人捐助三十万两，等等。①

5.盐义仓

储存粮食，为赈济灶丁之用。扬州东关附近一仓，雍正四年(1726)建立，雍正十二年(1734)商人捐银二十万两购买仓米，至乾隆十一年(1746)贮存粮食六万石，金商二人管理；广储门外三仓，亦是雍正四年(1726)建，乾隆十一年(1746)储粮十八万石，商人管理。所金商人，是盐政认可的"老成殷实商人"②。

6.义冢

雍正十二年(1734)，商人黄仁德等奉两江总督之命，捐资于四郊买地十六处作义冢；商人汪应庚置义冢于徐宁门外；乾隆二十四年(1759)，商人黄源德等捐资，分别于南门外、北门外购置义地；乾隆四十三年(1778)，商人江春等捐资买西山空地七十亩作义冢，二十亩给僧人耕种纳粮，以维持义冢。③

陈向山捐地设义冢，庵僧经理。

拾骨坛，阮元出资建造，令秋雨庵僧经理。④

市政建设和慈善事业，扬州的特点是具有普遍性和相对的稳定性，居民受益。城市道路、水路交通、消防、善堂等基本建设，临灾的救助，既有组织机构的保障，又有活钱的调用，所以提供了居民生活的某种方便，同时因救灾能

---

① 嘉庆《两淮盐法志·捐输三·灾济》。
② 嘉庆《两淮盐法志》卷41《优恤二·恤灶》。
③ 嘉庆《两淮盐法志》卷56《杂记十三·义塚》。
④ 《邗江三百吟》，第23页。

力较强，以利于民众摆脱灾难。不能不说，在那时，扬州人的生活质量，可能高于苏州以外地区的人。普济堂之类的建设，大抵是皇帝号召，尽职的、当地有条件的地方官奉行，多因没有或缺少固定田产，不能维持而败坏，扬州的不然，基本上能够坚持操办，乃因绅商不断赞助，盐衙监管有力，如救生红船由商人开始做起，是淮商吴自牧设救生船于金山，又雇渔舟协助救生；方如珽设救生船于避风馆，悬赏格，每救一活人，奖银一两，捞获死亡者给一半，并营建墓地一区，安葬遇难者；汪文学设救生船于燕子矶，另置田百余亩，充常年经费；汪应庚在镇江、焦山、瓜洲，也立赏格。嘉庆《两淮盐法志》说救生红船就是仿照这些事例建立的："救生船故事，后所设立，盖仿于此。"[①]对于盐商的这种作用，巡漕御史陈科捷在讲到扬州育婴堂的建设时说到两种因素："当道诸公爱人励俗之意，商人乐义奉公之举。"肯定了商人的义举。毫无疑问，扬州盐商协助盐务衙门和地方政府开展社会公共事务、公益和福利事业的活动，颇著成效，提高了社会救灾能力。地方公益和社会救济事业的从事者，在盐商、盐衙之外，土著也在做，前述瓜洲普济堂的肇兴者耿兆组就是江都土著，他还帮助贫民交纳拖欠的钱粮，捐田资助监狱犯人的伙食，设立义塾，教育乡邻子弟。其兄兆绅，"倜傥好施与"，设义渡，置义冢，荒年出粟赈饥。[②]晏德宝，世居仪征南门外，濒临大江，附近是淮南掣盐所，船舶往来如织，每遇风浪，多有覆溺，他乃捐资设立救生船局，乡里称为"善人"；其子行忠，夙承父训，乐于助人，料理仪征所设立的善堂同仁堂，仿照苏州同仁堂规则，严定章程，所司之事，历久不懈。[③]绅、商合作进行地区的建设，扬州的城市建设和社会公益事业才得以发展。

（九）狭邪业的娼妓

扬州娼妓、娈童、赌博之风甚盛。郑板桥说："千家养女先教曲。"《望江南百调》咏："扬州好，花窟足勾留，罗袜凌波夸石首，玉箫吹月试珠喉，狎客乐忘忧。"[④]李斗的记叙是，妓馆"每夕燃灯数万，粉黛绮罗甲天下"[⑤]，有专门教曲的艺人，如邬抡元、方张仙。道出妓业兴盛的概况。钱泳说："士大夫俱尚豪华，而

① 嘉庆《两淮盐法志》卷56《杂纪七》。
② 乾隆《江都县志》卷22。
③ 同治《续纂扬州府志》卷14。
④ 《望江南百调》，第1056页。
⑤ 《扬州画舫录》，第197、第99页。

尤喜狭邪之游。在江宁则秦淮河上,在苏州则虎丘山塘,在扬州则天宁门外之平山堂,画船箫鼓,殆无虚日。"①不幸,扬州在这方面也出名。

附带说一下,扬州客舍业发达,其客源是"清客、评话、戏法、女班及妓馆母家来访者"②。亦反映扬州城市的特点。

三、历史启示:建设文化教育休闲城市

上面从九个方面了解盛清时期扬州人生活的行为与习尚,就中有积极健康的生活因素,也有消极的成分,今天来认识这一阶段的历史,不难发现它对后人的历史价值,那些有益的成分会给扬州市政建设、扬州人健康生活带来福祉。

(一)奢华之城市不能持久,扬州的盛清光辉难再

扬州"甲天下"名目多,标志着扬州人高水准的消费和高水平的生活,这高水准有正常的、正当的一面,亦有不正当的方面,则是奢靡成风。吴锡麒说他"往来维扬,见其俗奢靡欲折之以道,而未能也"。他认为奢侈的状况是:"农不勤亩,妇不织机,百金之花,千钱之鲥,家无盖藏,而费乃不赀。"③即不知勤俭而过奢华生活的人具有普遍性,所以势态严重,亟须改变。奢靡者主要是盐业富商,李斗在《扬州画舫录》"鲍志道"条写尽盐商之奢靡无度,所谓"扬州盐务,尽尚奢丽,一婚嫁丧葬,堂舍饮食,衣服舆马,动辄费数十万"。④虽然鲍志道等人努力改变这种风习有一时之收效,而迎接乾隆南巡又奢华不已。"长夜欢娱日出眠,扬州自古无清昼。"⑤不少富商就是这样的生活。富贾如此,一般人家也不示弱,诸如无论贫富爱戴鲜花,小户人家办喜事也叫评词、弦词艺人来伺候一日;稍微有一点条件的人"学雅",收藏古董。这就是吴锡麒痛心疾首之所在。反对奢华的士大夫对此无能为力,官府有一定的力量能够有所控制,但不能经久维持,如禁止倡业令下,娼妓"辄生死逃亡不知所之"⑥。禁令一松

---

① 《履园丛话》卷7《醉乡》,第 193 页。
② 《扬州画舫录》,第 203 页。
③ 同治《续纂扬州府志》卷 23《艺文·广陵赋》。
④ 《扬州画舫录》,第 148 页。
⑤ 《郑板桥全集》,第 76 页。
⑥ 《扬州画舫录》,第 198 页。

懈,依然如故。

淮盐税利在中央政府财政中占据重要地位。嘉庆年间监修《扬州府志》的两淮盐政阿克当阿,谓扬州"盐荚之利,邦赋攸赖"①。表明盐利不仅对扬州,更对国家财政有重大意义。他的同僚德庆则云:"东南三大政,曰漕,曰盐,曰河,广陵本盐荚要区,北距河淮,乃转输之咽咙,实兼三者之难,其视江南北他郡尤雄剧。"②说明了扬州在盐政、漕政、河政中的重要地位。扬州的繁荣,离不开盐利和盐政,这是人们的共识。盐利之巨,成为盐商奢靡生活的基本条件,暴富者仿效上流社会生活方式——学雅,各方面消费激增;食盐系官方控制销售,皇帝南巡享受盐商的报效,视为当然,促成盐商的奢华。华靡成风,下层社会仿效,于是愈演愈烈。

经济条件变坏,奢华生活自然无以为继。扬州之兴盛在海运、运河和盐业,衰败也在海运、运河和盐业。所谓海运,是唐代内河国际港口,有对外贸易的海运之利,而漕粮由运河改道东海、黄海、渤海航运,扬州不仅没有海运之利,且受其不利影响;运河输送漕粮,为设在北京的中央政府之命脉,近代以来铁路建设,运河地位一落千丈,设若运河全线疏通,虽可运输一些物资,与昔日之通漕要津已不是一回事;盐税是清朝财政收入大宗,仅次于农业税、商税,位居第三,而两淮盐运司的淮盐之利又居各盐运司之首,后世盐业在国民经济、财政收入中地位下降,供应基地的扬州,先前的地位已不可得。总之,扬州的内河国际港口地位已不可复;运河可复,然铁路、航空、海运,使得运河失去大动脉地位;漕运、盐利在政府与民间经济中的地位与明清不可同日而语,不可能大复兴,因而扬州不再可能有盛清时代的全国性经济文化重镇的光辉地位。那么扬州可以再创辉煌吗? 应当可以,请看:

(二)借鉴生活行为中的高雅文明,建设文化休闲城市

盛清时代扬州有那么多"甲天下"的行业、活动场所及文化观念,能不能继承,又如何继承?

扬州兴盛繁荣由徽商、西商(山陕商人)和土著共同创造,徽商,被今日学者认为有"贾而好儒"的特征,他们看重文化,尊重文化,努力成为儒商,像马日琯、程梦星、江春等人,以及他们的子孙族人,多成为文士,中举、中进士、成

---

① 阿克当阿:嘉庆《重修扬州府志》序。
② 德庆:嘉庆《重修扬州府志》序。

学者。商人在暴富之初，固然是学雅——附庸风雅，很快提高文化，令生活行为富有文化品位，并成为自身内在的追求。诗会的举行，是文化生活情趣的最高反映；生活在园林之中，感受人生的自然之乐；观赏文艺表演，陶冶艺术情操；古董鉴赏，是艺能，也是高境界的艺术性生活；鲜花的爱好，是美的享受；工艺品的运用于日常生活，令生活处处洋溢着美感。这些都是高素养的人生活中雅趣的表现，是高尚文化的体现。这种富有高雅文化内涵的生活方式，为古往今来人们所向往，盛清时代的扬州人能够实现，实在是幸运之至。在我国社会处于转型期的当代，粗俗文化流行，虽然有其必然性和某种合理性，但是粗俗文化总是需要提高的，物质生活越富裕，文化水平也应该相应提高，因此盛清时代扬州人的追求高雅生活的精神，是值得今人借鉴的精神文化遗产。

由此笔者想到，扬州盛清时代的经济重镇地位虽不可复活，文化教育名城（不是历史文化名城）是可以建设的。须知没有雄厚经济基础的文化名城是可以出现的，可以独立存在的，民国时代的北平就是一个典型。

具体地说，建设文化休闲城市，其内容，笔者想到的是：

图书出版事业。图书出版、销售中心，尤其是线装古籍图书的梓行，建设图书、出版博物馆。

园林业。恢复某些私家园林，单位从那里迁出；对园林做出高文化品位的介绍；真正成为大众休憩场所，而不是高收费、乱收费之地，或高收费的"儿童乐园"；民居的园林化，民众的自身家庭建设。

花卉业。生产、供应季节性鲜花，每日不同时辰的鲜花，琼花，盆景。笔者在桂林，早上见到沿街出售鲜花者，年轻女性买了即佩戴。供销全国乃至世界，如同荷兰阿姆斯特丹之鲜花业。

美容健身业。理发业，沐浴业，按摩业，香料业；现代家庭洗浴方便，似乎沐浴业不能存在，不尽然，日本人崇尚温泉浴，浴业同样存在；建设美容业博物馆。这是健康的，而非色情的行业。

手工艺的玉雕、漆器。是艺术品，也是实用品、日用品，如香料容器；精致的与大众化的同时生产销售，不必偏废。

餐饮业。大餐，廉价的家庭小吃，须知家庭制作的菜肴，价廉，给人亲切感。2009年，笔者的一位同事全家四人在扬州旅行，一餐吃八样食品，花三十元，很高兴，写在回忆录里。高雅的茶馆，餐前餐后均宜，享受雅致环境；餐饮体现出食文化的高水平。

博物馆。古器物陈列馆,专题的、综合的、遗址发掘的。

寺庙。佛家文化的见证。

旅游业。各种档次的旅社,以普通为主,不追求五星、六星级、高档次;让游客盘桓数日,感到舒适,花费与所值相当,打造最宜人的旅游城市形象;与皇帝有关的实物及遗存、逸闻趣事之展览、介绍,警惕帝王崇拜文化心态的泛滥。

笔者基本上生活在书斋中,务实知识少,以上仅是从扬州史资料和三次来扬州开会、学术考察的印象写出的粗糙建议。笔者理想中的文化休闲城市,对本地居民讲是生活在最宜居的城市,市民文明礼貌,气质高雅,令人起敬;对游客,需要让人置身于优雅文明的环境,实现这样两个目标:

一是散心,充分休息,达到身心愉悦。是积极休闲,令人深切感受到生活的乐趣,对生活有寄托,有盼头,下次再来扬州,或到其他地方旅行。总之,增强人的生命活力。

二是以扬州高素质的文化生活氛围,感染、提高游人的行为修养,做有教养的人,用老话说是做绅士型的人。回顾中古时期的南北朝隋唐时代,士族讲求修养,诗书传家,书法、棋品、弹琴、歌唱、舞蹈,样样来得,以至于精通,衣着打扮,无不讲究,甚至男子敷粉化妆,生活情趣盎然。这就叫“高雅”!要让人有高雅气质,必须加以培养。扬州打造文化休闲城市,给人创造优雅生活环境、气氛,去感染人。这是多么崇高的事业,何不为之!现在人们倡言强国、大国,靠什么成为大国、强国?经济力量、军事实力固然重要,不过归根到底,还是在文化实力,所谓软实力,文化观念、生活方式能不能输出,能不能为他人接受才是主要的。粗俗的国民,没有教养的人,能让人尊敬吗?说白话,能让人服气吗?所以建设文化休闲城市,提高民众文化气质,意义可不一般。另外,作为个人讲,“人生无常”“人生几何”,因此及时行乐就有一定道理,这是不应讳言的。

讲文化休闲城市,是不是享乐主义、高消费主义?明代泰州学派讲“百姓日用即道”,关注民间生活。这种生活观念难道不能传承?!享乐,正当的、正常的享乐,是理所当然的,是人的生理、心理所需要的,特别是在现代社会,人们生活节奏快,心情紧张,更需要休闲调节,理应享受,故而旅游业才在世界范围内得到快速发展。享受需要有序、有度,是正当之乐,而不能淫乐,扬州一些富商生活的“无清昼”,颠倒白天黑夜,是生活无度无序,与正当享乐不是一回事,自然要引以为戒。高雅生活,是否高消费?两者有关联,但绝非一事。高雅生活自然要花费,然而丰俭在于个人掌握。前述餐饮、旅社之档次宜多,就是为给消费者提供多种选择的调节,令各种需求的顾客满意。再说高消费不是乱消费,乱花钱是不会花钱,是暴发户的粗俗行为,是自卑心理的反映,令人齿冷、鄙视。正是他们亟须提高社会文化素质。

(三)发扬尊重教育事业的精神,倡导家教和办好高等学校

扬州本是文化之乡,民间历来看重文化教育。扬州人崇祀董仲舒表明了这种心愿和理想。《望江南百调》就董子祠咏道:"董子有崇祠,'正谊'额犹留睿藻,大儒坊合表遗徽,谁更下书帷?!"①"谁更下书帷",董仲舒"三年不窥园",专心学业,他的榜样,鞭策青少年学习文化,哪敢离开书屋贪玩,如此好学,自然成才。扬州人的家庭文化,以学业为重,郑板桥咏仪征诗,有句"矮窗白纸出书声"②,反映的是农家子弟在读书,可见扬州人读书的普遍性。在安定、梅花、乐仪书院等教育机构的配合下,扬州产生大量人才,更以家族的形式表现出来。阮元在《扬州府志事志氏族表图说三门记》文中缕述扬州府的人才家族:"江都、甘泉、仪征之耿氏、唐氏、杨氏、常氏、郑氏、秦氏、许氏、阮氏,兴化李氏,高邮王氏,宝应刘氏、乔氏,泰州宫氏等族,各以宰相九卿勋爵督抚等官,家自为谱。"③可见扬州文化渊源有自。

重视教育,是我国社会、家庭文化传统,极具传承价值。就此笔者亦想到两点,其一为提倡家庭教育,是德智体的全面教育,并非只是智力教育,现行教育是考试教育,表面上是强调智育,实质是分数至上,入学率第一,哪里能培养出真正人才。其二是办好高等学校。盛清时代扬州教育基础最好,是官民齐努力,富商来赞助形成的,赞助者是自觉自愿的,认识到自家的社会责任,必须回报土著,回报社会。这方面,马日琯、程梦星、江春是榜样。有条件的人到扬州办学校,将会令人称羡。扬州若能成为大学城,岂不美哉!

扬州可以在文化教育方面再创辉煌,引领潮流。期待盛况的出现!

(2010年8月22日初稿于顾真斋,出席2011年扬州召开的"盛清社会与扬州研究"研讨会提交论文。载《安徽史学》2011年第1期)

---

① 《望江南百调》,第1043页。
② 《郑板桥全集·真州杂诗八首并及左右江县》,第127页。
③ 阮元文见《续纂扬州府志》卷23《艺文下》,第3册第1357页。